本书的出版发行得到了教育部人文社会科学重点研究基地南开大学跨国公司研究中心“十四五”项目自设课题（CTSNK202401）、教育部哲学社会科学实验室专项基金项目（H0123705）、国家社科重大课题“依托超大国内市场规模，充分发挥国内国外两个市场、两种资源的联通机制”（23ZDA054）、南开大学中国式现代化研究院、南开大学 2024 年度中央专项基本科研业务费（人文社科）特殊支持项目、南开大学中央高校基本科研业务费－平台基地建设经费的资助。

年度报告课题组总负责人：薛　军

课题组专家咨询委员会主任：佟家栋

课题组专家咨询委员会主要成员：

王永进　包　群　刘　杉　孙浦阳　李俊青　李坤望　李飞跃
李　磊　佟家栋　严　兵　张伯伟　张　兵　何秋谷　周云波
周　申　冼国明　胡昭玲　高乐咏　盛　斌　梁　琪　曹吉云
彭支伟　葛顺奇　蒋殿春　谢娟娟　戴金平

课题组承办单位：南开大学跨国公司研究中心
南开大学全球经济研究中心（NK-GERC）
南开大学国际经济贸易系
南开大学国际经济研究所

课题组协作单位：南开大学经济学院
南开大学经济行为与政策模拟实验室

课题组主要成员：

于　嘉　方　瑜　申喆良　刘桂良　刘　夏　祁馨仪　李金永
李婉爽　杜若晨　宋毅颖　杨名澈　杨哲宇　周鹏冉　季建文
孟佳樱　秦子晴　常君晓　程红雨　葛温璐　董文笔　薛婷尧
靳鹏飞　熊　佳　樊　悦

中国民营企业对外直接投资指数年度报告（2024）

Chinese Private Enterprises Outward Foreign Direct Investment Index 2024

薛军　等著

人民出版社

责任编辑：彭代琪格

图书在版编目（CIP）数据

中国民营企业对外直接投资指数年度报告．2024 / 薛军等著．
北京 ：人民出版社，2025．7．-- ISBN 978－7－01－027329－7

Ⅰ．F279.245

中国国家版本馆 CIP 数据核字第 2025ZQ9695 号

中国民营企业对外直接投资指数年度报告（2024）

ZHONGGUO MINYING QIYE DUIWAI ZHIJIE TOUZI ZHISHU NIANDU BAOGAO（2024）

薛军 等　著

人民出版社 出版发行
（100706　北京市东城区隆福寺街 99 号）

中煤（北京）印务有限公司印刷　新华书店经销

2025 年 7 月第 1 版　2025 年 7 月北京第 1 次印刷
开本：710 毫米×1000 毫米 1/16　印张：33.25
字数：492 千字

ISBN 978－7－01－027329－7　定价：120.00 元

邮购地址 100706　北京市东城区隆福寺街 99 号
人民东方图书销售中心　电话（010）65250042　65289539

前　言

时光荏苒，一晃回国已经八个年头了，本书也是我回归南开之后持续出版的第八本中国民营企业对外直接投资（以下简称 OFDI）指数年度报告。回想 2017 年回国之初，从成立全球经济研究中心到构思框架组建项目团队，从申请资助到购买数据库，从匹配整理数据到制作图表；等等。难忘 2017 年那个炽热的暑假，第一本指数报告就那样以惊奇的速度在当年年底由人民出版社正式发行面世了。由衷感谢南开大学各级领导的支持和鞭策，也感谢社会各界朋友和师长的协助与鼓励，更感激团队历届小伙伴们的辛勤付出！

本系列报告始终秉持“国际唯一、统计年鉴型、可持续性”三大原则，努力打造一个高质量可信赖的“南开中国 OFDI 指数”品牌。近年来，“南开中国 OFDI 指数”已经逐步成为中国民营企业“走出去”这一研究领域的“风向标”，不仅填补了我国民营企业 OFDI 研究数据不足，还可以更好地系统分析整理我国民企 OFDI 的行为特点，进而为民企建立一套可持续“走出去”的长效机制提供重要依据。

本系列报告筛选匹配更新自 2005 年至今所有中国民企对外直接投资的全样本数据，并按照国有、民营、港澳台资以及外资四大类进行企业分类，全书分为“指数分析篇”、“协动性及预测展望篇”和“专题分析篇”三大部分。报告可以概括为如下三大特点。

特点一，首先，在指数指标体系架构方面，本系列指数年度报告构建了“中国民营企业对外直接投资”的六级指标体系，从并购投资和绿地投资两个维度分别分析民营企业 OFDI 在来源地、标的国（地区）和标的行业的特征。“中国民营企业对外直接投资”的六级指标体系具体为：第一级是中国民营企业对外直接投资指数；第二级为民营企业并购投资指数和民营企业绿地投资指数；第三级为民营企业并购投资与绿地投资按照投资方来源地、投资标的国（地区）、投资标的行业进行划分产生的指数，共有6个指标；第四级为基于第三级指标的拓展，包含20个指标；第五级为第四级指标的进一步细分，包括56个指标；第六级为对第五级指标的再具体化，共有582个指标。其次，在界定“走出去”企业所有制性质划分方面，吸收各界有关所有制分类的不同方法，摸索整理出一套划分标准，将我国所有OFDI企业的所有制性质按照国有、民营、港澳台资以及外资四种类型划分，在此基础上构建中国民营企业对外直接投资指数。再次，在选择数据源方面，克服缺乏原始数据的困难，利用国际知名的BvD-Zephyr并购数据库和fDi Markets绿地数据库，匹配筛选出中国“走出去”的企业。关于本年度系列指数报告采用的NK-GERC数据库（自建数据库）与商务部、国家统计局和国家外管局每年发布的《中国对外直接投资统计公报》数据存在着一定程度的差异，我们曾经从数据涵盖范围、数据来源、统计方式以及统计口径四个方面对比了《中国对外直接投资统计公报》和BvD-Zephyr并购数据库之间的不同，并指出了造成这一差异的主要原因。感兴趣的读者朋友可以参见2020年版前言的部分内容。

特点二，自2020年版开始，将过去的“补论”改为“协动性及预测展望篇”，利用自建数据库将内容定格在如下三个部分，对比分析国有、民营、港澳台资以及外资企业四类企业的OFDI情况，检验中国民营企业对外直接投资和宏观指标之间的协动性关系，构建计量模型预测未来三年中国OFDI的变化趋势。遗憾的是，由于预测模型正在改进，我们今年这版报告中省略了“预测展望”。

特点三，每年推出一个民企“走出去”相关热点专题，将现状分析上升到理论研究高度，为我国民企建立一套可持续“走出去”的长效机制提供重要理论依据。针对我国企业“走出去”新情况新特点，从2021年版开始在原有的“指数分析篇”和“协动性及预测展望篇”之外又新设了

“专题分析篇”，今年聚焦“投资标的国（地区）数据保护制度与外商直接投资”，该专题由常君晓博士论文修改成文，深入剖析了热点话题“东道国数据保护”与国际直接投资之间的关系。

本书由薛军负责总体设计、数据筛选整理具体安排、数据分析和文字写作以及书稿总纂，李婉爽、程红雨协助。程红雨、秦子晴、杜若晨为数据筛选、数据处理、图表整合及文字分析小组负责人。其中数据筛选小组成员有方瑜、祁馨仪、宋毅颖、熊佳、于嘉、杨哲宇；数据处理由程红雨负责；图表整合小组成员有：杨明澈、秦子晴、靳鹏飞、葛温璐、刘夏、董文笔；正文部分的文字分析初稿提供者分别是：刘桂良（序章、附录、第一章），董文笔（第二章），秦子晴（第三章），刘夏（第四章），靳鹏飞（第五章），葛温璐（第六章），常君晓（第七至九章）。另外李金永、周鹏冉、季建文、樊悦、薛婷尧和孟佳樱参与协助了校对等工作。

本指数报告难免有诸多不足之处甚至错误，希望有关部门和学者专家等各界同仁提出宝贵意见，并给予大力支持，也希望广大读者给予批评指正！

感谢人民出版社彭代琪格编辑对本书的诸多指导细致建议和辛勤付出，也感谢好友鲁静主任的一如既往的大力支持！

薛　军

2025年6月21日夏至

于南开园

最后，特别提醒：如您在研究成果中使用了本数据，请注明所用数据为“南开中国OFDI指数”，同时烦请按照以下文献引用方式引用我们的成果：薛军等著《中国民营企业对外直接投资指数年度报告（2024）》”。

目　录

第二部分 基于四类企业对比和宏观指标协动性分析

第三部分 关于“投资标的国（地区）数据保护制度与外商直接投资”专题分析

序　章　中国民营企业对外直接投资指数体系的构建及说明

第一节　关于中国民营企业对外直接投资指数的研究架构

本研究团队以中国企业对外直接投资（即“走出去”的直接投资，本书亦简称 OFDI）为研究主体，通过在 BvD-Zephyr 数据库和 fDi Markets 数据库中筛选出参与 OFDI 的中国企业，并按照企业所有制不同将企业划分为国有、外资、港澳台资和民营四种类型，整理出包含企业投资模式、投资来源地、投资标的国（地区）、投资标的行业的全样本中国企业对外直接投资数据库（南开大学“全球经济研究中心”数据库，以下简称 NK-GERC 数据库）。

本报告以 NK-GERC 数据库为基础构建出中国民营企业对外直接投资指数体系，在与其他不同所有制对比的基础上全方位、多视角地探究民企 OFDI 的变化特征。

一、范畴界定及数据来源

（一）不同所有制概念界定及关于民营企业定义的补充说明

1. 四种所有制分类及标准

我们将中国的所有制企业分为四种，分别是国有企业、外资企业、港澳台资企业以及民营企业①。首先，参照《企业国有资产交易监督管理办法

① 该界定由李金永博士整理。

(2016)》，国有企业应该包括如下内容：

（1）政府部门、机构、事业单位出资设立的国有独资企业（公司），以及上述单位、企业直接或间接合计持股为100%的国有全资企业；

（2）本条第（1）款所列单位、企业单独或共同出资，合计拥有产（股）权比例超过50%，且其中之一为最大股东的企业；

（3）本条第（1）（2）款所列企业对外出资，拥有股权比例超过50%的各级子企业；

（4）政府部门、机构、事业单位、单一国有及国有控股企业直接或间接持股比例未超过50%，但为第一大股东，并且通过股东协议、公司章程、董事会决议或者其他协议安排能够对其实际支配的企业。

其次，有关外资企业和港澳台资企业的界定可以类比国有企业。

最后，我们参照全国工商联合会以及学术界的界定，将民营企业界定为：在中国境内除国有企业、外资企业和港澳台资企业以外的所有企业，包括个人独资企业、合伙制企业、有限责任公司和股份有限公司。

2. 关于民营企业概念界定的补充说明

民营企业是我国特有的概念。在资本主义国家中，除了部分铁路、邮政、烟草等行业属于国有之外，其他绝大多数均是私有企业。正是由于大部分企业都是民间经营的，因此国外很少提“民营企业”一词。需要特别说明的是，目前中国国内关于民营企业（或民营经济）的界定并没有统一的观点，我们将一些主流观点和界定整理如下：

（1）有的观点认为民营企业包括除国有独资、国有控股以外的其他类型的企业；有的观点认为民营企业是由民间私人投资、经营、享受投资收益、承担经营风险的法人经济实体；有的观点认为民营企业有广义和狭义之分，广义上，非国有独资企业（包括国有持股和控股企业）都是民营企业；狭义上，民营企业包括私营企业和以私营企业为主体的联营企业（胡志军，2015）。

（2）党的十五大和十六大报告中的提法是非公有制经济。

（3）商务部、国家统计局和国家外汇管理局三家每年联合发布的《中国对外直接投资统计公报》中没有明确界定，只是提及“非国有企业”。而根据商务部的说明，该“非国有企业”主要还是民营企业。

（4）统合中国民营企业的官方机构中华全国工商业联合会将民营企业划定为私营企业、非公有制经济成分控股的有限责任公司和股份有限公司，国有绝对控股企业和外资绝对控股企业（港澳台资除外）不在此范围之内。

（5）这里需要特别说明的是，集体所有制企业作为中国特殊历史时期的产物，虽然属于中国公有制经济的一部分，但考虑到其与全民所有制企业在主体、所有权的客体以及权利取得方式上的差异，我们将集体所有制企业归类到民营企业。

（二）数据来源

本研究团队从 BvD-Zephyr 并购数据库和 fDi Markets 绿地投资数据库中筛选出中国企业“走出去”的相关数据作为统计样本，并按照企业性质界定方法对于参与 OFDI 的中国企业进行所有制的判断，形成 NK-GERC 数据库。本报告的所有数据均来源于 NK-GERC 数据库。

BvD-Zephyr 数据库（即全球并购交易数据库）含有全球企业并购的相关数据，不仅包括各国境内并购，而且收录了全球跨国并购的交易案件，其更新频率以小时计算①。fDi Markets 数据库是金融时报所提供的专业服务，是目前市场上最全面的跨境绿地投资在线数据库②。我们可以从 BvD-Zephyr 数据库和 fDi Markets 数据库中筛选投资方与标的方企业名称、案件交易时间、标的方所属行业及国别、投资方来源地、交易金额等信息。

① BvD-Zephyr 概览，见 https：//www. bvd0o. com/en-gb/our-products/economic-and-m-a/m-a-data/zephyr。

② fDi Markets 概览，见 https：//www. fdimarkets. com/。

（三）统计时间段的选择

本书的数据统计时间段为2005—2023年，共计19年的时间跨度，相对完整地体现了中国民营企业入世之后对外直接投资的发展特征，也为研究民企OFDI提供更翔实的数据资料。

二、相关数据说明

（一）关于国内外并购数据相差较大的原因

商务部公布的数据与对外数据库商公布的对外并购投资数据相差较大，比如2016年商务部公布中国企业共实施对外投资并购项目765件①，而BvD-Zephyr数据库统计的项目数为1574件②。造成如此大的反差，主要有以下四点原因：

（1）数据的涵盖范围不同。商务部公布的是已经完成交割的中国对外并购交易，而对外数据库商和媒体公布的数据不仅包括已完成交割的并购交易，还包括新宣布的但目前还处于磋商阶段的，以及交易双方基本达成交易意向但还需要通过国家政府部门审核的交易。可见，对外数据库商和媒体公布的数据范围更广③。

（2）数据采集来源不同。对外数据库商的资料来源主要是媒体报道、公司披露等，比如BvD-Zephyr的并购数据绝大部分都是人工采集，采集渠道为各大交易所公告信息、网上信息、企业官网公告，甚至一些传闻信息等，资料来源较为零散，比较容易夸大交易金额，也容易遗漏交易。

（3）数据统计原则不同。部分企业是通过注册在离岸金融中心的子公司进行并购交易，如果该并购交易完全在海外市场融资完成，就不在我国

① 商务部、国家统计局、国家外汇管理局：《2015年度中国对外直接投资统计公报》，2016年版，第8页。

② 此处按照2016年1月1日到2016年12月31日为交易日期（含宣布日期、传言日期、完成日期）的统计口径（即“日期”的统计口径）。

③ 王碧珺、路诗佳：《中国海外并购激增，“中国买断全球”论盛行——2016年第一季度中国对外直接投资报告》，《IIS中国对外投资报告》2016年第1期。

国内监管机构的统计范围之内，因此该笔并购投资不在商务部统计之列，但标的国（地区）仍然认为是来自中国的投资，因此 BvD-Zephyr 之类的对外数据库商仍然将其统计在列。

(4) 数据的统计方法不同。对外数据库商公布的数据存在重复统计的问题。比如第一季度新宣布尚未完成的并购交易，第二季度还会统计一次，如果第三季度依旧没有完成，那么第三季度又会重复统计一次。

（二）本报告数据的权威可靠性

各方数据都各有千秋。总体来讲，国外的知名数据库即时迅速，而国内政府部门的统计数据虽然比较权威，但也有学者提出国内数据很难有效反映中国对外直接投资特征①。

本报告选择采用的 BvD-Zephyr 和 fDi Markets 这两个数据库均为业界公认的权威可靠的数据库。

三、“中国民营企业对外直接投资指数”的六级指标体系和指数构成

（一）“中国民营企业对外直接投资指数”的六级指标体系的建立

本书基于 NK-GERC 数据库，将民企对外直接投资按照投资来源地、投资标的国（地区）、投资标的行业特征进行分类，并将民企投资模式划分为并购和绿地两种，构建“中国民营企业对外直接投资指数”指标体系（参照表 0-1-1 和表 0-1-2），从民营企业对外直接投资，并购投资和绿地投资二维度分析民企在来源地、标的国（地区）和标的行业的特征。该六级指标体系具体可表示为：

第一级是民营企业对外直接投资；

第二级是按照投资模式不同划分为并购投资和绿地投资；

第三级有 6 个指标：分别对并购、绿地投资按照投资方来源地、投资标的国（地区）、投资标的行业进行划分；

① 王永中、徐沛原：《中国对拉美直接投资的特征与风险》，《拉丁美洲研究》2018 年第 3 期。

第四级有 20 个指标，为基于第三级指标的拓展，细分规则为：

（1）投资来源地分为 5 个地区：环渤海地区、长三角地区、珠三角地区、中部地区、西部地区；

（2）投资标的国（地区）分为 3 个区域：发达经济体、发展中经济体、转型经济体；

（3）投资标的行业分为 2 类：制造业和非制造业。

第五级有 56 个指标，为在四级指标基础上的进一步细分：

（1）投资方来源地分为 10 个地区：京津冀和环渤海其他地区、上海和长三角其他地区、广东和珠三角其他地区、华北东北和中原华中地区、西北和西南地区；

（2）投资标的国（地区）根据《世界投资报告 2017》[①] 对国别的划分标准进一步分为 9 个区域：发达经济体划分为欧洲、北美洲和其他发达经济体，发展中经济体划分为非洲、亚洲、拉丁美洲和加勒比海地区、大洋洲，转型经济体划分为东南欧和独联体国家；

（3）投资标的行业进一步分为 9 种类别：按照 OECD 对制造业的技术划分标准将制造业划分为高技术制造业、中高技术制造业、中低技术制造业、低技术制造业，根据 2017 年国家统计局公布的《国民经济行业分类》[②] 将非制造业划分为服务业，农、林、牧、渔业，采矿业，电力、热力、燃气及水生产和供应业，建筑业；

第六级共有 582 个指标，均为对第五级指标的再具体化：投资来源地具体至各省（区、市），投资标的国（地区）具体至各国家（地区），投资标的行业具体至制造业 ISIC 标准的两分位行业和非制造业《国民经济行业分类》标准的两分位行业（参照表 0-1-2）。

---

① 詹晓宁：《世界投资报告 2017》，南开大学出版社 2017 年版，第 240 页。

② 详见 http：//www. stats. gov. cn/tjsj/tjbz/hyflbz/201710/t20171012_ 1541679. html。

表 0-1-1　"中国民营企业对外直接投资指数"指标体系

一级指标	二级指标	三级指标	四级指标	五级指标	六级指标（具体指标详见表 0-1-2）
民营企业对外直接投资	并购投资	投资方来源地	环渤海地区	京津冀地区	3
				环渤海地区其他区域	2
			长三角地区	上海	1
				长三角地区其他区域	2
			珠三角地区	广东	2
				珠三角地区其他区域	2
			中部地区	华北东北	4
				中原华中	5
			西部地区	西北	5
				西南	6
		投资标的国（地区）	发达经济体	欧洲	36
				北美洲	2
				其他发达经济体	14
			发展中经济体	非洲	54
				亚洲	34
				拉丁美洲和加勒比海地区	35
				大洋洲	14
			转型经济体	东南欧	5
				独联体国家	12
		投资标的行业	制造业	高技术	5
				中高技术	5
				中低技术	5
				低技术	4
			非制造业	服务业	15
				农、林、牧、渔业	5
				采矿业	7
				电力、热力、燃气及水生产和供应业	3
				建筑业	4
	绿地投资	投资方来源地	环渤海地区	京津冀地区	3
				环渤海地区其他区域	2
			长三角地区	上海	1
				长三角地区其他区域	2

续表

一级指标	二级指标	三级指标	四级指标	五级指标	六级指标（具体指标详见表 0-1-2）
民营企业对外直接投资	绿地投资	投资方来源地	珠三角地区	广东	2
				珠三角地区其他区域	2
			中部地区	华北东北	4
				中原华中	5
			西部地区	西北	5
				西南	6
		标的国（地区）	发达经济体	欧洲	36
				北美洲	2
				其他发达经济体	14
			发展中经济体	非洲	54
				亚洲	34
				拉丁美洲和加勒比海地区	35
				大洋洲	14
			转型经济体	东南欧	5
				独联体国家	12
		标的行业	制造业	高技术	5
				中高技术	5
				中低技术	5
				低技术	4
			非制造业	服务业	15
				农、林、牧、渔业	5
				采矿业	7
				电力、热力、燃气及水生产和供应业	3
				建筑业	4

表 0-1-2 “中国民营企业对外直接投资指数”指标体系中第五—第六级指标的具体内容

五级指标	六级指标
京津冀地区	北京、天津、河北
环渤海地区其他区域	辽宁、山东

续表

五级指标	六级指标
上海	上海
长三角地区其他区域	江苏、浙江
广东	深圳、广东（不含深圳）
珠三角地区其他区域	福建、海南
华北东北	山西、内蒙古、黑龙江、吉林
中原华中	河南、安徽、江西、湖北、湖南
西北	陕西、甘肃、宁夏、青海、新疆
西南	四川、重庆、云南、广西、贵州、西藏
欧洲	奥地利、比利时、保加利亚、克罗地亚、塞浦路斯、捷克、丹麦、爱沙尼亚、芬兰、法国、德国、希腊、匈牙利、爱尔兰、意大利、拉脱维亚、立陶宛、卢森堡、马耳他、荷兰、波兰、葡萄牙、罗马尼亚、斯洛伐克、斯洛维尼亚、西班牙、瑞典、英国、直布罗陀、冰岛、挪威、瑞士、安道尔、摩纳哥、列支敦士登、圣马力诺
北美洲	美国、加拿大
其他发达经济体	澳大利亚、新西兰、百慕大群岛、开曼群岛、英属维尔京群岛、格陵兰、波多黎各、以色列、日本、韩国、新加坡、中国台湾、中国香港、中国澳门
非洲	阿尔及利亚、埃及、利比亚、摩洛哥、苏丹、突尼斯、贝宁、布基纳法索、佛得角、科特迪瓦、冈比亚、加纳、几内亚、几内亚比绍、利比里亚、马里、毛里塔尼亚、尼日尔、尼日利亚、塞内加尔、塞拉利昂、多哥、布隆迪、喀麦隆、中非共和国、乍得、刚果共和国（简称刚果、又称刚果（布））、刚果民主共和国（又称刚果（金））、赤道几内亚、加蓬、卢旺达、圣多美和普林西比、科摩罗、吉布提、厄立特里亚、埃塞俄比亚、肯尼亚、马达加斯加、毛里求斯、塞舌尔、索马里、乌干达、坦桑尼亚、安哥拉、博茨瓦纳、莱索托、马拉维、莫桑比克、纳米比亚、南非、斯威士兰、赞比亚、津巴布韦
亚洲	朝鲜、蒙古、文莱、柬埔寨、印尼、老挝、马来西亚、缅甸、菲律宾、泰国、东帝汶、越南、孟加拉国、不丹、印度、马尔代夫、尼泊尔、巴基斯坦、斯里兰卡、巴林、阿富汗、伊拉克、伊朗、约旦、科威特、黎巴嫩、阿曼、卡塔尔、沙特、巴勒斯坦、叙利亚、土耳其、阿联酋、也门

注：本研究所涉及的分类标准参考《世界投资报告 2023》设计。

续表

五级指标	六级指标
拉丁美洲和加勒比海地区	阿根廷、玻利维亚、巴西、智利、哥伦比亚、厄瓜多尔、圭亚那、巴拉圭、秘鲁、苏里南、乌拉圭、委内瑞拉、伯利兹、哥斯达黎加、萨尔瓦多、危地马拉、洪都拉斯、墨西哥、尼加拉瓜、巴拿马、安圭拉、安提瓜和巴布达、阿鲁巴、巴哈马、巴巴多斯、库拉索岛、多米尼加岛、多米尼加共和国、格林纳达、古巴、海地、牙买加、圣基茨和尼维斯、圣卢西亚岛、圣文森特和格林纳丁斯、特立尼达和多巴哥
大洋洲	库克群岛、斐济、法属波利尼西亚、基里巴斯、马绍尔群岛、密克罗尼西亚、瑙鲁、新喀里多尼亚、帕劳群岛、巴布亚新几内亚、萨摩亚、所罗门群岛、汤加、瓦努阿图
东南欧	阿尔巴尼亚、波黑、黑山、塞尔维亚、马其顿
独联体国家*	亚美尼亚、阿塞拜疆、白俄罗斯、哈萨克斯坦、吉尔吉斯斯坦、摩尔多瓦、俄罗斯、塔吉克斯坦、土库曼斯坦、乌克兰、乌兹别克斯坦、格鲁吉亚
高技术	航空航天
	医药制造
	办公、会计和计算机设备
	广播、电视和通信设备
	医疗器械、精密仪器和光学仪器、钟表
中高技术	其他电气机械和设备
	汽车、挂车和半挂车
	化学品及化学制品（不含制药）
	其他铁道设备和运输设备
	其他机械设备
中低技术	船舶制造和修理
	橡胶和塑料制品
	焦炭、精炼石油产品及核燃料
	其他非金属矿物制品
	基本金属和金属制品

* 土库曼斯坦、乌克兰、摩尔多瓦、格鲁吉亚近年宣布退出。

续表

五级指标	六级指标
低技术	其他制造业和再生产品
	木材、纸浆、纸张、纸制品、印刷及出版
	食品、饮料和烟草
	纺织、纺织品、皮革及制鞋
服务业	批发和零售业
	交通运输、仓储和邮政业
	住宿和餐饮业
	信息传输、软件和信息技术服务业
	金融业
	房地产业
	租赁和商务服务业
	科学研究和技术服务业
	水利、环境和公共设施管理业
	居民服务、修理和其他服务业
	教育
	卫生和社会工作
	文化、体育和娱乐业
	公共管理、社会保障和社会组织
	国际组织
农、林、牧、渔业	农业
	林业
	畜牧业
	渔业
	农、林、牧、渔专业及辅助性活动

续表

五级指标	六级指标
采矿业	煤炭开采和洗选业
	石油和天然气开采业
	黑色金属矿采选业
	有色金属矿采选业
	非金属矿采选业
	开采专业及辅助性活动
	其他采矿业
电力、热力、燃气及水生产和供应业	电力、热力生产和供应业
	燃气生产和供应业
	水的生产和供应业
建筑业	房屋建筑业
	土木工程建筑业
	建筑安装业
	建筑装饰、装修和其他建筑业

（二）“中国民营企业对外直接投资指数”的构成

1. 基本指数

按照上述构建的“中国民营企业对外直接投资指数”六级指标体系的划分标准，以 2011—2015 年民企对外投资项目数量或金额的算术平均数为基期值[①]，测算出与各指标相对应的项目数量和金额指数，具体内容如下：

① 选取 2011—2015 年的算术平均数为基期值，一是因为这五年期间中国民营资本海外“走出去”又进入了一个由低谷到高峰的快速增长时期，2011 年可以称为中国民营企业“走出去”的“元年”；二是在计算指数时可以确保避免我国企业对外直接投资初期的绝大部分基期值为 0 的问题，从而使指数走势更加平滑。

（1）根据一级指标的划分标准测算了民营企业对外直接投资指数[①]；

（2）根据二级指标的划分标准测算了民营企业对外并购投资指数和绿地投资指数；

（3）根据三级指标的划分标准分别测算出民企对外投资总体、并购投资和绿地投资三种分类下的民营企业投资来源地别指数、标的国（地区）别指数、标的行业别指数；

（4）根据四级指标的划分标准测算出民营企业在投资方来源地的5个地区、投资标的国（地区）的3个区域、投资标的行业别的2种分类下的指数；

（5）根据五级指标的划分标准进一步测算了民营企业投资方来源地对应的10个地区、投资标的国（地区）对应的9个大洲（区域）、标的行业对应的9种分类下的指数；

（6）根据六级指标的划分标准分别测算了各省市、各国别（地区）、各行业的指数。

2. 民营企业“一带一路”对外直接投资指数

为分析中国企业对“一带一路”共建国家和地区的对外直接投资特征，本报告从NK-GERC数据库中筛选出对于“一带一路”共建国家和地区进行投资的民营企业，测算出民营企业“一带一路”对外直接投资指数、“一带一路”对外并购投资指数和绿地投资指数，所有的指数均包含项目数量和金额两方面，指数测算方法与基本指数的测算方法一致。

3. OFDI综合指数

为综合考虑投资项目数量和金额特征，更全面分析民营企业OFDI的发展变化，本报告以基本指数为基础，使用主成分分析法对民营企业对外直接投资项目数量指数和金额指数赋予相应的权重，融合对外投资项目数量指数和金额指数，最终得到民营企业OFDI综合指数。在本书第二章第五节，我们还使用同样方法测算了中国民营企业“一带一路”

① 每一指数均可分为投资项目数量和金额指数两类。

OFDI 综合指数①。

第二节 关于本报告的统计原则和若干说明

本报告中所使用的 NK-GERC 数据库是在 BvD-Zephyr 并购数据库和 fDi Markets 绿地投资数据库直接检索返回的数据基础上进行进一步筛选和整理而生成的，因此为了准确、全面地进行统计，我们制定了筛选数据源的“统计原则”。

一、统计原则

（一）基本的界定

（1）关于年份：每个年度期限都表示该年度 1 月 1 日到 12 月 31 日；

（2）关于货币转换与计价原则：本报告所有案件金额主要以百万美元作为货币单位（部分图表因统计需求将百万美元转换成了亿美元）；

（3）关于来源地别的数据筛选原则：①以 BvD-Zephyr 数据库和 fDi Markets 数据库中所列出的企业投资来源地为准；②若原始数据库中投资来源地未显示，则根据投资企业的注册地为标准；

（4）关于标的行业别的数据筛选原则：

由于 BvD-Zephyr 数据库和 fDi Markets 数据库所列行业杂乱无章，无法

---

① 根据测算，不论是中国企业还是四种所有制分类下的企业，为得到综合指数所赋予项目数量指数和金额指数的权重均为 0.5，即可用公式表示为：OFDI 综合指数＝0.5 项目数量指数+0.5 金额指数。其中，以 2005—2019 年企业对外直接投资项目数量和金额指数进行主成分分析所得的累计贡献率如下：中国企业样本（82.57%）、民营企业样本（92.33%）、国有企业样本（73.80%）、港澳台资企业样本（94.12%）、外资企业样本（89.91%）、中国企业“一带一路”投资样本（84.82%）、民营企业“一带一路”投资样本（96.32%）、国有企业“一带一路”投资样本（72.56%）、港澳台资企业“一带一路”投资样本（70.66%）和外资企业“一带一路”投资样本（84.41%）。主成分分析法的使用，一方面保证了综合指数的科学性和客观性，另一方面根据主成分分析法的原理，所得到的项目数量指数和金额指数的权重 0.5 不会随年份的增加而变化，从而保证了综合指数的跨年可比性。另外，使用项目数量和金额指数合成综合指数的原因在于指数可以有效地解决项目数量、金额量纲不一致的问题。

总结出规律性特征。本报告根据原始数据库对于标的行业的表述，在制造业上按照 ISIC Rev.3 中详述的制造业划分细则对原始数据库的制造业重新进行了行业划分，在非制造业上按照 GB/T 4574-2017《国民经济行业分类标准》中详述的非制造业划分细则对非制造业重新进行了行业划分。另外，本报告进一步根据 OECD 制造业技术划分标准，将制造业划分为高技术、中高技术、中低技术和低技术制造业（参照表 0-2-1）。

表 0-2-1　OECD 制造业技术划分标准

高技术	中高技术	中低技术	低技术
航空航天	其他电气机械和设备	船舶制造和修理	其他制造业和再生产品
医药制造	汽车、挂车和半挂车	橡胶和塑料制品	木材、纸浆、纸张、纸制品、印刷及出版
办公、会计和计算机设备	化学品及化学制品（不含制药）	焦炭、精炼石油产品及核燃料	食品、饮料和烟草
广播、电视和通信设备	其他铁道设备和运输设备	其他非金属矿物制品	纺织、纺织品、皮革及制鞋
医疗器械、精密仪器和光学仪器、钟表	其他机械设备	基本金属和金属制品	

资料来源：根据《OECD 科学、技术、行业 2011 报告》绘制。

（二）关于统计口径设定的原则

BvD-Zephyr 数据库可自由筛选出某年度内交易被公布、完成、传言①的任意组合下的所有交易项目，交易日期分别与宣布日期、传言日期、完成日期相对应。不同方式筛选出的交易案件不同。如表 0-2-2 列出了四种统计口径，第四种为前三种的并集②。

为减少样本遗漏所导致的统计误差，本报告对并购数据的统计均按照“日期”进行统计。

① 传言是指未被证实的消息。

② 并集是指，宣布日期、传言日期或完成日期三者中只要有一个是在 Y 年，该交易即会被计入 Y 年的并购交易项目之中。

表 0-2-2 BvD-Zephyr 不同统计口径下筛选出的并购案件数量

宣布日期（年）	全国并购案件数量（件）	传言日期（年）	全国并购案件数量（件）	完成日期（年）	全国并购案件数量（件）	日期（年）	全国并购案件数量（件）
2005	132	2005	167	2005	69	2005	239
2006	175	2006	196	2006	85	2006	310
2007	206	2007	246	2007	128	2007	347
2008	282	2008	328	2008	210	2008	461
2009	293	2009	378	2009	181	2009	518
2010	283	2010	352	2010	175	2010	510
2011	326	2011	384	2011	175	2011	579
2012	282	2012	371	2012	156	2012	573
2013	284	2013	372	2013	173	2013	586
2014	425	2014	546	2014	267	2014	820
2015	716	2015	875	2015	362	2015	1197
2016	941	2016	1105	2016	475	2016	1574
2017	877	2017	968	2017	430	2017	1484
2018	824	2018	943	2018	479	2018	1638
2019	601	2019	683	2019	359	2019	1279
2020	512	2020	533	2020	337	2020	1040
2021	575	2021	613	2021	395	2021	1088
2022	525	2022	550	2022	377	2022	916
2023	389	2023	409	2023	181	2023	1021

二、其他若干补充说明

（1）由于 BvD-Zephyr 数据库和 fDi Markets 数据库中投资方企业名称均用英文表示，没有直接对应的中文名称，因此存在部分企业无法匹配到中文名称的情况，本研究团队对于这种情况采取模糊判断法划分企业所有制①，这可能引起企业所有制划分的偏误。

① 在 NK-GERC 数据库中，2005—2019 年内使用模糊判断法进行所有制判断的企业在全部企业中约占 3.41%。

（2）由于资料来源较为零散，BvD-Zephyr 数据库对并购交易的统计以及 fDi Markets 数据库对绿地交易的统计可能存在遗漏。

（3）BvD-Zephyr 数据库和 fDi Markets 数据库均按交易案件对每年的企业对外投资活动进行统计，无法从数据库中直接得到投资存量，若进行估算需要结合企业对外投资的资本折旧率、资本变卖率和利润汇回率，估算得出的结果将存在较大误差，因此本报告所使用的投资项目数量和金额均为流量概念。

（4）本研究团队还会通过实地考察、发放调查问卷等方式不断对 NK-GERC 数据库进行补充和完善。

（5）由于本系列报告是国内首次针对民营全样本企业 OFDI 的报告，出于学术目的我们尝试性地通过对大数据进行筛选，并对企业所有制进行界定，构建出关于中国企业对外直接投资活动的数据库（NK-GERC 数据库），统计测算了不同所有制企业在投资来源地、标的国（地区）、标的行业等方面的指标，但在此过程中不可避免地受到原始数据库统计缺失、企业信息获取不易、企业所有制形式判定复杂度高等困难影响，因此无论是在数据来源获得还是样本整理方面，本报告可能存在误差、遗漏问题。对于本报告中所存在的不足，本研究团队将持续完善改进，也敬请各位读者不吝指正。

第一部分

指数分析篇

第一章　中国企业的对外直接投资指数

本章旨在描述2005—2023年中国企业对外直接投资的发展变化，分别从总体、不同所有制企业、不同投资分类方式测算中国企业对外直接投资指数①，全面剖析中国企业对外直接投资的特征。

第一节　中国企业OFDI综合指数

本节通过构建中国企业OFDI综合指数、中国企业对外直接投资的项目数量指数和金额指数，对2005—2023年中国企业对外直接投资进行整体上的描述性统计分析。

一、中国企业对外直接投资概况

2005—2023年间，中国企业OFDI项目数量和金额呈波动上升趋势，且二者的波幅并不完全同步，如2015年项目数量同比增长36.05%，而项目金额却同比下降40.76%。从项目数量上看，中国企业OFDI在经历2012年、2013年的连续下跌后，2014年实现28.82%的同比增长，项目数量达到1104件，随后除2017年在政府对非理性对外直接投资限制的影响下出现5.14%的下降外，OFDI项目数量持续增长，2018年达到峰值2245件；

① 中国企业对外直接投资指数体系与序章第一节中的中国民营企业对外直接投资指数体系的构建方法一致，只需要将统计样本由民营转化为全部中国企业即可，因此本报告后续关于中国企业OFDI综合指数、中国企业对外直接投资项目数量和金额指数等一系列指数的测算方法均可参照序章第一节中的指数测算方法。

从金额上看，2014 年中国企业 OFDI 金额实现 306.43%的跳跃式增长，但 2015 年投资金额回落，2016 年至 2017 年间保持在 8.88%的平均增长水平。2018 年 OFDI 金额大幅下降 37.02%至 3000.86 亿美元。在国际局势变化多端、国际贸易环境不确定性较高的 2019 年，国内经济下行给企业融资约束带来压力，国外复杂的投资环境抑制了企业对外投资的积极性，中国企业 OFDI 项目数量和金额分别同比下降 20.45%、24.41%。

2020 年，由于新冠疫情在全球蔓延，国家（地区）间产品、资本和人员的流动受到影响，海内外企业经营生产面临困难，大多数国内企业延缓对外投资进度。极少数国家（地区）持续推行单边主义政策，阻碍了价值链、产业链和供应链的国际化进程，扰乱了跨境投资等正常经济金融交往。中国企业 OFDI 项目数量和金额分别跌至 1295 件、1997.40 亿美元，分别同比下降 27.49%、11.94%。

2021 年，国际贸易局势不确定性的冲击仍在，导致在后疫情时代各国经济复苏的先后之别，加速了国际格局的调整。而中国及时的防控措施，也为中国企业“走出去”提供了机遇，在一定程度上缓解了中国企业 OFDI 的下降速度。中国企业 OFDI 项目数量和金额相比于 2020 年而言只出现微幅下降，分别为 1.93%、5.89%。

2022 年，世界经济经历了诸多挑战，地缘冲突升级导致许多国家（地区）出现能源短缺、高通货膨胀等问题，中国经济也出现下行压力。随着中国疫情防控措施的优化，经济稳步回升，跨境投资热度逐渐回暖，但短期内，中国企业在对外投资仍需关注部分国家和地区的地缘政治风险和较高的宏观经济风险。与 2021 年相比，中国企业 OFDI 项目数量和金额出现了较大幅度的下降，分别为 13.07%、46.93%。

2023 年，新冠疫情的缓和为中国工业生产的复苏和产业转型降低了外部不确定性，尽管中国在重要全球价值链中的主导地位一定程度上被破坏，但由于中国产业转型升级成果逐渐凸显，中国企业加速对接全球数字经济、绿色经济和产业链重塑等发展趋势，以中国技术和中国品牌为代表的一大批优秀企业加速海外布局。基于此，中国企业 OFDI 项目数量和项目金额同时触底反弹并分别实现了28.53%、101.27%的同比增长，OFDI项目数量达到1419件超过2020年前水平，OFDI项目金额突破2000亿美元基本与2020年前持平，中国企业OFDI实现了整体的恢复。

表1-1-1　2005—2023年中国企业对外直接投资项目数量和金额汇总表

年份	项目数量（件）	同比增长（%）	金额（亿美元）	同比增长（%）
2005	353	—	237.16	—
2006	398	12.75	505.48	113.14
2007	551	38.44	935.00	84.97
2008	697	26.50	925.65	-1.00
2009	814	16.79	1239.66	33.92
2010	793	-2.58	1195.10	-3.59
2011	949	19.67	1624.83	35.96
2012	859	-9.48	1183.38	-27.17
2013	857	-0.23	1671.33	41.23
2014	1104	28.82	6792.73	306.43
2015	1502	36.05	4023.78	-40.76
2016	1964	30.76	4232.59	5.19
2017	1863	-5.14	4764.58	12.57
2018	2245	20.50	3000.86	-37.02
2019	1786	-20.45	2268.24	-24.41
2020	1295	-27.49	1997.40	-11.94
2021	1270	-1.93	1879.83	-5.89
2022	1104	-13.07	997.64	-46.93
2023	1419	28.53	2007.91	101.27
合计	21823	—	41483.15	—

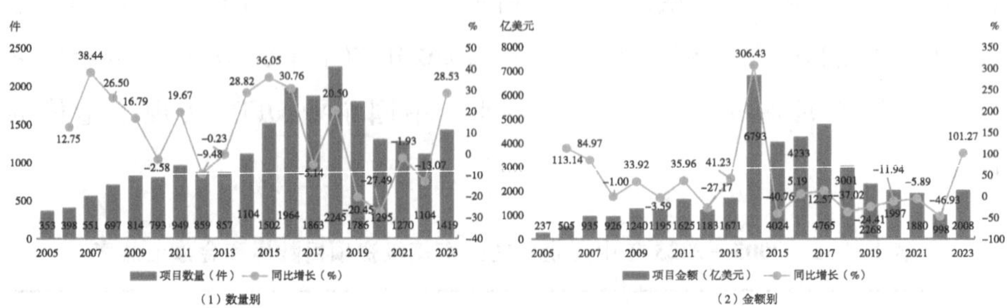

图 1-1-1　2005—2023 年中国企业对外直接投资项目数量和金额的增长变化图

二、中国企业 OFDI 综合指数

中国企业 OFDI 综合指数包含了企业对外直接投资项目数量和金额两方面信息，相对综合地描述了中国企业走出去的变化。从整体趋势上看，2005—2023 年中国企业 OFDI 综合指数总体呈上升趋势，其中 2005—2013 年波动式提高，2014 年在政府对企业“走出去”的大力支持以及全球经济逐步复苏的影响下，中国企业 OFDI 综合指数较 2013 年同比跳跃式增长 140. 40%，之后呈现上下波动的走向。特别地，受以美国挑起贸易摩擦为代表的贸易保护主义盛行等诸多不确定因素的影响，中国企业 OFDI 综合指数在达到 2017 年峰值水平后，保持了 5 年的持续下行，2018 年、2019 年、2020 年、2021 年、2022 年分别同比下降 6. 44%、21. 70%、22. 76%、3. 30%、24. 51%，直至 2023 年才触底反弹。

表 1-1-2　2005—2023 年中国企业 OFDI 综合指数及其同比增长率

年份	中国企业 OFDI 综合指数	同比增长（%）
2005	20. 62	—
2006	27. 14	31. 62
2007	41. 42	52. 61
2008	48. 19	16. 35
2009	58. 87	22. 17
2010	57. 14	-2. 93

续表

年份	中国企业 OFDI 综合指数	同比增长（%）
2011	71.57	25.24
2012	60.08	-16.05
2013	67.96	13.12
2014	163.38	140.40
2015	137.00	-16.15
2016	162.33	18.48
2017	166.23	2.41
2018	155.53	-6.44
2019	121.78	-21.70
2020	94.07	-22.76
2021	90.96	-3.30
2022	68.67	-24.51
2023	100.12	45.80

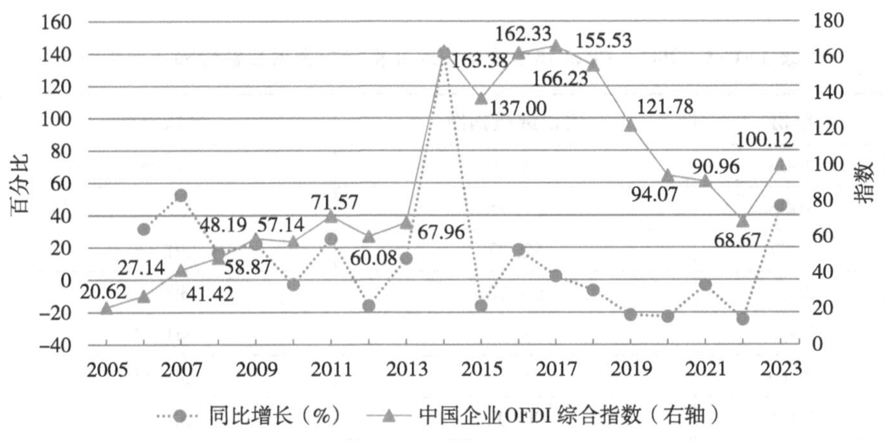

图 1-1-2　2005—2023 年中国企业 OFDI 综合指数变化图

三、中国企业对外直接投资项目数量指数和金额指数

从中国企业对外直接投资项目数量指数和金额指数在 2005—2023 年的

变化中可看出，2017 年前对外直接投资数量和金额指数呈现出较快的扩张趋势，但在 2017 年后，OFDI 规模在数量（2017）和金额（2018）上均出现一定程度缩减。2019 年世界经济增长动能放缓，部分发达经济体试图通过经贸摩擦、竞争中性、国家安全审查等新手段重塑全球贸易投资规则①，中国企业“走出去”的过程面临着更为严格的审查，在国内外经济环境变动的影响下，中国企业 OFDI 的项目数量指数和金额指数都较 2018 年大幅下降。2020 年，受逆全球化和贸易保护主义的影响，叠加新冠疫情的冲击，全球投资环境恶化，我国对外直接投资遭受直接负面冲击，中国企业 OFDI 项目数量指数和金额指数分别同比下降 27. 49%、11. 94%。2021 年，在后疫情时代，国际格局深刻调整，国际投资合作总体呈复苏态势，中国企业 OFDI 项目数量指数和金额指数的下降幅度变缓，分别同比下降 1. 93%、5. 88%。2022 年，中国企业 OFDI 项目数量指数和金额指数较上一年大幅下降，降幅分别为 13. 07%、46. 93%。复苏趋势显现，2023 年中国企业 OFDI 项目指数和金额指数均回调到 2020 年前水平，分别实现了 28. 53%、101. 26%的强势增长。

表 1-1-3　2005—2023 年中国企业对外直接投资项目数量和金额指数

年份	项目数量指数	金额指数
2005	33. 49	7. 75
2006	37. 75	16. 52
2007	52. 27	30. 56
2008	66. 12	30. 26
2009	77. 21	40. 52
2010	75. 22	39. 07
2011	90. 02	53. 11
2012	81. 48	38. 68
2013	81. 29	54. 63

① 杨挺、陈兆源、韩向童：《2019 年中国对外直接投资特征、趋势与展望》，《国际经济合作》2020 年第 1 期。

续表

年份	项目数量指数	金额指数
2014	104.72	222.04
2015	142.48	131.53
2016	186.30	138.36
2017	176.72	155.75
2018	212.96	98.09
2019	169.42	74.14
2020	122.84	65.29
2021	120.47	61.45
2022	104.72	32.61
2023	134.60	65.63

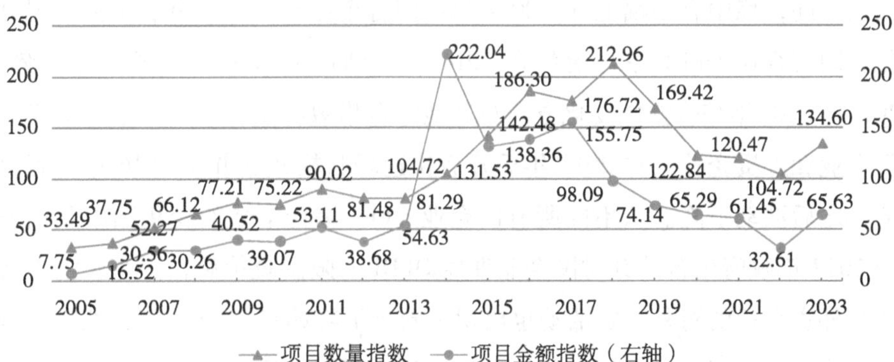

图 1-1-3　2005—2023 年中国企业对外直接投资项目数量及金额指数变化图

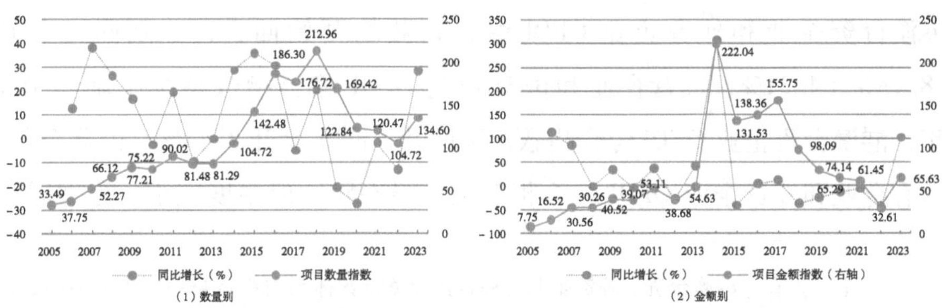

图 1-1-4　2005—2023 年中国企业对外直接投资项目数量和金额指数及其同比增长率变化图

第二节 中国不同所有制企业对外直接投资综合指数

本节将参与对外直接投资的企业按照所有制的不同划分为国有、民营、港澳台资和外资四种类型，通过测算不同所有制企业 OFDI 综合指数及其对应的项目数量指数、金额指数，从所有制角度分析中国企业对外直接投资的特征①。

一、中国不同所有制企业 OFDI 综合指数

在 2005—2013 年间，四种不同所有制企业的 OFDI 综合指数变化趋势大致相同，稳中有小幅上升。2014 年后国有企业与其他所有制走势出现分化，国有企业 OFDI 综合指数在 2014 年达到峰值水平后呈现下降趋势，2015—2018 年综合指数变化方向与其他综合指数相反；民营企业、港澳台资企业和外资企业均在 2014 年后开启快速增长模式，并于 2016 年达到峰值，之后波动下降。从不同所有制企业 OFDI 综合指数的变化图中我们发现 2017 年政府出台的针对民企非理性 OFDI 的限制政策后，国企及港澳台资和外资企业的对外投资活动也出现了同步下降趋势；2018 年虽然除了国有企业之外的三类所有制企业均出现了不同程度的反弹，但并未阻止 2019 年下降趋势，2019 年四种所有制企业 OFDI 综合指数同步下降。2020 年，港澳台资企业和外资企业 OFDI 综合指数均开始回升，分别同比上升 28.53%、4.21%；民营企业和国有企业 OFDI 综合指数持续下降。2021 年，港澳台资企业 OFDI 综合指数持续回升，同比上升 4.47%；民营企业、国有企业和外资企业 OFDI 综合指数呈下降态势，但幅度变小，分别同比

① 中国国有、港澳台资、外资企业对外直接投资指数体系与序章第一节中的中国民营企业对外直接投资指数体系的构建方法一致，只需要将统计样本由民营分别转化为其他三种形式的企业即可，因此本报告后续关于其他所有制企业 OFDI 综合指数、项目数量和金额指数等一系列指数的测算方法均可参照序章第一节中的指数测算方法。

下降 11.80%、9.50%、27.01%。2022 年，外资企业 OFDI 综合指数开始回升，民营企业、国有企业和港澳台资企业 OFDI 综合指数呈现下降趋势，而 2023 年包括外资企业，民营企业、国有企业、港澳台资企业 OFDI 综合企业都呈现出上升趋势，我国企业 OFDI 整体复苏。

表 1-2-1　2005—2023 年中国不同所有制企业 OFDI 综合指数

年份	OFDI 综合指数			
	民营企业	国有企业	港澳台资企业	外资企业
2005	14.96	24.57	41.57	19.29
2006	18.89	33.77	30.02	79.93
2007	32.16	47.85	47.75	36.66
2008	38.37	56.28	67.94	40.60
2009	32.56	74.12	139.68	45.56
2010	48.31	58.72	100.93	193.89
2011	53.99	83.32	90.96	70.51
2012	50.48	63.90	68.85	51.74
2013	77.90	63.01	58.12	93.96
2014	117.84	176.76	76.32	104.75
2015	199.78	113.01	205.75	179.04
2016	252.42	105.39	372.46	281.13
2017	204.78	126.76	200.07	190.62
2018	214.61	99.41	270.08	233.64
2019	175.06	72.85	161.18	179.52
2020	149.55	49.06	207.16	187.07
2021	131.91	44.40	216.42	136.54
2022	94.90	32.63	190.58	273.78
2023	146.92	52.37	357.78	370.79

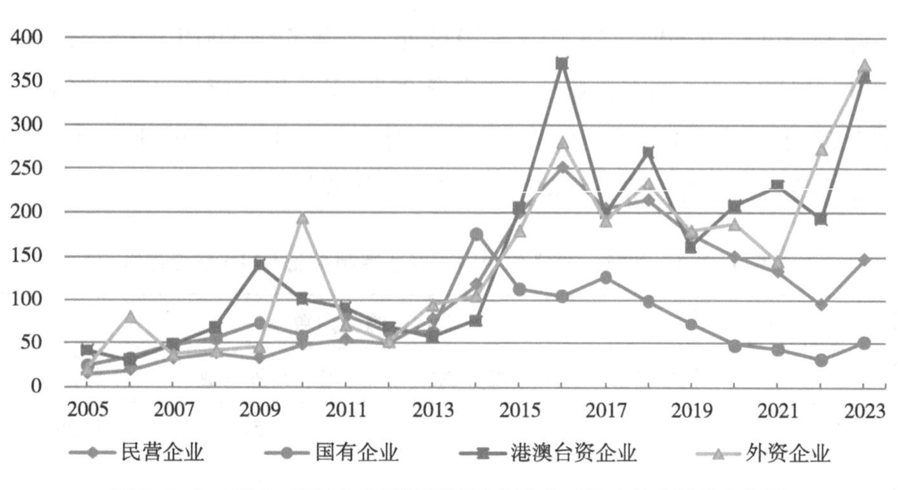

图 1-2-1　2005—2023 年中国不同所有制企业 OFDI 综合指数变化图

二、中国不同所有制企业对外直接投资项目数量指数和金额指数

从 OFDI 项目数量指数的变化可看出，四种所有制企业 OFDI 项目数量指数变化趋势基本一致，总体上都呈现波动上升态势，其中民企 OFDI 项目数量指数在经历 2014—2016 年持续高速增长后，2017—2019 年显著高于其他所有制企业。在 2020 年总体投资项目数量下降的背景下，国有、民营、外资企业均降低，港澳台资企业 OFDI 项目数量指数实现 17. 86%的同比增长。2021 年，国企仍持续下降趋势，同比下降 17. 30%，而民企、港澳台资企业与外企呈现不同程度的复苏迹象。2022 年，四种所有制企业 OFDI 项目数量指数均呈现下降趋势，2023 年则整体反弹，延续了 2021 年的复苏趋势。不同于项目数量指数，四种所有制企业的 OFDI 金额指数的变化趋势自 2014 年后呈现出明显的差异：国企金额指数在经历 2014 年的高幅增长后开始波动下降；其余三种所有制企业投资金额指数在 2015—2016 年间先出现快速扩张后才逐步回落，其中港澳台资企业投资金额指数在 2015 年和 2016 年分别同比增长 419. 51%和 97. 57%，外资企业在这两年中同比增长 153. 76%、76. 15%，两类企业的投资金额指数增幅均高于民企

OFDI 金额指数。进入 2019 年，四种所有制企业的 OFDI 项目金额指数同步下跌，港澳台资企业和外资企业下降尤为显著，较 2018 年同比下降率超过 40%。2020 年国企 OFDI 金额指数持续下降，其他三种所有制企业投资金额指数开始出现不同程度的回升。中国的一些重要合作伙伴如德国、法国等欧洲发达国家（地区）跟随美国步伐，对中国企业的投资更加谨慎，收紧了对中国投资项目尤其是涉及关键技术的项目的审查政策，国有企业投资发达国家（地区）的阻力增大。2021 年，国企 OFDI 金额指数扭转了连续 3 年的下降趋势，同比上升 10. 27%，港澳台资企业金额指数也保持上升态势，而民企和外企投资却呈现下降趋势。2022 年，民企、国企和港澳台资企业金额指数均有较大幅度的下降，外企投资则呈现较大幅度的回升。2023 年则是民企、国企、外企、港澳台资企业的整体回升。

表 1-2-2　2005—2023 年中国不同所有制企业对外直接投资项目数量指数汇总表

年份	对外直接投资项目数量指数			
	民营企业	国有企业	港澳台资企业	外资企业
2005	25. 48	40. 81	61. 71	31. 25
2006	28. 71	50. 00	44. 30	50. 78
2007	42. 47	63. 78	66. 46	56. 64
2008	57. 59	80. 27	68. 04	50. 78
2009	59. 12	98. 11	118. 67	74. 22
2010	67. 96	80. 27	88. 61	99. 61
2011	75. 60	109. 19	104. 43	85. 94
2012	78. 83	84. 86	85. 44	74. 22
2013	82. 23	78. 11	83. 86	78. 13
2014	106. 86	99. 19	98. 10	123. 05
2015	156. 47	128. 65	128. 16	138. 67
2016	226. 30	129. 19	185. 13	175. 78
2017	214. 41	123. 51	161. 39	150. 39
2018	267. 41	135. 68	208. 86	171. 88
2019	218. 65	100. 81	132. 91	187. 5

续表

年份	对外直接投资项目数量指数			
	民营企业	国有企业	港澳台资企业	外资企业
2020	154.26	70.27	156.65	134.77
2021	154.43	58.11	174.05	148.44
2022	137.61	48.11	164.56	126.95
2023	176.52	70.81	264.24	152.34

表 1-2-3　2005—2023 年中国不同所有制企业对外直接投资金额指数汇总表

年份	对外直接投资金额指数			
	民营企业	国有企业	港澳台资企业	外资企业
2005	4.44	8.33	21.42	7.33
2006	9.07	17.55	15.73	109.08
2007	21.85	31.91	29.04	16.67
2008	19.14	32.30	67.84	30.42
2009	5.99	50.13	160.69	16.91
2010	28.66	37.17	113.26	288.17
2011	32.38	57.45	77.48	55.08
2012	22.14	42.94	52.26	29.26
2013	73.57	47.91	32.38	109.79
2014	128.82	254.34	54.54	86.46
2015	243.10	97.36	283.34	219.40
2016	278.54	81.59	559.79	386.48
2017	195.16	130.01	238.75	230.85
2018	161.80	63.14	331.31	295.40
2019	131.47	44.88	189.44	171.54
2020	144.83	27.84	257.67	239.37
2021	109.40	30.70	258.79	124.65
2022	52.19	17.15	216.61	420.61

续表

年份	对外直接投资金额指数			
	民营企业	国有企业	港澳台资企业	外资企业
2023	117.31	33.94	451.31	589.24

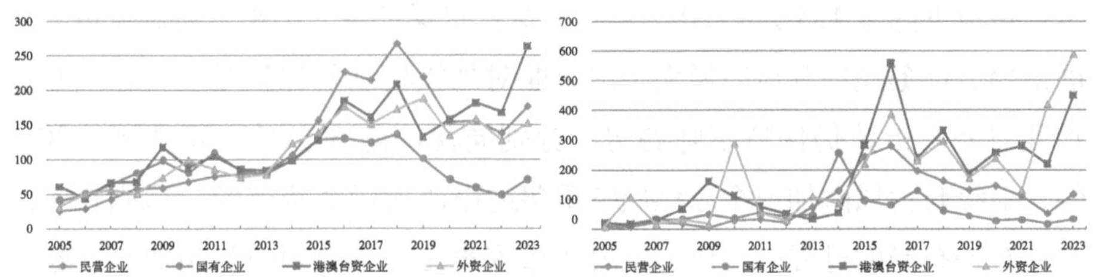

图 1-2-2 2005—2023 年中国不同所有制企业对外直接投资项目数量和金额指数变化图

第三节 不同视角下的中国企业对外直接投资指数

本节从投资模式、投资来源地、投资标的区域和投资标的行业四个视角分析中国企业对外直接投资特征。

一、不同投资模式下中国企业对外直接投资指数

本节按照企业对外直接投资模式的不同将中国企业对外直接投资划分为并购投资和绿地投资两种类型。

在中国企业的对外并购投资中，企业 OFDI 并购项目数量指数和金额指数在 2005—2013 年间波动式上升，变化趋势较为一致，2014 年起两个指数出现显著分化：并购金额指数在 2014 年较上年增长 306.21%，达到峰值后开始逐步回落，2020 年跌至 56.47，接近 2013 年水平，但在 2021 年有所回升，同比增长 2.13%，但下行压力使得 2022 年、2023 年分别大幅回落至 22.55、13.04；并购数量指数从 2014 年开始大幅增长，2018 年达到峰值，2019—2023 年持续下降。

相比于并购投资而言，中国企业绿地投资项目数量指数和金额指数变

化基本一致，整体呈现波动上升的趋势，绿地金额指数于2016年达到高点在经历一段时间向下调整后于2023年达到峰值，数量指数于2018年达到峰值。2016年底以来，我国政府收紧对外投资政策、加强对企业对外投资的合规性审查，2017年绿地投资项目数量和金额均出现不同程度的下滑，2020年受变幻莫测的国际经济局势影响，绿地项目数量指数下降至97.91，金额指数下降至135.58。2021年，全球投资保护主义抬头、新冠疫情、大国博弈、债务违约等风险增大中国企业对外投资利益保护难度，绿地数量指数与金额指数仍保持下降趋势，分别同比下降3.37%、32.45%。2022年，地缘政治风险加速全球供应链重塑进程，“接近消费市场”原则在中国企业对外布局的过程中已成为主要考量因素之一，绿地数量指数与金额指数保持稳步增长态势，基于此，2023年中国企业对外绿地投资的增长态势进一步放大。

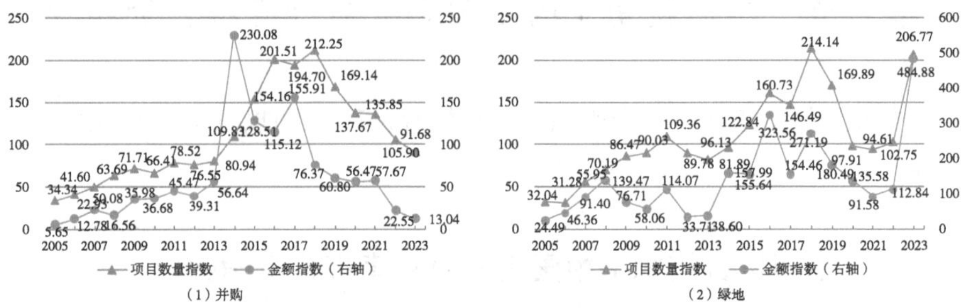

图1-3-1　2005—2023年中国企业对外并购和绿地投资项目数量及金额指数变化图

表1-3-1　2005—2023年不同模式下中国企业对外直接投资项目数量和金额指数汇总表

年份	项目数量指数		金额指数	
	并购投资项目数量指数	绿地投资项目数量指数	并购投资金额指数	绿地投资金额指数
2005	34.34	32.04	5.65	24.49
2006	41.60	31.28	12.78	46.36
2007	50.08	55.95	22.93	91.40

续表

年份	项目数量指数		金额指数	
	并购投资项目数量指数	绿地投资项目数量指数	并购投资金额指数	绿地投资金额指数
2008	63. 69	70. 19	16. 56	139. 47
2009	71. 71	86. 47	35. 98	76. 71
2010	66. 41	90. 03	36. 68	58. 06
2011	78. 52	109. 36	45. 47	114. 07
2012	76. 55	89. 78	39. 31	33. 71
2013	80. 94	81. 89	56. 64	38. 60
2014	109. 83	96. 13	230. 08	157. 99
2015	154. 16	122. 84	128. 51	155. 64
2016	201. 51	160. 73	115. 12	323. 56
2017	194. 70	146. 49	155. 91	154. 46
2018	212. 25	214. 14	76. 37	271. 19
2019	169. 14	169. 89	60. 80	180. 49
2020	137. 67	97. 91	56. 47	135. 58
2021	135. 85	94. 61	57. 67	91. 58
2022	105. 90	102. 75	22. 55	112. 84
2023	91. 68	206. 77	13. 04	484. 88

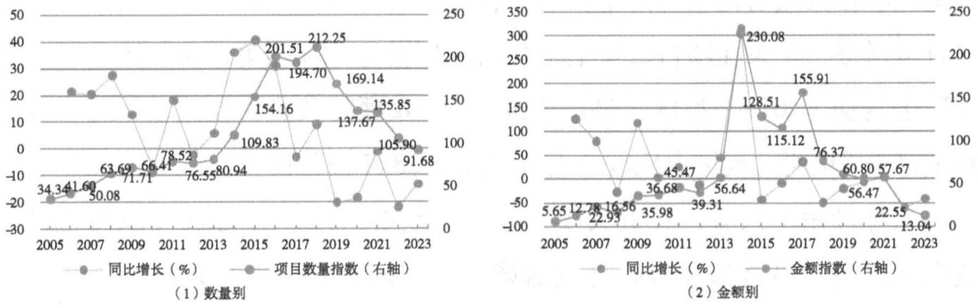

图 1-3-2　2005—2023 年中国企业对外并购投资项目数量、金额指数及同比增长率变化图

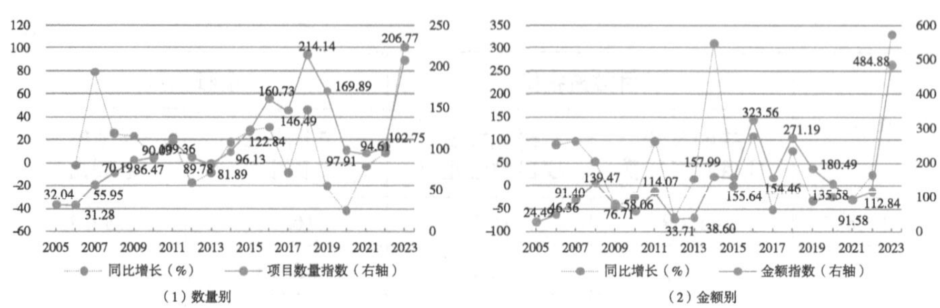

图 1-3-3　2005—2023 年中国企业对外绿地投资项目数量、金额指数及同比增长率变化图

二、中国企业不同投资方来源地对外直接投资指数

本书按投资方来源地的不同将中国企业对外直接投资划分为环渤海地区投资、长三角地区投资、珠三角地区投资、中部地区投资和西部地区投资五类。

从项目数量角度来看，2005—2018 年环渤海地区一直是五大区域中进行对外投资最多的区域，但自 2014 年起以上海为核心的长三角地区企业参与对外投资活动的积极性出现显著提高，2019 年反超环渤海地区，成为当年度投资项目数量最多的区域。长三角地区企业较高的投资潜力还可以从企业对外投资项目数量指数变化图中看出，2014 年后长三角地区数量指数增幅显著高于环渤海地区，在 2019 年后保持强劲的上涨趋势且与环渤海地区逐渐拉开差距。尽管珠三角地区的 OFDI 项目数量还不及环渤海和长三角地区，但珠三角地区项目数量占比较高的增长趋势表明珠三角地区企业“走出去”的活跃度日益增强，未来在项目数量上可能出现环渤海、长三角、珠三角“三足鼎立”的局面。2019—2023 年环渤海地区 OFDI 项目数量占比波动下行，珠三角地区 OFDI 项目数量占比波动上升但在 2023 年面临回调。

从金额角度来看，在五大投资方来源地中，2020 年之前环渤海地区投资金额规模凭借首都优势始终位居第一位，远超其他四个地区；长三角地区排名第二，近年来波动剧烈，在 2020 年、2023 年先后反超环渤海地区；珠三角地区虽然排名第三，但 2015—2020 年的波动平稳。2021 年，环渤海地区重回主导地位，其投资金额占比为 54.22%，而长三角地区出现明显下降，占比由 42.37%降至 18.34%，珠三角、中部和西部地区变动幅度仍较平稳。2022 年，环渤海地区投资金额占比下降至 37.61%，长三角地区占比上升至 30.02%，二者之间的差距再次缩小，2023 年占比几乎趋于一致，呈现“两足鼎立”的局面。

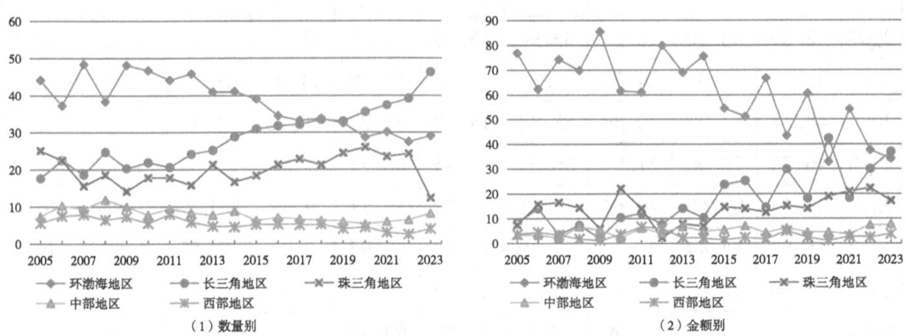

图 1-3-4 2005—2023 年中国企业不同投资方来源地对外直接投资项目数量占比、金额占比变化图

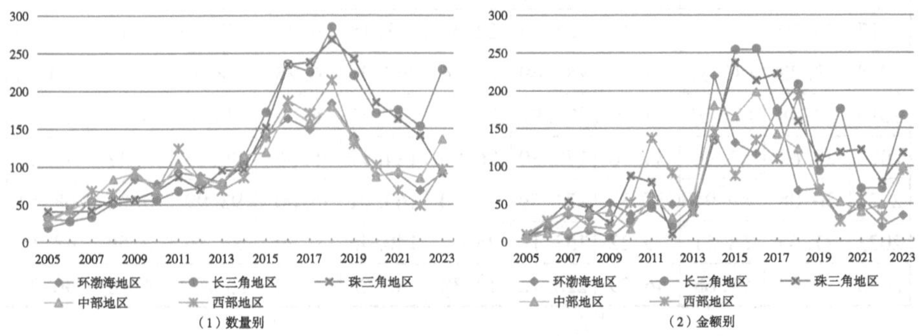

图 1-3-5 2005—2023 年中国企业不同投资方来源地对外直接投资项目数量指数、金额指数变化图

表 1-3-2 2005—2023 年中国企业不同投资方来源地对外直接投资项目数量指数汇总表

年份	项目数量									
	环渤海地区		长三角地区		珠三角地区		中部地区		西部地区	
	占比（%）	指数	占比（%）	指数	占比（%）	指数	占比（%）	指数	占比（%）	指数
2005	44.17	31.14	17.67	19.49	25.09	41.04	7.42	27.42	5.65	29.63
2006	37.19	29.65	22.50	28.06	22.50	41.62	10.31	43.08	7.50	44.44

续表

年份	项目数量									
	环渤海地区		长三角地区		珠三角地区		中部地区		西部地区	
	占比（%）	指数	占比（%）	指数	占比（%）	指数	占比（%）	指数	占比（%）	指数
2007	48.39	56.30	18.63	33.90	15.63	42.20	9.42	57.44	7.92	68.52
2008	38.29	51.32	24.72	51.83	18.59	57.80	11.90	83.55	6.51	64.81
2009	48.14	83.71	20.34	55.34	14.18	57.23	10.03	91.38	7.31	94.44
2010	46.75	76.98	21.94	56.51	17.85	68.21	7.87	67.89	5.60	68.52
2011	44.13	92.68	20.64	67.81	17.79	86.71	9.49	104.44	7.95	124.07
2012	45.82	87.44	24.15	72.10	15.80	69.94	8.36	83.55	5.87	83.33
2013	40.96	78.97	25.19	75.99	21.32	95.38	7.75	78.33	4.78	68.52
2014	41.10	102.39	28.80	112.24	16.70	96.53	8.80	114.88	4.60	85.19
2015	39.02	138.52	30.95	171.86	18.39	151.45	6.39	118.80	5.26	138.89
2016	34.44	163.43	31.76	235.78	21.36	235.26	7.14	177.55	5.30	187.04
2017	33.19	148.98	32.13	225.64	22.86	238.15	6.71	157.96	5.11	170.37
2018	33.72	183.36	33.44	284.49	21.26	268.21	6.28	178.85	5.31	214.81
2019	32.48	139.01	33.00	220.97	24.45	242.77	6.00	134.46	4.07	129.63
2020	28.68	87.94	35.50	170.30	26.00	184.97	5.36	86.16	4.47	101.85
2021	30.08	89.94	37.33	174.59	23.50	163.01	6.00	93.99	3.08	68.52
2022	27.45	68.51	39.22	153.16	24.25	140.46	6.49	84.86	2.59	48.15
2023	29.02	91.68	46.29	228.76	12.38	90.75	8.20	135.77	4.10	96.30

表 1-3-3 2005—2023 年中国企业不同投资方来源地对外直接投资金额指数汇总表

年份	金额									
	环渤海地区		长三角地区		珠三角地区		中部地区		西部地区	
	占比（%）	指数	占比（%）	指数	占比（%）	指数	占比（%）	指数	占比（%）	指数
2005	76.83	8.28	8.45	4.06	7.51	5.44	3.51	4.70	3.70	9.74
2006	62.34	15.76	14.03	15.83	15.73	26.76	3.41	10.72	4.49	27.80
2007	74.30	35.76	3.56	7.65	16.50	53.42	2.20	13.13	3.44	40.55

续表

年份	金额									
	环渤海地区		长三角地区		珠三角地区		中部地区		西部地区	
	占比（%）	指数	占比（%）	指数	占比（%）	指数	占比（%）	指数	占比（%）	指数
2008	69.83	32.20	7.36	15.14	14.32	44.43	6.67	38.21	1.82	20.51
2009	85.49	51.17	2.01	5.37	6.04	24.32	5.31	39.53	1.15	16.83
2010	61.59	36.16	10.42	27.30	22.08	87.22	2.28	16.65	3.62	52.01
2011	61.08	50.99	12.11	45.10	14.00	78.65	6.10	63.26	6.72	137.30
2012	79.89	49.23	7.67	21.08	2.27	9.41	4.13	31.66	6.04	91.14
2013	69.05	49.47	14.11	45.12	7.89	38.03	6.67	59.40	2.29	40.08
2014	75.62	219.72	10.36	134.32	7.00	136.84	4.99	180.19	2.03	144.50
2015	54.48	130.58	23.78	254.37	14.70	237.07	5.56	165.48	1.48	86.98
2016	51.15	115.62	25.33	255.46	14.05	213.73	7.04	197.80	2.43	134.38
2017	66.73	175.28	14.62	171.33	12.60	222.65	4.35	141.89	1.70	109.58
2018	43.44	67.59	29.98	208.17	15.19	159.00	6.31	122.10	5.07	193.09
2019	60.58	70.02	18.21	93.90	14.16	110.09	4.61	66.24	2.44	69.09
2020	32.92	30.51	42.37	175.25	18.96	118.22	4.58	52.81	1.16	26.37
2021	54.22	46.66	18.34	70.41	20.99	121.52	3.71	39.73	2.75	57.82
2022	37.61	19.77	30.02	70.41	22.36	79.08	7.47	48.79	2.53	32.59
2023	34.13	34.60	36.98	167.26	17.22	117.46	7.86	98.99	3.81	94.58

三、中国企业在不同标的区域的对外直接投资指数

不论从项目数量角度还是金额角度看，发达经济体都是中国企业对外直接投资的最主要的投资标的区域。

从项目数量角度看，中国 OFDI 的标的区域主要集中于发达经济体，2005—2023 年间平均占比 72.84%，发展中经济体次之，转型经济体占比最少。在 2019 年以前，三个标的区域的项目数量指数长期均呈波动式上升。2019 年、2020 年、2021 年、2022 年均出现不同程度的下降。特别是在 2020 年，发达经济体、发展中经济体、转型经济体的项目数量指数分别

同比下降 19.63%、42.92%、56.79%。

从金额角度看，自 2014 年中国企业对发达经济体的投资金额指数达到峰值以后，2015—2019 年呈现持续下降趋势。2020 年，发达经济体对外直接投资金额指数从 50.68 提升至 57.08，之后则一直下降到 2022 年的 21.46，在 2023 年实现小幅回调达到 22.74。与此同时，2015—2017 年发展中经济体、转型经济体投资金额指数大幅增长，2018—2022 年，发展中经济体的对外投资金额占比及指数均呈波动下降态势，与对发达经济体的投资趋势相反。中国企业对发展中经济体的投资项目数量指数和金额指数上的变化，反映了在中国经济结构优化升级、“一带一路”倡议等影响下，中国企业在发展中国家（地区）的投资活动日益增多，中国企业的对外投资有向发展中经济体转移的趋势，在此趋势之下，2023 年中国企业对发展中经济体的投资项目数量指数和金额指数实现强势上升。

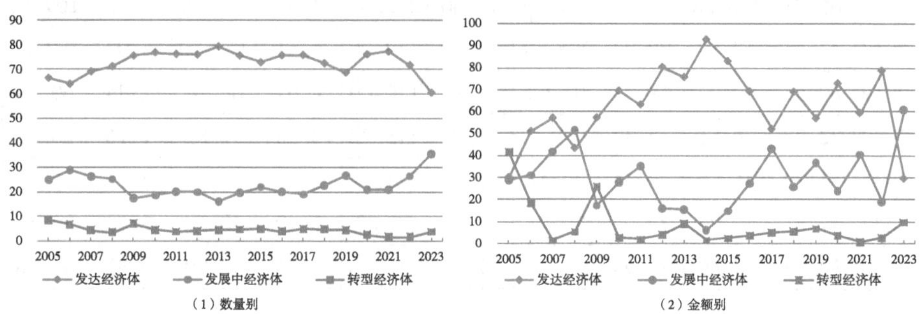

图 1-3-6　2005—2023 年中国企业不同标的区域对外直接投资项目数量占比、金额占比变化图

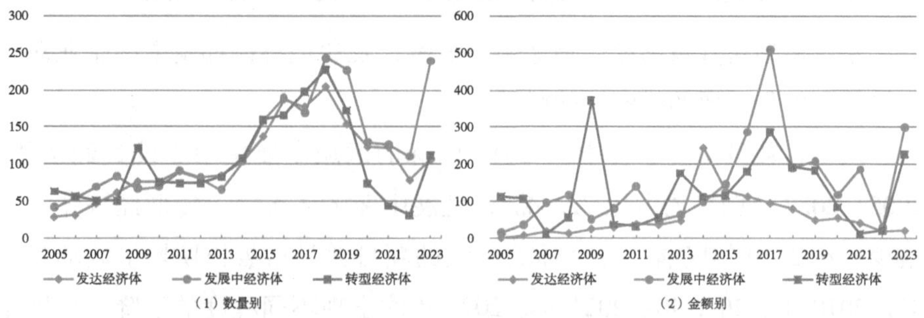

图 1-3-7　2005—2023 年中国企业不同标的区域对外直接投资项目数量指数、金额指数变化图

表 1-3-4　2005—2023 年中国企业不同标的国（地区）对外直接投资项目数量指数汇总表

年份	项目数量					
	发达经济体		发展中经济体		转型经济体	
	占比（%）	指数	占比（%）	指数	占比（%）	指数
2005	66.57	29.25	24.93	41.79	8.50	63.83
2006	64.16	31.86	29.07	55.08	6.77	57.45
2007	69.20	47.55	26.45	69.33	4.35	51.06
2008	71.35	61.99	25.21	83.57	3.44	51.06
2009	75.71	76.80	17.30	66.95	6.99	121.28
2010	76.95	76.05	18.51	69.80	4.53	76.60
2011	76.36	90.86	19.98	90.69	3.66	74.47
2012	76.12	82.15	19.84	81.67	4.04	74.47
2013	79.44	85.14	16.03	65.53	4.53	82.98
2014	75.70	104.31	19.69	103.51	4.61	108.51
2015	72.99	137.54	22.06	158.59	4.95	159.57
2016	75.88	187.20	20.18	189.93	3.94	165.96
2017	76.01	177.50	19.03	169.52	4.96	197.87
2018	72.62	205.00	22.66	244.06	4.72	227.66
2019	68.82	154.10	26.68	227.92	4.50	172.34
2020	76.30	123.85	21.01	130.10	2.68	74.47
2021	77.43	122.98	20.92	126.78	1.65	44.68
2022	71.83	79.04	26.47	111.11	1.70	31.91
2023	60.55	106.80	35.71	240.27	3.74	112.77

表 1-3-5　2005—2023 年中国企业不同标的国（地区）对外直接投资金额指数汇总表

年份	金额					
	发达经济体		发展中经济体		转型经济体	
	占比（%）	指数	占比（%）	指数	占比（%）	指数
2005	29.95	2.74	28.62	16.77	41.43	114.18
2006	50.82	9.89	30.89	38.57	18.30	107.49
2007	56.84	20.51	41.78	96.70	1.37	14.96

续表

年份	金额					
	发达经济体		发展中经济体		转型经济体	
	占比（%）	指数	占比（%）	指数	占比（%）	指数
2008	43.17	15.39	51.47	117.68	5.36	57.71
2009	57.00	27.22	17.11	52.40	25.89	373.05
2010	69.43	31.97	27.78	82.04	2.79	38.75
2011	62.99	39.58	35.14	141.59	1.87	35.46
2012	80.16	38.24	15.82	48.40	4.02	57.84
2013	75.62	49.06	15.35	63.86	9.03	176.85
2014	92.68	244.21	5.90	99.66	1.43	113.46
2015	82.84	128.92	14.68	146.49	2.48	116.38
2016	69.11	113.84	27.26	288.00	3.63	180.67
2017	51.91	96.28	42.97	511.14	5.12	286.64
2018	68.94	80.83	25.59	192.48	5.47	193.48
2019	56.74	50.68	36.40	208.56	6.86	184.80
2020	72.75	57.08	23.61	118.82	3.63	86.03
2021	59.18	43.05	40.20	187.58	0.62	13.53
2022	78.64	21.46	18.71	32.75	2.65	21.82
2023	29.42	22.74	60.79	301.43	9.80	228.62

四、中国企业在不同标的行业的对外直接投资指数

中国作为新兴的发展中大国，对外直接投资活动仍以对非制造业的投资为主。图 1-3-8 显示，非制造业在中国企业 OFDI 项目数量和金额中的占比常年高于制造业，其中企业在两种行业的投资项目数量比例大约为 7 : 3，而投资金额比例波动较大。

图 1-3-9 显示，从项目数量角度看，制造业和非制造业的走势几乎保持同步，2014 年开始加速上涨，2018 年达到峰值，2019—2022 年均呈现大幅下降趋势直至 2023 年触底反弹。然而从金额角度看，虽然都是从 2014 年开始加速上涨，但两者走势波动较大，其中非制造业在 2018 年和

2019 年降幅均高于制造业。2019 年，受经济环境影响中国企业对非制造业的投资规模显著缩减，数量指数和金额指数分别同比下降 22.59%、32.15%，缩减幅度超过制造业。2020 年，中国企业对制造业的投资规模开始大幅回升，投资金额指数同比上升 29.01%；对非制造业的投资规模持续下降，投资金额指数同比下降 41.13%。与 2020 年相反，2021 年中国企业对非制造业的投资规模大幅上升，投资金额指数同比增长 70.37%，非制造业重回主导地位；对制造业的投资规模则大幅下降，同比下降 58.89%。2022 年，中国企业对制造业和非制造业的投资规模均大幅下降，投资金额指数同比下降分别为 29.95%、74.31%。2023 年中国企业对制造业和非制造业的投资规模均实现强势上涨，投资金额指数分别实现 251.07%、118.00%的同比增长。

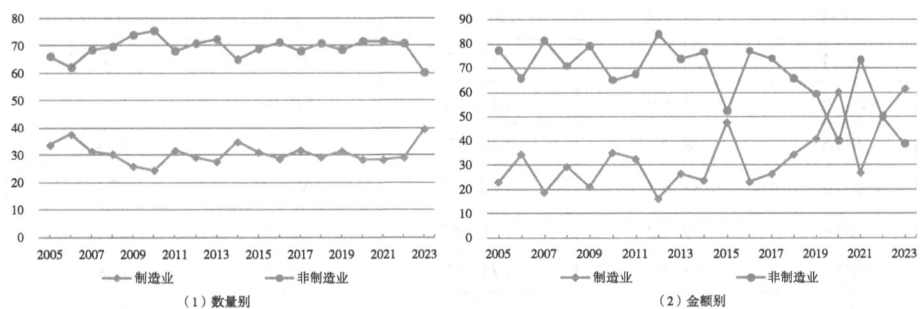

图 1-3-8　2 005—2023 年中国企业不同标的行业对外直接投资项目数量占比、金额占比变化图

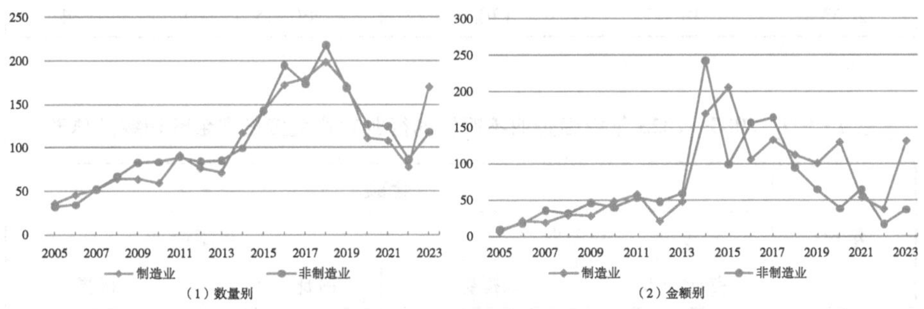

图 1-3-9　2005—2023 年中国企业不同标的行业对外直接投资项目数量指数、金额指数变化图

表 1-3-6　2005—2023 年中国企业不同标的行业对外直接投资项目数量指数汇总表

年份	项目数量			
	制造业		非制造业	
	占比（%）	指数	占比（%）	指数
2005	33.71	36.30	66.29	32.29
2006	37.66	46.06	62.34	34.50
2007	31.45	52.78	68.55	52.03
2008	30.37	64.67	69.63	67.07
2009	25.96	64.06	74.04	82.67
2010	24.50	59.79	75.50	83.36
2011	31.75	91.82	68.25	89.29
2012	29.23	76.88	70.77	84.18
2013	27.68	71.69	72.32	84.74
2014	34.87	117.45	65.13	99.23
2015	31.09	142.16	68.91	142.56
2016	28.67	172.67	71.33	194.31
2017	31.81	178.77	68.19	173.34
2018	29.26	198.90	70.74	217.50
2019	31.54	171.45	68.46	168.37
2020	28.43	111.35	71.57	126.83
2021	28.29	108.30	71.71	124.21
2022	29.12	78.10	70.88	85.98
2023	39.65	170.53	60.35	117.44

表 1-3-7　2005—2023 年中国企业不同标的行业对外直接投资金额指数汇总表

年份	金额			
	制造业		非制造业	
	占比（%）	指数	占比（%）	指数
2005	22.80	5.74	77.20	8.54
2006	34.31	21.08	65.69	17.74

续表

年份	金额			
	制造业		非制造业	
	占比（%）	指数	占比（%）	指数
2007	18.63	18.52	81.37	35.56
2008	29.20	28.69	70.80	30.57
2009	20.95	27.57	79.05	45.71
2010	35.02	47.83	64.98	39.00
2011	32.45	57.63	67.55	52.74
2012	16.01	20.53	83.99	47.32
2013	26.33	47.36	73.67	58.25
2014	23.46	169.12	76.54	242.48
2015	47.64	205.37	52.36	99.21
2016	22.92	105.92	77.08	156.56
2017	26.18	132.51	73.82	164.18
2018	34.29	112.08	65.71	94.39
2019	40.81	100.45	59.19	64.04
2020	60.17	129.59	39.83	37.70
2021	26.72	53.28	73.28	64.23
2022	49.86	37.32	50.14	16.50
2023	61.55	131.02	38.45	35.97

本章小结

一、中国企业 OFDI 综合指数在 2014 年高速增长后增幅有所回落

从总体上看，在 2005—2017 年间中国企业 OFDI 综合指数呈上升趋势，在达到 2017 年峰值水平后，开始呈现 2018—2022 年连续 5 年下降的

颓势，直至2023年才有回升的态势。2014年是企业对外投资规模扩张的重要转折点：2014年以前企业OFDI综合指数以年均17.77%的同比增长率稳步提高，伴随着“一带一路”倡议的推进和政府对企业“走出去”的鼓励，2014年中国企业OFDI综合指数较2013年跳跃式增长140.40%，且主要体现在中国企业对外直接投资金额的高速增长上。之后，OFDI综合指数增长趋于平缓，增幅有较以前有所回落的趋势。另外，2014年后的中国企业对外直接投资项目数量指数和金额指数的走势开始逐渐分化，2018年后二者的走势再次趋向于一致。

二、2023年中国企业对外投资规模实现回升，且在不同视角均有体现

2023年，中国工业生产的复苏和产业转型降低了外部不确定性，尽管不断升级的地缘政治紧张局势正在破坏中国在重要全球价值链中的主导地位，但由于中国产业转型升级成果逐渐凸显，中国企业加速对接全球数字经济、绿色经济和产业链重塑等发展趋势。2023年中国企业对外直接投资规模扭转了2017年以来的下降趋势，相较于2022年的水平，在对外直接投资项目数量上实现了28.53%的增长，在对外直接投资项目金额上实现了101.26%的增长，项目数量超过了2017年前17.95%的平均涨幅，项目金额也超过了2017年前49.85%的平均涨幅，体现出强劲的回升态势。

从不同投资视角来看，相较于2022年，中国企业对外直接投资规模实现了较为全面的回升。其中，从不同所有制角度看，包括外资企业，民营企业、国有企业、港澳台资企业OFDI综合指数都呈现出上升趋势；从不同投资来源地视角看，各个地区企业对外直接投资项目数量均有所上升；从不同投资标的区域视角看，中国企业对发达经济体、发展中经济体和转型经济体的投资项目金额指数和数量指数均实现大幅上涨；从不同投资标的行业角度看，中国企业对外投资规模的上升主要体现在对制造业的投资上。

第二章　中国民营企业对外直接投资指数：综合分析

本章以中国民营企业对外直接投资活动为研究主体，基于中国民营企业对外直接投资六级指标体系，分别从总投资、投资来源地、投资标的国（地区）、投资标的行业角度测算中国企业对外直接投资指数，本章最后一节还以“一带一路”共建国家和地区为主测算出民营企业“一带一路”对外直接投资指数，从多角度描述2005—2023年中国民营企业对外直接投资的发展特征。

第一节　民营企业OFDI综合指数

一、民营企业对外直接投资与全国对外直接投资的比较

自加入WTO以来，在“走出去”战略指引下，越来越多的中国企业选择走向对外市场，企业对外直接投资飞速发展，投资规模不断扩大，2005—2023年间总体呈上升趋势，其中作为市场经济运行重要载体的民营企业在全国企业对外直接投资活动中发挥了关键作用。

根据2005—2023年中国民营企业OFDI数量和金额表显示，2023年，我国民营企业对外直接投资项目数量为1039件，同比增长27.96%；对外直接投资项目金额为1093.50亿美元，同比增长124.54%。整体来看，我国民营企业对外直接投资在2005—2023年呈现增长趋势。对外直接投资项目数量从2005年的150件增长到2023年的1039件，并在2018年出现峰

值 1574 件；对外直接投资项目金额从 2005 年的 41. 40 亿美元增长到 2023 年的 1093. 50 亿美元，并在 2016 年达到最大规模 2596. 32 亿美元。

从表 2-1-1 和图 2-1-1 中可看出，自统计年份以来民营企业对外直接投资项目数量持续在中国企业对外投资活动中占据较高比例，2012 年后达到 50%以上，统计显示 2023 年 73. 22%的对外直接投资项目数量都来源于民营企业。在金额方面，民企对外投资金额的波动相对全国企业而言较为平缓，波动幅度低于全国企业，近年来伴随着民企投资项目数量的提高，民企投资金额逐步赶超其他类型企业投资，全国企业对外投资金额的波动受民企对外投资金额变化的影响逐渐凸显。2023 年民企对外直接投资金额占全国企业的 54. 46%。

表 2-1-1　2005—2023 年中国民营企业对外直接投资项目数量和金额汇总及与全国对外投资的比较

年份	中国民营企业对外直接投资				全国对外直接投资			
	项目数量（件）	同比增长（%）	金额（亿美元）	同比增长（%）	项目数量（件）	同比增长（%）	金额（亿美元）	同比增长（%）
2005	150	—	41. 40	—	353	—	237. 16	—
2006	169	12. 67	84. 59	104. 30	398	12. 75	505. 48	113. 14
2007	250	47. 93	203. 69	140. 80	551	38. 44	935. 00	84. 97
2008	339	35. 60	178. 38	-12. 43	697	26. 50	925. 65	-1. 00
2009	348	2. 65	55. 88	-68. 67	814	16. 79	1239. 66	33. 92
2010	400	14. 94	267. 12	378. 02	793	-2. 58	1195. 10	-3. 59
2011	445	11. 25	301. 78	12. 98	949	19. 67	1624. 83	35. 96
2012	464	4. 27	206. 34	-31. 63	859	-9. 48	1183. 38	-27. 17
2013	484	4. 31	685. 78	232. 36	857	-0. 23	1671. 33	41. 23
2014	629	29. 96	1200. 74	75. 09	1104	28. 82	6792. 73	306. 43
2015	921	46. 42	2265. 92	88. 71	1502	36. 05	4023. 78	-40. 76
2016	1332	44. 63	2596. 32	14. 58	1964	30. 76	4232. 59	5. 19
2017	1262	-5. 26	1819. 06	-29. 94	1863	-5. 14	4764. 58	12. 57
2018	1574	24. 72	1508. 20	-17. 09	2245	20. 50	3000. 86	-37. 02

续表

年份	中国民营企业对外直接投资				全国对外直接投资			
	项目数量（件）	同比增长（%）	金额（亿美元）	同比增长（%）	项目数量（件）	同比增长（%）	金额（亿美元）	同比增长（%）
2019	1287	-18.23	1225.49	-18.74	1786	-20.45	2268.24	-24.41
2020	908	-29.45	1350.01	10.16	1295	-27.49	1997.40	-11.94
2021	915	0.77	1028.36	-23.83	1270	-1.93	1879.83	-5.89
2022	812	-11.26	486.99	-52.64	1104	-13.07	997.64	-46.93
2023	1039	27.96	1093.50	124.54	1419	28.53	2007.91	101.27
合计	13728	—	16599.53	—	21823	—	41483.15	—

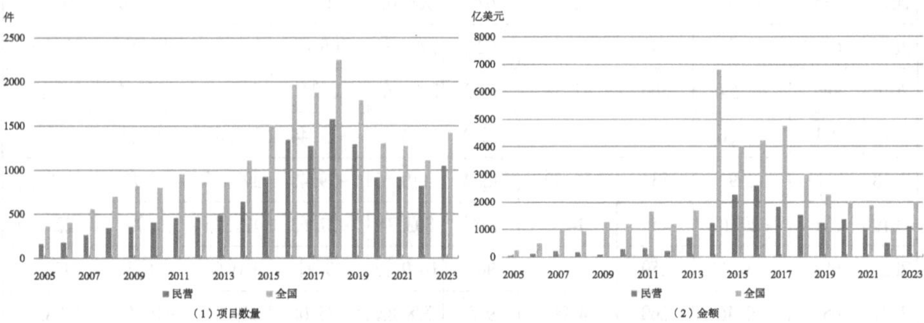

图 2-1-1 2005—2023 年中国民营企业与全国企业对外直接投资项目数量、金额对比变化图

结合表 2-1-2 民企不同模式下的对外直接投资情况看，民企投资规模的大幅变化主要体现在并购投资规模的变化上，从投资金额上看，民企绿地投资都较并购投资波动幅度小。

表 2-1-2 2005—2023 年中国民营企业对外直接投资项目数量与金额汇总表

年份	项目数量（件）					金额（亿美元）				
	并购	同比增长（%）	绿地	同比增长（%）	合计	并购	同比增长（%）	绿地	同比增长（%）	合计
2005	98	—	52	—	150	22.86	—	18.55	—	41.40
2006	123	25.51	46	-11.54	169	47.29	106.88	37.30	101.12	84.59

续表

年份	项目数量（件）					金额（亿美元）				
	并购	同比增长（%）	绿地	同比增长（%）	合计	并购	同比增长（%）	绿地	同比增长（%）	合计
2007	143	16.26	107	132.61	250	153.18	223.92	50.51	35.42	203.69
2008	216	51.05	123	14.95	339	104.26	-31.94	74.12	46.74	178.38
2009	190	-12.04	158	28.46	348	31.67	-69.63	24.21	-67.33	55.88
2010	227	19.47	173	9.49	400	199.71	530.68	67.41	178.38	267.12
2011	251	10.57	194	12.14	445	170.39	-14.68	131.39	94.92	301.78
2012	279	11.16	185	-4.64	464	138.32	-18.82	68.02	-48.23	206.34
2013	311	11.47	173	-6.49	484	642.05	364.17	43.73	-35.71	685.78
2014	435	39.87	194	12.14	629	969.67	51.03	231.07	428.40	1200.74
2015	673	54.71	248	27.84	921	1997.83	106.03	268.09	16.02	2265.92
2016	966	43.54	366	47.58	1332	2002.69	0.24	593.64	121.44	2596.32
2017	921	-4.66	341	-6.83	1262	1573.24	-21.44	245.82	-58.59	1819.06
2018	1040	12.92	534	56.60	1574	1110.65	-29.40	397.55	61.72	1508.20
2019	831	-20.10	456	-14.61	1287	803.74	-27.63	421.76	6.09	1225.49
2020	658	-20.82	250	-45.18	908	1039.33	29.31	310.68	-26.34	1350.01
2021	655	-0.46	260	4.00	915	778.85	-25.06	249.51	-19.69	1028.36
2022	509	-22.29	303	16.54	812	216.17	-72.24	270.83	8.54	487
2023	487	-4.32	552	82.18	1039	251.25	16.23	842.25	210.99	1093.5
合计	9013	—	4715	—	13728	2253.11	—	4346.42	—	16599.53

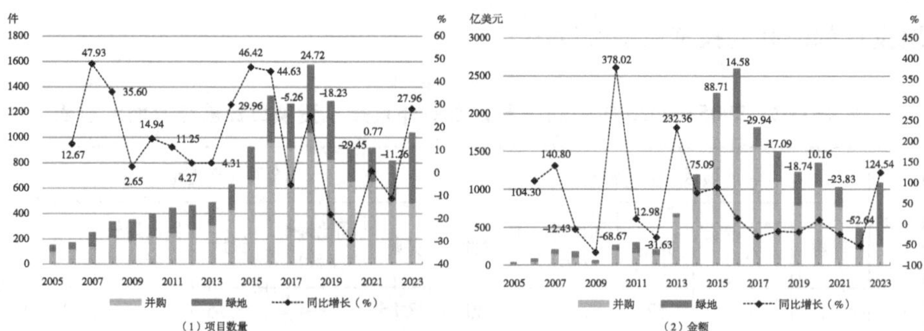

图 2-1-2　2005—2023 年中国民营企业对外直接投资项目数量和金额的增长变化图

二、民营企业 OFDI 综合指数

为便于综合分析中国民营企业对外直接投资发展特征，本书使用主成分分析法对民营企业对外直接投资项目数量指数和金额指数进行融合，构建民营企业 OFDI 综合指数①。

在 2005—2016 年间，中国民营企业 OFDI 综合指数的上升趋势较为强劲，但 2017 年民营企业对外直接投资增长趋势变缓，较 2016 年同比下降 18.87%；2018 年指数小幅回升，2019—2022 年民营企业 OFDI 综合指数出现连年下降态势，同比下降分别为 18.43%、14.58%、11.14%、28.44%。由此可见自 2018 年起在全球贸易投资保护主义不断升级、经济下行风险不断增长、国际环境愈加复杂多变等的影响下，尽管民营企业自身实力的增强和战略调整有效提升了其应对政策冲击的能力，民企对外投资活动仍然受到明显的冲击。可喜的是 2023 年民营企业 OFDI 综合指数上升了 54.49%，表明企业更加注重开拓海外市场。

表 2-1-3　2005—2023 年中国民营企业 OFDI 综合指数及其同比增长率

年份	民营企业 OFDI 综合指数	同比增长率（%）
2005	14.96	—
2006	18.89	26.27
2007	32.16	70.23
2008	38.37	19.28
2009	32.56	-15.13
2010	48.31	48.37
2011	53.99	11.76
2012	50.48	-6.49
2013	77.90	54.31
2014	117.84	51.27

① OFDI 综合指数构建方法详见本书序章第一节。

续表

年份	民营企业 OFDI 综合指数	同比增长率（%）
2015	199.78	69.54
2016	252.42	26.35
2017	204.78	-18.87
2018	214.61	4.80
2019	175.06	-18.43
2020	149.55	-14.58
2021	132.89	-11.14
2022	95.10	-28.44
2023	146.92	54.49

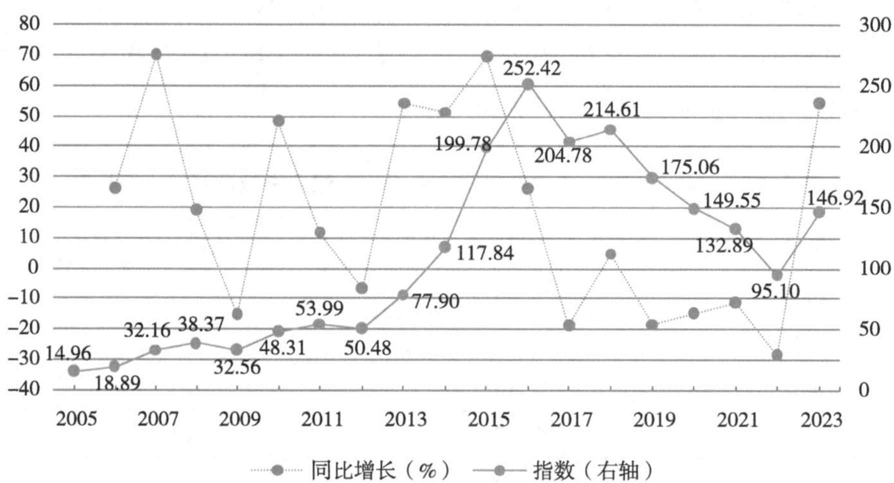

图 2-1-3　2005—2023 年中国民营企业 OFDI 综合指数变化图

三、民营企业对外直接投资项目数量指数和金额指数

从 2005—2023 年中国民营企业对外直接投资项目的数量和金额指数的变化可以看出，中国民营企业对外直接投资项目数量和金额规模总体呈现增长的趋势，但 2017—2018 年两指数分化加剧，民企投资项目数量指数增

长，投资金额指数持续下降。在 2019—2022 年，由于项目数量和投资金额指数整体均呈现下降趋势，二者差距随之缩小。在 2023 年，项目数量和投资金额指数都再次上涨，金额指数增长幅度大于项目数量指数。

在项目数量指数上，2022 年项目数量指数小幅度下降，但 2023 年逆势上涨，并超越前三年的指数水平。相对于民企项目数量指数的变化而言，民企对外投资金额指数在 2017—2022 年整体呈下跌趋势，2023 年金额指数有所回升，但同高峰期金额指数相比仍有较大差距。

表 2-1-4　2005—2023 年中国民营企业对外直接投资项目数量和金额指数

年份	项目数量指数	金额指数
2005	25. 48	4. 44
2006	28. 71	9. 07
2007	42. 47	21. 85
2008	57. 59	19. 14
2009	59. 12	5. 99
2010	67. 96	28. 66
2011	75. 60	32. 38
2012	78. 83	22. 14
2013	82. 23	73. 57
2014	106. 86	128. 82
2015	156. 47	243. 10
2016	226. 30	278. 54
2017	214. 41	195. 16
2018	267. 41	161. 80
2019	218. 65	131. 47
2020	154. 26	144. 83
2021	155. 45	110. 33
2022	137. 95	52. 25
2023	176. 52	117. 31
2011—2015 年均值	100	100

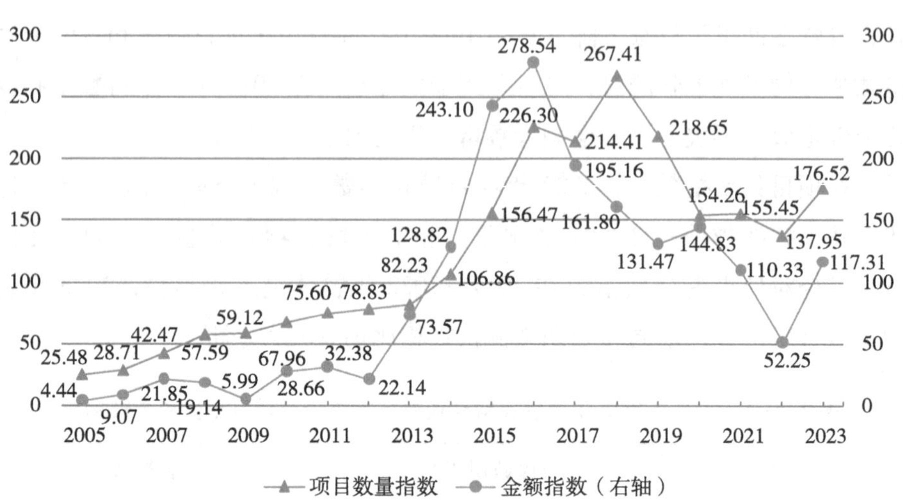

图 2-1-4　2005—2023 年中国民营企业对外直接投资项目数量和金额指数变化图

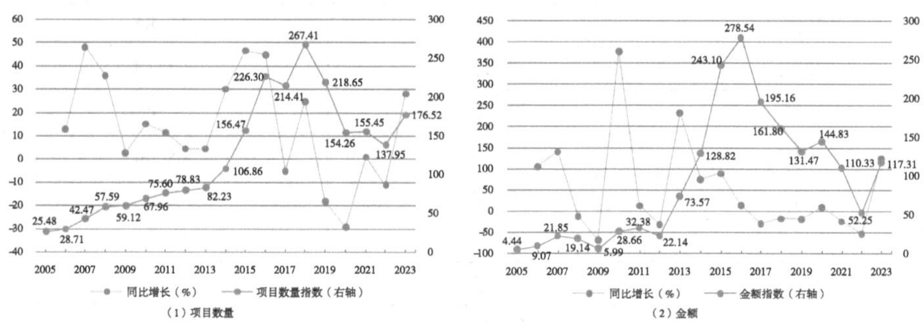

图 2-1-5　2005—2023 年中国民营企业对外直接投资项目数量和金额指数及其同比增长率变化图

第二节　民营企业对外直接投资来源地别指数

本节对民营企业对外直接投资的项目数量与金额按照投资来源地进行统计分析，主要划分为环渤海地区、长三角地区、珠三角地区、中部地区与西部地区五大区域。同时按照各区域特点进一步细分，其中环渤海地区包括京津冀地区和环渤海地区其他区域（辽宁和山东），长三角地区包括上海和长三角地区其他区域（江苏和浙江），珠三角地区包括深圳、广东

（不含深圳）与珠三角地区其他区域（福建和海南），中部地区包括华北东北地区和中原华中地区，西部地区包括西北地区和西南地区，涵盖31个省自治区、直辖市和深圳经济特区①。

一、民营企业对外直接投资项目数量在不同投资来源地的分布

如2005—2023年中国民营企业OFDI数量表所示，为了进一步明晰我国民营企业对外直接投资活动的来源地特征，本书将对外直接投资活动来源地分为环渤海地区、长三角地区、珠三角地区、中部地区、西部地区。从OFDI项目数量看，在2005—2023年间，我国民营企业对外直接投资活动主要集中在长三角地区，累计对外直接投资项目数量为4282件，占比35.63%；其次是环渤海地区，累计对外直接投资项目数量为3403件，占比26.52%；再次是珠三角地区，累计对外直接投资项目数量为2992件，占比24.89%；复次是中部地区，累计对外直接投资项目数量为769件，占比6.40%；最后是西部地区，累计对外直接投资项目数量为573件，占比4.77%。

表2-2-1　2005—2023年中国民营企业对外直接投资项目数量在不同投资来源地的分布及指数汇总表

（单位：件）

年份	环渤海地区											
	京津冀				其他				小计			
	项目数	同比增长（%）	占比（%）	指数	项目数	同比增长（%）	占比（%）	指数	项目数	同比增长（%）	占比（%）	指数
2005	21	—	55.26	18.36	17	—	44.74	36.80	38	—	37.25	23.66
2006	13	-38.10	56.52	11.36	10	-41.18	43.48	21.65	23	-39.47	21.70	14.32
2007	38	192.31	65.52	33.22	20	100.00	34.48	43.29	58	152.17	31.18	36.11

① 详见序章第一节内容“中国民营企业对外直接投资指数”六级指标体系和指数的构成。

续表

年份	环渤海地区											
	京津冀				其他				小计			
	项目数	同比增长（%）	占比（%）	指数	项目数	同比增长（%）	占比（%）	指数	项目数	同比增长（%）	占比（%）	指数
2008	24	-36.84	72.73	20.98	9	-55.00	27.27	19.48	33	-43.10	17.10	20.55
2009	44	83.33	52.38	38.46	40	344.44	47.62	86.58	84	154.55	32.06	52.30
2010	63	43.18	71.59	55.07	25	-37.50	28.41	54.11	88	4.76	30.66	54.79
2011	67	6.35	60.91	58.57	43	72.00	39.09	93.07	110	25.00	30.99	68.49
2012	79	17.91	65.29	69.06	42	-2.33	34.71	90.91	121	10.00	32.27	75.34
2013	94	18.99	72.31	82.17	36	-14.29	27.69	77.92	130	7.44	31.78	80.95
2014	121	28.72	68.75	105.77	55	52.78	31.25	119.05	176	35.38	33.78	109.59
2015	211	74.38	79.32	184.44	55	0.00	20.68	119.05	266	51.14	32.05	165.63
2016	271	28.44	79.94	236.89	68	23.64	20.06	147.19	339	27.44	27.12	211.08
2017	256	-5.54	76.19	223.78	80	17.65	23.81	173.16	336	-0.88	28.31	209.22
2018	356	39.06	83.18	311.19	72	-10.00	16.82	155.84	428	27.38	28.61	266.50
2019	254	-28.65	76.74	222.03	77	6.94	23.26	166.67	331	-22.66	27.75	206.10
2020	177	-30.31	82.71	154.72	37	-51.95	17.29	80.09	214	-35.35	25.51	133.25
2021	194	9.60	86.61	169.58	30	-18.92	13.39	64.94	224	4.67	27.18	139.48
2022	160	-17.53	84.66	139.86	29	-3.33	15.34	62.77	189	-15.63	26.40	117.68
2023	163	1.88	75.81	142.48	52	79.31	24.19	112.55	215	13.76	24.21	133.87
合计	2606	—	76.58	—	797	—	23.37	—	3403	—	26.52	—
2011—2015年均值	114.4	—	—	100.00	46.2	—	—	100.00	160.6	—	—	100.00

年份	长三角地区											
	上海				其他				小计			
	项目数	同比增长（%）	占比（%）	指数	项目数	同比增长（%）	占比（%）	指数	项目数	同比增长（%）	占比（%）	指数
2005	8	—	44.44	12.62	10	—	55.56	10.35	18	—	17.65	11.25
2006	15	87.50	53.57	23.66	13	30.00	46.43	13.46	28	55.56	26.42	17.50

续表

年份	长三角地区											
	上海				其他				小计			
	项目数	同比增长（%）	占比（%）	指数	项目数	同比增长（%）	占比（%）	指数	项目数	同比增长（%）	占比（%）	指数
2007	14	-6.67	26.42	22.08	39	200.00	73.58	40.37	53	89.29	28.49	33.13
2008	14	0.00	18.42	22.08	62	58.97	81.58	64.18	76	43.40	39.38	47.50
2009	18	28.57	23.38	28.39	59	-4.84	76.62	61.08	77	1.32	29.39	48.13
2010	23	27.78	26.44	36.28	64	8.47	73.56	66.25	87	12.99	30.31	54.38
2011	27	17.39	26.47	42.59	75	17.19	73.53	77.64	102	17.24	28.73	63.75
2012	43	59.26	35.83	67.82	77	2.67	64.17	79.71	120	17.65	32.00	75.00
2013	34	-20.93	29.06	53.63	83	7.79	70.94	85.92	117	-2.50	28.61	73.13
2014	81	138.24	49.69	127.76	82	-1.20	50.31	84.89	163	39.32	31.29	101.88
2015	132	62.96	44.30	208.20	166	102.44	55.70	171.84	298	82.82	35.90	186.25
2016	190	43.94	44.08	299.68	241	45.18	55.92	249.48	431	44.63	34.48	269.38
2017	165	-13.16	40.05	260.25	247	2.49	59.95	255.69	412	-4.41	34.71	257.50
2018	202	22.42	38.04	318.61	329	33.20	61.96	340.58	531	28.88	35.49	331.88
2019	159	-21.29	38.04	250.79	259	-21.28	61.96	268.12	418	-21.28	35.04	261.25
2020	117	-26.42	38.87	184.54	184	-28.96	61.13	190.48	301	-27.99	35.88	188.13
2021	136	16.24	42.63	214.51	183	-0.54	57.37	189.44	319	5.98	38.71	199.38
2022	119	-12.50	41.46	187.70	168	-8.20	58.54	173.91	287	-10.03	40.08	179.38
2023	126	5.88	28.38	198.74	318	89.29	71.62	329.19	444	54.70	50.00	277.50
合计	1623	—	37.90	—	2659	—	62.10	—	4282	—	35.63	—
2011—2015年均值	63.4	—	—	100.00	96.6	—	—	100.00	160	—	—	100.00

年份	珠三角地区											
	广东				其他				小计			
	项目数	同比增长（%）	占比（%）	指数	项目数	同比增长（%）	占比（%）	指数	项目数	同比增长（%）	占比（%）	指数
2005	27	—	84.38	27.84	5	—	15.63	24.51	32	—	31.37	27.26
2006	35	29.63	87.50	36.08	5	0.00	12.50	24.51	40	25.00	37.74	34.07

续表

年份	珠三角地区											
	广东				其他				小计			
	项目数	同比增长（%）	占比（%）	指数	项目数	同比增长（%）	占比（%）	指数	项目数	同比增长（%）	占比（%）	指数
2007	43	22.86	84.31	44.33	8	60.00	15.69	39.22	51	27.50	27.42	43.44
2008	44	2.33	93.62	45.36	3	-62.50	6.38	14.71	47	-7.84	24.35	40.03
2009	50	13.64	83.33	51.55	10	233.33	16.67	49.02	60	27.66	22.90	51.11
2010	69	38.00	87.34	71.13	10	0.00	12.66	49.02	79	31.67	27.53	67.29
2011	73	5.80	80.22	75.26	18	80.00	19.78	88.24	91	15.19	25.63	77.51
2012	64	-12.33	83.12	65.98	13	-27.78	16.88	63.73	77	-15.38	20.53	65.59
2013	103	60.94	82.40	106.19	22	69.23	17.60	107.84	125	62.34	30.56	106.47
2014	102	-0.97	87.18	105.15	15	-31.82	12.82	73.53	117	-6.40	22.46	99.66
2015	143	40.20	80.79	147.42	34	126.67	19.21	166.67	177	51.28	21.33	150.77
2016	264	84.62	83.02	272.16	54	58.82	16.98	264.71	318	79.66	25.44	270.87
2017	252	-4.55	84.56	259.79	46	-14.81	15.44	225.49	298	-6.29	25.11	253.83
2018	302	19.84	83.20	311.34	61	32.61	16.80	299.02	363	21.81	24.26	309.20
2019	294	-2.65	86.22	303.09	47	-22.95	13.78	230.39	341	-6.06	28.58	290.46
2020	204	-30.61	80.95	210.31	48	2.13	19.05	235.29	252	-26.10	30.04	214.65
2021	173	-15.20	81.60	178.35	39	-18.75	18.40	191.18	212	-15.87	25.73	180.58
2022	166	-4.05	85.13	171.13	29	-25.64	14.87	142.16	195	-8.02	27.23	166.10
2023	77	-53.61	65.81	79.38	40	37.93	34.19	196.08	117	-40.00	13.18	99.66
合计	2485	—	83.05	—	507	—	16.95	—	2992	—	24.89	—
2011—2015年均值	97	—	—	100.00	20.4	—	—	100.00	117.4	—	—	100.00

年份	中部地区											
	华北东北				中原华中				小计			
	项目数	同比增长（%）	占比（%）	指数	项目数	同比增长（%）	占比（%）	指数	项目数	同比增长（%）	占比（%）	指数
2005	2	—	25.00	25.64	6	—	75.00	22.22	8	—	7.84	22.99
2006	1	-50.00	16.67	12.82	5	-16.67	83.33	18.52	6	-25.00	5.66	17.24

续表

年份	中部地区											
	华北东北				中原华中				小计			
	项目数	同比增长（%）	占比（%）	指数	项目数	同比增长（%）	占比（%）	指数	项目数	同比增长（%）	占比（%）	指数
2007	5	400.00	31.25	64.10	11	120.00	68.75	40.74	16	166.67	8.60	45.98
2008	4	-20.00	17.39	51.28	19	72.73	82.61	70.37	23	43.75	11.92	66.09
2009	4	0.00	25.00	51.28	12	-36.84	75.00	44.44	16	-30.43	6.11	45.98
2010	6	50.00	26.09	76.92	17	41.67	73.91	62.96	23	43.75	8.01	66.09
2011	3	-50.00	13.04	38.46	20	17.65	86.96	74.07	23	0.00	6.48	66.09
2012	12	300.00	30.77	153.85	27	35.00	69.23	100.00	39	69.57	10.40	112.07
2013	6	-50.00	33.33	76.92	12	-55.56	66.67	44.44	18	-53.85	4.40	51.72
2014	8	33.33	18.18	102.56	36	200.00	81.82	133.33	44	144.44	8.45	126.44
2015	10	25.00	20.00	128.21	40	11.11	80.00	148.15	50	13.64	6.02	143.68
2016	20	100.00	21.98	256.41	71	77.50	78.02	262.96	91	82.00	7.28	261.49
2017	16	-20.00	20.00	205.13	64	-9.86	80.00	237.04	80	-12.09	6.74	229.89
2018	22	37.50	23.16	282.05	73	14.06	76.84	270.37	95	18.75	6.35	272.99
2019	10	-54.55	17.24	128.21	48	-34.25	82.76	177.78	58	-38.95	4.86	166.67
2020	4	-60.00	11.11	51.28	32	-33.33	88.89	118.52	36	-37.93	4.29	103.45
2021	11	175.00	23.40	141.03	36	12.50	76.60	133.33	47	30.56	5.70	135.06
2022	3	-72.73	11.54	38.46	23	-36.11	88.46	85.19	26	-44.68	3.63	74.71
2023	8	166.67	11.43	102.56	62	169.57	88.57	229.63	70	169.23	7.88	201.15
合计	155	—	20.16	—	614	—	78.94	—	769	—	6.40	—
2011—2015年均值	7.8	—	—	100.00	27	—	—	100.00	34.8	—	—	100.00

年份	西部地区											
	西北				西南				小计			
	项目数	同比增长（%）	占比（%）	指数	项目数	同比增长（%）	占比（%）	指数	项目数	同比增长（%）	占比（%）	指数
2005	4	—	66.67	54.05	2	—	33.33	11.24	6	—	5.88	23.81
2006	2	-50.00	22.22	27.03	7	250.00	77.78	39.33	9	50.00	8.49	35.71

续表

年份	西部地区											
	西北				西南				小计			
	项目数	同比增长（%）	占比（%）	指数	项目数	同比增长（%）	占比（%）	指数	项目数	同比增长（%）	占比（%）	指数
2007	0	-100.00	0.00	0.00	8	14.29	100.00	44.94	8	-11.11	4.30	31.75
2008	3	—	21.43	40.54	11	37.50	78.57	61.80	14	75.00	7.25	55.56
2009	8	166.67	32.00	108.11	17	54.55	68.00	95.51	25	78.57	9.54	99.21
2010	0	-100.00	0.00	0.00	10	-41.18	100.00	56.18	10	-60.00	3.48	39.68
2011	7	—	24.14	94.59	22	120.00	75.86	123.60	29	190.00	8.17	115.08
2012	5	-28.57	27.78	67.57	13	-40.91	72.22	73.03	18	-37.93	4.80	71.43
2013	5	0.00	26.32	67.57	14	7.69	73.68	78.65	19	5.56	4.65	75.40
2014	6	20.00	28.57	81.08	15	7.14	71.43	84.27	21	10.53	4.03	83.33
2015	14	133.33	35.90	189.19	25	66.67	64.10	140.45	39	85.71	4.70	154.76
2016	26	85.71	36.62	351.35	45	80.00	63.38	252.81	71	82.05	5.68	281.75
2017	21	-19.23	34.43	283.78	40	-11.11	65.57	224.72	61	-14.08	5.14	242.06
2018	28	33.33	35.44	378.38	51	27.50	64.56	286.52	79	29.51	5.28	313.49
2019	12	-57.14	26.67	162.16	33	-35.29	73.33	185.39	45	-43.04	3.77	178.57
2020	10	-16.67	27.78	135.14	26	-21.21	72.22	146.07	36	-20.00	4.29	142.86
2021	3	-70.00	13.64	40.54	19	-26.92	86.36	106.74	22	-38.89	2.67	87.30
2022	7	133.33	36.84	94.59	12	-36.84	63.16	67.42	19	-13.64	2.65	75.40
2023	14	100.00	33.33	189.19	28	133.33	66.67	157.30	42	121.05	4.73	166.67
合计	175	—	30.54	—	398	—	69.46	—	573	—	4.77	—
2011—2015年均值	7.4	—	—	100.00	17.8	—	—	100.00	25.2	—	—	100.00

年份	总计			
	项目数	同比增长（%）	占比（%）	指数
2005	102	—	100.00	20.48
2006	106	3.92	100.00	21.28
2007	186	75.47	100.00	37.35
2008	193	3.76	100.00	38.75

续表

年份	总计			
	项目数	同比增长（%）	占比（%）	指数
2009	262	35.75	100.00	52.61
2010	287	9.54	100.00	57.63
2011	355	23.69	100.00	71.28
2012	375	5.63	100.00	75.29
2013	409	9.07	100.00	82.12
2014	521	27.38	100.00	104.61
2015	830	59.31	100.00	166.65
2016	1250	50.60	100.00	250.98
2017	1187	-5.04	100.00	238.33
2018	1496	26.03	100.00	300.37
2019	1193	-20.25	100.00	239.54
2020	839	-29.67	100.00	168.46
2021	824	-1.79	100.00	165.45
2022	716	-13.11	100.00	143.76
2023	888	24.02	100.00	178.30
合计	12019	—	100.00	—
2011—2015年均值	498	—	—	100.00

注：此处存在重复统计问题，故总计部分与表2-1-1、表2-1-2所示不一致①。

① 在本书所使用的BvD-Zephyr数据库中，一件并购交易可能存在多个并购投资方，若这些投资方所在地位于不同省份或者投资标的国（地区）不同、投资标的行业不同，本书在对投资来源地、标的国（地区）、标的行业进行分类的时候会重复统计这件交易。譬如现有一件并购交易是由两家企业共同出资完成，但两个企业分别位于北京和河北，那么当对投资来源地进行划分的时候，这件交易将会既被统计到来源地为北京的并购投资交易中，又会在河北类别中再被统计一次。投资标的国（地区）、投资标的行业出现重复统计的原因及处理办法与投资来源地的处理一致。另外，此处还需要说明的是，在本书的表2-1-1、表2-1-2、表3-1-1、表3-1-2所示总计数据以及第四章绿地投资部分数据不存在重复统计问题，重复统计只出现在第二章、第三章分类别汇总表中。

二、民营企业对外直接投资金额在不同投资来源地的分布

根据2005—2023年中国民营企业OFDI金额表显示，从OFDI项目金额看，在2005—2023年间，我国民营企业对外直接投资活动主要集中在环渤海地区，累计对外直接投资项目金额为5144.12亿美元，占比34.91%；其次是长三角地区，累计对外直接投资项目金额为4888.95亿美元，占比33.18%；再次是珠三角地区，累计对外直接投资项目金额为3387.66亿美元，占比22.99%；复次是中部地区，累计对外直接投资项目金额为787.26亿美元，占比5.34%；最后是西部地区，累计对外直接投资项目金额为527.40亿美元，占比3.58%。

表2-2-2 2005—2023年中国民营企业对外直接投资金额在不同投资来源地的分布及指数汇总表

（单位：百万美元）

年份	环渤海地区											
	京津冀				其他				小计			
	金额	同比增长（%）	占比（%）	指数	金额	同比增长（%）	占比（%）	指数	金额	同比增长（%）	占比（%）	指数
2005	254.12	—	71.27	0.87	102.46	—	28.73	2.28	356.58	—	24.28	1.06
2006	1040.53	309.46	92.92	3.58	79.30	-22.60	7.08	1.77	1119.83	214.05	16.79	3.34
2007	1251.85	20.31	64.66	4.31	684.08	762.65	35.34	15.24	1935.93	72.88	9.72	5.77
2008	3543.23	183.04	87.40	12.19	510.93	-25.31	12.60	11.39	4054.16	109.42	27.83	12.08
2009	1024.27	-71.09	44.83	3.52	1260.47	146.70	55.17	28.09	2284.74	-43.64	45.61	6.81
2010	1747.82	70.64	55.23	6.01	1416.67	12.39	44.77	31.57	3164.49	38.51	13.03	9.43
2011	5264.22	201.19	74.43	18.10	1808.35	27.65	25.57	40.30	7072.57	123.50	25.89	21.07
2012	6885.33	30.79	82.07	23.68	1504.24	-16.82	17.93	33.52	8389.57	18.62	47.32	25.00
2013	15237.07	121.30	91.07	52.40	1493.55	-0.71	8.93	33.28	16730.62	99.42	39.56	49.85
2014	31914.55	109.45	75.45	109.76	10387.10	595.46	24.55	231.46	42301.66	152.84	41.26	126.03
2015	86085.39	169.74	92.24	296.06	7244.87	-30.25	7.76	161.44	93330.26	120.63	45.99	278.06
2016	79797.46	-7.30	87.96	274.43	10927.75	50.83	12.04	243.51	90725.21	-2.79	40.39	270.30

续表

年份	环渤海地区											
	京津冀				其他				小计			
	金额	同比增长（%）	占比（%）	指数	金额	同比增长（%）	占比（%）	指数	金额	同比增长（%）	占比（%）	指数
2017	68381.34	-14.31	86.69	235.17	10499.41	-3.92	13.31	233.96	78880.75	-13.06	42.69	235.01
2018	28308.72	-58.60	74.41	97.36	9733.31	-7.30	25.59	216.89	38042.03	-51.77	26.05	113.34
2019	41868.49	47.90	83.27	143.99	8413.85	-13.56	16.73	187.49	50282.34	32.18	45.64	149.81
2020	6932.26	-83.44	34.48	23.84	13170.70	56.54	65.52	293.49	20102.96	-60.02	18.29	59.89
2021	22200.42	220.25	79.88	76.35	5592.19	-57.54	20.12	124.61	27792.61	38.25	33.27	82.80
2022	8009.49	-63.92	84.80	27.55	1435.63	-74.33	15.20	31.99	9445.11	-66.02	18.57	28.14
2023	10809.33	34.96	58.74	37.17	7591.29	428.78	41.26	169.16	18400.61	94.82	18.60	54.82
合计	420555.89	—	81.75	—	93856.15	—	18.25	—	514412.04	—	34.91	—
2011—2015年均值	29077.31	—	—	100.00	4487.62	—	—	100.00	33564.94	—	—	100.00

年份	长三角地区											
	上海				其他				小计			
	金额	同比增长（%）	占比（%）	指数	金额	同比增长（%）	占比（%）	指数	金额	同比增长（%）	占比（%）	指数
2005	56.10	—	37.32	0.64	94.22	—	62.68	0.70	150.32	—	10.24	0.68
2006	228.05	306.51	34.22	2.62	438.29	365.18	65.78	3.27	666.34	343.28	9.99	3.02
2007	906.14	297.34	31.30	10.41	1988.42	353.68	68.70	14.85	2894.56	334.40	14.54	13.10
2008	705.31	-22.16	27.62	8.11	1848.25	-7.05	72.38	13.80	2553.56	-11.78	17.53	11.56
2009	143.81	-79.61	15.19	1.65	802.64	-56.57	84.81	6.00	946.45	-62.94	18.89	4.28
2010	332.48	131.19	9.29	3.82	3244.96	304.29	90.71	24.24	3577.44	277.98	14.73	16.20
2011	2713.78	716.22	26.23	31.19	7633.99	135.26	73.77	57.02	10347.77	189.25	37.87	46.85
2012	850.02	-68.68	19.37	9.77	3538.78	-53.64	80.63	26.43	4388.80	-57.59	24.75	19.87
2013	9062.13	966.11	61.38	104.16	5702.44	61.14	38.62	42.59	14764.56	236.41	34.91	66.84
2014	12323.14	35.99	64.42	141.64	6805.04	19.34	35.58	50.83	19128.18	29.55	18.66	86.60

续表

年份	长三角地区											
	上海				其他				小计			
	金额	同比增长（%）	占比（%）	指数	金额	同比增长（%）	占比（%）	指数	金额	同比增长（%）	占比（%）	指数
2015	18553.02	50.55	30.01	213.24	43261.19	535.72	69.99	323.13	61814.21	223.16	30.46	279.85
2016	37020.48	99.54	54.31	425.50	31143.83	-28.01	45.69	232.62	68164.31	10.27	30.35	308.59
2017	33618.14	-9.19	59.13	386.40	23232.92	-25.40	40.87	173.53	56851.06	-16.60	30.77	257.38
2018	25122.71	-25.27	42.07	288.75	34592.99	48.90	57.93	258.38	59715.70	5.04	40.89	270.34
2019	16722.03	-33.44	56.98	192.20	12626.65	-63.50	43.02	94.31	29348.67	-50.85	26.64	132.87
2020	6236.40	-62.71	10.18	71.68	55041.86	335.92	89.82	411.12	61278.26	108.79	55.74	277.42
2021	2913.84	-53.28	13.02	33.49	19469.05	-64.63	86.98	145.42	22382.89	-63.47	26.79	101.33
2022	9802.89	236.43	51.15	112.67	9363.55	-51.91	48.85	69.94	19166.44	-14.37	37.68	86.77
2023	14202.67	44.88	27.98	163.24	36552.91	290.37	72.02	273.02	50755.58	164.81	51.32	229.78
合计	191513.14	—	39.17	—	297381.96	—	60.83	—	488895.10	—	33.18	—
2011—2015年均值	8700.42	—	—	100.00	13388.29	—	—	100.00	22088.70	—	—	100.00

年份	珠三角地区											
	广东				其他				小计			
	金额	同比增长（%）	占比（%）	指数	金额	同比增长（%）	占比（%）	指数	金额	同比增长（%）	占比（%）	指数
2005	333.31	—	99.70	3.59	1.00	—	0.30	0.01	334.31	—	22.77	2.01
2006	4408.63	1222.68	98.23	47.47	79.30	7830.00	1.77	1.07	4487.93	1242.45	67.29	26.92
2007	14431.66	227.35	100.00	155.41	0.40	-99.50	0.00	0.01	14432.06	221.57	72.49	86.56
2008	6047.47	-58.10	95.18	65.12	306.15	76437.50	4.82	4.15	6353.62	-55.98	43.62	38.11
2009	859.51	-85.79	93.39	9.26	60.82	-80.13	6.61	0.82	920.33	-85.51	18.37	5.52
2010	16268.91	1792.81	99.37	175.19	102.50	68.53	0.63	1.39	16371.41	1678.86	67.40	98.20
2011	3395.69	-79.13	40.86	36.57	4915.68	4695.79	59.14	66.55	8311.37	-49.23	30.42	49.85
2012	1270.25	-62.59	87.52	13.68	181.14	-96.32	12.48	2.45	1451.39	-82.54	8.19	8.71

续表

年份	珠三角地区											
	广东				其他				小计			
	金额	同比增长（%）	占比（%）	指数	金额	同比增长（%）	占比（%）	指数	金额	同比增长（%）	占比（%）	指数
2013	5772.34	354.43	59.75	62.16	3888.20	2046.52	40.25	52.64	9660.54	565.61	22.84	57.94
2014	8115.67	40.60	29.16	87.39	19716.41	407.08	70.84	266.94	27832.08	188.10	27.15	166.94
2015	27877.24	243.50	77.21	300.20	8228.31	-58.27	22.79	111.40	36105.55	29.73	17.79	216.56
2016	20469.28	-26.57	49.01	220.43	21297.58	158.83	50.99	288.35	41766.86	15.68	18.59	250.52
2017	15646.09	-23.56	55.61	168.49	12489.50	-41.36	44.39	169.10	28135.59	-32.64	15.23	168.76
2018	24057.16	53.76	85.03	259.06	4235.82	-66.08	14.97	57.35	28292.98	0.56	19.38	169.70
2019	19112.40	-20.55	85.66	205.81	3199.69	-24.46	14.34	43.32	22312.09	-21.14	20.25	133.83
2020	18695.40	-2.18	71.28	201.32	7531.16	135.37	28.72	101.97	26226.56	17.54	23.86	157.31
2021	26024.45	39.20	92.35	280.25	2155.51	-71.38	7.65	29.18	28179.96	7.45	33.73	169.02
2022	7864.17	-69.78	45.73	84.69	9332.66	332.97	54.27	126.36	17196.83	-38.97	33.81	103.15
2023	12130.36	54.25	59.48	130.63	8263.70	-11.45	40.52	111.88	20394.06	18.59	20.62	122.32
合计	232780.00	—	68.71	—	105985.53	—	31.29	—	338765.52	—	22.99	—
2011—2015年均值	9286.24	—	—	100.00	7385.95	—	—	100.00	16672.19	—	—	100.00

年份	中部地区											
	华北东北				中原华中				小计			
	金额	同比增长（%）	占比（%）	指数	金额	同比增长（%）	占比（%）	指数	金额	同比增长（%）	占比（%）	指数
2005	250.00	—	79.40	51.99	64.86	—	20.60	2.60	314.86	—	21.44	10.57
2006	6.70	-97.32	4.90	1.39	130.00	100.43	95.10	5.20	136.70	-56.58	2.05	4.59
2007	53.88	704.18	13.44	11.20	347.16	167.05	86.56	13.89	401.04	193.37	2.01	13.46
2008	36.31	-32.61	10.14	7.55	321.76	-7.32	89.86	12.88	358.07	-10.71	2.46	12.02
2009	20.92	-42.39	8.13	4.35	236.28	-26.57	91.87	9.46	257.20	-28.17	5.13	8.63
2010	46.67	123.09	6.64	9.70	656.05	177.65	93.36	26.25	702.72	173.22	2.89	23.58

续表

年份	中部地区											
	华北东北				中原华中				小计			
	金额	同比增长（%）	占比（%）	指数	金额	同比增长（%）	占比（%）	指数	金额	同比增长（%）	占比（%）	指数
2011	177.35	280.01	39.20	36.88	275.05	-58.07	60.80	11.01	452.40	-35.62	1.66	15.18
2012	725.00	308.80	56.94	150.76	548.38	99.37	43.06	21.94	1273.38	181.47	7.18	42.73
2013	257.03	-64.55	34.66	53.45	484.51	-11.65	65.34	19.39	741.55	-41.77	1.75	24.89
2014	983.96	282.81	32.17	204.61	2074.49	328.16	67.83	83.01	3058.45	312.44	2.98	102.64
2015	261.17	-73.46	2.79	54.31	9112.43	339.26	97.21	364.65	9373.60	206.48	4.62	314.56
2016	5500.08	2005.94	28.28	1143.70	13951.84	53.11	71.72	558.30	19451.92	107.52	8.66	652.78
2017	1654.68	-69.92	11.15	344.08	13179.41	-5.54	88.85	527.39	14834.09	-23.74	8.03	497.81
2018	2007.29	21.31	21.30	417.40	7415.14	-43.74	78.70	296.73	9422.43	-36.48	6.45	316.20
2019	2134.85	6.35	41.67	443.93	2988.24	-59.70	58.33	119.58	5123.09	-45.63	4.65	171.92
2020	320.96	-84.97	22.91	66.74	1079.92	-63.86	77.09	43.21	1400.88	-72.66	1.27	47.01
2021	812.22	153.06	20.12	168.89	3224.59	198.60	79.88	129.04	4036.81	188.16	4.83	135.47
2022	68.57	-91.56	2.44	14.26	2740.37	-15.02	97.56	109.66	2808.94	-30.42	5.52	94.26
2023	1038.27	1414.28	22.68	215.90	3539.71	29.17	77.32	141.65	4577.98	62.98	4.63	153.63
合计	16355.91	—	20.78	—	62370.20	—	79.22	—	78726.11	—	5.34	—
2011—2015年均值	480.90	—	—	100.00	2498.97	—	—	100.00	2979.88	—	—	100.00

年份	西部地区											
	西北				西南				小计			
	金额	同比增长（%）	占比（%）	指数	金额	同比增长（%）	占比（%）	指数	金额	同比增长（%）	占比（%）	指数
2005	298.89	—	95.71	86.91	13.39	—	4.29	0.46	312.28	—	21.27	9.60
2006	185.80	-37.84	71.75	54.02	73.14	446.23	28.25	2.51	258.94	-17.08	3.88	7.96
2007	0.00	-100.00	0.00	0.00	245.02	235.00	100.00	8.42	245.02	-5.38	1.23	7.53
2008	17.40	—	1.40	5.06	1228.96	401.58	98.60	42.25	1246.36	408.68	8.56	38.32
2009	158.42	810.46	26.38	46.06	442.17	-64.02	73.62	15.20	600.59	-51.81	11.99	18.46

续表

年份	西部地区											
	西北				西南				小计			
	金额	同比增长（%）	占比（%）	指数	金额	同比增长（%）	占比（%）	指数	金额	同比增长（%）	占比（%）	指数
2010	0.00	-100.00	0.00	0.00	473.63	7.11	100.00	16.28	473.63	-21.14	1.95	14.56
2011	449.47	—	39.51	130.69	688.10	45.28	60.49	23.66	1137.57	140.18	4.16	34.97
2012	120.63	-73.16	5.42	35.08	2105.89	206.04	94.58	72.40	2226.52	95.73	12.56	68.45
2013	78.34	-35.06	20.02	22.78	312.90	-85.14	79.98	10.76	391.24	-82.43	0.93	12.03
2014	151.43	93.30	1.48	44.03	10053.99	3113.19	98.52	345.63	10205.42	2508.49	9.95	313.74
2015	919.73	507.36	39.93	267.43	1383.40	-86.24	60.07	47.56	2303.13	-77.43	1.13	70.81
2016	1164.87	26.65	25.85	338.70	3341.46	141.54	74.15	114.87	4506.33	95.66	2.01	138.54
2017	939.56	-19.34	15.45	273.19	5139.82	53.82	84.55	176.70	6079.38	34.91	3.29	186.90
2018	4118.35	338.33	39.03	1197.47	6432.06	25.14	60.97	221.12	10550.41	73.54	7.23	324.35
2019	2721.45	-33.92	87.95	791.30	373.04	-94.20	12.05	12.82	3094.49	-70.67	2.81	95.13
2020	223.19	-91.80	24.06	64.90	704.49	88.85	75.94	24.22	927.68	-70.02	0.84	28.52
2021	514.15	130.36	44.60	149.50	638.75	-9.33	55.40	21.96	1152.90	24.28	1.38	35.44
2022	89.35	-82.62	3.97	25.98	2163.24	238.67	96.03	74.37	2252.59	95.38	4.43	69.25
2023	2128.25	2281.80	44.57	618.82	2647.02	22.36	55.43	91.00	4775.28	111.99	4.83	146.81
合计	14279.29	—	27.08	—	38460.47	—	72.92	—	52739.76	—	3.58	—
2011—2015年均值	343.92	—	—	100.00	2908.86	—	—	100.00	3252.78	—	—	100.00

年份	总计			
	金额	同比增长（%）	占比（%）	指数
2005	1468.35	—	100.00	1.87
2006	6669.74	354.23	100.00	8.49
2007	19908.61	198.49	100.00	25.35
2008	14565.76	-26.84	100.00	18.55
2009	5009.32	-65.61	100.00	6.38
2010	24289.69	384.89	100.00	30.93

续表

年份	总计			
	金额	同比增长（%）	占比（%）	指数
2011	27321.68	12.48	100.00	34.80
2012	17729.66	-35.11	100.00	22.58
2013	42288.52	138.52	100.00	53.86
2014	102525.79	142.44	100.00	130.57
2015	202926.75	97.93	100.00	258.43
2016	224614.63	10.69	100.00	286.06
2017	184780.87	-17.73	100.00	235.33
2018	146023.55	-20.97	100.00	185.97
2019	110160.69	-24.56	100.00	140.29
2020	109936.34	-0.20	100.00	140.01
2021	83545.17	-24.01	100.00	106.40
2022	50869.91	-39.11	100.00	64.78
2023	98903.50	94.42	100.00	125.96
合计	1473538.53	—	100.00	2413.23
2011—2015年均值	78558.48	—	—	—

注：此处存在重复统计问题，故总计部分与表2-1-1、表2-1-2所示不一致，重复统计的处理方式与投资项目数量的处理一致，详见表2-2-1脚注。

对应以上数据表格，将其制成如下折线图。

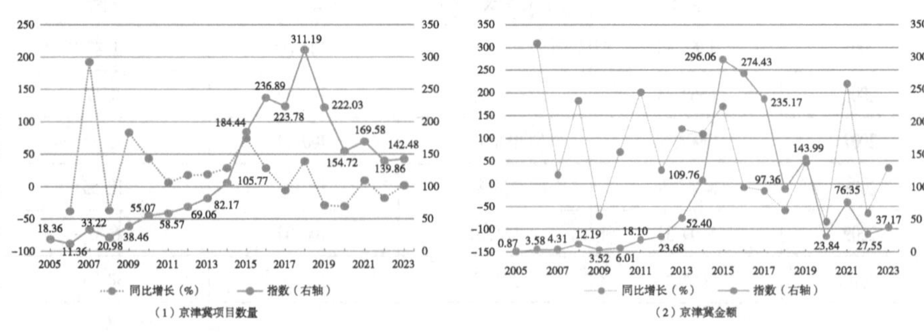

（1）京津冀项目数量

（2）京津冀金额

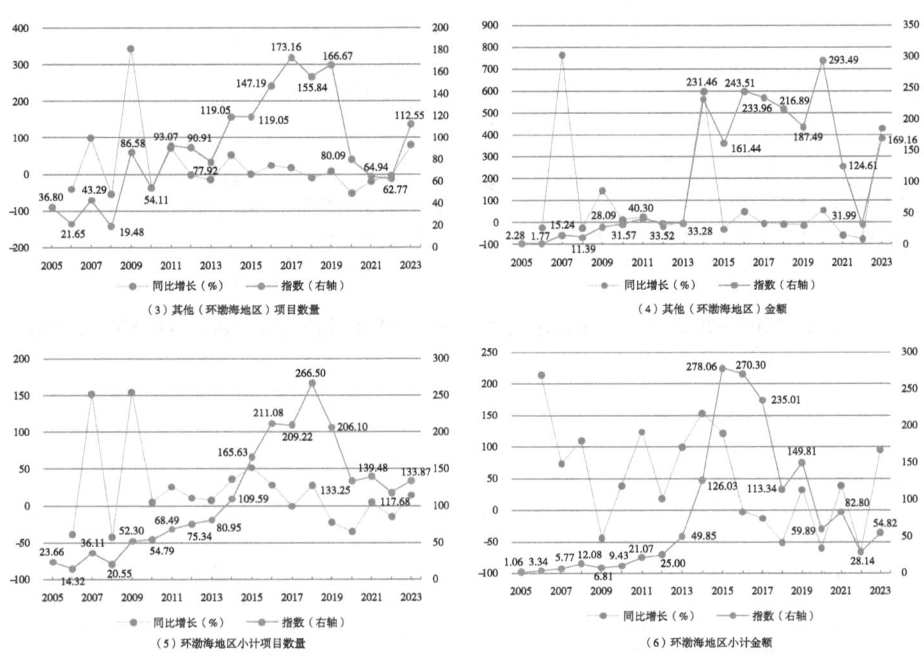

图 2-2-1　2005—2023 年环渤海地区民营企业对外直接投资项目数量和金额指数变化图

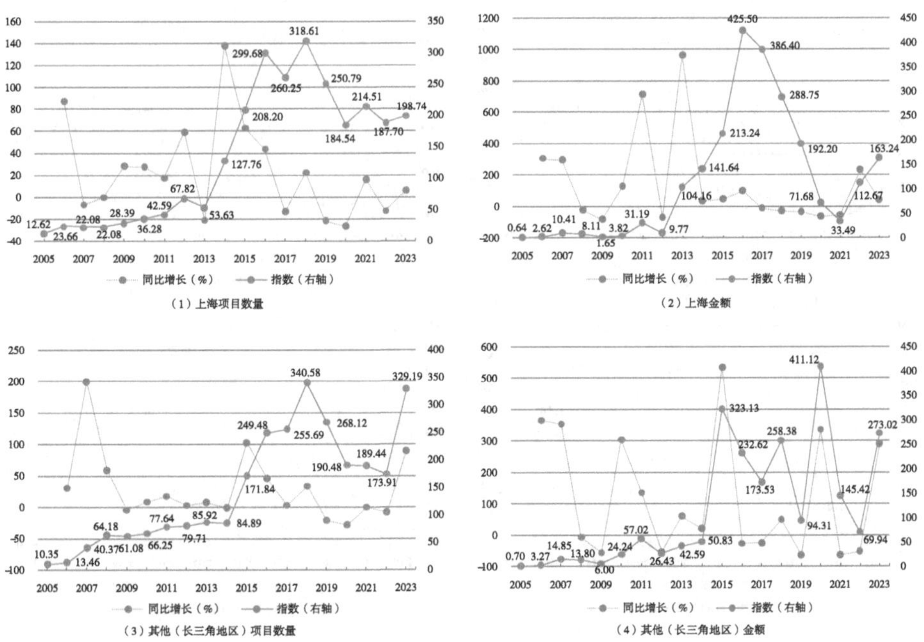

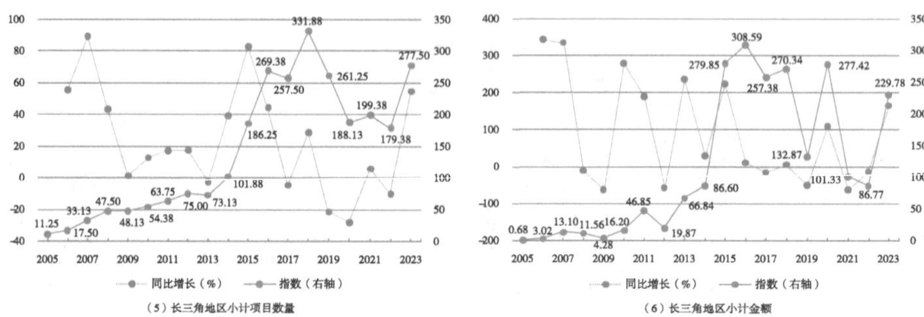

（5）长三角地区小计项目数量

（6）长三角地区小计金额

图 2-2-2　2005—2023 年长三角地区民营企业对外直接投资项目数量和金额指数变化图

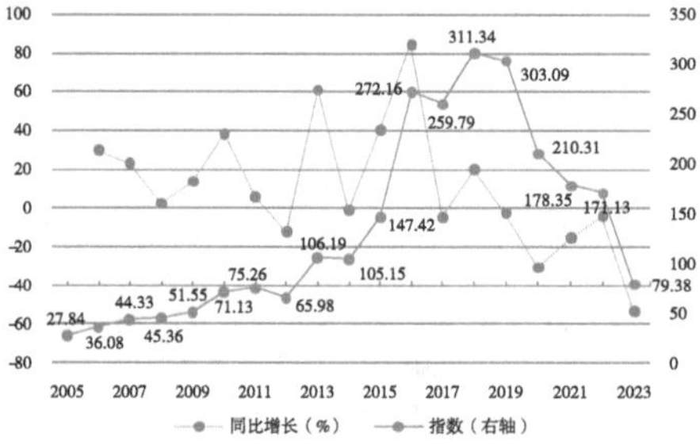

（1）广东项目数量

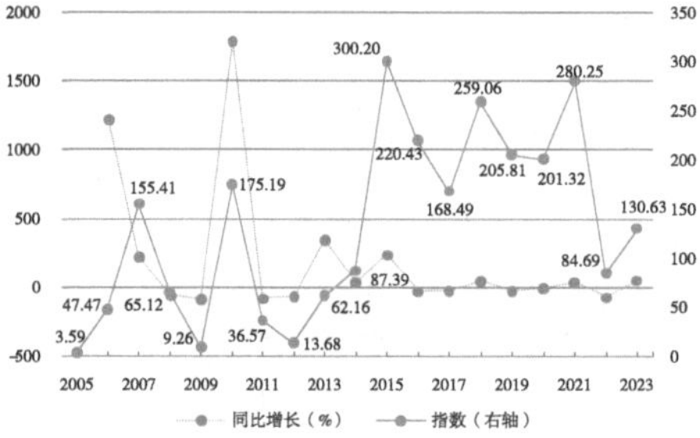

（2）广东金额

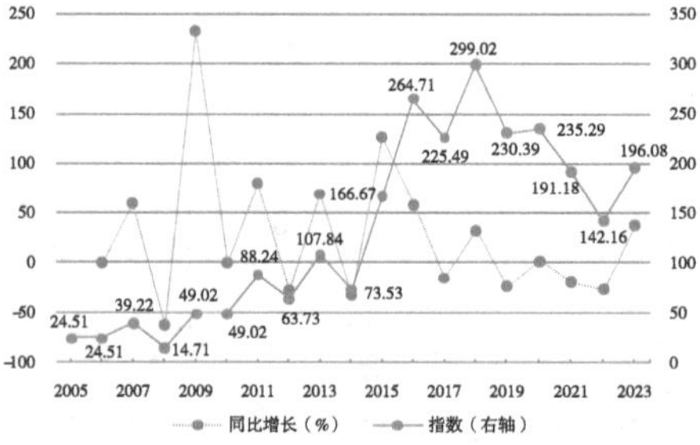

（3）其他（珠三角地区）项目数量

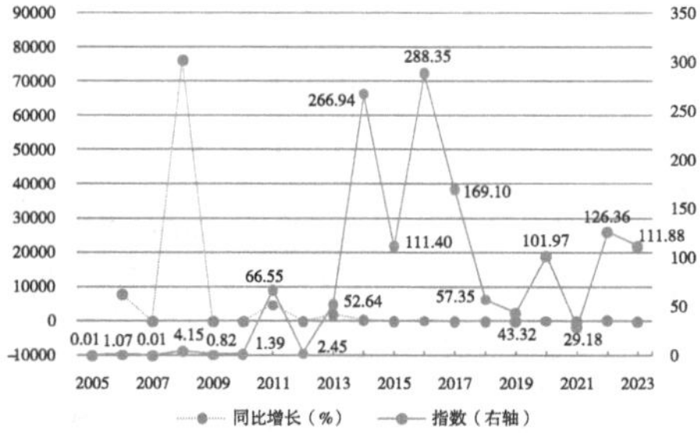

（4）其他（珠三角地区）金额

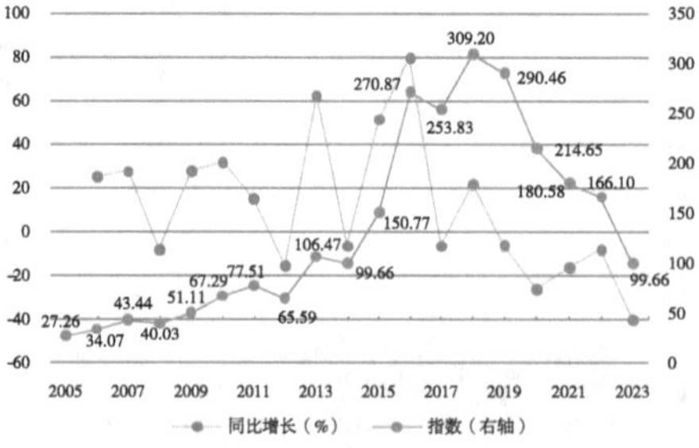

（5）珠三角地区小计项目数量

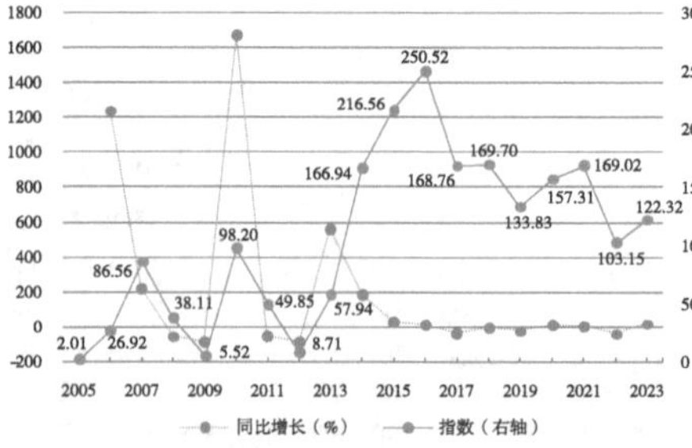

（6）珠三角地区小计金额

图 2-2-3　2005—2023 年珠三角地区民营企业对外直接投资项目数量和金额指数变化图

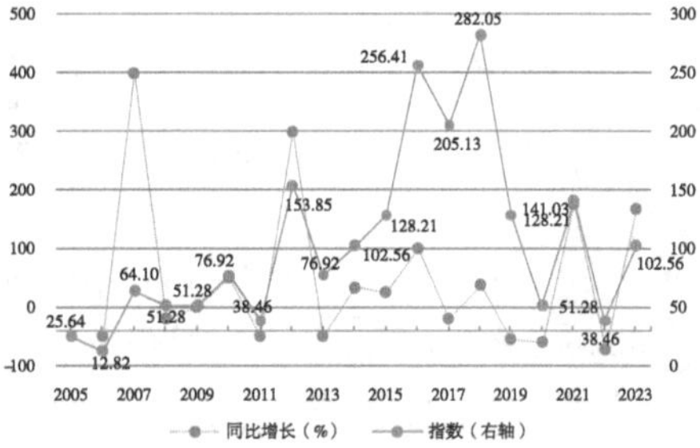

（1）华北东北项目数量

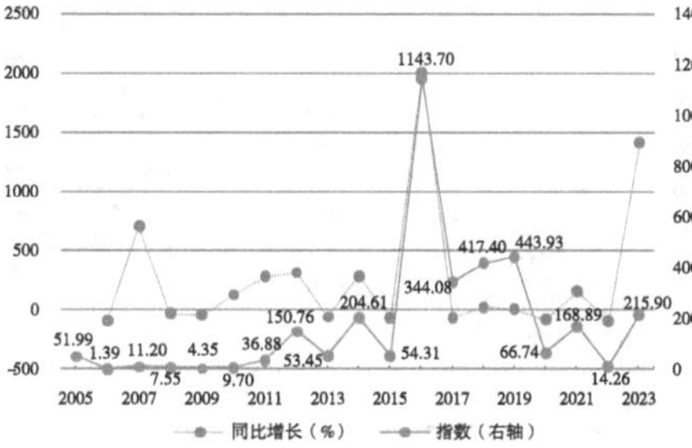

（2）华北东北金额

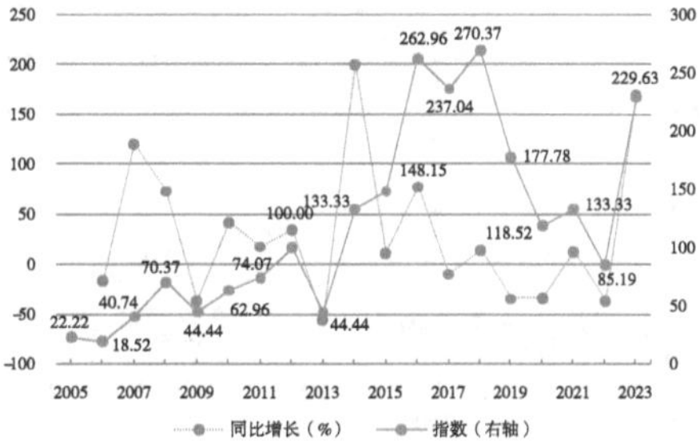

（3）中原华中项目数量

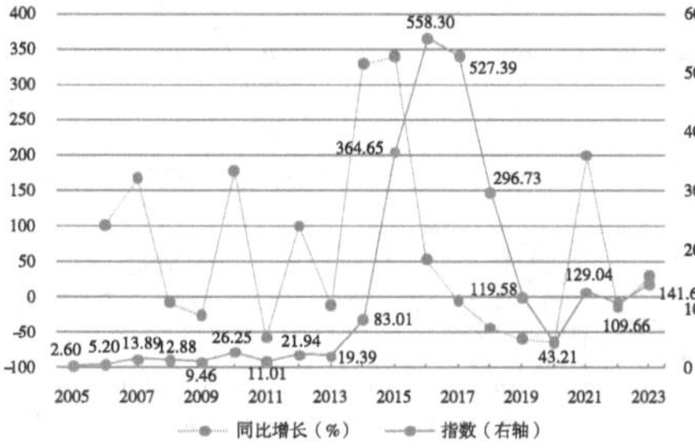

（4）中原华中金额

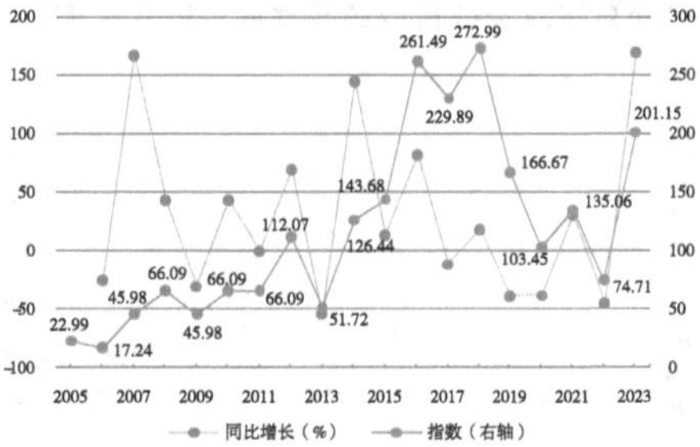

（5）中部地区小计项目数量

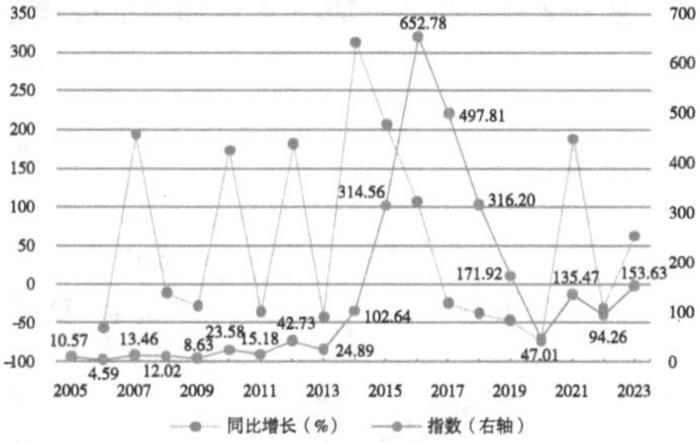

（6）中部地区小计金额

图 2-2-4　2005—2023 年中部地区民营企业对外直接投资项目数量和金额指数变化图

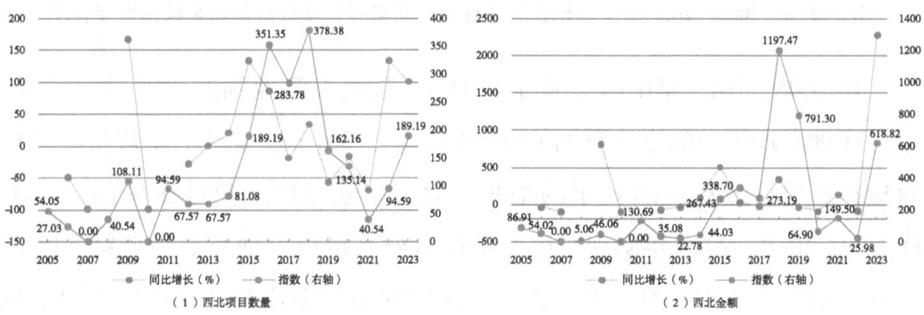

（1）西北项目数量

（2）西北金额

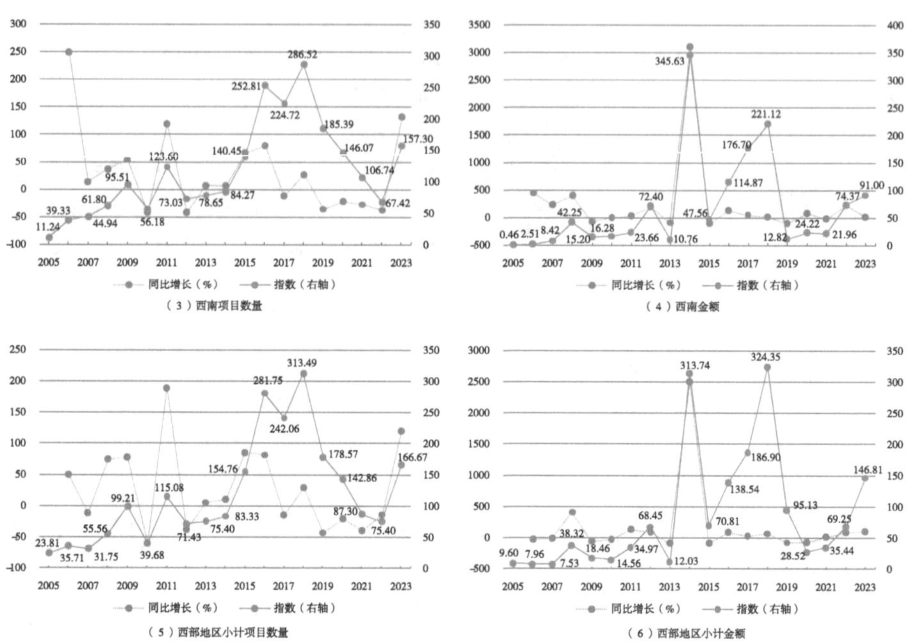

图 2-2-5　2005—2023 年西部地区民营企业对外直接投资项目数量和金额指数变化图

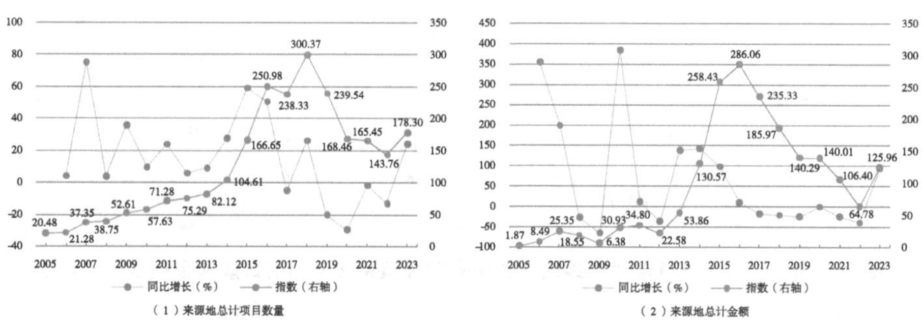

图 2-2-6　2005—2023 年来源地民营企业对外直接投资项目数量和金额指数变化图

如 2005—2023 年中国民营企业 OFDI 数量来源地别图表所示，第一，来自环渤海地区中的京津冀的 OFDI 在 2008—2016 年实现了民营企业对外直接投资项目数量连续 8 年的增长。第二，来自珠三角地区中的广东的 OFDI 在 2018—2023 年实现了民营企业对外直接投资项目数量连续 5 年的下降。第三，总体来看，来自长三角地区的民营企业对外直接投资数量集中来自其他地区，2005—2023 年的平均占比为 62.10%。第四，总体来看，来自中部地区的民营企业对外直接投资数量集中来自中原华中地区，2005—2023 年的平均占比为 78.94%。

如 2005—2023 年中国民营企业 OFDI 金额来源地别图表所示，第一，来自环渤海地区的京津冀的 OFDI 金额在 2018 年出现最显著的缩减，从 683.81 亿美元缩减到 283.09 亿美元。第二，来自长三角地区中的上海的 OFDI 在 2016—2021 年实现了民营企业对外直接投资项目金额连续 5 年的下降。第三，总体来看，来自环渤海地区的民营企业对外直接投资金额集中来自京津冀地区，2005—2023 年的平均占比为 81.75%。第四，总体来看，来自珠三角地区的民营企业对外直接投资金额集中来自广东地区，2005—2023 年的平均占比为 68.71%。

第三节　民营企业对外直接投资标的国（地区）别指数

本节对中国民营企业对外直接投资项目数量与金额规模按照投资标的国（地区）进行划分，其中根据标的国（地区）的经济发展水平不同，将标的国（地区）分为发达经济体、发展中经济体和转型经济体三大类型。

一、民营企业对外直接投资项目数量在不同经济体的分布

根据 2005—2023 年中国民营企业 OFDI 数量表显示，从 OFDI 项目数量看，在 2005—2023 年间，按照 OFDI 项目数量累积量排名，我国民营企业对外直接投资活动主要集中在发达经济体，累计对外直接投资项目数量为 10458 件，占比 76.65%；排在第二的是发展中经济体，累计对外直接投资项目数量为 2775 件，占比 20.34%；排在第三的是转型经济体，累计对外直接投资项目数量为 411 件，占比 3.01%。

表 2-3-1 2005—2023 年中国民营企业对外直接投资项目数量在不同经济体的分布及其指数汇总表

（单位：件）

年份	发达经济体							
	欧洲				北美洲			
	项目数	同比增长（%）	占比（%）	指数	项目数	同比增长（%）	占比（%）	指数
2005	38	—	35.51	25.50	11	—	10.28	10.74
2006	22	-42.11	18.18	14.77	23	109.09	19.01	22.46
2007	59	168.18	31.55	39.60	34	47.83	18.18	33.20
2008	68	15.25	25.56	45.64	26	-23.53	9.77	25.39
2009	101	48.53	34.71	67.79	39	50.00	13.40	38.09
2010	102	0.99	30.36	68.46	43	10.26	12.80	41.99
2011	133	30.39	35.85	89.26	60	39.53	16.17	58.59
2012	149	12.03	38.90	100.00	62	3.33	16.19	60.55
2013	142	-4.70	33.73	95.30	77	24.19	18.29	75.20
2014	143	0.70	28.43	95.97	142	84.42	28.23	138.67
2015	178	24.48	24.59	119.46	171	20.42	23.62	166.99
2016	273	53.37	25.47	183.22	261	52.63	24.35	254.88
2017	261	-4.40	26.00	175.17	223	-14.56	22.21	217.77
2018	296	13.41	24.69	198.66	272	21.97	22.69	265.63
2019	252	-14.86	27.88	169.13	177	-34.93	19.58	172.85
2020	173	-31.35	24.09	116.11	153	-13.56	21.31	149.41
2021	207	19.65	28.55	138.93	128	-16.34	17.66	125.00
2022	129	-37.68	27.92	86.58	96	-25.00	20.78	93.75
2023	189	46.51	28.55	126.85	119	23.96	17.98	116.21
合计	2915	—	27.87	—	2117	—	20.24	—
2011—2015 年均值	149	—	—	100.00	102.4	—	—	100.00

年份	发达经济体							
	其他发达经济体				小计			
	项目数	同比增长（%）	占比（%）	指数	项目数	同比增长（%）	占比（%）	指数
2005	58	—	54.21	25.33	107	—	71.33	22.27
2006	76	31.03	62.81	33.19	121	13.08	71.18	25.19

续表

年份	发达经济体							
	其他发达经济体				小计			
	项目数	同比增长（%）	占比（%）	指数	项目数	同比增长（%）	占比（%）	指数
2007	94	23.68	50.27	41.05	187	54.55	74.80	38.93
2008	172	82.98	64.66	75.11	266	42.25	78.47	55.37
2009	151	-12.21	51.89	65.94	291	9.40	83.62	60.57
2010	191	26.49	56.85	83.41	336	15.46	84.00	69.94
2011	178	-6.81	47.98	77.73	371	10.42	82.26	77.23
2012	172	-3.37	44.91	75.11	383	3.23	81.66	79.73
2013	202	17.44	47.98	88.21	421	9.92	86.98	87.64
2014	218	7.92	43.34	95.20	503	19.48	79.84	104.70
2015	375	72.02	51.80	163.76	724	43.94	78.10	150.71
2016	538	43.47	50.19	234.93	1072	48.07	79.64	223.15
2017	520	-3.35	51.79	227.07	1004	-6.34	78.87	208.99
2018	631	21.35	52.63	275.55	1199	19.42	75.22	249.58
2019	475	-24.72	52.54	207.42	904	-24.60	69.86	188.18
2020	392	-17.47	54.60	171.18	718	-20.58	78.21	149.46
2021	390	-0.51	53.79	170.31	725	0.97	78.72	150.92
2022	237	-38.28	51.30	103.49	462	-35.74	72.19	96.17
2023	354	48.12	53.47	154.59	662	42.67	63.78	137.80
合计	5426	—	51.88	—	10458	—	76.65	—
2011—2015年均值	229	—	—	100.00	480.4	—	—	100.00

年份	发展中经济体							
	非洲				亚洲			
	项目数	同比增长（%）	占比（%）	指数	项目数	同比增长（%）	占比（%）	指数
2005	4	—	13.33	28.17	21	—	70.00	37.50
2006	7	75.00	18.42	49.30	25	19.05	65.79	44.64
2007	10	42.86	17.86	70.42	33	32.00	58.93	58.93
2008	16	60.00	23.88	112.68	41	24.24	61.19	73.21

续表

年份	发展中经济体							
	非洲				亚洲			
	项目数	同比增长（%）	占比（%）	指数	项目数	同比增长（%）	占比（%）	指数
2009	8	-50.00	20.00	56.34	24	-41.46	60.00	42.86
2010	9	12.50	17.65	63.38	26	8.33	50.98	46.43
2011	8	-11.11	12.90	56.34	34	30.77	54.84	60.71
2012	14	75.00	19.18	98.59	40	17.65	54.79	71.43
2013	8	-42.86	16.67	56.34	28	-30.00	58.33	50.00
2014	19	137.50	17.27	133.80	65	132.14	59.09	116.07
2015	22	15.79	13.02	154.93	113	73.85	66.86	201.79
2016	46	109.09	19.25	323.94	154	36.28	64.44	275.00
2017	43	-6.52	19.28	302.82	142	-7.79	63.68	253.57
2018	62	44.19	17.97	436.62	228	60.56	66.09	407.14
2019	53	-14.52	15.50	373.24	208	-8.77	60.82	371.43
2020	31	-41.51	16.94	218.31	115	-44.71	62.84	205.36
2021	28	-9.68	15.14	197.18	117	1.74	63.24	208.93
2022	19	-32.14	11.24	133.80	100	-14.53	59.17	178.57
2023	41	115.79	11.88	288.73	227	127.00	65.80	405.36
合计	448	—	16.14	—	1741	—	62.74	—
2011—2015年均值	14.2	—	—	100.00	56	—	—	100.00

年份	发展中经济体											
	拉丁美洲和加勒比海地区				大洋洲				小计			
	项目数	同比增长（%）	占比（%）	指数	项目数	同比增长（%）	占比（%）	指数	项目数	同比增长（%）	占比（%）	指数
2005	4	—	13.33	19.05	1	—	3.33	83.33	30	—	20.00	32.47
2006	6	50.00	15.79	28.57	0	-100.00	0.00	0.00	38	26.67	22.35	41.13
2007	12	100.00	21.43	57.14	1	—	1.79	83.33	56	47.37	22.40	60.61

续表

年份	发展中经济体											
	拉丁美洲和加勒比海地区				大洋洲				小计			
	项目数	同比增长（%）	占比（%）	指数	项目数	同比增长（%）	占比（%）	指数	项目数	同比增长（%）	占比（%）	指数
2008	10	-16.67	14.93	47.62	0	-100.00	0.00	0.00	67	19.64	19.76	72.51
2009	8	-20.00	20.00	38.10	0	—	0.00	0.00	40	-40.30	11.49	43.29
2010	13	62.50	25.49	61.90	3	—	5.88	250.00	51	27.50	12.75	55.19
2011	20	53.85	32.26	95.24	0	-100.00	0.00	0.00	62	21.57	13.75	67.10
2012	16	-20.00	21.92	76.19	3	—	4.11	250.00	73	17.74	15.57	79.00
2013	12	-25.00	25.00	57.14	0	-100.00	0.00	0.00	48	-34.25	9.92	51.95
2014	25	108.33	22.73	119.05	1	—	0.91	83.33	110	129.17	17.46	119.05
2015	32	28.00	18.93	152.38	2	100.00	1.18	166.67	169	53.64	18.23	182.90
2016	36	12.50	15.06	171.43	3	50.00	1.26	250.00	239	41.42	17.76	258.66
2017	35	-2.78	15.70	166.67	3	0.00	1.35	250.00	223	-6.69	17.52	241.34
2018	50	42.86	14.49	238.10	5	66.67	1.45	416.67	345	54.71	21.64	373.38
2019	81	62.00	23.68	385.71	0	-100.00	0.00	0.00	342	-0.87	26.43	370.13
2020	31	-61.73	16.94	147.62	6	—	3.28	500.00	183	-46.49	19.93	198.05
2021	38	22.58	20.54	180.95	2	-66.67	1.08	166.67	185	1.09	20.22	200.22
2022	50	31.58	29.59	238.10	0	-100.00	0.00	0.00	169	-8.65	26.41	182.90
2023	75	50.00	21.74	357.14	2	—	0.58	166.67	345	104.14	33.24	373.38
合计	554	—	19.96	—	32	—	1.15	—	2775	—	20.34	—
2011—2015年均值	21	—	—	100.00	1.2	—	—	100.00	92.4	—	—	100.00

年份	转型经济体											
	东南欧				独联体国家（地区）				小计			
	项目数	同比增长（%）	占比（%）	指数	项目数	同比增长（%）	占比（%）	指数	项目数	同比增长（%）	占比（%）	指数
2005	0	—	0.00	0.00	13	—	100.00	72.22	13	—	8.67	67.01
2006	0	—	0.00	0.00	11	-15.38	100.00	61.11	11	-15.38	6.47	56.70

续表

年份	转型经济体											
	东南欧				独联体国家（地区）				小计			
	项目数	同比增长（%）	占比（%）	指数	项目数	同比增长（%）	占比（%）	指数	项目数	同比增长（%）	占比（%）	指数
2007	0	—	0.00	0.00	7	-36.36	100.00	38.89	7	-36.36	2.80	36.08
2008	0	—	0.00	0.00	6	-14.29	100.00	33.33	6	-14.29	1.77	30.93
2009	2	—	11.76	142.86	15	150.00	88.24	83.33	17	183.33	4.89	87.63
2010	1	-50.00	7.69	71.43	12	-20.00	92.31	66.67	13	-23.53	3.25	67.01
2011	1	0.00	5.56	71.43	17	41.67	94.44	94.44	18	38.46	3.99	92.78
2012	1	0.00	7.69	71.43	12	-29.41	92.31	66.67	13	-27.78	2.77	67.01
2013	1	0.00	6.67	71.43	14	16.67	93.33	77.78	15	15.38	3.10	77.32
2014	3	200.00	17.65	214.29	14	0.00	82.35	77.78	17	13.33	2.70	87.63
2015	1	-66.67	2.94	71.43	33	135.71	97.06	183.33	34	100.00	3.67	175.26
2016	2	100.00	5.71	142.86	33	0.00	94.29	183.33	35	2.94	2.60	180.41
2017	4	100.00	8.70	285.71	42	27.27	91.30	233.33	46	31.43	3.61	237.11
2018	5	25.00	10.00	357.14	45	7.14	90.00	250.00	50	8.70	3.14	257.73
2019	13	160.00	27.08	928.57	35	-22.22	72.92	194.44	48	-4.00	3.71	247.42
2020	1	-92.31	5.88	71.43	16	-54.29	94.12	88.89	17	-64.58	1.85	87.63
2021	1	0.00	9.09	71.43	10	-37.50	90.91	55.56	11	-35.29	1.20	56.70
2022	3	200.00	33.33	214.29	6	-40.00	66.67	33.33	9	-18.18	1.41	46.39
2023	3	0.00	9.68	214.29	28	366.67	90.32	155.56	31	244.44	2.99	159.79
合计	42	—	10.22	—	369	—	89.78	—	411	—	3.01	—
2011—2015年均值	1.4	—	—	100.00	18	—	—	100.00	19.4	—	—	100.00

年份	总计			
	项目数	同比增长（%）	占比（%）	指数
2005	150	—	100.00	25.33
2006	170	13.33	100.00	28.71
2007	250	47.06	100.00	42.22
2008	339	35.60	100.00	57.25

续表

年份	总计			
	项目数	同比增长（%）	占比（%）	指数
2009	348	2.65	100.00	58.77
2010	400	14.94	100.00	67.55
2011	451	12.75	100.00	76.16
2012	469	3.99	100.00	79.20
2013	484	3.20	100.00	81.73
2014	630	30.17	100.00	106.39
2015	927	47.14	100.00	156.54
2016	1346	45.20	100.00	227.29
2017	1273	-5.42	100.00	214.97
2018	1594	25.22	100.00	269.17
2019	1294	-18.82	100.00	218.51
2020	918	-29.06	100.00	155.02
2021	921	0.33	100.00	155.53
2022	642	-30.29	100.00	108.41
2023	1038	61.68	100.00	175.28
合计	13644	—	—	2304.02
2011—2015年均值	592.2	—	—	—

注：此处存在重复统计问题，故总计部分与表2-1-1、表2-1-2所示不一致，重复统计的处理方式与投资来源地部分的处理一致，详见表2-2-1脚注。

二、民营企业对外直接投资金额在不同经济体的分布

如2005—2023年中国民营企业OFDI金额表所示，为了进一步明晰我国民营企业对外直接投资活动的来源地特征，本书将对外直接投资活动标的国（地区）分为发达经济体、发展中经济体、转型经济体。按照OFDI项目金额累积量排名，我国民营企业对外直接投资活动主要集中在发达经济体，累计对外直接投资项目金额为12539.59亿美元，占比75.07%；排在第二的是发展中经济体，累计对外直接投资项目金额为3566.05亿美元，

占比 21. 35%；排在第三的是转型经济体，累计对外直接投资项目金额为 598. 28 亿美元，占比 3. 58%。

表 2-3-2 2005—2023 年中国民营企业对外直接投资金额在不同经济体的分布及其指数汇总表

（单位：百万美元）

年份	发达经济体							
	欧洲				北美洲			
	金额	同比增长（%）	占比（%）	指数	金额	同比增长（%）	占比（%）	指数
2005	990. 78	—	41. 05	2. 79	29. 25	—	1. 21	0. 20
2006	1347. 50	36. 00	26. 43	3. 79	2942. 12	9958. 53	57. 70	20. 42
2007	11719. 51	769. 72	73. 84	32. 98	2663. 30	-9. 48	16. 78	18. 49
2008	8176. 04	-30. 24	79. 44	23. 01	503. 01	-81. 11	4. 89	3. 49
2009	724. 89	-91. 13	18. 59	2. 04	718. 73	42. 89	18. 43	4. 99
2010	16485. 56	2174. 23	79. 68	46. 39	886. 04	23. 28	4. 28	6. 15
2011	8014. 60	-51. 38	42. 09	22. 55	3778. 96	326. 50	19. 84	26. 23
2012	4679. 06	-41. 62	29. 23	13. 17	5854. 93	54. 93	36. 58	40. 64
2013	22301. 05	376. 61	37. 09	62. 75	7952. 48	35. 83	13. 22	55. 20
2014	65994. 89	195. 93	61. 79	185. 70	9762. 20	22. 76	9. 14	67. 76
2015	76704. 01	16. 23	39. 21	215. 83	44684. 51	357. 73	22. 84	310. 17
2016	88681. 12	15. 61	43. 90	249. 53	45420. 16	1. 65	22. 48	315. 27
2017	68944. 57	-22. 26	49. 32	194. 00	28153. 63	-38. 02	20. 14	195. 42
2018	29500. 41	-57. 21	25. 95	83. 01	16577. 51	-41. 12	14. 58	115. 07
2019	16358. 77	-44. 55	19. 37	46. 03	18180. 97	9. 67	21. 53	126. 20
2020	77501. 67	373. 76	72. 33	218. 08	6353. 89	-65. 05	5. 93	44. 10
2021	20583. 61	-73. 44	26. 50	57. 92	7077. 83	11. 39	9. 11	49. 13
2022	16451. 39	-20. 08	50. 72	46. 29	4948. 10	-30. 09	15. 25	34. 35
2023	17617. 61	7. 09	43. 98	49. 57	4775. 95	-3. 48	11. 92	33. 15
合计	552777. 05	—	44. 08	—	211263. 56	—	16. 85	—
2011—2015 年均值	35538. 72	—	—	100. 00	14406. 62	—	—	100. 00

续表

年份	发达经济体							
	其他发达经济体				小计			
	金额	同比增长（%）	占比（%）	指数	金额	同比增长（%）	占比（%）	指数
2005	1393.39	—	57.74	4.71	2413.42	—	58.29	3.03
2006	808.98	-41.94	15.87	2.74	5098.60	111.26	60.25	6.41
2007	1488.77	84.03	9.38	5.03	15871.58	211.29	77.92	19.96
2008	1613.63	8.39	15.68	5.46	10292.68	-35.15	57.70	12.94
2009	2455.85	52.19	62.98	8.30	3899.47	-62.11	69.78	4.90
2010	3317.27	35.08	16.03	11.22	20688.87	430.56	77.45	26.02
2011	7249.84	118.55	38.07	24.51	19043.40	-7.95	61.81	23.95
2012	5472.27	-24.52	34.19	18.50	16006.26	-15.95	75.36	20.13
2013	29880.50	446.03	49.69	101.03	60134.03	275.69	87.69	75.62
2014	31048.97	3.91	29.07	104.98	106806.06	77.61	88.95	134.31
2015	74230.55	139.08	37.95	250.98	195619.07	83.15	86.17	245.99
2016	67908.30	-8.52	33.62	229.60	202009.58	3.27	77.16	254.03
2017	42685.67	-37.14	30.54	144.32	139783.87	-30.80	75.06	175.78
2018	67591.15	58.35	59.46	228.53	113669.06	-18.68	73.62	142.94
2019	49904.18	-26.17	59.10	168.73	84443.92	-25.71	68.37	106.19
2020	23297.96	-53.31	21.74	78.77	107153.52	26.89	77.45	134.75
2021	50870.33	118.35	64.78	172.00	78531.77	-26.71	75.70	98.76
2022	11037.93	-78.30	34.03	37.32	32437.42	-58.70	76.83	40.79
2023	17662.73	60.02	44.09	59.72	40056.28	23.49	36.65	50.37
合计	489918.26	—	39.07	—	1253958.87	—	75.07	—
2011—2015年均值	29576.43	—	—	100.00	79521.76	—	—	100.00

年份	发展中经济体							
	非洲				亚洲			
	金额	同比增长（%）	占比（%）	指数	金额	同比增长（%）	占比（%）	指数
2005	22.90	—	5.50	4.44	377.90	—	90.75	4.90
2006	1530.00	6581.22	76.14	296.91	382.44	1.20	19.03	4.96

续表

年份	发展中经济体							
	非洲				亚洲			
	金额	同比增长（%）	占比（%）	指数	金额	同比增长（%）	占比（%）	指数
2007	1330.35	-13.05	33.88	258.16	2181.59	470.44	55.55	28.31
2008	3611.66	171.48	48.82	700.87	1768.87	-18.92	23.91	22.96
2009	303.91	-91.59	24.10	58.98	808.13	-54.31	64.08	10.49
2010	466.50	53.50	8.80	90.53	3620.80	348.05	68.32	46.99
2011	140.70	-69.84	1.43	27.30	8874.71	145.10	89.89	115.18
2012	238.26	69.34	5.14	46.24	3694.53	-58.37	79.67	47.95
2013	161.97	-32.02	16.22	31.43	421.51	-88.59	42.22	5.47
2014	1329.35	720.74	13.65	257.97	3739.30	787.12	38.39	48.53
2015	706.27	-46.87	2.45	137.06	21794.97	482.86	75.71	282.87
2016	23438.13	3218.58	40.68	4548.35	27469.52	26.04	47.68	356.52
2017	3985.08	-83.00	13.40	773.34	17147.32	-37.58	57.65	222.55
2018	6853.94	71.99	18.23	1330.06	21539.49	25.61	57.28	279.55
2019	7819.57	14.09	29.95	1517.45	13148.91	-38.95	50.36	170.65
2020	934.99	-88.04	3.06	181.44	23422.32	78.13	76.66	303.99
2021	1059.91	13.36	4.36	205.68	15353.87	-34.45	63.19	199.27
2022	1477.08	39.36	15.44	286.64	4720.70	-69.25	49.34	61.27
2023	4502.27	204.81	6.74	873.70	43277.03	816.75	64.82	561.67
合计	59912.84	—	16.80	—	213743.92	—	59.94	—
2011—2015年均值	515.31	—	—	100.00	7705.01	—	—	100.00

年份	发展中经济体											
	拉丁美洲和加勒比海地区				大洋洲				小计			
	金额	同比增长（%）	占比（%）	指数	金额	同比增长（%）	占比（%）	指数	金额	同比增长（%）	占比（%）	指数
2005	14.60	—	3.51	0.56	1.00	—	0.24	102.67	416.40	—	10.06	3.85
2006	96.89	563.63	4.82	3.75	0.00	-100.00	0.00	0.00	2009.33	382.55	23.74	18.59
2007	414.54	327.85	10.56	16.03	0.48	—	0.01	49.28	3926.96	95.44	19.28	36.34

续表

年份	发展中经济体											
	拉丁美洲和加勒比海地区				大洋洲				小计			
	金额	同比增长（%）	占比（%）	指数	金额	同比增长（%）	占比（%）	指数	金额	同比增长（%）	占比（%）	指数
2008	2017.99	386.80	27.28	78.03	0.00	-100.00	0.00	0.00	7398.52	88.40	41.48	68.46
2009	149.14	-92.61	11.83	5.77	0.00	—	0.00	0.00	1261.18	-82.95	22.57	11.67
2010	1200.32	704.83	22.65	46.42	11.95	—	0.23	1226.90	5299.57	320.21	19.84	49.04
2011	857.70	-28.54	8.69	33.17	0.00	-100.00	0.00	0.00	9873.11	86.30	32.05	91.36
2012	700.40	-18.34	15.10	27.08	4.10	—	0.09	420.94	4637.29	-53.03	21.83	42.91
2013	414.90	-40.76	41.56	16.04	0.00	-100.00	0.00	0.00	998.38	-78.47	1.46	9.24
2014	4671.11	1025.84	47.96	180.63	0.77	—	0.01	79.06	9740.53	875.63	8.11	90.13
2015	6286.05	34.57	21.84	243.08	0.00	-100.00	0.00	0.00	28787.29	195.54	12.68	266.37
2016	6587.98	4.80	11.43	254.75	120.33	—	0.21	12354.21	57615.96	100.14	22.01	533.12
2017	8601.77	30.57	28.92	332.62	8.40	-93.02	0.03	862.42	29742.57	-48.38	15.97	275.21
2018	9075.63	5.51	24.13	350.95	137.27	1534.17	0.37	14093.43	37606.33	26.44	24.36	347.97
2019	5140.03	-43.36	19.69	198.76	0.00	-100.00	0.00	0.00	26108.50	-30.57	21.14	241.58
2020	3116.36	-39.37	10.20	120.51	3081.00	—	10.08	316324.44	30554.67	17.03	22.08	282.72
2021	7871.51	152.59	32.40	304.39	11.18	-99.64	0.05	1147.84	24296.47	-20.48	23.42	224.81
2022	3370.63	-57.18	35.23	130.34	0.00	-100.00	0.00	0.00	9568.42	-60.62	22.66	88.54
2023	18982.53	463.17	28.43	734.04	1.68	—	0.00	172.23	66763.51	597.75	61.08	617.76
合计	79570.08	—	22.31	—	3378.16	—	0.95	—	356604.99	—	21.35	—
2011—2015年均值	2586.03	—	—	100.00	0.97	—	—	100.00	10807.32	—	—	100.00

年份	转型经济体											
	东南欧				独联体国家（地区）				小计			
	金额	同比增长（%）	占比（%）	指数	金额	同比增长（%）	占比（%）	指数	金额	同比增长（%）	占比（%）	指数
2005	0.00	—	0.00	0.00	1310.55	—	100.00	43.70	1310.55	—	31.65	40.74
2006	0.00	—	0.00	0.00	1355.00	3.39	100.00	45.18	1355.00	3.39	16.01	42.12
2007	0.00	—	0.00	0.00	570.16	-57.92	100.00	19.01	570.16	-57.92	2.80	17.72

续表

年份	转型经济体											
	东南欧				独联体国家（地区）				小计			
	金额	同比增长（%）	占比（%）	指数	金额	同比增长（%）	占比（%）	指数	金额	同比增长（%）	占比（%）	指数
2008	0.00	—	0.00	0.00	146.30	-74.34	100.00	4.88	146.30	-74.34	0.82	4.55
2009	0.00	—	0.00	0.00	427.30	192.07	100.00	14.25	427.30	192.07	7.65	13.28
2010	0.00	—	0.00	0.00	723.10	69.23	100.00	24.11	723.10	69.23	2.71	22.48
2011	0.00	—	0.00	0.00	1892.84	161.77	100.00	63.12	1892.84	161.77	6.14	58.84
2012	0.00	—	0.00	0.00	596.50	-68.49	100.00	19.89	596.50	-68.49	2.81	18.54
2013	0.00	—	0.00	0.00	7445.45	1148.19	100.00	248.27	7445.45	1148.19	10.86	231.46
2014	1035.59	—	29.36	475.36	2491.87	-66.53	70.64	83.09	3527.46	-52.62	2.94	109.66
2015	53.67	-94.82	2.05	24.64	2567.84	3.05	97.95	85.63	2621.51	-25.68	1.15	81.50
2016	55.15	2.76	2.54	25.32	2115.04	-17.63	97.46	70.53	2170.19	-17.22	0.83	67.47
2017	128.93	133.78	0.77	59.18	16583.73	684.08	99.23	552.99	16712.66	670.10	8.97	519.55
2018	1080.15	737.78	34.62	495.82	2039.69	-87.70	65.38	68.01	3119.84	-81.33	2.02	96.99
2019	441.26	-59.15	3.41	202.55	12507.53	513.21	96.59	417.07	12948.79	315.05	10.48	402.54
2020	0.54	-99.88	0.08	0.25	647.22	-94.83	99.92	21.58	647.76	-95.00	0.47	20.14
2021	0.01	-98.15	0.00	0.00	910.08	40.61	100.00	30.35	910.09	40.50	0.88	28.29
2022	59.51	59.51	27.52	27.32	156.75	-82.78	72.48	5.23	216.26	-76.24	0.51	6.72
2023	82.34	38.36	3.31	37.80	2404.37	1433.88	96.69	80.17	2486.71	1049.87	2.27	77.30
合计	2937.15	—	4.91	—	56891.32	—	95.09	—	59828.47	—	3.58	—
2011—2015年均值	217.85	—	—	100.00	2998.90	—	—	100.00	3216.75	—	—	100.00

年份	总计			
	金额	同比增长（%）	占比（%）	指数
2005	4140.37	—	100.00	4.43
2006	8462.93	104.40	100.00	9.05
2007	20368.70	140.68	100.00	21.79
2008	17837.50	-12.43	100.00	19.09

续表

年份	总计			
	金额	同比增长（%）	占比（%）	指数
2009	5587.95	-68.67	100.00	5.98
2010	26711.54	378.02	100.00	28.58
2011	30809.35	15.34	100.00	32.96
2012	21240.05	-31.06	100.00	22.73
2013	68577.86	222.87	100.00	73.38
2014	120074.05	75.09	100.00	128.47
2015	227027.87	89.07	100.00	242.91
2016	261795.73	15.31	100.00	280.11
2017	186239.10	-28.86	100.00	199.27
2018	154395.24	-17.10	100.00	165.20
2019	123501.22	-20.01	100.00	132.14
2020	138355.95	12.03	100.00	148.03
2021	103738.33	-25.02	100.00	111.00
2022	42222.10	-59.30	100.00	45.18
2023	109306.50	158.88	100.00	116.95
合计	1670392.33	—	—	1787.24
2011—2015年均值	93545.84	—	—	100.00

注：此处存在重复统计问题，故总计部分与表2-1-1、表2-1-2所示不一致，重复统计的处理方式与投资来源地部分的处理一致，详见表2-2-1脚注。

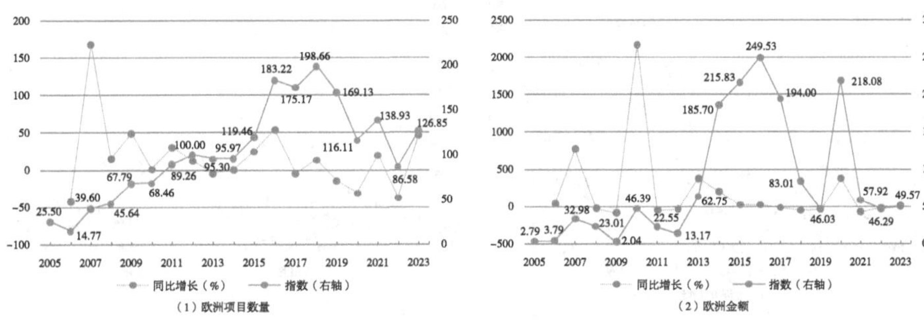

（1）欧洲项目数量　　（2）欧洲金额

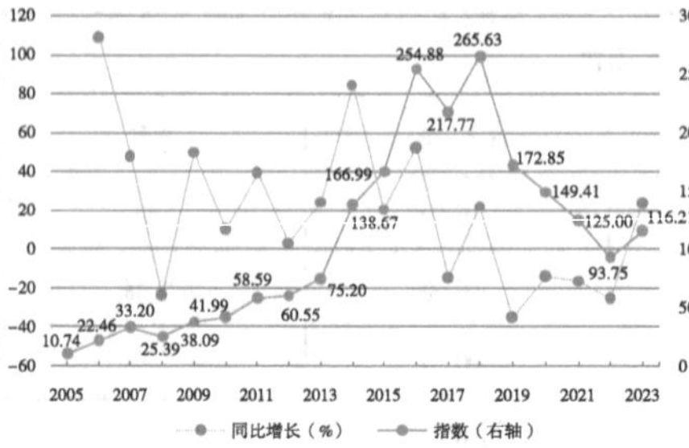

同比增长（%） 指数（右轴）

（3）北美洲项目数量

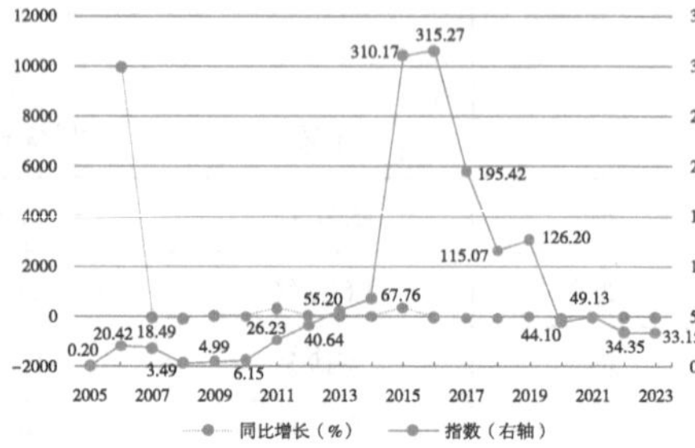

同比增长（%） 指数（右轴）

（4）北美洲金额

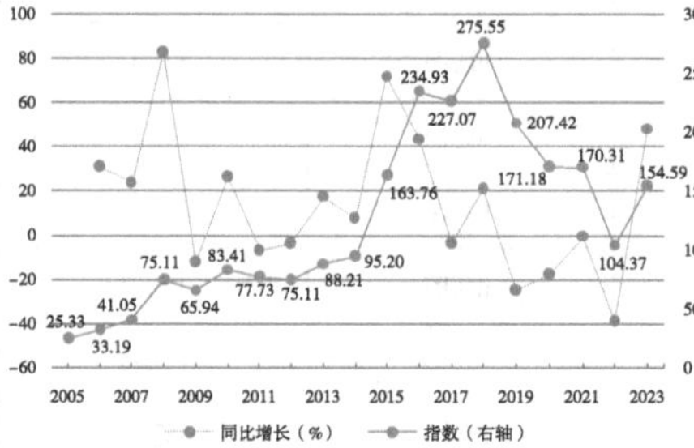

同比增长（%） 指数（右轴）

（5）其他发达经济体项目数量

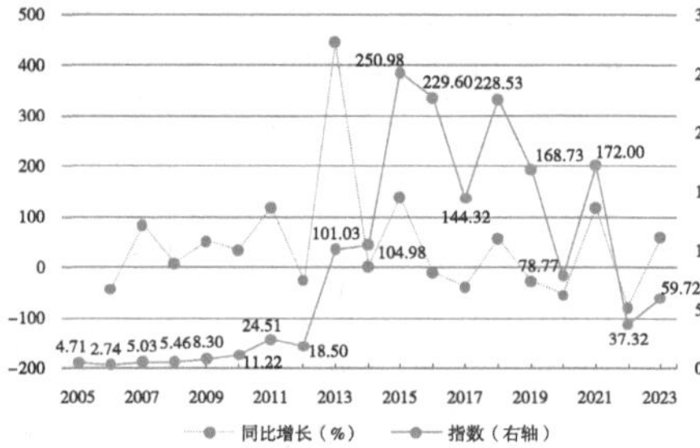

同比增长（%） 指数（右轴）

（6）其他发达经济体金额

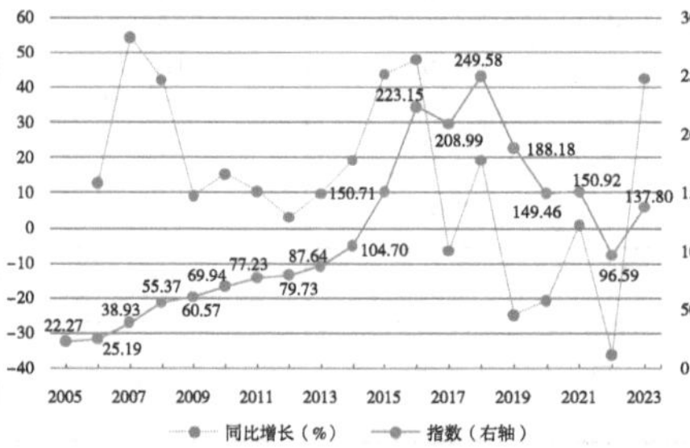

同比增长（%） 指数（右轴）

（7）发达经济体小计项目数量

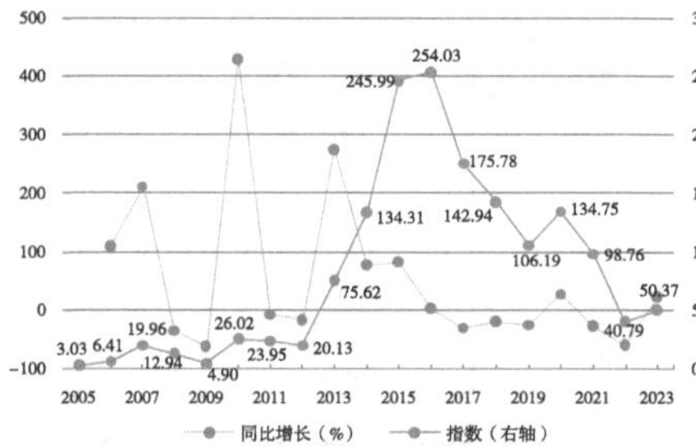

同比增长（%） 指数（右轴）

（8）发达经济体小计合计金额

图 2-3-1　2005—2023 年中国民营企业对外直接投资发达经济体项目数量和金额指数变化图

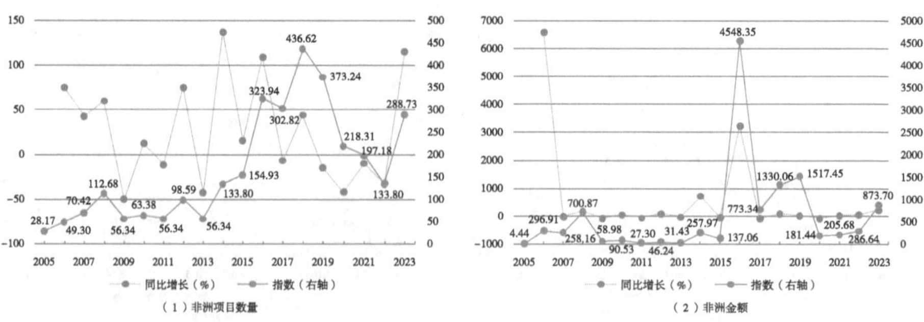

（1）非洲项目数量

（2）非洲金额

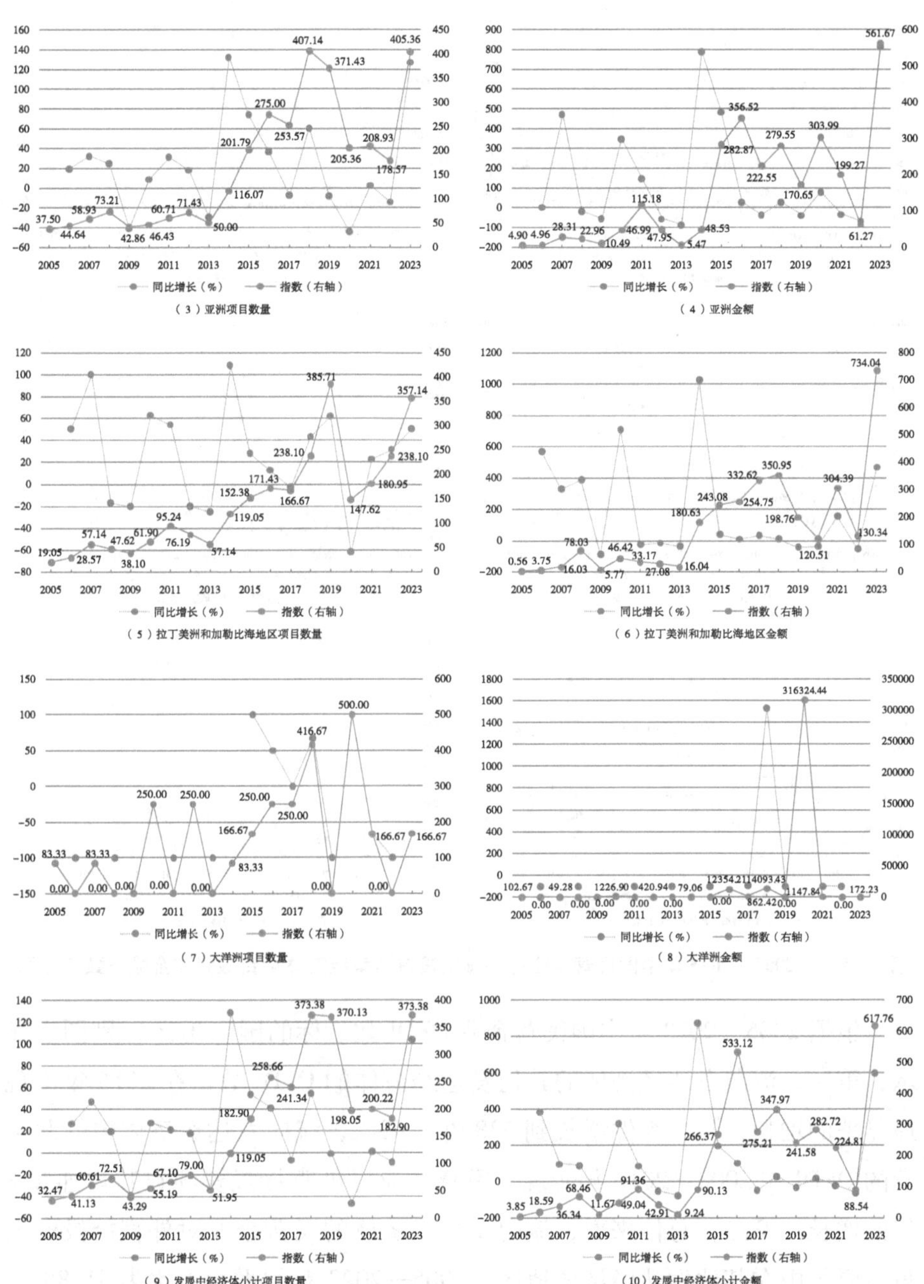

图 2-3-2　2005—2023 年中国民营企业对外直接投资发展中经济体项目数量和金额指数变化图

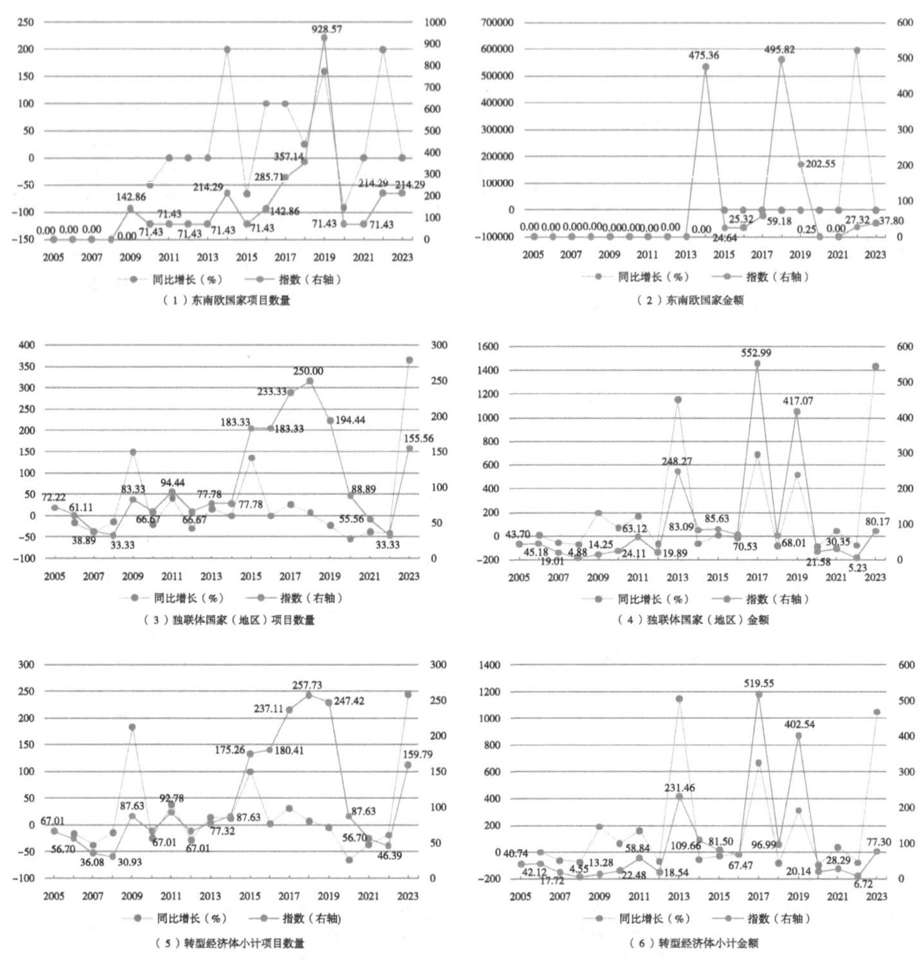

图 2-3-3　2005—2023 年中国民营企业对外直接投资转型经济体项目数量和金额指数变化图

根据 2005—2023 年中国民营企业 OFDI 数量标的国（地区）别图表显示，第一，流向发达经济体的其他发达经济体的 OFDI 数量在 2016 年出现最显著的增长，从 375 件增长到 538 件。第二，流向发达经济体中的北美洲的 OFDI 在 2008—2016 年实现了民营企业对外直接投资项目数量连续 8 年的增长。第三，总体来看，流向发达经济体的民营企业对外直接投资数量主要集中在其他发达经济体地区，2005—2023 年的平均占比为 51.88%。第四，总体来看，流向转型经济体的民营企业对外直接投资数量主要集中在独联体国家（地区），2005—2023 年的平均占比为 89.78%。

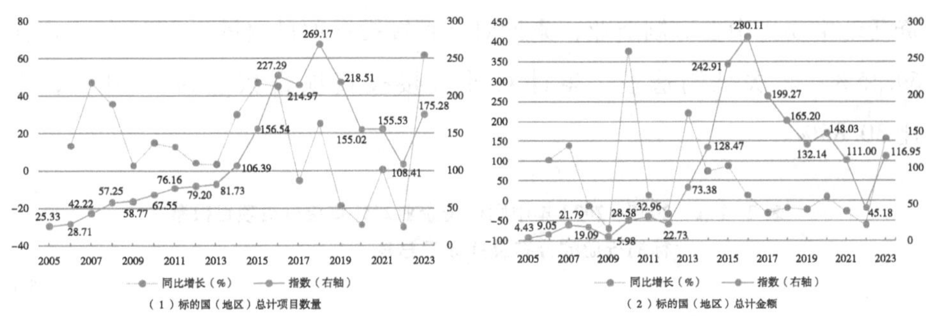

图 2-3-4　2005—2023 年中国民营企业对外直接投资标的国（地区）项目数量和金额指数变化图

从 2005—2023 年中国民营企业 OFDI 金额标的国（地区）别图表可以看出，第一，在 2005—2023 年，流向发展中经济体中的亚洲的 OFDI 项目金额增长最为显著，从 2005 年的 3.78 亿美元增加到 432.77 亿美元，复合增长率为年均 30.13%。第二，总体来看，流向发达经济体的民营企业对外直接投资金额主要集中在欧洲地区，2005—2023 年的平均占比为 44.08%。第三，总体来看，流向发展中经济体的民营企业对外直接投资金额主要集中在亚洲地区，2005—2023 年的平均占比为 59.94%。第四，流向转型经济体的民营企业对外直接投资金额主要集中在独联体国家（地区），2005—2023 年的平均占比为 95.09%。

第四节　民营企业对外直接投资行业别指数

本节按照投资标的行业的不同对中国民营企业对外直接投资项目数量和金额分布情况进行分析，将投资标的行业分为制造业和非制造业两大部分。其中制造业按照 OECD 技术划分标准分为四大类，分别是高技术、中高技术、中低技术和低技术制造业；非制造业则划分为服务业，农、林、牧、渔业，采矿业，电力、热力、燃气及水生产和供应业，建筑业五大部类。

一、民营企业对外直接投资项目数量在标的行业的分布

从 OFDI 项目数量看，在 2005—2023 年间，我国民营企业对外直接投

资活动主要集中在非制造业，累计对外直接投资项目数量为 9324 件，占比 69.15%；其次是制造业，累计对外直接投资项目数量为 4160 件，占比 30.85%。

表 2-4-1　2005—2023 年中国民营企业对外直接投资项目数量在标的行业的分布及指数汇总表

（单位：件）

年份	制造业											
	高技术				中高技术				中低技术			
	项目数	同比增长（%）	占比（%）	指数	项目数	同比增长（%）	占比（%）	指数	项目数	同比增长（%）	占比（%）	指数
2005	13	—	24.07	23.47	20	—	37.04	29.07	8	—	14.81	26.14
2006	17	30.77	28.33	30.69	28	40.00	46.67	40.70	6	-25.00	10.00	19.61
2007	17	0.00	20.00	30.69	37	32.14	43.53	53.78	13	116.67	15.29	42.48
2008	8	-52.94	8.16	14.44	43	16.22	43.88	62.50	16	23.08	16.33	52.29
2009	17	112.50	18.48	30.69	39	-9.30	42.39	56.69	12	-25.00	13.04	39.22
2010	22	29.41	23.40	39.71	43	10.26	45.74	62.50	13	8.33	13.83	42.48
2011	37	68.18	26.81	66.79	61	41.86	44.20	88.66	27	107.69	19.57	88.24
2012	34	-8.11	24.46	61.37	53	-13.11	38.13	77.03	27	0.00	19.42	88.24
2013	50	47.06	40.65	90.25	36	-32.08	29.27	52.33	13	-51.85	10.57	42.48
2014	63	26.00	28.25	113.72	81	125.00	36.32	117.73	38	192.31	17.04	124.18
2015	93	47.62	31.10	167.87	113	39.51	37.79	164.24	48	26.32	16.05	156.86
2016	122	31.18	31.77	220.22	153	35.40	39.84	222.38	53	10.42	13.80	173.20
2017	110	-9.84	28.06	198.56	168	9.80	42.86	244.19	55	3.77	14.03	179.74
2018	145	31.82	32.08	261.73	158	-5.95	34.96	229.65	70	27.27	15.49	228.76
2019	114	-21.38	29.31	205.78	142	-8.23	36.50	206.40	56	-20.00	14.40	183.01
2020	89	-21.93	32.96	160.65	90	-37.93	33.33	130.81	44	-21.43	16.30	143.79
2021	82	-7.87	31.78	148.01	86	-4.44	33.33	125.00	42	-4.55	16.28	137.25
2022	39	-52.44	21.43	70.40	82	-4.65	45.05	119.19	30	-28.57	16.48	98.04
2023	102	161.54	24.00	184.12	184	124.39	43.29	267.44	81	170.00	19.06	264.71
合计	1174	—	28.22	—	1620	—	38.94	—	652	—	15.67	—
2011—2015 年均值	55.4	—	—	100.00	68.8	—	—	100.00	30.6	—	—	100.00

续表

年份	制造业							
	低技术				小计			
	项目数	同比增长（%）	占比（%）	指数	项目数	同比增长（%）	占比（%）	指数
2005	13	—	24.07	43.92	54	—	36.00	29.28
2006	9	-30.77	15.00	30.41	60	11.11	35.71	32.54
2007	18	100.00	21.18	60.81	85	41.67	34.14	46.10
2008	31	72.22	31.63	104.73	98	15.29	28.91	53.15
2009	24	-22.58	26.09	81.08	92	-6.12	26.59	49.89
2010	16	-33.33	17.02	54.05	94	2.17	23.44	50.98
2011	13	-18.75	9.42	43.92	138	46.81	31.15	74.84
2012	25	92.31	17.99	84.46	139	0.72	30.22	75.38
2013	24	-4.00	19.51	81.08	123	-11.51	25.79	66.70
2014	41	70.83	18.39	138.51	223	81.30	35.51	120.93
2015	45	9.76	15.05	152.03	299	34.08	32.08	162.15
2016	56	24.44	14.58	189.19	384	28.43	28.72	208.24
2017	59	5.36	15.05	199.32	392	2.08	31.21	212.58
2018	79	33.90	17.48	266.89	452	15.31	29.05	245.12
2019	77	-2.53	19.79	260.14	389	-13.27	30.65	210.95
2020	47	-38.96	17.41	158.78	270	-31.12	30.24	146.42
2021	48	2.13	18.60	162.16	258	-4.44	28.57	139.91
2022	31	-35.42	17.03	104.73	182	-29.46	28.62	98.70
2023	58	87.10	13.65	195.95	425	133.52	41.22	230.48
合计	714	—	17.16	—	4160	—	30.85	—
2011—2015年均值	29.6	—	—	100.00	184.4	—	—	100.00

年份	非制造业							
	服务业				农、林、牧、渔业			
	项目数	同比增长（%）	占比（%）	指数	项目数	同比增长（%）	占比（%）	指数
2005	88	—	91.67	25.21	1	—	1.04	21.74
2006	95	7.95	87.96	27.22	0	-100.00	0.00	0.00

续表

年份	非制造业							
	服务业				农、林、牧、渔业			
	项目数	同比增长（%）	占比（%）	指数	项目数	同比增长（%）	占比（%）	指数
2007	145	52.63	88.41	41.55	1	—	0.61	21.74
2008	211	45.52	87.55	60.46	0	-100.00	0.00	0.00
2009	221	4.74	87.01	63.32	3	—	1.18	65.22
2010	271	22.62	88.27	77.65	1	-66.67	0.33	21.74
2011	271	0.00	88.85	77.65	1	0.00	0.33	21.74
2012	277	2.21	86.29	79.37	3	200.00	0.93	65.22
2013	301	8.66	85.03	86.25	1	-66.67	0.28	21.74
2014	343	13.95	84.69	98.28	13	1200.00	3.21	282.61
2015	553	61.22	87.36	158.45	5	-61.54	0.79	108.70
2016	851	53.89	89.30	243.84	11	120.00	1.15	239.13
2017	794	-6.70	91.90	227.51	8	-27.27	0.93	173.91
2018	1011	27.33	91.58	289.68	9	12.50	0.82	195.65
2019	820	-18.89	92.45	234.96	7	-22.22	0.79	152.17
2020	581	-29.15	93.26	166.48	5	-28.57	0.80	108.70
2021	605	4.13	93.80	173.35	4	-20.00	0.62	86.96
2022	425	-29.75	93.61	121.78	5	25.00	1.10	108.70
2023	550	29.41	90.76	157.59	5	0.00	0.83	108.70
合计	8413	—	90.23	—	83	—	0.89	—
2011—2015年均值	349	—	—	100.00	4.6	—	—	100.00

年份	非制造业							
	采矿业				电力、热力、燃气及水生产和供应业			
	项目数	同比增长（%）	占比（%）	指数	项目数	同比增长（%）	占比（%）	指数
2005	1	—	1.04	4.67	3	—	3.13	16.48
2006	9	800.00	8.33	42.06	0	-100.00	0.00	0.00

续表

年份	非制造业							
	采矿业				电力、热力、燃气及水生产和供应业			
	项目数	同比增长（%）	占比（%）	指数	项目数	同比增长（%）	占比（%）	指数
2007	11	22.22	6.71	51.40	3	—	1.83	16.48
2008	16	45.45	6.64	74.77	11	266.67	4.56	60.44
2009	19	18.75	7.48	88.79	7	-36.36	2.76	38.46
2010	25	31.58	8.14	116.82	5	-28.57	1.63	27.47
2011	16	-36.00	5.25	74.77	14	180.00	4.59	76.92
2012	25	56.25	7.79	116.82	9	-35.71	2.80	49.45
2013	24	-4.00	6.78	112.15	19	111.11	5.37	104.40
2014	13	-45.83	3.21	60.75	22	15.79	5.43	120.88
2015	29	123.08	4.58	135.51	27	22.73	4.27	148.35
2016	24	-17.24	2.52	112.15	30	11.11	3.15	164.84
2017	27	12.50	3.13	126.17	21	-30.00	2.43	115.38
2018	28	3.70	2.54	130.84	27	28.57	2.45	148.35
2019	22	-21.43	2.48	102.80	10	-62.96	1.02	54.95
2020	15	-31.82	2.41	70.09	11	10.00	1.77	60.44
2021	19	26.67	2.95	88.79	8	-27.27	1.24	43.96
2022	15	-21.05	3.30	70.09	4	-50.00	0.88	21.98
2023	24	60.00	3.96	112.15	11	175.00	1.82	60.44
合计	362	—	3.88	—	242	—	2.60	—
2011—2015年均值	21.4	—	—	100.00	18.2	—	—	100.00

年份	非制造业								总计			
	建筑业				小计							
	项目数	同比增长（%）	占比（%）	指数	项目数	同比增长（%）	占比（%）	指数	项目数	同比增长（%）	占比（%）	指数
2005	3	—	3.13	28.85	96	—	64.00	23.79	150	—	100.00	25.51
2006	4	33.33	3.70	38.46	108	12.50	64.29	26.76	168	12.00	100.00	28.57

续表

年份	非制造业								总计			
	建筑业				小计							
	项目数	同比增长（%）	占比（%）	指数	项目数	同比增长（%）	占比（%）	指数	项目数	同比增长（%）	占比（%）	指数
2007	4	0.00	2.44	38.46	164	51.85	65.86	40.63	249	48.21	100.00	42.35
2008	3	-25.00	1.24	28.85	241	46.95	71.09	59.71	339	36.14	100.00	57.65
2009	4	33.33	1.57	38.46	254	5.39	73.41	62.93	346	2.06	100.00	58.84
2010	5	25.00	1.63	48.08	307	20.87	76.56	76.07	401	15.90	100.00	68.20
2011	3	-40.00	0.98	28.85	305	-0.65	68.85	75.57	443	10.47	100.00	75.34
2012	7	133.33	2.18	67.31	321	5.25	69.78	79.53	460	3.84	100.00	78.23
2013	9	28.57	2.54	86.54	354	10.28	74.21	87.71	477	3.70	100.00	81.12
2014	14	55.56	3.46	134.62	405	14.41	64.49	100.35	628	31.66	100.00	106.80
2015	19	35.71	3.00	182.69	633	56.30	67.92	156.84	932	48.41	100.00	158.50
2016	37	94.74	3.88	355.77	953	50.55	71.28	236.12	1337	43.45	100.00	227.38
2017	14	-62.16	1.62	134.62	864	-9.34	68.79	214.07	1256	-6.06	100.00	213.60
2018	29	107.14	2.63	278.85	1104	27.78	70.95	273.54	1556	23.89	100.00	264.62
2019	28	-3.45	3.17	269.23	887	-19.66	69.35	219.77	1279	-17.80	100.00	217.52
2020	11	-60.71	1.77	105.77	623	-29.76	69.76	154.36	893	-30.18	100.00	151.87
2021	9	-18.18	1.40	86.54	645	3.53	71.43	159.81	903	1.12	100.00	153.57
2022	5	-44.44	1.10	48.08	454	-29.61	71.38	112.49	636	-29.57	100.00	108.16
2023	16	220.00	2.64	153.85	606	33.48	58.78	150.15	1031	62.11	100.00	175.34
合计	224.00	—	2.40	—	9324	—	69.15	—	13484	—	—	2293.18
2011—2015年均值	10.4	—	—	100.00	403.6	—	—	100.00	588	—	—	100.00

二、民营企业对外直接投资金额在标的行业的分布

从OFDI项目金额看，在2005—2023年间，我国民营企业对外直接投资活动主要集中在非制造业，累计对外直接投资项目金额为9610.40亿美元，占比57.62%；其次是制造业，累计对外直接投资项目金额为7067.17亿美元，占比42.38%。

表 2-4-2　2005—2023 年中国民营企业对外直接投资金额在标的行业的分布及指数汇总表

（单位：百万美元）

年份	制造业											
	高技术				中高技术				中低技术			
	金额	同比增长（%）	占比（%）	指数	金额	同比增长（%）	占比（%）	指数	金额	同比增长（%）	占比（%）	指数
2005	127.19	—	8.97	0.84	284.43	—	20.06	3.11	313.82	—	22.14	5.57
2006	418.94	229.38	25.35	2.77	1171.04	311.71	70.86	12.79	23.16	-92.62	1.40	0.41
2007	220.63	-47.34	5.02	1.46	1364.19	16.49	31.04	14.90	2517.87	10771.63	57.30	44.72
2008	114.97	-47.89	2.58	0.76	1926.94	41.25	43.22	21.05	2079.58	-17.41	46.64	36.93
2009	317.68	176.32	11.82	2.10	1838.24	-4.60	68.39	20.08	210.00	-89.90	7.81	3.73
2010	641.65	101.98	8.62	4.24	6373.26	246.70	85.60	69.63	202.59	-3.53	2.72	3.60
2011	2556.26	298.39	16.56	16.89	3587.16	-43.72	23.24	39.19	9095.24	4389.48	58.93	161.53
2012	512.40	-79.96	6.91	3.38	3691.36	2.90	49.77	40.33	2495.65	-72.56	33.65	44.32
2013	5054.09	886.36	24.30	33.39	1114.96	-69.80	5.36	12.18	741.84	-70.27	3.57	13.17
2014	13863.26	174.30	33.07	91.58	6374.73	471.75	15.21	69.65	3091.04	316.67	7.37	54.90
2015	53706.41	287.40	53.32	354.77	30996.12	386.23	30.77	338.65	12729.97	311.83	12.64	226.08
2016	21624.56	-59.74	37.83	142.84	22790.14	-26.47	39.87	248.99	5885.58	-53.77	10.30	104.53
2017	11979.89	-44.60	14.03	79.14	59764.61	162.24	69.99	652.96	7321.81	24.40	8.57	130.03
2018	15845.10	32.26	24.33	104.67	25407.08	-57.49	39.00	277.59	18543.81	153.27	28.47	329.33
2019	15882.13	0.23	28.83	104.91	18727.23	-26.29	34.00	204.61	14570.39	-21.43	26.45	258.76
2020	2912.44	-81.66	2.69	19.24	87350.90	366.44	80.60	954.36	16410.45	12.63	15.14	291.44
2021	4758.47	63.38	12.82	31.43	26646.36	-69.50	71.81	291.13	3849.35	-76.54	10.37	68.36
2022	1177.62	-75.25	5.27	7.78	15257.23	-42.74	68.27	166.69	4632.69	20.35	20.73	82.27
2023	11246.77	855.05	16.61	74.29	33421.41	119.05	49.35	365.15	21032.09	353.99	31.06	373.52
合计	162960.46	—	23.06	—	348117.10	—	49.26	—	125746.92	—	17.79	—
2011—2015 年均值	15138.48	—	—	100.00	9152.87	—	—	100.00	5630.75	—	—	100.00

续表

年份	制造业							
	低技术				小计			
	金额	同比增长（%）	占比（%）	指数	金额	同比增长（%）	占比（%）	指数
2005	692.22	—	48.83	9.43	1417.66	—	34.24	3.80
2006	39.36	-94.31	2.38	0.54	1652.50	16.57	19.78	4.44
2007	291.67	641.03	6.64	3.98	4394.36	165.92	21.59	11.79
2008	337.38	15.67	7.57	4.60	4458.87	1.47	25.00	11.97
2009	322.01	-4.56	11.98	4.39	2687.93	-39.72	48.10	7.21
2010	228.19	-29.14	3.06	3.11	7445.69	177.00	27.87	19.98
2011	194.65	-14.70	1.26	2.65	15433.31	107.28	50.97	41.42
2012	717.70	268.71	9.68	9.78	7417.11	-51.94	36.85	19.91
2013	13890.48	1835.42	66.78	189.32	20801.37	180.45	30.39	55.83
2014	18593.70	33.86	44.35	253.43	41922.73	101.54	35.08	112.52
2015	3288.24	-82.32	3.26	44.82	100720.74	140.25	44.23	270.33
2016	6867.47	108.85	12.01	93.60	57167.75	-43.24	21.65	153.43
2017	6324.09	-7.91	7.41	86.20	85390.40	49.37	46.93	229.18
2018	5342.08	-15.53	8.20	72.81	65138.07	-23.72	41.22	174.82
2019	5905.25	10.54	10.72	80.49	55084.99	-15.39	43.98	147.92
2020	1700.84	-71.20	1.57	23.18	108374.63	96.63	79.82	290.87
2021	1852.59	8.92	4.99	25.25	37106.77	-65.76	36.12	99.59
2022	1280.15	-30.90	5.73	17.45	22347.69	-39.77	53.51	59.98
2023	2024.58	58.15	2.99	27.59	67724.85	203.05	62.06	181.77
合计	69892.65	—	9.89	—	706717.13	—	42.38	—
2011—2015年均值	7336.95	—	—	100.00	35492.47	—	—	100.00

年份	非制造业							
	服务业				农、林、牧、渔业			
	金额	同比增长（%）	占比（%）	指数	金额	同比增长（%）	占比（%）	指数
2005	1667.71	—	61.25	3.69	0.00	—	0.00	0.00
2006	5312.35	218.54	79.25	11.77	0.00	—	0.00	0.00

续表

年份	非制造业							
	服务业				农、林、牧、渔业			
	金额	同比增长（%）	占比（%）	指数	金额	同比增长（%）	占比（%）	指数
2007	15196.89	186.07	95.21	33.66	0.19	—	0.00	0.05
2008	7750.67	-49.00	57.93	17.17	0.00	-100.00	0.00	0.00
2009	2151.35	-72.24	74.18	4.76	14.97	—	0.52	3.67
2010	18446.19	757.43	95.74	40.85	4.29	-71.34	0.02	1.05
2011	12412.10	-32.71	83.60	27.49	10.49	144.52	0.07	2.57
2012	8239.49	-33.62	64.81	18.25	500.00	4666.44	3.93	122.51
2013	29576.66	258.96	62.08	65.51	50.00	-90.00	0.10	12.25
2014	66740.44	125.65	86.03	147.81	1364.04	2628.08	1.76	334.20
2015	108789.01	63.00	85.66	240.94	116.20	-91.48	0.09	28.47
2016	149658.85	37.57	72.36	331.46	202.81	74.54	0.10	49.69
2017	76754.90	-48.71	79.50	169.99	253.33	24.91	0.26	62.07
2018	73843.60	-3.79	79.50	163.55	152.05	-39.98	0.16	37.25
2019	49225.64	-33.34	70.12	109.02	304.69	100.39	0.43	74.65
2020	26077.33	-47.02	95.20	57.76	42.18	-86.16	0.15	10.33
2021	63608.61	143.92	96.92	140.88	192.07	355.36	0.29	47.06
2022	14566.63	-77.10	75.04	32.26	25.60	-86.67	0.13	6.27
2023	26761.07	83.71	64.64	59.27	35.23	37.62	0.09	8.63
合计	756779.49	—	78.75	—	3268.14	—	0.34	—
2011—2015年均值	45151.54	—	—	100.00	408.15	—	—	100.00

年份	非制造业							
	采矿业				电力、热力、燃气及水生产和供应业			
	金额	同比增长（%）	占比（%）	指数	金额	同比增长（%）	占比（%）	指数
2005	4.00	—	0.15	0.15	800.34	—	29.39	16.74
2006	954.78	23769.50	14.24	36.59	0.00	-100.00	0.00	0.00
2007	651.82	-31.73	4.08	24.98	47.15	—	0.30	0.99
2008	4812.46	638.31	35.97	184.44	614.73	1203.78	4.59	12.86

续表

年份	非制造业							
	采矿业				电力、热力、燃气及水生产和供应业			
	金额	同比增长（%）	占比（%）	指数	金额	同比增长（%）	占比（%）	指数
2009	597.50	-87.58	20.60	22.90	85.89	-86.03	2.96	1.80
2010	345.91	-42.11	1.80	13.26	190.75	122.09	0.99	3.99
2011	932.00	169.43	6.28	35.72	1441.29	655.59	9.71	30.15
2012	1291.37	38.56	10.16	49.49	1887.94	30.99	14.85	39.49
2013	5270.26	308.11	11.06	201.99	8292.85	339.25	17.41	173.47
2014	532.40	-89.90	0.69	20.40	2929.43	-64.68	3.78	61.28
2015	5019.86	842.87	3.95	192.39	9350.77	219.20	7.36	195.60
2016	7910.03	57.57	3.82	303.16	5586.11	-40.26	2.70	116.85
2017	2659.29	-66.38	2.75	101.92	14912.75	166.96	15.45	311.95
2018	4438.95	66.92	4.78	170.13	6171.65	-58.61	6.64	129.10
2019	11672.63	162.96	16.63	447.37	4114.76	-33.33	5.86	86.07
2020	84.51	-99.28	0.31	3.24	939.67	-77.16	3.43	19.66
2021	1308.65	1448.51	1.99	50.16	299.53	-68.12	0.46	6.27
2022	2873.03	119.54	14.80	110.11	1542.87	415.10	7.95	32.27
2023	7836.14	172.75	18.93	300.33	4631.32	200.18	11.19	96.88
合计	59195.58	—	6.16	—	63839.80	—	6.64	—
2011—2015年均值	2609.18	—	—	100.00	4780.46	—	—	100.00

年份	非制造业								总计			
	建筑业				小计							
	金额	同比增长（%）	占比（%）	指数	金额	同比增长（%）	占比（%）	指数	金额	同比增长（%）	占比（%）	指数
2005	250.66	—	9.21	8.33	2722.71	—	65.76	4.87	4140.37	—	100.00	4.44
2006	435.80	73.86	6.50	14.49	6702.93	146.19	80.22	11.98	8355.43	101.80	100.00	8.96
2007	66.04	-84.85	0.41	2.20	15962.09	138.14	78.41	28.53	20356.45	143.63	100.00	21.84
2008	200.77	204.01	1.50	6.67	13378.63	-16.18	75.00	23.91	17837.50	-12.37	100.00	19.14

续表

年份	非制造业								总计			
	建筑业				小计							
	金额	同比增长（%）	占比（%）	指数	金额	同比增长（%）	占比（%）	指数	金额	同比增长（%）	占比（%）	指数
2009	50.31	-74.94	1.73	1.67	2900.02	-78.32	51.90	5.18	5587.95	-68.67	100.00	5.99
2010	280.26	457.07	1.45	9.32	19267.40	564.39	72.13	34.43	26713.09	378.05	100.00	28.66
2011	50.44	-82.00	0.34	1.68	14846.32	-22.95	49.03	26.53	30279.63	13.35	100.00	32.48
2012	794.62	1475.38	6.25	26.42	12713.42	-14.37	63.15	22.72	20130.53	-33.52	100.00	21.60
2013	4451.98	460.26	9.34	148.01	47641.75	274.74	69.61	85.14	68443.12	240.00	100.00	73.42
2014	6012.59	35.05	7.75	199.89	77578.90	62.84	64.92	138.64	119501.62	74.60	100.00	128.20
2015	3729.91	-37.97	2.94	124.00	127005.75	63.71	55.77	226.97	227726.49	90.56	100.00	244.30
2016	43478.62	1065.67	21.02	1445.48	206836.42	62.86	78.35	369.63	264004.17	15.93	100.00	283.22
2017	1970.87	-95.47	2.04	65.52	96551.14	-53.32	53.07	172.54	181941.54	-31.08	100.00	195.18
2018	8280.72	320.16	8.91	275.30	92886.97	-3.80	58.78	166.00	158025.04	-13.15	100.00	169.53
2019	4889.16	-40.96	6.96	162.54	70206.88	-24.42	56.02	125.47	125321.59	-20.70	100.00	134.40
2020	249.33	-94.90	0.91	8.29	27393.02	-60.98	20.18	48.95	135767.65	8.34	100.00	145.60
2021	222.61	-10.72	0.34	7.40	65631.47	139.59	63.88	117.29	102738.24	-24.33	100.00	110.17
2022	404.54	81.72	2.08	13.45	19412.66	-70.42	46.49	34.69	41760.35	-59.35	100.00	44.78
2023	2137.36	428.35	5.16	71.06	41401.12	113.27	37.94	73.99	109125.97	161.31	100.00	117.02
合计	77956.58	—	8.11	—	961039.60	—	57.62	—	1667756.73	—	100.00	—
2011—2015年均值	3007.91	—	—	100.00	55957.23	—	—	100.00	93216.28	—	—	100.00

注：此处存在重复统计问题，故总计部分与表 2-1-1、表 2-1-2 所示不一致，重复统计的处理方式与投资来源地部分的处理一致，详见表 2-2-1 脚注。

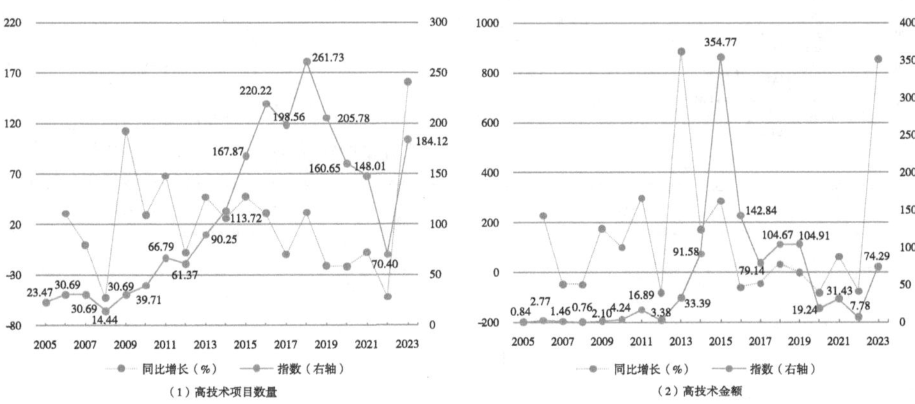

（1）高技术项目数量

（2）高技术金额

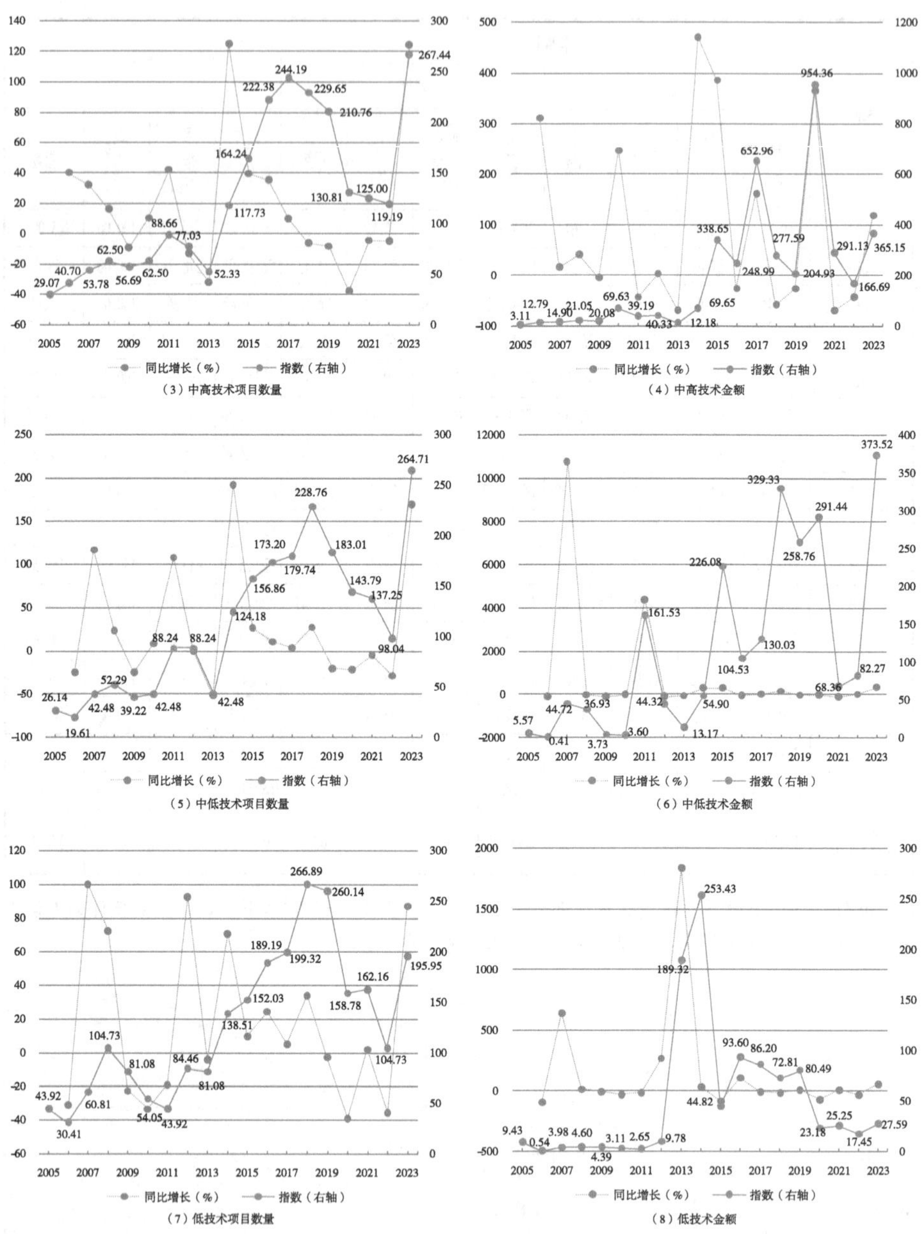

（3）中高技术项目数量

（4）中高技术金额

（5）中低技术项目数量

（6）中低技术金额

（7）低技术项目数量

（8）低技术金额

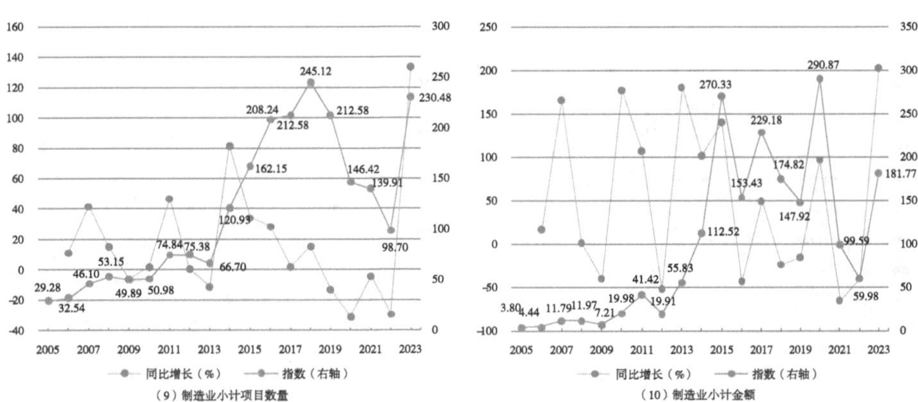

图 2-4-1　2005—2023 年中国民营企业对外直接投资制造业项目数量和金额指数变化图

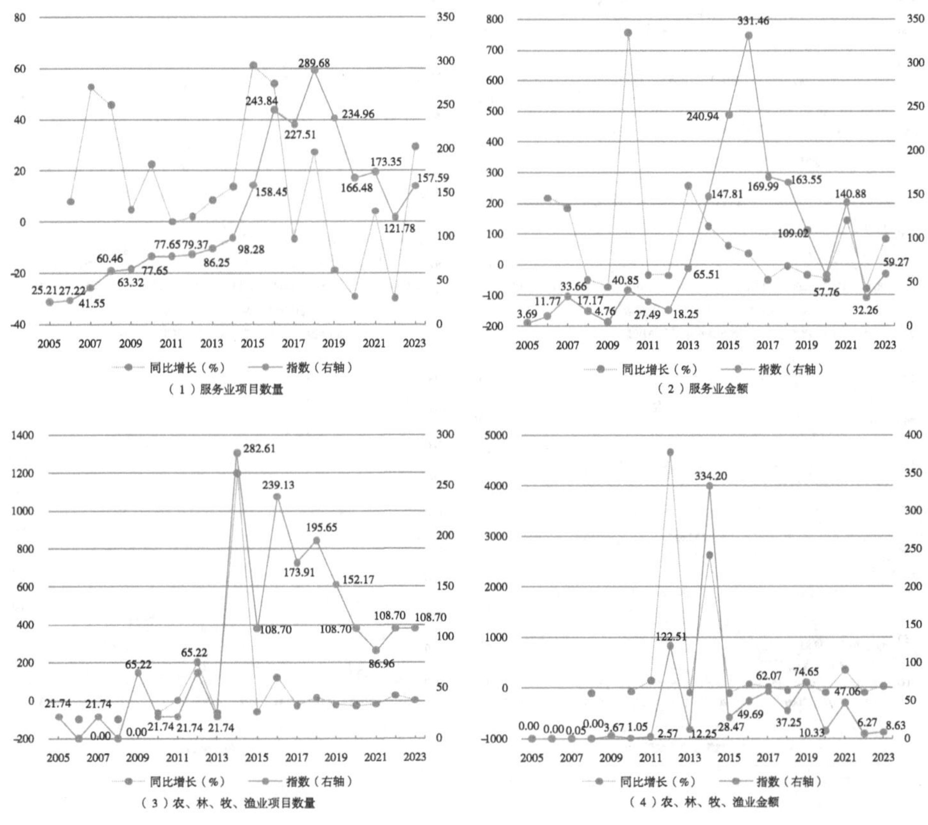

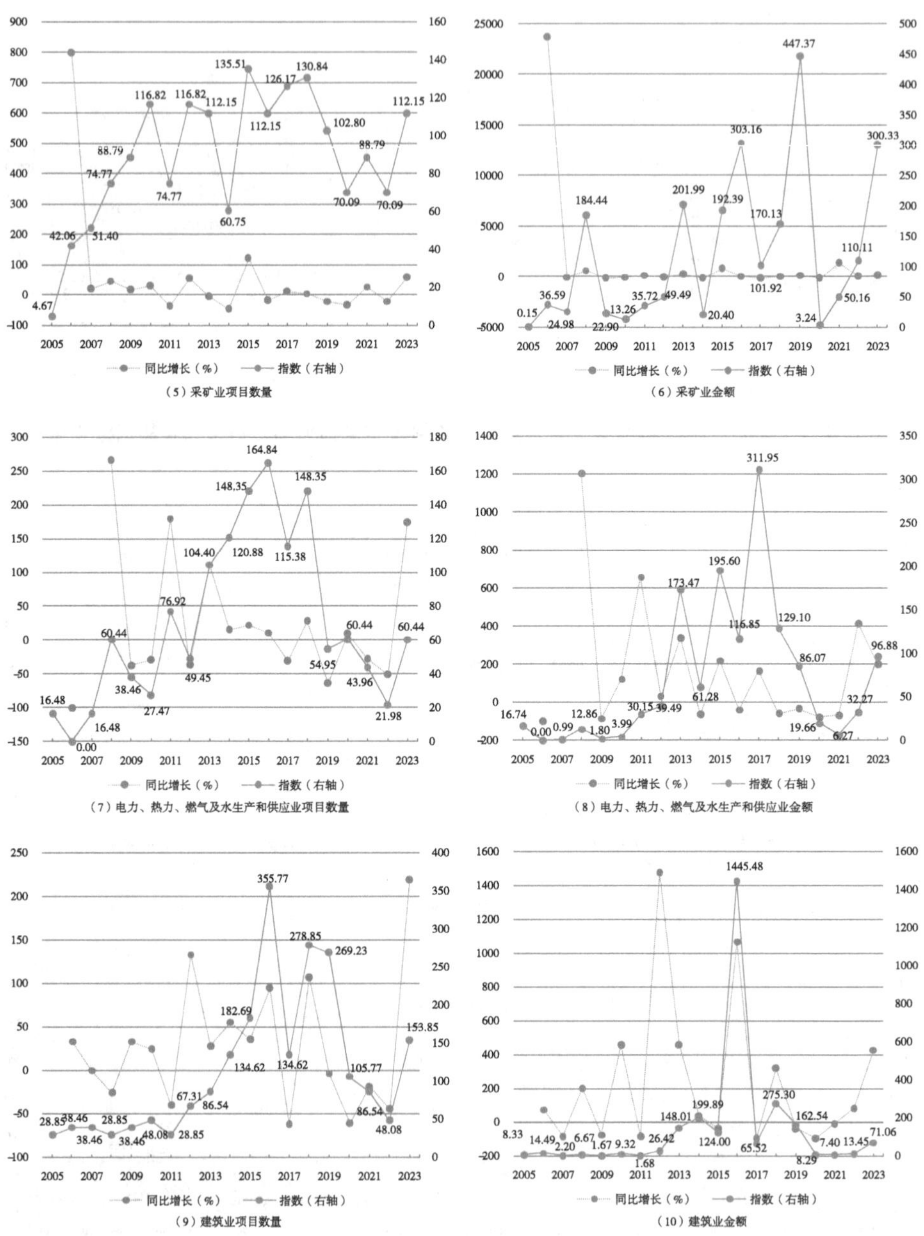

（5）采矿业项目数量

（6）采矿业金额

（7）电力、热力、燃气及水生产和供应业项目数量

（8）电力、热力、燃气及水生产和供应业金额

（9）建筑业项目数量

（10）建筑业金额

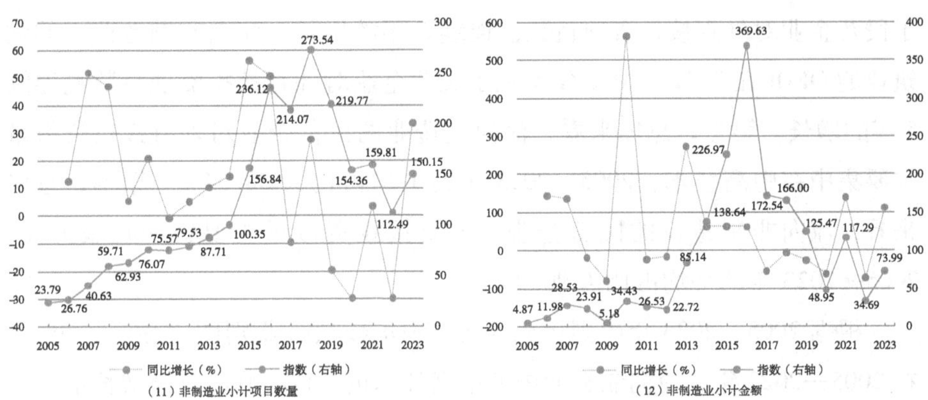

（11）非制造业小计项目数量　（12）非制造业小计金额

图 2-4-2　2005—2023 年中国民营企业对外直接投资非制造业项目数量和金额指数变化图

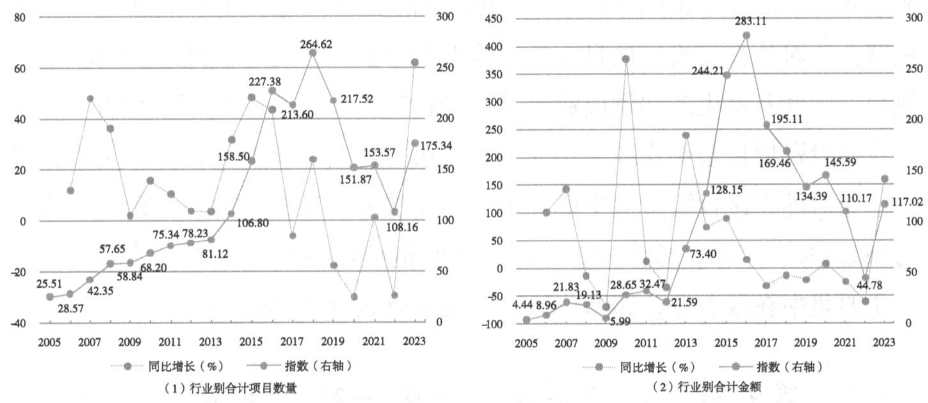

（1）行业别合计项目数量　（2）行业别合计金额

图 2-4-3　2005—2023 年中国民营企业对外直接投资行业别项目数量和金额指数变化图

根据 2005—2023 年中国民营企业 OFDI 数量行业别图表显示，第一，流向非制造业中的服务业的 OFDI 数量在 2020 年出现最显著的缩减，从 820 件缩减到 581 件。第二，流向制造业中的中低技术的 OFDI 在 2014—2018 年实现了民营企业对外直接投资项目数量连续 5 年的增长。流向制造业中的低技术的 OFDI 在 2014—2018 年实现了民营企业对外直接投资项目数量连续 5 年的增长。流向非制造业中的服务业的 OFDI 在 2006—2010 年实现了民营企业海外直接投资项目数量连续 5 年的增长。流向非制造业中的服务业的 OFDI 在 2012—2016 年实现了民营企业对外直接投资项目数量连续 5 年的增长。流向非制造业中的采矿业的 OFDI 在 2006—2010 年实现了民营企业对外直接投资项目数量连续5年的增长。流向非制造业中的建筑业的OFDI在2012—2016年实现了民营企业对外直接投资项目数量连续5年的增长。第三，总体来看，流向制造业的民营企业对外直接投资数量主要集中在中高技术，2005—2023年的平均占比为38.94%。第四，总体来看，流向非制造业的民营企业对外直接投资数量主要集中在服务业，2005—2023年的平均占比为90.23%。

根据2005—2023年中国民营企业OFDI金额行业别图表显示，第一，在2005—2023年，流向制造业中的中高技术的OFDI项目金额增长最为显著，从2005年的2.84亿美元增加到334.21亿美元，复合增长率为年均30.33%。第二，流向非制造业中的服务业的OFDI在2013—2016年实现了民营企业对外直接投资项目金额连续4年的增长。流向非制造业中的电力、热力、燃气及水生产和供应业的OFDI在2010—2013年实现了民营企业对外直接投资项目金额连续4年的增长。第三，总体来看，流向制造业的民营企业对外直接投资金额主要集中在中高技术，2005—2023年的平均占比为49.26%。第四，总体来看，流向非制造业的民营企业对外直接投资金额主要集中在服务业，2005—2023年的平均占比为78.75%。

第五节　民营企业“一带一路”投资指数

本节以对“一带一路”共建国家和地区进行对外直接投资的民营企业为样本，通过将“一带一路”共建国家和地区划分为东北亚、东南亚、南亚、西亚北非、中东欧和中亚6个地区，对民企在“一带一路”共建国家和地区的投资特征进行统计描述。

一、“一带一路”共建国家和地区的区域划分标准

本节中所列举的“一带一路”共建国家和地区来自中国一带一路官方网站①，依据网站基础数据的划分标准将区域分布主要按照国家地理位置、

① 中国一带一路网，参见 https：//www. yidaiyilu. gov. cn/。

经济体制以及其发展状况进行划分，“一带一路”沿线共64个国家和地区，2023年版报告中涉及的“一带一路”标的国家和地区共计56个，具体情况如下表所示。

表2-5-1　中国民营企业对外直接投资所涉及的“一带一路”共建国家和地区区域划分

所属区域	“一带一路”所涉及共建国家和地区	本报告所涉及共建国家和地区	本书共建国家和地区个数
东北亚	蒙古、俄罗斯	蒙古、俄罗斯	2
东南亚	新加坡、印度尼西亚、马来西亚、泰国、越南、菲律宾、柬埔寨、缅甸、老挝、文莱、东帝汶	新加坡、印度尼西亚、马来西亚、泰国、越南、菲律宾、柬埔寨、老挝、缅甸、文莱	10
南亚	印度、巴基斯坦、斯里兰卡、孟加拉国、尼泊尔、马尔代夫、不丹	印度、巴基斯坦、斯里兰卡、孟加拉国、尼泊尔、马尔代夫	6
西亚北非	阿联酋、科威特、土耳其、卡塔尔、阿曼、黎巴嫩、巴林、以色列、也门、埃及、伊朗、约旦、叙利亚、伊拉克、阿富汗、巴勒斯坦、阿塞拜疆、格鲁吉亚、亚美尼亚	阿联酋、科威特、土耳其、卡塔尔、阿曼、黎巴嫩、巴林、以色列、埃及、伊朗、约旦、伊拉克、阿塞拜疆、格鲁吉亚、亚美尼亚	16
中东欧	波兰、阿尔巴尼亚、爱沙尼亚、立陶宛、斯洛文尼亚、保加利亚、捷克、匈牙利、北马其顿、塞尔维亚、罗马尼亚、斯洛伐克、克罗地亚、拉脱维亚、波黑、黑山、乌克兰、白俄罗斯、摩尔多瓦	波兰、爱沙尼亚、立陶宛、斯洛文尼亚、保加利亚、捷克、匈牙利、塞尔维亚、罗马尼亚、斯洛伐克、克罗地亚、拉脱维亚、乌克兰、白俄罗斯、阿尔巴尼亚、波黑、北马其顿、白俄罗斯	18
中亚	哈萨克斯坦、吉尔吉斯斯坦、土库曼斯坦、塔吉克斯坦、乌兹别克斯坦	哈萨克斯坦、乌兹别克斯坦、吉尔吉斯斯坦、塔吉克斯坦	4

资料来源：“一带一路”所涉及共建国家和地区根据中国一带一路官方网站 https：//www. yidaiyilu. gov. cn/整理。

二、民营企业在“一带一路”共建国家和地区投资概况

自“一带一路”倡议提出以来，中国民营企业与“一带一路”共建国家和地区的投资合作愈发紧密，民企对“一带一路”共建国家和地区的投资无论是项目数量还是金额都在其总投资中占有重要地位。总体占比呈现出上升趋势，其中项目数量占比由2013年的16.12%增长至2023年的34.94 %，投资金额占比由2013年的12.66%增长至2023年的47.04%。2020年受疫情影响，民企对“一带一路”共建国家和地区的投资项目数量和金额都出现了较大幅度的缩减。2021年进入后疫情时代，各国建立相应的风险应对机制，民企对“一带一路”共建国家和地区的投资项目数量有所回升，且投资金额的下降速度也有所放缓。2022年，地缘冲突升级导致全球经济下行，民企对“一带一路”共建国家和地区的投资项目数量和金额均有一定的下降。2023年，民企对“一带一路”共建国家和地区的投资项目数量和金额均有大幅上涨。在2014—2023年的十年中，全国企业对“一带一路”共建国家和地区的投资项目数量50%以上来自民企，民企逐步成为中国“一带一路”投资活动中的主力军。

表2-5-2 2005—2023年中国民营企业“一带一路”投资项目数量、金额及占比汇总表

年份	民营企业“一带一路”投资项目数量			民营企业“一带一路”投资金额		
	项目数量（件）	在“一带一路”总投资中占比（%）	在民营企业总投资中占比（%）	金额（亿美元）	在“一带一路”总投资中占比（%）	在民营企业总投资中占比（%）
2005	50	42.74	33.33	18.61	12.29	44.95
2006	45	38.14	26.63	18.33	8.56	21.67
2007	51	35.17	20.40	27.35	10.32	13.43
2008	62	39.49	18.29	25.27	8.82	14.17
2009	63	36.21	18.10	14.68	3.06	26.27
2010	73	43.20	18.25	49.40	24.52	18.49
2011	73	39.25	16.40	108.70	36.80	36.02
2012	81	48.21	17.46	43.91	40.11	21.28

续表

年份	民营企业“一带一路”投资项目数量			民营企业“一带一路”投资金额		
	项目数量（件）	在“一带一路”总投资中占比（%）	在民营企业总投资中占比（%）	金额（亿美元）	在“一带一路”总投资中占比（%）	在民营企业总投资中占比（%）
2013	78	44.83	16.12	86.79	33.53	12.66
2014	122	53.74	19.40	85.90	27.10	7.15
2015	217	57.11	23.56	296.31	40.58	13.08
2016	295	61.08	22.15	549.33	50.29	21.16
2017	292	66.97	23.14	408.10	18.89	22.43
2018	399	64.25	25.35	359.48	40.47	23.84
2019	340	69.25	26.42	416.10	69.17	33.95
2020	197	70.11	21.70	263.69	64.27	19.53
2021	216	70.59	23.61	192.52	29.45	18.72
2022	159	73.61	19.58	149.07	76.32	30.61
2023	363	70.21	34.94	514.43	47.98	47.04
合计	3176	53.66	23.14	3627.96	34.95	21.86

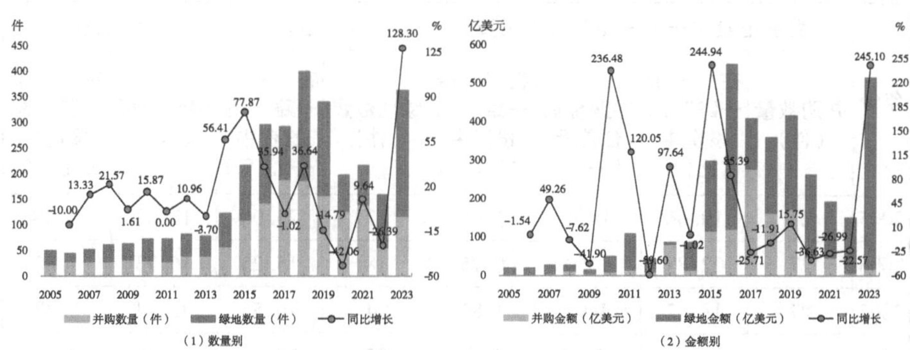

图 2-5-1　2005—2023 年中国民营企业“一带一路”对外直接投资项目数量和金额增长变化图

在民企对“一带一路”投资项目数量和金额分布中，并购投资和绿地投资规模相差不大，且民企“一带一路”绿地投资规模呈现出高于并购的情况。绿地投资在民企开展“一带一路”对外投资活动中发挥重要作用，尤其是在投资金额方面，2020 年其金额达到 215.37 亿美元，在当年度全

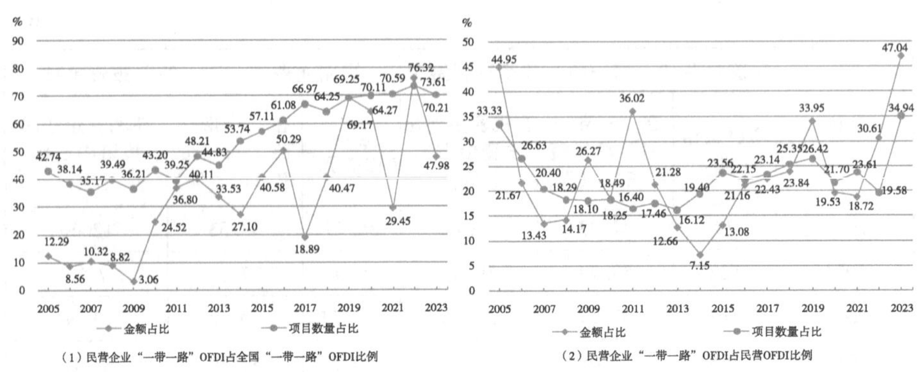

图 2-5-2　2005—2023 年中国民营企业"一带一路"对外直接投资在全国企业"一带一路"总投资、民企总投资的占比变化图

国企业"一带一路"投资中贡献了 52.50%。2021 年绿地投资项目金额大幅减少，而数量方面则存在小幅上升。2023 年绿地投资的项目数量和项目金额均迎来大幅上涨，尤其在项目金额上达到 497.85 亿美元，同比去年上涨 250.43%。

表 2-5-3　2005—2023 年不同投资模式下中国民营企业"一带一路"项目数量、金额及占比汇总表

年份	民营企业"一带一路"并购投资				民营企业"一带一路"绿地投资			
	并购数量（件）	在"一带一路"总投资中占比（%）	并购金额（亿美元）	在"一带一路"总投资中占比（%）	绿地数量（件）	在"一带一路"总投资中占比（%）	绿地金额（亿美元）	在"一带一路"总投资中占比（%）
2005	23	19.66	1.59	1.05	27	23.08	17.02	11.24
2006	27	22.88	1.60	0.75	18	15.25	16.73	7.82
2007	27	18.62	4.91	1.85	24	16.55	22.44	8.47
2008	27	17.20	12.82	4.47	35	22.29	12.45	4.34
2009	32	18.39	3.64	0.76	31	17.82	11.04	2.30
2010	30	17.75	9.07	4.50	43	25.44	40.32	20.02
2011	27	14.52	13.21	4.47	46	24.73	95.49	32.33
2012	39	23.21	9.15	8.35	42	25.00	34.77	31.76
2013	39	22.41	81.32	31.42	39	22.41	5.47	2.11

续表

年份	民营企业“一带一路”并购投资				民营企业“一带一路”绿地投资			
	并购数量（件）	在“一带一路”总投资中占比（%）	并购金额（亿美元）	在“一带一路”总投资中占比（%）	绿地数量（件）	在“一带一路”总投资中占比（%）	绿地金额（亿美元）	在“一带一路”总投资中占比（%）
2014	58	25. 55	14. 37	4. 53	64	28. 19	71. 53	22. 57
2015	110	28. 95	115. 10	15. 76	107	28. 16	181. 20	24. 82
2016	143	29. 61	119. 37	10. 93	152	31. 47	429. 96	39. 36
2017	189	43. 35	278. 14	12. 88	103	23. 62	129. 96	6. 02
2018	186	29. 95	160. 98	18. 12	213	34. 30	198. 50	22. 35
2019	158	32. 18	170. 68	28. 37	182	37. 07	245. 41	40. 80
2020	126	44. 84	48. 32	11. 78	71	25. 27	215. 37	52. 50
2021	139	45. 42	45. 88	7. 02	77	25. 16	146. 64	22. 43
2022	55	25. 46	7. 00	3. 58	104	48. 15	142. 07	72. 74
2023	116	22. 44	16. 58	1. 55	247	47. 78	497. 85	46. 44
合计	1551	28. 90	1113. 73	10. 73	1625	30. 28	2514. 24	24. 22

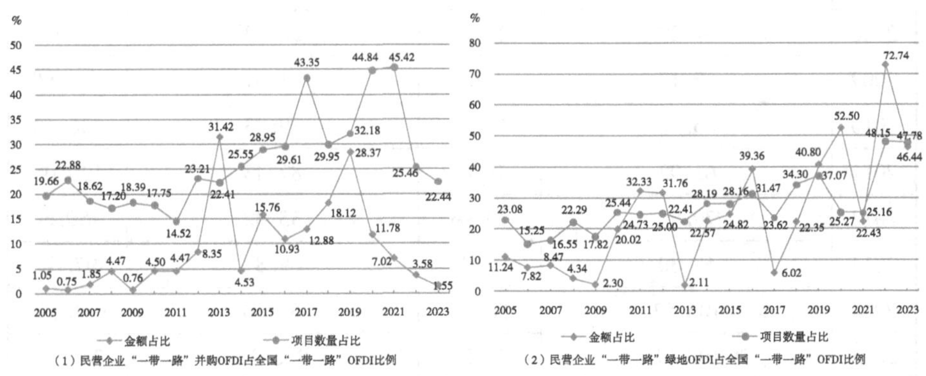

（1）民营企业“一带一路”并购OFDI占全国“一带一路”OFDI比例

（2）民营企业“一带一路”绿地OFDI占全国“一带一路”OFDI比例

图 2-5-3　2005—2023 年中国民营企业“一带一路”并购、绿地投资在“一带一路”总投资的占比变化图

三、民营企业“一带一路”对外直接投资指数

从民营企业“一带一路”对外直接投资项目数量和金额指数变化来

看，自 2013 年“一带一路”倡议提出以来，项目数量和金额指数总体呈现上升趋势，尤其在 2014—2016 年间表现突出。但是在 2017—2020 年间，项目数量和金额指数均波动下降，特别是在 2020 年民企“一带一路”对外直接投资项目数量指数同比下降 42.06%，金额指数同比下降 36.63%。在 2021 年，民企“一带一路”对外直接投资项目数量扭转了持续下降局势，同比增长 9.64%，金额指数则同比下降 26.99%。2022 年，民企“一带一路”对外直接投资项目数量和金额指数分别下降 26.39%、22.57%。2023 年，民企“一带一路”对外直接投资项目数量和金额指数终于迎来上涨，涨幅分别为 128.30%、245.10%。

表 2-5-4　2005—2023 年中国民营企业“一带一路”对外直接投资项目数量、金额汇总表

年份	民营企业“一带一路”对外直接投资项目数量指数	同比增长（%）	民营企业“一带一路”对外直接投资金额指数	同比增长（%）
2005	43.78	—	14.97	—
2006	39.40	-10.00	14.74	-1.54
2007	44.66	13.33	22.00	49.26
2008	54.29	21.57	20.33	-7.62
2009	55.17	1.61	11.81	-41.90
2010	63.92	15.87	39.73	236.48
2011	63.92	0.00	87.43	120.05
2012	70.93	10.96	35.32	-59.60
2013	68.30	-3.70	69.81	97.64
2014	106.83	56.41	69.10	-1.02
2015	190.02	77.87	238.34	244.94
2016	258.32	35.94	441.86	85.39
2017	255.69	-1.02	328.26	-25.71
2018	349.39	36.64	289.15	-11.91
2019	297.72	-14.79	334.69	15.75
2020	172.50	-42.06	212.10	-36.63

续表

年份	民营企业“一带一路”对外直接投资项目数量指数	同比增长（%）	民营企业“一带一路”对外直接投资金额指数	同比增长（%）
2021	189. 14	9. 64	154. 85	-26. 99
2022	139. 23	-26. 39	119. 91	-22. 57
2023	317. 86	128. 30	413. 79	245. 10

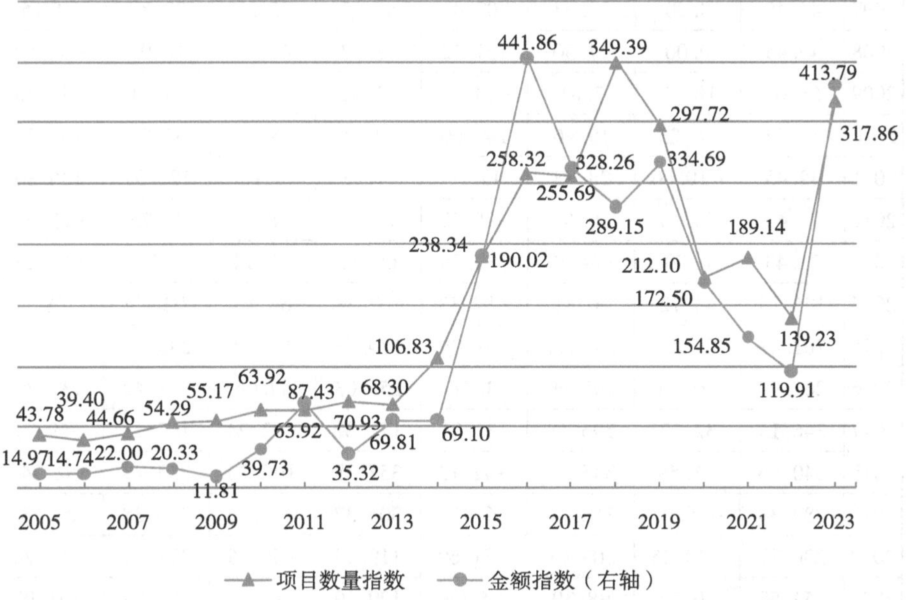

图 2-5-4　2005—2023 年中国民营企业“一带一路”对外直接投资项目数量和金额指数变化图

民企“一带一路”并购投资、绿地投资项目数量的增长变化相对一致，自 2013 年呈现出高速增长趋势，直到 2017 年民企“一带一路”并购投资继续高速增长达到 15 年来的峰值水平，但绿地投资项目数量却大幅下降。然而在 2022 年，地缘政治风险加速全球供应链重塑进程，民企对外并购动能减退，企业更倾向于进行绿地投资，2022 年并购金额指数出现 84. 75%的同比下降，而绿地降幅较小，同比下降 3. 11%。2023 年企业对外经济往来恢复，OFDI 的数量和金额迎来上涨，其中并购金额指数上涨 136. 91%，绿地金额指数上涨 250. 42%。

表 2-5-5　2005—2023 年中国民营企业“一带一路”对外并购投资指数、绿地投资指数汇总表

年份	民营企业“一带一路”对外并购投资				民营企业“一带一路”对外绿地投资			
	并购数量指数	同比增长（%）	并购金额指数	同比增长（%）	绿地数量指数	同比增长（%）	绿地金额指数	同比增长（%）
2005	42.12	—	3.41	—	45.30	—	21.91	—
2006	49.45	17.39	3.43	0.48	30.20	-33.33	21.53	-1.73
2007	49.45	0.00	10.53	207.44	40.27	33.33	28.89	34.16
2008	49.45	0.00	27.50	161.12	58.72	45.83	16.02	-44.54
2009	58.61	18.52	7.81	-71.58	52.01	-11.43	14.21	-11.33
2010	54.95	-6.25	19.46	149.00	72.15	38.71	51.90	265.36
2011	49.45	-10.00	28.33	45.59	77.18	6.98	122.91	136.80
2012	71.43	44.44	19.61	-30.77	70.47	-8.70	44.75	-63.59
2013	71.43	0.00	174.40	789.25	65.44	-7.14	7.04	-84.28
2014	106.23	48.72	30.81	-82.33	107.38	64.10	92.07	1208.56
2015	201.47	89.66	246.84	701.06	179.53	67.19	233.23	153.32
2016	261.90	30.00	255.99	3.71	255.03	42.06	553.42	137.28
2017	346.15	32.17	596.48	133.01	172.82	-32.24	167.28	-69.77
2018	340.66	-1.59	345.23	-42.12	357.38	106.80	255.49	52.74
2019	289.38	-15.05	366.04	6.03	305.37	-14.55	315.88	23.63
2020	230.77	-20.25	103.61	-71.69	119.13	-60.99	277.22	-12.24
2021	254.58	10.32	98.39	-5.04	129.19	8.45	188.74	-31.92
2022	100.73	-60.43	15.01	-84.75	174.50	35.06	182.87	-3.11
2023	212.45	110.91	35.55	136.91	414.43	137.50	640.80	250.42

四、民营企业对外直接投资项目数量和金额在“一带一路”共建国家和地区的区域分布

从民营企业对“一带一路”共建国家和地区的整体投资情况来看，自“一带一路”倡议提出以来民企投资项目数量和金额增长明显。民企在地域选择上更青睐东南亚地区，其次是南亚和西亚北非地区。

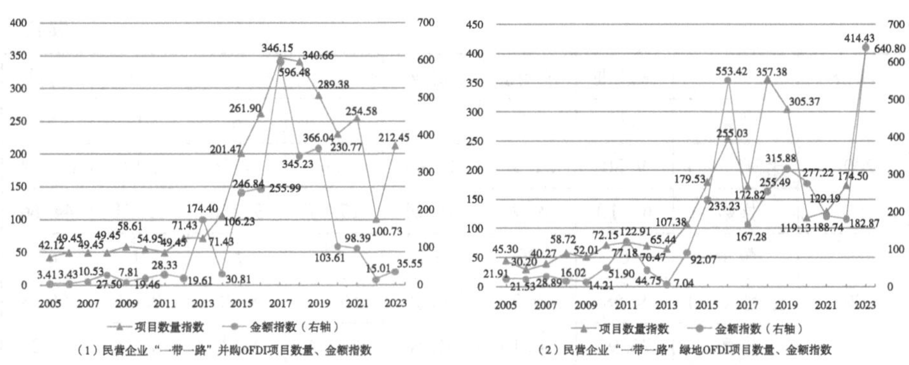

图 2-5-5　2005—2023 年中国民营企业“一带一路”对外并购、绿地投资项目数量和金额指数变化图

民企对“一带一路”共建国家和地区投资的项目数量以东南亚和南亚为主，在 2005—2023 年间，民企在两地区的投资项目数量在“一带一路”总投资项目数量中的占比达到 63.54%。其中，东南亚地区投资项目数量在“一带一路”总投资中的占比远高于其他地区，2023 年该地区投资项目数量再创新高，达到 230 件。

民企在“一带一路”共建国家和地区的投资金额以东北亚、东南亚、南亚和西亚北非四个地区为主，分布较为均匀。总体来看，民企投资金额分布最多的“一带一路”共建国家和地区仍然是东南亚，2005—2023 年间其在“一带一路”总投资金额中占比为 44.18%。

表 2-5-6　2005—2023 年中国民营企业对外直接投资“一带一路”标的区域的项目数量及指数汇总表

（单位：件）

年份		东北亚	东南亚	南亚	西亚北非	中东欧	中亚	合计
2005	数量	8	17	8	7	7	3	50
	比例（%）	16.00	34.00	16.00	14.00	14.00	6.00	100.00
	指数	102.56	37.61	41.24	45.45	36.84	40.54	43.78
2006	数量	10	16	7	8	2	2	45
	比例（%）	22.22	35.56	15.56	17.78	4.44	4.44	100.00
	指数	128.21	35.40	36.08	51.95	10.53	27.03	39.40

续表

年份		东北亚	东南亚	南亚	西亚北非	中东欧	中亚	合计
2007	数量	5	27	8	4	6	1	51
	比例（%）	9.80	52.94	15.69	7.84	11.76	1.96	100.00
	指数	64.10	59.73	41.24	25.97	31.58	13.51	44.66
2008	数量	6	29	12	10	5	0	62
	比例（%）	9.68	46.77	19.35	16.13	8.06	0.00	100.00
	指数	76.92	64.16	61.86	64.94	26.32	0.00	54.29
2009	数量	5	35	3	4	9	7	63
	比例（%）	7.94	55.56	4.76	6.35	14.29	11.11	100.00
	指数	64.10	77.43	15.46	25.97	47.37	94.59	55.17
2010	数量	8	33	11	7	13	1	73
	比例（%）	10.96	45.21	15.07	9.59	17.81	1.37	100.00
	指数	102.56	73.01	56.70	45.45	68.42	13.51	63.92
2011	数量	6	30	9	5	18	5	73
	比例（%）	8.22	41.10	12.33	6.85	24.66	6.85	100.00
	指数	76.92	66.37	46.39	32.47	94.74	67.57	63.92
2012	数量	5	36	10	11	16	3	81
	比例（%）	6.17	44.44	12.35	13.58	19.75	3.70	100.00
	指数	64.10	79.65	51.55	71.43	84.21	40.54	70.93
2013	数量	7	35	7	7	16	6	78
	比例（%）	8.97	44.87	8.97	8.97	20.51	7.69	100.00
	指数	89.74	77.43	36.08	45.45	84.21	81.08	68.30
2014	数量	6	50	18	24	18	6	122
	比例（%）	4.92	40.98	14.75	19.67	14.75	4.92	100.00
	指数	76.92	110.62	92.78	155.84	94.74	81.08	106.83
2015	数量	15	75	53	30	27	17	217
	比例（%）	6.91	34.56	24.42	13.82	12.44	7.83	100.00
	指数	192.31	165.93	273.20	194.81	142.11	229.73	190.02

续表

年份		东北亚	东南亚	南亚	西亚北非	中东欧	中亚	合计
2016	数量	15	108	70	57	33	12	295
	比例（%）	5.08	36.61	23.73	19.32	11.19	4.07	100.00
	指数	192.31	238.94	360.82	370.13	173.68	162.16	258.32
2017	数量	25	119	58	50	30	10	292
	比例（%）	8.56	40.75	19.86	17.12	10.27	3.42	100.00
	指数	320.51	263.27	298.97	324.68	157.89	135.14	255.69
2018	数量	18	181	89	54	37	20	399
	比例（%）	4.51	45.36	22.31	13.53	9.27	5.01	100.00
	指数	230.77	400.44	458.76	350.65	194.74	270.27	349.39
2019	数量	24	137	88	40	40	10	339
	比例（%）	7.08	40.41	25.96	11.80	11.80	2.95	100.00
	指数	307.69	303.10	453.61	259.74	210.53	135.14	296.85
2020	数量	12	113	23	33	14	2	197
	比例（%）	6.09	57.36	11.68	16.75	7.11	1.02	100.00
	指数	153.85	250.00	118.56	214.29	73.68	27.03	172.50
2021	数量	7	126	21	38	20	4	216
	比例（%）	3.24	58.33	9.72	17.59	9.26	1.85	100.00
	指数	89.74	278.76	108.25	246.75	105.26	54.05	189.14
2022	数量	3	94	12	34	15	1	159
	比例（%）	1.89	59.12	7.55	21.38	9.43	0.63	100.00
	指数	38.46	207.96	61.86	220.78	78.95	13.51	139.23
2023	数量	3	230	20	51	35	24	363
	比例（%）	0.83	63.36	5.51	14.05	9.64	6.61	100.00
	指数	38.46	508.85	103.09	331.17	184.21	324.32	317.86
合计	数量	188	1491	527	475	361	134	3176
	比例（%）	5.92	46.95	16.59	14.96	11.37	4.22	100.00
2011—2015 年均值		7.80	45.20	19.40	15.40	19.00	7.40	114.20

表 2-5-7 2005—2023 年中国民营企业对外直接投资“一带一路”标的区域的金额及指数汇总表

（单位：百万美元）

年份		东北亚	东南亚	南亚	西亚北非	中东欧	中亚	合计
2005	金额	1026. 82	259. 26	122. 65	113. 03	55. 90	283. 60	1861. 26
	比例（%）	55. 17	13. 93	6. 59	6. 07	3. 00	15. 24	100. 00
	指数	46. 77	5. 42	4. 82	10. 38	5. 52	34. 96	14. 97
2006	金额	1367. 32	112. 09	185. 20	109. 50	56. 20	2. 30	1832. 61
	比例（%）	74. 61	6. 12	10. 11	5. 98	3. 07	0. 13	100. 00
	指数	62. 28	2. 34	7. 28	10. 06	5. 55	0. 28	14. 74
2007	金额	570. 16	1871. 56	104. 90	73. 49	115. 20	0. 00	2735. 31
	比例（%）	20. 84	68. 42	3. 84	2. 69	4. 21	0. 00	100. 00
	指数	25. 97	39. 14	4. 13	6. 75	11. 37	0. 00	22. 00
2008	金额	121. 22	821. 20	965. 38	73. 40	545. 70	0. 00	2526. 90
	比例（%）	4. 80	32. 50	38. 20	2. 90	21. 60	0. 00	100. 00
	指数	5. 52	17. 17	37. 97	6. 74	53. 88	0. 00	20. 33
2009	金额	324. 10	711. 79	30. 00	42. 70	262. 01	97. 50	1468. 10
	比例（%）	22. 08	48. 48	2. 04	2. 91	17. 85	6. 64	100. 00
	指数	14. 76	14. 88	1. 18	3. 92	25. 87	12. 02	11. 81
2010	金额	456. 70	1210. 47	2501. 70	368. 50	402. 45	0. 00	4939. 82
	比例（%）	9. 25	24. 50	50. 64	7. 46	8. 15	0. 00	100. 00
	指数	20. 80	25. 31	98. 40	33. 86	39. 74	0. 00	39. 73
2011	金额	800. 30	6410. 86	532. 93	1812. 70	329. 31	983. 84	10869. 94
	比例（%）	7. 36	58. 98	4. 90	16. 68	3. 03	9. 05	100. 00
	指数	36. 45	134. 06	20. 96	166. 55	32. 52	121. 27	87. 43
2012	金额	18. 45	1436. 74	1187. 78	805. 57	474. 74	468. 04	4391. 32
	比例（%）	0. 42	32. 72	27. 05	18. 34	10. 81	10. 66	100. 00
	指数	0. 84	30. 04	46. 72	74. 01	46. 88	57. 69	35. 32
2013	金额	6173. 95	938. 00	70. 71	51. 55	172. 85	1271. 78	8678. 84
	比例（%）	71. 14	10. 81	0. 81	0. 59	1. 99	14. 65	100. 00
	指数	281. 23	19. 61	2. 78	4. 74	17. 07	156. 77	69. 81

续表

年份		东北亚	东南亚	南亚	西亚北非	中东欧	中亚	合计
2014	金额	2270.00	4004.79	552.47	268.82	1272.18	221.86	8590.12
	比例（%）	26.43	46.62	6.43	3.13	14.81	2.58	100.00
	指数	103.40	83.75	21.73	24.70	125.62	27.35	69.10
2015	金额	1713.97	11120.08	10367.75	2503.41	2814.72	1110.78	29630.71
	比例（%）	5.78	37.53	34.99	8.45	9.50	3.75	100.00
	指数	78.07	232.54	407.81	230.01	277.93	136.92	238.34
2016	金额	1206.48	11739.84	14205.74	24942.25	2443.41	395.36	54933.08
	比例（%）	2.20	21.37	25.86	45.40	4.45	0.72	100.00
	指数	54.96	245.50	558.77	2291.62	241.26	48.73	441.86
2017	金额	14810.77	10683.27	8193.80	4221.62	1723.93	1176.76	40810.15
	比例（%）	36.29	26.18	20.08	10.34	4.22	2.88	100.00
	指数	674.65	223.40	322.29	387.87	170.22	145.05	328.26
2018	金额	435.49	20564.44	6366.20	4875.01	2192.46	1514.40	35948.00
	比例（%）	1.21	57.21	17.71	13.56	6.10	4.21	100.00
	指数	19.84	430.03	250.41	447.90	216.48	186.67	289.15
2019	金额	12278.48	14936.63	6062.14	4764.50	3343.01	224.77	41609.53
	比例（%）	29.51	35.90	14.57	11.45	8.03	0.54	100.00
	指数	559.30	312.34	238.45	437.75	330.09	27.71	334.69
2020	金额	589.77	21868.11	1216.41	2264.15	375.47	55.00	26368.91
	比例（%）	2.24	82.93	4.61	8.59	1.42	0.21	100.00
	指数	26.86	457.29	47.85	208.02	37.07	6.78	212.10
2021	金额	870.21	16013.63	649.99	1315.79	361.19	40.95	19251.76
	比例（%）	4.52	83.18	3.38	6.83	1.88	0.21	100.00
	指数	39.64	334.87	25.57	120.89	35.66	5.05	154.85
2022	金额	86.29	3384.47	728.20	1613.52	9087.70	6.70	14906.88
	比例（%）	0.58	22.70	4.88	10.82	60.96	0.04	100.00
	指数	3.93	70.77	28.64	148.25	897.32	0.83	119.91

续表

年份		东北亚	东南亚	南亚	西亚北非	中东欧	中亚	合计
2023	金额	0.59	32203.32	2075.85	10556.65	4420.11	2186.48	51443.00
	比例（%）	0.00	62.60	4.04	20.52	8.59	4.25	100.00
	指数	0.03	673.41	81.65	969.91	436.44	269.52	413.79
合计	金额	45121.07	160290.55	56119.81	60776.16	30448.54	10040.12	362796.25
	比例（%）	12.44	44.18	15.47	16.75	8.39	2.77	100.00
2011—2015 年均值		2195.33	4782.09	2542.33	1088.41	1012.76	811.26	12432.19

民营企业对“一带一路”共建国家和地区并购投资项目数量最多的是东南亚，2023 年占比达到 85.34%；其次是南亚、西亚北非和中东欧，并且在“一带一路”倡议提出后有较大幅度的增长；东北亚和中亚则占比较小，增幅不明显。并购投资金额则在区域分布上相对平均，2014 年后各个区域投资金额都有明显的增长，综上可见，民营企业对“一带一路”共建国家和地区的并购投资项目数量和金额在 2005—2023 年间都有较大幅度的增长，东南亚地区优势明显，但其他地区的占比也在逐步提升中。

表 2-5-8　2005—2023 年中国民营企业并购投资“一带一路”标的区域的项目数量及指数汇总表

（单位：件）

年份		东北亚	东南亚	南亚	西亚北非	中东欧	中亚	合计
2005	数量	0	12	4	3	2	2	23
	比例（%）	0.00	52.17	17.39	13.04	8.70	8.70	100.00
	指数	0.00	48.00	71.43	34.88	25.00	38.46	42.12
2006	数量	4	12	3	5	1	2	27
	比例（%）	14.81	44.44	11.11	18.52	3.70	7.41	100.00
	指数	181.82	48.00	53.57	58.14	12.50	38.46	49.45
2007	数量	2	17	4	2	1	1	27
	比例（%）	7.41	62.96	14.81	7.41	3.70	3.70	100.00
	指数	90.91	68.00	71.43	23.26	12.50	19.23	49.45

续表

年份		东北亚	东南亚	南亚	西亚北非	中东欧	中亚	合计
2008	数量	3	13	5	3	3	0	27
	比例（%）	11. 11	48. 15	18. 52	11. 11	11. 11	0. 00	100. 00
	指数	136. 36	52. 00	89. 29	34. 88	37. 50	0. 00	49. 45
2009	数量	0	18	1	2	5	6	32
	比例（%）	0. 00	56. 25	3. 13	6. 25	15. 63	18. 75	100. 00
	指数	0. 00	72. 00	17. 86	23. 26	62. 50	115. 38	58. 61
2010	数量	1	20	2	3	3	1	30
	比例（%）	3. 33	66. 67	6. 67	10. 00	10. 00	3. 33	100. 00
	指数	45. 45	80. 00	35. 71	34. 88	37. 50	19. 23	54. 95
2011	数量	2	13	2	2	3	5	27
	比例（%）	7. 41	48. 15	7. 41	7. 41	11. 11	18. 52	100. 00
	指数	90. 91	52. 00	35. 71	23. 26	37. 50	96. 15	49. 45
2012	数量	1	26	1	5	3	3	39
	比例（%）	2. 56	66. 67	2. 56	12. 82	7. 69	7. 69	100. 00
	指数	45. 45	104. 00	17. 86	58. 14	37. 50	57. 69	71. 43
2013	数量	3	20	4	4	5	3	39
	比例（%）	7. 69	51. 28	10. 26	10. 26	12. 82	7. 69	100. 00
	指数	136. 36	80. 00	71. 43	46. 51	62. 50	57. 69	71. 43
2014	数量	2	28	4	11	8	5	58
	比例（%）	3. 45	48. 28	6. 90	18. 97	13. 79	8. 62	100. 00
	指数	90. 91	112. 00	71. 43	127. 91	100. 00	96. 15	106. 23
2015	数量	3	38	17	21	21	10	110
	比例（%）	2. 73	34. 55	15. 45	19. 09	19. 09	9. 09	100. 00
	指数	136. 36	152. 00	303. 57	244. 19	262. 50	192. 31	201. 47
2016	数量	1	59	28	31	16	8	143
	比例（%）	0. 70	41. 26	19. 58	21. 68	11. 19	5. 59	100. 00
	指数	45. 45	236. 00	500. 00	360. 47	200. 00	153. 85	261. 90

续表

年份		东北亚	东南亚	南亚	西亚北非	中东欧	中亚	合计
2017	数量	10	82	36	35	17	9	189
	比例（%）	5.29	43.39	19.05	18.52	8.99	4.76	100.00
	指数	454.55	328.00	642.86	406.98	212.50	173.08	346.15
2018	数量	2	102	42	27	9	4	186
	比例（%）	1.08	54.84	22.58	14.52	4.84	2.15	100.00
	指数	90.91	408.00	750.00	313.95	112.50	76.92	340.66
2019	数量	4	85	32	18	12	6	157
	比例（%）	2.55	54.14	20.38	11.46	7.64	3.82	100.00
	指数	181.82	340.00	571.43	209.30	150.00	115.38	287.55
2020	数量	3	85	15	19	4	0	126
	比例（%）	2.38	67.46	11.90	15.08	3.17	0.00	100.00
	指数	136.36	340.00	267.86	220.93	50.00	0.00	230.77
2021	数量	2	93	16	18	6	3	138
	比例（%）	1.45	67.39	11.59	13.04	4.35	2.17	100.00
	指数	90.91	372.00	285.71	209.30	75.00	57.69	252.75
2022	数量	2	47	0	3	2	0	54
	比例（%）	3.70	87.04	0.00	5.56	3.70	0.00	100.00
	指数	90.91	188.00	0.00	34.88	25.00	0.00	98.90
2023	数量	3	99	3	3	7	1	116
	比例（%）	2.59	85.34	2.59	2.59	6.03	0.86	100
	指数	136.36	396.00	53.57	34.88	87.50	19.23	212.45
合计	数量	48	870	219	217	128	69	1551
	比例（%）	3.09	56.09	14.12	13.99	8.25	4.45	100.00
2011—2015 年均值		2.20	25.00	5.60	8.60	8.00	5.20	54.60

表 2-5-9　2005—2023 年中国民营企业并购投资"一带一路"标的区域的金额及指数汇总表

（单位：百万美元）

年份		东北亚	东南亚	南亚	西亚北非	中东欧	中亚	合计
2005	金额	0.00	146.26	12.55	0.13	0.00	0.00	158.94
	比例（%）	0.00	92.02	7.90	0.08	0.00	0.00	100.00
	指数	0.00	16.23	2.40	0.03	0.00	0.00	3.41
2006	金额	84.62	41.79	0.00	31.00	0.00	2.30	159.71
	比例（%）	52.98	26.17	0.00	19.41	0.00	1.44	100.00
	指数	5.60	4.64	0.00	6.84	0.00	0.33	3.43
2007	金额	154.96	306.06	0.00	30.00	0.00	0.00	491.02
	比例（%）	31.56	62.33	0.00	6.11	0.00	0.00	100.00
	指数	10.26	33.95	0.00	6.62	0.00	0.00	10.53
2008	金额	14.62	117.08	720.43	30.00	400.00	0.00	1282.13
	比例（%）	1.14	9.13	56.19	2.34	31.20	0.00	100.00
	指数	0.97	12.99	137.67	6.62	70.42	0.00	27.50
2009	金额	0.00	116.67	0.00	30.00	150.23	67.50	364.40
	比例（%）	0.00	32.02	0.00	8.23	41.23	18.52	100.00
	指数	0.00	12.94	0.00	6.62	26.45	9.56	7.81
2010	金额	0.00	72.47	754.90	80.00	0.00	0.00	907.37
	比例（%）	0.00	7.99	83.20	8.82	0.00	0.00	100.00
	指数	0.00	8.04	144.25	17.65	0.00	0.00	19.46
2011	金额	0.00	287.77	49.43	0.00	0.00	983.84	1321.04
	比例（%）	0.00	21.78	3.74	0.00	0.00	74.47	100.00
	指数	0.00	31.92	9.45	0.00	0.00	139.35	28.33
2012	金额	0.00	213.04	0.00	122.87	110.55	468.04	914.50
	比例（%）	0.00	23.30	0.00	13.44	12.09	51.18	100.00
	指数	0.00	23.63	0.00	27.11	19.46	66.29	19.61
2013	金额	6173.95	611.00	70.71	31.55	0.00	1244.98	8132.19
	比例（%）	75.92	7.51	0.87	0.39	0.00	15.31	100.00
	指数	408.61	67.78	13.51	6.96	0.00	176.33	174.40

续表

年份		东北亚	东南亚	南亚	西亚北非	中东欧	中亚	合计
2014	金额	0.00	1029.80	38.52	210.87	5.84	151.86	1436.89
	比例（%）	0.00	71.67	2.68	14.68	0.41	10.57	100.00
	指数	0.00	114.24	7.36	46.53	1.03	21.51	30.81
2015	金额	1380.81	2365.57	2457.93	1900.71	2723.85	681.45	11510.32
	比例（%）	12.00	20.55	21.35	16.51	23.66	5.92	100.00
	指数	91.39	262.42	469.68	419.40	479.51	96.52	246.84
2016	金额	886.90	3730.52	3012.54	2410.44	1660.72	235.76	11936.88
	比例（%）	7.43	31.25	25.24	20.19	13.91	1.98	100.00
	指数	58.70	413.84	575.66	531.87	292.36	33.39	255.99
2017	金额	13247.87	5862.57	5441.57	1301.12	1055.90	904.86	27813.89
	比例（%）	47.63	21.08	19.56	4.68	3.80	3.25	100.00
	指数	876.79	650.36	1039.82	287.10	185.88	128.16	596.48
2018	金额	5.10	8998.90	3115.39	3360.24	517.39	101.10	16098.12
	比例（%）	0.03	55.90	19.35	20.87	3.21	0.63	100.00
	指数	0.34	998.28	595.31	741.45	91.08	14.32	345.23
2019	金额	41.87	10785.85	2646.46	912.55	2595.81	85.67	17068.21
	比例（%）	0.25	63.19	15.51	5.35	15.21	0.50	100.00
	指数	2.77	1196.52	505.71	201.36	456.97	12.13	366.04
2020	金额	15.60	2105.00	910.01	1539.75	261.14	0.00	4831.50
	比例（%）	0.32	43.57	18.83	31.87	5.40	0.00	100.00
	指数	1.03	233.52	173.89	339.75	45.97	0.00	103.61
2021	金额	1.74	3208.37	565.49	717.90	53.93	6.95	4554.38
	比例（%）	0.04	70.45	12.42	15.76	1.18	0.15	100.00
	指数	0.12	355.92	108.06	158.41	9.49	0.98	97.67
2022	金额	74.09	435.36	0.00	123.50	16.78	0.00	649.73
	比例（%）	11.40	67.01	0.00	19.01	2.58	0.00	100.00
	指数	4.90	48.30	0.00	27.25	2.95	0.00	13.93

续表

年份		东北亚	东南亚	南亚	西亚北非	中东欧	中亚	合计
2023	金额	0.59	1425.95	27.26	53.00	150.94	0.00	1657.74
	比例（%）	0.04	86.02	1.64	3.20	9.11	0.00	100.00
	指数	0.04	158.19	5.21	11.69	26.57	0.00	35.55
合计	金额	22082.72	41893.69	19823.19	12935.63	9703.08	4934.31	111372.62
	比例（%）	19.83	37.62	17.80	11.61	8.71	4.43	100.00
2011—2015 年均值		1510.95	901.44	523.32	453.20	568.05	706.03	4662.99

绿地投资项目数量则以东南亚和南亚为首，自“一带一路”倡议提出以来，东南亚和南亚增长态势明显，2005—2023 年间共计占比为 57.17%。其余四个地区投资项目数量占比较小，但 2013 年后波动上涨。从绿地投资金额角度来看，东南亚、南亚和西亚北非在 2013 年后呈现波动上升的趋势，中东欧和中亚稳定中小幅上升。2023 年民企对“一带一路”沿线地区绿地投资金额迅速飙升，总金额同比上涨 250.42%，其中东南亚、西亚北非、中亚地区的增长最为显著。综合可见，民企“一带一路”绿地投资项目数量和金额都有增长，金额的地域分布相对分散，除了中亚的增势不太明显外，其余地区都有较大的增长潜力。

表 2-5-10　2005—2023 年中国民营企业绿地投资“一带一路”标的区域的项目数量及指数汇总表

（单位：件）

年份		东北亚	东南亚	南亚	西亚北非	中东欧	中亚	合计
2005	数量	8	5	4	4	5	1	27
	比例（%）	29.63	18.52	14.81	14.81	18.52	3.70	100.00
	指数	142.86	24.75	28.99	58.82	45.45	45.45	45.30
2006	数量	6	4	4	3	1	0	18
	比例（%）	33.33	22.22	22.22	16.67	5.56	0.00	100.00
	指数	107.14	19.80	28.99	44.12	9.09	0.00	30.20

续表

年份		东北亚	东南亚	南亚	西亚北非	中东欧	中亚	合计
2007	数量	3	10	4	2	5	0	24
	比例（%）	12.50	41.67	16.67	8.33	20.83	0.00	100.00
	指数	53.57	49.50	28.99	29.41	45.45	0.00	40.27
2008	数量	3	16	7	7	2	0	35
	比例（%）	8.57	45.71	20.00	20.00	5.71	0.00	100.00
	指数	53.57	79.21	50.72	102.94	18.18	0.00	58.72
2009	数量	5	17	2	2	4	1	31
	比例（%）	16.13	54.84	6.45	6.45	12.90	3.23	100.00
	指数	89.29	84.16	14.49	29.41	36.36	45.45	52.01
2010	数量	7	13	9	4	10	0	43
	比例（%）	16.28	30.23	20.93	9.30	23.26	0.00	100.00
	指数	125.00	64.36	65.22	58.82	90.91	0.00	72.15
2011	数量	4	17	7	3	15	0	46
	比例（%）	8.70	36.96	15.22	6.52	32.61	0.00	100.00
	指数	71.43	84.16	50.72	44.12	136.36	0.00	77.18
2012	数量	4	10	9	6	13	0	42
	比例（%）	9.52	23.81	21.43	14.29	30.95	0.00	100.00
	指数	71.43	49.50	65.22	88.24	118.18	0.00	70.47
2013	数量	4	15	3	3	11	3	39
	比例（%）	10.26	38.46	7.69	7.69	28.21	7.69	100.00
	指数	71.43	74.26	21.74	44.12	100.00	136.36	65.44
2014	数量	4	22	14	13	10	1	64
	比例（%）	6.25	34.38	21.88	20.31	15.63	1.56	100.00
	指数	71.43	108.91	101.45	191.18	90.91	45.45	107.38
2015	数量	12	37	36	9	6	7	107
	比例（%）	11.21	34.58	33.64	8.41	5.61	6.54	100.00
	指数	214.29	183.17	260.87	132.35	54.55	318.18	179.53

续表

年份		东北亚	东南亚	南亚	西亚北非	中东欧	中亚	合计
2016	数量	14	49	42	26	17	4	152
	比例（%）	9. 21	32. 24	27. 63	17. 11	11. 18	2. 63	100. 00
	指数	250. 00	242. 57	304. 35	382. 35	154. 55	181. 82	255. 03
2017	数量	15	37	22	15	13	1	103
	比例（%）	14. 56	35. 92	21. 36	14. 56	12. 62	0. 97	100. 00
	指数	267. 86	183. 17	159. 42	220. 59	118. 18	45. 45	172. 82
2018	数量	16	79	47	27	28	16	213
	比例（%）	7. 51	37. 09	22. 07	12. 68	13. 15	7. 51	100. 00
	指数	285. 71	391. 09	340. 58	397. 06	254. 55	727. 27	357. 38
2019	数量	20	52	56	22	28	4	182
	比例（%）	10. 99	28. 57	30. 77	12. 09	15. 38	2. 20	100. 00
	指数	357. 14	257. 43	405. 80	323. 53	254. 55	181. 82	305. 37
2020	数量	9	28	8	14	10	2	71
	比例（%）	12. 68	39. 44	11. 27	19. 72	14. 08	2. 82	100. 00
	指数	160. 71	138. 61	57. 97	205. 88	90. 91	90. 91	119. 13
2021	数量	5	32	5	20	14	1	77
	比例（%）	6. 49	41. 56	6. 49	25. 97	18. 18	1. 30	100. 00
	指数	89. 29	158. 42	36. 23	294. 12	127. 27	45. 45	129. 19
2022	数量	1	47	12	30	13	1	104
	比例（%）	0. 96	45. 19	11. 54	28. 85	12. 50	0. 96	100. 00
	指数	17. 86	232. 67	86. 96	441. 18	118. 18	45. 45	174. 50
2023	数量	0	131	17	48	28	23	247
	比例（%）	0. 00	53. 04	6. 88	19. 43	11. 34	9. 31	100. 00
	指数	0. 00	648. 51	123. 19	705. 88	254. 55	1045. 45	414. 43
合计	数量	140	621	308	258	233	65	1625
	比例（%）	8. 62	38. 22	18. 95	15. 88	14. 34	4. 00	100. 00
2011—2015 年均值		5. 60	20. 20	13. 80	6. 80	11. 00	2. 20	59. 60

表 2-5-11　2005—2023 年中国民营企业绿地投资“一带一路”标的区域的金额及指数汇总表

（单位：百万美元）

年份		东北亚	东南亚	南亚	西亚北非	中东欧	中亚	合计
2005	金额	1026.82	113.00	110.10	112.90	55.90	283.60	1702.32
	比例（%）	60.32	6.64	6.47	6.63	3.28	16.66	100.00
	指数	150.04	2.91	5.45	17.77	12.57	269.52	21.91
2006	金额	1282.70	70.30	185.20	78.50	56.20	0.00	1672.90
	比例（%）	76.68	4.20	11.07	4.69	3.36	0.00	100.00
	指数	187.42	1.81	9.17	12.36	12.64	0.00	21.53
2007	金额	415.20	1565.50	104.90	43.49	115.20	0.00	2244.29
	比例（%）	18.50	69.75	4.67	1.94	5.13	0.00	100.00
	指数	60.67	40.34	5.20	6.85	25.90	0.00	28.89
2008	金额	106.60	704.12	244.95	43.40	145.70	0.00	1244.77
	比例（%）	8.56	56.57	19.68	3.49	11.70	0.00	100.00
	指数	15.58	18.14	12.13	6.83	32.76	0.00	16.02
2009	金额	324.10	595.12	30.00	12.70	111.78	30.00	1103.70
	比例（%）	29.36	53.92	2.72	1.15	10.13	2.72	100.00
	指数	47.36	15.34	1.49	2.00	25.14	28.51	14.21
2010	金额	456.70	1138.00	1746.80	288.50	402.45	0.00	4032.45
	比例（%）	11.33	28.22	43.32	7.15	9.98	0.00	100.00
	指数	66.73	29.32	86.52	45.42	90.50	0.00	51.90
2011	金额	800.30	6123.09	483.50	1812.70	329.31	0.00	9548.90
	比例（%）	8.38	64.12	5.06	18.98	3.45	0.00	100.00
	指数	116.94	157.78	23.95	285.37	74.05	0.00	122.91
2012	金额	18.45	1223.70	1187.78	682.70	364.19	0.00	3476.82
	比例（%）	0.53	35.20	34.16	19.64	10.47	0.00	100.00
	指数	2.70	31.53	58.83	107.48	81.89	0.00	44.75
2013	金额	0.00	327.00	0.00	20.00	172.85	26.80	546.65
	比例（%）	0.00	59.82	0.00	3.66	31.62	4.90	100.00
	指数	0.00	8.43	0.00	3.15	38.87	25.47	7.04

续表

年份		东北亚	东南亚	南亚	西亚北非	中东欧	中亚	合计
2014	金额	2270.00	2974.99	513.95	57.95	1266.34	70.00	7153.23
	比例（%）	31.73	41.59	7.18	0.81	17.70	0.98	100.00
	指数	331.69	76.66	25.46	9.12	284.75	66.52	92.07
2015	金额	333.16	8754.51	7909.82	602.70	90.87	429.33	18120.39
	比例（%）	1.84	48.31	43.65	3.33	0.50	2.37	100.00
	指数	48.68	225.59	391.77	94.88	20.43	408.01	233.23
2016	金额	319.58	8009.32	11193.20	22531.81	782.69	159.60	42996.20
	比例（%）	0.74	18.63	26.03	52.40	1.82	0.37	100.00
	指数	46.70	206.39	554.39	3547.14	176.00	151.67	553.42
2017	金额	1562.90	4820.70	2752.23	2920.50	668.03	271.90	12996.26
	比例（%）	12.03	37.09	21.18	22.47	5.14	2.09	100.00
	指数	228.37	124.22	136.32	459.77	150.22	258.40	167.28
2018	金额	430.39	11565.54	3250.81	1514.77	1675.07	1413.30	19849.88
	比例（%）	2.17	58.27	16.38	7.63	8.44	7.12	100.00
	指数	62.89	298.03	161.01	238.47	376.66	1343.11	255.49
2019	金额	12236.61	4150.78	3415.68	3851.95	747.20	139.10	24541.32
	比例（%）	49.86	16.91	13.92	15.70	3.04	0.57	100.00
	指数	1787.98	106.96	169.18	606.41	168.02	132.19	315.88
2020	金额	574.17	19763.11	306.40	724.40	114.33	55.00	21537.41
	比例（%）	2.67	91.76	1.42	3.36	0.53	0.26	100.00
	指数	83.90	509.27	15.18	114.04	25.71	52.27	277.22
2021	金额	868.47	12771.60	84.50	597.89	307.26	34.00	14663.72
	比例（%）	5.92	87.10	0.58	4.08	2.10	0.23	100.00
	指数	126.90	329.11	4.19	94.12	69.09	32.31	188.74
2022	金额	12.20	2949.11	728.20	1440.02	9070.92	6.70	14207.15
	比例（%）	0.09	20.76	5.13	10.14	63.85	0.05	100.00
	指数	1.78	76.00	36.07	226.70	2039.73	6.37	182.87

续表

年份		东北亚	东南亚	南亚	西亚北非	中东欧	中亚	合计
2023	金额	0.00	30777.37	2048.59	10503.65	4269.17	2186.48	49785.26
	比例（%）	0.00	61.82	4.11	21.10	8.58	4.39	100.00
	指数	0.00	793.10	101.47	1653.57	959.98	2077.89	640.80
合计	金额	23038.35	118396.86	36296.62	47840.53	20745.46	5105.81	251423.63
	比例（%）	9.16	47.09	14.44	19.03	8.25	2.03	100.00
2011—2015 年均值		684.38	3880.66	2019.01	635.21	444.71	105.23	7769.20

本章小结

一、2023 年民营企业对外直接投资活动呈现快速上涨趋势

民营企业 OFDI 综合指数在 2022 年同比下降 28.44%，但在 2023 年扭跌为涨，上涨 54.49%。2023 年，我国民营企业对外直接投资项目数量为 1039 件，同比增长 27.96%；对外直接投资项目金额为 1093.50 亿美元，同比上涨 124.54%。

二、长三角地区与环渤海地区民营企业对外直接投资仍占据重要地位

按照累积量排名，我国民营企业对外直接投资活动主要集中在长三角地区与环渤海地区。其中在对外直接投资项目数量方面，主要集中在长三角地区，累计项目数量为 4282 件，占比 35.63%；在对外投资项目金额方面，主要集中在环渤海地区，累计投资项目金额为 5144.12 亿美元，占比 34.91%。

三、民营企业对外直接投资重点投向发达经济体

在 2005—2023 年间，我国民营企业对外直接投资活动主要集中在发达

经济体，累计对外直接投资项目数量为 10458 件，占比 76.65%；累计对外直接投资项目金额为 12539.59 亿美元，占比 75.07%。

四、民营企业对外直接投资集中分布于非制造业

从民营企业对于制造业和非制造业的对外直接投资规模分布来看，2005—2023 年非制造业的对外直接投资项目数量始终领先于制造业，并基本维持在 7∶3 的比例；投资金额也主要集中于非制造业，2005—2023 年间对非制造业的投资金额在民企总投资中占比达到 57.62%。

五、在“一带一路”共建国家和地区，民营企业更倾向于绿地投资

在民营企业对“一带一路”投资项目数量和金额分布中，并购投资和绿地投资的项目数量相差不大，但民营企业“一带一路”绿地投资金额远高于并购金额，绿地投资在民营企业开展“一带一路”对外投资活动中发挥重要作用。但是前几年在外部政策和国际经济局势变动的影响下，并购较绿地增长更为稳定。尤其是在投资金额方面，2020 年绿地金额达到 215.37 亿美元，当年占比为 52.50%，但在 2021 年则出现大幅下降，其金额为 146.64 亿美元，占比为 22.43%；而同阶段并购投资金额只是小幅下降，即由 2020 年的 48.32 亿美元下降至 45.54 亿美元。在 2022 年，地缘政治风险加速全球供应链重塑进程，民营企业对外并购动能减退，更倾向于进行对外绿地投资，2022 年并购金额指数出现 85.74%的同比下降，而绿地降幅较小，同比下降 3.11%。2023 年随着疫情影响减弱，经济交流恢复，民营企业的并购投资和绿地投资都得到大幅增长，其中并购金额指数同比增长 155.20%，绿地金额指数同比增长 250.41%，且绿地投资的项目数量增速和金额增速都远高于并购投资。

第三章　中国民营企业对外直接投资指数：并购投资分析

本章以民营企业对外并购投资活动为研究主体，基于中国民营企业对外直接投资六级指标体系，分别从总投资、投资来源地、投资标的国（地区）、投资标的行业角度测算中国企业对外并购投资指数，从多角度描述2005—2023年民营企业对外并购投资的发展特征。

第一节　民营企业对外并购投资指数

本节对民营企业对外并购投资作总体分析。

一、民营企业对外并购投资与全国对外并购投资的比较

根据2005—2023年中国民营企业并购OFDI数量和金额表显示，2005—2023年我国民营企业并购对外直接投资活动呈现先增长后下降的趋势。从整体上来看，并购对外直接投资项目数量从2005年的98件增长到2023年的487件，并购对外投资项目金额从2005年的22.86亿美元增长到2023年的251.25亿美元。其中，2023年，我国民营企业并购OFDI项目数量为487件，同比下降4.32%；并购OFDI项目金额为251.25亿美元，同比增长16.23%。

民营企业与全国对外并购投资在2005—2023年间呈现大体相同的发展趋势。2023年全国对外并购投资金额仅为354.32亿美元，同比下降42.18%，项目数量为606件，同比下降13.43%。但2023年民企并购投资项目数量占全国并购投资的80.36%，金额则占比70.91%。可见，民营企

业在全国对外并购投资中占据重要的地位。

表 3-1-1　2005—2023 年中国民营企业对外并购投资项目数量和金额汇总及与全国对外并购的比较

年份	民营企业对外并购投资				全国对外并购投资			
	项目数量（件）	同比增长（%）	金额（亿美元）	同比增长（%）	项目数量（件）	同比增长（%）	金额（亿美元）	同比增长（%）
2005	98	—	22.86	—	227	—	153.65	—
2006	123	25.51	47.29	106.88	275	21.15	347.37	126.09
2007	143	16.26	153.18	223.92	331	20.36	623.30	79.43
2008	216	51.05	104.26	-31.94	421	27.19	450.02	-27.80
2009	190	-12.04	31.67	-69.63	474	12.59	978.04	117.33
2010	227	19.47	199.71	530.68	439	-7.38	997.10	1.95
2011	251	10.57	170.39	-14.68	519	18.22	1235.83	23.94
2012	279	11.16	138.32	-18.82	506	-2.50	1068.42	-13.55
2013	311	11.47	642.05	364.17	535	5.73	1539.70	44.11
2014	435	39.87	969.67	51.03	726	35.70	6253.94	306.18
2015	673	54.71	1997.83	106.03	1019	40.36	3493.01	-44.15
2016	966	43.54	2002.69	0.24	1332	30.72	3129.13	-10.42
2017	921	-4.66	1573.24	-21.44	1287	-3.38	4237.81	35.43
2018	1040	12.92	1110.65	-29.40	1403	9.01	2076.00	-51.01
2019	831	-20.10	803.74	-27.63	1118	-20.31	1652.70	-20.39
2020	658	-20.82	1039.33	29.31	910	-18.60	1535.02	-7.12
2021	655	-0.46	778.85	-25.90	898	-1.32	1567.51	2.12
2022	509	-22.29	216.17	-72.00	700	-22.05	612.83	-60.90
2023	487	-4.32	251.25	16.23	606	-13.43	354.32	-42.18
合计	9013	—	12253.11	—	13726	—	32305.69	—

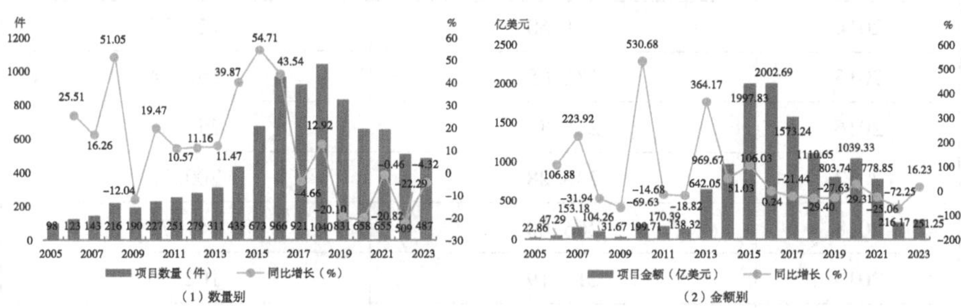

图 3-1-1　2005—2023 年中国民营企业对外并购投资项目数量和金额的增长变化图

二、民营企业对外并购投资项目数量指数和金额指数

由表 3-1-2 和图 3-1-2 可知，近年来民营企业对外并购投资项目数量指数与金额指数变化趋势大体一致。其中，民营企业对外并购投资项目数量指数在 2018 年前逐步提升并达到历史最高值 266. 80，随后出现较大幅度下降至 2023 年的 124. 94；并购投资金额指数在 2016 年达到峰值 255. 56 后即出现持续下降的态势，至 2023 年并购投资金额指数下降至 32. 06。综合来看，民营企业对外并购投资项目数量指数和并购投资金额指数均出现大幅下降，可见近年来受国内外政策调整、投资环境变动等影响，民营企业对于对外并购投资表现更加理性。

表 3-1-2　2005—2023 年中国民营企业对外并购投资项目数量及金额指数

年份	项目数量指数	金额指数
2005	25. 14	2. 92
2006	31. 55	6. 03
2007	36. 69	19. 55
2008	55. 41	13. 30
2009	48. 74	4. 04
2010	58. 23	25. 48
2011	64. 39	21. 74
2012	71. 58	17. 65
2013	79. 78	81. 93
2014	111. 60	123. 74
2015	172. 65	254. 94
2016	247. 82	255. 56
2017	236. 28	200. 76
2018	266. 80	141. 73
2019	213. 19	102. 56
2020	168. 80	132. 63

续表

年份	项目数量指数	金额指数
2021	166. 50	98. 28
2022	130. 07	27. 52
2023	124. 94	32. 06

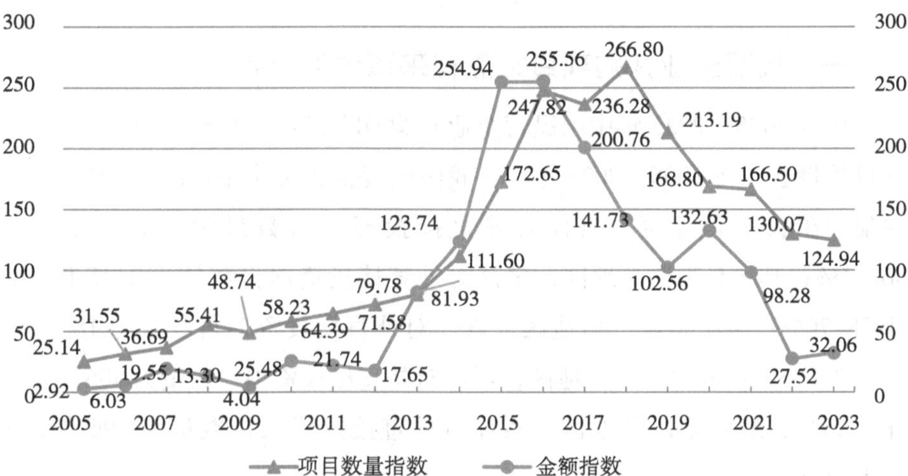

图 3-1-2　2005—2023 年中国民营企业对外并购投资项目数量及金额指数变化图

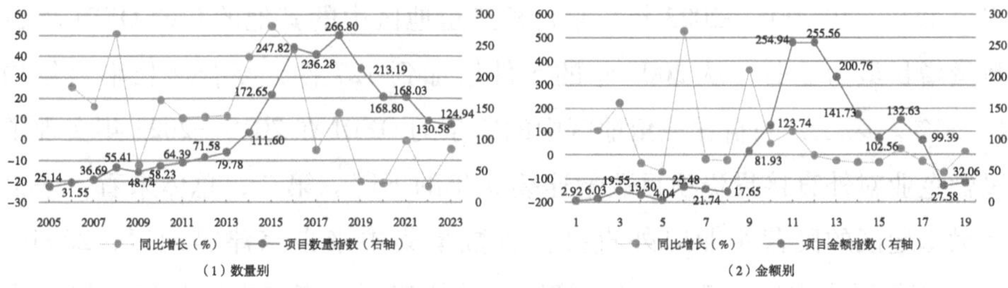

图 3-1-3　2005—2023 年中国民营企业对外并购投资项目数量和金额指数及同比增长率变化图

第二节　民营企业对外并购投资来源地别指数

本节对民营企业对外并购投资的项目数量与金额按照投资来源地进行统计分析，主要划分为环渤海地区、长三角地区、珠三角地区、中部地区与西部地区五大区域。

一、民营企业并购项目数量在来源地的分布

根据2005—2023年中国民营企业并购OFDI数量表显示，从并购OFDI项目数量看，在2005—2023年间，我国民营企业对外并购直接投资活动主要集中在长三角地区，累计对外直接投资项目数量为2714件，占比36.31%；其次是环渤海地区，累计对外直接投资项目数量为2145件，占比28.70%；再次是珠三角地区，累计对外直接投资项目数量为1609件，占比21.53%；复次是中部地区，累计对外直接投资项目数量为506件，占比6.77%；最后是西部地区，累计对外直接投资项目数量为396件，占比5.30%。

从2005—2023年中国民营企业并购OFDI数量来源地别图表可以看出，第一，在2005—2023年，来自长三角地区中的其他的并购OFDI项目数量增长最为显著，从2005年的5件增加到127件，复合增长率为年均18.56%。第二，来自珠三角地区中的广东的OFDI在2018—2023年实现了民营企业对外直接投资项目数量连续5年的下降。第三，总体来看，来自环渤海地区的民营企业对外直接投资数量集中来自京津冀地区，2005—2023年的平均占比为78.60%。第四，总体来看，来自西部地区的民营企业对外直接投资数量集中来自西南地区，2005—2023年的平均占比为71.72%。

表 3-2-1　2005—2023 年中国民营企业并购投资项目数量在不同投资来源地的分布及指数汇总表　（单位：件）

年份	环渤海地区											
	京津冀				其他				小计			
	项目数	同比增长（%）	占比（%）	指数	项目数	同比增长（%）	占比（%）	指数	项目数	同比增长（%）	占比（%）	指数
2005	12	—	70.59	15.04	5	—	29.41	19.69	17	—	32.69	16.16
2006	8	-33.33	53.33	10.03	7	40.00	46.67	27.56	15	-11.76	24.59	14.26
2007	26	225.00	74.29	32.58	9	28.57	25.71	35.43	35	133.33	43.21	33.27
2008	14	-46.15	70.00	17.54	6	-33.33	30.00	23.62	20	-42.86	28.57	19.01
2009	19	35.71	45.24	23.81	23	283.33	54.76	90.55	42	110.00	39.62	39.92
2010	25	31.58	69.44	31.33	11	-52.17	30.56	43.31	36	-14.29	31.58	34.22
2011	33	32.00	57.89	41.35	24	118.18	42.11	94.49	57	58.33	35.19	54.18
2012	41	24.24	66.13	51.38	21	-12.50	33.87	82.68	62	8.77	32.63	58.94
2013	60	46.34	71.43	75.19	24	14.29	28.57	94.49	84	35.48	35.59	79.85
2014	96	60.00	79.34	120.30	25	4.17	20.66	98.43	121	44.05	37.00	115.02
2015	169	76.04	83.66	211.78	33	32.00	16.34	129.92	202	66.94	34.59	192.02
2016	214	26.63	81.99	268.17	47	42.42	18.01	185.04	261	29.21	29.49	248.10
2017	191	-10.75	77.64	239.35	55	17.02	22.36	216.54	246	-5.75	29.01	233.84
2018	219	14.66	83.91	274.44	42	-23.64	16.09	165.35	261	6.10	27.10	248.10
2019	142	-35.16	74.35	177.94	49	16.67	25.65	192.91	191	-26.82	25.74	181.56
2020	120	-15.49	81.63	150.38	27	-44.90	18.37	106.30	147	-23.04	24.96	139.73
2021	127	5.83	86.39	159.15	20	-25.93	13.61	78.74	147	0.00	25.79	139.73
2022	83	-34.65	86.46	104.01	13	-35.00	13.54	51.18	96	-34.69	23.13	91.25
2023	87	4.82	82.86	109.02	18	38.46	17.14	70.87	105	9.36	21.92	99.81
合计	1686	—	78.60	—	459	—	21.40	—	2145	—	28.70	—
2011—2015 年均值	79.8	—	—	100.00	25.4	—	—	100.00	105.2	—		100.00

续表

年份	长三角地区											
	上海				其他				小计			
	项目数	同比增长（%）	占比（%）	指数	项目数	同比增长（%）	占比（%）	指数	项目数	同比增长（%）	占比（%）	指数
2005	5	—	50.00	11.21	5	—	50.00	9.88	10	—	19.23	10.50
2006	11	120.00	64.71	24.66	6	20.00	35.29	11.86	17	70.00	27.87	17.86
2007	5	-54.55	38.46	11.21	8	33.33	61.54	15.81	13	-23.53	16.05	13.66
2008	5	0.00	27.78	11.21	13	62.50	72.22	25.69	18	38.46	25.71	18.91
2009	6	20.00	21.43	13.45	22	69.23	78.57	43.48	28	55.56	26.42	29.41
2010	9	50.00	28.13	20.18	23	4.55	71.88	45.45	32	14.29	28.07	33.61
2011	16	77.78	34.04	35.87	31	34.78	65.96	61.26	47	46.88	29.01	49.37
2012	16	0.00	30.19	35.87	37	19.35	69.81	73.12	53	12.77	27.89	55.67
2013	20	25.00	29.85	44.84	47	27.03	70.15	92.89	67	26.42	28.39	70.38
2014	58	190.00	55.77	130.04	46	-2.13	44.23	90.91	104	55.22	31.80	109.24
2015	113	94.83	55.12	253.36	92	100.00	44.88	181.82	205	97.12	35.10	215.34
2016	152	34.51	46.63	340.81	174	89.13	53.37	343.87	326	59.02	36.84	342.44
2017	135	-11.18	44.41	302.69	169	-2.87	55.59	333.99	304	-6.75	35.85	319.33
2018	169	25.19	46.17	378.92	197	16.57	53.83	389.33	366	20.39	38.01	384.45
2019	122	-27.81	40.94	273.54	176	-10.66	59.06	347.83	298	-18.58	40.16	313.03
2020	94	-22.95	42.53	210.76	127	-27.84	57.47	250.99	221	-25.84	37.52	232.14
2021	107	13.83	45.92	239.91	126	-0.79	54.08	249.01	233	5.43	40.88	244.75
2022	85	-20.56	49.42	190.58	87	-30.95	50.58	171.94	172	-26.18	41.45	180.67
2023	73	-14.12	36.50	163.68	127	45.98	63.50	250.99	200	16.28	41.75	210.08
合计	1201	—	44.87	—	1513	—	55.13	—	2714	—	36.31	—
2011—2015年均值	44.6	—	—	100.00	50.6	—	—	100.00	95.2	—	—	100.00

年份	珠三角地区											
	广东				其他				小计			
	项目数	同比增长（%）	占比（%）	指数	项目数	同比增长（%）	占比（%）	指数	项目数	同比增长（%）	占比（%）	指数
2005	11	—	73.33	23.91	4	—	26.67	23.26	15	—	28.85	23.73
2006	15	36.36	88.24	32.61	2	-50.00	11.76	11.63	17	13.33	27.87	26.90

续表

年份	珠三角地区											
	广东				其他				小计			
	项目数	同比增长（%）	占比（%）	指数	项目数	同比增长（%）	占比（%）	指数	项目数	同比增长（%）	占比（%）	指数
2007	12	-20.00	63.16	26.09	7	250.00	36.84	40.70	19	11.76	23.46	30.06
2008	17	41.67	94.44	36.96	1	-85.71	5.56	5.81	18	-5.26	25.71	28.48
2009	8	-52.94	50.00	17.39	8	700.00	50.00	46.51	16	-11.11	15.09	25.32
2010	21	162.50	72.41	45.65	8	0.00	27.59	46.51	29	81.25	25.44	45.89
2011	21	0.00	58.33	45.65	15	87.50	41.67	87.21	36	24.14	22.22	56.96
2012	29	38.10	74.36	63.04	10	-33.33	25.64	58.14	39	8.33	20.53	61.71
2013	41	41.38	68.33	89.13	19	90.00	31.67	110.47	60	53.85	25.42	94.94
2014	50	21.95	79.37	108.70	13	-31.58	20.63	75.58	63	5.00	19.27	99.68
2015	89	78.00	75.42	193.48	29	123.08	24.58	168.60	118	87.30	20.21	186.71
2016	140	57.30	74.47	304.35	48	65.52	25.53	279.07	188	59.32	21.24	297.47
2017	155	10.71	82.89	336.96	32	-33.33	17.11	186.05	187	-0.53	22.05	295.89
2018	175	12.90	78.13	380.43	49	53.13	21.88	284.88	224	19.79	23.26	354.43
2019	143	-18.29	83.63	310.87	28	-42.86	16.37	162.79	171	-23.66	23.05	270.57
2020	128	-10.49	78.53	278.26	35	25.00	21.47	203.49	163	-4.68	27.67	257.91
2021	99	-22.66	75.57	215.22	32	-8.57	24.43	186.05	131	-19.63	22.98	207.28
2022	91	-8.08	79.13	197.83	24	-25.00	20.87	139.53	115	-12.21	27.71	181.96
2023	77	-15.38	74.04	167.39	27	12.5	25.96	156.98	104	-9.57	21.71	164.56
合计	1322	—	77.17	—	391	—	22.83	—	1609	—	21.53	—
2011—2015年均值	46	—	—	100.00	17.2	—	—	100.00	63.2	—	—	100.00

年份	中部地区											
	华北东北				中原华中				小计			
	项目数	同比增长（%）	占比（%）	指数	项目数	同比增长（%）	占比（%）	指数	项目数	同比增长（%）	占比（%）	指数
2005	1	—	16.67	22.73	5	—	83.33	29.41	6	—	11.54	28.04
2006	1	0.00	25.00	22.73	3	-40.00	75.00	17.65	4	-33.33	6.56	18.69
2007	3	200.00	30.00	68.18	7	133.33	70.00	41.18	10	150.00	12.35	46.73

续表

年份	中部地区											
	华北东北				中原华中				小计			
	项目数	同比增长（%）	占比（%）	指数	项目数	同比增长（%）	占比（%）	指数	项目数	同比增长（%）	占比（%）	指数
2008	2	-33. 33	40. 00	45. 45	3	-57. 14	60. 00	17. 65	5	-50. 00	7. 14	23. 36
2009	2	0. 00	25. 00	45. 45	6	100. 00	75. 00	35. 29	8	60. 00	7. 55	37. 38
2010	4	100. 00	40. 00	90. 91	6	0. 00	60. 00	35. 29	10	25. 00	8. 77	46. 73
2011	0	-100. 00	0. 00	0. 00	10	66. 67	100. 00	58. 82	10	0. 00	6. 17	46. 73
2012	9	—	34. 62	204. 55	17	70. 00	65. 38	100. 00	26	160. 00	13. 68	121. 50
2013	4	-55. 56	33. 33	90. 91	8	-52. 94	66. 67	47. 06	12	-53. 85	5. 08	56. 07
2014	3	-25. 00	11. 11	68. 18	24	200. 00	88. 89	141. 18	27	125. 00	8. 26	126. 17
2015	6	100. 00	18. 75	136. 36	26	8. 33	81. 25	152. 94	32	18. 52	5. 48	149. 53
2016	17	183. 33	25. 76	386. 36	49	88. 46	74. 24	288. 24	66	106. 25	7. 46	308. 41
2017	13	-23. 53	21. 31	295. 45	48	-2. 04	78. 69	282. 35	61	-7. 58	7. 19	285. 05
2018	15	15. 38	25. 00	340. 91	45	-6. 25	75. 00	264. 71	60	-1. 64	6. 23	280. 37
2019	7	-53. 33	15. 91	159. 09	37	-17. 78	84. 09	217. 65	44	-26. 67	5. 93	205. 61
2020	3	-57. 14	12. 50	68. 18	21	-43. 24	87. 50	123. 53	24	-45. 45	4. 07	112. 15
2021	9	200. 00	24. 32	204. 55	28	33. 33	75. 68	164. 71	37	54. 17	6. 49	172. 90
2022	3	-66. 67	18. 75	68. 18	13	-53. 57	81. 25	76. 47	16	-56. 76	3. 86	74. 77
2023	8	166. 67	16. 67	181. 82	40	207. 69	83. 33	235. 29	48	200. 00	10. 02	224. 30
合计	110	—	21. 74	—	396	—	78. 26	—	506	—	6. 77	—
2011—2015年均值	4. 4	—	—	100. 00	17	—	—	100. 00	21. 4	—	—	100. 00

年份	西部地区											
	西北				西南				小计			
	项目数	同比增长（%）	占比（%）	指数	项目数	同比增长（%）	占比（%）	指数	项目数	同比增长（%）	占比（%）	指数
2005	2	—	50. 00	38. 46	2	—	50. 00	20. 83	4	—	7. 69	27. 03
2006	1	-50. 00	12. 50	19. 23	7	250. 00	87. 50	72. 92	8	100. 00	13. 11	54. 05

续表

年份	西部地区											
	西北				西南				小计			
	项目数	同比增长（%）	占比（%）	指数	项目数	同比增长（%）	占比（%）	指数	项目数	同比增长（%）	占比（%）	指数
2007	0	-100.00	0.00	0.00	4	-42.86	100.00	41.67	4	-50.00	4.94	27.03
2008	2	—	22.22	38.46	7	75.00	77.78	72.92	9	125.00	12.86	60.81
2009	4	100.00	33.33	76.92	8	14.29	66.67	83.33	12	33.33	11.32	81.08
2010	0	-100.00	0.00	0.00	7	-12.50	100.00	72.92	7	-41.67	6.14	47.30
2011	4	—	33.33	76.92	8	14.29	66.67	83.33	12	71.43	7.41	81.08
2012	3	-25.00	30.00	57.69	7	-12.50	70.00	72.92	10	-16.67	5.26	67.57
2013	4	33.33	30.77	76.92	9	28.57	69.23	93.75	13	30.00	5.51	87.84
2014	5	25.00	41.67	96.15	7	-22.22	58.33	72.92	12	-7.69	3.67	81.08
2015	10	100.00	37.04	192.31	17	142.86	62.96	177.08	27	125.00	4.62	182.43
2016	16	60.00	36.36	307.69	28	64.71	63.64	291.67	44	62.96	4.97	297.30
2017	18	12.50	36.00	346.15	32	14.29	64.00	333.33	50	13.64	5.90	337.84
2018	14	-22.22	26.92	269.23	38	18.75	73.08	395.83	52	4.00	5.40	351.35
2019	9	-35.71	23.68	173.08	29	-23.68	76.32	302.08	38	-26.92	5.12	256.76
2020	8	-11.11	23.53	153.85	26	-10.34	76.47	270.83	34	-10.53	5.77	229.73
2021	3	-62.50	13.64	57.69	19	-26.92	86.36	197.92	22	-35.29	3.86	148.65
2022	7	133.33	43.75	134.62	9	-52.63	56.25	93.75	16	-27.27	3.86	108.11
2023	2	-71.43	9.09	38.46	20	122.22	90.91	208.33	22	37.5	4.59	148.65
合计	112	—	28.28	—	284	—	71.72	—	396	—	5.30	—
2011—2015年均值	5.2	—	—	100.00	9.6	—	—	100.00	14.8	—	—	100.00

年份	总计			
	项目数	同比增长（%）	占比（%）	指数
2005	52	—	100.00	17.34
2006	61	17.31	100.00	20.34
2007	81	32.79	100.00	27.01

续表

年份	总计			
	项目数	同比增长（%）	占比（%）	指数
2008	70	-13.58	100.00	23.34
2009	106	51.43	100.00	35.35
2010	114	7.55	100.00	38.01
2011	162	42.11	100.00	54.02
2012	190	17.28	100.00	63.36
2013	236	24.21	100.00	78.70
2014	327	38.56	100.00	109.04
2015	584	78.59	100.00	194.74
2016	885	51.54	100.00	295.11
2017	848	-4.18	100.00	282.78
2018	963	13.56	100.00	321.12
2019	742	-22.95	100.00	247.43
2020	589	-20.62	100.00	196.41
2021	570	-3.23	100.00	190.07
2022	415	-27.19	100.00	138.39
2023	479	15.42	100.00	159.73
合计	7474	—	—	100.00
2011—2015 年均值	299.8	—	100.00	—

注：此处存在重复统计问题，故总计部分与表 3-1-1、表 3-1-2 所示不一致，重复统计的处理方式与第二章相应部分的处理一致，详见表 2-2-1 脚注。

二、民营企业并购金额来源地的分布

如 2005—2023 年中国民营企业并购 OFDI 金额表所示，为了进一步明晰我国民营企业对外并购直接投资活动的来源地特征，本书将对外并购直接投资活动来源地分为环渤海地区、长三角地区、珠三角地区、中部地区、西部地区。按照并购 OFDI 项目金额累积量排名，我国民营企业对外并购金额来源主要集中在环渤海地区，累计对外直接投资项目金额为3876.71亿美元，占比37.10%；排在第二的是长三角地区，累计对外直接投资项目金额为3375.74亿美元，占比31.70%；排在第三的是珠三角地区，累计对外直接投资项目金额为2590.71亿美元，占比24.33%；排在第四的是中部地区，累计对外直接投资项目金额为476.63亿美元，占比4.48%；排在最后的是西部地区，累计对外直接投资项目金额为298.80亿美元，占比2.81%。

从2005—2023年中国民营企业并购OFDI金额来源地别图表可以看出，第一，来自长三角地区中的其他的OFDI在2005—2011年实现了民营企业对外直接投资项目金额连续5年的增长。第二，来自环渤海地区中的京津冀的OFDI在2005—2023年19年间民营企业海外直接投资项目金额指数波动程度最大。第三，总体来看，来自环渤海地区的民营企业对外直接投资金额集中来自京津冀地区，2005—2023年的平均占比为86.60%。第四，总体来看，来自中部地区的民营企业对外直接投资金额集中来自中原华中地区，2005—2023年的平均占比为76.23%。

表3-2-2　2005—2023年中国民营企业并购投资金额在不同投资来源地的分布及指数汇总表

（单位：百万美元）

年份	环渤海地区											
	京津冀				其他				小计			
	金额	同比增长(%)	占比(%)	指数	金额	同比增长(%)	占比(%)	指数	金额	同比增长(%)	占比(%)	指数
2005	101.82	—	99.36	0.38	0.66	—	0.64	0.05	102.48	—	45.42	0.36
2006	895.23	779.23	96.71	3.32	30.50	4521.21	3.29	2.20	925.73	803.33	26.15	3.26
2007	542.35	-39.42	51.22	2.01	516.58	1593.70	48.78	37.33	1058.93	14.39	7.12	3.73
2008	424.82	-21.67	45.89	1.57	500.83	-3.05	54.11	36.19	925.65	-12.59	12.94	3.26
2009	791.23	86.25	61.26	2.93	500.42	-0.08	38.74	36.16	1291.65	39.54	49.53	4.55
2010	486.94	-38.46	48.30	1.81	521.32	4.18	51.70	37.67	1008.26	-21.94	5.75	3.56
2011	4556.6	835.76	87.59	16.89	645.73	23.86	12.41	46.66	5202.33	415.97	33.95	18.35

续表

年份	环渤海地区											
	京津冀				其他				小计			
	金额	同比增长（%）	占比（%）	指数	金额	同比增长（%）	占比（%）	指数	金额	同比增长（%）	占比（%）	指数
2012	4733.62	3.88	83.70	17.55	921.72	42.74	16.30	66.61	5655.34	8.71	51.75	19.94
2013	13316.12	181.31	98.19	49.37	245.77	-73.34	1.81	17.76	13561.89	139.81	35.77	47.82
2014	27523.17	106.69	95.67	102.04	1244.32	406.29	4.33	89.92	28767.49	112.12	36.22	101.44
2015	84740.14	207.89	95.64	314.16	3861.73	210.35	4.36	279.06	88601.87	207.99	50.29	312.44
2016	52024.05	-38.61	90.64	192.87	5374.51	39.17	9.36	388.37	57398.56	-35.22	34.72	202.41
2017	61950.59	19.08	91.04	229.67	6093.51	13.38	8.96	440.33	68044.10	18.55	42.44	239.95
2018	23122.93	-62.68	80.62	85.72	5557.49	-8.80	19.38	401.60	28680.42	-57.85	26.98	101.14
2019	23989.29	3.75	75.72	88.94	7690.75	38.39	24.28	555.75	31680.04	10.46	46.56	111.72
2020	4608.04	-80.79	26.40	17.08	12845.96	67.03	73.60	928.27	17454.00	-44.91	22.13	61.55
2021	20840.48	352.26	82.66	77.26	4371.89	-65.97	17.34	315.92	25212.37	44.45	42.38	88.91
2022	5642.56	-72.92	96.84	20.92	184.17	-95.79	3.16	13.31	5826.73	-76.89	24.43	20.55
2023	3729.64	-33.90	59.45	13.83	2543.82	1281.25	40.55	183.82	6273.46	7.67	16.91	22.12
合计	334019.62	—	86.60	—	53651.67	—	13.40	—	387671.29	—	37.10	—
2011—2015年均值	26973.93	—	—	100.00	1383.85	—	—	100.00	28357.78	—	—	100.00

年份	长三角地区											
	上海				其他				小计			
	金额	同比增长（%）	占比（%）	指数	金额	同比增长（%）	占比（%）	指数	金额	同比增长（%）	占比（%）	指数
2005	0.00	—	0.00	0.00	4.00	—	100.00	0.04	4.00	—	1.77	0.02
2006	85.85	—	92.57	1.08	6.89	72.25	7.43	0.07	92.74	2218.50	2.62	0.54
2007	26.50	-69.13	14.60	0.33	155.02	2149.93	85.40	1.69	181.52	95.73	1.22	1.06
2008	38.56	45.51	9.67	0.49	360.39	132.48	90.33	3.92	398.95	119.78	5.58	2.33
2009	62.23	61.38	11.37	0.78	485.32	34.67	88.63	5.28	547.55	37.25	21.00	3.19

续表

年份	长三角地区											
	上海				其他				小计			
	金额	同比增长（%）	占比（%）	指数	金额	同比增长（%）	占比（%）	指数	金额	同比增长（%）	占比（%）	指数
2010	157.52	153.13	7.35	1.98	1986.56	309.33	92.65	21.60	2144.08	291.58	12.22	12.50
2011	2658.45	1587.69	58.62	33.44	1876.98	-5.52	41.38	20.41	4535.43	111.53	29.60	26.45
2012	800.19	-69.90	27.22	10.07	2139.71	14.00	72.78	23.26	2939.90	-35.18	26.90	17.14
2013	9040.43	1029.79	62.75	113.72	5366.99	150.83	37.25	58.35	14407.42	390.06	38.00	84.02
2014	11984.14	32.56	77.58	150.75	3462.74	-35.48	22.42	37.64	15446.88	7.21	19.45	90.08
2015	15266.39	27.39	31.53	192.03	33146.65	857.24	68.47	360.34	48413.04	213.42	27.48	282.32
2016	31723.23	107.80	53.60	399.04	27463.90	-17.14	46.40	298.57	59187.13	22.25	35.80	345.14
2017	32726.44	3.16	61.45	411.66	20530.52	-25.25	38.55	223.19	53256.96	-10.02	33.22	310.56
2018	23365.59	-28.60	51.41	293.91	22081.00	7.55	48.59	240.05	45446.59	-14.67	42.75	265.02
2019	14806.38	-36.63	63.55	186.25	8493.95	-61.53	36.45	92.34	23300.33	-48.73	34.24	135.87
2020	4726.70	-68.08	11.33	59.46	36978.67	335.35	88.67	402.00	41705.37	78.99	52.88	243.20
2021	2156.43	-54.38	23.00	27.13	7220.93	-80.47	77.00	78.50	9377.36	-77.52	15.76	54.68
2022	4531.15	110.12	60.48	57.00	2960.99	-58.99	39.52	32.19	7492.14	-20.10	31.41	43.69
2023	4160.43	-8.18	47.84	52.33	4536.45	53.21	52.16	49.32	8696.88	16.08	23.45	50.71
合计	158316.62	—	46.90	—	179257.65	—	53.10	—	337574.27	—	31.70	—
2011—2015年均值	7949.92	—	—	100.00	9198.61	—	—	100.00	17148.53	—	—	100.00

年份	珠三角地区											
	广东				其他				小计			
	金额	同比增长（%）	占比（%）	指数	金额	同比增长（%）	占比（%）	指数	金额	同比增长（%）	占比（%）	指数
2005	27.61	—	100.00	0.37	0.00	—	0.00	0.00	27.61	—	12.24	0.19
2006	2441.53	8742.92	100.00	32.70	0.00	—	0.00	0.00	2441.53	8742.92	68.97	16.82
2007	13383.21	448.15	100.00	179.25	0.00	—	0.00	0.00	13383.21	448.15	90.00	92.22

续表

年份	珠三角地区											
	广东				其他				小计			
	金额	同比增长（%）	占比（%）	指数	金额	同比增长（%）	占比（%）	指数	金额	同比增长（%）	占比（%）	指数
2008	5487.17	-59.00	100.00	73.49	0.00	—	0.00	0.00	5487.17	-59.00	76.70	37.81
2009	290.79	-94.70	85.52	3.89	49.22	—	14.48	0.70	340.01	-93.80	13.04	2.34
2010	14040.44	4728.38	99.43	188.05	80.80	64.16	0.57	1.15	14121.24	4053.18	80.47	97.30
2011	369.16	-97.37	7.28	4.94	4699.08	5715.69	92.72	66.68	5068.24	-64.11	33.08	34.92
2012	608.57	64.85	77.09	8.15	180.82	-96.15	22.91	2.57	789.39	-84.42	7.22	5.44
2013	5521.84	807.35	60.24	73.96	3644.40	1915.49	39.76	51.72	9166.24	1061.18	24.18	63.16
2014	4755.15	-13.88	19.45	63.69	19694.11	440.39	80.55	279.48	24449.26	166.73	30.79	168.46
2015	26076.31	448.38	78.80	349.26	7015.61	-64.38	21.20	99.56	33091.92	35.35	18.78	228.02
2016	13885.02	-46.75	40.01	185.97	20817.18	196.73	59.99	295.41	34702.20	4.87	20.99	239.11
2017	10230.33	-26.32	45.72	137.02	12143.30	-41.67	54.28	172.32	22373.63	-35.53	13.96	154.16
2018	15494.27	51.45	82.62	207.53	3259.71	-73.16	17.38	46.26	18753.98	-16.18	17.64	129.22
2019	9235.08	-40.40	93.16	123.69	678.38	-79.19	6.84	9.63	9913.46	-47.14	14.57	68.31
2020	16081.59	74.14	89.24	215.39	1938.86	185.81	10.76	27.51	18020.45	81.78	22.85	124.17
2021	18931.12	17.72	91.31	253.56	1800.76	-7.12	8.69	25.55	20731.88	15.05	34.85	142.85
2022	5861.32	-69.04	76.34	78.50	1816.61	0.88	23.66	25.78	7677.93	-62.97	32.19	52.90
2023	12130.36	106.96	65.46	162.47	6401.64	252.40	34.54	90.84	18532.00	141.37	49.96	127.69
合计	174850.87	—	67.49	—	84220.48	—	32.51	—	259071.35	—	24.33	—
2011—2015年均值	7466.21	—	—	100.00	7046.80	—	—	100.00	14513.01	—	—	100.00

年份	中部地区											
	华北东北				中原华中				小计			
	金额	同比增长（%）	占比（%）	指数	金额	同比增长（%）	占比（%）	指数	金额	同比增长（%）	占比（%）	指数
2005	0.00	—	0.00	0.00	64.56	—	100.00	4.69	64.56	—	28.61	4.05
2006	6.70	—	100.00	3.04	0.00	-100.00	0.00	0.00	6.70	-89.62	0.19	0.42

续表

年份	中部地区											
	华北东北				中原华中				小计			
	金额	同比增长（%）	占比（%）	指数	金额	同比增长（%）	占比（%）	指数	金额	同比增长（%）	占比（%）	指数
2007	27.68	313.13	11.83	12.56	206.26	—	88.17	15.00	233.94	3391.64	1.57	14.66
2008	16.01	-42.16	13.52	7.27	102.45	-50.33	86.48	7.45	118.46	-49.36	1.66	7.42
2009	15.00	-6.31	14.83	6.81	86.18	-15.88	85.17	6.27	101.18	-14.59	3.88	6.34
2010	43.43	189.53	31.07	19.71	96.33	11.78	68.93	7.00	139.76	38.13	0.80	8.76
2011	0.00	-100.00	0.00	0.00	157.16	63.15	100.00	11.43	157.16	12.45	1.03	9.85
2012	673.45	—	83.20	305.69	136.00	-13.46	16.80	9.89	809.45	415.05	7.41	50.73
2013	256.76	-61.87	62.36	116.55	154.98	13.96	37.64	11.27	411.74	-49.13	1.09	25.80
2014	9.75	-96.20	0.74	4.43	1301.91	740.05	99.26	94.67	1311.66	218.57	1.65	82.21
2015	161.57	1557.13	3.06	73.34	5126.35	293.76	96.94	372.75	5287.92	303.15	3.00	331.41
2016	4474.65	2669.48	38.14	2031.11	7257.30	41.57	61.86	527.70	11731.95	121.86	7.10	735.28
2017	1650.16	-63.12	14.49	749.03	9734.41	34.13	85.51	707.81	11384.57	-2.96	7.10	713.50
2018	1835.59	11.24	25.46	833.20	5374.41	-44.79	74.54	390.79	7210.00	-36.67	6.78	451.87
2019	114.05	-93.79	4.29	51.77	2541.47	-52.71	95.71	184.80	2655.52	-63.17	3.90	166.43
2020	265.88	133.13	30.55	120.69	604.53	-76.21	69.45	43.96	870.41	-67.22	1.10	54.55
2021	672.95	153.10	22.29	305.46	2345.80	288.04	77.71	170.57	3018.75	246.82	5.07	189.19
2022	68.57	-89.81	3.19	31.12	2080.48	-11.31	96.81	151.28	2149.05	-28.81	9.01	134.69
2023	1038.27	1414.28	32.90	471.28	2117.90	1.80	67.10	154.00	3156.17	46.86	8.51	197.81
合计	11330.46	—	23.77	—	39488.48	—	76.23	—	47662.78	—	4.48	—
2011—2015年均值	220.31	—	—	100.00	1375.28	—	—	100.00	1595.59	—	—	100.00

年份	西部地区											
	西北				西南				小计			
	金额	同比增长（%）	占比（%）	指数	金额	同比增长（%）	占比（%）	指数	金额	同比增长（%）	占比（%）	指数
2005	13.59	—	50.37	6.42	13.39	—	49.63	0.63	26.98	—	11.96	1.15
2006	0.00	-100.00	0.00	0.00	73.14	446.23	100.00	3.43	73.14	171.09	2.07	3.12
2007	0.00	—	0.00	0.00	13.39	-81.69	100.00	0.63	13.39	-81.69	0.09	0.57

续表

年份	西部地区											
	西北				西南				小计			
	金额	同比增长（%）	占比（%）	指数	金额	同比增长（%）	占比（%）	指数	金额	同比增长（%）	占比（%）	指数
2008	0.00	—	0.00	0.00	223.58	1569.75	100.00	10.50	223.58	1569.75	3.13	9.55
2009	58.12	—	17.74	27.44	269.47	20.53	82.26	12.65	327.59	46.52	12.56	13.99
2010	0.00	-100.00	0.00	0.00	135.63	-49.67	100.00	6.37	135.63	-58.60	0.77	5.79
2011	272.04	—	75.72	128.44	87.24	-35.68	24.28	4.10	359.28	164.90	2.34	15.35
2012	100.89	-62.91	13.75	47.63	633.09	625.69	86.25	29.73	733.98	104.29	6.72	31.35
2013	78.34	-22.35	21.28	36.99	289.85	-54.22	78.72	13.61	368.19	-49.84	0.97	15.73
2014	51.43	-34.35	0.54	24.28	9392.07	3140.32	99.46	441.07	9443.50	2464.84	11.89	403.37
2015	556.31	981.68	69.46	262.66	244.55	-97.40	30.54	11.48	800.86	-91.52	0.45	34.21
2016	367.55	-33.93	16.06	173.53	1921.45	685.71	83.94	90.24	2289.00	185.82	1.38	97.77
2017	386.56	5.17	7.35	182.51	4874.72	153.70	92.65	228.93	5261.28	129.85	3.28	224.73
2018	669.15	73.10	10.76	315.93	5548.10	13.81	89.24	260.55	6217.25	18.17	5.85	265.56
2019	209.73	-68.66	42.67	99.02	281.84	-94.92	57.33	13.24	491.57	-92.09	0.72	21.00
2020	113.59	-45.84	13.88	53.63	704.49	149.96	86.12	33.08	818.08	66.42	1.04	34.94
2021	514.15	352.64	44.60	242.75	638.75	-9.33	55.40	30.00	1152.90	40.93	1.94	49.24
2022	89.35	-82.62	12.60	42.19	620.09	-2.92	87.40	29.12	709.44	-38.46	2.97	30.30
2023	80.77	-9.60	18.59	38.14	353.75	-42.95	81.41	16.61	434.53	-38.75	1.17	18.56
合计	3561.58	—	11.92	—	26318.59	—	88.08	—	29880.17	—	2.81	—
2011—2015年均值	211.80	—	—	100.00	2129.36	—	—	100.00	2341.16	—	—	100.00

年份	总计			
	金额	同比增长（%）	占比（%）	指数
2005	225.63	—	100.00	0.35
2006	3539.84	1468.87	100.00	5.49
2007	14870.99	320.10	100.00	23.07
2008	7153.81	-51.89	100.00	11.10

续表

年份	总计			
	金额	同比增长（%）	占比（%）	指数
2009	2607.98	-63.54	100.00	4.05
2010	17548.97	572.90	100.00	27.22
2011	15322.44	-12.69	100.00	23.77
2012	10928.06	-28.68	100.00	16.95
2013	37915.48	246.96	100.00	58.81
2014	79418.79	109.46	100.00	123.20
2015	176195.61	121.86	100.00	273.32
2016	165308.84	-6.18	100.00	256.43
2017	160320.54	-3.02	100.00	248.69
2018	106308.24	-33.69	100.00	164.91
2019	68040.92	-36.00	100.00	105.55
2020	78868.31	15.91	100.00	122.34
2021	59493.26	-24.57	100.00	92.29
2022	23855.29	-59.90	100.00	37.00
2023	37093.02	55.49	100.00	57.54
合计	1065016.02	—	100.00	—
2011—2015 均值	63956.08	—	—	100.00

注：此处存在重复统计问题，故总计部分与表 3-1-1、表 3-1-2 所示不一致，重复统计的处理方式与第二章相应部分的处理一致，详见表 2-2-1 脚注。

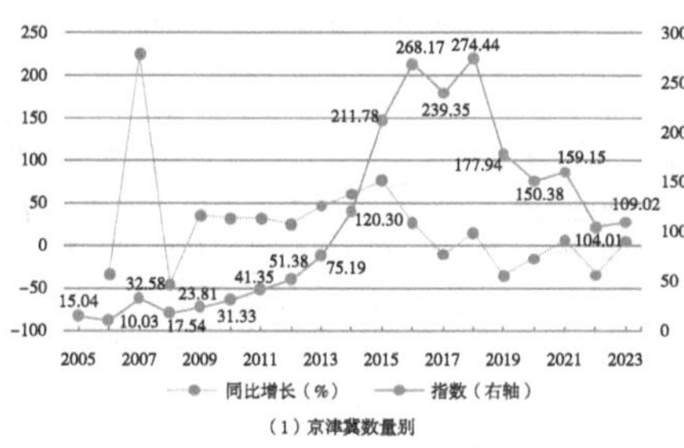

（1）京津冀数量别

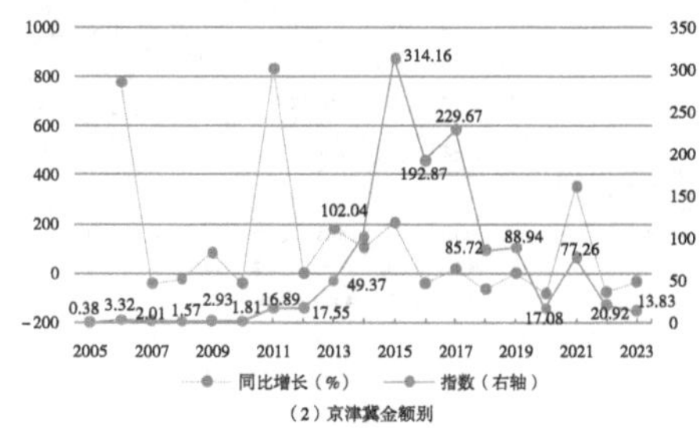

（2）京津冀金额别

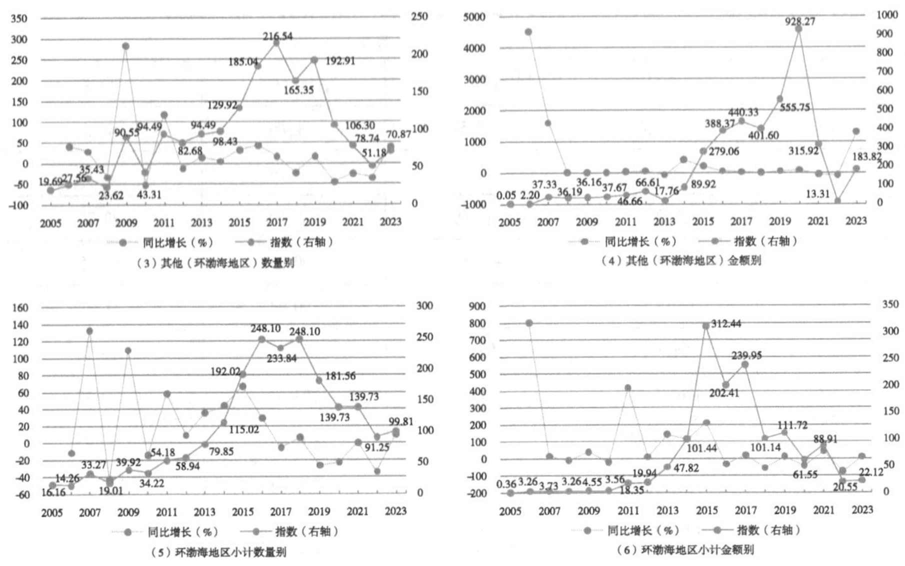

图 3-2-1 2005—2023 年环渤海地区民营企业并购投资项目数量和金额指数变化图

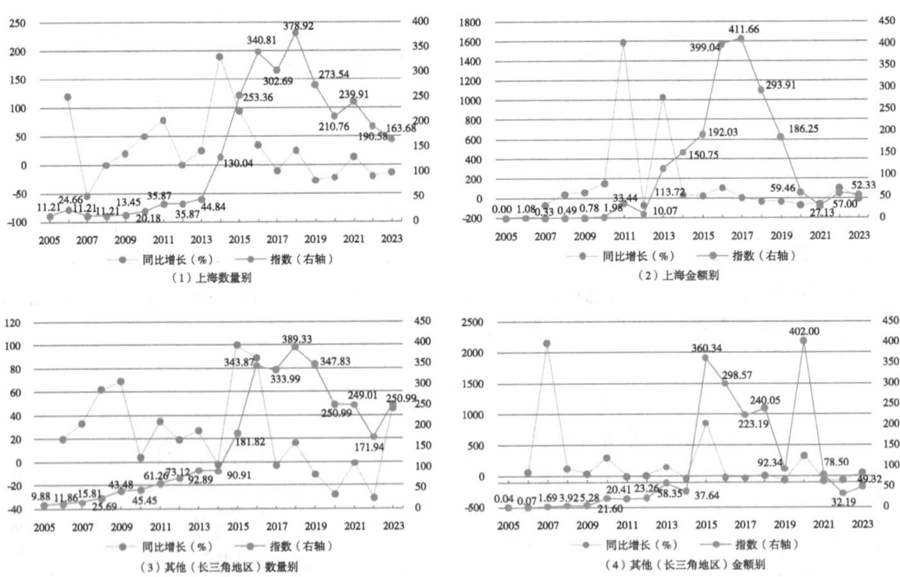

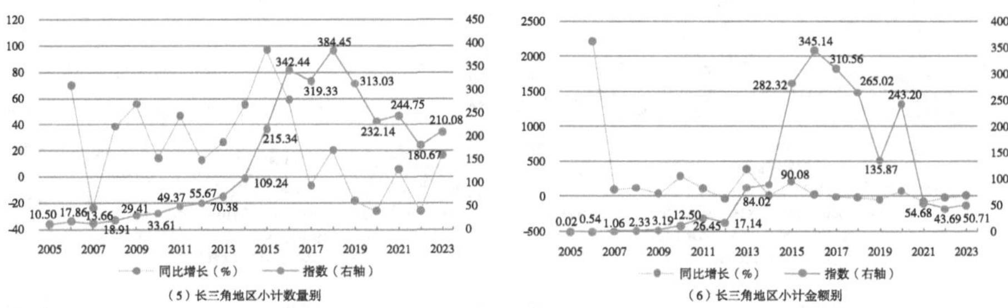

（5）长三角地区小计数量别

（6）长三角地区小计金额别

图 3-2-2 2005—2023 年长三角地区民营企业并购投资项目数量和金额指数变化图

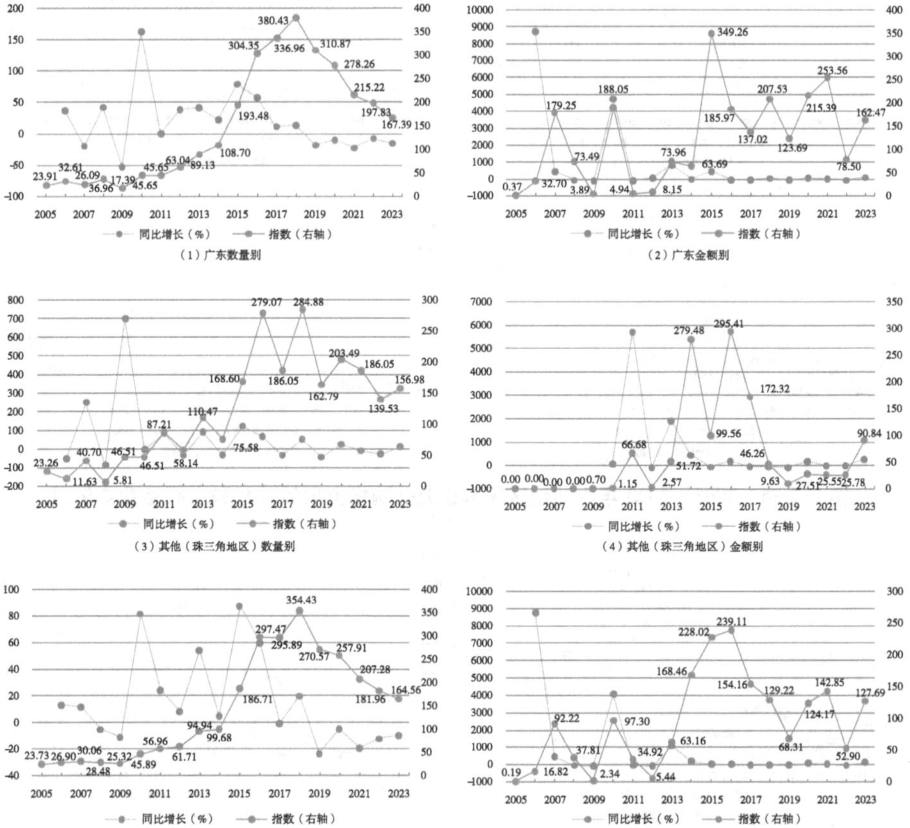

（1）广东数量别

（2）广东金额别

（3）其他（珠三角地区）数量别

（4）其他（珠三角地区）金额别

（5）珠三角地区小计数量别

（6）珠三角地区小计金额别

图 3-2-3 2005—2023 年珠三角地区民营企业并购投资项目数量和金额指数变化图

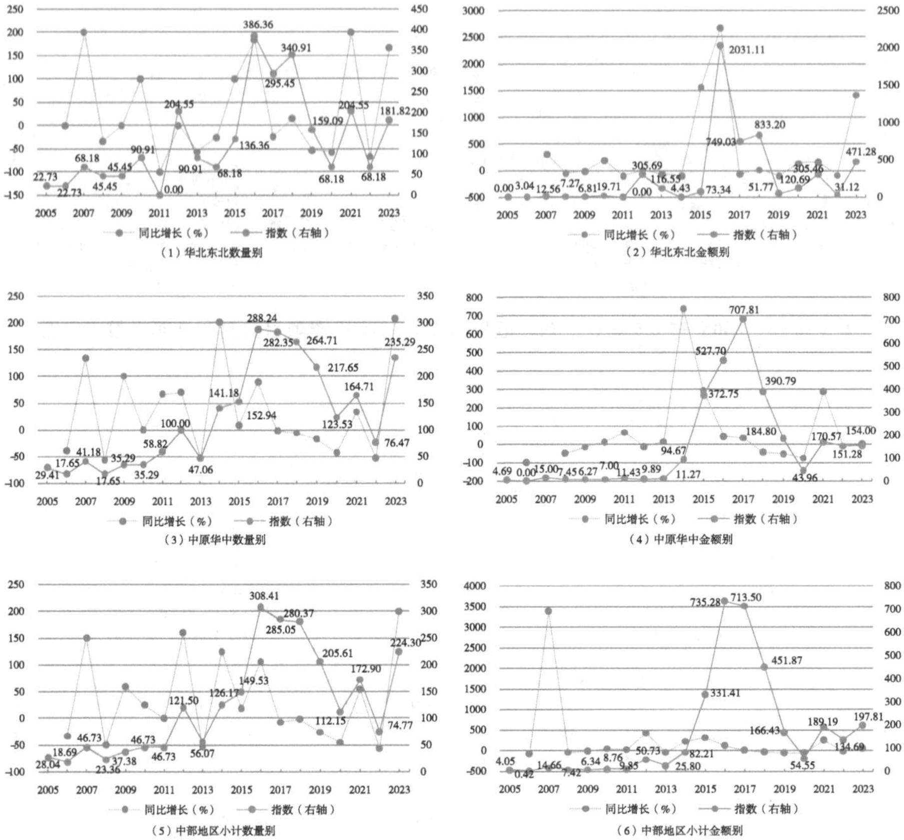

同比增长（%） 指数（右轴）

（1）华北东北数量别

同比增长（%） 指数（右轴）

（2）华北东北金额别

同比增长（%） 指数（右轴）

（3）中原华中数量别

同比增长（%） 指数（右轴）

（4）中原华中金额别

同比增长（%） 指数（右轴）

（5）中部地区小计数量别

同比增长（%） 指数（右轴）

（6）中部地区小计金额别

图 3-2-4 2005—2023 年中部地区民营企业并购投资项目数量和金额指数变化图

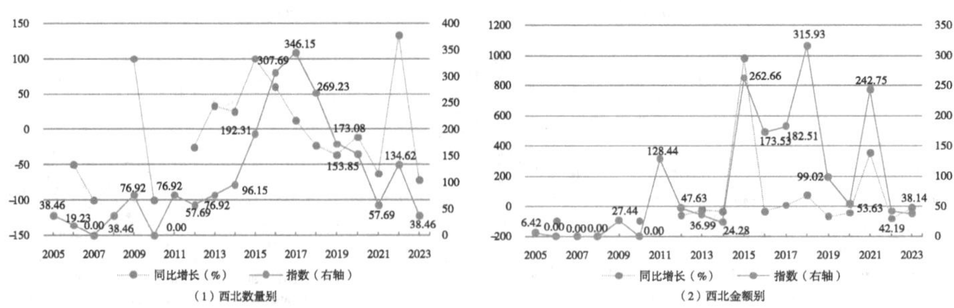

（1）西北数量别

（2）西北金额别

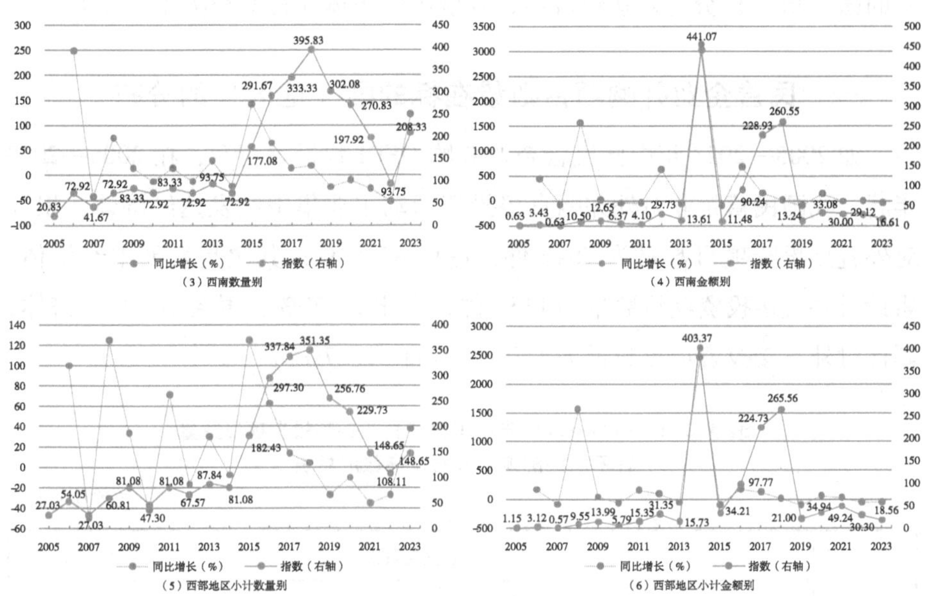

图 3-2-5　2005—2023 年西部地区民营企业并购投资项目数量和金额指数变化图

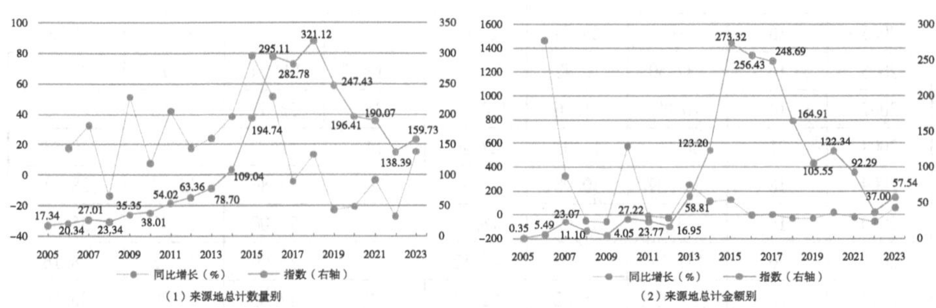

图 3-2-6　2005—2023 年来源地民营企业并购投资项目数量和金额指数变化图

第三节　民营企业对外并购投资标的国（地区）别指数

本节对中国民营企业对外并购投资项目数量与金额规模按照投资标的国（地区）进行划分，其中根据标的国（地区）的经济发展水平不同，将标的国（地区）分为发达经济体、发展中经济体和转型经济体三大类型。

一、民营企业并购项目数量在标的国（地区）的分布

如 2005—2023 年中国民营企业并购 OFDI 数量表所示，在 2005—2023 年间，我国民营企业对外并购直接投资活动主要集中在发达经济体，累计对外直接投资项目数量为 7646 件，占比 85.63%；其次是发展中经济体，累计对外直接投资项目数量为 1134 件，占比 12.70%；再次是转型经济体，累计对外直接投资项目数量为 149 件，占比 1.67%。

表 3-3-1　2005—2023 年中国民营企业并购投资项目数量在不同经济体的分布及指数汇总表

（单位：件）

年份	发达经济体							
	欧洲				北美洲			
	项目数	同比增长（%）	占比（%）	指数	项目数	同比增长（%）	占比（%）	指数
2005	16	—	20.78	20.94	7	—	9.09	9.92
2006	10	-37.50	10.42	13.09	17	142.86	17.71	24.08
2007	14	40.00	11.86	18.32	21	23.53	17.80	29.75
2008	21	50.00	11.05	27.49	14	-33.33	7.37	19.83
2009	18	-14.29	10.98	23.56	20	42.86	12.20	28.33
2010	14	-22.22	6.73	18.32	25	25.00	12.02	35.41
2011	36	157.14	16.07	47.12	34	36.00	15.18	48.16
2012	63	75.00	25.82	82.46	40	17.65	16.39	56.66
2013	60	-4.76	21.20	78.53	51	27.50	18.02	72.24
2014	96	60.00	24.49	125.65	101	98.04	25.77	143.06
2015	127	32.29	21.24	166.23	127	25.74	21.24	179.89
2016	178	40.16	20.48	232.98	199	56.69	22.90	281.87
2017	160	-10.11	20.36	209.42	170	-14.57	21.63	240.79
2018	149	-6.88	16.67	195.03	196	15.29	21.92	277.62
2019	130	-12.75	18.60	170.16	131	-33.16	18.74	185.55
2020	86	-33.85	15.41	112.57	106	-19.08	19.00	150.14
2021	95	10.47	17.34	124.35	94	-11.32	17.15	133.14

续表

年份	发达经济体							
	欧洲				北美洲			
	项目数	同比增长（%）	占比（%）	指数	项目数	同比增长（%）	占比（%）	指数
2022	42	-55.79	14.38	54.97	50	-46.81	17.12	70.82
2023	41	-0.02	10.30	53.66	65	0.3	16.33	92.07
合计	1356	—	17.73	—	1468	—	19.20	—
2011—2015 年均值	76.4	—	—	100.00	70.6	—	—	100.00

年份	发达经济体							
	其他发达经济体				小计			
	项目数	同比增长（%）	占比（%）	指数	项目数	同比增长（%）	占比（%）	指数
2005	54	—	70.13	26.84	77	—	78.57	22.11
2006	69	27.78	71.88	34.29	96	24.68	77.42	27.57
2007	83	20.29	70.34	41.25	118	22.92	82.52	33.89
2008	155	86.75	81.58	77.04	190	61.02	87.96	54.57
2009	126	-18.71	76.83	62.62	164	-13.68	86.32	47.10
2010	169	34.13	81.25	84.00	208	26.83	91.63	59.74
2011	154	-8.88	68.75	76.54	224	7.69	87.16	64.33
2012	141	-8.44	57.79	70.08	244	8.93	85.92	70.07
2013	172	21.99	60.78	85.49	283	15.98	91.00	81.28
2014	195	13.37	49.74	96.92	392	38.52	89.91	112.58
2015	344	76.41	57.53	170.97	598	52.55	88.07	171.74
2016	492	43.02	56.62	244.53	869	45.32	88.67	249.57
2017	456	-7.32	58.02	226.64	786	-9.55	84.33	225.73
2018	549	20.39	61.41	272.86	894	13.74	84.34	256.75
2019	438	-20.22	62.66	217.69	699	-21.81	83.41	200.75
2020	366	-16.44	65.59	181.91	558	-20.17	83.66	160.25
2021	365	-1.91	65.51	178.43	554	-0.72	83.81	159.10
2022	202	-44.29	68.49	99.40	294	-46.93	86.72	84.43

续表

年份	发达经济体							
	其他发达经济体				小计			
	项目数	同比增长（%）	占比（%）	指数	项目数	同比增长（%）	占比（%）	指数
2023	292	0.45	73.37	145.13	398	0.35	81.89	114.30
合计	4822	—	63.07	—	7646	—	85.63	—
2011—2015年均值	201.2	—	—	100.00	348.2	—	—	100.00

年份	发展中经济体							
	非洲				亚洲			
	项目数	同比增长（%）	占比（%）	指数	项目数	同比增长（%）	占比（%）	指数
2005	2	—	11.76	28.57	11	—	64.71	53.40
2006	6	200.00	26.09	85.71	14	27.27	60.87	67.96
2007	1	-83.33	4.76	14.29	15	7.14	71.43	72.82
2008	7	600.00	29.17	100.00	14	-6.67	58.33	67.96
2009	1	-85.71	6.25	14.29	8	-42.86	50.00	38.83
2010	4	300.00	26.67	57.14	4	-50.00	26.67	19.42
2011	4	0.00	17.39	57.14	12	200.00	52.17	58.25
2012	4	0.00	12.50	57.14	21	75.00	65.63	101.94
2013	3	-25.00	14.29	42.86	12	-42.86	57.14	58.25
2014	10	233.33	29.41	142.86	19	58.33	55.88	92.23
2015	14	40.00	20.59	200.00	39	105.26	57.35	189.32
2016	15	7.14	14.85	214.29	64	64.10	63.37	310.68
2017	17	13.33	13.82	242.86	90	40.63	73.17	436.89
2018	22	29.41	14.10	314.29	105	16.67	67.31	509.71
2019	16	-27.27	12.70	228.57	92	-12.38	73.02	446.60
2020	13	-18.75	12.38	185.71	76	-17.39	72.38	368.93
2021	17	30.77	16.67	242.86	71	-6.58	69.61	344.66
2022	4	-76.47	9.30	57.14	33	-53.52	76.74	160.19

续表

年份	发展中经济体							
	非洲				亚洲			
	项目数	同比增长（%）	占比（%）	指数	项目数	同比增长（%）	占比（%）	指数
2023	6	0.5	7.14	85.71	59	0.79	70.24	286.41
合计	166	—	14.64	—	759	—	66.93	—
2011—2015年均值	7	—	—	100.00	20.6	—	—	100.00

年份	发展中经济体											
	拉丁美洲和加勒比海地区				大洋洲				小计			
	项目数	同比增长（%）	占比（%）	指数	项目数	同比增长（%）	占比（%）	指数	项目数	同比增长（%）	占比（%）	指数
2005	3	—	17.65	44.12	1	—	5.88	83.33	17	—	17.35	47.75
2006	3	0.00	13.04	44.12	0	-100.00	0.00	0.00	23	35.29	18.55	64.61
2007	4	33.33	19.05	58.82	1	—	4.76	83.33	21	-8.70	14.69	58.99
2008	3	-25.00	12.50	44.12	0	-100.00	0.00	0.00	24	14.29	11.11	67.42
2009	7	133.33	43.75	102.94	0	—	0.00	0.00	16	-33.33	8.42	44.94
2010	4	-42.86	26.67	58.82	3	—	20.00	250.00	15	-6.25	6.61	42.13
2011	7	75.00	30.43	102.94	0	-100.00	0.00	0.00	23	53.33	8.95	64.61
2012	4	-42.86	12.50	58.82	3	—	9.38	250.00	32	39.13	11.27	89.89
2013	6	50.00	28.57	88.24	0	-100.00	0.00	0.00	21	-34.38	6.75	58.99
2014	4	-33.33	11.76	58.82	1	—	2.94	83.33	34	61.90	7.80	95.51
2015	13	225.00	19.12	191.18	2	100.00	2.94	166.67	68	100.00	10.01	191.01
2016	19	46.15	18.81	279.41	3	50.00	2.97	250.00	101	48.53	10.31	283.71
2017	14	-26.32	11.38	205.88	2	-33.33	1.63	166.67	123	21.78	13.20	345.51
2018	24	71.43	15.38	352.94	5	150.00	3.21	416.67	156	26.83	14.72	438.20
2019	18	-25.00	14.29	264.71	0	-100.00	0.00	0.00	126	-19.23	15.04	353.93
2020	10	-44.44	9.52	147.06	6	—	5.71	500.00	105	-16.67	15.72	294.94
2021	12	20.00	11.76	176.47	2	-66.67	1.96	166.67	102	-2.86	15.43	286.52

续表

年份	发展中经济体											
	拉丁美洲和加勒比海地区				大洋洲				小计			
	项目数	同比增长（%）	占比（%）	指数	项目数	同比增长（%）	占比（%）	指数	项目数	同比增长（%）	占比（%）	指数
2022	6	-50.00	13.95	88.24	0	-100.00	0.00	0.00	43	-57.84	12.68	120.79
2023	17	1.83	20.24	250.00	2	—	2.38	166.67	84	0.95	17.28	235.96
合计	178	—	15.70	—	31	—	2.73	—	1134	—	12.70	—
2011—2015年均值	6.8	—	—	100.00	1.2	—	—	100.00	35.6	—	—	100.00

年份	转型经济体											
	东南欧				独联体国家（地区）				小计			
	项目数	同比增长（%）	占比（%）	指数	项目数	同比增长（%）	占比（%）	指数	项目数	同比增长（%）	占比（%）	指数
2005	0	—	0.00	0.00	4	—	100.00	44.44	4	—	4.08	41.67
2006	0	—	0.00	0.00	5	25.00	100.00	55.56	5	25.00	4.03	52.08
2007	0	—	0.00	0.00	4	-20.00	100.00	44.44	4	-20.00	2.80	41.67
2008	0	—	0.00	0.00	2	-50.00	100.00	22.22	2	-50.00	0.93	20.83
2009	2	—	20.00	333.33	8	300.00	80.00	88.89	10	400.00	5.26	104.17
2010	1	-50.00	25.00	166.67	3	-62.50	75.00	33.33	4	-60.00	1.76	41.67
2011	0	-100.00	0.00	0.00	10	233.33	100.00	111.11	10	150.00	3.89	104.17
2012	1	—	12.50	166.67	7	-30.00	87.50	77.78	8	-20.00	2.82	83.33
2013	1	0.00	14.29	166.67	6	-14.29	85.71	66.67	7	-12.50	2.25	72.92
2014	1	0.00	10.00	166.67	9	50.00	90.00	100.00	10	42.86	2.29	104.17
2015	0	-100.00	0.00	0.00	13	44.44	100.00	144.44	13	30.00	1.91	135.42
2016	1	—	10.00	166.67	9	-30.77	90.00	100.00	10	-23.08	1.02	104.17
2017	1	0.00	4.35	166.67	22	144.44	95.65	244.44	23	130.00	2.47	239.58
2018	1	0.00	10.00	166.67	9	-59.09	90.00	100.00	10	-56.52	0.94	104.17
2019	3	200.00	23.08	500.00	10	11.11	76.92	111.11	13	30.00	1.55	135.42

续表

年份	转型经济体											
	东南欧				独联体国家（地区）				小计			
	项目数	同比增长（%）	占比（%）	指数	项目数	同比增长（%）	占比（%）	指数	项目数	同比增长（%）	占比（%）	指数
2020	1	-66.67	20.00	166.67	4	-60.00	80.00	44.44	5	-61.54	0.75	52.08
2021	1	0.00	20.00	166.67	4	0.00	80.00	44.44	5	0.00	0.76	52.08
2022	0	-100.00	0.00	0.00	2	-50.00	100.00	22.22	2	-60.00	0.59	20.83
2023	0	—	0.00	0.00	4	1	100	44.44	4	1	0.82	41.67
合计	14	—	9.40	—	135	—	90.60	—	149	—	1.67	—
2011—2015年均值	0.6	—	—	100.00	9	—	—	100.00	9.6	—	—	100.00

年份	总计			
	项目数	同比增长（%）	占比（%）	指数
2005	98	—	100.00	24.91
2006	124	26.53	100.00	31.52
2007	143	15.32	100.00	36.35
2008	216	51.05	100.00	54.90
2009	190	-12.04	100.00	48.29
2010	227	19.47	100.00	57.70
2011	257	13.22	100.00	65.33
2012	284	10.51	100.00	72.19
2013	311	9.51	100.00	79.05
2014	436	40.19	100.00	110.82
2015	679	55.73	100.00	172.59
2016	980	44.33	100.00	249.10
2017	932	-4.90	100.00	236.90
2018	1060	13.73	100.00	269.43
2019	838	-20.94	100.00	213.01
2020	668	-20.29	100.00	169.79

续表

年份	总计			
	项目数	同比增长（%）	占比（%）	指数
2021	661	-1.95	100.00	168.02
2022	339	-48.55	100.00	86.17
2023	486	43.36	100.00	123.53
合计	8929	—	100.00	—
2011—2015年均值	393.4	—	—	100.00

注：1. 此处存在重复统计问题，故总计部分与表3-1-1、表3-1-2所示不一致，重复统计的处理方式与第二章相应部分的处理一致，详见表2-2-1脚注。

二、民营企业并购金额在标的国（地区）的分布

根据2005—2023年中国民营企业并购OFDI金额表显示，从并购OFDI项目金额看，在2005—2023年间，我国民营企业对外直接投资活动主要集中在发达经济体，累计对外直接投资项目金额为11030.72亿美元，占比89.26%；排在第二的是发展中经济体，累计对外直接投资项目金额为857.03亿美元，占比6.94%；排在第三的是转型经济体，累计对外直接投资项目金额为268.87亿美元，占比2.18%。

表3-3-2　2005—2023年中国民营企业并购投资金额在不同经济体的分布及指数汇总表

（单位：百万美元）

年份	发达经济体							
	欧洲				北美洲			
	金额	同比增长（%）	占比（%）	指数	金额	同比增长（%）	占比（%）	指数
2005	843.98	—	38.28	2.46	17.55	—	0.80	0.15
2006	1039.10	23.12	22.93	3.03	2829.32	16021.48	62.42	24.94
2007	11207.53	978.58	75.08	32.64	2498.40	-11.70	16.74	22.02
2008	6970.75	-37.80	78.47	20.30	406.51	-83.73	4.58	3.58

续表

年份	发达经济体							
	欧洲				北美洲			
	金额	同比增长（%）	占比（%）	指数	金额	同比增长（%）	占比（%）	指数
2009	298.62	-95.72	10.10	0.87	478.02	17.59	16.17	4.21
2010	15411.22	5060.81	82.68	44.88	362.34	-24.20	1.94	3.19
2011	6735.59	-56.29	42.40	19.61	2410.59	565.28	15.17	21.25
2012	4077.04	-39.47	31.09	11.87	4008.93	66.30	30.57	35.34
2013	20721.94	408.26	36.69	60.34	5944.88	48.29	10.53	52.41
2014	63906.67	208.40	66.51	186.09	2810.10	-52.73	2.92	24.77
2015	76264.10	19.34	40.22	222.08	41543.24	1378.35	21.91	366.23
2016	80717.20	5.84	43.05	235.05	42035.96	1.19	22.42	370.57
2017	65923.67	-18.33	49.86	191.97	25586.52	-39.13	19.35	225.56
2018	25560.28	-61.23	25.90	74.43	11944.56	-53.32	12.10	105.30
2019	12316.76	-51.81	16.08	35.87	15191.37	27.18	19.83	133.92
2020	71877.52	483.57	72.92	209.30	4653.29	-69.37	4.72	41.02
2021	17582.32	-75.54	23.93	51.20	5653.53	21.50	7.70	49.84
2022	2151.01	-87.77	15.83	6.26	1592.00	-71.84	11.72	14.03
2023	6328.12	1.94	33.01	18.42	1693.35	0.06	8.83	14.93
合计	489933.43	—	43.62	—	1716640.45	—	15.28	—
2011—2015年均值	34341.07	—	—	100	11343.55	—	—	100

年份	发达经济体							
	其他发达经济体				小计			
	金额	同比增长（%）	占比（%）	指数	金额	同比增长（%）	占比（%）	指数
2005	1342.99	—	60.92	4.70	2204.52	—	96.44	2.97
2006	664.18	-50.54	14.65	2.33	4532.60	105.60	95.77	6.11
2007	1221.47	83.91	8.18	4.28	14927.40	229.33	97.45	20.11
2008	1505.65	23.27	16.95	5.27	8882.91	-40.49	85.20	11.97

续表

年份	发达经济体							
	其他发达经济体				小计			
	金额	同比增长（%）	占比（%）	指数	金额	同比增长（%）	占比（%）	指数
2009	2179.95	44.78	73.73	7.64	2956.59	-66.72	93.37	3.98
2010	2866.02	31.47	15.38	10.04	18639.58	530.44	93.33	25.11
2011	6740.47	135.19	42.43	23.61	15886.65	-14.77	89.91	21.40
2012	5026.47	-25.43	38.33	17.61	13112.44	-17.46	90.82	17.66
2013	29806.89	493.00	52.78	104.40	56473.71	330.69	87.96	76.08
2014	29376.06	-1.45	30.57	102.90	96092.83	70.15	99.10	129.45
2015	71797.05	144.41	37.87	251.48	189604.39	97.31	94.70	255.41
2016	64755.85	-9.81	34.53	226.82	187509.01	-1.11	92.63	252.59
2017	40704.87	-37.14	30.79	142.58	132215.06	-29.49	81.79	178.11
2018	61196.07	50.34	62.00	214.35	98700.91	-25.35	86.10	132.96
2019	49111.60	-19.75	64.10	172.02	76619.73	-22.37	94.21	103.21
2020	22045.36	-55.11	22.36	77.22	98576.17	28.66	91.88	132.79
2021	50232.43	127.86	68.37	172.91	72601.46	-26.35	92.15	97.80
2022	9846.23	-80.40	72.45	34.49	13589.24	-81.50	89.76	18.30
2023	11147.895	0.13	58.15	39.05	19169.37	0.41	76.43	25.82
合计	461567.5	—	40.75	—	1103072.09	—	89.26	—
2011—2015年均值	28549.39	—	—	100	74234.00	—	—	100

年份	发展中经济体							
	非洲				亚洲			
	金额	同比增长（%）	占比（%）	指数	金额	同比增长（%）	占比（%）	指数
2005	0.00	—	0.00	0.00	80.20	—	98.77	6.26
2006	30.00	—	23.41	14.17	48.44	-39.60	37.81	3.78
2007	0.00	-100.00	0.00	0.00	221.70	357.68	94.21	17.30
2008	346.15	—	22.44	163.46	788.10	255.48	51.09	61.50

续表

年份	发展中经济体							
	非洲				亚洲			
	金额	同比增长（%）	占比（%）	指数	金额	同比增长（%）	占比（%）	指数
2009	0.00	-100.00	0.00	0.00	53.31	-93.24	37.42	4.16
2010	125.00	—	9.39	59.03	789.90	1381.71	59.34	61.64
2011	1.50	-98.80	0.19	0.71	744.32	-5.77	93.08	58.08
2012	66.36	4324.00	8.76	31.34	683.45	-8.18	90.17	53.33
2013	143.05	115.57	45.78	67.55	94.51	-86.17	30.25	7.38
2014	458.13	220.26	63.42	216.34	213.91	126.34	29.61	16.69
2015	389.77	-14.92	4.41	184.06	4671.24	2083.74	52.88	364.52
2016	230.92	-40.75	1.68	109.05	8128.69	74.02	59.08	634.32
2017	116.18	-49.69	0.76	54.86	7443.89	-8.42	48.70	580.88
2018	262.90	126.29	1.66	124.15	7248.14	-2.63	45.84	565.60
2019	541.23	105.87	11.86	255.58	3755.10	-48.19	82.25	293.03
2020	205.29	-62.07	2.36	96.94	3125.31	-16.77	35.94	243.88
2021	654.01	218.58	12.31	308.84	2117.28	-32.25	39.86	165.22
2022	23.90	-96.35	1.62	11.29	359.87	-83.00	24.38	28.08
2023	56	1.34	0.95	26.44	802.72	1.23	13.58	62.64
合计	3650.39	—	4.25	—	41370.08	—	48.27	—
2011—2015年均值	211.76	—	—	100.00	1281.49	—	—	100.00

年份	发展中经济体											
	拉丁美洲和加勒比海地区				大洋洲				小计			
	金额	同比增长（%）	占比（%）	指数	金额	同比增长（%）	占比（%）	指数	金额	同比增长（%）	占比（%）	指数
2005	0.00	—	0.00	0.00	1.00	—	1.23	102.67	81.20	—	3.55	3.55
2006	49.69	—	38.78	6.28	0.00	-100.00	0.00	0.00	128.13	57.80	2.71	5.61
2007	13.14	-73.56	5.58	1.66	0.48	—	0.20	49.28	235.32	83.66	1.54	10.30

续表

年份	发展中经济体											
	拉丁美洲和加勒比海地区				大洋洲				小计			
	金额	同比增长（%）	占比（%）	指数	金额	同比增长（%）	占比（%）	指数	金额	同比增长（%）	占比（%）	指数
2008	408.39	3007.99	26.47	51.63	0.00	-100.00	0.00	0.00	1542.64	555.55	14.80	67.51
2009	89.14	-78.17	62.58	11.27	0.00	—	0.00	0.00	142.45	-90.77	4.50	6.23
2010	404.39	353.66	30.38	51.13	11.95	—	0.90	1226.90	1331.24	834.53	6.67	58.26
2011	53.80	-86.70	6.73	6.80	0.00	-100.00	0.00	0.00	799.62	-39.93	4.53	34.99
2012	4.05	-92.47	0.53	0.51	4.10	—	0.54	420.94	757.96	-5.21	5.25	33.17
2013	74.90	1749.38	23.97	9.47	0.00	-100.00	0.00	0.00	312.46	-58.78	0.49	13.67
2014	49.54	-33.86	6.86	6.26	0.77	—	0.11	79.06	722.35	131.18	0.74	31.61
2015	3772.38	7514.82	42.71	476.95	0.00	-100.00	0.00	0.00	8833.39	1122.87	4.41	386.56
2016	5278.18	39.92	38.36	667.34	120.33	—	0.87	12354.21	13758.12	55.75	6.80	602.06
2017	7725.98	46.38	50.54	976.82	0.00	-100.00	0.00	0.00	15286.05	11.11	9.46	668.93
2018	8163.44	5.66	51.63	1032.13	137.27	—	0.87	14093.43	15811.75	3.44	13.79	691.93
2019	268.96	-96.71	5.89	34.01	0.00	-100.00	0.00	0.00	4565.29	-71.13	5.61	199.78
2020	2283.56	749.03	26.26	288.72	3081.00	—	35.43	316324.44	8695.16	90.46	8.10	380.51
2021	2529.15	10.75	47.62	319.77	11.18	-99.64	0.21	1147.84	5311.62	-38.91	6.74	232.44
2022	1092.51	-56.80	74.00	138.13	0.00	-100.00	0.00	0.00	1476.28	-72.21	9.75	64.60
2023	5051.44	3.62	85.44	638.67	1.68	—	0.03	172.23	5911.84	3.00	23.57	258.71
合计	37312.64	—	43.53	—	3369.76	—	3.93	—	85702.87	—	6.94	—
2011—2015年均值	790.93	—	—	100.00	0.97	—	—	100.00	2285.16	—	—	100.00

年份	转型经济体											
	东南欧				独联体国家（地区）				小计			
	金额	同比增长（%）	占比（%）	指数	金额	同比增长（%）	占比（%）	指数	金额	同比增长（%）	占比（%）	指数
2005	0.00	—	0.00	—	0.13	—	100.00	0.01	0.13	—	0.01	0.01
2006	0.00	—	0.00	—	72.30	55515.38	100.00	3.32	72.30	55515.38	1.53	3.32
2007	0.00	—	0.00	—	154.96	114.33	100.00	7.11	154.96	114.33	1.01	7.11

续表

年份	转型经济体											
	东南欧				独联体国家（地区）				小计			
	金额	同比增长（%）	占比（%）	指数	金额	同比增长（%）	占比（%）	指数	金额	同比增长（%）	占比（%）	指数
2008	0.00	—	—	—	0.00	-100.00	—	0.00	0.00	-100.00	0.00	0.00
2009	0.00	—	0.00	—	67.50	—	100.00	3.10	67.50	—	2.13	3.10
2010	0.00	—	—	—	0.00	-100.00	—	0.00	0.00	-100.00	0.00	0.00
2011	0.00	—	0.00	—	983.84	—	100.00	45.11	983.84	—	5.57	45.11
2012	0.00	—	0.00	—	568.05	-42.26	100.00	26.05	568.05	-42.26	3.93	26.05
2013	0.00	—	0.00	—	7418.65	1205.99	100.00	340.18	7418.65	1205.99	11.55	340.18
2014	0.00	—	0.00	—	151.87	-97.95	100.00	6.96	151.87	-97.95	0.16	6.96
2015	0.00	—	0.00	—	1781.45	1073.01	100.00	81.69	1781.45	1073.01	0.89	81.69
2016	42.15	—	3.62	—	1122.66	-36.98	96.38	51.48	1164.81	-34.61	0.58	53.41
2017	3.30	-92.17	0.02	—	14152.73	1160.64	99.98	648.98	14156.03	1115.31	8.76	649.13
2018	20.84	531.52	16.33	—	106.80	-99.25	83.67	4.90	127.64	-99.10	0.11	5.85
2019	14.02	-32.73	9.98	—	126.52	18.46	90.02	5.80	140.54	10.11	0.17	6.44
2020	0.54	-96.15	3.25	—	16.05	-87.31	96.75	0.74	16.59	-88.20	0.02	0.76
2021	0.01	-98.15	0.13	—	7.61	-52.59	99.87	0.35	7.62	-54.07	0.01	0.35
2022	0.00	-100.00	0.00	—	73.95	871.75	100.00	3.39	73.95	870.48	0.49	3.39
2023	0.00	—	0.00		0.59	-0.99	100	0.03	0.59	-0.99	0.00	0.03
合计	80.86	—	0.30	—	26805.66	—	99.70	—	26886.52	—	2.18	—
2011—2015年均值	0.00	—	—	100.00	2180.77	—	—	100.00	2180.77	—	—	100.00

年份	总计			
	项目数	同比增长（%）	占比（%）	指数
2005	2285.85	—	100.00	2.90
2006	4733.03	107.06	100.00	6.00
2007	15317.68	223.63	100.00	19.43
2008	10425.55	-31.94	100.00	13.23
2009	3166.54	-69.63	100.00	4.02

续表

年份	总计			
	项目数	同比增长（%）	占比（%）	指数
2010	19970.82	530.68	100.00	25.34
2011	17670.11	-11.52	100.00	22.42
2012	14438.45	-18.29	100.00	18.32
2013	64204.82	344.68	100.00	81.46
2014	96967.05	51.03	100.00	123.02
2015	200219.23	106.48	100.00	254.01
2016	202431.94	1.11	100.00	256.82
2017	161657.14	-20.14	100.00	205.09
2018	114640.30	-29.08	100.00	145.44
2019	81325.56	-29.06	100.00	103.18
2020	107287.92	31.92	100.00	136.11
2021	78787.52	-26.56	100.00	99.96
2022	15139.47	-80.78	100.00	19.21
2023	25081.79	65.67	100.00	31.82
合计	1235750.77	—	100.00	—
2011—2015年均值	78699.93	—	—	100.00

注：此处存在重复统计问题，故总计部分与表3-1-1、表3-1-2所示不一致，重复统计的处理方式与第二章相应部分的处理一致，详见表2-2-1脚注。

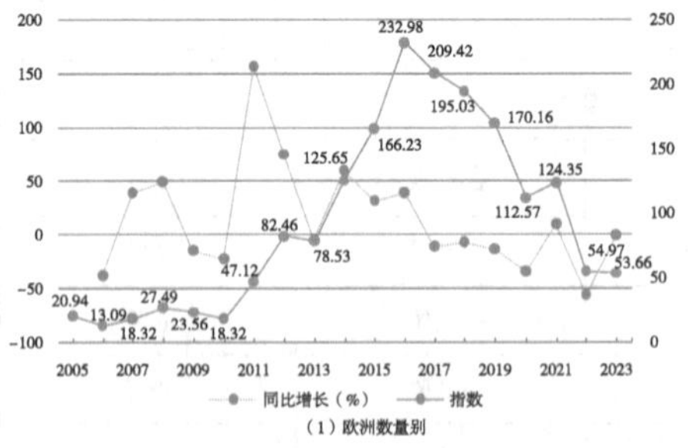

（1）欧洲数量别

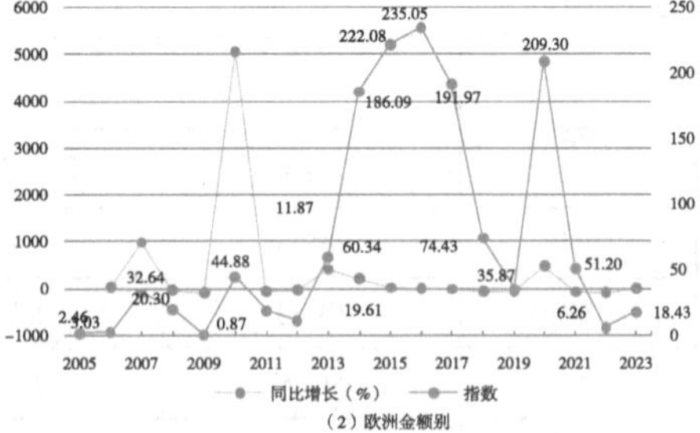

（2）欧洲金额别

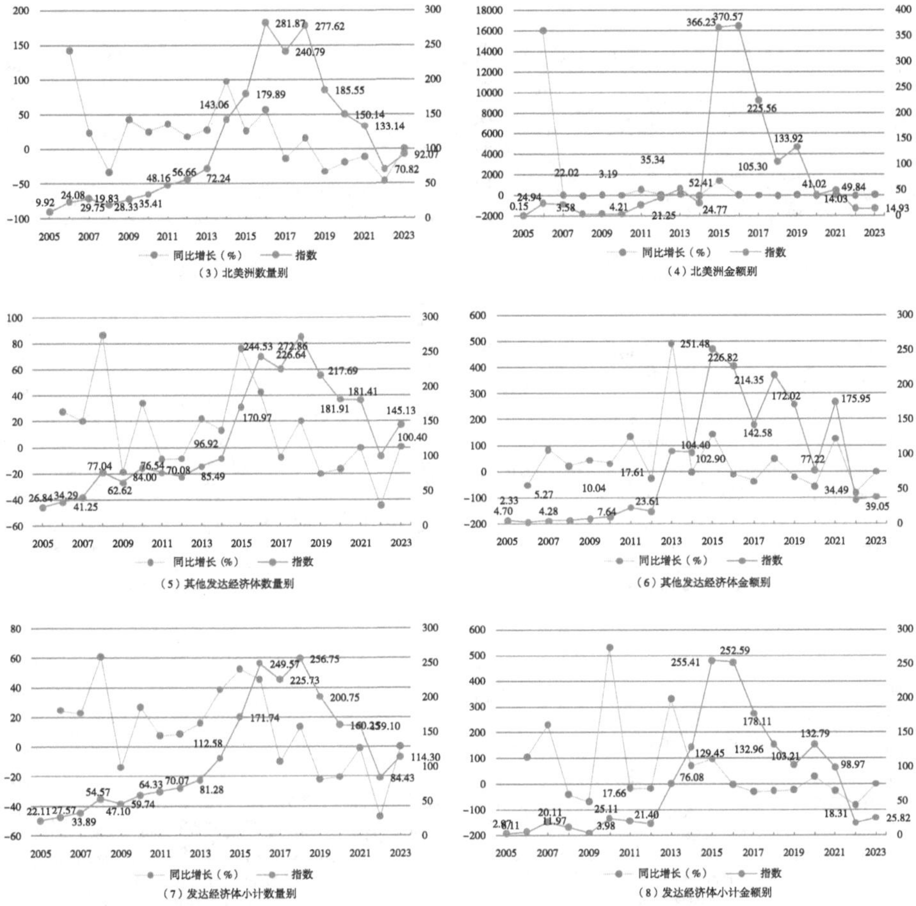

（3）北美洲数量别

（4）北美洲金额别

（5）其他发达经济体数量别

（6）其他发达经济体金额别

（7）发达经济体小计数量别

（8）发达经济体小计金额别

图 3-3-1　2005—2023 年中国民营企业并购投资发达经济体项目数量与金额指数变化图

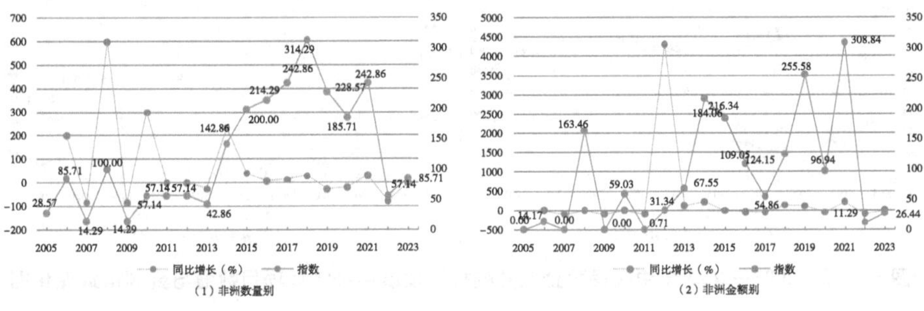

（1）非洲数量别

（2）非洲金额别

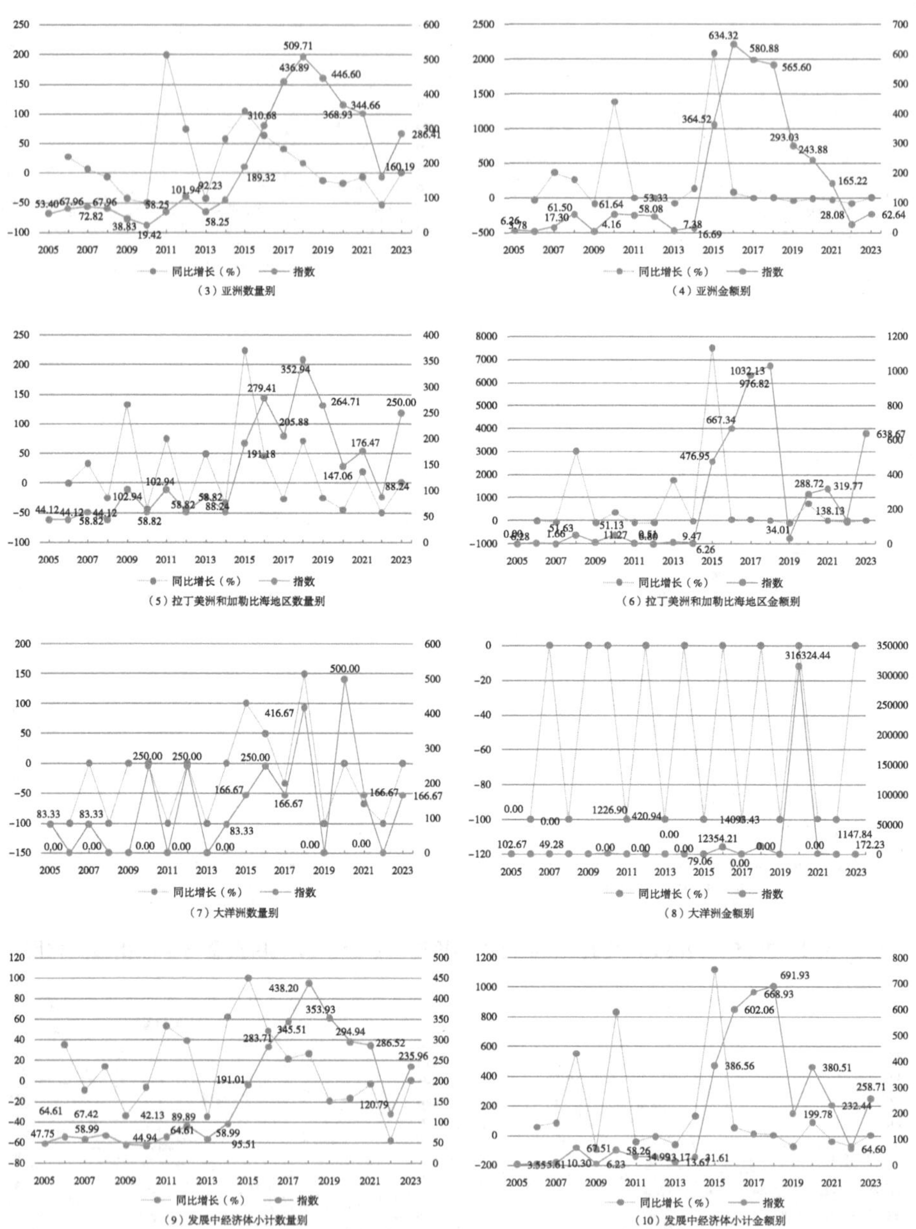

图 3-3-2 2005—2023 年中国民营企业并购投资发展中经济体项目数量与金额指数变化图

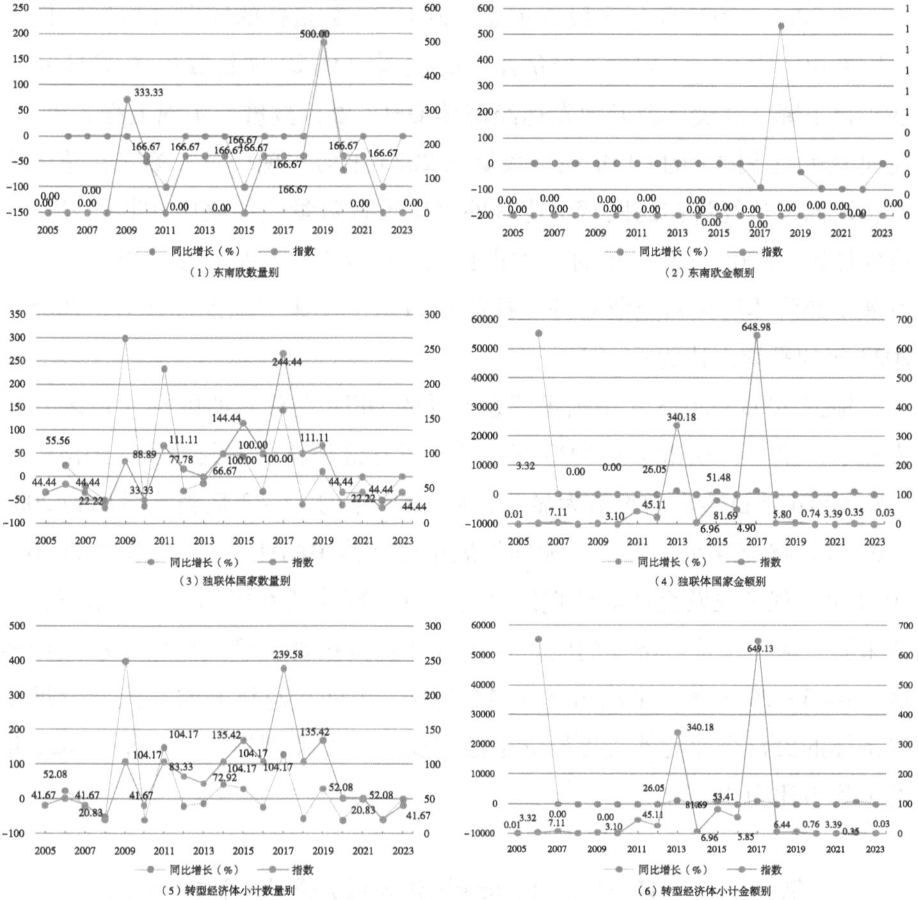

同比增长（%）　指数

（1）东南欧数量别

同比增长（%）　指数

（2）东南欧金额别

同比增长（%）　指数

（3）独联体国家数量别

同比增长（%）　指数

（4）独联体国家金额别

同比增长（%）　指数

（5）转型经济体小计数量别

同比增长（%）　指数

（6）转型经济体小计金额别

图 3-3-3　2005—2023 年中国民营企业并购投资转型经济体项目数量与金额指数变化图

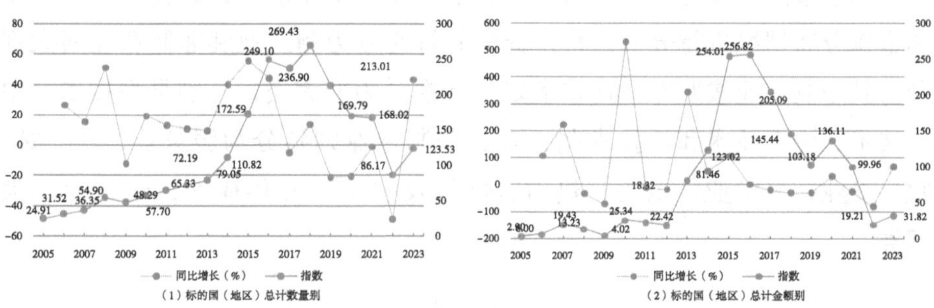

图 3-3-4　2005—2023 年中国民营企业并购投资标的国（地区）项目数量与金额指数变化图

从2005—2023年中国民营企业并购OFDI数量标的国别（地区）图表可以看出，第一，流向发达经济体中的欧洲的OFDI项目数量在2023年出现小幅下降，北美洲及其他发达经济体OFDI项目数量均实现上涨。第二，流向发达经济体中的OFDI项目数量在2023年均实现增长。第三，总体来看，流向发达经济体的民营企业对外直接投资数量主要集中在其他发达经济体地区，2005—2023年的平均占比为63.07%。第四，总体来看，流向发展中经济体的民营企业对外直接投资数量主要集中在亚洲地区，2005—2023年的平均占比为66.93%。

根据2005—2023年中国民营企业并购OFDI金额标的国别（地区）图表显示，第一，在2005—2023年，流向发达经济体中的其他发达经济体的并购OFDI项目金额增长最为显著，从2005年的13.43亿美元增加到2023年的111.48亿美元。第二，流向发展中经济体中的亚洲的OFDI在2016—2022年实现了民营企业对外直接投资项目金额连续6年的下降。第三，总体来看，流向发达经济体的民营企业对外直接投资金额主要集中在欧洲地区，2005—2023年的平均占比为43.62%。第四，总体来看，流向发展中经济体的民营企业对外直接投资金额主要集中在亚洲地区，2005—2023年的平均占比为48.27%。

第四节　民营企业对外并购投资行业别指数

本节按照投资标的行业的不同对中国民营企业对外并购投资项目数量和金额分布情况进行分析，将投资标的行业分为制造业和非制造业两大部分。其中制造业按照OECD技术划分标准分为四大类，分别是高技术、中高技术、中低技术和低技术制造业；非制造业则划分为服务业，农、林、牧、渔业，采矿业，电力、热力、燃气及水生产和供应业，建筑业五大部类。

一、民营企业并购项目数量在标的行业的分布

根据2005—2023年中国民营企业并购OFDI数量表显示，从并购OFDI

项目数量看，在 2005—2023 年间，按照并购 OFDI 项目数量累积量排名，我国民营企业对外直接投资活动主要集中在非制造业，累计对外直接投资项目数量为 5847 件，占比 66.68%；排在第二的是制造业，累计对外直接投资项目数量为 2922 件，占比 33.32%。

根据 2005—2023 年中国民营企业并购 OFDI 数量行业别图表显示，第一，在 2005—2023 年，流向非制造业中的服务业的并购 OFDI 项目数量增长最为显著，从 2005 年的 52 件增加到 2023 年的 244 件，复合增长率为年均 8.97%。第二，流向制造业中的低技术的 OFDI 在 2013—2018 年实现了民营企业对外直接投资项目数量连续 5 年的增长。流向非制造业中的服务业的 OFDI 在 2011—2016 年实现了民营企业对外直接投资项目数量连续 5 年的增长。流向西部地区中的西北的 OFDI 在 2012—2017 年实现了民营企业对外直接投资项目数量连续 5 年的增长。第三，总体来看，流向制造业的民营企业对外直接投资数量主要集中在中高技术，2005—2023 年的平均占比为 35.32%。第四，总体来看，流向非制造业的民营企业对外直接投资数量主要集中在服务业，2005—2023 年的平均占比为 88.80%。

表 3-4-1　2005—2023 年中国民营企业并购投资项目数量在标的行业的分布及指数汇总表

（单位：件）

年份	制造业											
	高技术				中高技术				中低技术			
	项目数	同比增长（%）	占比（%）	指数	项目数	同比增长（%）	占比（%）	指数	项目数	同比增长（%）	占比（%）	指数
2005	9	—	23.08	18.52	13	—	33.33	27.66	6	—	15.38	33.71
2006	11	22.22	25.58	22.63	18	38.46	41.86	38.30	5	-16.67	11.63	28.09
2007	12	9.09	24.49	24.69	21	16.67	42.86	44.68	5	0.00	10.20	28.09
2008	8	-33.33	11.27	16.46	29	38.10	40.85	61.70	6	20.00	8.45	33.71
2009	12	50.00	18.18	24.69	24	-17.24	36.36	51.06	11	83.33	16.67	61.80
2010	17	41.67	30.36	34.98	13	-45.83	23.21	27.66	11	0.00	19.64	61.80
2011	33	94.12	35.48	67.90	44	238.46	47.31	93.62	10	-9.09	10.75	56.18

续表

年份	制造业											
	高技术				中高技术				中低技术			
	项目数	同比增长（%）	占比（%）	指数	项目数	同比增长（%）	占比（%）	指数	项目数	同比增长（%）	占比（%）	指数
2012	29	-12.12	28.71	59.67	36	-18.18	35.64	76.60	14	40.00	13.86	78.65
2013	45	55.17	45.45	92.59	27	-25.00	27.27	57.45	11	-21.43	11.11	61.80
2014	58	28.89	35.15	119.34	52	92.59	31.52	110.64	29	163.64	17.58	162.92
2015	78	34.48	37.14	160.49	76	46.15	36.19	161.70	25	-13.79	11.90	140.45
2016	105	34.62	36.71	216.05	106	39.47	37.06	225.53	36	44.00	12.59	202.25
2017	100	-4.76	33.33	205.76	120	13.21	40.00	255.32	35	-2.78	11.67	196.63
2018	123	23.00	37.96	253.09	109	-9.17	33.64	231.91	43	22.86	13.27	241.57
2019	91	-26.02	33.96	187.24	91	-16.51	33.96	193.62	40	-6.98	14.93	224.72
2020	78	-14.29	37.32	160.49	67	-26.37	32.06	142.55	27	-32.50	12.92	151.69
2021	72	-7.69	35.29	148.15	58	-13.43	28.43	123.40	32	18.52	15.69	179.78
2022	35	-51.39	25.18	72.02	56	-3.45	40.29	119.15	20	-37.50	14.39	112.36
2023	72	105.71	36.00	148.15	72	28.57	36.00	153.19	27	35.00	13.50	151.69
合计	988	—	33.81	—	1032	—	35.32	—	393	—	13.45	—
2011—2015 年均值	48.6	—	—	100.00	47	—	—	100.00	17.8	—	—	100.00

年份	制造业							
	低技术				小计			
	项目数	同比增长（%）	占比（%）	指数	项目数	同比增长（%）	占比（%）	指数
2005	11	—	28.21	54.46	39	—	100.00	29.19
2006	9	-18.18	20.93	44.55	43	10.26	100.00	32.19
2007	11	22.22	22.45	54.46	49	13.95	100.00	36.68
2008	28	154.55	39.44	138.61	71	44.90	100.00	53.14
2009	19	-32.14	28.79	94.06	66	-7.04	100.00	49.40
2010	15	-21.05	26.79	74.26	56	-15.15	100.00	41.92

续表

年份	制造业							
	低技术				小计			
	项目数	同比增长（%）	占比（%）	指数	项目数	同比增长（%）	占比（%）	指数
2011	6	-60.00	6.45	29.70	93	66.07	100.00	69.61
2012	22	266.67	21.78	108.91	101	8.60	100.00	75.60
2013	16	-27.27	16.16	79.21	99	-1.98	100.00	74.10
2014	26	62.50	15.76	128.71	165	66.67	100.00	123.50
2015	31	19.23	14.76	153.47	210	27.27	100.00	157.19
2016	39	25.81	13.64	193.07	286	36.19	100.00	214.07
2017	45	15.38	15.00	222.77	300	4.90	100.00	224.55
2018	49	8.89	15.12	242.57	324	8.00	100.00	242.51
2019	46	-6.12	17.16	227.72	268	-17.28	100.00	200.60
2020	37	-19.57	17.70	183.17	209	-22.01	100.00	156.44
2021	42	13.51	20.59	207.92	204	-2.39	100.00	152.69
2022	28	-33.33	20.14	138.61	139	-31.86	100.00	104.04
2023	29	3.57	14.50	143.56	200	43.88	100.00	149.70
合计	509	—	17.42	—	2922	—	100.00	—
2011—2015年均值	20.2	—	—	100.00	133.6	—	—	100.00

年份	非制造业							
	服务业				农、林、牧、渔业			
	项目数	同比增长（%）	占比（%）	指数	项目数	同比增长（%）	占比（%）	指数
2005	52	—	88.14	23.99	1	—	1.69	21.74
2006	70	34.62	88.61	32.29	0	-100.00	0.00	0.00
2007	79	12.86	84.95	36.44	1	n. a.	1.08	21.74
2008	124	56.96	85.52	57.20	0	-100.00	0.00	0.00
2009	95	-23.39	77.87	43.82	3	n. a.	2.46	65.22
2010	138	45.26	80.23	63.65	1	-66.67	0.58	21.74

续表

年份	非制造业							
	服务业				农、林、牧、渔业			
	项目数	同比增长（%）	占比（%）	指数	项目数	同比增长（%）	占比（%）	指数
2011	132	-4.35	84.62	60.89	1	0.00	0.64	21.74
2012	140	6.06	80.46	64.58	3	200.00	1.72	65.22
2013	167	19.29	81.46	77.03	1	-66.67	0.49	21.74
2014	227	35.93	84.39	104.70	13	1200.00	4.83	282.61
2015	418	84.14	88.19	192.80	5	-61.54	1.05	108.70
2016	628	50.24	91.68	289.67	11	120.00	1.61	239.13
2017	557	-11.31	90.57	256.92	8	-27.27	1.30	173.91
2018	643	15.44	92.12	296.59	9	12.50	1.29	195.65
2019	503	-21.77	90.63	232.01	7	-22.22	1.26	152.17
2020	400	-20.48	92.17	184.50	5	-28.57	1.15	108.70
2021	403	0.75	91.80	185.89	4	-20.00	0.91	86.96
2022	172	-57.32	88.66	79.34	5	25.00	2.58	108.70
2023	244	41.86	87.46	112.55	5	0.00	1.79	108.70
合计	5192	—	88.80	—	83	—	1.42	—
2011—2015年均值	216.8	—	—	100.00	4.6	—	—	100.00

年份	非制造业							
	采矿业				电力、热力、燃气及水生产和供应业			
	项目数	同比增长（%）	占比（%）	指数	项目数	同比增长（%）	占比（%）	指数
2005	1	—	1.69	4.95	3	—	5.08	34.09
2006	7	600.00	8.86	34.65	0	-100.00	0.00	0.00
2007	7	0.00	7.53	34.65	3	n. a.	3.23	34.09
2008	15	114.29	10.34	74.26	4	33.33	2.76	45.45
2009	17	13.33	13.93	84.16	4	0.00	3.28	45.45
2010	25	47.06	14.53	123.76	4	0.00	2.33	45.45

续表

年份	非制造业							
	采矿业				电力、热力、燃气及水生产和供应业			
	项目数	同比增长（%）	占比（%）	指数	项目数	同比增长（%）	占比（%）	指数
2011	16	-36.00	10.26	79.21	5	25.00	3.21	56.82
2012	24	50.00	13.79	118.81	3	-40.00	1.72	34.09
2013	22	-8.33	10.73	108.91	11	266.67	5.37	125.00
2014	12	-45.45	4.46	59.41	11	0.00	4.09	125.00
2015	27	125.00	5.70	133.66	14	27.27	2.95	159.09
2016	22	-18.52	3.21	108.91	15	7.14	2.19	170.45
2017	27	22.73	4.39	133.66	14	-6.67	2.28	159.09
2018	23	-14.81	3.30	113.86	10	-28.57	1.43	113.64
2019	21	-8.70	3.78	103.96	5	-50.00	0.90	56.82
2020	15	-28.57	3.46	74.26	4	-20.00	0.92	45.45
2021	19	26.67	4.33	94.06	5	25.00	1.14	56.82
2022	12	-36.84	6.19	59.41	1	-80.00	0.52	11.36
2023	17	41.67	6.09	84.16	8	700.00	2.87	90.91
合计	329	—	5.63	—	124	—	2.12	—
2011—2015年均值	20.2	—	—	100.00	8.8	—	—	100.00

年份	非制造业								总计			
	建筑业				小计							
	项目数	同比增长（%）	占比（%）	指数	项目数	同比增长（%）	占比（%）	指数	项目数	同比增长（%）	占比（%）	指数
2005	2	—	3.39	38.46	59	—	100.00	23.08	98		100.00	25.18
2006	2	0.00	2.53	38.46	79	33.90	100.00	30.91	122	24.49	100.00	31.35
2007	3	50.00	3.23	57.69	93	17.72	100.00	36.38	142	16.39	100.00	36.49
2008	2	-33.33	1.38	38.46	145	55.91	100.00	56.73	216	52.11	100.00	55.50
2009	3	50.00	2.46	57.69	122	-15.86	100.00	47.73	188	-12.96	100.00	48.30
2010	4	33.33	2.33	76.92	172	40.98	100.00	67.29	228	21.28	100.00	58.58

续表

年份	非制造业								总计			
	建筑业				小计							
	项目数	同比增长（%）	占比（%）	指数	项目数	同比增长（%）	占比（%）	指数	项目数	同比增长（%）	占比（%）	指数
2011	2	-50.00	1.28	38.46	156	-9.30	100.00	61.03	249	9.21	100.00	63.98
2012	4	100.00	2.30	76.92	174	11.54	100.00	68.08	275	10.44	100.00	70.66
2013	4	0.00	1.95	76.92	205	17.82	100.00	80.20	304	10.55	100.00	78.11
2014	6	50.00	2.23	115.38	269	31.22	100.00	105.24	434	42.76	100.00	111.51
2015	10	66.67	2.11	192.31	474	76.21	100.00	185.45	684	57.60	100.00	175.75
2016	9	-10.00	1.31	173.08	685	44.51	100.00	268.00	971	41.96	100.00	249.49
2017	9	0.00	1.46	173.08	615	-10.22	100.00	240.61	915	-5.77	100.00	235.10
2018	13	44.44	1.86	250.00	698	13.50	100.00	273.08	1022	11.69	100.00	262.59
2019	19	46.15	3.42	365.38	555	-20.49	100.00	217.14	823	-19.47	100.00	211.46
2020	10	-47.37	2.30	192.31	434	-21.80	100.00	169.80	643	-21.87	100.00	165.21
2021	8	-20.00	1.82	153.85	439	1.15	100.00	171.75	643	0.00	100.00	165.21
2022	4	-50.00	2.06	76.92	194	-55.81	100.00	75.90	333	-48.21	100.00	85.56
2023	5	25.00	1.79	96.15	279	43.81	100.00	109.15	479	43.84	100.00	123.07
合计	119	—	2.04	—	5847	—	100.00	—	8769	—	100.00	100.00
2011—2015年均值	5.2	—	—	100.00	255.6	—	—	100.00	461.53	—	—	100.00

注：此处存在重复统计问题，故总计部分与表3-1-1、表3-1-2所示不一致，重复统计的处理方式与第二章相应部分的处理一致，详见表2-2-1脚注。

二、民营企业对外并购投资金额在标的行业的分布

如2005—2023年中国民营企业并购OFDI金额表所示，为了进一步明晰我国民营企业对外并购直接投资活动的来源地特征，本书将对外并购直接投资活动行业分为非制造业、制造业。按照并购OFDI项目金额累积量排名，我国民营企业对外直接投资活动主要集中在非制造业，累计对外直接投资项目金额为7609.83亿美元，占比61.71%；排在第二的是制造业，

累计对外直接投资项目金额为 4721.32 亿美元，占比 38.29%。

如 2005—2023 年中国民营企业并购 OFDI 金额行业别图表所示，第一，在 2005—2023 年，流向制造业中的中高技术的并购 OFDI 项目金额增长最为显著，从 2005 年的 0.49 亿美元增加到 2023 年的 75.96 亿美元。第二，流向非制造业中的服务业的 OFDI 在 2005—2023 年 19 年间民营企业对外直接投资项目金额指数波动程度最大。第三，总体来看，流向制造业的民营企业对外直接投资金额主要集中在中高技术，2005—2023 年的平均占比为 50.60%。第四，总体来看，流向非制造业的民营企业对外直接投资金额主要集中在服务业，2005—2023 年的平均占比为 88.85%。

表 3-4-2　2005—2023 年中国民营企业并购投资金额在标的行业的分布及指数汇总表

（单位：百万美元）

年份	制造业											
	高技术				中高技术				中低技术			
	金额	同比增长（%）	占比（%）	指数	金额	同比增长（%）	占比（%）	指数	金额	同比增长（%）	占比（%）	指数
2005	22.59	—	14.94	0.15	48.93	—	32.35	0.73	29.92	—	19.78	2.26
2006	248.74	1001.11	54.66	1.67	154.04	214.82	33.85	2.29	12.96	-56.68	2.85	0.98
2007	115.33	-53.63	17.41	0.77	240.10	55.87	36.23	3.57	119.52	822.22	18.04	9.05
2008	114.97	-0.31	10.14	0.77	736.68	206.82	65.00	10.94	1.34	-98.88	0.12	0.10
2009	123.95	7.81	8.62	0.83	1006.39	36.61	69.99	14.95	175.00	12959.70	12.17	13.24
2010	129.80	4.72	4.23	0.87	2600.66	158.41	84.69	38.63	179.19	2.39	5.84	13.56
2011	2420.96	1765.15	44.70	16.26	2155.42	-17.12	39.80	32.02	827.59	361.85	15.28	62.64
2012	434.30	-82.06	12.31	2.92	1758.03	-18.44	49.85	26.12	713.64	-13.77	20.23	54.01
2013	5040.06	1060.50	25.54	33.86	697.27	-60.34	3.53	10.36	536.61	-24.81	2.72	40.61
2014	13703.46	171.89	45.79	92.06	1252.54	79.63	4.19	18.61	656.54	22.35	2.19	49.69
2015	52828.02	285.51	61.43	354.90	27795.17	2119.10	32.32	412.90	3871.93	489.75	4.50	293.05
2016	20289.00	-61.59	44.57	136.30	16773.37	-39.65	36.85	249.17	3010.09	-22.26	6.61	227.82
2017	11664.66	-42.51	16.88	78.36	52898.27	215.37	76.55	785.81	2149.01	-28.61	3.11	162.65
2018	14941.59	28.09	30.90	100.38	21631.67	-59.11	44.74	321.34	8771.90	308.18	18.14	663.90

续表

年份	制造业											
	高技术				中高技术				中低技术			
	金额	同比增长（%）	占比（%）	指数	金额	同比增长（%）	占比（%）	指数	金额	同比增长（%）	占比（%）	指数
2019	13745.75	-8.00	39.63	92.34	8223.14	-61.99	23.71	122.16	11075.76	26.26	31.94	838.27
2020	2395.98	-82.57	2.88	16.10	77994.76	848.48	93.68	1158.62	1898.86	-82.86	2.28	143.72
2021	3883.55	62.09	17.70	26.09	14142.21	-81.87	64.44	210.08	2281.28	20.14	10.40	172.66
2022	1082.32	-72.13	22.85	7.27	1203.24	-91.49	25.41	17.87	1419.53	-37.77	29.98	107.44
2023	3220.50	197.56	24.72	21.64	7595.99	531.29	58.30	112.84	1357.06	-4.40	10.41	102.71
合计	146405.53	—	31.01	—	238907.89	—	50.60	—	39087.73	—	8.28	—
2011—2015年均值	14885.36	—	—	100.00	6731.69	—	—	100.00	1321.26	—	—	100.00

年份	制造业							
	低技术				小计			
	金额	同比增长（%）	占比（%）	指数	金额	同比增长（%）	占比（%）	指数
2005	49.80	—	32.93	0.83	151.24	—	100.00	0.52
2006	39.36	-20.96	8.65	0.66	455.10	200.91	100.00	1.57
2007	187.67	376.80	28.32	3.14	662.62	45.60	100.00	2.29
2008	280.38	49.40	24.74	4.69	1133.37	71.04	100.00	3.92
2009	132.66	-52.69	9.23	2.22	1438.00	26.88	100.00	4.97
2010	161.19	21.51	5.25	2.69	3070.84	113.55	100.00	10.62
2011	12.29	-92.38	0.23	0.21	5416.26	76.38	100.00	18.73
2012	620.95	4952.48	17.61	10.38	3526.92	-34.88	100.00	12.20
2013	13458.48	2067.40	68.20	224.97	19732.42	459.48	100.00	68.23
2014	14314.83	6.36	47.83	239.29	29927.37	51.67	100.00	103.48
2015	1504.51	-89.49	1.75	25.15	85999.63	187.36	100.00	297.37
2016	5446.55	262.01	11.97	91.05	45519.01	-47.07	100.00	157.39
2017	2389.34	-56.13	3.46	39.94	69101.28	51.81	100.00	238.94
2018	3008.09	25.90	6.22	50.28	48353.25	-30.03	100.00	167.19

续表

年份	制造业							
	低技术				小计			
	金额	同比增长（%）	占比（%）	指数	金额	同比增长（%）	占比（%）	指数
2019	1636.81	-45.59	4.72	27.36	34681.46	-28.27	100.00	119.92
2020	962.85	-41.18	1.16	16.10	83252.45	140.05	100.00	287.87
2021	1638.39	70.16	7.47	27.39	21945.43	-73.64	100.00	75.88
2022	1030.55	-37.10	21.76	17.23	4735.64	-78.42	100.00	16.37
2023	856.41	-16.90	6.57	14.32	13029.97	175.15	100.00	45.05
合计	47731.12	—	10.11	—	472132.26	—	100.00	—
2011—2015年均值	5982.21	—	—	100.00	28920.52	—	—	100.00

年份	非制造业							
	服务业				农、林、牧、渔业			
	金额	同比增长（%）	占比（%）	指数	金额	同比增长（%）	占比（%）	指数
2005	1329.61	—	62.29	3.07	0.00	—	0.00	0.00
2006	3312.55	149.14	79.43	7.64	0.00	—	0.00	0.00
2007	14555.15	339.39	99.40	33.58	0.19	—	0.00	0.05
2008	7056.77	-51.52	75.94	16.28	0.00	-100.00	0.00	0.00
2009	1339.44	-81.02	77.49	3.09	14.97	n. a.	0.87	3.67
2010	16328.22	1119.03	96.61	37.68	4.29	-71.34	0.03	1.05
2011	10420.84	-36.18	88.88	24.04	10.49	144.52	0.09	2.57
2012	7745.98	-25.67	79.02	17.87	500.00	4666.44	5.10	122.51
2013	29089.88	275.55	65.61	67.12	50.00	-90.00	0.11	12.25
2014	63144.57	117.07	95.00	145.70	1364.04	2628.08	2.05	334.20
2015	106296.00	68.34	92.50	245.26	116.20	-91.48	0.10	28.47
2016	144403.86	35.85	90.75	333.19	202.81	74.54	0.13	49.69
2017	72338.96	-49.91	81.96	166.91	253.33	24.91	0.29	62.07
2018	65169.69	-9.91	93.21	150.37	152.05	-39.98	0.22	37.25

续表

年份	非制造业							
	服务业				农、林、牧、渔业			
	金额	同比增长（%）	占比（%）	指数	金额	同比增长（%）	占比（%）	指数
2019	43435.11	-33.35	89.62	100.22	304.69	100.39	0.63	74.65
2020	21120.37	-51.37	98.48	48.73	42.18	-86.16	0.20	10.33
2021	54165.88	156.46	97.00	124.98	192.07	355.36	0.34	47.06
2022	7712.22	-85.76	77.57	17.79	25.60	-86.67	0.26	6.27
2023	7206.12	-6.56	60.70	16.63	35.23	37.62	0.30	8.63
合计	676171.22	—	88.85	—	3268.14	—	0.43	—
2011—2015年均值	43339.45	—	—	100.00	408.15	—	—	100.00

年份	非制造业							
	采矿业				电力、热力、燃气及水生产和供应业			
	金额	同比增长（%）	占比（%）	指数	金额	同比增长（%）	占比（%）	指数
2005	4.00	—	0.19	0.15	800.34	—	37.49	32.20
2006	857.88	21347.00	20.57	33.09	0.00	-100.00	0.00	0.00
2007	24.08	-97.19	0.16	0.93	47.15	—	0.32	1.90
2008	2212.46	9087.96	23.81	85.33	22.18	-52.96	0.24	0.89
2009	289.80	-86.90	16.77	11.18	54.02	143.55	3.13	2.17
2010	345.91	19.36	2.05	13.34	35.25	-34.75	0.21	1.42
2011	932.00	169.43	7.95	35.95	360.36	922.30	3.07	14.50
2012	1291.37	38.56	13.17	49.81	7.84	-97.82	0.08	0.32
2013	5270.26	308.11	11.89	203.27	8193.08	104403.57	18.48	329.68
2014	532.40	-89.90	0.80	20.53	569.73	-93.05	0.86	22.92
2015	4937.44	827.39	4.30	190.44	3294.95	478.34	2.87	132.58
2016	7820.93	58.40	4.92	301.65	3098.39	-5.97	1.95	124.67
2017	2659.29	-66.00	3.01	102.57	12727.45	310.78	14.42	512.13
2018	2677.50	0.68	3.83	103.27	1548.13	-87.84	2.21	62.29

续表

年份	非制造业							
	采矿业				电力、热力、燃气及水生产和供应业			
	金额	同比增长（%）	占比（%）	指数	金额	同比增长（%）	占比（%）	指数
2019	572.63	-78.61	1.18	22.09	3636.52	134.90	7.50	146.33
2020	84.51	-85.24	0.39	3.26	10.88	-99.70	0.05	0.44
2021	1308.65	1448.51	2.34	50.47	10.99	1.01	0.02	0.44
2022	2119.83	61.99	21.32	81.76	1.00	-90.90	0.01	0.04
2023	1269.45	-40.12	10.69	48.96	3320.72	331971.97	27.97	133.62
合计	35210.38	—	4.63	—	37738.98	—	4.96	—
2011—2015年均值	2592.69	—	—	100.00	2485.19	—	—	100.00

年份	非制造业								总计			
	建筑业				小计							
	金额	同比增长（%）	占比（%）	指数	金额	同比增长（%）	占比（%）	指数	金额	同比增长（%）	占比（%）	指数
2005	0.66	—	0.03	0.11	2134.61	—	100.00	4.32	2285.85	—	100.00	2.92
2006	0.00	-100.00	0.00	0.00	4170.43	95.37	100.00	8.43	4625.53	102.35	100.00	5.91
2007	16.24	—	0.11	2.60	14642.81	251.11	100.00	29.61	15305.43	230.89	100.00	19.55
2008	0.77	-95.26	0.01	0.12	9292.18	-36.54	100.00	18.79	10425.55	-31.88	100.00	13.32
2009	30.31	3836.36	1.75	4.85	1728.54	-81.40	100.00	3.50	3166.54	-69.63	100.00	4.05
2010	187.86	519.80	1.11	30.09	16901.53	877.79	100.00	34.18	19972.37	530.73	100.00	25.51
2011	0.44	-99.77	0.00	0.07	11724.13	-30.63	100.00	23.71	17140.39	-14.18	100.00	21.90
2012	256.82	58268.18	2.62	41.13	9802.01	-16.39	100.00	19.82	13328.93	-22.24	100.00	17.03
2013	1734.44	575.35	3.91	277.79	44337.66	352.33	100.00	89.66	64070.08	380.68	100.00	81.84
2014	856.51	-50.62	1.29	137.18	66467.25	49.91	100.00	134.41	96394.62	50.45	100.00	123.14
2015	273.63	-68.05	0.24	43.83	114918.22	72.89	100.00	232.39	200917.85	108.43	100.00	256.66
2016	3595.38	1213.96	2.26	575.84	159121.37	38.46	100.00	321.78	204640.38	1.85	100.00	261.41
2017	279.27	-92.23	0.32	44.73	88258.30	-44.53	100.00	178.48	157359.58	-23.10	100.00	201.01
2018	369.48	32.30	0.53	59.18	69916.85	-20.78	100.00	141.39	118270.10	-24.84	100.00	151.08

续表

年份	非制造业								总计			
	建筑业				小计							
	金额	同比增长（%）	占比（%）	指数	金额	同比增长（%）	占比（%）	指数	金额	同比增长（%）	占比（%）	指数
2019	515.52	39.53	1.06	82.57	48464.47	-30.68	100.00	98.01	83145.93	-29.70	100.00	106.21
2020	189.23	-63.29	0.88	30.31	21447.17	-55.75	100.00	43.37	104699.62	25.92	100.00	133.75
2021	164.41	-13.12	0.29	26.33	55842.00	160.37	100.00	112.93	77787.43	-25.70	100.00	99.37
2022	83.44	-49.25	0.84	13.36	9942.09	-82.20	100.00	20.11	14677.72	-81.13	100.00	18.75
2023	39.78	-52.32	0.34	6.37	11871.30	19.40	100.00	24.01	24901.26	69.65	100.00	31.81
合计	8594.18	—	1.13	—	760982.91	—	100.00	—	1233115.17	—	100.00	100.00
2011—2015年均值	624.37	—	—	100.00	49449.85	—	—	100.00	78370.37	—	—	100.00

注：此处存在重复统计问题，故总计部分与表 3-1-1、表 3-1-2 所示不一致，重复统计的处理方式与第二章相应部分的处理一致，详见表 2-2-1 脚注。

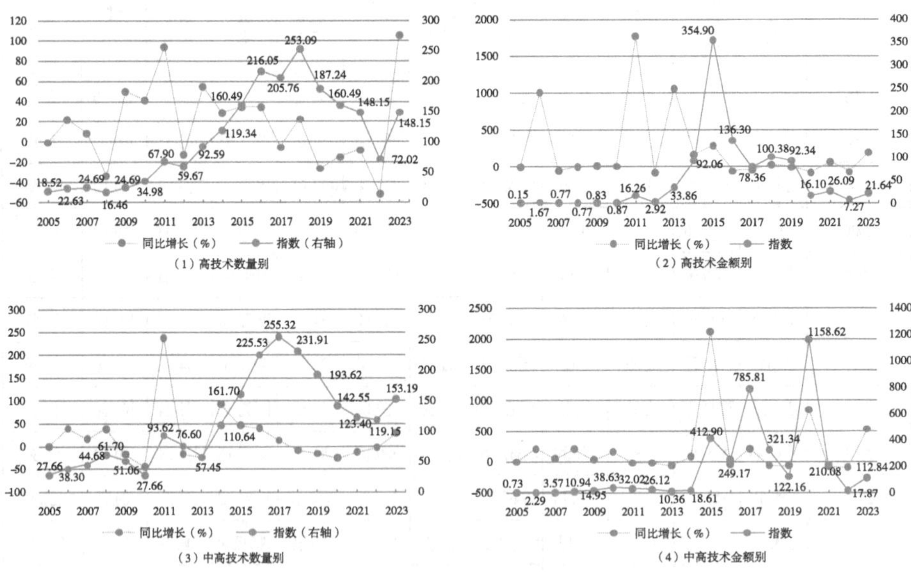

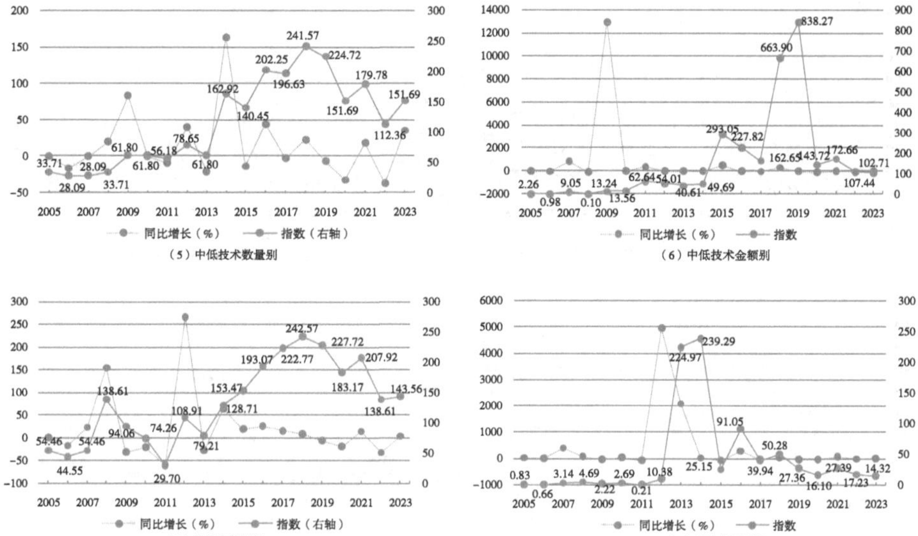

同比增长（%）　指数（右轴）

（5）中低技术数量别

同比增长（%）　指数

（6）中低技术金额别

同比增长（%）　指数（右轴）

（7）低技术数量别

同比增长（%）　指数

（8）低技术金额别

同比增长（%）　指数（右轴）

（9）制造业小计数量别

同比增长（%）　指数

（10）制造业小计金额别

图 3-4-1　2005—2023 年中国民营企业对外并购投资制造业项目数量和金额指数变化图

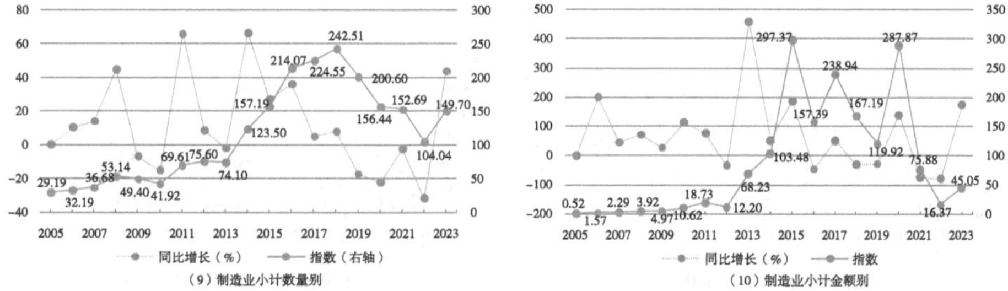

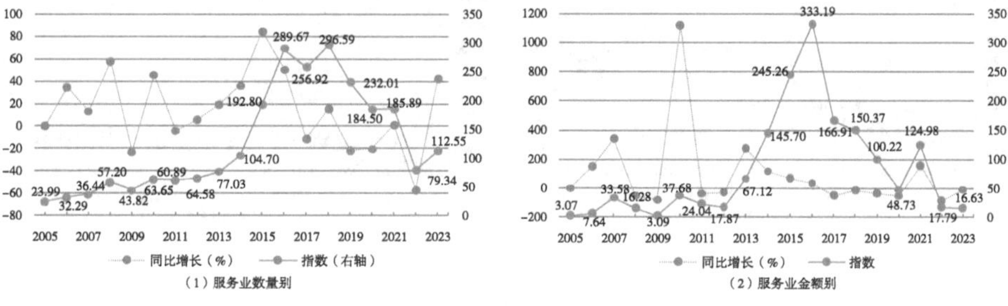

（1）服务业数量别

（2）服务业金额别

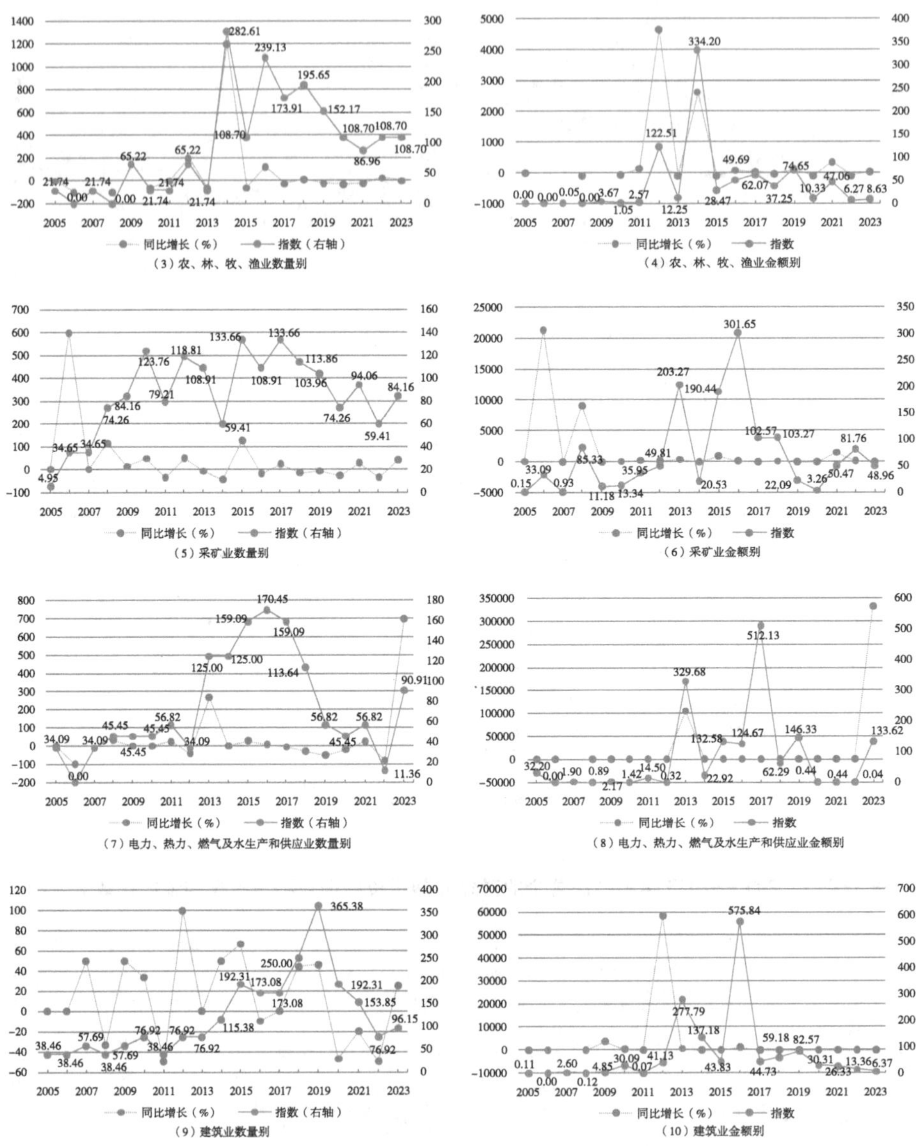

（3）农、林、牧、渔业数量别

（4）农、林、牧、渔业金额别

（5）采矿业数量别

（6）采矿业金额别

（7）电力、热力、燃气及水生产和供应业数量别

（8）电力、热力、燃气及水生产和供应业金额别

（9）建筑业数量别

（10）建筑业金额别

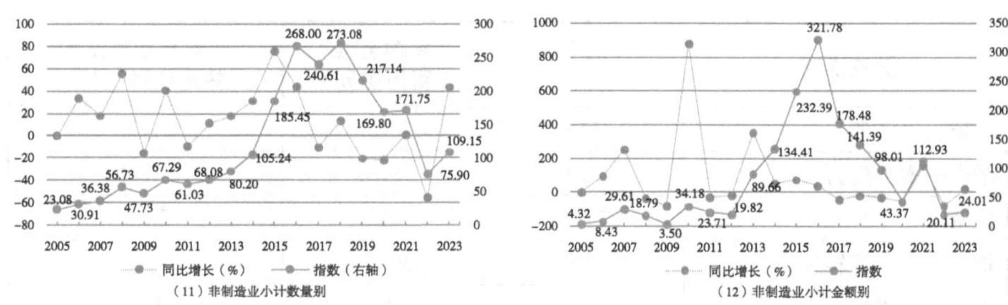

图 3-4-2　2005—2023 年中国民营企业对外并购投资非制造业项目数量和金额指数变化图

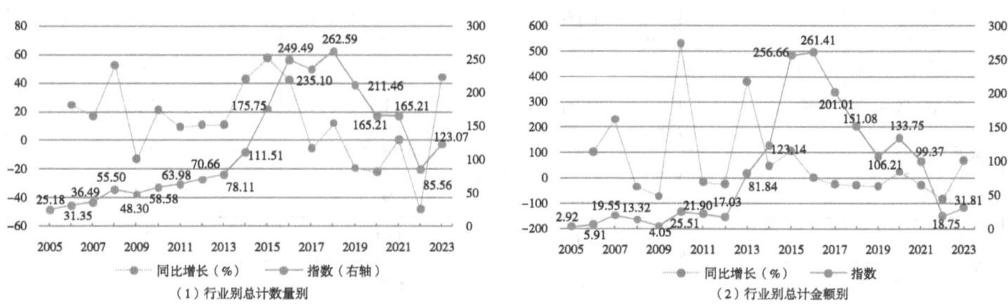

图 3-4-3　2005—2023 年中国民营企业对外并购投资行业别项目数量和金额指数变化图

第五节　民营企业对外并购投资融资模式别指数

本节筛选中国民营企业对外直接投资的并购部分的融资渠道相关数据，分析中国民营企业对外并购融资模式。

按照并购投资时的两种融资类型，本节计算了单一渠道融资指数和多渠道融资指数，以及包含于其中的各种具体融资渠道的指数。

一、对外并购融资渠道的总体情况

表 3-5-1　2005—2023 年中国民营企业对外并购投资的融资渠道汇总

融资模式	并购项目（件）	并购金额（百万美元）	并购金额涉及的并购项目（件）
天使投资	426	8.8	379
增资	2282	1	2217

续表

融资模式	并购项目（件）	并购金额（百万美元）	并购金额涉及的并购项目（件）
增资—可转债	115	3.74	113
增资—卖方配售	222	33.33	186
注资	2162	1	2081
增资—发行可转债	59	30.93	56
企业风险投资	968	13	862
众筹	3	2	3
开发资金	616	109.16	474
开发资金—第1轮-第8轮	1080	51	973
开发资金—种子轮	286	15	230
家族办公室	56	498.59	51
对冲基金	64	97	64
杠杆	50	1800	48
杠杆收购	32	2643.3	29
夹层融资	2	316.61	1
新银行信贷便利	136	0	126
通道融资	99	19.4	97
增资—配售	101	7.18	98
私募股权	1166	146.16	988
增资—私人配售	2124	1314.69	2018
增资—公募	11	430.36	11
增资—新股发行	23	20	23
风险资本	1188	16	991
总计	13271	7578.25	12119

注：存在重复统计的情况，处理方式和行业别统计一致。

对外并购融资渠道，按照国内大多数研究采用的标准，分为内源融资和外源融资，而外源融资又可以分为四类，债务融资方式、股权融资方式、混合融资方式和特殊融资方式①。为了保证数据的一致性，本书采用

① 刘坪：《不同类型中国企业的海外并购融资方式研究》，北京交通大学博士论文，2014年。

了 BvD-Zephyr 数据库的分类标准，将对外并购融资渠道分为 24 种，分别为：天使投资（Angel Investment）、增资（Capital increase）、增资—可转债（Capital increase—converted debt）、增资—卖方配售（Capital increase—vendor placing）、注资（Capital injection）、增资—发行可转债（Convertible bonds）、企业风险投资（Corporate venturing）、众筹（Crowd funding）、开发资金（Development capital）、开发资金—第 1 轮-第 8 轮（Development capital-1st round-8th round）、开发资金—种子轮（Development capital-seed）、家族办公室（Family office）、对冲基金（Hedge fund）、杠杆（Leveraged）、杠杆收购（Leveraged buy out）、夹层融资（Mezzanine）、新银行信贷便利（New bank facilities）、通道融资（PIPE）、增资—配售（Placing）、私募股权（Private equity）、增资—私人配售（Private placing）、增资—公募（Public offer）、增资—新股发行（Rights issue）、风险资本（Venture capital）。按照这个标准，本节统计了 BvD-Zephyr 数据库中有明确融资渠道信息的中国民营企业对外并购交易样本，共 13271 件。

通过这些民营企业数据可以看出，中国民营企业对外并购融资模式有三个显著的特征：第一，从并购投资项目数量上看，以增资、注资、私募股权和私人配售四种融资方式为主；第二，从并购投资项目金额上看，杠杆收购、杠杆和增资—私人配售三个融资渠道涉及的资金明显大于其他几种融资渠道；第三，随着国内金融市场的发展，对冲基金、杠杆收购、杠杆、家族办公室、众筹和夹层融资等融资模式开始出现。

表 3-5-2　2005—2023 年中国民营企业对外并购融资渠道的数量分布

（单位：件）

年份	天使投资				增资				增资—可转债			
	数量	同比增长（%）	占比（%）	指数	数量	同比增长（%）	占比（%）	指数	数量	同比增长（%）	占比（%）	指数
2005	0	—	0.00	0.00	2	—	3.64	2.94	2	—	3.64	58.82
2006	1	100.00	0.90	6.67	8	300.00	7.21	11.76	1	-50.00	0.90	29.41

续表

年份	天使投资				增资				增资—可转债			
	数量	同比增长（%）	占比（%）	指数	数量	同比增长（%）	占比（%）	指数	数量	同比增长（%）	占比（%）	指数
2007	1	0.00	0.72	6.67	4	-50.00	2.90	5.88	3	200.00	2.17	88.24
2008	0	-100.00	0.00	0.00	5	25.00	3.18	7.35	1	-66.67	0.64	29.41
2009	0	—	0.00	0.00	13	160.00	5.42	19.12	5	400.00	2.08	147.06
2010	2	—	0.78	13.33	22	69.23	8.59	32.35	4	-20.00	1.56	117.65
2011	1	-50.00	0.30	6.67	55	150.00	16.47	80.88	4	0.00	1.20	117.65
2012	6	500.00	1.97	40.00	50	-9.09	16.39	73.53	3	-25.00	0.98	88.24
2013	12	100.00	3.05	80.00	67	34.00	17.01	98.53	4	33.33	1.02	117.65
2014	27	125.00	4.63	180.00	69	2.99	11.84	101.47	3	-25.00	0.51	88.24
2015	29	7.41	3.13	193.33	99	43.48	10.67	145.59	3	0.00	0.32	88.24
2016	44	51.72	3.49	293.33	240	142.42	19.02	352.94	11	266.67	0.87	323.53
2017	35	-20.45	2.63	233.33	248	3.33	18.65	364.71	7	-36.36	0.53	205.88
2018	45	28.57	2.63	300.00	363	46.37	21.23	533.82	11	57.14	0.64	323.53
2019	43	-4.44	3.01	286.67	315	-13.22	22.03	463.24	15	36.36	1.05	441.18
2020	31	-27.91	2.61	206.67	253	-19.68	21.28	372.06	9	-40.00	0.76	264.71
2021	70	125.81	5.11	466.67	216	-14.62	15.77	317.65	11	22.22	0.80	323.53
2022	68	-2.86	6.79	453.33	130	-39.81	12.97	191.18	10	-9.09	1.00	294.12
2023	11	-83.82	2.31	73.33	123	-5.38	25.79	180.88	8	-20.00	1.68	235.29

年份	增资—卖方配售				注资				增资—发行可转债			
	数量	同比增长（%）	占比（%）	指数	数量	同比增长（%）	占比（%）	指数	数量	同比增长（%）	占比（%）	指数
2005	4	—	7.27	45.45	2	—	3.64	3.38	2	—	3.64	52.63
2006	8	100.00	7.21	90.91	7	250.00	6.31	11.82	3	50.00	2.70	78.95
2007	9	12.50	6.52	102.27	5	-28.57	3.62	8.45	1	-66.67	0.72	26.32
2008	4	-55.56	2.55	45.45	10	100.00	6.37	16.89	5	400.00	3.18	131.58
2009	5	25.00	2.08	56.82	16	60.00	6.67	27.03	4	-20.00	1.67	105.26
2010	3	-40.00	1.17	34.09	25	56.25	9.77	42.23	1	-75.00	0.39	26.32

续表

年份	增资—卖方配售				注资				增资—发行可转债			
	数量	同比增长（%）	占比（%）	指数	数量	同比增长（%）	占比（%）	指数	数量	同比增长（%）	占比（%）	指数
2011	5	66.67	1.50	56.82	47	88.00	14.07	79.39	4	300.00	1.20	105.26
2012	5	0.00	1.64	56.82	45	-4.26	14.75	76.01	2	-50.00	0.66	52.63
2013	11	120.00	2.79	125.00	59	31.11	14.97	99.66	5	150.00	1.27	131.58
2014	4	-63.64	0.69	45.45	59	0.00	10.12	99.66	4	-20.00	0.69	105.26
2015	19	375.00	2.05	215.91	86	45.76	9.27	145.27	4	0.00	0.43	105.26
2016	25	31.58	1.98	284.09	222	158.14	17.59	375.00	5	25.00	0.40	131.58
2017	38	52.00	2.86	431.82	241	8.56	18.12	407.09	5	0.00	0.38	131.58
2018	35	-7.89	2.05	397.73	357	48.13	20.88	603.04	4	-20.00	0.23	105.26
2019	15	-57.14	1.05	170.45	307	-14.01	21.47	518.58	1	-75.00	0.07	26.32
2020	16	6.67	1.35	181.82	250	-18.57	21.03	422.30	2	100.00	0.17	52.63
2021	7	-56.25	0.51	79.55	212	-15.20	15.47	358.11	2	0.00	0.15	52.63
2022	2	-71.43	0.20	22.73	113	-46.70	11.28	190.88	3	50.00	0.30	78.95
2023	7	250.00	1.47	79.55	99	-12.39	20.75	167.23	2	-33.33	0.42	52.63

年份	企业风险投资				众筹				开发资金			
	数量	同比增长（%）	占比（%）	指数	数量	同比增长（%）	占比（%）	指数	数量	同比增长（%）	占比（%）	指数
2005	1	—	1.82	3.82	0	—	0.00	0.00	4	—	7.27	15.87
2006	5	400.00	4.50	19.08	0	—	0.00	0.00	3	-25.00	2.70	11.90
2007	5	0.00	3.62	19.08	0	—	0.00	0.00	6	100.00	4.35	23.81
2008	4	-20.00	2.55	15.27	0	—	0.00	0.00	7	16.67	4.46	27.78
2009	5	25.00	2.08	19.08	0	—	0.00	0.00	13	85.71	5.42	51.59
2010	9	80.00	3.52	34.35	0	—	0.00	0.00	12	-7.69	4.69	47.62
2011	7	-22.22	2.10	26.72	0	—	0.00	0.00	21	75.00	6.29	83.33
2012	8	14.29	2.62	30.53	0	—	0.00	0.00	12	-42.86	3.93	47.62
2013	11	37.50	2.79	41.98	0	—	0.00	0.00	17	41.67	4.31	67.46
2014	26	136.36	4.46	99.24	0	—	0.00	0.00	26	52.94	4.46	103.17

续表

年份	企业风险投资				众筹				开发资金			
	数量	同比增长（%）	占比（%）	指数	数量	同比增长（%）	占比（%）	指数	数量	同比增长（%）	占比（%）	指数
2015	79	203.85	8.51	301.53	1	—	0.11	500.00	50	92.31	5.39	198.41
2016	72	-8.86	5.71	274.81	0	-100.00	0.00	0.00	49	-2.00	3.88	194.44
2017	90	25.00	6.77	343.51	0	—	0.00	0.00	56	14.29	4.21	222.22
2018	142	57.78	8.30	541.98	0	—	0.00	0.00	73	30.36	4.27	289.68
2019	114	-19.72	7.97	435.11	1	—	0.07	500.00	66	-9.59	4.62	261.90
2020	100	-12.28	8.41	381.68	0	-100.00	0.00	0.00	44	-33.33	3.70	174.60
2021	146	46.00	10.45	557.25	1	—	0.07	500.00	72	63.64	5.15	285.71
2022	127	-10.56	12.67	484.73	0	-100	0	0	66	-5.71	6.59	261.90
2023	21	-83.46	4.40	80.15	0	—	0	0	21	-68.18	4.40	83.33

年份	开发资金—第1轮-第8轮				开发资金—种子轮				家族办公室			
	数量	同比增长（%）	占比（%）	指数	数量	同比增长（%）	占比（%）	指数	数量	同比增长（%）	占比（%）	指数
2005	4	—	7.27	10.00	0	—	0.00	0.00	0	-	0.00	0.00
2006	14	250.00	12.61	35.00	0	—	0.00	0.00	0	—	0.00	0.00
2007	13	-7.14	9.42	32.50	1	—	0.72	10.20	0	—	0.00	0.00
2008	11	-15.38	7.01	27.50	0	-100.00	0.00	0.00	0	—	0.00	0.00
2009	15	36.36	6.25	37.50	0	—	0.00	0.00	0	—	0.00	0.00
2010	15	0.00	5.86	37.50	1	—	0.39	10.20	0	—	0.00	0.00
2011	15	0.00	4.49	37.50	1	0.00	0.30	10.20	0	—	0.00	0.00
2012	10	-33.33	3.28	25.00	3	200.00	0.98	30.61	1	—	0.33	166.67
2013	20	100.00	5.08	50.00	7	133.33	1.78	71.43	1	0.00	0.25	166.67
2014	61	205.00	10.46	152.50	15	114.29	2.57	153.06	0	-100.00	0.00	0.00
2015	94	54.10	10.13	235.00	23	53.33	2.48	234.69	1	Inf	0.11	166.67
2016	82	-12.77	6.50	205.00	32	39.13	2.54	326.53	2	100.00	0.16	333.33
2017	104	26.83	7.82	260.00	24	-25.00	1.80	244.90	1	-50.00	0.08	166.67
2018	144	38.46	8.42	360.00	36	50.00	2.11	367.35	7	600.00	0.41	1166.67
2019	119	-17.36	8.32	297.50	21	-41.67	1.47	214.29	5	-28.57	0.35	833.33

续表

年份	开发资金—第1轮-第8轮				开发资金—种子轮				家族办公室			
	数量	同比增长（%）	占比（%）	指数	数量	同比增长（%）	占比（%）	指数	数量	同比增长（%）	占比（%）	指数
2020	106	-10.92	8.92	265.00	23	9.52	1.93	234.69	10	100.00	0.84	1666.67
2021	144	35.85	10.51	360.00	35	52.17	2.55	357.14	18	80.00	1.31	3000.00
2022	93	-35.42	9.28	232.50	48	37.14	4.79	489.80	10	-44.44	1.00	1666.67
2023	16	-82.80	3.35	40.00	16	-66.67	3.35	163.27	0	-100.00	0.00	0.00

年份	对冲基金				杠杆				杠杆收购			
	数量	同比增长（%）	占比（%）	指数	数量	同比增长（%）	占比（%）	指数	数量	同比增长（%）	占比（%）	指数
2005	0	—	0.00	0.00	0	—	0.00	0.00	0	—	0.00	0.00
2006	0	—	0.00	0.00	0	—	0.00	0.00	0	—	0.00	0.00
2007	0	—	0.00	0.00	0	—	0.00	0.00	0	—	0.00	0.00
2008	0	—	0.00	0.00	0	—	0.00	0.00	0	—	0.00	0.00
2009	0	—	0.00	0.00	0	—	0.00	0.00	0	—	0.00	0.00
2010	0	—	0.00	0.00	0	—	0.00	0.00	0	—	0.00	0.00
2011	0	—	0.00	0.00	0	—	0.00	0.00	0	—	0.00	0.00
2012	0	—	0.00	0.00	0	—	0.00	0.00	0	—	0.00	0.00
2013	0	—	0.00	0.00	0	—	0.00	0.00	0	—	0.00	0.00
2014	0	—	0.00	0.00	0	—	0.00	0.00	1	—	0.17	62.50
2015	1	—	0.11	500.00	1	—	0.11	500.00	7	600.00	0.75	437.50
2016	0	-100.00	0.00	0.00	5	400.00	0.40	2500.00	11	57.14	0.87	687.50
2017	1	—	0.08	500.00	8	60.00	0.60	4000.00	7	-36.36	0.53	437.50
2018	7	600.00	0.41	3500.00	8	0.00	0.47	4000.00	2	-71.43	0.12	125.00
2019	5	-28.57	0.35	2500.00	5	-37.50	0.35	2500.00	2	0.00	0.14	125.00
2020	11	120.00	0.93	5500.00	7	40.00	0.59	3500.00	0	-100.00	0.00	0.00
2021	26	136.36	1.90	13000.00	7	0.00	0.51	3500.00	2	—	0.15	125.00
2022	13	-50.00	1.30	6500.00	4	-42.86	0.40	2000.00	0	-100.00	0.00	0.000
2023	-100	0	0	5	5	25	1.05	2500.00	0	—	0	0

续表

年份	夹层融资				新银行信贷便利				通道融资			
	数量	同比增长（%）	占比（%）	指数	数量	同比增长（%）	占比（%）	指数	数量	同比增长（%）	占比（%）	指数
2005	0	—	0.00	0.00	0	-	0.00	0.00	1	-	1.82	19.23
2006	0	—	0.00	0.00	1	—	0.90	13.89	1	0.00	0.90	19.23
2007	0	—	0.00	0.00	3	200.00	2.17	41.67	2	100.00	1.45	38.46
2008	0	—	0.00	0.00	3	0.00	1.91	41.67	1	-50.00	0.64	19.23
2009	0	—	0.00	0.00	7	133.33	2.92	97.22	8	700.00	3.33	153.85
2010	0	—	0.00	0.00	2	-71.43	0.78	27.78	1	-87.50	0.39	19.23
2011	0	—	0.00	0.00	7	250.00	2.10	97.22	4	300.00	1.20	76.92
2012	0	—	0.00	0.00	3	-57.14	0.98	41.67	1	-75.00	0.33	19.23
2013	1	—	0.25	500.00	7	133.33	1.78	97.22	2	100.00	0.51	38.46
2014	0	-100.00	0.00	0.00	7	0.00	1.20	97.22	10	400.00	1.72	192.31
2015	0	—	0.00	0.00	12	71.43	1.29	166.67	9	-10.00	0.97	173.08
2016	1	—	0.08	500.00	18	50.00	1.43	250.00	9	0.00	0.71	173.08
2017	0	-100.00	0.00	0.00	17	-5.56	1.28	236.11	12	33.33	0.90	230.77
2018	0	—	0.00	0.00	11	-35.29	0.64	152.78	15	25.00	0.88	288.46
2019	0	—	0.00	0.00	7	-36.36	0.49	97.22	1	-93.33	0.07	19.23
2020	0	—	0.00	0.00	9	28.57	0.76	125.00	7	600.00	0.59	134.62
2021	0	—	0.00	0.00	10	11.11	0.73	138.89	11	57.14	0.80	211.54
2022	0	—	0.00	0.00	7	-30.00	0.70	97.22	1	-90.91	0.10	19.23
2023	0	—	0.00	0.00	5	-28.57	1.05	69.44	3	200.00	0.63	57.69

年份	增资—配售				私募股权				增资—私人配售			
	数量	同比增长（%）	占比（%）	指数	数量	同比增长（%）	占比（%）	指数	数量	同比增长（%）	占比（%）	指数
2005	1	—	1.82	26.32	9	—	16.36	19.48	21	—	38.18	16.01
2006	2	100.00	1.80	52.63	12	33.33	10.81	25.97	35	66.67	31.53	26.68
2007	6	200.00	4.35	157.89	11	-8.33	7.97	23.81	54	54.29	39.13	41.16
2008	10	66.67	6.37	263.16	22	100.00	14.01	47.62	66	22.22	42.04	50.30

续表

年份	增资—配售				私募股权				增资—私人配售			
	数量	同比增长（%）	占比（%）	指数	数量	同比增长（%）	占比（%）	指数	数量	同比增长（%）	占比（%）	指数
2009	2	-80.00	0.83	52.63	15	-31.82	6.25	32.47	110	66.67	45.83	83.84
2010	8	300.00	3.13	210.53	20	33.33	7.81	43.29	117	6.36	45.70	89.18
2011	1	-87.50	0.30	26.32	27	35.00	8.08	58.44	108	-7.69	32.34	82.32
2012	4	300.00	1.31	105.26	21	-22.22	6.89	45.45	113	4.63	37.05	86.13
2013	2	-50.00	0.51	52.63	29	38.10	7.36	62.77	103	-8.85	26.14	78.51
2014	6	200.00	1.03	157.89	56	93.10	9.61	121.21	137	33.01	23.50	104.42
2015	6	0.00	0.65	157.89	98	75.00	10.56	212.12	195	42.34	21.01	148.63
2016	5	-16.67	0.40	131.58	132	34.69	10.46	285.71	202	3.59	16.01	153.96
2017	10	100.00	0.75	263.16	99	-25.00	7.44	214.29	194	-3.96	14.59	147.87
2018	9	-10.00	0.53	236.84	129	30.30	7.54	279.22	155	-20.10	9.06	118.14
2019	12	33.33	0.84	315.79	135	4.65	9.44	292.21	130	-16.13	9.09	99.09
2020	4	-66.67	0.34	105.26	89	-34.07	7.49	192.64	117	-10.00	9.84	89.18
2021	6	50.00	0.44	157.89	143	60.67	10.44	309.52	110	-5.98	8.03	83.84
2022	6	0.00	0.60	157.89	88	-38.46	8.78	190.48	79	-28.18	7.88	60.21
2023	1	-83.33	0.21	26.32	31	-64.77	6.50	67.10	78	-1.27	16.35	59.45

年份	增资—公募				增资—新股发行			
	数量	同比增长（%）	占比（%）	指数	数量	同比增长（%）	占比（%）	指数
2005	0	—	0.00	0.00	0	—	0.00	0.00
2006	0	—	0.00	0.00	1	—	0.90	41.67
2007	0	—	0.00	0.00	0	-100.00	0.00	0.00
2008	1	—	0.64	166.67	1	—	0.64	41.67
2009	3	200.00	1.25	500.00	4	300.00	1.67	166.67
2010	1	-66.67	0.39	166.67	0	-100.00	0.00	0.00
2011	1	0.00	0.30	166.67	5	—	1.50	208.33
2012	0	-100.00	0.00	0.00	0	-100.00	0.00	0.00

续表

年份	增资—公募				增资—新股发行			
	数量	同比增长（%）	占比（%）	指数	数量	同比增长（%）	占比（%）	指数
2013	1	—	0.25	166.67	5	—	1.27	208.33
2014	0	-100.00	0.00	0.00	2	-60.00	0.34	83.33
2015	1	—	0.11	166.67	0	-100.00	0.00	0.00
2016	0	-100.00	0.00	0.00	2	—	0.16	83.33
2017	1	—	0.08	166.67	2	0.00	0.15	83.33
2018	1	0.00	0.06	166.67	0	-100.00	0.00	0.00
2019	0	-100.00	0.00	0.00	0	—	0.00	0.00
2020	0	—	0.00	0.00	0	—	0.00	0.00
2021	1	—	0.07	166.67	0	—	0.00	0.00
2022	0	-100.00	0.00	0.00	1	—	0.10	41.67
2023	0	—	0.00	0.00	0	-100.00	0.00	0.00

年份	风险资本				小计			
	数量	同比增长（%）	占比（%）	指数	数量	同比增长（%）	占比（%）	指数
2005	2	—	3.64	4.02	55	—	100.00	10.81
2006	9	350.00	8.11	18.07	111	101.82	100.00	21.82
2007	14	55.56	10.14	28.11	138	24.32	100.00	27.12
2008	6	-57.14	3.82	12.05	157	13.77	100.00	30.86
2009	15	150.00	6.25	30.12	240	52.87	100.00	47.17
2010	13	-13.33	5.08	26.10	256	6.67	100.00	50.31
2011	21	61.54	6.29	42.17	334	30.47	100.00	65.64
2012	18	-14.29	5.90	36.14	305	-8.68	100.00	59.94
2013	30	66.67	7.61	60.24	394	29.18	100.00	77.44
2014	70	133.33	12.01	140.56	583	47.97	100.00	114.58
2015	110	57.14	11.85	220.88	928	59.18	100.00	182.39
2016	93	-15.45	7.37	186.75	1262	35.99	100.00	248.03

续表

年份	风险资本				小计			
	数量	同比增长（%）	占比（%）	指数	数量	同比增长（%）	占比（%）	指数
2017	130	39.78	9.77	261.04	1330	5.39	100.00	261.40
2018	156	20.00	9.12	313.25	1710	28.57	100.00	336.08
2019	111	-28.85	7.76	222.89	1430	-16.37	100.00	281.05
2020	101	-9.01	8.49	202.81	1189	-16.85	100.00	233.69
2021	126	24.75	9.20	253.01	1370	15.22	100.00	269.26
2022	133	5.56	13.27	267.07	1002	-26.86	100.00	196.93
2023	30	-77.44	6.29	60.24	477	-52.40	100.00	93.75

注：存在重复统计的情况，处理方式和行业别统计一致。

表 3-5-3　2005—2023 年中国民营企业对外并购融资渠道的金额分布

（单位：百万美元）

年份	天使投资				增资				增资—可转债			
	金额	同比增长（%）	占比（%）	指数	金额	同比增长（%）	占比（%）	指数	金额	同比增长（%）	占比（%）	指数
2005	0.00	—	0.00	0.00	1.00	—	0.06	0.02	3.74	—	0.21	0.43
2006	8.80	—	0.14	3.31	331.42	33042.00	5.18	7.54	1.27	-66.04	0.02	0.15
2007	1.37	-84.43	0.00	0.51	100.66	-69.63	0.31	2.29	6.39	403.15	0.02	0.74
2008	0.00	-100.00	0.00	0.00	102.12	1.45	0.64	2.32	5.00	-21.75	0.03	0.58
2009	0.00	—	0.00	0.00	824.85	707.73	2.43	18.78	60.70	1114.00	0.18	6.99
2010	0.00	—	0.00	0.00	3498.14	324.09	9.86	79.63	20.07	-66.94	0.06	2.31
2011	2.50	—	0.01	0.94	3277.44	-6.31	8.08	74.60	166.32	728.70	0.41	19.14
2012	61.15	2346.00	0.13	22.98	2762.18	-15.72	5.95	62.87	16.66	-89.98	0.04	1.92
2013	52.97	-13.38	0.07	19.91	2377.21	-13.94	3.31	54.11	2260.88	13470.71	3.15	260.21
2014	427.00	706.12	0.41	160.48	3997.22	68.15	3.83	90.99	959.79	-57.55	0.92	110.47
2015	786.74	84.25	0.38	295.69	9551.70	138.96	4.66	217.42	940.63	-2.00	0.46	108.26
2016	767.65	-2.43	0.37	288.51	17269.02	80.80	8.25	393.09	3763.59	300.11	1.80	433.17

续表

年份	天使投资				增资				增资—可转债			
	金额	同比增长（%）	占比（%）	指数	金额	同比增长（%）	占比（%）	指数	金额	同比增长（%）	占比（%）	指数
2017	498.25	-35.09	0.29	187.26	11404.44	-33.96	6.60	259.60	1358.38	-63.91	0.79	156.34
2018	1329.96	166.93	0.71	499.85	15297.71	34.14	8.19	348.22	3812.94	180.70	2.04	438.85
2019	774.00	-41.80	0.51	290.90	13766.03	-10.01	9.03	313.35	1323.54	-65.29	0.87	152.33
2020	245.59	-68.27	0.26	92.30	15380.73	11.73	16.33	350.11	3259.02	146.24	3.46	375.09
2021	3253.99	1224.97	1.75	1222.97	13537.19	-11.99	7.26	308.14	448.98	-86.22	0.24	51.67
2022	2323.85	-28.58	3.60	873.39	9980.60	-26.27	15.45	227.19	149.33	-66.74	0.23	17.19
2023	16.10	-99.31	0.11	6.05	6010.99	-39.77	40.01	136.83	229.74	53.85	1.53	26.44

年份	增资—卖方配售				注资				增资—发行可转债			
	金额	同比增长（%）	占比（%）	指数	金额	同比增长（%）	占比（%）	指数	金额	同比增长（%）	占比（%）	指数
2005	33.33	—	1.91	1.12	1.00	—	0.06	0.03	30.93	—	1.77	15.68
2006	2766.86	8201.41	43.26	92.72	60.06	5906.00	0.94	1.78	6.29	-79.66	0.10	3.19
2007	2703.24	-2.30	8.40	90.59	553.17	821.03	1.72	16.39	5600.00	88930.21	17.41	2838.32
2008	522.65	-80.67	3.28	17.51	321.93	-41.80	2.02	9.54	1602.65	-71.38	10.05	812.29
2009	363.87	-30.38	1.07	12.19	1407.66	337.26	4.15	41.71	3220.53	100.95	9.50	1632.30
2010	7242.21	1890.33	20.41	242.69	943.68	-32.96	2.66	27.96	12.00	-99.63	0.03	6.08
2011	775.54	-89.29	1.91	25.99	3157.14	234.56	7.78	93.54	565.86	4615.50	1.39	286.80
2012	874.14	12.71	1.88	29.29	2541.70	-19.49	5.48	75.31	18.10	-96.80	0.04	9.17
2013	2214.03	153.28	3.09	74.19	2198.21	-13.51	3.06	65.13	157.44	769.83	0.22	79.80
2014	2117.98	-4.34	2.03	70.98	3642.46	65.70	3.49	107.92	55.72	-64.61	0.05	28.24
2015	8938.81	322.04	4.36	299.55	5336.35	46.50	2.60	158.11	189.38	239.88	0.09	95.99
2016	6908.15	-22.72	3.30	231.50	15950.00	198.89	7.62	472.57	187.87	-0.80	0.09	95.22
2017	17216.63	149.22	9.96	576.95	11080.04	-30.53	6.41	328.28	114.16	-39.23	0.07	57.86
2018	21380.35	24.18	11.45	716.48	15952.11	43.97	8.54	472.63	156.90	37.44	0.08	79.52
2019	15632.19	-26.89	10.26	523.85	14259.13	-10.61	9.36	422.47	7.46	-95.25	0.00	3.78
2020	12957.07	-17.11	13.76	434.20	16875.48	18.35	17.92	499.99	31.23	318.63	0.03	15.83

续表

年份	增资—卖方配售				注资				增资—发行可转债			
	金额	同比增长（%）	占比（%）	指数	金额	同比增长（%）	占比（%）	指数	金额	同比增长（%）	占比（%）	指数
2021	686.55	-94.70	0.37	23.01	12407.86	-26.47	6.66	367.62	53.00	69.71	0.03	26.86
2022	50.65	-92.62	0.08	1.70	2714.38	-78.12	4.20	80.42	117.37	121.45	0.18	59.49
2023	728.21	1337.83	4.85	24.40	3699.41	36.29	24.62	109.61	2.92	-97.52	0.02	1.48

年份	企业风险投资				众筹				开发资金			
	金额	同比增长（%）	占比（%）	指数	金额	同比增长（%）	占比（%）	指数	金额	同比增长（%）	占比（%）	指数
2005	13.00	—	0.74	0.50	0.00	—	0.00	0.00	109.16	—	6.25	4.14
2006	85.80	560.00	1.34	3.33	0.00	—	0.00	0.00	18.00	-83.51	0.28	0.68
2007	80.50	-6.18	0.25	3.12	0.00	—	0.00	0.00	79.37	340.94	0.25	3.01
2008	776.28	864.32	4.87	30.11	0.00	—	0.00	0.00	874.70	1002.05	5.49	33.14
2009	38.92	-94.99	0.11	1.51	0.00	—	0.00	0.00	233.27	-73.33	0.69	8.84
2010	287.63	639.03	0.81	11.16	0.00	—	0.00	0.00	350.54	50.27	0.99	13.28
2011	1191.50	314.25	2.94	46.22	0.00	—	0.00	0.00	1349.14	284.87	3.33	51.11
2012	2166.25	81.81	4.67	84.03	0.00	—	0.00	0.00	2230.54	65.33	4.81	84.50
2013	143.61	-93.37	0.20	5.57	0.00	—	0.00	0.00	270.07	-87.89	0.38	10.23
2014	1010.52	603.66	0.97	39.20	0.00	—	0.00	0.00	3252.16	1104.19	3.12	123.20
2015	8377.17	729.00	4.09	324.97	2.00	—	0.00	500.00	6097.10	87.48	2.98	230.97
2016	15972.42	90.67	7.63	619.61	0.00	-100.00	0.00	0.00	7987.79	31.01	3.82	302.59
2017	9828.96	-38.46	5.69	381.29	0.00	—	0.00	0.00	4189.58	-47.55	2.42	158.71
2018	20409.88	107.65	10.93	791.75	0.00	—	0.00	0.00	8861.20	111.51	4.75	335.68
2019	20421.62	0.06	13.40	792.21	1.69	—	0.00	422.50	8651.76	-2.36	5.68	327.74
2020	4237.63	-79.25	4.50	164.39	0.00	-100.00	0.00	0.00	1940.55	-77.57	2.06	73.51
2021	18716.78	341.68	10.04	726.07	1.82	—	0.00	455.00	5336.32	174.99	2.86	202.15
2022	5131.69	-72.58	7.94	199.07	0.00	-100.00	0.00	0.00	2636.61	-50.59	4.08	99.88
2023	52.60	-98.97	0.35	2.04	—	—	0.00	0.00	62.06	-97.65	0.41	2.35

续表

年份	开发资金—第1轮-第8轮				开发资金—种子轮				家族办公室			
	金额	同比增长（%）	占比（%）	指数	金额	同比增长（%）	占比（%）	指数	金额	同比增长（%）	占比（%）	指数
2005	51.00	—	2.92	4.12	0.00	—	0.00	0.00	0.00	—	0.00	0.00
2006	159.30	212.35	2.49	12.87	0.00	—	0.00	0.00	0.00	—	0.00	0.00
2007	181.20	13.75	0.56	14.64	15.00	—	0.05	94.00	0.00	—	0.00	0.00
2008	231.78	27.91	1.45	18.72	0.00	-100.00	0.00	0.00	0.00	—	0.00	0.00
2009	167.32	-27.81	0.49	13.52	0.00	—	0.00	0.00	0.00	—	0.00	0.00
2010	279.45	67.02	0.79	22.58	0.00	—	0.00	0.00	0.00	—	0.00	0.00
2011	364.70	30.51	0.90	29.46	1.00	—	0.00	6.27	0.00	—	0.00	0.00
2012	238.50	-34.60	0.51	19.27	1.55	55.00	0.00	9.71	498.59	—	1.07	227.84
2013	382.37	60.32	0.53	30.89	7.97	414.19	0.01	49.94	498.59	0.00	0.70	227.84
2014	1347.66	252.45	1.29	108.87	22.59	183.44	0.02	141.56	0.00	-100.00	0.00	0.00
2015	3856.06	186.13	1.88	311.51	46.68	106.64	0.02	292.52	97.00	Inf	0.05	44.33
2016	10203.34	164.61	4.87	824.27	80.85	73.20	0.04	506.64	42.00	-56.70	0.02	19.19
2017	7489.67	-26.60	4.33	605.05	34.40	-57.45	0.02	215.57	28.00	-33.33	0.02	12.79
2018	14265.55	90.47	7.64	1152.44	232.26	575.17	0.12	1455.45	246.19	779.25	0.13	112.50
2019	15188.42	6.47	9.97	1226.99	76.12	-67.23	0.05	477.00	1595.81	548.20	1.05	729.23
2020	5216.13	-65.66	5.54	421.38	77.32	1.58	0.08	484.52	498.34	-68.77	0.53	227.72
2021	18534.51	255.33	9.95	1497.31	206.93	167.63	0.11	1296.72	2416.44	384.90	1.30	1104.22
2022	4588.24	-75.24	7.10	370.66	303.57	46.70	0.47	1902.29	754.38	-68.78	1.17	344.72
2023	156.00	-96.60	1.04	12.60	17.43	-94.26	0.12	109.24	0.00	-100.00	0.00	0.00

年份	对冲基金				杠杆				杠杆收购			
	金额	同比增长（%）	占比（%）	指数	金额	同比增长（%）	占比（%）	指数	金额	同比增长（%）	占比（%）	指数
2005	0.00	—	0.00	0.00	0.00	—	0.00	0.00	0.00	—	0.00	0.00
2006	0.00	—	0.00	0.00	0.00	—	0.00	0.00	0.00	—	0.00	0.00
2007	0.00	—	0.00	0.00	0.00	—	0.00	0.00	0.00	—	0.00	0.00
2008	0.00	—	0.00	0.00	0.00	—	0.00	0.00	0.00	—	0.00	0.00

续表

年份	对冲基金				杠杆				杠杆收购			
	金额	同比增长（%）	占比（%）	指数	金额	同比增长（%）	占比（%）	指数	金额	同比增长（%）	占比（%）	指数
2009	0.00	—	0.00	0.00	0.00	—	0.00	0.00	0.00	—	0.00	0.00
2010	0.00	—	0.00	0.00	0.00	—	0.00	0.00	0.00	—	0.00	0.00
2011	0.00	—	0.00	0.00	0.00	—	0.00	0.00	0.00	—	0.00	0.00
2012	0.00	—	0.00	0.00	0.00	—	0.00	0.00	0.00	—	0.00	0.00
2013	0.00	—	0.00	0.00	0.00	—	0.00	0.00	0.00	—	0.00	0.00
2014	0.00	—	0.00	0.00	0.00	—	0.00	0.00	2643.30	—	2.53	46.95
2015	97.00	—	0.05	500.00	1800.00	—	0.88	500.00	25509.02	865.04	12.45	453.05
2016	0.00	-100.00	0.00	0.00	12739.11	607.73	6.09	3538.64	3449.06	-86.48	1.65	61.26
2017	67.00	—	0.04	345.36	15835.40	24.31	9.16	4398.72	4252.55	23.30	2.46	75.53
2018	563.13	740.49	0.30	2902.73	4694.65	-70.35	2.51	1304.07	1238.29	-70.88	0.66	21.99
2019	539.00	-4.28	0.35	2778.35	1825.67	-61.11	1.20	507.13	944.07	-23.76	0.62	16.77
2020	2056.50	281.54	2.18	10600.52	3401.00	86.29	3.61	944.72	0.00	-100.00	0.00	0.00
2021	5350.20	160.16	2.87	27578.35	5688.44	67.26	3.05	1580.12	4226.40	—	2.27	75.06
2022	1908.52	-64.33	2.95	9837.72	160.00	-97.19	0.25	44.45	0.00	-100.00	0.00	0.00
2023	0.00	-100.00	0.00	0.00	243.68	52.29	1.62	67.69	0.00	—	0.00	0.00

年份	夹层融资				新银行信贷便利				通道融资			
	金额	同比增长（%）	占比（%）	指数	金额	同比增长（%）	占比（%）	指数	金额	同比增长（%）	占比（%）	指数
2005	0.00	—	0.00	0.00	0.00	—	0.00	0.00	19.40	—	1.11	0.66
2006	0.00	—	0.00	0.00	0.00	—	0.00	0.00	18.05	-6.96	0.28	0.62
2007	0.00	—	0.00	0.00	237.65	—	0.74	1.79	8.80	-51.25	0.03	0.30
2008	0.00	—	0.00	0.00	1208.29	408.43	7.58	9.11	9.16	4.09	0.06	0.31
2009	0.00	—	0.00	0.00	3827.03	216.73	11.28	28.87	4229.88	46077.73	12.47	144.17
2010	0.00	—	0.00	0.00	201.29	-94.74	0.57	1.52	8.14	-99.81	0.02	0.28
2011	0.00	—	0.00	0.00	6625.06	3191.30	16.33	49.97	154.22	1794.59	0.38	5.26
2012	0.00	—	0.00	0.00	762.81	-88.49	1.64	5.75	34.65	-77.53	0.07	1.18

续表

年份	夹层融资				新银行信贷便利				通道融资			
	金额	同比增长（%）	占比（%）	指数	金额	同比增长（%）	占比（%）	指数	金额	同比增长（%）	占比（%）	指数
2013	316.61	—	0.44	500.00	14905.03	1853.96	20.78	112.42	3489.73	9971.37	4.86	118.94
2014	0.00	-100.00	0.00	0.00	15669.44	5.13	15.01	118.19	7536.50	115.96	7.22	256.87
2015	0.00	—	0.00	0.00	28326.63	80.78	13.82	213.66	3454.74	-54.16	1.69	117.75
2016	0.00	—	0.00	0.00	16987.46	-40.03	8.12	128.13	832.56	-75.90	0.40	28.38
2017	0.00	—	0.00	0.00	20258.21	19.25	11.72	152.80	2250.63	170.33	1.30	76.71
2018	0.00	—	0.00	0.00	5937.24	-70.69	3.18	44.78	1427.93	-36.55	0.76	48.67
2019	0.00	—	0.00	0.00	2769.74	-53.35	1.82	20.89	218.62	-84.69	0.14	7.45
2020	0.00	—	0.00	0.00	3677.67	32.78	3.90	27.74	433.48	98.28	0.46	14.77
2021	0.00	—	0.00	0.00	10162.84	176.34	5.45	76.66	1483.79	242.30	0.80	50.57
2022	0.00	—	0.00	0.00	1387.11	-86.35	2.15	10.46	60.19	-95.94	0.09	2.05
2023	0.00	—	0.00	0.00	1133.15	-18.31	7.54	8.55	22.63	-62.40	0.15	0.77

年份	增资—配售				私募股权				增资—私人配售			
	金额	同比增长（%）	占比（%）	指数	金额	同比增长（%）	占比（%）	指数	金额	同比增长（%）	占比（%）	指数
2005	7.18	—	0.41	6.23	146.16	—	8.37	0.40	1314.69	—	75.27	9.94
2006	14.97	108.50	0.23	12.98	2373.36	1523.81	37.11	6.49	402.71	-69.37	6.30	3.04
2007	224.14	1397.26	0.70	194.37	2718.48	14.54	8.45	7.44	19438.85	4727.01	60.43	146.93
2008	636.19	183.84	3.99	551.70	2021.37	-25.64	12.68	5.53	7085.88	-63.55	44.44	53.56
2009	7.02	-98.90	0.02	6.09	2493.40	23.35	7.35	6.82	11146.76	57.31	32.87	84.25
2010	1633.13	23163.96	4.60	1416.25	4956.74	98.79	13.97	13.56	15358.54	37.78	43.29	116.09
2011	2.58	-99.84	0.01	2.24	9029.78	82.17	22.26	24.70	13392.40	-12.80	33.01	101.23
2012	145.04	5521.71	0.31	125.78	23348.54	158.57	50.32	63.86	10430.70	-22.11	22.48	78.84
2013	28.75	-80.18	0.04	24.93	28373.87	21.52	39.55	77.60	7664.36	-26.52	10.68	57.93
2014	240.21	735.51	0.23	208.31	42133.67	48.49	40.36	115.24	15190.32	98.19	14.55	114.82
2015	159.99	-33.40	0.08	138.74	79925.67	89.70	39.00	218.60	19472.18	28.19	9.50	147.18
2016	791.09	394.46	0.38	686.03	77591.23	-2.92	37.07	212.22	16321.42	-16.18	7.80	123.37

续表

年份	增资—配售				私募股权				增资—私人配售			
	金额	同比增长（%）	占比（%）	指数	金额	同比增长（%）	占比（%）	指数	金额	同比增长（%）	占比（%）	指数
2017	376.82	-52.37	0.22	326.78	48520.29	-37.47	28.08	132.71	15176.27	-7.02	8.78	114.71
2018	815.48	116.41	0.44	707.18	53627.71	10.53	28.72	146.67	12493.54	-17.68	6.69	94.43
2019	101.14	-87.60	0.07	87.71	43226.43	-19.40	28.36	118.23	8743.41	-30.02	5.74	66.09
2020	256.81	153.92	0.27	222.70	17164.65	-60.29	18.23	46.95	3924.58	-55.11	4.17	29.66
2021	198.59	-22.67	0.11	172.22	67182.78	291.40	36.05	183.75	9642.11	145.69	5.17	72.88
2022	379.41	91.05	0.59	329.02	27107.67	-59.65	41.96	74.14	2198.61	-77.20	3.40	16.62
2023	3.16	-99.17	0.02	2.74	865.31	-96.81	5.76	2.37	1583.68	-27.97	10.54	11.97

年份	增资—公募				增资—新股发行			
	金额	同比增长（%）	占比（%）	指数	金额	同比增长（%）	占比（%）	指数
2005	0.00	—	0.00	0.00	0.00	—	0.00	0.00
2006	0.00	—	0.00	0.00	20.00	—	0.31	1.80
2007	0.00	—	0.00	0.00	0.00	-100.00	0.00	0.00
2008	430.36	—	2.70	63.39	20.00	—	0.13	1.80
2009	5524.70	1183.74	16.29	813.75	262.87	1214.35	0.78	23.60
2010	430.36	-92.21	1.21	63.39	0.00	-100.00	0.00	0.00
2011	10.94	-97.46	0.03	1.61	160.15	—	0.39	14.38
2012	0.00	-100.00	0.00	0.00	0.00	-100.00	0.00	0.00
2013	3281.71	—	4.57	483.37	2723.77	—	3.80	244.52
2014	0.00	-100.00	0.00	0.00	2685.64	-1.40	2.57	241.10
2015	101.93	—	0.05	15.01	0.00	-100.00	0.00	0.00
2016	0.00	-100.00	0.00	0.00	86.90	—	0.04	7.80
2017	7.56	—	0.00	1.11	270.79	211.61	0.16	24.31
2018	189.33	2404.37	0.10	27.89	0.00	-100.00	0.00	0.00
2019	0.00	-100.00	0.00	0.00	0.00	—	0.00	0.00
2020	0.00	—	0.00	0.00	0.00	—	0.00	0.00

续表

年份	增资—公募				增资—新股发行			
	金额	同比增长（%）	占比（%）	指数	金额	同比增长（%）	占比（%）	指数
2021	28.13	—	0.02	4.14	0.00	—	0.00	0.00
2022	0.00	-100.00	0.00	0.00	79.92	—	0.12	7.17
2023	0.00	—	0.00	0.00	0.00	-100.00	0.00	0.00

年份	风险资本				小计			
	金额	同比增长（%）	占比（%）	指数	金额	同比增长（%）	占比（%）	指数
2005	16.00	—	0.92	1.85	1746.59	—	100.00	1.87
2006	128.50	703.13	2.01	14.84	6395.39	266.16	100.00	6.83
2007	218.07	69.70	0.68	25.19	32166.89	402.97	100.00	34.36
2008	96.00	-55.98	0.60	11.09	15944.36	-50.43	100.00	17.03
2009	107.19	11.66	0.32	12.38	33915.97	112.71	100.00	36.23
2010	256.50	139.29	0.72	29.63	35478.42	4.61	100.00	37.90
2011	346.84	35.22	0.85	40.07	40573.11	14.36	100.00	43.34
2012	273.29	-21.21	0.59	31.57	46404.39	14.37	100.00	49.57
2013	392.24	43.53	0.55	45.31	71739.42	54.60	100.00	76.64
2014	1456.42	271.31	1.40	168.24	104388.60	45.51	100.00	111.52
2015	1859.55	27.68	0.91	214.81	204926.33	96.31	100.00	218.92
2016	1392.60	-25.11	0.67	160.87	209324.11	2.15	100.00	223.62
2017	2558.55	83.72	1.48	295.56	172816.58	-17.44	100.00	184.62
2018	3767.38	47.25	2.02	435.20	186699.73	8.03	100.00	199.45
2019	2338.22	-37.94	1.53	270.11	152404.07	-18.37	100.00	162.81
2020	2545.25	8.85	2.70	294.02	94179.03	-38.20	100.00	100.61
2021	6779.99	166.38	3.64	783.21	186343.64	97.86	100.00	199.07
2022	2578.84	-61.96	3.99	297.90	64610.92	-65.33	100.00	69.02
2023	196.65	-92.37	1.31	22.72	15023.72	-76.75	100.00	16.05

注：存在重复统计的情况，处理方式和行业别统计一致。
数据来源：BvD-Zephyr。

二、单一渠道融资和多渠道融资的选择

表 3-5-4　2005—2023 年中国民营企业对外并购中单一渠道融资和多渠道融资的汇总

渠道类型	融资模式	并购项目（件）	并购金额（百万美元）	并购金额涉及的并购项目（件）
单一渠道融资	天使投资	12	16.10	1
	增资	291	25772.15	266
	增资—可转债	96	13997.16	94
	增资—卖方配售	221	103924.00	185
	注资	148	6892.93	131
	增资—发行可转债	27	9094.73	26
	企业风险投资	31	503.60	11
	开发资金	27	628.19	8
	开发资金—第 1 轮-第 8 轮	23	619.69	11
	开发资金—种子轮	16	17.43	4
	家族办公室	7	1507.39	6
	杠杆	6	248.68	6
	新银行信贷便利	44	32044.30	41
	通道融资	5	325.21	4
	增资—配售	64	3438.03	62
	私募股权	340	357742.86	256
	增资—私人配售	1926	158946.99	1826
	增资—公募	2	35.69	2
	增资—新股发行	13	502.45	13
	风险资本	32	196.65	10
多渠道融资	天使投资+增资—发行可转债+开发资金—种子轮+风险资本	2	1.54	2
	天使投资+企业风险投资+开发资金	1	50.00	1
	天使投资+企业风险投资+开发资金+开发资金—第 1 轮-第 8 轮+风险资本	1	1.45	1

续表

渠道类型	融资模式	并购项目（件）	并购金额（百万美元）	并购金额涉及的并购项目（件）
多渠道融资	天使投资+企业风险投资+开发资金+开发资金—种子轮+私募股权	1	1.30	1
	天使投资+企业风险投资+开发资金+家族办公室+对冲基金+私募股权	1	434.21	1
	天使投资+企业风险投资+开发资金+家族办公室+私募股权	1	55.00	1
	天使投资+企业风险投资+开发资金+家族办公室+风险资本	2	186.70	2
	天使投资+企业风险投资+开发资金+对冲基金+私募股权	2	884.21	2
	天使投资+企业风险投资+开发资金+对冲基金+风险资本	1	12.00	1
	天使投资+企业风险投资+开发资金+私募股权	13	427.93	12
	天使投资+企业风险投资+开发资金+私募股权+风险资本	1	18.60	1
	天使投资+企业风险投资+开发资金+风险资本	36	1015.21	34
	天使投资+企业风险投资+开发资金—第 1 轮-第 8 轮+家族办公室+对冲基金+私募股权	1	28.00	1
	天使投资+企业风险投资+开发资金—第 1 轮-第 8 轮+家族办公室+增资—私人配售	1	18.00	1
	天使投资+企业风险投资+开发资金—第 1 轮-第 8 轮+家族办公室+风险资本	3	116.75	3
	天使投资+企业风险投资+开发资金—第 1 轮-第 8 轮+对冲基金+私募股权	3	1062.00	3
	天使投资+企业风险投资+开发资金—第 1 轮-第 8 轮+对冲基金+风险资本	3	213.00	3
	天使投资+企业风险投资+开发资金—第 1 轮-第 8 轮+私募股权	30	1776.70	28
	天使投资+企业风险投资+开发资金—第 1 轮-第 8 轮+私募股权+风险资本	1	50.00	1
	天使投资+企业风险投资+开发资金—第 1 轮-第 8 轮+风险资本	53	1332.86	50
	天使投资+企业风险投资+开发资金—种子轮+家族办公室+风险资本	3	11.80	3

续表

渠道类型	融资模式	并购项目（件）	并购金额（百万美元）	并购金额涉及的并购项目（件）
多渠道融资	天使投资+企业风险投资+开发资金—种子轮+私募股权	1	6.50	1
	天使投资+企业风险投资+开发资金—种子轮+风险资本	40	207.63	37
	天使投资+企业风险投资+对冲基金+风险资本	1	6.80	1
	天使投资+企业风险投资+私募股权	1	8.00	1
	天使投资+众筹+开发资金+风险资本	2	3.51	2
	天使投资+众筹+开发资金—种子轮+风险资本	1	2.00	1
	天使投资+开发资金+开发资金—种子轮+风险资本	1	5.00	1
	天使投资+开发资金+私募股权	15	255.18	13
	天使投资+开发资金+风险资本	43	413.19	33
	天使投资+开发资金—第1轮-第8轮+开发资金—种子轮+风险资本	1	3.50	1
	天使投资+开发资金—第1轮-第8轮+家族办公室+私募股权	2	152.00	2
	天使投资+开发资金—第1轮-第8轮+家族办公室+风险资本	2	29.95	2
	天使投资+开发资金—第1轮-第8轮+对冲基金+私募股权	1	150.00	1
	天使投资+开发资金—第1轮-第8轮+私募股权	15	570.85	15
	天使投资+开发资金—第1轮-第8轮+风险资本	44	740.14	41
	天使投资+开发资金—种子轮	1	25.00	1
	天使投资+开发资金—种子轮+私募股权	3	11.30	3
	天使投资+开发资金—种子轮+风险资本	79	209.02	71
	增资+增资—可转债+注资	4	202.95	4
	增资+注资	1941	100230.97	1928
	增资+注资+企业风险投资	3	8.23	3
	增资+注资+杠杆+新银行信贷便利	4	348.77	4
	增资+注资+杠杆收购+新银行信贷便利	2	136.00	2

续表

渠道类型	融资模式	并购项目（件）	并购金额（百万美元）	并购金额涉及的并购项目（件）
多渠道融资	增资+注资+新银行信贷便利	2	85.08	2
	增资+注资+通道融资	1	40.00	1
	增资+注资+私募股权	6	1248.17	6
	增资+注资+增资—私人配售	2	160.00	2
	增资+企业风险投资	1	0.46	1
	增资+企业风险投资+私募股权	1	1.78	1
	增资+开发资金—第1轮-第8轮+私募股权	1	0.00	NA
	增资+开发资金—第1轮-第8轮+风险资本	1	22.04	1
	增资+开发资金—种子轮+风险资本	1	10.00	1
	增资+通道融资	1	12.57	1
	增资+增资—配售	1	64.21	1
	增资+增资—配售+增资—公募	1	101.93	1
	增资+增资—配售+增资—新股发行	1	266.45	1
	增资+私募股权	4	350.21	2
	增资+增资—私人配售	13	473.81	13
	增资—可转债+注资	7	2963.80	7
	增资—可转债+企业风险投资+开发资金—第1轮-第8轮+对冲基金+私募股权	1	130.00	1
	增资—可转债+开发资金+风险资本	1	7.00	1
	增资—可转债+对冲基金	1	19.64	1
	增资—可转债+通道融资	1	8.65	1
	增资—可转债+私募股权	1	1221.40	1
	增资—可转债+增资—私人配售	3	230.13	3
	增资—卖方配售+杠杆+新银行信贷便利+私募股权	1	188.46	1
	注资+开发资金+私募股权+风险资本	1	15.00	1
	注资+开发资金—第1轮-第8轮+风险资本	1	37.40	1
	注资+增资—配售	2	70.00	2

续表

渠道类型	融资模式	并购项目（件）	并购金额（百万美元）	并购金额涉及的并购项目（件）
多渠道融资	注资+私募股权	1	2.97	1
	注资+增资—私人配售	36	2452.55	32
	增资—发行可转债+企业风险投资+开发资金+私募股权	4	111.80	4
	增资—发行可转债+开发资金+私募股权	4	144.00	3
	增资—发行可转债+开发资金+风险资本	3	30.00	2
	增资—发行可转债+通道融资	2	211.94	2
	增资—发行可转债+通道融资+增资—私人配售	6	116.33	6
	增资—发行可转债+私募股权	2	2200.10	2
	增资—发行可转债+私募股权+增资—私人配售	1	12.00	1
	增资—发行可转债+增资—私人配售	8	207.37	8
	企业风险投资+开发资金	1	18.90	1
	企业风险投资+开发资金+开发资金—种子轮+风险资本	1	20.06	1
	企业风险投资+开发资金+家族办公室+私募股权	3	315.19	3
	企业风险投资+开发资金+对冲基金+私募股权	3	710.00	3
	企业风险投资+开发资金+对冲基金+风险资本	1	10.10	1
	企业风险投资+开发资金+私募股权	109	36787.14	94
	企业风险投资+开发资金+私募股权+风险资本	1	26.75	1
	企业风险投资+开发资金+风险资本	92	2396.37	73
	企业风险投资+开发资金—第1轮-第8轮	3	334.44	3
	企业风险投资+开发资金—第1轮-第8轮+家族办公室+对冲基金+风险资本	2	157.50	2
	企业风险投资+开发资金—第1轮-第8轮+家族办公室+私募股权	5	1056.54	4
	企业风险投资+开发资金—第1轮-第8轮+家族办公室+风险资本	4	79.50	4
	企业风险投资+开发资金—第1轮-第8轮+对冲基金+私募股权	12	3020.13	12

续表

渠道类型	融资模式	并购项目（件）	并购金额（百万美元）	并购金额涉及的并购项目（件）
多渠道融资	企业风险投资+开发资金—第 1 轮-第 8 轮+对冲基金+风险资本	9	1081.00	9
	企业风险投资+开发资金—第 1 轮-第 8 轮+新银行信贷便利+风险资本	2	8.60	2
	企业风险投资+开发资金—第 1 轮-第 8 轮+私募股权	208	44748.88	197
	企业风险投资+开发资金—第 1 轮-第 8 轮+风险资本	212	8415.74	193
	企业风险投资+开发资金—种子轮	1	0.00	NA
	企业风险投资+开发资金—种子轮+风险资本	48	354.47	45
	企业风险投资+私募股权	4	542.51	4
	企业风险投资+私募股权+增资—私人配售	1	200.00	1
	企业风险投资+私募股权+增资—私人配售+风险资本	1	5.67	1
	企业风险投资+私募股权+风险资本	1	6.00	1
	企业风险投资+风险资本	2	9.20	2
	开发资金+家族办公室+私募股权	1	200.00	1
	开发资金+家族办公室+风险资本	1	0.00	NA
	开发资金+对冲基金+私募股权	1	4.50	1
	开发资金+对冲基金+风险资本	1	550.50	1
	开发资金+新银行信贷便利+私募股权	2	276.67	2
	开发资金+私募股权	126	6957.42	95
	开发资金+增资—私人配售	2	31.06	2
	开发资金+风险资本	110	1536.79	76
	开发资金—第 1 轮-第 8 轮+开发资金—种子轮	1	2.25	1
	开发资金—第 1 轮-第 8 轮+家族办公室+对冲基金+私募股权	1	172.00	1
	开发资金—第 1 轮-第 8 轮+家族办公室+对冲基金+风险资本	3	342.00	3
	开发资金—第 1 轮-第 8 轮+家族办公室+私募股权	4	246.00	3

续表

渠道类型	融资模式	并购项目（件）	并购金额（百万美元）	并购金额涉及的并购项目（件）
多渠道融资	开发资金—第 1 轮-第 8 轮+家族办公室+风险资本	6	224.00	6
	开发资金—第 1 轮-第 8 轮+对冲基金+私募股权	8	751.50	8
	开发资金—第 1 轮-第 8 轮+对冲基金+风险资本	5	701.00	5
	开发资金—第 1 轮-第 8 轮+私募股权	165	8146.14	146
	开发资金—第 1 轮-第 8 轮+风险资本	242	6316.66	210
	开发资金—种子轮+私募股权	2	7.00	1
	开发资金—种子轮+风险资本	82	203.47	55
	家族办公室+通道融资+增资—私人配售	2	225.00	2
	家族办公室+私募股权	1	1117.81	1
	对冲基金+通道融资+增资—私人配售	2	121.00	2
	对冲基金+私募股权+增资—私人配售	1	20.26	1
	杠杆+新银行信贷便利	35	39146.44	34
	杠杆+新银行信贷便利+私募股权	4	6455.60	4
	杠杆收购+夹层融资+新银行信贷便利+私募股权	1	0.00	NA
	杠杆收购+新银行信贷便利	10	4283.90	10
	杠杆收购+新银行信贷便利+私募股权	19	37842.79	17
	夹层融资+私募股权	1	316.61	1
	新银行信贷便利+私募股权	9	11043.07	8
	新银行信贷便利+增资—公募	1	2232.05	1
	通道融资+增资—配售	3	430.98	3
	通道融资+私募股权	1	10.65	1
	通道融资+私募股权+增资—私人配售	1	18.05	1
	通道融资+增资—私人配售	72	17609.30	71
	通道融资+增资—公募	2	6563.42	2
	增资—配售+私募股权	2	106.08	2
	增资—配售+增资—私人配售	26	1354.69	25

续表

渠道类型	融资模式	并购项目（件）	并购金额（百万美元）	并购金额涉及的并购项目（件）
多渠道融资	增资—配售+增资—公募	1	189.33	1
	私募股权+增资—私人配售	7	2063.10	7
	私募股权+风险资本	1	3.00	1
	增资—私人配售+增资—公募	4	882.60	4
	增资—私人配售+增资—新股发行	9	5541.14	9
	总计	4196	389211.51	3918

2005—2023 年我国民营企业通过多渠道融资的并购对外直接投资整体呈现增长趋势。通过多渠道融资的并购对外直接投资项目数量从 2005 年的 55 件增长到 2023 年的 477 件，金额从 2005 年的 17.47 亿美元增长到 2023 年的 150.24 亿美元。其中，2023 年，我国民营企业通过多渠道融资的并购 OFDI 项目数量为 477 件，同比下降 52.40%；通过各种渠道融资并购 OFDI 金额为 150.24 亿美元，同比下降 76.75%。

通过进一步地展开分析，可以发现很多特点，以下列举其中四个特点：第一，从 OFDI 项目数量看，在民营企业跨国并购的融资渠道方面，单一渠道和多渠道的使用上并没有太大的偏向性，单一渠道的为 3331 件并购项目，多渠道的为 4196 件并购案件（涉及年份的重复统计，处理方式和报告前文一致）。第二，从并购 OFDI 项目金额看，在 2005—2023 年间，我国民营企业对外并购直接投资活动主要集中在单一渠道融资，累计对外直接投资项目金额为 7164.54 亿美元，占比 64.80%；其次是多渠道融资，累计对外直接投资项目金额为 3892.12 亿美元，占比 35.20%。第三，流向多渠道融资中的“杠杆+新银行信贷便利”的并购 OFDI 在 2005—2023 年 18 年间民营企业对外直接投资项目金额指数波动程度最大。第四，流向单一渠道融资的增资—私人配售的 OFDI 数量在 2006 年出现最显著的缩减，从 20 件缩减到 0 件。流向多渠道融资的“杠杆+新银行信贷便利”的

OFDI 金额在 2016 年出现最显著的增长，从 0 亿美元增长到 92.73 亿美元。

表 3-5-5 2005—2023 年中国民营企业对外并购投资中单一渠道融资的数量分布

（单位：件）

年份	天使投资				增资				增资—可转债			
	数量	同比增长（%）	占比（%）	指数	数量	同比增长（%）	占比（%）	指数	数量	同比增长（%）	占比（%）	指数
2005	0	—	0.00	—	0	—	0.00	—	2	—	6.45	—
2006	0	—	0.00	—	2	—	50.00	—	0	-100.00	0.00	—
2007	0	—	—	—	0	-100.00	—	—	0	—	—	—
2008	0	—	—	—	0	—	—	—	0	—	—	—
2009	0	—	—	—	0	—	—	—	0	—	—	—
2010	0	—	—	—	0	—	—	—	0	—	—	—
2011	0	—	—	—	0	—	—	—	0	—	—	—
2012	0	—	0.00	—	0	—	0.00	—	0	—	0.00	—
2013	0	—	—	—	0	—	—	—	0	—	—	—
2014	0	—	—	—	0	—	—	—	0	—	—	—
2015	0	—	—	—	0	—	—	—	0	—	—	—
2016	0	—	—	—	0	—	—	—	0	—	—	—
2017	0	—	0.00	—	0	—	0.00	—	0	—	0.00	—
2018	0	—	—	—	0	—	—	—	0	—	—	—
2019	0	—	—	—	0	—	—	—	0	—	—	—
2020	0	—	0.00	—	0	—	0.00	—	0	—	0.00	—
2021	1	—	4.55	—	0	—	0.00	—	0	—	0.00	—
2022	0	-100.00	0.00	—	0	—	0.00	—	0	—	0.00	—
2023	0	—	0.00	—	0	—	0.00	—	0	—	0.00	—

年份	增资—卖方配售				注资				增资—发行可转债			
	数量	同比增长（%）	占比（%）	指数	数量	同比增长（%）	占比（%）	指数	数量	同比增长（%）	占比（%）	指数
2005	—	—	12.90	—	—	—	0.00	—	1	—	3.23	—
2006	0	-100.00	0.00	—	0	—	0.00	—	0	-100.00	0.00	—
2007	0	—	—	—	0	—	—	—	0	—	—	—

续表

年份	增资—卖方配售				注资				增资—发行可转债			
	数量	同比增长（%）	占比（%）	指数	数量	同比增长（%）	占比（%）	指数	数量	同比增长（%）	占比（%）	指数
2008	0	—	—	—	0	—	—	—	0	—	—	—
2009	0	—	—	—	0	—	—	—	0	—	—	—
2010	0	—	—	—	0	—	—	—	0	—	—	—
2011	0	—	—	—	0	—	—	—	0	—	—	—
2012	0	—	0.00	—	0	—	0.00	—	0	—	0.00	—
2013	0	—	—	—	0	—	—	—	0	—	—	—
2014	0	—	—	—	0	—	—	—	0	—	—	—
2015	0	—	—	—	0	—	—	—	0	—	—	—
2016	0	—	—	—	0	—	—	—	0	—	—	—
2017	0	—	0.00	—	0	—	0.00	—	0	—	0.00	—
2018	0	—	—	—	0	—	—	—	0	—	—	—
2019	0	—	—	—	0	—	—	—	0	—	—	—
2020	0	—	0.00	—	1	—	100.00	—	0	—	0.00	—
2021	0	—	0.00	—	0	-100.00	0.00	—	0	—	0.00	—
2022	0	—	0.00	—	0	—	0.00	—	0	—	0.00	—
2023	0	—	0.00	—	0	—	0.00	—	0	—	0.00	—

年份	家族办公室				新银行信贷便利				通道融资			
	数量	同比增长（%）	占比（%）	指数	数量	同比增长（%）	占比（%）	指数	数量	同比增长（%）	占比（%）	指数
2005	0	—	0.00	0.00	0	—	0.00	—	0	—	0.00	—
2006	0	—	0.00	0.00	1	—	25.00	—	0	—	0.00	—
2007	0	—	—	0.00	0	-100.00	—	—	0	—	—	—
2008	0	—	—	0.00	0	—	—	—	0	—	—	—
2009	0	—	—	0.00	0	—	—	—	0	—	—	—
2010	0	—	—	0.00	0	—	—	—	0	—	—	—
2011	0	—	—	0.00	0	—	—	—	0	—	—	—

续表

年份	家族办公室				新银行信贷便利				通道融资			
	数量	同比增长（%）	占比（%）	指数	数量	同比增长（%）	占比（%）	指数	数量	同比增长（%）	占比（%）	指数
2012	1	—	100.00	500.00	0	—	0.00	—	0	—	0.00	—
2013	0	-100.00	—	0.00	0	—	—	—	0	—	—	—
2014	0	—	—	0.00	0	—	—	—	0	—	—	—
2015	0	—	—	0.00	0	—	—	—	0	—	—	—
2016	0	—	—	0.00	0	—	—	—	0	—	—	—
2017	0	—	0.00	0.00	0	—	0.00	—	0	—	0.00	—
2018	0	—	—	0.00	0	—	—	—	0	—	—	—
2019	0	—	—	0.00	0	—	—	—	0	—	—	—
2020	0	—	0.00	0.00	0	—	0.00	—	0	—	0.00	—
2021	0	—	0.00	0.00	0	—	0.00	—	2	—	9.09	—
2022	0	—	0.00	0.00	0	—	0.00	—	0	-100.00	0.00	—
2023	0	—	0.00	0.00	0	—	0.00	—	0	—	0.00	—

年份	增资—配售				私募股权			
	数量	同比增长（%）	占比（%）	指数	数量	同比增长（%）	占比（%）	指数
2005	1	—	3.23	—	3	—	9.68	—
2006	0	—100	0.00	—	0	—100	0.00	—
2007	0	—	—	—	0	—	—	—
2008	0	—	—	—	0	—	—	—
2009	0	—	—	—	0	—	—	—
2010	0	—	—	—	0	—	—	—
2011	0	—	—	—	0	—	—	—
2012	0	—	0.00	—	0	—	0.00	—
2013	0	—	—	—	0	—	—	—
2014	0	—	—	—	0	—	—	—
2015	0	—	—	—	0	—	—	—

续表

年份	增资—配售				私募股权			
	数量	同比增长（%）	占比（%）	指数	数量	同比增长（%）	占比（%）	指数
2016	0	—	—	—	0	—	—	—
2017	0	—	0.00	—	0	—	0.00	—
2018	0	—	—	—	0	—	—	—
2019	0	—	—	—	0	—	—	—
2020	0	—	0.00	—	0	—	0.00	—
2021	0	—	0.00	—	0	—	0.00	—
2022	0	—	0.00	—	0	—	0.00	—
2023	0	—	0.00	—	0	—	0.00	—

年份	增资—私人配售				增资—公募			
	数量	同比增长（%）	占比（%）	指数	数量	同比增长（%）	占比（%）	指数
2005	20	—	64.52	—	0	—	0.00	—
2006	0	—100	0.00	—	0	—	0.00	—
2007	0	—	—	—	0	—	—	—
2008	0	—	—	—	0	—	—	—
2009	0	—	—	—	0	—	—	—
2010	0	—	—	—	0	—	—	—
2011	0	—	—	—	0	—	—	—
2012	0	—	0.00	—	0	—	0.00	—
2013	0	—	—	—	0	—	—	—
2014	0	—	—	—	0	—	—	—
2015	0	—	—	—	0	—	—	—
2016	0	—	—	—	0	—	—	—
2017	0	—	0.00	—	1	—	100.00	—
2018	0	—	—	—	0	—100	—	—
2019	0	—	—	—	0	—	—	—
2020	0	—	0.00	—	0	—	0.00	—

续表

年份	增资—私人配售				增资—公募			
	数量	同比增长（%）	占比（%）	指数	数量	同比增长（%）	占比（%）	指数
2021	0	—	0.00	—	0	—	0.00	—
2022	0	—	0.00	—	0	—	0.00	—
2023	0	—	0.00	—	0	—	0.00	—

年份	增资—新股发行				小计			
	数量	同比增长（%）	占比（%）	指数	数量	同比增长（%）	占比（%）	指数
2005	0	—	0.00	—	31	—	100.00	15500.00
2006	1	—	25.00	—	4	87.10	100.00	2000.00
2007	0	—100	—	—	0	100.00	—	0.00
2008	0	—	—	—	0	—	—	0.00
2009	0	—	—	—	0	—	—	0.00
2010	0	—	—	—	0	—	—	0.00
2011	0	—	—	—	0	—	—	0.00
2012	0	—	0.00	—	1	—	100.00	500.00
2013	0	—	—	—	0	100.00	—	0.00
2014	0	—	—	—	0	—	—	0.00
2015	0	—	—	—	0	—	—	0.00
2016	0	—	—	—	0	—	—	0.00
2017	0	—	0.00	—	1	—	100.00	500.00
2018	0	—	—	—	0	100.00	—	0.00
2019	0	—	—	—	0	—	—	0.00
2020	0	—	0.00	—	1	—	100.00	500.00
2021	0	—	0.00	—	22	2100.00	100.00	11000.00
2022	0	—	0.00	—	2	90.91	100.00	1000.00
2023	0	—	0.00	—	16	700.00	100.00	8000.00

注：存在重复统计的情况，处理方式和行业别统计一致。

表 3-5-6　2005—2023 年中国民营企业对外并购投资中单一渠道融资的金额分布

（单位：百万美元）

年份	增资				增资—可转债				增资—卖方配售			
	金额	同比增长（%）	占比（%）	指数	金额	同比增长（%）	占比（%）	指数	金额	同比增长（%）	占比（%）	指数
2005	0.00	—	0.00	—	3.74	—	0.28	—	33.33	—	2.48	—
2006	321.36	—	94.14	—	0.00	—100	0.00	—	0.00	-100	0.00	—
2007	0.00	-100	—	—	0.00	—	—	—	0.00	—	—	—
2008	0.00	—	—	—	0.00	—	—	—	0.00	—	—	—
2009	0.00	—	—	—	0.00	—	—	—	0.00	—	—	—
2010	0.00	—	—	—	0.00	—	—	—	0.00	—	—	—
2011	0.00	—	—	—	0.00	—	—	—	0.00	—	—	—
2012	0.00	—	0.00	—	0.00	—	0.00	—	0.00	—	0.00	—
2013	0.00	—	—	—	0.00	—	—	—	0.00	—	—	—
2014	0.00	—	—	—	0.00	—	—	—	0.00	—	—	—
2015	0.00	—	—	—	0.00	—	—	—	0.00	—	—	—
2016	0.00	—	—	—	0.00	—	—	—	0.00	—	—	—
2017	0.00	—	0.00	—	0.00	—	0.00	—	0.00	—	0.00	—
2018	0.00	—	—	—	0.00	—	—	—	0.00	—	—	—
2019	0.00	—	—	—	0.00	—	—	—	0.00	—	—	—
2020	0.00	—	0.00	—	0.00	—	0.00	—	0.00	—	0.00	—
2021	0.00	—	0.00	—	0.00	—	0.00	—	0.00	—	0.00	—
2022	0.00	—	—	—	0.00	—	—	—	0.00	—	—	—
2023	0.00	—	0.00	—	0.00	—	0.00	—	0.00	—	0.00	—

年份	注资				增资—发行可转债				家族办公室			
	金额	同比增长（%）	占比（%）	指数	金额	同比增长（%）	占比（%）	指数	金额	同比增长（%）	占比（%）	指数
2005	0.00	—	0.00	—	0.00	—100	0.00	—	0.00	—	0.00	0.00
2006	0.00	—	0.00	—	0.00	—	—	—	0.00	—	0.00	0.00
2007	0.00	—	—	—	0.00	—	—	—	0.00	—	—	0.00

续表

年份	注资				增资—发行可转债				家族办公室			
	金额	同比增长（%）	占比（%）	指数	金额	同比增长（%）	占比（%）	指数	金额	同比增长（%）	占比（%）	指数
2008	0.00	—	—	—	0.00	—	—	—	0.00	—	—	0.00
2009	0.00	—	—	—	0.00	—	—	—	0.00	—	—	0.00
2010	0.00	—	—	—	0.00	—	—	—	0.00	—	—	0.00
2011	0.00	—	—	—	0.00	—	0.00	—	0.00	—	—	0.00
2012	0.00	—	0.00	—	0.00	—	—	—	498.59	—	100.00	500.00
2013	0.00	—	—	—	0.00	—	—	—	0.00	—100	—	0.00
2014	0.00	—	—	—	0.00	—	—	—	0.00	—	—	0.00
2015	0.00	—	—	—	0.00	—	—	—	0.00	—	—	0.00
2016	0.00	—	—	—	0.00	—	0.00	—	0.00	—	—	0.00
2017	0.00	—	0.00	—	0.00	—	—	—	0.00	—	0.00	0.00
2018	0.00	—	—	—	0.00	—	—	—	0.00	—	—	0.00
2019	0.00	—	—	—	0.00	—	0.00	—	0.00	—	—	0.00
2020	1152.03	—	100.00	—	0.00	—	0.00	—	0.00	—	0.00	0.00
2021	0.00	-100	0.00	—	0.00	—	—	—	0.00	—	0.00	0.00
2022	0.00	—	—	—	0.00	—	0.00	—	0.00	—	—	0.00
2023	0.00	—	0.00	—	0.00	100.00	0.00	—	0.00	—	0.00	0.00

年份	新银行信贷便利				增资—配售				私募股权			
	金额	同比增长（%）	占比（%）	指数	金额	同比增长（%）	占比（%）	指数	金额	同比增长（%）	占比（%）	指数
2005	0.00	—	0.00	—	0.00	—	0.00	—	7.18	—	0.53	—
2006	0.00	—	0.00	—	0.00	—	0.00	—	0.00	-100	0.00	—
2007	0.00	—	—	—	0.00	—	—	—	0.00	—	—	—
2008	0.00	—	—	—	0.00	—	—	—	0.00	—	—	—
2009	0.00	—	—	—	0.00	—	—	—	0.00	—	—	—
2010	0.00	—	—	—	0.00	—	—	—	0.00	—	—	—
2011	0.00	—	—	—	0.00	—	—	—	0.00	—	—	—

续表

年份	新银行信贷便利				增资—配售				私募股权			
	金额	同比增长（%）	占比（%）	指数	金额	同比增长（%）	占比（%）	指数	金额	同比增长（%）	占比（%）	指数
2012	0.00	—	0.00	—	0.00	—	0.00	—	0.00	—	0.00	—
2013	0.00	—	—	—	0.00	—	—	—	0.00	—	—	—
2014	0.00	—	—	—	0.00	—	—	—	0.00	—	—	—
2015	0.00	—	—	—	0.00	—	—	—	0.00	—	—	—
2016	0.00	—	—	—	0.00	—	—	—	0.00	—	—	—
2017	0.00	—	0.00	—	0.00	—	0.00	—	0.00	—	0.00	—
2018	0.00	—	—	—	0.00	—	—	—	0.00	—	—	—
2019	0.00	—	—	—	0.00	—	—	—	0.00	—	—	—
2020	0.00	—	0.00	—	0.00	—	0.00	—	0.00	—	0.00	—
2021	0.00	—	0.00	—	302.58	—	16.92	—	0.00	—	0.00	—
2022	0.00	—	—	—	0.00	—100	—	—	0.00	—	—	—
2023	0.00	—	0.00	—	0.00	—	0.00	—	0.00	—	0.00	—

年份	私募股权				增资—私人配售				增资—公募			
	金额	同比增长（%）	占比（%）	指数	金额	同比增长（%）	占比（%）	指数	金额	同比增长（%）	占比（%）	指数
2005	2.00	—	0.15	—	1295.29	—	96.41	—	0.00	—	0.00	—
2006	0.00	-100	0.00	—	0.00	-100	0.00	—	0.00	—	0.00	—
2007	0.00	—	—	—	0.00	—	—	—	0.00	—	—	—
2008	0.00	—	—	—	0.00	—	—	—	0.00	—	—	—
2009	0.00	—	—	—	0.00	—	—	—	0.00	—	—	—
2010	0.00	—	—	—	0.00	—	—	—	0.00	—	—	—
2011	0.00	—	—	—	0.00	—	—	—	0.00	—	—	—
2012	0.00	—	0.00	—	0.00	—	0.00	—	0.00	—	0.00	—
2013	0.00	—	—	—	0.00	—	—	—	0.00	—	—	—
2014	0.00	—	—	—	0.00	—	—	—	0.00	—	—	—
2015	0.00	—	—	—	0.00	—	—	—	0.00	—	—	—

续表

年份	私募股权				增资—私人配售				增资—公募			
	金额	同比增长（%）	占比（%）	指数	金额	同比增长（%）	占比（%）	指数	金额	同比增长（%）	占比（%）	指数
2016	0.00	—	—	—	0.00	—	—	—	0.00	—	—	—
2017	0.00	—	0.00	—	0.00	—	0.00	—	7.56	—	100.00	—
2018	0.00	—	—	—	0.00	—	—	—	0.00	-100	—	—
2019	0.00	—	—	—	0.00	—	—	—	0.00	—	—	—
2020	0.00	—	0.00	—	0.00	—	0.00	—	0.00	—	0.00	—
2021	0.00	—	0.00	—	0.00	—	0.00	—	0.00	—	0.00	—
2022	0.00	—	—	—	0.00	—	—	—	0.00	—	—	—
2023	0.00	—	0.00	—	0.00	—	0.00	—	0.00	—	0.00	—

年份	增资—新股发行				小计			
	金额	同比增长（%）	占比（%）	指数	金额	同比增长（%）	占比（%）	指数
2005	0.00	—	0.00	—	1343.47	—	100.00	1347.27
2006	20.00	—	5.86	—	341.36	74.59	100.00	342.33
2007	0.00	-100	—	—	0.00	100.00	—	0.00
2008	0.00	—	—	—	0.00	—	—	0.00
2009	0.00	—	—	—	0.00	—	—	0.00
2010	0.00	—	—	—	0.00	—	—	0.00
2011	0.00	—	—	—	0.00	—	—	0.00
2012	0.00	—	0.00	—	498.59	—	100.00	500.00
2013	0.00	—	—	—	0.00	100.00	—	0.00
2014	0.00	—	—	—	0.00	—	—	0.00
2015	0.00	—	—	—	0.00	—	—	0.00
2016	0.00	—	—	—	0.00	—	—	0.00
2017	0.00	—	0.00	—	7.56	—	100.00	7.58
2018	0.00	—	—	—	0.00	100.00	—	0.00
2019	0.00	—	—	—	0.00	—	—	0.00

续表

年份	增资—新股发行				小计			
	金额	同比增长（%）	占比（%）	指数	金额	同比增长（%）	占比（%）	指数
2020	0.00	—	0.00	—	1152.03	—	100.00	1155.29
2021	0.00	—	0.00	—	1788.40	55.24	100.00	1793.46
2022	0.00	—	—	—	0.00	100.00	—	0.00
2023	0.00	—	0.00	—	17.43	—	100.00	17.48

注：存在重复统计的情况，处理方式和行业别统计一致。

表 3-5-7　2005-2023 年中国民营企业对外并购投资中多渠道融资的数量分布

（单位：件）

年份	天使投资+增资—发行可转债+开发资金—种子轮+风险资本				天使投资+企业风险投资+开发资金+家族办公室+风险资本				天使投资+企业风险投资+开发资金+私募股权			
	数量	同比增长（%）	占比（%）	指数	数量	同比增长（%）	占比（%）	指数	数量	同比增长（%）	占比（%）	指数
2005	0	—	0.00	0.00	0	—	0.00	—	0	—	0.00	0.00
2006	0	—	0.00	0.00	0	—	0.00	—	0	—	0.00	0.00
2007	0	—	0.00	0.00	0	—	0.00	—	0	—	0.00	0.00
2008	0	—	0.00	0.00	0	—	0.00	—	0	—	0.00	0.00
2009	0	—	0.00	0.00	0	—	0.00	—	0	—	0.00	0.00
2010	0	—	0.00	0.00	0	—	0.00	—	0	—	0.00	0.00
2011	0	—	0.00	0.00	0	—	0.00	—	0	—	0.00	0.00
2012	0	—	0.00	0.00	0	—	0.00	—	0	—	0.00	0.00
2013	1	—	16.67	500.00	0	—	0.00	—	0	—	0.00	0.00
2014	0	100.00	0.00	0.00	0	—	0.00	—	0	—	0.00	0.00
2015	0	—	0.00	0.00	0	—	0.00	—	2	—	16.67	500.00
2016	0	—	0.00	0.00	0	—	0.00	—	0	100.00	0.00	0.00
2017	0	—	0.00	0.00	0	—	0.00	—	0	—	0.00	0.00
2018	0	—	0.00	0.00	0	—	0.00	—	0	—	0.00	0.00
2019	0	—	0.00	0.00	1	—	12.50	—	0	—	0.00	0.00

续表

年份	天使投资+增资—发行可转债+开发资金—种子轮+风险资本				天使投资+企业风险投资+开发资金+家族办公室+风险资本				天使投资+企业风险投资+开发资金+私募股权			
	数量	同比增长（%）	占比（%）	指数	数量	同比增长（%）	占比（%）	指数	数量	同比增长（%）	占比（%）	指数
2020	0	—	0.00	0.00	0	100.00	0.00	—	0	—	0.00	0.00
2021	0	—	0.00	0.00	0	—	0.00	—	0	—	0.00	0.00
2022	0	—	0.00	0.00	0	—	0.00	—	0	—	0.00	0.00
2023	0	—	—	0.00	0	—	—	—	0	—	—	0.00

年份	天使投资+企业风险投资+开发资金+对冲基金+风险资本				天使投资+企业风险投资+开发资金+私募股权				天使投资+企业风险投资+开发资金+风险资本			
	数量	同比增长（%）	占比（%）	指数	数量	同比增长（%）	占比（%）	指数	数量	同比增长（%）	占比（%）	指数
2005	0	—	0.00	—	0	—	0.00	0.00	0	—	0.00	0.00
2006	0	—	0.00	—	0	—	0.00	0.00	0	—	0.00	0.00
2007	0	—	0.00	—	0	—	0.00	0.00	0	—	0.00	0.00
2008	0	—	0.00	—	0	—	0.00	0.00	0	—	0.00	0.00
2009	0	—	0.00	—	0	—	0.00	0.00	0	—	0.00	0.00
2010	0	—	0.00	—	0	—	0.00	0.00	0	—	0.00	0.00
2011	0	—	0.00	—	0	—	0.00	0.00	0	—	0.00	0.00
2012	0	—	0.00	—	0	—	0.00	0.00	0	—	0.00	0.00
2013	0	—	0.00	—	0	—	0.00	0.00	1	—	16.67	500.00
2014	0	—	0.00	—	0	—	0.00	0.00	0	100.00	0.00	0.00
2015	0	—	0.00	—	2	—	16.67	500.00	0	—	0.00	0.00
2016	0	—	0.00	—	0	-100.00	0.00	0.00	0	—	0.00	0.00
2017	0	—	0.00	—	0	—	0.00	0.00	0	—	0.00	0.00
2018	0	—	0.00	—	0	—	0.00	0.00	0	—	0.00	0.00
2019	0	—	0.00	—	0	—	0.00	0.00	0	—	0.00	0.00
2020	0	—	0.00	—	0	—	0.00	0.00	0	—	0.00	0.00
2021	1	—	1.96	—	0	—	0.00	0.00	0	—	0.00	0.00
2022	0	100.00	0.00	—	0	—	0.00	0.00	0	—	0.00	0.00
2023	0	—	—	—	0	—	—	0.00	0	—	—	0.00

续表

年份	天使投资+企业风险投资+开发资金—第1轮-第8轮+家族办公室+对冲基金+私募股权				天使投资+企业风险投资+开发资金—第1轮-第8轮+家族办公室+风险资本				天使投资+企业风险投资+开发资金—第1轮-第8轮+对冲基金+私募股权			
	数量	同比增长（%）	占比（%）	指数	数量	同比增长（%）	占比（%）	指数	数量	同比增长（%）	占比（%）	指数
2005	0	—	0.00	—	0	—	0.00	—	0	—	0.00	—
2006	0	—	0.00	—	0	—	0.00	—	0	—	0.00	—
2007	0	—	0.00	—	0	—	0.00	—	0	—	0.00	—
2008	0	—	0.00	—	0	—	0.00	—	0	—	0.00	—
2009	0	—	0.00	—	0	—	0.00	—	0	—	0.00	—
2010	0	—	0.00	—	0	—	0.00	—	0	—	0.00	—
2011	0	—	0.00	—	0	—	0.00	—	0	—	0.00	—
2012	0	—	0.00	—	0	—	0.00	—	0	—	0.00	—
2013	0	—	0.00	—	0	—	0.00	—	0	—	0.00	—
2014	0	—	0.00	—	0	—	0.00	—	0	—	0.00	—
2015	0	—	0.00	—	0	—	0.00	—	0	—	0.00	—
2016	0	—	0.00	—	0	—	0.00	—	0	—	0.00	—
2017	0	—	0.00	—	1	—	11.11	—	0	—	0.00	—
2018	0	—	0.00	—	0	100.00	0.00	—	0	—	0.00	—
2019	0	—	0.00	—	0	—	0.00	—	1	—	12.50	—
2020	0	—	0.00	—	0	—	0.00	—	0	100.00	0.00	—
2021	0	—	0.00	—	0	—	0.00	—	0	—	0.00	—
2022	1	—	10.00	—	0	—	0.00	—	0	—	0.00	—
2023	0	100.00	—	—	0	—	—	—	0	—	—	—

年份	天使投资+企业风险投资+开发资金—第1轮-第8轮+对冲基金+风险资本				天使投资+企业风险投资+开发资金—第1轮-第8轮+私募股权				天使投资+企业风险投资+开发资金—第1轮-第8轮+风险资本			
	数量	同比增长（%）	占比（%）	指数	数量	同比增长（%）	占比（%）	指数	数量	同比增长（%）	占比（%）	指数
2005	0	—	0.00	—	0	—	0.00	—	0	—	0.00	0.00
2006	0	—	0.00	—	1	—	16.67	—	0	—	0.00	0.00

续表

年份	天使投资+企业风险投资+开发资金—第1轮-第8轮+对冲基金+风险资本				天使投资+企业风险投资+开发资金—第1轮-第8轮+私募股权				天使投资+企业风险投资+开发资金—第1轮-第8轮+风险资本			
	数量	同比增长（%）	占比（%）	指数	数量	同比增长（%）	占比（%）	指数	数量	同比增长（%）	占比（%）	指数
2007	0	—	0.00	—	0	100.00	0.00	—	0	—	0.00	0.00
2008	0	—	0.00	—	0	—	0.00	—	0	—	0.00	0.00
2009	0	—	0.00	—	0	—	0.00	—	0	—	0.00	0.00
2010	0	—	0.00	—	0	—	0.00	—	0	—	0.00	0.00
2011	0	—	0.00	—	0	—	0.00	—	0	—	0.00	0.00
2012	0	—	0.00	—	0	—	0.00	—	0	—	0.00	0.00
2013	0	—	0.00	—	0	—	0.00	—	0	—	0.00	0.00
2014	0	—	0.00	—	0	—	0.00	—	3	—	33.33	500.00
2015	0	—	0.00	—	0	—	0.00	—	0	100.00	0.00	0.00
2016	0	—	0.00	—	0	—	0.00	—	0	—	0.00	0.00
2017	0	—	0.00	—	0	—	0.00	—	0	—	0.00	0.00
2018	0	—	0.00	—	0	—	0.00	—	0	—	0.00	0.00
2019	0	—	0.00	—	0	—	0.00	—	0	—	0.00	0.00
2020	0	—	0.00	—	0	—	0.00	—	0	—	0.00	0.00
2021	2	—	3.92	—	0	—	0.00	—	0	—	0.00	0.00
2022	0	100.00	0.00	—	0	—	0.00	—	0	—	0.00	0.00
2023	0	—	—	—	0	—	—	—	0	—	—	0.00

年份	天使投资+企业风险投资+开发资金—种子轮+家族办公室+风险资本				天使投资+企业风险投资+开发资金—种子轮+对冲基金+风险资本				天使投资+企业风险投资+开发资金—种子轮+私募股权			
	数量	同比增长（%）	占比（%）	指数	数量	同比增长（%）	占比（%）	指数	数量	同比增长（%）	占比（%）	指数
2005	0	—	0.00	—	0	—	0	—	0	—	0.00	—
2006	0	—	0.00	—	0	—	0	—	0	—	0.00	—
2007	0	—	0.00	—	0	—	0	—	0	—	0.00	—
2008	0	—	0.00	—	0	—	0	—	0	—	0.00	—

续表

年份	天使投资+企业风险投资+开发资金—种子轮+家族办公室+风险资本				天使投资+企业风险投资+开发资金—种子轮+对冲基金+风险资本				天使投资+企业风险投资+开发资金—种子轮+私募股权			
	数量	同比增长（%）	占比（%）	指数	数量	同比增长（%）	占比（%）	指数	数量	同比增长（%）	占比（%）	指数
2009	0	—	0.00	—	0	—	0	—	0	—	0.00	—
2010	0	—	0.00	—	0	—	0	—	0	—	0.00	—
2011	0	—	0.00	—	0	—	0	—	0	—	0.00	—
2012	0	—	0.00	—	0	—	0	—	0	—	0.00	—
2013	0	—	0.00	—	0	—	0	—	0	—	0.00	—
2014	0	—	0.00	—	0	—	0	—	0	—	0.00	—
2015	0	—	0.00	—	0	—	0	—	0	—	0.00	—
2016	0	—	0.00	—	0	—	0	—	0	—	0.00	—
2017	0	—	0.00	—	0	—	0	—	0	—	0.00	—
2018	0	—	0.00	—	0	—	0	—	0	—	0.00	—
2019	0	—	0.00	—	0	—	0	—	1	—	12.50	—
2020	1	—	14.29	—	0	—	0	—	0	-100.00	0.00	—
2021	0	100.00	0.00	—	1	—	1.96	—	0	—	0.00	—
2022	0	—	0.00	—	0	100	0	—	0	—	0.00	—
2023	0	—	—	—	0	—	—	—	0	—	—	—

年份	天使投资+企业风险投资+开发资金—种子轮+风险资本				天使投资+众筹+开发资金+风险资本				天使投资+众筹+开发资金—种子轮+风险资本			
	数量	同比增长（%）	占比（%）	指数	数量	同比增长（%）	占比（%）	指数	数量	同比增长（%）	占比（%）	指数
2005	0	—	0.00	0.00	0	—	0.00	—	0	—	0.00	0.00
2006	0	—	0.00	0.00	0	—	0.00	—	0	—	0.00	0.00
2007	0	—	0.00	0.00	0	—	0.00	—	0	—	0.00	0.00
2008	0	—	0.00	0.00	0	—	0.00	—	0	—	0.00	0.00
2009	0	—	0.00	0.00	0	—	0.00	—	0	—	0.00	0.00
2010	0	—	0.00	0.00	0	—	0.00	—	0	—	0.00	0.00
2011	0	—	0.00	0.00	0	—	0.00	—	0	—	0.00	0.00

续表

年份	天使投资+企业风险投资+开发资金—种子轮+风险资本				天使投资+众筹+开发资金+风险资本				天使投资+众筹+开发资金—种子轮+风险资本			
	数量	同比增长（%）	占比（%）	指数	数量	同比增长（%）	占比（%）	指数	数量	同比增长（%）	占比（%）	指数
2012	0	—	0.00	0.00	0	—	0.00	—	0	—	0.00	0.00
2013	1	—	16.67	500.00	0	—	0.00	—	0	—	0.00	0.00
2014	0	-100.00	0.00	0.00	0	—	0.00	—	0	—	0.00	0.00
2015	0	—	0.00	0.00	0	—	0.00	—	1	—	8.33	500.00
2016	0	—	0.00	0.00	0	—	0.00	—	0	100.00	0.00	0.00
2017	0	—	0.00	0.00	0	—	0.00	—	0	—	0.00	0.00
2018	0	—	0.00	0.00	0	—	0.00	—	0	—	0.00	0.00
2019	0	—	0.00	0.00	1	—	12.50	—	0	—	0.00	0.00
2020	0	—	0.00	0.00	0	100.00	0.00	—	0	—	0.00	0.00
2021	0	—	0.00	0.00	0	—	0.00	—	0	—	0.00	0.00
2022	0	—	0.00	0.00	0	—	0.00	—	0	—	0.00	0.00
2023	0	—	—	0.00	0	—	—	—	0	—	—	0.00

年份	天使投资+开发资金+私募股权				天使投资+开发资金+风险资本				天使投资+开发资金—第 1 轮-第 8 轮+家族办公室+风险资本			
	数量	同比增长（%）	占比（%）	指数	数量	同比增长（%）	占比（%）	指数	数量	同比增长（%）	占比（%）	指数
2005	0	—	0.00	—	0	—	0.00	—	0	—	0.00	—
2006	0	—	0.00	—	0	—	0.00	—	0	—	0.00	—
2007	0	—	0.00	—	1	—	16.67	—	0	—	0.00	—
2008	0	—	0.00	—	0	100.00	0.00	—	0	—	0.00	—
2009	0	—	0.00	—	0	—	0.00	—	0	—	0.00	—
2010	0	—	0.00	—	0	—	0.00	—	0	—	0.00	—
2011	0	—	0.00	—	0	—	0.00	—	0	—	0.00	—
2012	0	—	0.00	—	0	—	0.00	—	0	—	0.00	—
2013	0	—	0.00	—	0	—	0.00	—	0	—	0.00	—
2014	0	—	0.00	—	0	—	0.00	—	0	—	0.00	—
2015	0	—	0.00	—	0	—	0.00	—	0	—	0.00	—

续表

年份	天使投资+开发资金+私募股权				天使投资+开发资金+风险资本				天使投资+开发资金—第 1 轮-第 8 轮+家族办公室+风险资本			
	数量	同比增长（%）	占比（%）	指数	数量	同比增长（%）	占比（%）	指数	数量	同比增长（%）	占比（%）	指数
2016	2	—	13.33	—	0	—	0.00	—	0	—	0.00	—
2017	0	100.00	0.00	—	0	—	0.00	—	0	—	0.00	—
2018	0	—	0.00	—	0	—	0.00	—	0	—	0.00	—
2019	0	—	0.00	—	0	—	0.00	—	0	—	0.00	—
2020	0	—	0.00	—	0	—	0.00	—	0	—	0.00	—
2021	0	—	0.00	—	0	—	0.00	—	1	—	1.96	—
2022	0	—	0.00	—	0	—	0.00	—	0	100.00	0.00	—
2023	0	—	—	—	0	—	—	—	0	—	—	—

年份	天使投资+开发资金—第 1 轮-第 8 轮+对冲基金+私募股权				天使投资+开发资金—第 1 轮-第 8 轮+私募股权				天使投资+开发资金—第 1 轮-第 8 轮+风险资本			
	数量	同比增长（%）	占比（%）	指数	数量	同比增长（%）	占比（%）	指数	数量	同比增长（%）	占比（%）	指数
2005	0	—	0.00	—	0	—	0.00	0.00	0	—	0.00	—
2006	0	—	0.00	—	0	—	0.00	0.00	0	—	0.00	—
2007	0	—	0.00	—	0	—	0.00	0.00	0	—	0.00	—
2008	0	—	0.00	—	0	—	0.00	0.00	0	—	0.00	—
2009	0	—	0.00	—	0	—	0.00	0.00	0	—	0.00	—
2010	0	—	0.00	—	0	—	0.00	0.00	1	—	16.67	—
2011	0	—	0.00	—	0	—	0.00	0.00	0	100.00	0.00	—
2012	0	—	0.00	—	0	—	0.00	0.00	0	—	0.00	—
2013	0	—	0.00	—	0	—	0.00	0.00	0	—	0.00	—
2014	0	—	0.00	—	1	—	11.11	500.00	0	—	0.00	—
2015	0	—	0.00	—	0	100.00	0.00	0.00	0	—	0.00	—
2016	0	—	0.00	—	0	—	0.00	0.00	0	—	0.00	—
2017	0	—	0.00	—	0	—	0.00	0.00	0	—	0.00	—

续表

年份	天使投资+开发资金—第1轮-第8轮+对冲基金+私募股权				天使投资+开发资金—第1轮-第8轮+私募股权				天使投资+开发资金—第1轮-第8轮+风险资本			
	数量	同比增长（%）	占比（%）	指数	数量	同比增长（%）	占比（%）	指数	数量	同比增长（%）	占比（%）	指数
2018	0	—	0.00	—	0	—	0.00	0.00	0	—	0.00	—
2019	0	—	0.00	—	0	—	0.00	0.00	0	—	0.00	—
2020	0	—	0.00	—	0	—	0.00	0.00	0	—	0.00	—
2021	1	—	1.96	—	0	—	0.00	0.00	0	—	0.00	—
2022	0	100.00	0.00	—	0	—	0.00	0.00	0	—	0.00	—
2023	0	—	—	—	0	—	—	0.00	0	—	—	—

年份	天使投资+开发资金—种子轮+私募股权				天使投资+开发资金—种子轮+风险资本				增资+增资—可转债+注资			
	数量	同比增长（%）	占比（%）	指数	数量	同比增长（%）	占比（%）	指数	数量	同比增长（%）	占比（%）	指数
2005	0	—	0.00	0.00	0	—	0.00	—	0	—	0.00	—
2006	0	—	0.00	0.00	0	—	0.00	—	0	—	0.00	—
2007	0	—	0.00	0.00	0	—	0.00	—	0	—	0.00	—
2008	0	—	0.00	0.00	0	—	0.00	—	0	—	0.00	—
2009	0	—	0.00	0.00	0	—	0.00	—	0	—	0.00	—
2010	0	—	0.00	0.00	1	—	16.67	—	0	—	0.00	—
2011	0	—	0.00	0.00	0	100.00	0.00	—	0	—	0.00	—
2012	0	—	0.00	0.00	0	—	0.00	—	0	—	0.00	—
2013	0	—	0.00	0.00	0	—	0.00	—	0	—	0.00	—
2014	0	—	0.00	0.00	0	—	0.00	—	0	—	0.00	—
2015	1	—	8.33	500.00	0	—	0.00	—	0	—	0.00	—
2016	0	100.00	0.00	0.00	0	—	0.00	—	1	—	6.67	—
2017	0	—	0.00	0.00	0	—	0.00	—	0	100.00	0.00	—
2018	0	—	0.00	0.00	0	—	0.00	—	0	—	0.00	—
2019	0	—	0.00	0.00	0	—	0.00	—	0	—	0.00	—

续表

年份	天使投资+开发资金—种子轮+私募股权				天使投资+开发资金—种子轮+风险资本				增资+增资—可转债+注资			
	数量	同比增长（%）	占比（%）	指数	数量	同比增长（%）	占比（%）	指数	数量	同比增长（%）	占比（%）	指数
2020	0	—	0.00	0.00	0	—	0.00	—	0	—	0.00	—
2021	0	—	0.00	0.00	0	—	0.00	—	0	—	0.00	—
2022	0	—	0.00	0.00	0	—	0.00	—	0	—	0.00	—
2023	0	—	—	0.00	0	—	—	—	0	—	—	—

年份	增资+注资				增资+注资+杠杆+新银行信贷便利				增资+注资+杠杆收购+新银行信贷便利			
	数量	同比增长（%）	占比（%）	指数	数量	同比增长（%）	占比（%）	指数	数量	同比增长（%）	占比（%）	指数
2005	2	—	18.18	—	0	—	0.00	—	0	—	0.00	—
2006	0	100.00	0.00	—	0	—	0.00	—	0	—	0.00	—
2007	0	—	0.00	—	0	—	0.00	—	0	—	0.00	—
2008	0	—	0.00	—	0	—	0.00	—	0	—	0.00	—
2009	0	—	0.00	—	0	—	0.00	—	0	—	0.00	—
2010	0	—	0.00	—	0	—	0.00	—	0	—	0.00	—
2011	0	—	0.00	—	0	—	0.00	—	0	—	0.00	—
2012	0	—	0.00	—	0	—	0.00	—	0	—	0.00	—
2013	0	—	0.00	—	0	—	0.00	—	0	—	0.00	—
2014	0	—	0.00	—	0	—	0.00	—	0	—	0.00	—
2015	0	—	0.00	—	0	—	0.00	—	0	—	0.00	—
2016	0	—	0.00	—	0	—	0.00	—	1	—	6.67	—
2017	0	—	0.00	—	0	—	0.00	—	0	-100.00	0.00	—
2018	0	—	0.00	—	0	—	0.00	—	0	—	0.00	—
2019	0	—	0.00	—	2	—	25.00	—	0	—	0.00	—
2020	0	—	0.00	—	0	-100.00	0.00	—	0	—	0.00	—
2021	0	—	0.00	—	0	—	0.00	—	0	—	0.00	—
2022	0	—	0.00	—	0	—	0.00	—	0	—	0.00	—
2023	0	—	—	—	0	—	—	—	0	—	—	—

续表

年份	增资+注资+新银行信贷便利				增资+注资+私募股权				增资+注资+增资—私人配售			
	数量	同比增长（%）	占比（%）	指数	数量	同比增长（%）	占比（%）	指数	数量	同比增长（%）	占比（%）	指数
2005	0	—	0.00	0.00	0	—	0.00	0.00	0	—	0.00	—
2006	0	—	0.00	0.00	0	—	0.00	0.00	0	—	0.00	—
2007	0	—	0.00	0.00	0	—	0.00	0.00	0	—	0.00	—
2008	0	—	0.00	0.00	0	—	0.00	0.00	0	—	0.00	—
2009	0	—	0.00	0.00	0	—	0.00	0.00	0	—	0.00	—
2010	0	—	0.00	0.00	0	—	0.00	0.00	0	—	0.00	—
2011	0	—	0.00	0.00	0	—	0.00	0.00	0	—	0.00	—
2012	0	—	0.00	0.00	0	—	0.00	0.00	0	—	0.00	—
2013	1	—	16.67	500.00	0	—	0.00	0.00	0	—	0.00	—
2014	0	-100.00	0.00	0.00	0	—	0.00	0.00	0	—	0.00	—
2015	0	—	0.00	0.00	1	—	8.33	500.00	0	—	0.00	—
2016	0	—	0.00	0.00	0	-100.00	0.00	0.00	0	—	0.00	—
2017	0	—	0.00	0.00	0	—	0.00	0.00	0	—	0.00	—
2018	0	—	0.00	0.00	0	—	0.00	0.00	1	—	7.14	—
2019	0	—	0.00	0.00	0	—	0.00	0.00	0	-100.00	0.00	—
2020	0	—	0.00	0.00	0	—	0.00	0.00	0	—	0.00	—
2021	0	—	0.00	0.00	0	—	0.00	0.00	0	—	0.00	—
2022	0	—	0.00	0.00	0	—	0.00	0.00	0	—	0.00	—
2023	0	—	—	0.00	0	—	—	0.00	0	—	—	—

年份	增资+开发资金—种子轮+风险资本				增资+通道融资				增资+增资—配售+增资—公募			
	数量	同比增长（%）	占比（%）	指数	数量	同比增长（%）	占比（%）	指数	数量	同比增长（%）	占比（%）	指数
2005	0	—	0.00	—	0	—	0.00	—	0	—	0.00	0.00
2006	0	—	0.00	—	0	—	0.00	—	0	—	0.00	0.00
2007	0	—	0.00	—	0	—	0.00	—	0	—	0.00	0.00

续表

年份	增资+开发资金—种子轮+风险资本				增资+通道融资				增资+增资—配售+增资—公募			
	数量	同比增长（%）	占比（%）	指数	数量	同比增长（%）	占比（%）	指数	数量	同比增长（%）	占比（%）	指数
2008	0	—	0.00	—	0	—	0.00	—	0	—	0.00	0.00
2009	0	—	0.00	—	0	—	0.00	—	0	—	0.00	0.00
2010	0	—	0.00	—	0	—	0.00	—	0	—	0.00	0.00
2011	0	—	0.00	—	0	—	0.00	—	0	—	0.00	0.00
2012	0	—	0.00	—	0	—	0.00	—	0	—	0.00	0.00
2013	0	—	0.00	—	0	—	0.00	—	0	—	0.00	0.00
2014	0	—	0.00	—	0	—	0.00	—	0	—	0.00	0.00
2015	0	—	0.00	—	0	—	0.00	—	1	—	8.33	500.00
2016	0	—	0.00	—	0	—	0.00	—	0	-100	0.00	0.00
2017	0	—	0.00	—	0	—	0.00	—	0	—	0.00	0.00
2018	1	—	7.14	—	1	—	7.14	—	0	—	0.00	0.00
2019	0	-100	0.00	—	0	-100	0.00	—	0	—	0.00	0.00
2020	0	—	0.00	—	0	—	0.00	—	0	—	0.00	0.00
2021	0	—	0.00	—	0	—	0.00	—	0	—	0.00	0.00
2022	0	—	0.00	—	0	—	0.00	—	0	—	0.00	0.00
2023	0	—	—	—	0	—	—	—	0	—	—	0.00

年份	增资+增资—配售+增资—新股发行				增资+私募股权				增资+增资—私人配售			
	数量	同比增长（%）	占比（%）	指数	数量	同比增长（%）	占比（%）	指数	数量	同比增长（%）	占比（%）	指数
2005	0	—	0.00	—	0	—	0.00	—	0	—	0.00	0.00
2006	0	—	0.00	—	0	—	0.00	—	0	—	0.00	0.00
2007	0	—	0.00	—	0	—	0.00	—	0	—	0.00	0.00
2008	0	—	0.00	—	0	—	0.00	—	0	—	0.00	0.00
2009	0	—	0.00	—	0	—	0.00	—	0	—	0.00	0.00
2010	0	—	0.00	—	0	—	0.00	—	0	—	0.00	0.00

续表

年份	增资+增资—配售+增资—新股发行				增资+私募股权				增资+增资—私人配售			
	数量	同比增长（%）	占比（%）	指数	数量	同比增长（%）	占比（%）	指数	数量	同比增长（%）	占比（%）	指数
2011	0	—	0.00	—	0	—	0.00	—	1	—	100.00	500.00
2012	0	—	0.00	—	0	—	0.00	—	0	-100	0.00	0.00
2013	0	—	0.00	—	0	—	0.00	—	0	—	0.00	0.00
2014	0	—	0.00	—	0	—	0.00	—	0	—	0.00	0.00
2015	0	—	0.00	—	0	—	0.00	—	0	—	0.00	0.00
2016	0	—	0.00	—	1	—	6.67	—	0	—	0.00	0.00
2017	1	—	11.11	—	0	-100	0.00	—	0	—	0.00	0.00
2018	0	-100	0.00	—	0	—	0.00	—	0	—	0.00	0.00
2019	0	—	0.00	—	0	—	0.00	—	0	—	0.00	0.00
2020	0	—	0.00	—	0	—	0.00	—	0	—	0.00	0.00
2021	0	—	0.00	—	0	—	0.00	—	0	—	0.00	0.00
2022	0	—	0.00	—	0	—	0.00	—	0	—	0.00	0.00
2023	0	—	—	—	0	—	—	—	0	—	—	0.00

年份	增资—可转债+注资				增资—可转债+企业风险投资+开发资金—第1轮-第8轮+对冲基金+私募股权				增资—可转债+开发资金+风险资本			
	数量	同比增长（%）	占比（%）	指数	数量	同比增长（%）	占比（%）	指数	数量	同比增长（%）	占比（%）	指数
2005	0	—	0.00	—	0	—	0.00	—	0	—	0.00	0.00
2006	0	—	0.00	—	0	—	0.00	—	0	—	0.00	0.00
2007	0	—	0.00	—	0	—	0.00	—	0	—	0.00	0.00
2008	0	—	0.00	—	0	—	0.00	—	0	—	0.00	0.00
2009	0	—	0.00	—	0	—	0.00	—	0	—	0.00	0.00
2010	0	—	0.00	—	0	—	0.00	—	0	—	0.00	0.00
2011	0	—	0.00	—	0	—	0.00	—	0	—	0.00	0.00
2012	0	—	0.00	—	0	—	0.00	—	0	—	0.00	0.00

续表

年份	增资—可转债+注资				增资—可转债+企业风险投资+开发资金—第1轮-第8轮+对冲基金+私募股权				增资—可转债+开发资金+风险资本			
	数量	同比增长（%）	占比（%）	指数	数量	同比增长（%）	占比（%）	指数	数量	同比增长（%）	占比（%）	指数
2013	0	—	0.00	—	0	—	0.00	—	1	—	16.67	500.00
2014	0	—	0.00	—	0	—	0.00	—	0	-100	0.00	0.00
2015	0	—	0.00	—	0	—	0.00	—	0	—	0.00	0.00
2016	0	—	0.00	—	0	—	0.00	—	0	—	0.00	0.00
2017	2	—	22.22	—	0	—	0.00	—	0	—	0.00	0.00
2018	0	-100	0.00	—	0	—	0.00	—	0	—	0.00	0.00
2019	0	—	0.00	—	0	—	0.00	—	0	—	0.00	0.00
2020	0	—	0.00	—	1	—	14.29	—	0	—	0.00	0.00
2021	0	—	0.00	—	0	-100	0.00	—	0	—	0.00	0.00
2022	0	—	0.00	—	0	—	0.00	—	0	—	0.00	0.00
2023	0	—	—	—	0	—	—	—	0	—	—	0.00—

年份	增资—可转债+对冲基金				增资—可转债+通道融资				增资—可转债+私募股权			
	数量	同比增长（%）	占比（%）	指数	数量	同比增长（%）	占比（%）	指数	数量	同比增长（%）	占比（%）	指数
2005	0	—	0.00	—	0	—	0.00	—	0	—	0.00	—
2006	0	—	0.00	—	0	—	0.00	—	0	—	0.00	—
2007	0	—	0.00	—	0	—	0.00	—	0	—	0.00	—
2008	0	—	0.00	—	0	—	0.00	—	0	—	0.00	—
2009	0	—	0.00	—	0	—	0.00	—	0	—	0.00	—
2010	0	—	0.00	—	0	—	0.00	—	0	—	0.00	—
2011	0	—	0.00	—	0	—	0.00	—	0	—	0.00	—
2012	0	—	0.00	—	0	—	0.00	—	0	—	0.00	—
2013	0	—	0.00	—	0	—	0.00	—	0	—	0.00	—
2014	0	—	0.00	—	0	—	0.00	—	0	—	0.00	—

续表

年份	增资—可转债+对冲基金				增资—可转债+通道融资				增资—可转债+私募股权			
	数量	同比增长(%)	占比(%)	指数	数量	同比增长(%)	占比(%)	指数	数量	同比增长(%)	占比(%)	指数
2015	0	—	0.00	—	0	—	0.00	—	0	—	0.00	—
2016	0	—	0.00	—	0	—	0.00	—	1	—	6.67	—
2017	0	—	0.00	—	1	—	11.11	—	0	-100.00	0.00	—
2018	0	—	0.00	—	0	-100.00	0.00	—	0	—	0.00	—
2019	0	—	0.00	—	0	—	0.00	—	0	—	0.00	—
2020	0	—	0.00	—	0	—	0.00	—	0	—	0.00	—
2021	1	—	1.96	—	0	—	0.00	—	0	—	0.00	—
2022	0	-100.00	0.00	—	0	—	0.00	—	0	—	0.00	—
2023	0	—	—	—	0	—	—	—	0	—	—	—

年份	增资—可转债+增资—私人配售				增资—卖方配售+杠杆+新银行信贷便利+私募股权				注资+增资—配售			
	数量	同比增长(%)	占比(%)	指数	数量	同比增长(%)	占比(%)	指数	数量	同比增长(%)	占比(%)	指数
2005	0	—	0.00	—	0	—	0.00	—	0	—	0.00	—
2006	0	—	0.00	—	0	—	0.00	—	0	—	0.00	—
2007	0	—	0.00	—	0	—	0.00	—	0	—	0.00	—
2008	0	—	0.00	—	0	—	0.00	—	0	—	0.00	—
2009	0	—	0.00	—	0	—	0.00	—	0	—	0.00	—
2010	0	—	0.00	—	0	—	0.00	—	1	—	16.67	—
2011	0	—	0.00	—	0	—	0.00	—	0	-100.00	0.00	—
2012	0	—	0.00	—	0	—	0.00	—	0	—	0.00	—
2013	0	—	0.00	—	0	—	0.00	—	0	—	0.00	—
2014	0	—	0.00	—	0	—	0.00	—	0	—	0.00	—
2015	0	—	0.00	—	0	—	0.00	—	0	—	0.00	—
2016	0	—	0.00	—	0	—	0.00	—	0	—	0.00	—
2017	1	—	11.11	—	1	—	11.11	—	0	—	0.00	—

续表

年份	增资—可转债+增资—私人配售				增资—卖方配售+杠杆+新银行信贷便利+私募股权				注资+增资—配售			
	数量	同比增长（%）	占比（%）	指数	数量	同比增长（%）	占比（%）	指数	数量	同比增长（%）	占比（%）	指数
2018	0	-100.00	0.00	—	0	-100.00	0.00	—	0	—	0.00	—
2019	0	—	0.00	0	0	—	0.00	—	0	—	0.00	—
2020	0	—	0.00	0	0	—	0.00	—	0	—	0.00	—
2021	0	—	0.00	0	0	—	0.00	—	0	—	0.00	—
2022	0	—	0.00	0	0	—	0.00	—	0	—	0.00	—
2023	0	—	—	0	0	—	—	—	0	—	—	—

年份	注资+增资—私人配售				增资—发行可转债+企业风险投资+开发资金+私募股权				增资—发行可转债+开发资金+私募股权			
	数量	同比增长（%）	占比（%）	指数	数量	同比增长（%）	占比（%）	指数	数量	同比增长（%）	占比（%）	指数
2005	0	—	0.00	—	0	—	0.00	—	1	—	9.09	—
2006	1	—	16.67	—	0	—	0.00	—	0	-100.00	0.00	—
2007	0	-100.00	0.00	—	0	—	0.00	—	0	—	0.00	—
2008	0	—	0.00	—	0	—	0.00	—	0	—	0.00	—
2009	0	—	0.00	—	0	—	0.00	—	0	—	0.00	—
2010	0	—	0.00	—	0	—	0.00	—	0	—	0.00	—
2011	0	—	0.00	—	0	—	0.00	—	0	—	0.00	—
2012	0	—	0.00	—	0	—	0.00	—	0	—	0.00	—
2013	0	—	0.00	—	0	—	0.00	—	0	—	0.00	—
2014	0	—	0.00	—	0	—	0.00	—	0	—	0.00	—
2015	0	—	0.00	—	0	—	0.00	—	0	—	0.00	—
2016	0	—	0.00	—	1	—	6.67	—	0	—	0.00	—
2017	0	—	0.00	—	0	-100.00	0.00	—	0	—	0.00	—
2018	0	—	0.00	—	0	—	0.00	—	0	—	0.00	—
2019	0	—	0.00	—	0	—	0.00	—	0	—	0.00	—
2020	0	—	0.00	—	0	—	0.00	—	0	—	0.00	—

续表

年份	注资+增资—私人配售				增资—发行可转债+企业风险投资+开发资金+私募股权				增资—发行可转债+开发资金+私募股权			
	数量	同比增长（%）	占比（%）	指数	数量	同比增长（%）	占比（%）	指数	数量	同比增长（%）	占比（%）	指数
2021	0	—	0.00	—	0	—	0.00	—	0	—	0.00	—
2022	0	—	0.00	—	0	—	0.00	—	0	—	0.00	—
2023	0	—	—	—	0	—	—	—	0	—	—	—

年份	增资—发行可转债+开发资金+风险资本				增资—发行可转债+通道融资				企业风险投资+开发资金+风险资本			
	数量	同比增长（%）	占比（%）	指数	数量	同比增长（%）	占比（%）	指数	数量	同比增长（%）	占比（%）	指数
2005	0	—	0.00	0.00	0	—	0.00	—	0	—	0.00	—
2006	0	—	0.00	0.00	0	—	0.00	—	0	—	0.00	—
2007	0	—	0.00	0.00	0	—	0.00	—	0	—	0.00	—
2008	0	—	0.00	0.00	0	—	0.00	—	1	—	25.00	—
2009	0	—	0.00	0.00	0	—	0.00	—	0	-100.00	0.00	—
2010	0	—	0.00	0.00	0	—	0.00	—	0	—	0.00	—
2011	0	—	0.00	0.00	0	—	0.00	—	0	—	0.00	—
2012	0	—	0.00	0.00	0	—	0.00	—	0	—	0.00	—
2013	0	—	0.00	0.00	0	—	0.00	—	0	—	0.00	—
2014	1	—	11.11	500.00	0	—	0.00	—	0	—	0.00	—
2015	0	-100.00	0.00	0.00	0	—	0.00	—	0	—	0.00	—
2016	0	—	0.00	0.00	1	—	6.67	—	0	—	0.00	—
2017	0	—	0.00	0.00	0	-100.00	0.00	—	0	—	0.00	—
2018	0	—	0.00	0.00	0	—	0.00	—	0	—	0.00	—
2019	0	—	0.00	0.00	0	—	0.00	—	0	—	0.00	—
2020	0	—	0.00	0.00	0	—	0.00	—	0	—	0.00	—
2021	0	—	0.00	0.00	0	—	0.00	—	0	—	0.00	—
2022	0	—	0.00	0.00	0	—	0.00	—	0	—	0.00	—
2023	0	—	—	0.00	0	—	—	—	0	—	—	—

续表

年份	增资—发行可转债+私募股权				增资—发行可转债+私募股权+增资—私人配售				增资—发行可转债+增资—私人配售			
	数量	同比增长（%）	占比（%）	指数	数量	同比增长（%）	占比（%）	指数	数量	同比增长（%）	占比（%）	指数
2005	0	—	0.00	—	0	—	0.00	—	0	—	0.00	—
2006	0	—	0.00	—	0	—	0.00	—	0	—	0.00	—
2007	0	—	0.00	—	0	—	0.00	—	0	—	0.00	—
2008	0	—	0.00	—	0	—	0.00	—	1	—	25.00	—
2009	1	—	25.00	—	0	—	0.00	—	0	-100.00	0.00	—
2010	0	-100.00	0.00	—	1	—	16.67	—	0	—	0.00	—
2011	0	—	0.00	—	0	-100.00	0.00	—	0	—	0.00	—
2012	0	—	0.00	—	0	—	0.00	—	0	—	0.00	—
2013	0	—	0.00	—	0	—	0.00	—	0	—	0.00	—
2014	0	—	0.00	—	0	—	0.00	—	0	—	0.00	—
2015	0	—	0.00	—	0	—	0.00	—	0	—	0.00	—
2016	0	—	0.00	—	0	—	0.00	—	0	—	0.00	—
2017	0	—	0.00	—	0	—	0.00	—	0	—	0.00	—
2018	0	—	0.00	—	0	—	0.00	—	0	—	0.00	—
2019	0	—	0.00	—	0	—	0.00	—	0	—	0.00	—
2020	0	—	0.00	—	0	—	0.00	—	0	—	0.00	—
2021	0	—	0.00	—	0	—	0.00	—	0	—	0.00	—
2022	0	—	0.00	—	0	—	0.00	—	0	—	0.00	—
2023	0	—	—	—	0	—	—	—	0	—	—	—

年份	企业风险投资+开发资金+家族办公室+私募股权				企业风险投资+开发资金+对冲基金+私募股权				企业风险投资+开发资金+私募股权			
	数量	同比增长（%）	占比（%）	指数	数量	同比增长（%）	占比（%）	指数	数量	同比增长（%）	占比（%）	指数
2005	0	—	0.00	—	0	—	0.00	—	0	—	0.00	—
2006	0	—	0.00	—	0	—	0.00	—	1	—	16.67	—
2007	0	—	0.00	—	0	—	0.00	—	0	-100.00	0.00	—

续表

年份	企业风险投资+开发资金+家族办公室+私募股权				企业风险投资+开发资金+对冲基金+私募股权				企业风险投资+开发资金+私募股权			
	数量	同比增长（%）	占比（%）	指数	数量	同比增长（%）	占比（%）	指数	数量	同比增长（%）	占比（%）	指数
2008	0	—	0.00	—	0	—	0.00	—	0	—	0.00	—
2009	0	—	0.00	—	0	—	0.00	—	0	—	0.00	—
2010	0	—	0.00	—	0	—	0.00	—	0	—	0.00	—
2011	0	—	0.00	—	0	—	0.00	—	0	—	0.00	—
2012	0	—	0.00	—	0	—	0.00	—	0	—	0.00	—
2013	0	—	0.00	—	0	—	0.00	—	0	—	0.00	—
2014	0	—	0.00	—	0	—	0.00	—	0	—	0.00	—
2015	0	—	0.00	—	0	—	0.00	—	0	—	0.00	—
2016	0	—	0.00	—	0	—	0.00	—	0	—	0.00	—
2017	0	—	0.00	—	0	—	0.00	—	0	—	0.00	—
2018	1	—	7.14	—	0	—	0.00	—	0	—	0.00	—
2019	0	-100.00	0.00	—	1	—	12.50	—	0	—	0.00	—
2020	0	—	0.00	—	0	-100.00	0.00	—	0	—	0.00	—
2021	0	—	0.00	—	0	—	0.00	—	0	—	0.00	—
2022	0	—	0.00	—	0	—	0.00	—	0	—	0.00	—
2023	0	—	—	—	0	—	—	—	0	—	—	—

年份	企业风险投资+开发资金+风险资本				企业风险投资+开发资金—第1轮-第8轮				企业风险投资+开发资金—第1轮-第8轮+家族办公室+对冲基金+风险资本			
	数量	同比增长（%）	占比（%）	指数	数量	同比增长（%）	占比（%）	指数	数量	同比增长（%）	占比（%）	指数
2005	0	—	0.00	—	0	—	0.00	—	0	—	0.00	—
2006	0	—	0.00	—	1	—	16.67	—	0	—	0.00	—
2007	0	—	0.00	—	0	-100.00	0.00	—	0	—	0.00	—
2008	1	—	25.00	—	0	—	0.00	—	0	—	0.00	—
2009	0	-100.00	0.00	—	0	—	0.00	—	0	—	0.00	—

续表

年份	企业风险投资+开发资金+风险资本				企业风险投资+开发资金—第1轮-第8轮				企业风险投资+开发资金—第1轮-第8轮+家族办公室+对冲基金+风险资本			
	数量	同比增长（%）	占比（%）	指数	数量	同比增长（%）	占比（%）	指数	数量	同比增长（%）	占比（%）	指数
2010	0	—	0.00	—	0	—	0.00	—	0	—	0.00	—
2011	0	—	0.00	—	0	—	0.00	—	0	—	0.00	—
2012	0	—	0.00	—	0	—	0.00	—	0	—	0.00	—
2013	0	—	0.00	—	0	—	0.00	—	0	—	0.00	—
2014	0	—	0.00	—	0	—	0.00	—	0	—	0.00	—
2015	0	—	0.00	—	0	—	0.00	—	0	—	0.00	—
2016	0	—	0.00	—	0	—	0.00	—	0	—	0.00	—
2017	0	—	0.00	—	0	—	0.00	—	0	—	0.00	—
2018	0	—	0.00	—	0	—	0.00	—	1	—	7.14	—
2019	0	—	0.00	—	0	—	0.00	—	0	-100.00	0.00	—
2020	0	—	0.00	—	0	—	0.00	—	0	—	0.00	—
2021	0	—	0.00	—	0	—	0.00	—	0	—	0.00	—
2022	0	—	0.00	—	0	—	0.00	—	0	—	0.00	—
2023	0	—	—	—	0	—	—	—	0	—	—	—

年份	企业风险投资+开发资金—第1轮-第8轮+家族办公室+私募股权				企业风险投资+开发资金—第1轮-第8轮+家族办公室+风险资本				企业风险投资+开发资金—第1轮-第8轮+对冲基金+私募股权			
	数量	同比增长（%）	占比（%）	指数	数量	同比增长（%）	占比（%）	指数	数量	同比增长（%）	占比（%）	指数
2005	0	—	0.00	—	0	—	0.00	—	0	—	0.00	—
2006	0	—	0.00	—	0	—	0.00	—	0	—	0.00	—
2007	0	—	0.00	—	0	—	0.00	—	0	—	0.00	—
2008	0	—	0.00	—	0	—	0.00	—	0	—	0.00	—
2009	0	—	0.00	—	0	—	0.00	—	0	—	0.00	—
2010	0	—	0.00	—	0	—	0.00	—	0	—	0.00	—
2011	0	—	0.00	—	0	—	0.00	—	0	—	0.00	—

续表

年份	企业风险投资+开发资金—第1轮-第8轮+家族办公室+私募股权				企业风险投资+开发资金—第1轮-第8轮+家族办公室+风险资本				企业风险投资+开发资金—第1轮-第8轮+对冲基金+私募股权			
	数量	同比增长（%）	占比（%）	指数	数量	同比增长（%）	占比（%）	指数	数量	同比增长（%）	占比（%）	指数
2012	0	—	0.00	—	0	—	0.00	—	0	—	0.00	—
2013	0	—	0.00	—	0	—	0.00	—	0	—	0.00	—
2014	0	—	0.00	—	0	—	0.00	—	0	—	0.00	—
2015	0	—	0.00	—	0	—	0.00	—	0	—	0.00	—
2016	0	—	0.00	—	0	—	0.00	—	0	—	0.00	—
2017	0	—	0.00	—	0	—	0.00	—	1	—	11.11	—
2018	0	—	0.00	—	2	—	14.29	—	0	-100.00	0.00	—
2019	0	—	0.00	—	0	-100.00	0.00	—	0	—	0.00	—
2020	2	—	28.57	—	0	—	0.00	—	0	—	0.00	—
2021	0	-100.00	0.00	—	0	—	0.00	—	0	—	0.00	—
2022	0	—	0.00	—	0	—	0.00	—	0	—	0.00	—
2023	0	—	—	—	0	—	—	—	0	—	—	—

年份	企业风险投资+开发资金—第1轮-第8轮+对冲基金+风险资本				企业风险投资+开发资金—第1轮-第8轮+新银行信贷便利+风险资本				企业风险投资+开发资金—第1轮-第8轮+私募股权			
	数量	同比增长（%）	占比（%）	指数	数量	同比增长（%）	占比（%）	指数	数量	同比增长（%）	占比（%）	指数
2005	0	—	0.00	—	0	—	0.00	—	0	—	0.00	—
2006	0	—	0.00	—	0	—	0.00	—	1	—	16.67	—
2007	0	—	0.00	—	0	—	0.00	—	0	-100.00	0.00	—
2008	0	—	0.00	—	0	—	0.00	—	0	—	0.00	—
2009	0	—	0.00	—	0	—	0.00	—	0	—	0.00	—
2010	0	—	0.00	—	0	—	0.00	—	0	—	0.00	—
2011	0	—	0.00	—	0	—	0.00	—	0	—	0.00	—
2012	0	—	0.00	—	0	—	0.00	—	0	—	0.00	—
2013	0	—	0.00	—	0	—	0.00	—	0	—	0.00	—

续表

年份	企业风险投资+开发资金—第1轮-第8轮+对冲基金+风险资本				企业风险投资+开发资金—第1轮-第8轮+新银行信贷便利+风险资本				企业风险投资+开发资金—第1轮-第8轮+私募股权			
	数量	同比增长（%）	占比（%）	指数	数量	同比增长（%）	占比（%）	指数	数量	同比增长（%）	占比（%）	指数
2014	0	—	0.00	—	0	—	0.00	—	0	—	0.00	—
2015	0	—	0.00	—	0	—	0.00	—	0	—	0.00	—
2016	0	—	0.00	—	0	—	0.00	—	0	—	0.00	—
2017	0	—	0.00	—	1	—	11.11	—	0	—	0.00	—
2018	2	—	14.29	—	0	-100.00	0.00	—	0	—	0.00	—
2019	0	-100.00	0.00	—	0	—	0.00	—	0	—	0.00	—
2020	0	—	0.00	—	0	—	0.00	—	0	—	0.00	—
2021	0	—	0.00	—	0	—	0.00	—	0	—	0.00	—
2022	0	—	0.00	—	0	—	0.00	—	0	—	0.00	—
2023	0	—	—	—	0	—	—	—	0	—	—	—

年份	企业风险投资+开发资金—第1轮-第8轮+风险资本				企业风险投资+开发资金—种子轮+风险资本				企业风险投资+私募股权			
	数量	同比增长（%）	占比（%）	指数	数量	同比增长（%）	占比（%）	指数	数量	同比增长（%）	占比（%）	指数
2005	1	—	9.09	—	0	—	0.00	0.00	0	—	0.00	—
2006	0	-100.00	0.00	—	0	—	0.00	0.00	0	—	0.00	—
2007	0	—	0.00	—	0	—	0.00	0.00	0	—	0.00	—
2008	0	—	0.00	—	0	—	0.00	0.00	0	—	0.00	—
2009	0	—	0.00	—	0	—	0.00	0.00	0	—	0.00	—
2010	0	—	0.00	—	0	—	0.00	0.00	1	—	16.67	—
2011	0	—	0.00	—	0	—	0.00	0.00	0	-100.00	0.00	—
2012	0	—	0.00	—	1	—	100.00	500.00	0	—	0.00	—
2013	0	—	0.00	—	0	-100.00	0.00	0.00	0	—	0.00	—
2014	0	—	0.00	—	0	—	0.00	0.00	0	—	0.00	—
2015	0	—	0.00	—	0	—	0.00	0.00	0	—	0.00	—
2016	0	—	0.00	—	0	—	0.00	0.00	0	—	0.00	—

续表

年份	企业风险投资+开发资金—第1轮–第8轮+风险资本				企业风险投资+开发资金—种子轮+风险资本				企业风险投资+私募股权			
	数量	同比增长（%）	占比（%）	指数	数量	同比增长（%）	占比（%）	指数	数量	同比增长（%）	占比（%）	指数
2017	0	—	0.00	—	0	—	0.00	0.00	0	—	0.00	—
2018	0	—	0.00	—	0	—	0.00	0.00	0	—	0.00	—
2019	0	—	0.00	—	0	—	0.00	0.00	0	—	0.00	—
2020	0	—	0.00	—	0	—	0.00	0.00	0	—	0.00	—
2021	0	—	0.00	—	0	—	0.00	0.00	0	—	0.00	—
2022	0	—	0.00	—	0	—	0.00	0.00	0	—	0.00	—
2023	0	—	—	—	0	—	—	0.00	0	—	—	—

年份	企业风险投资+私募股权+增资—私人配售				开发资金+家族办公室+私募股权				开发资金+对冲基金+风险资本			
	数量	同比增长（%）	占比（%）	指数	数量	同比增长（%）	占比（%）	指数	数量	同比增长（%）	占比（%）	指数
2005	0	—	0.00	—	0	—	0.00	—	0	—	0.00	—
2006	0	—	0.00	—	0	—	0.00	—	0	—	0.00	—
2007	0	—	0.00	—	0	—	0.00	—	0	—	0.00	—
2008	0	—	0.00	—	0	—	0.00	—	0	—	0.00	—
2009	0	—	0.00	—	0	—	0.00	—	0	—	0.00	—
2010	0	—	0.00	—	0	—	0.00	—	0	—	0.00	—
2011	0	—	0.00	—	0	—	0.00	—	0	—	0.00	—
2012	0	—	0.00	—	0	—	0.00	—	0	—	0.00	—
2013	0	—	0.00	—	0	—	0.00	—	0	—	0.00	—
2014	0	—	0.00	—	0	—	0.00	—	0	—	0.00	—
2015	0	—	0.00	—	0	—	0.00	—	0	—	0.00	—
2016	1	—	6.67	—	0	—	0.00	—	0	—	0.00	—
2017	0	-100.00	0.00	—	0	—	0.00	—	0	—	0.00	—
2018	0	—	0.00	—	0	—	0.00	—	0	—	0.00	—
2019	0	—	0.00	—	0	—	0.00	—	0	—	0.00	—

续表

年份	企业风险投资+私募股权+增资—私人配售				开发资金+家族办公室+私募股权				开发资金+对冲基金+风险资本			
	数量	同比增长（%）	占比（%）	指数	数量	同比增长（%）	占比（%）	指数	数量	同比增长（%）	占比（%）	指数
2020	0	—	0.00	—	0	—	0.00	—	0	—	0.00	—
2021	0	—	0.00	—	1	—	1.96	—	1	—	1.96	—
2022	0	—	0.00	—	0	-100.00	0.00	—	0	-100.00	0.00	—
2023	0	—	—	—	0	—	—	—	0	—	—	—

年份	开发资金+新银行信贷便利+私募股权				开发资金+私募股权				开发资金+风险资本			
	数量	同比增长（%）	占比（%）	指数	数量	同比增长（%）	占比（%）	指数	数量	同比增长（%）	占比（%）	指数
2005	0	—	0.00	0.00	3	—	27.27	—	0	—	0.00	—
2006	0	—	0.00	0.00	0	-100.00	0.00	—	0	—	0.00	—
2007	0	—	0.00	0.00	0	—	0.00	—	2	—	33.33	—
2008	0	—	0.00	0.00	0	—	0.00	—	0	-100.00	0.00	—
2009	0	—	0.00	0.00	0	—	0.00	—	0	—	0.00	—
2010	0	—	0.00	0.00	0	—	0.00	—	0	—	0.00	—
2011	0	—	0.00	0.00	0	—	0.00	—	0	—	0.00	—
2012	0	—	0.00	0.00	0	—	0.00	—	0	—	0.00	—
2013	0	—	0.00	0.00	0	—	0.00	—	0	—	0.00	—
2014	1	—	11.11	500.00	0	—	0.00	—	0	—	0.00	—
2015	0	-100.00	0.00	0.00	0	—	0.00	—	0	—	0.00	—
2016	0	—	0.00	0.00	0	—	0.00	—	0	—	0.00	—
2017	0	—	0.00	0.00	0	—	0.00	—	0	—	0.00	—
2018	0	—	0.00	0.00	0	—	0.00	—	0	—	0.00	—
2019	0	—	0.00	0.00	0	—	0.00	—	0	—	0.00	—
2020	0	—	0.00	0.00	0	—	0.00	—	0	—	0.00	—
2021	0	—	0.00	0.00	0	—	0.00	—	0	—	0.00	—
2022	0	—	0.00	0.00	0	—	0.00	—	0	—	0.00	—
2023	0	—	—	0.00	0	—	—	—	0	—	—	—

续表

年份	开发资金—第1轮-第8轮+家族办公室+对冲基金+私募股权				开发资金—第1轮-第8轮+家族办公室+对冲基金+风险资本				开发资金—第1轮-第8轮+家族办公室+私募股权			
	数量	同比增长（%）	占比（%）	指数	数量	同比增长（%）	占比（%）	指数	数量	同比增长（%）	占比（%）	指数
2005	0	—	0.00	—	0	—	0.00	0.00	0	—	0.00	—
2006	0	—	0.00	—	0	—	0.00	0.00	0	—	0.00	—
2007	0	—	0.00	—	0	—	0.00	0.00	0	—	0.00	—
2008	0	—	0.00	—	0	—	0.00	0.00	0	—	0.00	—
2009	0	—	0.00	—	0	—	0.00	0.00	0	—	0.00	—
2010	0	—	0.00	—	0	—	0.00	0.00	0	—	0.00	—
2011	0	—	0.00	—	0	—	0.00	0.00	0	—	0.00	—
2012	0	—	0.00	—	0	—	0.00	0.00	0	—	0.00	—
2013	0	—	0.00	—	0	—	0.00	0.00	0	—	0.00	—
2014	0	—	0.00	—	0	—	0.00	0.00	0	—	0.00	—
2015	0	—	0.00	—	1	—	8.33	500.00	0	—	0.00	—
2016	0	—	0.00	—	0	-100.00	0.00	0.00	0	—	0.00	—
2017	0	—	0.00	—	0	—	0.00	0.00	0	—	0.00	—
2018	0	—	0.00	—	0	—	0.00	0.00	0	—	0.00	—
2019	0	—	0.00	—	0	—	0.00	0.00	0	—	0.00	—
2020	0	—	0.00	—	0	—	0.00	0.00	2	—	28.57	—
2021	1	—	1.96	—	0	—	0.00	0.00	0	-100.00	0.00	—
2022	0	-100.00	0.00	—	0	—	0.00	0.00	0	—	0.00	—
2023	0	—	—	—	0	—	—	0.00	0	—	0.00	—

年份	开发资金—第1轮-第8轮+家族办公室+风险资本				开发资金—第1轮-第8轮+对冲基金+私募股权				开发资金—第1轮-第8轮+对冲基金+风险资本			
	数量	同比增长（%）	占比（%）	指数	数量	同比增长（%）	占比（%）	指数	数量	同比增长（%）	占比（%）	指数
2005	0	—	0.00	—	0	—	0.00	—	0	—	0.00	—
2006	0	—	0.00	—	0	—	0.00	—	0	—	0.00	—
2007	0	—	0.00	—	0	—	0.00	—	0	—	0.00	—

续表

年份	开发资金—第1轮-第8轮+家族办公室+风险资本				开发资金—第1轮-第8轮+对冲基金+私募股权				开发资金—第1轮-第8轮+对冲基金+风险资本			
	数量	同比增长（%）	占比（%）	指数	数量	同比增长（%）	占比（%）	指数	数量	同比增长（%）	占比（%）	指数
2008	0	—	0.00	—	0	—	0.00	—	0	—	0.00	—
2009	0	—	0.00	—	0	—	0.00	—	0	—	0.00	—
2010	0	—	0.00	—	0	—	0.00	—	0	—	0.00	—
2011	0	—	0.00	—	0	—	0.00	—	0	—	0.00	—
2012	0	—	0.00	—	0	—	0.00	—	0	—	0.00	—
2013	0	—	0.00	—	0	—	0.00	—	0	—	0.00	—
2014	0	—	0.00	—	0	—	0.00	—	0	—	0.00	—
2015	0	—	0.00	—	0	—	0.00	—	0	—	0.00	—
2016	0	—	0.00	—	0	—	0.00	—	0	—	0.00	—
2017	0	—	0.00	—	0	—	0.00	—	0	—	0.00	—
2018	2	—	14.29	—	0	—	0.00	—	1	—	7.14	—
2019	0	-100.00	0.00	—	0	—	0.00	—	0	-100.00	0.00	—
2020	0	—	0.00	—	1	—	14.29	—	0	—	0.00	—
2021	0	—	0.00	—	0	-100.00	0.00	—	0	—	0.00	—
2022	0	—	0.00	—	0	—	0.00	—	0	—	0.00	—
2023	0	—	—	—	0	—	—	—	0	—	—	—

年份	开发资金—第1轮-第8轮+私募股权				开发资金—第1轮-第8轮+风险资本				开发资金—种子轮+私募股权			
	数量	同比增长（%）	占比（%）	指数	数量	同比增长（%）	占比（%）	指数	数量	同比增长（%）	占比（%）	指数
2005	2	—	18.18	—	1	—	9.09	—	0	—	0.00	—
2006	0	-100.00	0.00	—	0	-100.00	0.00	—	0	—	0.00	—
2007	0	—	0.00	—	0	—	0.00	—	0	—	0.00	—
2008	0	—	0.00	—	0	—	0.00	—	0	—	0.00	—
2009	0	—	0.00	—	0	—	0.00	—	0	—	0.00	—
2010	0	—	0.00	—	0	—	0.00	—	0	—	0.00	—

续表

年份	开发资金—第1轮-第8轮+私募股权				开发资金—第1轮-第8轮+风险资本				开发资金—种子轮+私募股权			
	数量	同比增长（%）	占比（%）	指数	数量	同比增长（%）	占比（%）	指数	数量	同比增长（%）	占比（%）	指数
2011	0	—	0.00	—	0	—	0.00	—	0	—	0.00	—
2012	0	—	0.00	—	0	—	0.00	—	0	—	0.00	—
2013	0	—	0.00	—	0	—	0.00	—	0	—	0.00	—
2014	0	—	0.00	—	0	—	0.00	—	0	—	0.00	—
2015	0	—	0.00	—	0	—	0.00	—	0	—	0.00	—
2016	0	—	0.00	—	0	—	0.00	—	0	—	0.00	—
2017	0	—	0.00	—	0	—	0.00	—	0	—	0.00	—
2018	0	—	0.00	—	0	—	0.00	—	1	—	7.14	—
2019	0	—	0.00	—	0	—	0.00	—	0	-100.00	0.00	—
2020	0	—	0.00	—	0	—	0.00	—	0	—	0.00	—
2021	0	—	0.00	—	0	—	0.00	—	0	—	0.00	—
2022	0	—	0.00	—	0	—	0.00	—	0	—	0.00	—
2023	0	—	—	—	0	—	—	—	0	—	—	—

年份	开发资金—种子轮+风险资本				家族办公室+通道融资+增资—私人配售				家族办公室+私募股权			
	数量	同比增长（%）	占比（%）	指数	数量	同比增长（%）	占比（%）	指数	数量	同比增长（%）	占比（%）	指数
2005	0	—	0.00	—	0	—	0.00	—	0	—	0.00	—
2006	0	—	0.00	—	0	—	0.00	—	0	—	0.00	—
2007	1	—	16.67	—	0	—	0.00	—	0	—	0.00	—
2008	0	-100.00	0.00	—	0	—	0.00	—	0	—	0.00	—
2009	0	—	0.00	—	0	—	0.00	—	0	—	0.00	—
2010	0	—	0.00	—	0	—	0.00	—	0	—	0.00	—
2011	0	—	0.00	—	0	—	0.00	—	0	—	0.00	—
2012	0	—	0.00	—	0	—	0.00	—	0	—	0.00	—
2013	0	—	0.00	—	0	—	0.00	—	0	—	0.00	—

续表

年份	开发资金—种子轮+风险资本				家族办公室+通道融资+增资—私人配售				家族办公室+私募股权			
	数量	同比增长（%）	占比（%）	指数	数量	同比增长（%）	占比（%）	指数	数量	同比增长（%）	占比（%）	指数
2014	0	—	0.00	—	0	—	0.00	—	0	—	0.00	—
2015	0	—	0.00	—	0	—	0.00	—	0	—	0.00	—
2016	0	—	0.00	—	0	—	0.00	—	0	—	0.00	—
2017	0	—	0.00	—	0	—	0.00	—	0	—	0.00	—
2018	0	—	0.00	—	0	—	0.00	—	0	—	0.00	—
2019	0	—	0.00	—	0	—	0.00	—	1	—	12.50	—
2020	0	—	0.00	—	0	—	0.00	—	0	-100.00	0.00	—
2021	0	—	0.00	—	2	—	3.92	—	0	—	0.00	—
2022	0	—	0.00	—	0	-100.00	0.00	—	0	—	0.00	—
2023	0	—	—	—	0	—	—	—	0	—	—	—

年份	对冲基金+通道融资+增资—私人配售				杠杆+新银行信贷便利				杠杆+新银行信贷便利+私募股权			
	数量	同比增长（%）	占比（%）	指数	数量	同比增长（%）	占比（%）	指数	数量	同比增长（%）	占比（%）	指数
2005	0	—	0.00	—	0	—	0.00	—	0	—	0.00	0.00
2006	0	—	0.00	—	0	—	0.00	—	0	—	0.00	0.00
2007	0	—	0.00	—	0	—	0.00	—	0	—	0.00	0.00
2008	0	—	0.00	—	0	—	0.00	—	0	—	0.00	0.00
2009	0	—	0.00	—	0	—	0.00	—	0	—	0.00	0.00
2010	0	—	0.00	—	0	—	0.00	—	0	—	0.00	0.00
2011	0	—	0.00	—	0	—	0.00	—	0	—	0.00	0.00
2012	0	—	0.00	—	0	—	0.00	—	0	—	0.00	0.00
2013	0	—	0.00	—	0	—	0.00	—	0	—	0.00	0.00
2014	0	—	0.00	—	0	—	0.00	—	0	—	0.00	0.00
2015	0	—	0.00	—	0	—	0.00	—	1	—	8.33	500.00
2016	0	—	0.00	—	4	—	26.67	—	0	-100.00	0.00	0.00

续表

年份	对冲基金+通道融资+增资—私人配售				杠杆+新银行信贷便利				杠杆+新银行信贷便利+私募股权			
	数量	同比增长（%）	占比（%）	指数	数量	同比增长（%）	占比（%）	指数	数量	同比增长（%）	占比（%）	指数
2017	0	—	0.00	—	0	-100.00	0.00	—	0	—	0.00	0.00
2018	0	—	0.00	—	0	—	0.00	—	0	—	0.00	0.00
2019	0	—	0.00	—	0	—	0.00	—	0	—	0.00	0.00
2020	0	—	0.00	—	0	—	0.00	—	0	—	0.00	0.00
2021	2	—	3.92	—	0	—	0.00	—	0	—	0.00	0.00
2022	0	-100.00	0.00	—	0	—	0.00	—	0	—	0.00	0.00
2023	0	—	—	—	0	—	—	—	0	—	—	0.00

年份	杠杆收购+夹层融资+新银行信贷便利+私募股权				杠杆收购+新银行信贷便利				杠杆收购+新银行信贷便利+私募股权			
	数量	同比增长（%）	占比（%）	指数	数量	同比增长（%）	占比（%）	指数	数量	同比增长（%）	占比（%）	指数
2005	0	—	0.00	—	0	—	0.00	0.00	0	—	0.00	0.00
2006	0	—	0.00	—	0	—	0.00	0.00	0	—	0.00	0.00
2007	0	—	0.00	—	0	—	0.00	0.00	0	—	0.00	0.00
2008	0	—	0.00	—	0	—	0.00	0.00	0	—	0.00	0.00
2009	0	—	0.00	—	0	—	0.00	0.00	0	—	0.00	0.00
2010	0	—	0.00	—	0	—	0.00	0.00	0	—	0.00	0.00
2011	0	—	0.00	—	0	—	0.00	0.00	0	—	0.00	0.00
2012	0	—	0.00	—	0	—	0.00	0.00	0	—	0.00	0.00
2013	0	—	0.00	—	0	—	0.00	0.00	0	—	0.00	0.00
2014	0	—	0.00	—	0	—	0.00	0.00	1	—	11.11	500.00
2015	0	—	0.00	—	4	—	33.33	500.00	0	-100.00	0.00	0.00
2016	1	—	6.67	—	0	-100.00	0.00	0.00	0	—	0.00	0.00
2017	0	-100.00	0.00	—	0	—	0.00	0.00	0	—	0.00	0.00
2018	0	—	0.00	—	0	—	0.00	0.00	0	—	0.00	0.00
2019	0	—	0.00	—	0	—	0.00	0.00	0	—	0.00	0.00

续表

年份	杠杆收购+夹层融资+新银行信贷便利+私募股权				杠杆收购+新银行信贷便利				杠杆收购+新银行信贷便利+私募股权			
	数量	同比增长（%）	占比（%）	指数	数量	同比增长（%）	占比（%）	指数	数量	同比增长（%）	占比（%）	指数
2020	0	—	0.00	—	0	—	0.00	0.00	0	—	0.00	0.00
2021	0	—	0.00	—	0	—	0.00	0.00	0	—	0.00	0.00
2022	0	—	0.00	—	0	—	0.00	0.00	0	—	0.00	0.00
2023	0	—	—	—	0	—	—	0.00	0	—	—	0.00

年份	夹层融资+私募股权				新银行信贷便利+私募股权				新银行信贷便利+增资—公募			
	数量	同比增长（%）	占比（%）	指数	数量	同比增长（%）	占比（%）	指数	数量	同比增长（%）	占比（%）	指数
2005	0	—	0.00	0.00	0	—	0.00	—	0	—	0.00	—
2006	0	—	0.00	0.00	0	—	0.00	—	0	—	0.00	—
2007	0	—	0.00	0.00	1	—	16.67	—	0	—	0.00	—
2008	0	—	0.00	0.00	0	-100.00	0.00	—	0	—	0.00	—
2009	0	—	0.00	0.00	0	—	0.00	—	1	—	25.00	—
2010	0	—	0.00	0.00	0	—	0.00	—	0	-100.00	0.00	—
2011	0	—	0.00	0.00	0	—	0.00	—	0	—	0.00	—
2012	0	—	0.00	0.00	0	—	0.00	—	0	—	0.00	—
2013	1	—	16.67	500.00	0	—	0.00	—	0	—	0.00	—
2014	0	-100.00	0.00	0.00	0	—	0.00	—	0	—	0.00	—
2015	0	—	0.00	0.00	0	—	0.00	—	0	—	0.00	—
2016	0	—	0.00	0.00	0	—	0.00	—	0	—	0.00	—
2017	0	—	0.00	0.00	0	—	0.00	—	0	—	0.00	—
2018	0	—	0.00	0.00	0	—	0.00	—	0	—	0.00	—
2019	0	—	0.00	0.00	0	—	0.00	—	0	—	0.00	—
2020	0	—	0.00	0.00	0	—	0.00	—	0	—	0.00	—
2021	0	—	0.00	0.00	0	—	0.00	—	0	—	0.00	—
2022	0	—	0.00	0.00	0	—	0.00	—	0	—	0.00	—
2023	0	—	—	0.00	0	—	—	—	0	—	—	—

续表

年份	通道融资+增资—配售				通道融资+私募股权+增资—私人配售				通道融资+增资—私人配售			
	数量	同比增长（%）	占比（%）	指数	数量	同比增长（%）	占比（%）	指数	数量	同比增长（%）	占比（%）	指数
2005	0	—	0.00	—	0	—	0.00	—	1	—	9.09	—
2006	0	—	0.00	—	1	—	16.67	—	0	-100.00	0.00	—
2007	0	—	0.00	—	0	-100.00	0.00	—	0	—	0.00	—
2008	0	—	0.00	—	0	—	0.00	—	0	—	0.00	—
2009	0	—	0.00	—	0	—	0.00	—	0	—	0.00	—
2010	0	—	0.00	—	0	—	0.00	—	0	—	0.00	—
2011	0	—	0.00	—	0	—	0.00	—	0	—	0.00	—
2012	0	—	0.00	—	0	—	0.00	—	0	—	0.00	—
2013	0	—	0.00	—	0	—	0.00	—	0	—	0.00	—
2014	0	—	0.00	—	0	—	0.00	—	0	—	0.00	—
2015	0	—	0.00	—	0	—	0.00	—	0	—	0.00	—
2016	1	—	6.67	—	0	—	0.00	—	0	—	0.00	—
2017	0	-100.00	0.00	—	0	—	0.00	—	0	—	0.00	—
2018	0	—	0.00	—	0	—	0.00	—	0	—	0.00	—
2019	0	—	0.00	—	0	—	0.00	—	0	—	0.00	—
2020	0	—	0.00	—	0	—	0.00	—	0	—	0.00	—
2021	0	—	0.00	—	0	—	0.00	—	0	—	0.00	—
2022	0	—	0.00	—	0	—	0.00	—	0	—	0.00	—
2023	0	—	—	—	0	—	—	—	0	—	—	—

年份	通道融资+增资—公募				增资—配售+私募股权				增资—配售+增资—私人配售			
	数量	同比增长（%）	占比（%）	指数	数量	同比增长（%）	占比（%）	指数	数量	同比增长（%）	占比（%）	指数
2005	0	—	0.00	—	0	—	0.00	—	0	—	0.00	—
2006	0	—	0.00	—	0	—	0.00	—	0	—	0.00	—
2007	0	—	0.00	—	0	—	0.00	—	1	—	16.67	—

续表

年份	通道融资+增资—公募				增资—配售+私募股权				增资—配售+增资—私人配售			
	数量	同比增长（%）	占比（%）	指数	数量	同比增长（%）	占比（%）	指数	数量	同比增长（%）	占比（%）	指数
2008	0	—	0.00	—	0	—	0.00	—	0	-100.00	0.00	—
2009	1	—	25.00	—	0	—	0.00	—	0	—	0.00	—
2010	0	-100.00	0.00	—	1	—	16.67	—	0	—	0.00	—
2011	0	—	0.00	—	0	-100.00	0.00	—	0	—	0.00	—
2012	0	—	0.00	—	0	—	0.00	—	0	—	0.00	—
2013	0	—	0.00	—	0	—	0.00	—	0	—	0.00	—
2014	0	—	0.00	—	0	—	0.00	—	0	—	0.00	—
2015	0	—	0.00	—	0	—	0.00	—	0	—	0.00	—
2016	0	—	0.00	—	0	—	0.00	—	0	—	0.00	—
2017	0	—	0.00	—	0	—	0.00	—	0	—	0.00	—
2018	0	—	0.00	—	0	—	0.00	—	0	—	0.00	—
2019	0	—	0.00	—	0	—	0.00	—	0	—	0.00	—
2020	0	—	0.00	—	0	—	0.00	—	0	—	0.00	—
2021	0	—	0.00	—	0	—	0.00	—	0	—	0.00	—
2022	0	—	0.00	—	0	—	0.00	—	0	—	0.00	—
2023	0	—	—	—	0	—	—	—	0	—	—	—

年份	增资—配售+增资—公募				私募股权+增资—私人配售				增资—私人配售+增资—公募			
	数量	同比增长（%）	占比（%）	指数	数量	同比增长（%）	占比（%）	指数	数量	同比增长（%）	占比（%）	指数
2005	0	—	0.00	—	0	—	0.00	—	0	—	0.00	—
2006	0	—	0.00	—	0	—	0.00	—	0	—	0.00	—
2007	0	—	0.00	—	0	—	0.00	—	0	—	0.00	—
2008	0	—	0.00	—	1	—	25.00	—	1	—	25.00	—
2009	0	—	0.00	—	0	-100.00	0.00	—	0	-100.00	0.00	—
2010	0	—	0.00	—	0	—	0.00	—	0	—	0.00	—

续表

年份	增资—配售+增资—公募				私募股权+增资—私人配售				增资—私人配售+增资—公募			
	数量	同比增长（%）	占比（%）	指数	数量	同比增长（%）	占比（%）	指数	数量	同比增长（%）	占比（%）	指数
2011	0	—	0.00	—	0	—	0.00	—	0	—	0.00	—
2012	0	—	0.00	—	0	—	0.00	—	0	—	0.00	—
2013	0	—	0.00	—	0	—	0.00	—	0	—	0.00	—
2014	0	—	0.00	—	0	—	0.00	—	0	—	0.00	—
2015	0	—	0.00	—	0	—	0.00	—	0	—	0.00	—
2016	0	—	0.00	—	0	—	0.00	—	0	—	0.00	—
2017	0	—	0.00	—	0	—	0.00	—	0	—	0.00	—
2018	1	—	7.14	—	0	—	0.00	—	0	—	0.00	—
2019	0	-100.00	0.00	—	0	—	0.00	—	0	—	0.00	—
2020	0	—	0.00	—	0	—	0.00	—	0	—	0.00	—
2021	0	—	0.00	—	0	—	0.00	—	0	—	0.00	—
2022	0	—	0.00	—	0	—	0.00	—	0	—	0.00	—
2023	0	—	—	—	0	—	—	—	0	—	—	—

年份	增资—私人配售+增资—新股发行				小计			
	数量	同比增长（%）	占比（%）	指数	数量	同比增长（%）	占比（%）	指数
2005	0	—	0.00	—	11	—	100.00	189.66
2006	0	—	0.00	—	6	-45.45	100.00	103.45
2007	0	—	0.00	—	6	0.00	100.00	103.45
2008	0	—	0.00	—	4	-33.33	100.00	68.97
2009	1	—	25.00	—	4	0.00	100.00	68.97
2010	0	-100.00	0.00	—	6	50.00	100.00	103.45
2011	0	—	0.00	—	1	-83.33	100.00	17.24
2012	0	—	0.00	—	1	0.00	100.00	17.24
2013	0	—	0.00	—	6	500.00	100.00	103.45

续表

年份	增资—私人配售+增资—新股发行				小计			
	数量	同比增长（%）	占比（%）	指数	数量	同比增长（%）	占比（%）	指数
2014	0	—	0.00	—	9	50.00	100.00	155.17
2015	0	—	0.00	—	12	33.33	100.00	206.90
2016	0	—	0.00	—	15	25.00	100.00	258.62
2017	0	—	0.00	—	9	-40.00	100.00	155.17
2018	0	—	0.00	—	14	55.56	100.00	241.38
2019	0	—	0.00	—	8	-42.86	100.00	137.93
2020	0	—	0.00	—	7	-12.50	100.00	120.69
2021	0	—	0.00	—	51	628.57	100.00	879.31
2022	0	—	0.00	—	10	-80.39	100.00	172.41
2023	0	—	—	—	0	-100.00	—	0.00

注：存在重复统计的情况，处理方式和行业别统计一致。

表 3-5-8　2005—2023 年中国民营企业对外并购投资中多渠道融资的金额分布

（单位：百万美元）

年份	天使投资+增资—发行可转债+开发资金—种子轮+风险资本				天使投资+企业风险投资+开发资金+家族办公室+私募股权				天使投资+企业风险投资+开发资金+家族办公室+风险资本			
	金额	同比增长（%）	占比（%）	指数	金额	同比增长（%）	占比（%）	指数	金额	同比增长（%）	占比（%）	指数
2005	0.00	—	0.00	0.00	0.00	—	0.00	—	0.00	—	0.00	—
2006	0.00	—	0.00	0.00	0.00	—	0.00	—	0.00	—	0.00	—
2007	0.00	—	0.00	0.00	0.00	—	0.00	—	0.00	—	0.00	—
2008	0.00	—	0.00	0.00	0.00	—	0.00	—	0.00	—	0.00	—
2009	0.00	—	0.00	0.00	0.00	—	0.00	—	0.00	—	0.00	—
2010	0.00	—	0.00	0.00	0.00	—	0.00	—	0.00	—	0.00	—
2011	0.00	—	0.00	0.00	0.00	—	0.00	—	0.00	—	0.00	—
2012	0.00	—	—	0.00	0.00	—	—	—	0.00	—	—	—
2013	0.77	—	0.19	500.00	0.00	—	0.00	—	0.00	—	0.00	—

续表

年份	天使投资+增资—发行可转债+开发资金—种子轮+风险资本				天使投资+企业风险投资+开发资金+家族办公室+私募股权				天使投资+企业风险投资+开发资金+家族办公室+风险资本			
	金额	同比增长（%）	占比（%）	指数	金额	同比增长（%）	占比（%）	指数	金额	同比增长（%）	占比（%）	指数
2014	0.00	-100.00	0.00	0.00	0.00	—	0.00	—	0.00	—	0.00	—
2015	0.00	—	0.00	0.00	0.00	—	0.00	—	0.00	—	0.00	—
2016	0.00	—	0.00	0.00	0.00	—	0.00	—	0.00	—	0.00	—
2017	0.00	—	0.00	0.00	0.00	—	0.00	—	0.00	—	0.00	—
2018	0.00	—	0.00	0.00	0.00	—	0.00	—	0.00	—	0.00	—
2019	0.00	—	0.00	0.00	0.00	—	0.00	—	182.50	—	11.21	—
2020	0.00	—	0.00	0.00	0.00	—	0.00	—	0.00	-100.00	0.00	—
2021	0.00	—	0.00	0.00	55.00	—	2.46	—	0.00	—	0.00	—
2022	0.00	—	0.00	0.00	0.00	-100.00	0.00	—	0.00	—	0.00	—
2023	0.00	—	—	0.00	0.00	—	—	—	0.00	—	—	—

年份	天使投资+企业风险投资+开发资金+对冲基金+风险资本				天使投资+企业风险投资+开发资金+私募股权				天使投资+企业风险投资+开发资金+风险资本			
	金额	同比增长（%）	占比（%）	指数	金额	同比增长（%）	占比（%）	指数	金额	同比增长（%）	占比（%）	指数
2005	0.00	—	0.00	—	0.00	—	0.00	0.00	0.00	—	0.00	—
2006	0.00	—	0.00	—	0.00	—	0.00	0.00	0.00	—	0.00	—
2007	0.00	—	0.00	—	0.00	—	0.00	0.00	0.00	—	0.00	—
2008	0.00	—	0.00	—	0.00	—	0.00	0.00	0.00	—	0.00	—
2009	0.00	—	0.00	—	0.00	—	0.00	0.00	0.00	—	0.00	—
2010	0.00	—	0.00	—	0.00	—	0.00	0.00	0.00	—	0.00	—
2011	0.00	—	0.00	—	0.00	—	0.00	0.00	0.00	—	0.00	—
2012	0.00	—	—	—	0.00	—	—	0.00	0.00	—	—	—
2013	0.00	—	0.00	—	0.00	—	0.00	0.00	0.00	—	0.00	—
2014	0.00	—	0.00	—	0.00	—	0.00	0.00	0.00	—	0.00	—
2015	0.00	—	0.00	—	29.00	—	0.71	500.00	0.00	—	0.00	—
2016	0.00	—	0.00	—	0.00	-100.00	0.00	0.00	0.00	—	0.00	—

续表

年份	天使投资+企业风险投资+开发资金+对冲基金+风险资本				天使投资+企业风险投资+开发资金+私募股权				天使投资+企业风险投资+开发资金+风险资本			
	金额	同比增长（%）	占比（%）	指数	金额	同比增长（%）	占比（%）	指数	金额	同比增长（%）	占比（%）	指数
2017	0.00	—	0.00	—	0.00	—	0.00	0.00	0.00	—	0.00	—
2018	0.00	—	0.00	—	0.00	—	0.00	0.00	0.00	—	0.00	—
2019	0.00	—	0.00	—	0.00	—	0.00	0.00	0.00	—	0.00	—
2020	0.00	—	0.00	—	0.00	—	0.00	0.00	0.00	—	0.00	—
2021	12.00	—	0.54	—	0.00	—	0.00	0.00	0.00	—	0.00	—
2022	0.00	-100.00	0.00	—	0.00	—	0.00	0.00	0.00	—	0.00	—
2023	0.00	—	—	—	0.00	—	—	0.00	0.00	—	—	—

年份	天使投资+企业风险投资+开发资金—第1轮-第8轮+家族办公室+私募股权				天使投资+企业风险投资+开发资金—第1轮-第8轮+家族办公室+风险资本				天使投资+企业风险投资+开发资金—第1轮-第8轮+对冲基金+私募股权			
	金额	同比增长（%）	占比（%）	指数	金额	同比增长（%）	占比（%）	指数	金额	同比增长（%）	占比（%）	指数
2005	0	—	0	—	0	—	0	—	0	—	0	—
2006	0	—	0	—	0	—	0	—	0	—	0	—
2007	0	—	0	—	0	—	0	—	0	—	0	—
2008	0	—	0	—	0	—	0	—	0	—	0	—
2009	0	—	0	—	0	—	0	—	0	—	0	—
2010	0	—	0	—	0	—	0	—	0	—	0	—
2011	0	—	0	—	0	—	0	—	0	—	0	—
2012	0	—	—	—	0	—	—	—	0	—	—	—
2013	0	—	0	—	0	—	0	—	0	—	0	—
2014	0	—	0	—	0	—	0	—	0	—	0	—
2015	0	—	0	—	0	—	0	—	0	—	0	—
2016	0	—	0	—	0	—	0	—	0	—	0	—
2017	0	—	0	—	28	—	1.88	—	0	—	0	—
2018	0	—	0	—	0	-100	0	—	0	—	0	—

续表

年份	天使投资+企业风险投资+开发资金—第1轮-第8轮+家族办公室+私募股权				天使投资+企业风险投资+开发资金—第1轮-第8轮+家族办公室+风险资本				天使投资+企业风险投资+开发资金—第1轮-第8轮+对冲基金+私募股权			
	金额	同比增长（%）	占比（%）	指数	金额	同比增长（%）	占比（%）	指数	金额	同比增长（%）	占比（%）	指数
2019	0	—	0	—	0	—	0	—	62	—	3.81	—
2020	0	—	0	—	0	—	0	—	0	-100	0	—
2021	18	—	0.81	—	0	—	0	—	0	—	0	—
2022	0	-100	0	—	0	—	0	—	0	—	0	—
2023	0	—	—	—	0	—	—	—	0	—	—	—

年份	天使投资+企业风险投资+开发资金—第1轮-第8轮+对冲基金+风险资本				天使投资+企业风险投资+开发资金—第1轮-第8轮+私募股权				天使投资+企业风险投资+开发资金—第1轮-第8轮+风险资本			
	金额	同比增长（%）	占比（%）	指数	金额	同比增长（%）	占比（%）	指数	金额	同比增长（%）	占比（%）	指数
2005	0.00	—	0.00	—	0.00	—	0.00	—	0.00	—	0.00	0.00
2006	0.00	—	0.00	—	8.80	—	8.64	—	0.00	—	0.00	0.00
2007	0.00	—	0.00	—	0.00	-100.00	0.00	—	0.00	—	0.00	0.00
2008	0.00	—	0.00	—	0.00	—	0.00	—	0.00	—	0.00	0.00
2009	0.00	—	0.00	—	0.00	—	0.00	—	0.00	—	0.00	0.00
2010	0.00	—	0.00	—	0.00	—	0.00	—	0.00	—	0.00	0.00
2011	0.00	—	0.00	—	0.00	—	0.00	—	0.00	—	0.00	0.00
2012	0.00	—	—	—	0.00	—	—	—	0.00	—	—	0.00
2013	0.00	—	0.00	—	0.00	—	0.00	—	0.00	—	0.00	0.00
2014	0.00	—	0.00	—	0.00	—	0.00	—	24.62	—	0.89	500.00
2015	0.00	—	0.00	—	0.00	—	0.00	—	0.00	-100.00	0.00	0.00
2016	0.00	—	0.00	—	0.00	—	0.00	—	0.00	—	0.00	0.00
2017	0.00	—	0.00	—	0.00	—	0.00	—	0.00	—	0.00	0.00
2018	0.00	—	0.00	—	0.00	—	0.00	—	0.00	—	0.00	0.00
2019	0.00	—	0.00	—	0.00	—	0.00	—	0.00	—	0.00	0.00
2020	0.00	—	0.00	—	0.00	—	0.00	—	0.00	—	0.00	0.00

续表

年份	天使投资+企业风险投资+开发资金—第1轮-第8轮+对冲基金+风险资本				天使投资+企业风险投资+开发资金—第1轮-第8轮+私募股权				天使投资+企业风险投资+开发资金—第1轮-第8轮+风险资本			
	金额	同比增长（%）	占比（%）	指数	金额	同比增长（%）	占比（%）	指数	金额	同比增长（%）	占比（%）	指数
2021	168.00	—	7.52	—	0.00	—	0.00	—	0.00	—	0.00	0.00
2022	0.00	-100.00	0.00	—	0.00	—	0.00	—	0.00	—	0.00	0.00
2023	0.00	—	—	—	0.00	—	—	—	0.00	—	—	0.00

年份	天使投资+企业风险投资+开发资金—种子轮+家族办公室+风险资本				天使投资+企业风险投资+开发资金—种子轮+对冲基金+风险资本				天使投资+企业风险投资+开发资金—种子轮+私募股权			
	金额	同比增长（%）	占比（%）	指数	金额	同比增长（%）	占比（%）	指数	金额	同比增长（%）	占比（%）	指数
2005	0.00	—	0.00	—	0	—	0	—	0.00	—	0.00	—
2006	0.00	—	0.00	—	0	—	0	—	0.00	—	0.00	—
2007	0.00	—	0.00	—	0	—	0	—	0.00	—	0.00	—
2008	0.00	—	0.00	—	0	—	0	—	0.00	—	0.00	—
2009	0.00	—	0.00	—	0	—	0	—	0.00	—	0.00	—
2010	0.00	—	0.00	—	0	—	0	—	0.00	—	0.00	—
2011	0.00	—	0.00	—	0	—	0	—	0.00	—	0.00	—
2012	0.00	—	—	—	0	—	—	—	0.00	—	—	—
2013	0.00	—	0.00	—	0	—	0	—	0.00	—	0.00	—
2014	0.00	—	0.00	—	0	—	0	—	0.00	—	0.00	—
2015	0.00	—	0.00	—	0	—	0	—	0.00	—	0.00	—
2016	0.00	—	0.00	—	0	—	0	—	0.00	—	0.00	—
2017	0.00	—	0.00	—	0	—	0	—	0.00	—	0.00	—
2018	0.00	—	0.00	—	0	—	0	—	0.00	—	0.00	—
2019	0.00	—	0.00	—	0	—	0	—	6.50	—	0.40	—
2020	1.80	—	0.43	—	0	—	0	—	0.00	-100.00	0.00	—
2021	0.00	-100.00	0.00	—	6.8	—	0.3	—	0.00	—	0.00	—
2022	0.00	—	0.00	—	0	-100	0	—	0.00	—	0.00	—
2023	0.00	—	—	—	0	—	—	—	0.00	—	—	—

续表

年份	天使投资+企业风险投资+开发资金—种子轮+风险资本				天使投资+众筹+开发资金+风险资本				天使投资+众筹+开发资金—种子轮+风险资本			
	金额	同比增长（%）	占比（%）	指数	金额	同比增长（%）	占比（%）	指数	金额	同比增长（%）	占比（%）	指数
2005	0.00	—	0.00	0.00	0.00	—	0.00	—	0.00	—	0.00	0.00
2006	0.00	—	0.00	0.00	0.00	—	0.00	—	0.00	—	0.00	0.00
2007	0.00	—	0.00	0.00	0.00	—	0.00	—	0.00	—	0.00	0.00
2008	0.00	—	0.00	0.00	0.00	—	0.00	—	0.00	—	0.00	0.00
2009	0.00	—	0.00	0.00	0.00	—	0.00	—	0.00	—	0.00	0.00
2010	0.00	—	0.00	0.00	0.00	—	0.00	—	0.00	—	0.00	0.00
2011	0.00	—	0.00	0.00	0.00	—	0.00	—	0.00	—	0.00	0.00
2012	0.00	—	—	0.00	0.00	—	—	—	0.00	—	—	0.00
2013	0.65	—	0.16	500.00	0.00	—	0.00	—	0.00	—	0.00	0.00
2014	0.00	-100.00	0.00	0.00	0.00	—	0.00	—	0.00	—	0.00	0.00
2015	0.00	—	0.00	0.00	0.00	—	0.00	—	2.00	—	0.05	500.00
2016	0.00	—	0.00	0.00	0.00	—	0.00	—	0.00	-100.00	0.00	0.00
2017	0.00	—	0.00	0.00	0.00	—	0.00	—	0.00	—	0.00	0.00
2018	0.00	—	0.00	0.00	0.00	—	0.00	—	0.00	—	0.00	0.00
2019	0.00	—	0.00	0.00	1.69	—	0.10	—	0.00	—	0.00	0.00
2020	0.00	—	0.00	0.00	0.00	-100.00	0.00	—	0.00	—	0.00	0.00
2021	0.00	—	0.00	0.00	0.00	—	0.00	—	0.00	—	0.00	0.00
2022	0.00	—	0.00	0.00	0.00	—	0.00	—	0.00	—	0.00	0.00
2023	0.00	—	—	0.00	0.00	—	—	—	0.00	—	—	0.00

年份	天使投资+开发资金+私募股权				天使投资+开发资金+风险资本				天使投资+开发资金—第1轮-第8轮+家族办公室+风险资本			
	金额	同比增长（%）	占比（%）	指数	金额	同比增长（%）	占比（%）	指数	金额	同比增长（%）	占比（%）	指数
2005	0.00	—	0.00	—	0.00	—	0.00	—	0.00	—	0.00	—
2006	0.00	—	0.00	—	0.00	—	0.00	—	0.00	—	0.00	—
2007	0.00	—	0.00	—	1.37	—	0.50	—	0.00	—	0.00	—

续表

年份	天使投资+开发资金+私募股权				天使投资+开发资金+风险资本				天使投资+开发资金—第1轮-第8轮+家族办公室+风险资本			
	金额	同比增长（%）	占比（%）	指数	金额	同比增长（%）	占比（%）	指数	金额	同比增长（%）	占比（%）	指数
2008	0.00	—	0.00	—	0.00	-100.00	0.00	—	0.00	—	0.00	—
2009	0.00	—	0.00	—	0.00	—	0.00	—	0.00	—	0.00	—
2010	0.00	—	0.00	—	0.00	—	0.00	—	0.00	—	0.00	—
2011	0.00	—	0.00	—	0.00	—	0.00	—	0.00	—	0.00	—
2012	0.00	—	—	—	0.00	—	—	—	0.00	—	—	—
2013	0.00	—	0.00	—	0.00	—	0.00	—	0.00	—	0.00	—
2014	0.00	—	0.00	—	0.00	—	0.00	—	0.00	—	0.00	—
2015	0.00	—	0.00	—	0.00	—	0.00	—	0.00	—	0.00	—
2016	10.00	—	0.09	—	0.00	—	0.00	—	0.00	—	0.00	—
2017	0.00	-100.00	0.00	—	0.00	—	0.00	—	0.00	—	0.00	—
2018	0.00	—	0.00	—	0.00	—	0.00	—	0.00	—	0.00	—
2019	0.00	—	0.00	—	0.00	—	0.00	—	0.00	—	0.00	—
2020	0.00	—	0.00	—	0.00	—	0.00	—	0.00	—	0.00	—
2021	0.00	—	0.00	—	0.00	—	0.00	—	6.39	—	0.29	—
2022	0.00	—	0.00	—	0.00	—	0.00	—	0.00	-100.00	0.00	—
2023	0.00	—	—	—	0.00	—	—	—	0.00	—	—	—

年份	天使投资+开发资金—第1轮-第8轮+对冲基金+私募股权				天使投资+开发资金—第1轮-第8轮+私募股权				天使投资+开发资金—第1轮-第8轮+风险资本			
	金额	同比增长（%）	占比（%）	指数	金额	同比增长（%）	占比（%）	指数	金额	同比增长（%）	占比（%）	指数
2005	0.00	—	0.00	—	0.00	—	0.00	0.00	0.00	—	0.00	—
2006	0.00	—	0.00	—	0.00	—	0.00	0.00	0.00	—	0.00	—
2007	0.00	—	0.00	—	0.00	—	0.00	0.00	0.00	—	0.00	—
2008	0.00	—	0.00	—	0.00	—	0.00	0.00	0.00	—	0.00	—
2009	0.00	—	0.00	—	0.00	—	0.00	0.00	0.00	—	0.00	—
2010	0.00	—	0.00	—	0.00	—	0.00	0.00	0.00	—	0.00	—

续表

年份	天使投资+开发资金—第1轮-第8轮+对冲基金+私募股权				天使投资+开发资金—第1轮-第8轮+私募股权				天使投资+开发资金—第1轮-第8轮+风险资本			
	金额	同比增长（%）	占比（%）	指数	金额	同比增长（%）	占比（%）	指数	金额	同比增长（%）	占比（%）	指数
2011	0.00	—	0.00	—	0.00	—	0.00	0.00	0.00	—	0.00	—
2012	0.00	—	—	—	0.00	—	—	0.00	0.00	—	—	—
2013	0.00	—	0.00	—	0.00	—	0.00	0.00	0.00	—	0.00	—
2014	0.00	—	0.00	—	3.30	—	0.12	500.00	0.00	—	0.00	—
2015	0.00	—	0.00	—	0.00	-100.00	0.00	0.00	0.00	—	0.00	—
2016	0.00	—	0.00	—	0.00	—	0.00	0.00	0.00	—	0.00	—
2017	0.00	—	0.00	—	0.00	—	0.00	0.00	0.00	—	0.00	—
2018	0.00	—	0.00	—	0.00	—	0.00	0.00	0.00	—	0.00	—
2019	0.00	—	0.00	—	0.00	—	0.00	0.00	0.00	—	0.00	—
2020	0.00	—	0.00	—	0.00	—	0.00	0.00	0.00	—	0.00	—
2021	150.00	—	6.72	—	0.00	—	0.00	0.00	0.00	—	0.00	—
2022	0.00	-100.00	0.00	—	0.00	—	0.00	0.00	0.00	—	0.00	—
2023	0.00	—	—	—	0.00	—	—	0.00	0.00	—	—	—

年份	天使投资+开发资金—种子轮+私募股权				天使投资+开发资金—种子轮+风险资本				增资+增资—可转债+注资			
	金额	同比增长（%）	占比（%）	指数	金额	同比增长（%）	占比（%）	指数	金额	同比增长（%）	占比（%）	指数
2005	0.00	—	0.00	0.00	0.00	—	0.00	—	0.00	—	0.00	—
2006	0.00	—	0.00	0.00	0.00	—	0.00	—	0.00	—	0.00	—
2007	0.00	—	0.00	0.00	0.00	—	0.00	—	0.00	—	0.00	—
2008	0.00	—	0.00	0.00	0.00	—	0.00	—	0.00	—	0.00	—
2009	0.00	—	0.00	0.00	0.00	—	0.00	—	0.00	—	0.00	—
2010	0.00	—	0.00	0.00	0.00	—	0.00	—	0.00	—	0.00	—
2011	0.00	—	0.00	0.00	0.00	—	0.00	—	0.00	—	0.00	—
2012	0.00	—	—	0.00	0.00	—	—	—	0.00	—	—	—
2013	0.00	—	0.00	0.00	0.00	—	0.00	—	0.00	—	0.00	—

续表

年份	天使投资+开发资金—种子轮+私募股权				天使投资+开发资金—种子轮+风险资本				增资+增资—可转债+注资			
	金额	同比增长（%）	占比（%）	指数	金额	同比增长（%）	占比（%）	指数	金额	同比增长（%）	占比（%）	指数
2014	0.00	—	0.00	0.00	0.00	—	0.00	—	0.00	—	0.00	—
2015	1.30	—	0.03	500.00	0.00	—	0.00	—	0.00	—	0.00	—
2016	0.00	-100.00	0.00	0.00	0.00	—	0.00	—	49.41	—	0.43	—
2017	0.00	—	0.00	0.00	0.00	—	0.00	—	0.00	-100.00	0.00	—
2018	0.00	—	0.00	0.00	0.00	—	0.00	—	0.00	—	0.00	—
2019	0.00	—	0.00	0.00	0.00	—	0.00	—	0.00	—	0.00	—
2020	0.00	—	0.00	0.00	0.00	—	0.00	—	0.00	—	0.00	—
2021	0.00	—	0.00	0.00	0.00	—	0.00	—	0.00	—	0.00	—
2022	0.00	—	0.00	0.00	0.00	—	0.00	—	0.00	—	0.00	—
2023	0.00	—	—	0.00	0.00	—	—	—	0.00	—	—	—

年份	增资+注资				增资+注资+杠杆+新银行信贷便利				增资+注资+杠杆收购+新银行信贷便利			
	金额	同比增长（%）	占比（%）	指数	金额	同比增长（%）	占比（%）	指数	金额	同比增长（%）	占比（%）	指数
2005	1.00	—	0.55	—	0.00	—	0.00	—	0.00	—	0.00	—
2006	0.00	-100.00	0.00	—	0.00	—	0.00	—	0.00	—	0.00	—
2007	0.00	—	0.00	—	0.00	—	0.00	—	0.00	—	0.00	—
2008	0.00	—	0.00	—	0.00	—	0.00	—	0.00	—	0.00	—
2009	0.00	—	0.00	—	0.00	—	0.00	—	0.00	—	0.00	—
2010	0.00	—	0.00	—	0.00	—	0.00	—	0.00	—	0.00	—
2011	0.00	—	0.00	—	0.00	—	0.00	—	0.00	—	0.00	—
2012	0.00	—	—	—	0.00	—	—	—	0.00	—	—	—
2013	0.00	—	0.00	—	0.00	—	0.00	—	0.00	—	0.00	—
2014	0.00	—	0.00	—	0.00	—	0.00	—	0.00	—	0.00	—
2015	0.00	—	0.00	—	0.00	—	0.00	—	0.00	—	0.00	—
2016	0.00	—	0.00	—	0.00	—	0.00	—	68.00	—	0.59	—

续表

年份	增资+注资				增资+注资+杠杆+新银行信贷便利				增资+注资+杠杆收购+新银行信贷便利			
	金额	同比增长（%）	占比（%）	指数	金额	同比增长（%）	占比（%）	指数	金额	同比增长（%）	占比（%）	指数
2017	0.00	—	0.00	—	0.00	—	0.00	—	0.00	-100.00	0.00	—
2018	0.00	—	0.00	—	0.00	—	0.00	—	0.00	—	0.00	—
2019	0.00	—	0.00	—	172.54	—	10.60	—	0.00	—	0.00	—
2020	0.00	—	0.00	—	0.00	-100.00	0.00	—	0.00	—	0.00	—
2021	0.00	—	0.00	—	0.00	—	0.00	—	0.00	—	0.00	—
2022	0.00	—	0.00	—	0.00	—	0.00	—	0.00	—	0.00	—
2023	0.00	—	—	—	0.00	—	—	—	0.00	—	—	—

年份	增资+注资+新银行信贷便利				增资+注资+私募股权				增资+注资+增资—私人配售			
	金额	同比增长（%）	占比（%）	指数	金额	同比增长（%）	占比（%）	指数	金额	同比增长（%）	占比（%）	指数
2005	0.00	—	0.00	0.00	0.00	—	0.00	0.00	0.00	—	0.00	—
2006	0.00	—	0.00	0.00	0.00	—	0.00	0.00	0.00	—	0.00	—
2007	0.00	—	0.00	0.00	0.00	—	0.00	0.00	0.00	—	0.00	—
2008	0.00	—	0.00	0.00	0.00	—	0.00	0.00	0.00	—	0.00	—
2009	0.00	—	0.00	0.00	0.00	—	0.00	0.00	0.00	—	0.00	—
2010	0.00	—	0.00	0.00	0.00	—	0.00	0.00	0.00	—	0.00	—
2011	0.00	—	0.00	0.00	0.00	—	0.00	0.00	0.00	—	0.00	—
2012	0.00	—	—	0.00	0.00	—	—	0.00	0.00	—	—	—
2013	80.08	—	19.77	500.00	0.00	—	0.00	0.00	0.00	—	0.00	—
2014	0.00	-100.00	0.00	0.00	0.00	—	0.00	0.00	0.00	—	0.00	—
2015	0.00	—	0.00	0.00	193.42	—	4.77	500.00	0.00	—	0.00	—
2016	0.00	—	0.00	0.00	0.00	-100.00	0.00	0.00	0.00	—	0.00	—
2017	0.00	—	0.00	0.00	0.00	—	0.00	0.00	0.00	—	0.00	—
2018	0.00	—	0.00	0.00	0.00	—	0.00	0.00	80.00	—	11.61	—
2019	0.00	—	0.00	0.00	0.00	—	0.00	0.00	0.00	-100.00	0.00	—

续表

年份	增资+注资+新银行信贷便利				增资+注资+私募股权				增资+注资+增资—私人配售			
	金额	同比增长（%）	占比（%）	指数	金额	同比增长（%）	占比（%）	指数	金额	同比增长（%）	占比（%）	指数
2020	0.00	—	0.00	0.00	0.00	—	0.00	0.00	0.00	—	0.00	—
2021	0.00	—	0.00	0.00	0.00	—	0.00	0.00	0.00	—	0.00	—
2022	0.00	—	0.00	0.00	0.00	—	0.00	0.00	0.00	—	0.00	—
2023	0.00	—	—	0.00	0.00	—	—	0.00	0.00	—	—	—

年份	增资+开发资金—种子轮+风险资本				增资+通道融资				增资+增资—配售+增资—公募			
	金额	同比增长（%）	占比（%）	指数	金额	同比增长（%）	占比（%）	指数	金额	同比增长（%）	占比（%）	指数
2005	0.00	—	0.00	—	0.00	—	0.00	—	0.00	—	0.00	0.00
2006	0.00	—	0.00	—	0.00	—	0.00	—	0.00	—	0.00	0.00
2007	0.00	—	0.00	—	0.00	—	0.00	—	0.00	—	0.00	0.00
2008	0.00	—	0.00	—	0.00	—	0.00	—	0.00	—	0.00	0.00
2009	0.00	—	0.00	—	0.00	—	0.00	—	0.00	—	0.00	0.00
2010	0.00	—	0.00	—	0.00	—	0.00	—	0.00	—	0.00	0.00
2011	0.00	—	0.00	—	0.00	—	0.00	—	0.00	—	0.00	0.00
2012	0.00	—	—	—	0.00	—	—	—	0.00	—	—	0.00
2013	0.00	—	0.00	—	0.00	—	0.00	—	0.00	—	0.00	0.00
2014	0.00	—	0.00	—	0.00	—	0.00	—	0.00	—	0.00	0.00
2015	0.00	—	0.00	—	0.00	—	0.00	—	101.93	—	2.51	500.00
2016	0.00	—	0.00	—	0.00	—	0.00	—	0.00	-100.00	0.00	0.00
2017	0.00	—	0.00	—	0.00	—	0.00	—	0.00	—	0.00	0.00
2018	10.00	—	1.45	—	12.57	—	1.82	—	0.00	—	0.00	0.00
2019	0.00	-100.00	0.00	—	0.00	-100.00	0.00	—	0.00	—	0.00	0.00
2020	0.00	—	0.00	—	0.00	—	0.00	—	0.00	—	0.00	0.00
2021	0.00	—	0.00	—	0.00	—	0.00	—	0.00	—	0.00	0.00
2022	0.00	—	0.00	—	0.00	—	0.00	—	0.00	—	0.00	0.00
2023	0.00	—	—	—	0.00	—	—	—	0.00	—	—	0.00

续表

年份	增资+增资—配售+增资—新股发行				增资+私募股权				增资+增资—私人配售			
	金额	同比增长（%）	占比（%）	指数	金额	同比增长（%）	占比（%）	指数	金额	同比增长（%）	占比（%）	指数
2005	0.00	—	0.00	—	0.00	—	0.00	—	0.00	—	0.00	0.00
2006	0.00	—	0.00	—	0.00	—	0.00	—	0.00	—	0.00	0.00
2007	0.00	—	0.00	—	0.00	—	0.00	—	0.00	—	0.00	0.00
2008	0.00	—	0.00	—	0.00	—	0.00	—	0.00	—	0.00	0.00
2009	0.00	—	0.00	—	0.00	—	0.00	—	0.00	—	0.00	0.00
2010	0.00	—	0.00	—	0.00	—	0.00	—	0.00	—	0.00	0.00
2011	0.00	—	0.00	—	0.00	—	0.00	—	0.43	—	100.00	500.00
2012	0.00	—	—	—	0.00	—	—	—	0.00	-100.00	—	0.00
2013	0.00	—	0.00	—	0.00	—	0.00	—	0.00	—	0.00	0.00
2014	0.00	—	0.00	—	0.00	—	0.00	—	0.00	—	0.00	0.00
2015	0.00	—	0.00	—	0.00	—	0.00	—	0.00	—	0.00	0.00
2016	0.00	—	0.00	—	350.00	—	3.03	—	0.00	—	0.00	0.00
2017	266.45	—	17.88	—	0.00	-100.00	0.00	—	0.00	—	0.00	0.00
2018	0.00	-100.00	0.00	—	0.00	—	0.00	—	0.00	—	0.00	0.00
2019	0.00	—	0.00	—	0.00	—	0.00	—	0.00	—	0.00	0.00
2020	0.00	—	0.00	—	0.00	—	0.00	—	0.00	—	0.00	0.00
2021	0.00	—	0.00	—	0.00	—	0.00	—	0.00	—	0.00	0.00
2022	0.00	—	0.00	—	0.00	—	0.00	—	0.00	—	0.00	0.00
2023	0.00	—	—	—	0.00	—	—	—	0.00	—	—	0.00

年份	增资—可转债+注资				增资—可转债+企业风险投资+开发资金—第 1 轮-第 8 轮+对冲基金+私募股权				增资—可转债+开发资金+风险资本			
	金额	同比增长（%）	占比（%）	指数	金额	同比增长（%）	占比（%）	指数	金额	同比增长（%）	占比（%）	指数
2005	0.00	—	0.00	—	0.00	—	0.00	—	0.00	—	0.00	0.00
2006	0.00	—	0.00	—	0.00	—	0.00	—	0.00	—	0.00	0.00
2007	0.00	—	0.00	—	0.00	—	0.00	—	0.00	—	0.00	0.00

续表

年份	增资—可转债+注资				增资—可转债+企业风险投资+开发资金—第1轮-第8轮+对冲基金+私募股权				增资—可转债+开发资金+风险资本			
	金额	同比增长（%）	占比（%）	指数	金额	同比增长（%）	占比（%）	指数	金额	同比增长（%）	占比（%）	指数
2008	0.00	—	0.00	—	0.00	—	0.00	—	0.00	—	0.00	0.00
2009	0.00	—	0.00	—	0.00	—	0.00	—	0.00	—	0.00	0.00
2010	0.00	—	0.00	—	0.00	—	0.00	—	0.00	—	0.00	0.00
2011	0.00	—	0.00	—	0.00	—	0.00	—	0.00	—	0.00	0.00
2012	0.00	—	—	—	0.00	—	—	—	0.00	—	—	0.00
2013	0.00	—	0.00	—	0.00	—	0.00	—	7.00	—	1.73	500.00
2014	0.00	—	0.00	—	0.00	—	0.00	—	0.00	-100.00	0.00	0.00
2015	0.00	—	0.00	—	0.00	—	0.00	—	0.00	—	0.00	0.00
2016	0.00	—	0.00	—	0.00	—	0.00	—	0.00	—	0.00	0.00
2017	813.94	—	54.62	—	0.00	—	0.00	—	0.00	—	0.00	0.00
2018	0.00	-100.00	0.00	—	0.00	—	0.00	—	0.00	—	0.00	0.00
2019	0.00	—	0.00	—	0.00	—	0.00	—	0.00	—	0.00	0.00
2020	0.00	—	0.00	—	130.00	—	31.22	—	0.00	—	0.00	0.00
2021	0.00	—	0.00	—	0.00	-100.00	0.00	—	0.00	—	0.00	0.00
2022	0.00	—	0.00	—	0.00	—	0.00	—	0.00	—	0.00	0.00
2023	0.00	—	—	—	0.00	—	—	—	0.00	—	—	0.00

年份	增资—可转债+对冲基金				增资—可转债+通道融资				增资—可转债+私募股权			
	金额	同比增长（%）	占比（%）	指数	金额	同比增长（%）	占比（%）	指数	金额	同比增长（%）	占比（%）	指数
2005	0.00	—	0.00	—	0.00	—	0.00	—	0.00	—	0.00	—
2006	0.00	—	0.00	—	0.00	—	0.00	—	0.00	—	0.00	—
2007	0.00	—	0.00	—	0.00	—	0.00	—	0.00	—	0.00	—
2008	0.00	—	0.00	—	0.00	—	0.00	—	0.00	—	0.00	—
2009	0.00	—	0.00	—	0.00	—	0.00	—	0.00	—	0.00	—

续表

年份	增资—可转债+对冲基金				增资—可转债+通道融资				增资—可转债+私募股权			
	金额	同比增长（%）	占比（%）	指数	金额	同比增长（%）	占比（%）	指数	金额	同比增长（%）	占比（%）	指数
2010	0.00	—	0.00	—	0.00	—	0.00	—	0.00	—	0.00	—
2011	0.00	—	0.00	—	0.00	—	0.00	—	0.00	—	0.00	—
2012	0.00	—	—	—	0.00	—	—	—	0.00	—	—	—
2013	0.00	—	0.00	—	0.00	—	0.00	—	0.00	—	0.00	—
2014	0.00	—	0.00	—	0.00	—	0.00	—	0.00	—	0.00	—
2015	0.00	—	0.00	—	0.00	—	0.00	—	0.00	—	0.00	—
2016	0.00	—	0.00	—	0.00	—	0.00	—	1221.40	—	10.59	—
2017	0.00	—	0.00	—	8.65	—	0.58	—	0.00	-100.00	0.00	—
2018	0.00	—	0.00	—	0.00	-100.00	0.00	—	0.00	—	0.00	—
2019	0.00	—	0.00	—	0.00	—	0.00	—	0.00	—	0.00	—
2020	0.00	—	0.00	—	0.00	—	0.00	—	0.00	—	0.00	—
2021	19.64	—	0.88	—	0.00	—	0.00	—	0.00	—	0.00	—
2022	0.00	-100.00	0.00	—	0.00	—	0.00	—	0.00	—	0.00	—
2023	0.00	—	—	—	0.00	—	—	—	0.00	—	—	—

年份	增资—可转债+增资—私人配售				增资—卖方配售+杠杆+新银行信贷便利+私募股权				注资+增资—配售			
	金额	同比增长（%）	占比（%）	指数	金额	同比增长（%）	占比（%）	指数	金额	同比增长（%）	占比（%）	指数
2005	0.00	—	0.00	—	0.00	—	0.00	—	0.00	—	0.00	—
2006	0.00	—	0.00	—	0.00	—	0.00	—	0.00	—	0.00	—
2007	0.00	—	0.00	—	0.00	—	0.00	—	0.00	—	0.00	—
2008	0.00	—	0.00	—	0.00	—	0.00	—	0.00	—	0.00	—
2009	0.00	—	0.00	—	0.00	—	0.00	—	0.00	—	0.00	—
2010	0.00	—	0.00	—	0.00	—	0.00	—	35.00	—	22.48	—
2011	0.00	—	0.00	—	0.00	—	0.00	—	0.00	-100.00	0.00	—
2012	0.00	—	—	—	0.00	—	—	—	0.00	—	—	—

续表

年份	增资—可转债+增资—私人配售				增资—卖方配售+杠杆+新银行信贷便利+私募股权				注资+增资—配售			
	金额	同比增长（%）	占比（%）	指数	金额	同比增长（%）	占比（%）	指数	金额	同比增长（%）	占比（%）	指数
2013	0.00	—	0.00	—	0.00	—	0.00	—	0.00	—	0.00	—
2014	0.00	—	0.00	—	0.00	—	0.00	—	0.00	—	0.00	—
2015	0.00	—	0.00	—	0.00	—	0.00	—	0.00	—	0.00	—
2016	0.00	—	0.00	—	0.00	—	0.00	—	0.00	—	0.00	—
2017	113.40	—	7.61	—	188.46	—	12.65	—	0.00	—	0.00	—
2018	0.00	-100.00	0.00	—	0.00	-100.00	0.00	—	0.00	—	0.00	—
2019	0.00	—	0.00	—	0.00	—	0.00	—	0.00	—	0.00	—
2020	0.00	—	0.00	—	0.00	—	0.00	—	0.00	—	0.00	—
2021	0.00	—	0.00	—	0.00	—	0.00	—	0.00	—	0.00	—
2022	0.00	—	0.00	—	0.00	—	0.00	—	0.00	—	0.00	—
2023	0.00	—	—	—	0.00	—	—	—	0.00	—	—	—

年份	注资+增资—私人配售				增资—发行可转债+企业风险投资+开发资金+私募股权				增资—发行可转债+开发资金+私募股权			
	金额	同比增长（%）	占比（%）	指数	金额	同比增长（%）	占比（%）	指数	金额	同比增长（%）	占比（%）	指数
2005	0.00	—	0.00	—	0.00	—	0.00	—	29.00	—	16.06	—
2006	50.00	—	49.09	—	0.00	—	0.00	—	0.00	-100.00	0.00	—
2007	0.00	-100.00	0.00	—	0.00	—	0.00	—	0.00	—	0.00	—
2008	0.00	—	0.00	—	0.00	—	0.00	—	0.00	—	0.00	—
2009	0.00	—	0.00	—	0.00	—	0.00	—	0.00	—	0.00	—
2010	0.00	—	0.00	—	0.00	—	0.00	—	0.00	—	0.00	—
2011	0.00	—	0.00	—	0.00	—	0.00	—	0.00	—	0.00	—
2012	0.00	—	—	—	0.00	—	—	—	0.00	—	—	—
2013	0.00	—	0.00	—	0.00	—	0.00	—	0.00	—	0.00	—
2014	0.00	—	0.00	—	0.00	—	0.00	—	0.00	—	0.00	—
2015	0.00	—	0.00	—	0.00	—	0.00	—	0.00	—	0.00	—

续表

年份	注资+增资—私人配售				增资—发行可转债+企业风险投资+开发资金+私募股权				增资—发行可转债+开发资金+私募股权			
	金额	同比增长（%）	占比（%）	指数	金额	同比增长（%）	占比（%）	指数	金额	同比增长（%）	占比（%）	指数
2016	0.00	—	0.00	—	2.90	—	0.03	—	0.00	—	0.00	—
2017	0.00	—	0.00	—	0.00	-100.00	0.00	—	0.00	—	0.00	—
2018	0.00	—	0.00	—	0.00	—	0.00	—	0.00	—	0.00	—
2019	0.00	—	0.00	—	0.00	—	0.00	—	0.00	—	0.00	—
2020	0.00	—	0.00	—	0.00	—	0.00	—	0.00	—	0.00	—
2021	0.00	—	0.00	—	0.00	—	0.00	—	0.00	—	0.00	—
2022	0.00	—	0.00	—	0.00	—	0.00	—	0.00	—	0.00	—
2023	0.00	—	—	—	0.00	—	—	—	0.00	—	—	—

年份	增资—发行可转债+开发资金+风险资本				增资—发行可转债+通道融资				增资—发行可转债+通道融资+增资—私人配售			
	金额	同比增长（%）	占比（%）	指数	金额	同比增长（%）	占比（%）	指数	金额	同比增长（%）	占比（%）	指数
2005	0.00	—	0.00	0.00	0.00	—	0.00	—	0.00	—	0.00	0.00
2006	0.00	—	0.00	0.00	0.00	—	0.00	—	0.00	—	0.00	0.00
2007	0.00	—	0.00	0.00	0.00	—	0.00	—	0.00	—	0.00	0.00
2008	0.00	—	0.00	0.00	0.00	—	0.00	—	0.00	—	0.00	0.00
2009	0.00	—	0.00	0.00	0.00	—	0.00	—	0.00	—	0.00	0.00
2010	0.00	—	0.00	0.00	0.00	—	0.00	—	0.00	—	0.00	0.00
2011	0.00	—	0.00	0.00	0.00	—	0.00	—	0.00	—	0.00	0.00
2012	0.00	—	—	0.00	0.00	—	—	—	0.00	—	—	0.00
2013	0.00	—	0.00	0.00	0.00	—	0.00	—	0.00	—	0.00	0.00
2014	15.00	—	0.54	500.00	0.00	—	0.00	—	39.95	—	1.45	500.00
2015	0.00	-100.00	0.00	0.00	0.00	—	0.00	—	0.00	-100.00	0.00	0.00
2016	0.00	—	0.00	0.00	105.97	—	0.92	—	0.00	—	0.00	0.00
2017	0.00	—	0.00	0.00	0.00	-100.00	0.00	—	0.00	—	0.00	0.00
2018	0.00	—	0.00	0.00	0.00	—	0.00	—	0.00	—	0.00	0.00

续表

年份	增资—发行可转债+开发资金+风险资本				增资—发行可转债+通道融资				增资—发行可转债+通道融资+增资—私人配售			
	金额	同比增长（%）	占比（%）	指数	金额	同比增长（%）	占比（%）	指数	金额	同比增长（%）	占比（%）	指数
2019	0.00	—	0.00	0.00	0.00	—	0.00	—	0.00	—	0.00	0.00
2020	0.00	—	0.00	0.00	0.00	—	0.00	—	0.00	—	0.00	0.00
2021	0.00	—	0.00	0.00	0.00	—	0.00	—	0.00	—	0.00	0.00
2022	0.00	—	0.00	0.00	0.00	—	0.00	—	0.00	—	0.00	0.00
2023	0.00	—	—	0.00	0.00	—	—	—	0.00	—	—	0.00

年份	增资—发行可转债+私募股权				增资—发行可转债+私募股权+增资—私人配售				增资—发行可转债+私募股权+增资—私人配售			
	金额	同比增长（%）	占比（%）	指数	金额	同比增长（%）	占比（%）	指数	金额	同比增长（%）	占比（%）	指数
2005	0.00	—	0.00	—	0.00	—	0.00	—	0	—	0	—
2006	0.00	—	0.00	—	0.00	—	0.00	—	0	—	0	—
2007	0.00	—	0.00	—	0.00	—	0.00	—	0	—	0	—
2008	0.00	—	0.00	—	0.00	—	0.00	—	0	—	0	—
2009	2200.00	—	28.02	—	0.00	—	0.00	—	0	—	0	—
2010	0.00	-100.00	0.00	—	12.00	—	7.71	—	12	—	7.71	—
2011	0.00	—	0.00	—	0.00	-100.00	0.00	—	0	-100	0	—
2012	0.00	—	—	—	0.00	—	—	—	0	—	—	—
2013	0.00	—	0.00	—	0.00	—	0.00	—	0	—	0	—
2014	0.00	—	0.00	—	0.00	—	0.00	—	0	—	0	—
2015	0.00	—	0.00	—	0.00	—	0.00	—	0	—	0	—
2016	0.00	—	0.00	—	0.00	—	0.00	—	0	—	0	—
2017	0.00	—	0.00	—	0.00	—	0.00	—	0	—	0	—
2018	0.00	—	0.00	—	0.00	—	0.00	—	0	—	0	—
2019	0.00	—	0.00	—	0.00	—	0.00	—	0	—	0	—
2020	0.00	—	0.00	—	0.00	—	0.00	—	0	—	0	—
2021	0.00	—	0.00	—	0.00	—	0.00	—	0	—	0	—

续表

年份	增资—发行可转债+私募股权				增资—发行可转债+私募股权+增资—私人配售				增资—发行可转债+私募股权+增资—私人配售			
	金额	同比增长(%)	占比(%)	指数	金额	同比增长(%)	占比(%)	指数	金额	同比增长(%)	占比(%)	指数
2022	0.00	—	0.00	—	0.00	—	0.00	—	0	—	0	—
2023	0.00	—	—	—	0.00	—	—	—	0	—	—	—

年份	增资—发行可转债+增资—私人配售				企业风险投资+开发资金+家族办公室+私募股权				企业风险投资+开发资金+对冲基金+私募股权			
	金额	同比增长(%)	占比(%)	指数	金额	同比增长(%)	占比(%)	指数	金额	同比增长(%)	占比(%)	指数
2005	0.00	—	0.00	—	0.00	—	0.00	—	0.00	—	0.00	—
2006	0.00	—	0.00	—	0.00	—	0.00	—	0.00	—	0.00	—
2007	0.00	—	0.00	—	0.00	—	0.00	—	0.00	—	0.00	—
2008	100.00	—	18.70	—	0.00	—	0.00	—	0.00	—	0.00	—
2009	0.00	-100.00	0.00	—	0.00	—	0.00	—	0.00	—	0.00	—
2010	0.00	—	0.00	—	0.00	—	0.00	—	0.00	—	0.00	—
2011	0.00	—	0.00	—	0.00	—	0.00	—	0.00	—	0.00	—
2012	0.00	—	—	—	0.00	—	—	—	0.00	—	—	—
2013	0.00	—	0.00	—	0.00	—	0.00	—	0.00	—	0.00	—
2014	0.00	—	0.00	—	0.00	—	0.00	—	0.00	—	0.00	—
2015	0.00	—	0.00	—	0.00	—	0.00	—	0.00	—	0.00	—
2016	0.00	—	0.00	—	0.00	—	0.00	—	0.00	—	0.00	—
2017	0.00	—	0.00	—	0.00	—	0.00	—	0.00	—	0.00	—
2018	0.00	—	0.00	—	15.19	—	2.20	—	0.00	—	0.00	—
2019	0.00	—	0.00	—	0.00	-100.00	0.00	—	85.00	—	5.22	—
2020	0.00	—	0.00	—	0.00	—	0.00	—	0.00	-100.00	0.00	—
2021	0.00	—	0.00	—	0.00	—	0.00	—	0.00	—	0.00	—
2022	0.00	—	0.00	—	0.00	—	0.00	—	0.00	—	0.00	—
2023	0.00	—	—	—	0.00	—	—	—	0.00	—	—	—

续表

年份	企业风险投资+开发资金+私募股权				企业风险投资+开发资金+风险资本				企业风险投资+开发资金—第1轮-第8轮			
	金额	同比增长（%）	占比（%）	指数	金额	同比增长（%）	占比（%）	指数	金额	同比增长（%）	占比（%）	指数
2005	0.00	—	0.00	—	0.00	—	0.00	—	0.00	—	0.00	—
2006	15.00	—	14.73	—	0.00	—	0.00	—	1.00	—	0.98	—
2007	0.00	-100.00	0.00	—	0.00	—	0.00	—	0.00	-100.00	0.00	—
2008	0.00	—	0.00	—	0.00	—	0.00	—	0.00	—	0.00	—
2009	0.00	—	0.00	—	0.00	—	0.00	—	0.00	—	0.00	—
2010	0.00	—	0.00	—	0.00	—	0.00	—	0.00	—	0.00	—
2011	0.00	—	0.00	—	0.00	—	0.00	—	0.00	—	0.00	—
2012	0.00	—	—	—	0.00	—	—	—	0.00	—	—	—
2013	0.00	—	0.00	—	0.00	—	0.00	—	0.00	—	0.00	—
2014	0.00	—	0.00	—	0.00	—	0.00	—	0.00	—	0.00	—
2015	0.00	—	0.00	—	0.00	—	0.00	—	0.00	—	0.00	—
2016	0.00	—	0.00	—	0.00	—	0.00	—	0.00	—	0.00	—
2017	0.00	—	0.00	—	0.00	—	0.00	—	0.00	—	0.00	—
2018	0.00	—	0.00	—	0.00	—	0.00	—	0.00	—	0.00	—
2019	0.00	—	0.00	—	0.00	—	0.00	—	0.00	—	0.00	—
2020	0.00	—	0.00	—	0.00	—	0.00	—	0.00	—	0.00	—
2021	0.00	—	0.00	—	0.00	—	0.00	—	0.00	—	0.00	—
2022	0.00	—	0.00	—	0.00	—	0.00	—	0.00	—	0.00	—
2023	0.00	—	—	—	0.00	—	—	—	0.00	—	—	—

年份	企业风险投资+开发资金—第1轮-第8轮+家族办公室+对冲基金+风险资本				企业风险投资+开发资金—第1轮-第8轮+家族办公室+私募股权				企业风险投资+开发资金—第1轮-第8轮+家族办公室+风险资本			
	金额	同比增长（%）	占比（%）	指数	金额	同比增长（%）	占比（%）	指数	金额	同比增长（%）	占比（%）	指数
2005	0.00	—	0.00	—	0.00	—	0.00	—	0.00	—	0.00	—
2006	0.00	—	0.00	—	0.00	—	0.00	—	0.00	—	0.00	—
2007	0.00	—	0.00	—	0.00	—	0.00	—	0.00	—	0.00	—

续表

年份	企业风险投资+开发资金—第1轮-第8轮+家族办公室+对冲基金+风险资本				企业风险投资+开发资金—第1轮-第8轮+家族办公室+私募股权				企业风险投资+开发资金—第1轮-第8轮+家族办公室+风险资本			
	金额	同比增长（%）	占比（%）	指数	金额	同比增长（%）	占比（%）	指数	金额	同比增长（%）	占比（%）	指数
2008	0.00	—	0.00	—	0.00	—	0.00	—	0.00	—	0.00	—
2009	0.00	—	0.00	—	0.00	—	0.00	—	0.00	—	0.00	—
2010	0.00	—	0.00	—	0.00	—	0.00	—	0.00	—	0.00	—
2011	0.00	—	0.00	—	0.00	—	0.00	—	0.00	—	0.00	—
2012	0.00	—	—	—	0.00	—	—	—	0.00	—	—	—
2013	0.00	—	0.00	—	0.00	—	0.00	—	0.00	—	0.00	—
2014	0.00	—	0.00	—	0.00	—	0.00	—	0.00	—	0.00	—
2015	0.00	—	0.00	—	0.00	—	0.00	—	0.00	—	0.00	—
2016	0.00	—	0.00	—	0.00	—	0.00	—	0.00	—	0.00	—
2017	0.00	—	0.00	—	0.00	—	0.00	—	0.00	—	0.00	—
2018	66.00	—	9.58	—	0.00	—	0.00	—	22.00	—	3.19	—
2019	0.00	-100.00	0.00	—	0.00	—	0.00	—	0.00	-100.00	0.00	—
2020	0.00	—	0.00	—	54.54	—	13.10	—	0.00	—	0.00	—
2021	0.00	—	0.00	—	0.00	-100.00	0.00	—	0.00	—	0.00	—
2022	0.00	—	0.00	—	0.00	—	0.00	—	0.00	—	0.00	—
2023	0.00	—	—	—	0.00	—	—	—	0.00	—	—	—

年份	企业风险投资+开发资金—第1轮-第8轮+对冲基金+私募股权				企业风险投资+开发资金—第1轮-第8轮+对冲基金+风险资本				企业风险投资+开发资金—第1轮-第8轮+新银行信贷便利+风险资本			
	金额	同比增长（%）	占比（%）	指数	金额	同比增长（%）	占比（%）	指数	金额	同比增长（%）	占比（%）	指数
2005	0.00	—	0.00	—	0.00	—	0.00	—	0.00	—	0.00	—
2006	0.00	—	0.00	—	0.00	—	0.00	—	0.00	—	0.00	—
2007	0.00	—	0.00	—	0.00	—	0.00	—	0.00	—	0.00	—
2008	0.00	—	0.00	—	0.00	—	0.00	—	0.00	—	0.00	—
2009	0.00	—	0.00	—	0.00	—	0.00	—	0.00	—	0.00	—

续表

年份	企业风险投资+开发资金—第1轮-第8轮+对冲基金+私募股权				企业风险投资+开发资金—第1轮-第8轮+对冲基金+风险资本				企业风险投资+开发资金—第1轮-第8轮+新银行信贷便利+风险资本			
	金额	同比增长（%）	占比（%）	指数	金额	同比增长（%）	占比（%）	指数	金额	同比增长（%）	占比（%）	指数
2010	0.00	—	0.00	—	0.00	—	0.00	—	0.00	—	0.00	—
2011	0.00	—	0.00	—	0.00	—	0.00	—	0.00	—	0.00	—
2012	0.00	—	—	—	0.00	—	—	—	0.00	—	—	—
2013	0.00	—	0.00	—	0.00	—	0.00	—	0.00	—	0.00	—
2014	0.00	—	0.00	—	0.00	—	0.00	—	0.00	—	0.00	—
2015	0.00	—	0.00	—	0.00	—	0.00	—	0.00	—	0.00	—
2016	0.00	—	0.00	—	0.00	—	0.00	—	0.00	—	0.00	—
2017	67.00	—	4.50	—	0.00	—	0.00	—	4.30	—	0.29	—
2018	0.00	-100.00	0.00	—	105.00	—	15.24	—	0.00	-100.00	0.00	—
2019	0.00	—	0.00	—	0.00	-100.00	0.00	—	0.00	—	0.00	—
2020	0.00	—	0.00	—	0.00	—	0.00	—	0.00	—	0.00	—
2021	0.00	—	0.00	—	0.00	—	0.00	—	0.00	—	0.00	—
2022	0.00	—	0.00	—	0.00	—	0.00	—	0.00	—	0.00	—
2023	0.00	—	—	—	0.00	—	—	—	0.00	—	—	—

年份	企业风险投资+开发资金—第1轮-第8轮+私募股权				企业风险投资+开发资金—第1轮-第8轮+风险资本				企业风险投资+开发资金—种子轮+风险资本			
	金额	同比增长（%）	占比（%）	指数	金额	同比增长（%）	占比（%）	指数	金额	同比增长（%）	占比（%）	指数
2005	0.00	—	0.00	—	13.00	—	7.20	—	0.00	—	0.00	—
2006	9.00	—	8.84	—	0.00	-100.00	0.00	—	0.00	—	0.00	—
2007	0.00	-100.00	0.00	—	0.00	—	0.00	—	0.00	—	0.00	—
2008	0.00	—	0.00	—	0.00	—	0.00	—	0.00	—	0.00	—
2009	0.00	—	0.00	—	0.00	—	0.00	—	0.00	—	0.00	—
2010	0.00	—	0.00	—	0.00	—	0.00	—	0.00	—	0.00	—
2011	0.00	—	0.00	—	0.00	—	0.00	—	0.00	—	0.00	—

续表

年份	企业风险投资+开发资金—第1轮-第8轮+私募股权				企业风险投资+开发资金—第1轮-第8轮+风险资本				企业风险投资+开发资金—种子轮+风险资本			
	金额	同比增长(%)	占比(%)	指数	金额	同比增长(%)	占比(%)	指数	金额	同比增长(%)	占比(%)	指数
2012	0.00	—	—	—	0.00	—	—	—	0.00	—	—	—
2013	0.00	—	0.00	—	0.00	—	0.00	—	0.00	—	0.00	—
2014	0.00	—	0.00	—	0.00	—	0.00	—	0.00	—	0.00	—
2015	0.00	—	0.00	—	0.00	—	0.00	—	0.00	—	0.00	—
2016	0.00	—	0.00	—	0.00	—	0.00	—	0.00	—	0.00	—
2017	0.00	—	0.00	—	0.00	—	0.00	—	0.00	—	0.00	—
2018	0.00	—	0.00	—	0.00	—	0.00	—	0.00	—	0.00	—
2019	0.00	—	0.00	—	0.00	—	0.00	—	0.00	—	0.00	—
2020	0.00	—	0.00	—	0.00	—	0.00	—	0.00	—	0.00	—
2021	0.00	—	0.00	—	0.00	—	0.00	—	0.00	—	0.00	—
2022	0.00	—	0.00	—	0.00	—	0.00	—	0.00	—	0.00	—
2023	0.00	—	—	—	0.00	—	—	—	0.00	—	—	—

年份	企业风险投资+私募股权				企业风险投资+私募股权+增资—私人配售				开发资金+新银行信贷便利+私募股权			
	金额	同比增长(%)	占比(%)	指数	金额	同比增长(%)	占比(%)	指数	金额	同比增长(%)	占比(%)	指数
2005	0.00	—	0.00	—	0.00	—	0.00	—	0.00	—	0.00	0.00
2006	0.00	—	0.00	—	0.00	—	0.00	—	0.00	—	0.00	0.00
2007	0.00	—	0.00	—	0.00	—	0.00	—	0.00	—	0.00	0.00
2008	0.00	—	0.00	—	0.00	—	0.00	—	0.00	—	0.00	0.00
2009	0.00	—	0.00	—	0.00	—	0.00	—	0.00	—	0.00	0.00
2010	55.63	—	35.74	—	0.00	—	0.00	—	0.00	—	0.00	0.00
2011	0.00	-100.00	0.00	—	0.00	—	0.00	—	0.00	—	0.00	0.00
2012	0.00	—	—	—	0.00	—	—	—	0.00	—	—	0.00
2013	0.00	—	0.00	—	0.00	—	0.00	—	0.00	—	0.00	0.00
2014	0.00	—	0.00	—	0.00	—	0.00	—	27.00	—	0.98	500.00

续表

年份	企业风险投资+私募股权				企业风险投资+私募股权+增资—私人配售				开发资金+新银行信贷便利+私募股权			
	金额	同比增长（%）	占比（%）	指数	金额	同比增长（%）	占比（%）	指数	金额	同比增长（%）	占比（%）	指数
2015	0.00	—	0.00	—	0.00	—	0.00	—	0.00	-100.00	0.00	0.00
2016	0.00	—	0.00	—	200.00	—	1.73	—	0.00	—	0.00	0.00
2017	0.00	—	0.00	—	0.00	-100.00	0.00	—	0.00	—	0.00	0.00
2018	0.00	—	0.00	—	0.00	—	0.00	—	0.00	—	0.00	0.00
2019	0.00	—	0.00	—	0.00	—	0.00	—	0.00	—	0.00	0.00
2020	0.00	—	0.00	—	0.00	—	0.00	—	0.00	—	0.00	0.00
2021	0.00	—	0.00	—	0.00	—	0.00	—	0.00	—	0.00	0.00
2022	0.00	—	0.00	—	0.00	—	0.00	—	0.00	—	0.00	0.00
2023	0.00	—	—	—	0.00	—	—	—	0.00	—	—	0.00

年份	开发资金+家族办公室+私募股权				开发资金+对冲基金+风险资本				开发资金—第1轮-第8轮+家族办公室+对冲基金+私募股权			
	金额	同比增长（%）	占比（%）	指数	金额	同比增长（%）	占比（%）	指数	金额	同比增长（%）	占比（%）	指数
2005	0.00	—	0.00	—	0.00	—	0.00	—	0.00	—	0.00	—
2006	0.00	—	0.00	—	0.00	—	0.00	—	0.00	—	0.00	—
2007	0.00	—	0.00	—	0.00	—	0.00	—	0.00	—	0.00	—
2008	0.00	—	0.00	—	0.00	—	0.00	—	0.00	—	0.00	—
2009	0.00	—	0.00	—	0.00	—	0.00	—	0.00	—	0.00	—
2010	0.00	—	0.00	—	0.00	—	0.00	—	0.00	—	0.00	—
2011	0.00	—	0.00	—	0.00	—	0.00	—	0.00	—	0.00	—
2012	0.00	—	—	—	0.00	—	—	—	0.00	—	—	—
2013	0.00	—	0.00	—	0.00	—	0.00	—	0.00	—	0.00	—
2014	0.00	—	0.00	—	0.00	—	0.00	—	0.00	—	0.00	—
2015	0.00	—	0.00	—	0.00	—	0.00	—	0.00	—	0.00	—
2016	0.00	—	0.00	—	0.00	—	0.00	—	0.00	—	0.00	—
2017	0.00	—	0.00	—	0.00	—	0.00	—	0.00	—	0.00	—

续表

年份	开发资金+家族办公室+私募股权				开发资金+对冲基金+风险资本				开发资金—第1轮-第8轮+家族办公室+对冲基金+私募股权			
	金额	同比增长（%）	占比（%）	指数	金额	同比增长（%）	占比（%）	指数	金额	同比增长（%）	占比（%）	指数
2018	0.00	—	0.00	—	0.00	—	0.00	—	0.00	—	0.00	—
2019	0.00	—	0.00	—	0.00	—	0.00	—	0.00	—	0.00	—
2020	0.00	—	0.00	—	0.00	—	0.00	—	0.00	—	0.00	—
2021	200.00	—	8.96	—	550.50	—	24.65	—	172.00	—	7.70	—
2022	0.00	-100.00	0.00	—	0.00	-100.00	0.00	—	0.00	-100.00	0.00	—
2023	0.00	—	—	—	0.00	—	—	—	0.00	—	—	—

年份	开发资金+私募股权				开发资金+风险资本				开发资金—第1轮-第8轮+家族办公室+对冲基金+风险资本			
	金额	同比增长（%）	占比（%）	指数	金额	同比增长（%）	占比（%）	指数	金额	同比增长（%）	占比（%）	指数
2005	80.16	—	44.40	—	0.00	—	0.00	—	0.00	—	0.00	0.00
2006	0.00	-100.00	0.00	—	0.00	—	0.00	—	0.00	—	0.00	0.00
2007	0.00	—	0.00	—	32.00	—	11.71	—	0.00	—	0.00	0.00
2008	0.00	—	0.00	—	0.00	-100.00	0.00	—	0.00	—	0.00	0.00
2009	0.00	—	0.00	—	0.00	—	0.00	—	0.00	—	0.00	0.00
2010	0.00	—	0.00	—	0.00	—	0.00	—	0.00	—	0.00	0.00
2011	0.00	—	0.00	—	0.00	—	0.00	—	0.00	—	0.00	0.00
2012	0.00	—	—	—	0.00	—	—	—	0.00	—	—	0.00
2013	0.00	—	0.00	—	0.00	—	0.00	—	0.00	—	0.00	0.00
2014	0.00	—	0.00	—	0.00	—	0.00	—	0.00	—	0.00	0.00
2015	0.00	—	0.00	—	0.00	—	0.00	—	97.00	—	2.39	500.00
2016	0.00	—	0.00	—	0.00	—	0.00	—	0.00	-100.00	0.00	0.00
2017	0.00	—	0.00	—	0.00	—	0.00	—	0.00	—	0.00	0.00
2018	0.00	—	0.00	—	0.00	—	0.00	—	0.00	—	0.00	0.00
2019	0.00	—	0.00	—	0.00	—	0.00	—	0.00	—	0.00	0.00
2020	0.00	—	0.00	—	0.00	—	0.00	—	0.00	—	0.00	0.00

续表

年份	开发资金+私募股权				开发资金+风险资本				开发资金—第 1 轮-第 8 轮+家族办公室+对冲基金+风险资本			
	金额	同比增长（%）	占比（%）	指数	金额	同比增长（%）	占比（%）	指数	金额	同比增长（%）	占比（%）	指数
2021	0.00	—	0.00	—	0.00	—	0.00	—	0.00	—	0.00	0.00
2022	0.00	—	0.00	—	0.00	—	0.00	—	0.00	—	0.00	0.00
2023	0.00	—	—	—	0.00	—	—	—	0.00	—	—	0.00

年份	开发资金—第 1 轮-第 8 轮+家族办公室+私募股权				开发资金—第 1 轮-第 8 轮+家族办公室+风险资本				开发资金—第 1 轮-第 8 轮+对冲基金+私募股权			
	金额	同比增长（%）	占比（%）	指数	金额	同比增长（%）	占比（%）	指数	金额	同比增长（%）	占比（%）	指数
2005	0.00	—	0.00	—	0.00	—	0.00	—	0.00	—	0.00	—
2006	0.00	—	0.00	—	0.00	—	0.00	—	0.00	—	0.00	—
2007	0.00	—	0.00	—	0.00	—	0.00	—	0.00	—	0.00	—
2008	0.00	—	0.00	—	0.00	—	0.00	—	0.00	—	0.00	—
2009	0.00	—	0.00	—	0.00	—	0.00	—	0.00	—	0.00	—
2010	0.00	—	0.00	—	0.00	—	0.00	—	0.00	—	0.00	—
2011	0.00	—	0.00	—	0.00	—	0.00	—	0.00	—	0.00	—
2012	0.00	—	—	—	0.00	—	—	—	0.00	—	—	—
2013	0.00	—	0.00	—	0.00	—	0.00	—	0.00	—	0.00	—
2014	0.00	—	0.00	—	0.00	—	0.00	—	0.00	—	0.00	—
2015	0.00	—	0.00	—	0.00	—	0.00	—	0.00	—	0.00	—
2016	0.00	—	0.00	—	0.00	—	0.00	—	0.00	—	0.00	—
2017	0.00	—	0.00	—	0.00	—	0.00	—	0.00	—	0.00	—
2018	0.00	—	0.00	—	115.00	—	16.69	—	0.00	—	0.00	—
2019	0.00	—	0.00	—	0.00	-100.00	0.00	—	0.00	—	0.00	—
2020	109.00	—	26.18	—	0.00	—	0.00	—	121.00	—	29.06	—
2021	0.00	-100.00	0.00	—	0.00	—	0.00	—	0.00	-100.00	0.00	—
2022	0.00	—	0.00	—	0.00	—	0.00	—	0.00	—	0.00	—
2023	0.00	—	—	—	0.00	—	—	—	0.00	—	—	—

续表

年份	开发资金—第1轮-第8轮+对冲基金+风险资本				开发资金—第1轮-第8轮+家族办公室+风险资本				开发资金—第1轮-第8轮+对冲基金+私募股权			
	金额	同比增长（%）	占比（%）	指数	金额	同比增长（%）	占比（%）	指数	金额	同比增长（%）	占比（%）	指数
2005	0.00	—	0.00	—	0.00	—	0.00	—	0.00	—	0.00	—
2006	0.00	—	0.00	—	0.00	—	0.00	—	0.00	—	0.00	—
2007	0.00	—	0.00	—	0.00	—	0.00	—	0.00	—	0.00	—
2008	0.00	—	0.00	—	0.00	—	0.00	—	0.00	—	0.00	—
2009	0.00	—	0.00	—	0.00	—	0.00	—	0.00	—	0.00	—
2010	0.00	—	0.00	—	0.00	—	0.00	—	0.00	—	0.00	—
2011	0.00	—	0.00	—	0.00	—	0.00	—	0.00	—	0.00	—
2012	0.00	—	—	—	0.00	—	—	—	0.00	—	—	—
2013	0.00	—	0.00	—	0.00	—	0.00	—	0.00	—	0.00	—
2014	0.00	—	0.00	—	0.00	—	0.00	—	0.00	—	0.00	—
2015	0.00	—	0.00	—	0.00	—	0.00	—	0.00	—	0.00	—
2016	0.00	—	0.00	—	0.00	—	0.00	—	0.00	—	0.00	—
2017	0.00	—	0.00	—	0.00	—	0.00	—	0.00	—	0.00	—
2018	67.00	—	9.72	—	115.00	—	16.69	—	0.00	—	0.00	—
2019	0.00	-100.00	0.00	—	0.00	-100.00	0.00	—	0.00	—	0.00	—
2020	0.00	—	0.00	—	0.00	—	0.00	—	121.00	—	29.06	—
2021	0.00	—	0.00	—	0.00	—	0.00	—	0.00	-100.00	0.00	—
2022	0.00	—	0.00	—	0.00	—	0.00	—	0.00	—	0.00	—
2023	0.00	—	—	—	0.00	—	—	—	0.00	—	—	—

年份	企业风险投资+开发资金—第1轮-第8轮+家族办公室+对冲基金+风险资本				企业风险投资+开发资金—第1轮-第8轮+家族办公室+私募股权				企业风险投资+开发资金—第1轮-第8轮+家族办公室+风险资本			
	金额	同比增长（%）	占比（%）	指数	金额	同比增长（%）	占比（%）	指数	金额	同比增长（%）	占比（%）	指数
2005	0	—	0	—	0	—	0	—	0	—	0	—
2006	0	—	0	—	0	—	0	—	0	—	0	—
2007	0	—	0	—	0	—	0	—	0	—	0	—

续表

年份	企业风险投资+开发资金—第1轮-第8轮+家族办公室+对冲基金+风险资本				企业风险投资+开发资金—第1轮-第8轮+家族办公室+私募股权				企业风险投资+开发资金—第1轮-第8轮+家族办公室+风险资本			
	金额	同比增长（%）	占比（%）	指数	金额	同比增长（%）	占比（%）	指数	金额	同比增长（%）	占比（%）	指数
2008	0	—	0	—	0	—	0	—	0	—	0	—
2009	0	—	0	—	0	—	0	—	0	—	0	—
2010	0	—	0	—	0	—	0	—	0	—	0	—
2011	0	—	0	—	0	—	0	—	0	—	0	—
2012	0	—	—	—	0	—	—	—	0	—	—	—
2013	0	—	0	—	0	—	0	—	0	—	0	—
2014	0	—	0	—	0	—	0	—	0	—	0	—
2015	0	—	0	—	0	—	0	—	0	—	0	—
2016	0	—	0	—	0	—	0	—	0	—	0	—
2017	0	—	0	—	0	—	0	—	0	—	0	—
2018	0	—	0	—	115	—	16.69	—	0	—	0	—
2019	0	—	0	—	0	-100	0	—	0	—	0	—
2020	109	—	26.18	—	0	—	0	—	121	—	29.06	—
2021	0	-100	0	—	0	—	0	—	0	-100	0	—
2022	0	—	0	—	0	—	0	—	0	—	0	—
2023	0	—	—	—	0	—	—	—	0	—	—	—

年份	开发资金—第1轮-第8轮+家族办公室+私募股权				开发资金—第1轮-第8轮+私募股权				开发资金—第1轮-第8轮+风险资本			
	金额	同比增长（%）	占比（%）	指数	金额	同比增长（%）	占比（%）	指数	金额	同比增长（%）	占比（%）	指数
2005	0	—	0	—	35.00	—	19.38	—	3.00	—	1.66	—
2006	0	—	0	—	0.00	-100.00	0.00	—	0.00	-100.00	0.00	—
2007	0	—	0	—	0.00	—	0.00	—	0.00	—	0.00	—
2008	0	—	0	—	0.00	—	0.00	—	0.00	—	0.00	—
2009	0	—	0	—	0.00	—	0.00	—	0.00	—	0.00	—

续表

年份	开发资金—第1轮-第8轮+家族办公室+私募股权				开发资金—第1轮-第8轮+私募股权				开发资金—第1轮-第8轮+风险资本			
	金额	同比增长（%）	占比（%）	指数	金额	同比增长（%）	占比（%）	指数	金额	同比增长（%）	占比（%）	指数
2010	0	—	0	—	0.00	—	0.00	—	0.00	—	0.00	—
2011	0	—	0	—	0.00	—	0.00	—	0.00	—	0.00	—
2012	0	—	—	—	0.00	—	—	—	0.00	—	—	—
2013	0	—	0	—	0.00	—	0.00	—	0.00	—	0.00	—
2014	0	—	0	—	0.00	—	0.00	—	0.00	—	0.00	—
2015	0	—	0	—	0.00	—	0.00	—	0.00	—	0.00	—
2016	0	—	0	—	0.00	—	0.00	—	0.00	—	0.00	—
2017	0	—	0	—	0.00	—	0.00	—	0.00	—	0.00	—
2018	67	—	9.72	—	0.00	—	0.00	—	0.00	—	0.00	—
2019	0	-100	0	—	0.00	—	0.00	—	0.00	—	0.00	—
2020	0	—	0	—	0.00	—	0.00	—	0.00	—	0.00	—
2021	0	—	0	—	0.00	—	0.00	—	0.00	—	0.00	—
2022	0	—	0	—	0.00	—	0.00	—	0.00	—	0.00	—
2023	0	—	—	—	0.00	—	—	—	0.00	—	—	—

年份	开发资金—种子轮+私募股权				开发资金—种子轮+风险资本				家族办公室+私募股权			
	金额	同比增长（%）	占比（%）	指数	金额	同比增长（%）	占比（%）	指数	金额	同比增长（%）	占比（%）	指数
2005	0.00	—	0.00	—	0.00	—	0.00	—	0.00	—	0.00	—
2006	0.00	—	0.00	—	0.00	—	0.00	—	0.00	—	0.00	—
2007	0.00	—	0.00	—	15.00	—	5.49	—	0.00	—	0.00	—
2008	0.00	—	0.00	—	0.00	-100.00	0.00	—	0.00	—	0.00	—
2009	0.00	—	0.00	—	0.00	—	0.00	—	0.00	—	0.00	—
2010	0.00	—	0.00	—	0.00	—	0.00	—	0.00	—	0.00	—
2011	0.00	—	0.00	—	0.00	—	0.00	—	0.00	—	0.00	—
2012	0.00	—	—	—	0.00	—	—	—	0.00	—	—	—

续表

年份	开发资金—种子轮+私募股权				开发资金—种子轮+风险资本				家族办公室+私募股权			
	金额	同比增长（%）	占比（%）	指数	金额	同比增长（%）	占比（%）	指数	金额	同比增长（%）	占比（%）	指数
2013	0.00	—	0.00	—	0.00	—	0.00	—	0.00	—	0.00	—
2014	0.00	—	0.00	—	0.00	—	0.00	—	0.00	—	0.00	—
2015	0.00	—	0.00	—	0.00	—	0.00	—	0.00	—	0.00	—
2016	0.00	—	0.00	—	0.00	—	0.00	—	0.00	—	0.00	—
2017	0.00	—	0.00	—	0.00	—	0.00	—	0.00	—	0.00	—
2018	7.00	—	1.02	—	0.00	—	0.00	—	0.00	—	0.00	—
2019	0.00	-100.00	0.00	—	0.00	—	0.00	—	1117.81	—	68.66	—
2020	0.00	—	0.00	—	0.00	—	0.00	—	0.00	-100.00	0.00	—
2021	0.00	—	0.00	—	0.00	—	0.00	—	0.00	—	0.00	—
2022	0.00	—	0.00	—	0.00	—	0.00	—	0.00	—	0.00	—
2023	0.00	—	—	—	0.00	—	—	—	0.00	—	—	—

年份	家族办公室+通道融资+增资—私人配售				对冲基金+通道融资+增资—私人配售				增资—私人配售+增资—新股发行			
	金额	同比增长（%）	占比（%）	指数	金额	同比增长（%）	占比（%）	指数	金额	同比增长（%）	占比（%）	指数
2005	0.00	—	0.00	—	0.00	—	0.00	—	0.00	—	0.00	—
2006	0.00	—	0.00	—	0.00	—	0.00	—	0.00	—	0.00	—
2007	0.00	—	0.00	—	0.00	—	0.00	—	0.00	—	0.00	—
2008	0.00	—	0.00	—	0.00	—	0.00	—	0.00	—	0.00	—
2009	0.00	—	0.00	—	0.00	—	0.00	—	138.60	—	1.77	—
2010	0.00	—	0.00	—	0.00	—	0.00	—	0.00	-100.00	0.00	—
2011	0.00	—	0.00	—	0.00	—	0.00	—	0.00	—	0.00	—
2012	0.00	—	—	—	0.00	—	—	—	0.00	—	—	—
2013	0.00	—	0.00	—	0.00	—	0.00	—	0.00	—	0.00	—
2014	0.00	—	0.00	—	0.00	—	0.00	—	0.00	—	0.00	—
2015	0.00	—	0.00	—	0.00	—	0.00	—	0.00	—	0.00	—

续表

年份	家族办公室+通道融资+增资—私人配售				对冲基金+通道融资+增资—私人配售				增资—私人配售+增资—新股发行			
	金额	同比增长（%）	占比（%）	指数	金额	同比增长（%）	占比（%）	指数	金额	同比增长（%）	占比（%）	指数
2016	0.00	—	0.00	—	0.00	—	0.00	—	0.00	—	0.00	—
2017	0.00	—	0.00	—	0.00	—	0.00	—	0.00	—	0.00	—
2018	0.00	—	0.00	—	0.00	—	0.00	—	0.00	—	0.00	—
2019	0.00	—	0.00	—	0.00	—	0.00	—	0.00	—	0.00	—
2020	0.00	—	0.00	—	0.00	—	0.00	—	0.00	—	0.00	—
2021	225.00	—	10.08	—	121.00	—	5.42	—	0.00	—	0.00	—
2022	0.00	-100.00	0.00	—	0.00	-100.00	0.00	—	0.00	—	0.00	—
2023	0.00	—	—	—	0.00	—	—	—	0.00	—	—	—

年份	杠杆+新银行信贷便利				杠杆+新银行信贷便利+私募股权				杠杆收购+夹层融资+新银行信贷便利+私募股权			
	金额	同比增长（%）	占比（%）	指数	金额	同比增长（%）	占比（%）	指数	金额	同比增长（%）	占比（%）	指数
2005	0.00	—	0.00	—	0.00	—	0.00	0.00	0.00	—	0.00	—
2006	0.00	—	0.00	—	0.00	—	0.00	0.00	0.00	—	0.00	—
2007	0.00	—	0.00	—	0.00	—	0.00	0.00	0.00	—	0.00	—
2008	0.00	—	0.00	—	0.00	—	0.00	0.00	0.00	—	0.00	—
2009	0.00	—	0.00	—	0.00	—	0.00	0.00	0.00	—	0.00	—
2010	0.00	—	0.00	—	0.00	—	0.00	0.00	0.00	—	0.00	—
2011	0.00	—	0.00	—	0.00	—	0.00	0.00	0.00	—	0.00	—
2012	0.00	—	—	—	0.00	—	—	0.00	0.00	—	—	—
2013	0.00	—	0.00	—	0.00	—	0.00	0.00	0.00	—	0.00	—
2014	0.00	—	0.00	—	0.00	—	0.00	0.00	0.00	—	0.00	—
2015	0.00	—	0.00	—	1800.00	—	44.36	500.00	0.00	—	0.00	—
2016	9272.64	—	80.36	—	0.00	-100.00	0.00	0.00	0.00	—	0.00	—
2017	0.00	-100.00	0.00	—	0.00	—	0.00	0.00	0.00	—	0.00	—
2018	0.00	—	0.00	—	0.00	—	0.00	0.00	0.00	—	0.00	—

续表

年份	杠杆+新银行信贷便利				杠杆+新银行信贷便利+私募股权				杠杆收购+夹层融资+新银行信贷便利+私募股权			
	金额	同比增长（%）	占比（%）	指数	金额	同比增长（%）	占比（%）	指数	金额	同比增长（%）	占比（%）	指数
2019	0.00	—	0.00	—	0.00	—	0.00	0.00	0.00	—	0.00	—
2020	0.00	—	0.00	—	0.00	—	0.00	0.00	0.00	—	0.00	—
2021	0.00	—	0.00	—	0.00	—	0.00	0.00	0.00	—	0.00	—
2022	0.00	—	0.00	—	0.00	—	0.00	0.00	0.00	—	0.00	—
2023	0.00	—	—	—	0.00	—	—	0.00	0.00	—	—	—

年份	杠杆收购+新银行信贷便利				杠杆收购+新银行信贷便利+私募股权				夹层融资+私募股权			
	金额	同比增长（%）	占比（%）	指数	金额	同比增长（%）	占比（%）	指数	金额	同比增长（%）	占比（%）	指数
2005	0.00	—	0.00	0.00	0.00	—	0.00	0.00	0.00	—	0.00	0.00
2006	0.00	—	0.00	0.00	0.00	—	0.00	0.00	0.00	—	0.00	0.00
2007	0.00	—	0.00	0.00	0.00	—	0.00	0.00	0.00	—	0.00	0.00
2008	0.00	—	0.00	0.00	0.00	—	0.00	0.00	0.00	—	0.00	0.00
2009	0.00	—	0.00	0.00	0.00	—	0.00	0.00	0.00	—	0.00	0.00
2010	0.00	—	0.00	0.00	0.00	—	0.00	0.00	0.00	—	0.00	0.00
2011	0.00	—	0.00	0.00	0.00	—	0.00	0.00	0.00	—	0.00	0.00
2012	0.00	—	—	0.00	0.00	—	—	0.00	0.00	—	—	0.00
2013	0.00	—	0.00	0.00	0.00	—	0.00	0.00	316.61	—	78.15	500.00
2014	0.00	—	0.00	0.00	2643.30	—	96.01	500.00	0.00	-100.00	0.00	0.00
2015	1832.68	—	45.17	500.00	0.00	-100.00	0.00	0.00	0.00	—	0.00	0.00
2016	0.00	-100.00	0.00	0.00	0.00	—	0.00	0.00	0.00	—	0.00	0.00
2017	0.00	—	0.00	0.00	0.00	—	0.00	0.00	0.00	—	0.00	0.00
2018	0.00	—	0.00	0.00	0.00	—	0.00	0.00	0.00	—	0.00	0.00
2019	0.00	—	0.00	0.00	0.00	—	0.00	0.00	0.00	—	0.00	0.00
2020	0.00	—	0.00	0.00	0.00	—	0.00	0.00	0.00	—	0.00	0.00
2021	0.00	—	0.00	0.00	0.00	—	0.00	0.00	0.00	—	0.00	0.00
2022	0.00	—	0.00	0.00	0.00	—	0.00	0.00	0.00	—	0.00	0.00
2023	0.00	—	—	0.00	0.00	—	—	0.00	0.00	—	—	0.00

续表

年份	新银行信贷便利+私募股权				新银行信贷便利+增资—公募				通道融资+增资—配售			
	金额	同比增长（%）	占比（%）	指数	金额	同比增长（%）	占比（%）	指数	金额	同比增长（%）	占比（%）	指数
2005	0.00	—	0.00	—	0.00	—	0.00	—	0.00	—	0.00	—
2006	0.00	—	0.00	—	0.00	—	0.00	—	0.00	—	0.00	—
2007	217.65	—	79.64	—	0.00	—	0.00	—	0.00	—	0.00	—
2008	0.00	-100.00	0.00	—	0.00	—	0.00	—	0.00	—	0.00	—
2009	0.00	—	0.00	—	2232.05	—	28.43	—	0.00	—	0.00	—
2010	0.00	—	0.00	—	0.00	-100.00	0.00	—	0.00	—	0.00	—
2011	0.00	—	0.00	—	0.00	—	0.00	—	0.00	—	0.00	—
2012	0.00	—	—	—	0.00	—	—	—	0.00	—	—	—
2013	0.00	—	0.00	—	0.00	—	0.00	—	0.00	—	0.00	—
2014	0.00	—	0.00	—	0.00	—	0.00	—	0.00	—	0.00	—
2015	0.00	—	0.00	—	0.00	—	0.00	—	0.00	—	0.00	—
2016	0.00	—	0.00	—	0.00	—	0.00	—	258.56	—	2.24	—
2017	0.00	—	0.00	—	0.00	—	0.00	—	0.00	-100.00	0.00	—
2018	0.00	—	0.00	—	0.00	—	0.00	—	0.00	—	0.00	—
2019	0.00	—	0.00	—	0.00	—	0.00	—	0.00	—	0.00	—
2020	0.00	—	0.00	—	0.00	—	0.00	—	0.00	—	0.00	—
2021	0.00	—	0.00	—	0.00	—	0.00	—	0.00	—	0.00	—
2022	0.00	—	0.00	—	0.00	—	0.00	—	0.00	—	0.00	—
2023	0.00	—	—	—	0.00	—	—	—	0.00	—	—	—

年份	通道融资+私募股权+增资—私人配售				通道融资+增资—私人配售				通道融资+增资—公募			
	金额	同比增长（%）	占比（%）	指数	金额	同比增长（%）	占比（%）	指数	金额	同比增长（%）	占比（%）	指数
2005	0.00	—	0.00	—	19.40	—	10.74	—	0.00	—	0.00	—
2006	18.05	—	17.72	—	0.00	-100.00	0.00	—	0.00	—	0.00	—
2007	0.00	-100.00	0.00	—	0.00	—	0.00	—	0.00	—	0.00	—

续表

年份	通道融资+私募股权+增资—私人配售				通道融资+增资—私人配售				通道融资+增资—公募			
	金额	同比增长（%）	占比（%）	指数	金额	同比增长（%）	占比（%）	指数	金额	同比增长（%）	占比（%）	指数
2008	0.00	—	0.00	—	0.00	—	0.00	—	0.00	—	0.00	—
2009	0.00	—	0.00	—	0.00	—	0.00	—	3281.71	—	41.79	—
2010	0.00	—	0.00	—	0.00	—	0.00	—	0.00	-100.00	0.00	—
2011	0.00	—	0.00	—	0.00	—	0.00	—	0.00	—	0.00	—
2012	0.00	—	—	—	0.00	—	—	—	0.00	—	—	—
2013	0.00	—	0.00	—	0.00	—	0.00	—	0.00	—	0.00	—
2014	0.00	—	0.00	—	0.00	—	0.00	—	0.00	—	0.00	—
2015	0.00	—	0.00	—	0.00	—	0.00	—	0.00	—	0.00	—
2016	0.00	—	0.00	—	0.00	—	0.00	—	0.00	—	0.00	—
2017	0.00	—	0.00	—	0.00	—	0.00	—	0.00	—	0.00	—
2018	0.00	—	0.00	—	0.00	—	0.00	—	0.00	—	0.00	—
2019	0.00	—	0.00	—	0.00	—	0.00	—	0.00	—	0.00	—
2020	0.00	—	0.00	—	0.00	—	0.00	—	0.00	—	0.00	—
2021	0.00	—	0.00	—	0.00	—	0.00	—	0.00	—	0.00	—
2022	0.00	—	0.00	—	0.00	—	0.00	—	0.00	—	0.00	—
2023	0.00	—	—	—	0.00	—	—	—	0.00	—	—	—

年份	增资—配售+私募股权				增资—配售+增资—私人配售				增资—配售+增资—公募			
	金额	同比增长（%）	占比（%）	指数	金额	同比增长（%）	占比（%）	指数	金额	同比增长（%）	占比（%）	指数
2005	0.00	—	0.00	—	0.00	—	0.00	—	0.00	—	0.00	—
2006	0.00	—	0.00	—	0.00	—	0.00	—	0.00	—	0.00	—
2007	0.00	—	0.00	—	7.28	—	2.66	—	0.00	—	0.00	—
2008	0.00	—	0.00	—	0.00	-100.00	0.00	—	0.00	—	0.00	—
2009	0.00	—	0.00	—	0.00	—	0.00	—	0.00	—	0.00	—
2010	53.04	—	34.07	—	0.00	—	0.00	—	0.00	—	0.00	—

续表

年份	增资—配售+私募股权				增资—配售+增资—私人配售				增资—配售+增资—公募			
	金额	同比增长（%）	占比（%）	指数	金额	同比增长（%）	占比（%）	指数	金额	同比增长（%）	占比（%）	指数
2011	0.00	-100.00	0.00	—	0.00	—	0.00	—	0.00	—	0.00	—
2012	0.00	—	—	—	0.00	—	—	—	0.00	—	—	—
2013	0.00	—	0.00	—	0.00	—	0.00	—	0.00	—	0.00	—
2014	0.00	—	0.00	—	0.00	—	0.00	—	0.00	—	0.00	—
2015	0.00	—	0.00	—	0.00	—	0.00	—	0.00	—	0.00	—
2016	0.00	—	0.00	—	0.00	—	0.00	—	0.00	—	0.00	—
2017	0.00	—	0.00	—	0.00	—	0.00	—	0.00	—	0.00	—
2018	0.00	—	0.00	—	0.00	—	0.00	—	189.33	—	27.48	—
2019	0.00	—	0.00	—	0.00	—	0.00	—	0.00	-100.00	0.00	—
2020	0.00	—	0.00	—	0.00	—	0.00	—	0.00	—	0.00	—
2021	0.00	—	0.00	—	0.00	—	0.00	—	0.00	—	0.00	—
2022	0.00	—	0.00	—	0.00	—	0.00	—	0.00	—	0.00	—
2023	0.00	—	—	—	0.00	—	—	—	0.00	—	—	—

年份	私募股权+增资—私人配售				增资—私人配售+增资—公募				小计			
	金额	同比增长（%）	占比（%）	指数	金额	同比增长（%）	占比（%）	指数	金额	同比增长（%）	占比（%）	指数
2005	0.00	—	0.00	—	0.00	—	0.00	—	180.56	—	100.00	12.51
2006	0.00	—	0.00	—	0.00	—	0.00	—	101.85	-3.59	100.00	7.06
2007	0.00	—	0.00	—	0.00	—	0.00	—	273.30	168.34	100.00	18.94
2008	4.37	—	0.82	—	430.36	—	80.48	—	534.73	95.66	100.00	37.05
2009	0.00	-100.00	0.00	—	0.00	-100.00	0.00	—	7852.36	1368.47	100.00	544.09
2010	0.00	—	0.00	—	0.00	—	0.00	—	155.67	-98.02	100.00	10.79
2011	0.00	—	0.00	—	0.00	—	0.00	—	0.43	-99.72	100.00	0.03
2012	0.00	—	—	—	0.00	—	—	—	0.00	-100.00	—	0.00
2013	0.00	—	0.00	—	0.00	—	0.00	—	405.11	—	100.00	28.07

续表

年份	私募股权+增资—私人配售				增资—私人配售+增资—公募				小计			
	金额	同比增长（%）	占比（%）	指数	金额	同比增长（%）	占比（%）	指数	金额	同比增长（%）	占比（%）	指数
2014	0.00	—	0.00	—	0.00	—	0.00	—	2753.17	579.61	100.00	190.77
2015	0.00	—	0.00	—	0.00	—	0.00	—	4057.33	47.37	100.00	281.13
2016	0.00	—	0.00	—	0.00	—	0.00	—	11538.88	184.40	100.00	799.53
2017	0.00	—	0.00	—	0.00	—	0.00	—	1490.20	-87.09	100.00	103.26
2018	0.00	—	0.00	—	0.00	—	0.00	—	689.09	-53.76	100.00	47.75
2019	0.00	—	0.00	—	0.00	—	0.00	—	1628.04	136.26	100.00	112.81
2020	0.00	—	0.00	—	0.00	—	0.00	—	416.34	-74.43	100.00	28.85
2021	0.00	—	0.00	—	0.00	—	0.00	—	2233.07	436.36	100.00	154.73
2022	0.00	—	0.00	—	0.00	—	0.00	—	1513.02	-32.24	100.00	104.84
2023	0.00	—	—	—	0.00	—	—	—	0.00	-100.00	—	0.00

注：存在重复统计的情况，处理方式和行业别统计一致。

三、对外并购投资的融资渠道和支付方式指数

表 3-5-9　2005—2023 年中国民营企业对外并购投资的融资渠道指数

	融资指数					
	融资渠道汇总指数		单一渠道融资指数		多渠道融资指数	
	数量	金额	数量	金额	数量	金额
2005	10.81	1.87	15500.00	1347.27	189.66	12.51
2006	21.82	6.83	2000.00	342.33	103.45	7.06
2007	27.12	34.36	0.00	0.00	103.45	18.94
2008	30.86	17.03	0.00	0.00	68.97	37.05
2009	47.17	36.23	0.00	0.00	68.97	544.09
2010	50.31	37.90	0.00	0.00	103.45	10.79
2011	65.64	43.34	0.00	0.00	17.24	0.03
2012	59.94	49.57	500.00	500.00	17.24	0.00

续表

	融资指数					
	融资渠道汇总指数		单一渠道融资指数		多渠道融资指数	
	数量	金额	数量	金额	数量	金额
2013	77.44	76.64	0.00	0.00	103.45	28.07
2014	114.58	111.52	0.00	0.00	155.17	190.77
2015	182.39	218.92	0.00	0.00	206.90	281.13
2016	248.03	223.62	0.00	0.00	258.62	799.53
2017	261.40	184.62	500.00	7.58	155.17	103.26
2018	336.08	199.45	0.00	0.00	241.38	47.75
2019	281.05	162.81	0.00	0.00	137.93	112.81
2020	233.69	100.61	500.00	1155.29	120.69	28.85
2021	269.26	199.07	11000.00	1793.46	879.31	154.73
2022	196.93	69.02	1000.00	0.00	172.41	104.84
2023	93.75	16.05	8000.00	17.48	0.00	0.00

注：指数以 2011—2015 年均值为基期计算得出。

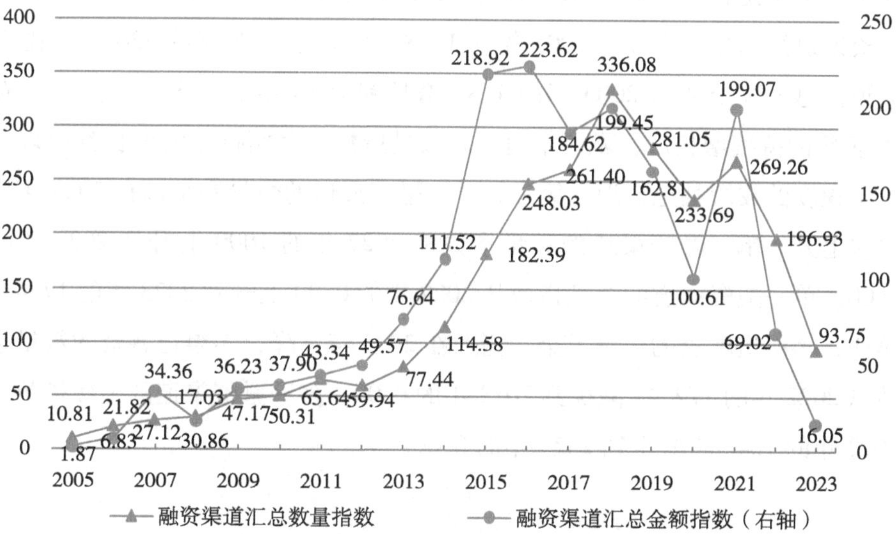

图 3-5-1　2005—2023 年中国民营企业对外并购投资的融资渠道指数

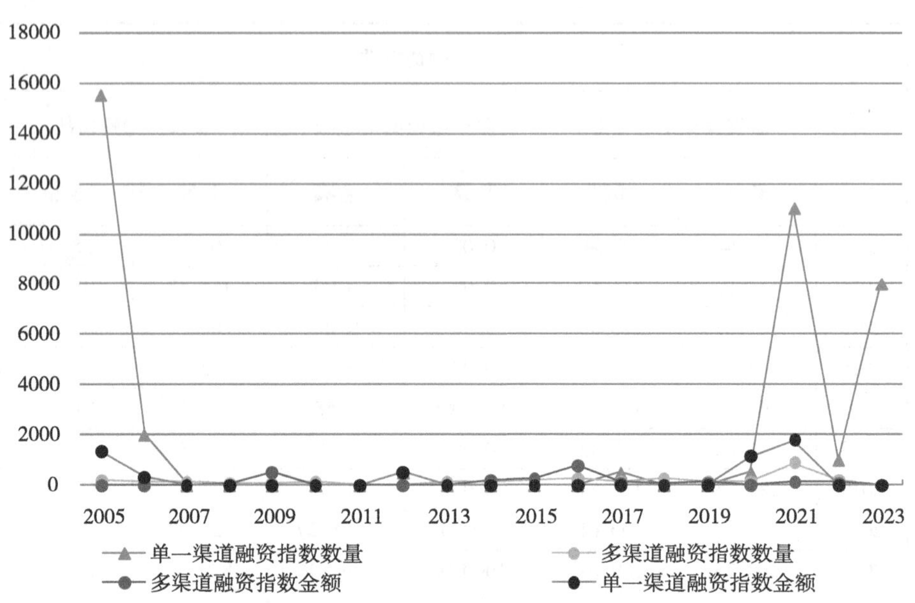

图 3-5-2　2005—2023 年中国民营企业对外并购投资的单一渠道和多渠道指数

通过对指数的分析，我们发现：第一，无论是融资渠道汇总数量指数还是融资渠道汇总金额指数，都在 2005 年后保持了 10 多年的持续增长。融资渠道汇总数量指数从 2005 年的 10.81 增长到 2018 年的 336.08，融资渠道汇总金额指数从 2005 年的 1.87 增长到 2016 年的 223.62。第二，在 10 多年的持续增长后，融资渠道汇总数量指数、金额指数的增长都出现了一定程度的放缓甚至衰退。第三，单一融资渠道的数量和金额在 2023 年均再次上升。单一融资渠道的数量指数从 2022 年的 1000 上升到 2023 年的 8000。单一融资渠道的金额指数从 2022 年的 0.00 上升到 2023 年的 17.48。第四，多渠道融资的数量、金额指数在 2023 年下降，多渠道融资的数量指数从 2022 年的 172.41 减少到 2023 年的 0.00，多种融资渠道的金额指数从 2022 年的 104.84 减少到 2023 年的 0.00。

本章小结

一、民营企业并购投资增长放缓，趋于理性

2023 年，我国民营企业并购 OFDI 项目数量为 487 件，同比下降 4.32%；并购 OFDI 项目金额为 251.25 亿美元，同比增长 16.23%。综合来看，民营企业对外并购投资项目数量指数、金额指数均出现大幅下降，可见近年来民营企业对于对外并购投资表现更加理性。

二、民营企业对发展中国家（地区）的对外绿地投资呈现规模大、集中于亚洲地区的特点

2005—2023 年间，我国民营企业对外并购直接投资活动主要集中在发达经济体，累计对外直接投资项目数量为 7646 件，占比 85.63%；其次是发展中经济体，累计对外直接投资项目数量为 1134 件，占比 12.70%；再次是转型经济体，累计对外直接投资项目数量为 149 件，占比 1.67%。流向发展中经济体的民营企业对外直接投资数量主要集中在亚洲地区，2005—2023 年的平均占比为 66.93%。从并购 OFDI 项目金额看，发达经济体累计对外直接投资项目金额为 11030.72 亿美元，占比 89.26%；排在第二的是发展中经济体，累计对外直接投资项目金额为 857.03 亿美元，占比 6.94%；排在第三的是转型经济体，累计对外直接投资项目金额为 268.87 亿美元，占比 2.18%。流向发展中经济体的民营企业对外直接投资金额主要集中在亚洲地区，2005—2023 年的平均占比为 48.27%。

三、民营企业对外绿地投资主要集中于非制造业

从并购 OFDI 项目数量看，在 2005—2023 年间，按照并购 OFDI 项目数量累积量排名，我国民营企业对外直接投资活动主要集中在非制造业，累计对外直接投资项目数量为 8769 件，占比 75%；排在第二的是制造业，

累计对外直接投资项目数量为 2922 件，占比 25%。按照并购 OFDI 项目金额累积量排名，我国民营企业对外直接投资活动主要集中在非制造业，累计对外直接投资项目金额为 7609.83 亿美元，占比 61.71%；排在第二的是制造业，累计对外直接投资项目金额为 4721.32 亿美元，占比 38.29%。

四、融资渠道汇总数量指数、金额指数经历快速增长后放缓甚至衰退

无论是融资渠道汇总数量指数还是融资渠道汇总金额指数，都在 2005 年后保持了 10 多年的持续增长。融资渠道汇总数量指数从 2005 年的 10.81 增长到 2018 年的 336.08，融资渠道汇总金额指数从 2005 年的 1.87 增长到 2016 年的 223.62。在 10 多年的持续增长后，融资渠道汇总数量指数、金额指数的增长都出现了一定程度的放缓甚至衰退。2023 年融资渠道汇总数量指数、金额指数分别为 93.75 和 16.05。

第四章　中国民营企业对外直接投资指数：绿地投资分析

本章以民营企业对外绿地投资活动为研究主体，基于中国民营企业对外直接投资六级指标体系，分别从总投资、投资来源地、投资标的国（地区）、投资标的行业角度测算中国企业对外绿地投资指数，从多角度描述2005—2023年民营企业对外绿地投资的发展特征。

第一节　民营企业对外绿地投资指数

本节对民营企业对外绿地投资进行总体分析。

一、民营企业对外绿地投资与全国对外绿地投资的比较

根据2005—2023年中国民营企业绿地OFDI数量和金额表显示，2023年，我国民营企业绿地对外直接投资项目数量为552件，同比增长82.17%；绿地对外直接投资项目金额为842.24亿美元，同比增长210.98%。整体来看，我国民营企业绿地对外直接投资在2005—2023年呈现增长趋势。绿地对外直接投资项目数量从2005年的52件增长到2023年的552件，在2023年达到峰值。绿地对外投资项目金额从2005年的18.55亿美元增长到2023年的842.24亿美元，2023年同样达到峰值。

表 4-1-1 2005—2023 年中国民营企业对外绿地投资项目数量和金额汇总及与全国对外绿地投资的比较

年份	民营企业对外绿地投资				全国对外绿地投资			
	项目数量（件）	同比增长（%）	金额（亿美元）	同比增长（%）	项目数量（件）	同比增长（%）	金额（亿美元）	同比增长（%）
2005	52	—	18. 55	—	126	—	83. 51	—
2006	46	-11. 54	37. 30	101. 12	123	-2. 38	158. 10	89. 33
2007	107	132. 61	50. 51	35. 42	220	78. 86	311. 70	97. 15
2008	123	14. 95	74. 12	46. 74	276	25. 45	475. 63	52. 59
2009	158	28. 46	24. 21	-67. 33	340	23. 19	261. 62	-45. 00
2010	173	9. 49	67. 41	178. 38	354	4. 12	198. 00	-24. 32
2011	194	12. 14	131. 39	94. 92	430	21. 47	389. 01	96. 47
2012	185	-4. 64	68. 02	-48. 23	353	-17. 91	114. 96	-70. 45
2013	173	-6. 49	43. 73	-35. 71	322	-8. 78	131. 63	14. 50
2014	194	12. 14	231. 07	428. 40	378	17. 39	538. 79	309. 31
2015	248	27. 84	268. 09	16. 02	483	27. 78	530. 77	-1. 49
2016	366	47. 58	593. 64	121. 44	632	30. 85	1103. 46	107. 90
2017	341	-6. 83	245. 82	-58. 59	576	-8. 86	526. 77	-52. 26
2018	534	56. 60	397. 55	61. 72	842	46. 18	924. 86	75. 57
2019	456	-14. 61	421. 76	6. 09	668	-20. 67	615. 54	-33. 44
2020	250	-45. 18	310. 68	-26. 34	385	-42. 37	462. 38	-24. 88
2021	260	4. 00	249. 51	-19. 69	372	-3. 38	312. 32	-32. 45
2022	303	16. 54	270. 83	8. 54	404	8. 60	384. 81	23. 21
2023	552	82. 17	842. 24	210. 98	813	101. 24	165. 36	-57. 03
均值	199	—	148. 46	—	393	—	341. 03	—

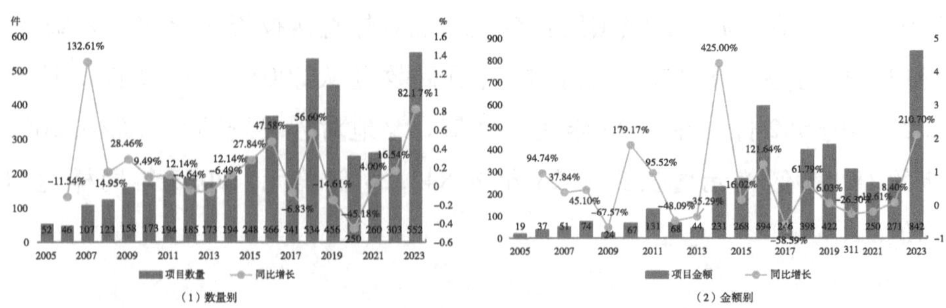

（1）数量别
（2）金额别

图 4-1-1 2005—2023 年中国民营企业绿地项目数量和金额的增长变化图

二、民营企业对外绿地投资项目数量指数和金额指数

从表 4-1-2 和图 4-1-2 可以看出，项目数量指数总体呈上升趋势，从 2005 年的 26.16 上升到 2023 年的 277.67，表明民营企业对外绿地投资项目数量逐年增加。金额指数的变化也反映了类似的趋势，从 2005 年的 12.49 增加到 2023 年的 567.33，说明投资金额显著增长。尤其在 2013—2016 年间，投资金额指数显著增加，达到 399.87，表明这一时期投资活动活跃。总体来看，民营企业在对外绿地投资方面表现出积极增长的态势，尤其是在 2013 年之后，投资数量和金额均大幅提升。

表 4-1-2　2005—2023 年中国民营企业对外绿地投资项目数量及金额指数

年份	项目数量指数	金额指数
2005	26.16	12.49
2006	23.14	25.12
2007	53.82	34.02
2008	61.87	49.93
2009	79.48	16.31
2010	87.02	45.40
2011	97.59	88.50
2012	93.06	45.81
2013	87.02	29.46
2014	97.59	155.65
2015	124.75	180.58
2016	184.10	399.87
2017	171.53	165.58
2018	268.61	267.78
2019	229.38	284.09
2020	125.75	209.27
2021	130.78	168.07
2022	152.41	182.42
2023	277.67	567.33
均值	100.00	100.00

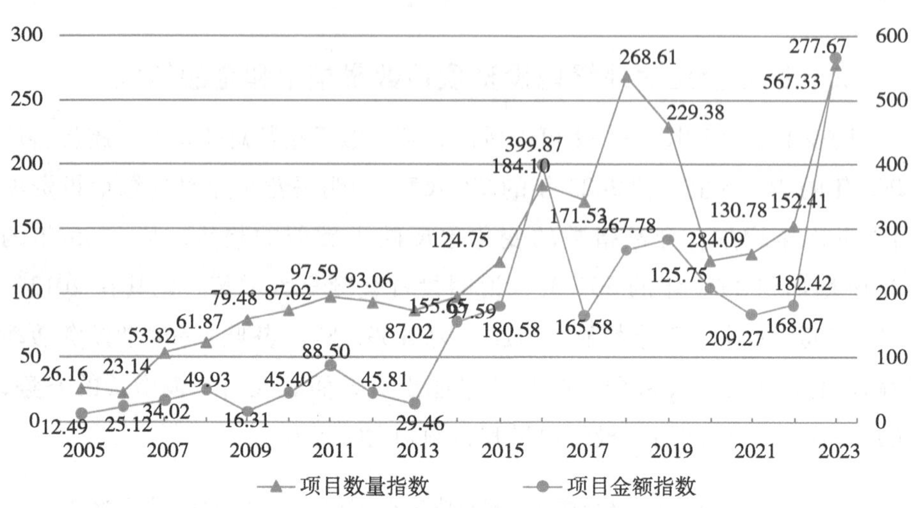

图 4-1-2 2005—2023 年中国民营企业对外绿地投资项目数量及金额指数变化图

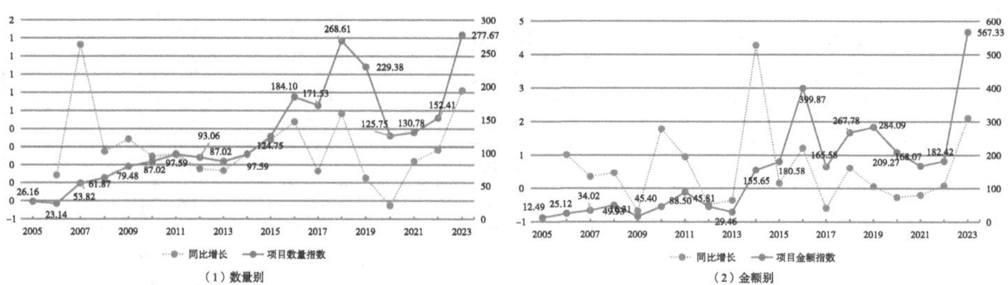

图 4-1-3 2005—2023 年中国民营企业对外绿地投资项目数量金额指数及同比增长率变化图

第二节 民营企业对外绿地投资来源地别指数

本节对民营企业对外绿地投资的项目数量与金额按照投资来源地进行统计分析，主要划分为环渤海地区、长三角地区、珠三角地区、中部地区与西部地区五大区域。

一、民营企业绿地项目数量在来源地的分布

根据 2005—2023 年中国民营企业绿地 OFDI 数量表显示，从绿地 OFDI 项目数量看，在 2005—2023 年间，我国民营企业对外绿地直接投资活动主

要集中在长三角地区，累计对外直接投资项目数量为 1568 件，占比 34.50%；其次是珠三角地区，累计对外直接投资项目数量为 1279 件，占比 28.14%；再次是环渤海地区，累计对外直接投资项目数量为 1258 件，占比 27.68%；复次是中部地区，累计对外直接投资项目数量为 263 件，占比 5.79%；最后是西部地区，累计对外直接投资项目数量为 177 件，占比 3.89%。

根据 2005—2023 年中国民营企业绿地 OFDI 数量来源地别图表显示，第一，在 2005—2023 年，来自长三角地区中的其他的绿地 OFDI 项目数量增长最为显著，从 2005 年的 5 件增加到 2023 年的 191 件，复合增长率为年均 22.43%。第二，来自珠三角地区的广东的 OFDI 数量在 2023 年出现最显著的缩减。第三，总体来看，来自珠三角地区的民营企业对外直接投资数量集中来自广东地区，2005—2023 年的平均占比为 90.93%。第四，总体来看，来自西部地区的民营企业对外直接投资数量集中来自西南地区，2005—2023 年的平均占比为 64.41%。

表 4-2-1　2005—2023 年中国民营企业绿地投资项目数量在不同投资来源地的分布及指数汇总表

（单位：件）

年份	环渤海地区											
	京津冀				其他				小计			
	项目数	同比增长（%）	占比（%）	指数	项目数	同比增长（%）	占比（%）	指数	项目数	同比增长（%）	占比（%）	指数
2005	9	—	42.86	26.01	12	—	57.14	57.69	21	—	42.00	37.91
2006	5	-44.44	62.50	14.45	3	-75.00	37.50	14.42	8	-61.90	17.78	14.44
2007	12	140.00	52.17	34.68	11	266.67	47.83	52.88	23	187.50	21.90	41.52
2008	10	-16.67	76.92	28.90	3	-72.73	23.08	14.42	13	-43.48	10.57	23.47
2009	25	150.00	59.52	72.25	17	466.67	40.48	81.73	42	223.08	26.92	75.81
2010	38	52.00	73.08	109.83	14	-17.65	26.92	67.31	52	23.81	30.06	93.86
2011	34	-10.53	64.15	98.27	19	35.71	35.85	91.35	53	1.92	27.46	95.67
2012	38	11.76	64.41	109.83	21	10.53	35.59	100.96	59	11.32	31.89	106.50

续表

年份	环渤海地区											
	京津冀				其他				小计			
	项目数	同比增长（%）	占比（%）	指数	项目数	同比增长（%）	占比（%）	指数	项目数	同比增长（%）	占比（%）	指数
2013	34	-10.53	73.91	98.27	12	-42.86	26.09	57.69	46	-22.03	26.59	83.03
2014	25	-26.47	45.45	72.25	30	150.00	54.55	144.23	55	19.57	28.35	99.28
2015	42	68.00	65.63	121.39	22	-26.67	34.38	105.77	64	16.36	26.02	115.52
2016	57	35.71	73.08	164.74	21	-4.55	26.92	100.96	78	21.88	21.37	140.79
2017	65	14.04	72.22	187.86	25	19.05	27.78	120.19	90	15.38	26.55	162.45
2018	137	110.77	82.04	395.95	30	20.00	17.96	144.23	167	85.56	31.33	301.44
2019	112	-18.25	80.00	323.70	28	-6.67	20.00	134.62	140	-16.17	31.04	252.71
2020	57	-49.11	85.07	164.74	10	-64.29	14.93	48.08	67	-52.14	26.80	120.94
2021	67	17.54	87.01	193.64	10	0.00	12.99	48.08	77	14.93	30.31	138.99
2022	77	14.93	82.80	222.54	16	60.00	17.20	76.92	93	20.78	30.90	167.87
2023	76	-1.30	69.09	219.65	34	112.50	30.91	163.46	110	18.28	26.90	198.56
合计	920	—	73.13	—	338	—	26.87	—	1258	—	27.68	—
2011—2015年均值	34.6	—	—	100.00	20.8	—	—	100.00	55.4	—	—	100.00

年份	长三角地区											
	上海				其他				小计			
	项目数	同比增长（%）	占比（%）	指数	项目数	同比增长（%）	占比（%）	指数	项目数	同比增长（%）	占比（%）	指数
2005	3	—	37.50	15.96	5	—	62.50	10.87	8	—	16.00	12.35
2006	4	33.33	36.36	21.28	7	40.00	63.64	15.22	11	37.50	24.44	16.98
2007	9	125.00	22.50	47.87	31	342.86	77.50	67.39	40	263.64	38.10	61.73
2008	9	0.00	15.52	47.87	49	58.06	84.48	106.52	58	45.00	47.15	89.51
2009	12	33.33	24.49	63.83	37	-24.49	75.51	80.43	49	-15.52	31.41	75.62
2010	14	16.67	25.45	74.47	41	10.81	74.55	89.13	55	12.24	31.79	84.88
2011	11	-21.43	20.00	58.51	44	7.32	80.00	95.65	55	0.00	28.50	84.88

续表

年份	长三角地区											
	上海				其他				小计			
	项目数	同比增长(%)	占比(%)	指数	项目数	同比增长(%)	占比(%)	指数	项目数	同比增长(%)	占比(%)	指数
2012	27	145.45	40.30	143.62	40	-9.09	59.70	86.96	67	21.82	36.22	103.40
2013	14	-48.15	28.00	74.47	36	-10.00	72.00	78.26	50	-25.37	28.90	77.16
2014	23	64.29	38.98	122.34	36	0.00	61.02	78.26	59	18.00	30.41	91.05
2015	19	-17.39	20.43	101.06	74	105.56	79.57	160.87	93	57.63	37.80	143.52
2016	38	100.00	36.19	202.13	67	-9.46	63.81	145.65	105	12.90	28.77	162.04
2017	30	-21.05	27.78	159.57	78	16.42	72.22	169.57	108	2.86	31.86	166.67
2018	33	10.00	20.00	175.53	132	69.23	80.00	286.96	165	52.78	30.96	254.63
2019	37	12.12	30.83	196.81	83	-37.12	69.17	180.43	120	-27.27	26.61	185.19
2020	23	-37.84	28.75	122.34	57	-31.33	71.25	123.91	80	-33.33	32.00	123.46
2021	29	26.09	33.72	154.26	57	0.00	66.28	123.91	86	7.50	33.86	132.72
2022	34	17.24	29.57	180.85	81	42.11	70.43	176.09	115	33.72	38.21	177.47
2023	53	55.88	21.72	281.91	191	135.80	78.28	415.22	244	112.17	27.43	376.54
合计	422	—	26.91	—	1146	—	73.09	—	1568	—	34.50	—
2011—2015年均值	18.8	—	—	100.00	46	—	—	100.00	64.8	—	—	100.00

年份	珠三角地区											
	广东				其他				小计			
	项目数	同比增长(%)	占比(%)	指数	项目数	同比增长(%)	占比(%)	指数	项目数	同比增长(%)	占比(%)	指数
2005	16	—	94.12	31.37	1	—	5.88	31.25	17	—	34.00	31.37
2006	20	25.00	86.96	39.22	3	200.00	13.04	93.75	23	35.29	51.11	42.44
2007	31	55.00	96.88	60.78	1	-66.67	3.13	31.25	32	39.13	30.48	59.04
2008	27	-12.90	93.10	52.94	2	100.00	6.90	62.50	29	-9.38	23.58	53.51
2009	42	55.56	95.45	82.35	2	0.00	4.55	62.50	44	51.72	28.21	81.18
2010	48	14.29	96.00	94.12	2	0.00	4.00	62.50	50	13.64	28.90	92.25

续表

年份	珠三角地区											
	广东				其他				小计			
	项目数	同比增长（%）	占比（%）	指数	项目数	同比增长（%）	占比（%）	指数	项目数	同比增长（%）	占比（%）	指数
2011	52	8.33	94.55	101.96	3	50.00	5.45	93.75	55	10.00	28.50	101.48
2012	35	-32.69	92.11	68.63	3	0.00	7.89	93.75	38	-30.91	20.54	70.11
2013	62	77.14	95.38	121.57	3	0.00	4.62	93.75	65	71.05	37.57	119.93
2014	52	-16.13	96.30	101.96	2	-33.33	3.70	62.50	54	-16.92	27.84	99.63
2015	54	3.85	91.53	105.88	5	150.00	8.47	156.25	59	9.26	23.98	108.86
2016	124	129.63	95.38	243.14	6	20.00	4.62	187.50	130	120.34	35.62	239.85
2017	97	-21.77	87.39	190.20	14	133.33	12.61	437.50	111	-14.62	32.74	204.80
2018	127	30.93	91.37	249.02	12	-14.29	8.63	375.00	139	25.23	26.08	256.46
2019	151	18.90	88.82	296.08	19	58.33	11.18	593.75	170	22.30	37.69	313.65
2020	76	-49.67	85.39	149.02	13	-31.58	14.61	406.25	89	-47.65	35.60	164.21
2021	74	-2.63	91.36	145.10	7	-46.15	8.64	218.75	81	-8.99	31.89	149.45
2022	75	1.35	93.75	147.06	5	-28.57	6.25	156.25	80	-1.23	26.58	147.60
2023	0.00	-100.00	0.00	0.00	13	160	100.00	406.25	13	-83.75	3.18	23.99
合计	1163	—	90.93	—	116	—	9.07	—	1279	—	28.14	—
2011—2015年均值	51.0	—		100.00	3.2	—	—	100.00	54.2	—	—	100.00

年份	中部地区											
	华北东北				中原华中				小计			
	项目数	同比增长（%）	占比（%）	指数	项目数	同比增长（%）	占比（%）	指数	项目数	同比增长（%）	占比（%）	指数
2005	1	—	50.00	29.41	1	—	50.00	10.00	2	—	4.00	14.93
2006	0	-100.00	0.00	0.00	2	100.00	100.00	20.00	2	0.00	4.44	14.93
2007	2	—	33.33	58.82	4	100.00	66.67	40.00	6	200.00	5.71	44.78
2008	2	0.00	11.11	58.82	16	300.00	88.89	160.00	18	200.00	14.63	134.33
2009	2	0.00	25.00	58.82	6	-62.50	75.00	60.00	8	-55.56	5.13	59.70

续表

年份	中部地区											
	华北东北				中原华中				小计			
	项目数	同比增长（%）	占比（%）	指数	项目数	同比增长（%）	占比（%）	指数	项目数	同比增长（%）	占比（%）	指数
2010	2	0.00	15.38	58.82	11	83.33	84.62	110.00	13	62.50	7.51	97.01
2011	3	50.00	23.08	88.24	10	-9.09	76.92	100.00	13	0.00	6.74	97.01
2012	3	0.00	23.08	88.24	10	0.00	76.92	100.00	13	0.00	7.03	97.01
2013	2	-33.33	33.33	58.82	4	-60.00	66.67	40.00	6	-53.85	3.47	44.78
2014	5	150.00	29.41	147.06	12	200.00	70.59	120.00	17	183.33	8.76	126.87
2015	4	-20.00	22.22	117.65	14	16.67	77.78	140.00	18	5.88	7.32	134.33
2016	3	-25.00	12.00	88.24	22	57.14	88.00	220.00	25	38.89	6.85	186.57
2017	3	0.00	15.79	88.24	16	-27.27	84.21	160.00	19	-24.00	5.60	141.79
2018	7	133.33	20.00	205.88	28	75.00	80.00	280.00	35	84.21	6.57	261.19
2019	3	-57.14	21.43	88.24	11	-60.71	78.57	110.00	14	-60.00	3.10	104.48
2020	1	-66.67	8.33	29.41	11	0.00	91.67	110.00	12	-14.29	4.80	89.55
2021	2	100.00	20.00	58.82	8	-27.27	80.00	80.00	10	-16.67	3.94	74.63
2022	0	—	0.00	—	10	25.00	100.00	100.00	10	0.00	3.00	74.63
2023	0	—	0.00	0.00	22	120	100.00	220.00	22	120.00	5.38	164.18
合计	45	—	17.11	—	218	—	82.89	—	263	—	5.79	—
2011—2015年均值	3.4	—	—	100.00	10	—	—	100.00	13.4	—	—	100.00

年份	西部地区											
	西北				西南				小计			
	项目数	同比增长（%）	占比（%）	指数	项目数	同比增长（%）	占比（%）	指数	项目数	同比增长（%）	占比（%）	指数
2005	2	—	100.00	90.91	0	—	0.00	0.00	2	—	4.00	19.23
2006	1	-50.00	100.00	45.45	0	—	0.00	0.00	1	-50.00	2.22	9.62
2007	0	-100.00	0.00	0.00	4	—	100.00	48.78	4	300.00	3.81	38.46
2008	1	—	20.00	45.45	4	0.00	80.00	48.78	5	25.00	4.07	48.08

续表

年份	西部地区											
	西北				西南				小计			
	项目数	同比增长（%）	占比（%）	指数	项目数	同比增长（%）	占比（%）	指数	项目数	同比增长（%）	占比（%）	指数
2009	4	300.00	30.77	181.82	9	125.00	69.23	109.76	13	160.00	8.33	125.00
2010	0	-100.00	0.00	0.00	3	-66.67	100.00	36.59	3	-76.92	1.73	28.85
2011	3	—	17.65	136.36	14	366.67	82.35	170.73	17	466.67	8.81	163.46
2012	2	-33.33	25.00	90.91	6	-57.14	75.00	73.17	8	-52.94	4.32	76.92
2013	1	-50.00	16.67	45.45	5	-16.67	83.33	60.98	6	-25.00	3.47	57.69
2014	1	0.00	11.11	45.45	8	60.00	88.89	97.56	9	50.00	4.64	86.54
2015	4	300.00	33.33	181.82	8	0.00	66.67	97.56	12	33.33	4.88	115.38
2016	10	150.00	37.04	454.55	17	112.50	62.96	207.32	27	125.00	7.40	259.62
2017	3	-70.00	27.27	136.36	8	-52.94	72.73	97.56	11	-59.26	3.24	105.77
2018	14	366.67	51.85	636.36	13	62.50	48.15	158.54	27	145.45	5.07	259.62
2019	3	-78.57	42.86	136.36	4	-69.23	57.14	48.78	7	-74.07	1.55	67.31
2020	2	-33.33	100.00	90.91	0	-100.00	0.00	0.00	2	-71.43	0.80	19.23
2021	0	—	0.00	0.00	0	—	0.00	—0.00	0	—	0.00	0.00
2022	0	—	0.00	0.00	3	—	0.00	36.59	3	—	1.00	28.85
2023	12	—	60.00	545.45	8	166.67	40.00	97.56	20	566.67	4.89	192.31
合计	63	—	35.59	—	114	—	64.41	—	177	—	3.89	—
2011—2015年均值	2.2	—	—	100.00	8.2	—	—	100.00	10.4	—	—	100.00

年份	总计			
	项目数	同比增长（%）	占比（%）	指数
2005	50	—	100.00	25.23
2006	45	-10.00	100.00	22.70
2007	105	133.33	100.00	52.98
2008	123	17.14	100.00	62.06
2009	156	26.83	100.00	78.71

续表

年份	总计			
	项目数	同比增长（%）	占比（%）	指数
2010	173	10.90	100.00	87.29
2011	193	11.56	100.00	97.38
2012	185	-4.15	100.00	93.34
2013	173	-6.49	100.00	87.29
2014	194	12.14	100.00	97.88
2015	246	26.80	100.00	124.12
2016	365	48.37	100.00	184.16
2017	339	-7.12	100.00	171.04
2018	533	57.23	100.00	268.92
2019	451	-15.38	100.00	227.55
2020	250	-44.57	100.00	126.14
2021	254	1.60	100.00	128.15
2022	301	18.50	100.00	151.88
2023	409	35.88	100.00	206.38
合计	4545	—	100.00	—
2011—2015 年均值	198.2	—	—	100.00

二、民营企业绿地金额在来源地的分布

根据 2005—2023 年中国民营企业绿地 OFDI 金额表显示，从绿地 OFDI 项目金额看，在 2005—2023 年间，我国民营企业对外绿地直接投资活动主要集中在长三角地区，累计对外直接投资项目金额为 1513.21 亿美元，占比 43.64%；其次是环渤海地区，累计对外直接投资项目金额为 1267.41 亿美元，占比 36.56%；再次是珠三角地区，累计对外直接投资项目金额为 796.94 亿美元，占比 22.99%；复次是中部地区，累计对外直接投资项目金额为 264.85 亿美元，占比 7.64%；最后是西部地区，累计对外直接投资项目金额为 228.60 亿美元，占比 6.59%。

根据 2005—2023 年中国民营企业绿地 OFDI 金额来源地别图表显示，第一，来自环渤海地区的京津冀的 OFDI 金额在 2016 年出现最显著的增长，从 13.45 亿美元增长到 277.73 亿美元。第二，来自环渤海地区的京津冀的 OFDI 金额在 2017 年出现最显著的缩减，从 277.73 亿美元缩减到 64.31 亿美元。第三，总体来看，来自环渤海地区的民营企业对外直接投资金额集中来自京津冀地区，2005—2023 年的平均占比为 68.27%。第四，总体来看，来自西部地区的民营企业对外直接投资金额集中来自西南地区，2005—2023 年的平均占比为 53.12%。

表 4-2-2 2005—2023 年中国民营企业绿地投资金额在不同投资来源地的分布及指数汇总表

（单位：百万美元）

年份	环渤海地区											
	京津冀				其他				小计			
	金额	同比增长（%）	占比（%）	指数	金额	同比增长（%）	占比（%）	指数	金额	同比增长（%）	占比（%）	指数
2005	152.30	—	59.94	7.24	101.80	—	40.06	3.28	254.10	—	20.45	4.88
2006	145.30	-4.60	74.86	6.91	48.80	-52.06	25.14	1.57	194.10	-23.61	6.20	3.73
2007	709.50	388.30	80.90	33.73	167.50	243.24	19.10	5.40	877.00	351.83	17.41	16.84
2008	3118.41	339.52	99.68	148.26	10.10	-93.97	0.32	0.33	3128.51	256.73	42.21	60.08
2009	233.04	-92.53	23.47	11.08	760.05	7425.25	76.53	24.49	993.09	-68.26	41.36	19.07
2010	1260.88	441.05	58.48	59.95	895.35	17.80	41.52	28.85	2156.23	117.12	31.99	41.41
2011	707.62	-43.88	37.84	33.64	1162.62	29.85	62.16	37.46	1870.24	-13.26	15.59	35.92
2012	2151.71	204.08	78.70	102.30	582.52	-49.90	21.30	18.77	2734.23	46.20	40.20	52.51
2013	1920.95	-10.72	60.62	91.33	1247.78	114.20	39.38	40.20	3168.73	15.89	72.46	60.85
2014	4391.38	128.60	32.45	208.78	9142.78	632.72	67.55	294.57	13534.17	327.12	58.57	259.91
2015	1345.25	-69.37	28.45	63.96	3383.14	-63.00	71.55	109.00	4728.39	-65.06	17.69	90.81
2016	27773.41	1964.55	83.34	1320.42	5553.24	64.14	16.66	178.92	33326.65	604.82	56.19	640.02
2017	6430.75	-76.85	59.34	305.73	4405.90	-20.66	40.66	141.95	10836.65	-67.48	44.30	208.11
2018	5185.79	-19.36	55.39	246.55	4175.82	-5.22	44.61	134.54	9361.61	-13.61	23.57	179.78

续表

年份	环渤海地区											
	京津冀				其他				小计			
	金额	同比增长（%）	占比（%）	指数	金额	同比增长（%）	占比（%）	指数	金额	同比增长（%）	占比（%）	指数
2019	17879.20	244.77	96.11	850.02	723.10	-82.68	3.89	23.30	18602.30	98.71	44.17	357.25
2020	2324.22	-87.00	87.74	110.50	324.74	-55.09	12.26	10.46	2648.96	-85.76	8.53	50.87
2021	1359.94	-41.49	52.71	64.65	1220.30	275.78	47.29	39.32	2580.24	-2.59	10.73	49.55
2022	2366.92	74.05	65.41	112.53	1251.46	2.55	34.59	40.32	3618.38	40.23	13.39	69.49
2023	7079.69	199.11	58.38	336.59	5047.47	303.33	41.62	162.62	12127.16	235.15	19.62	232.89
合计	86536.24	—	68.27	—	40204.48	—	31.72	—	126740.75	—	36.56	—
2011—2015年均值	2103.38	—	—	100.00	3103.77	—	—	100.00	5207.15	—	—	100.00

年份	长三角地区											
	上海				其他				小计			
	金额	同比增长（%）	占比（%）	指数	金额	同比增长（%）	占比（%）	指数	金额	同比增长（%）	占比（%）	指数
2005	56.10	—	38.34	7.48	90.22	—	61.66	2.15	146.32	—	11.77	2.96
2006	142.20	153.48	24.79	18.95	431.40	378.16	75.21	10.30	573.60	292.02	18.33	11.61
2007	879.64	518.59	32.42	117.21	1833.40	324.99	67.58	43.76	2713.04	372.98	53.86	54.92
2008	666.75	-24.20	30.95	88.84	1487.86	-18.85	69.05	35.51	2154.61	-20.58	29.07	43.61
2009	81.58	-87.76	20.45	10.87	317.32	-78.67	79.55	7.57	398.90	-81.49	16.61	8.07
2010	174.96	114.46	12.21	23.31	1258.40	296.57	87.79	30.04	1433.36	259.33	21.26	29.01
2011	55.33	-68.38	0.95	7.37	5757.01	357.49	99.05	137.41	5812.34	305.50	48.44	117.65
2012	49.83	-9.94	3.44	6.64	1399.07	-75.70	96.56	33.39	1448.90	-75.07	21.30	29.33
2013	21.70	-56.45	6.08	2.89	335.45	-76.02	93.92	8.01	357.14	-75.35	8.17	7.23
2014	339.00	1462.28	9.21	45.17	3342.30	896.38	90.79	79.77	3681.30	930.76	15.93	74.52
2015	3286.63	869.51	24.52	437.93	10114.54	202.62	75.48	241.42	13401.17	264.03	50.13	271.27
2016	5297.25	61.18	59.01	705.83	3679.93	-63.62	40.99	87.83	8977.18	-33.01	15.14	181.72
2017	891.70	-83.17	24.81	118.81	2702.40	-26.56	75.19	64.50	3594.10	-59.96	14.69	72.75

续表

年份	长三角地区											
	上海				其他				小计			
	金额	同比增长（%）	占比（%）	指数	金额	同比增长（%）	占比（%）	指数	金额	同比增长（%）	占比（%）	指数
2018	1757.12	97.05	12.31	234.13	12511.99	363.00	87.69	298.64	14269.11	297.01	35.93	288.84
2019	1915.65	9.02	31.67	255.25	4132.70	-66.97	68.33	98.64	6048.34	-57.61	14.36	122.43
2020	1509.70	-21.19	7.71	201.16	18063.19	337.08	92.29	431.14	19572.89	223.61	63.00	396.20
2021	757.41	-49.83	5.82	100.92	12248.12	-32.19	94.18	292.34	13005.53	-33.55	54.07	263.26
2022	5271.74	596.02	45.16	702.43	6402.56	-47.73	54.84	152.82	11674.30	-10.24	43.21	236.31
2023	10042.24	90.49	23.88	1338.08	32016.46	400.06	76.12	764.18	42058.70	260.27	68.04	851.36
合计	33196.53	—	21.93	—	118124.31	—	78.06	—	151320.83	—	43.64	—
2011—2015年均值	750.50	—	—	100.00	4189.67	—	—	100.00	4940.17	—	—	100.00

年份	珠三角地区											
	广东				其他				小计			
	金额	同比增长（%）	占比（%）	指数	金额	同比增长（%）	占比（%）	指数	金额	同比增长（%）	占比（%）	指数
2005	305.70	—	99.67	16.80	1.00	—	0.33	0.29	306.70	—	24.68	14.20
2006	1967.10	543.47	96.12	108.08	79.30	7830.00	3.88	23.38	2046.40	567.23	65.38	94.78
2007	1048.45	-46.70	99.96	57.61	0.40	-99.50	0.04	0.12	1048.85	-48.75	20.82	48.58
2008	560.30	-46.56	64.67	30.78	306.15	76437.50	35.33	90.27	866.45	-17.39	11.69	40.13
2009	568.72	1.50	98.00	31.25	11.60	-96.21	2.00	3.42	580.32	-33.02	24.17	26.88
2010	2228.47	291.84	99.04	122.44	21.70	87.07	0.96	6.40	2250.17	287.75	33.38	104.21
2011	3026.53	35.81	93.32	166.29	216.60	898.16	6.68	63.87	3243.13	44.13	27.03	150.20
2012	661.68	-78.14	99.95	36.36	0.32	-99.85	0.05	0.09	662.00	-79.59	9.73	30.66
2013	250.50	-62.14	50.68	13.76	243.80	76087.50	49.32	71.89	494.30	-25.33	11.30	22.89
2014	3360.52	1241.50	99.34	184.64	22.30	-90.85	0.66	6.58	3382.82	584.36	14.64	156.67
2015	1800.93	-46.41	59.76	98.95	1212.70	5338.12	40.24	357.58	3013.63	-10.91	11.27	139.57

续表

年份	珠三角地区											
	广东				其他				小计			
	金额	同比增长（%）	占比（%）	指数	金额	同比增长（%）	占比（%）	指数	金额	同比增长（%）	占比（%）	指数
2016	6584.26	265.60	93.20	361.77	480.40	-60.39	6.80	141.65	7064.66	134.42	11.91	327.19
2017	5415.76	-17.75	93.99	297.56	346.20	-27.94	6.01	102.08	5761.96	-18.44	23.56	266.86
2018	8562.89	58.11	89.77	470.48	976.11	181.95	10.23	287.82	9539.00	65.55	24.02	441.79
2019	9877.32	15.35	79.66	542.70	2521.31	158.30	20.34	743.43	12398.63	29.98	29.44	574.23
2020	2613.81	-73.54	31.85	143.61	5592.30	121.80	68.15	1648.95	8206.11	-33.81	26.41	380.06
2021	7093.33	171.38	95.24	389.74	354.75	-93.66	4.76	104.60	7448.08	-9.24	30.97	344.95
2022	2002.85	-71.76	21.04	110.04	7516.05	2018.69	78.96	2216.18	9518.90	27.80	35.24	440.86
2023	0.00	-100.00	0.00	0.00	1862.06	-75.23	100.00	549.05	1862.06	-80.44	3.01	86.24
合计	57929.13	—	72.69	—	21765.05	—	27.31	—	79694.18	—	22.99	—
2011—2015年均值	1820.03	—	—	100.00	339.14	—	—	100.00	2159.18	—	—	100.00

年份	中部地区											
	华北东北				中原华中				小计			
	金额	同比增长（%）	占比（%）	指数	金额	同比增长（%）	占比（%）	指数	金额	同比增长（%）	占比（%）	指数
2005	250.00	—	99.88	95.93	0.30	—	0.12	0.03	250.30	—	20.14	18.08
2006	0.00	-100.00	0.00	0.00	130.00	43233.33	100.00	11.57	130.00	-48.06	4.15	9.39
2007	26.20	—	15.68	10.05	140.90	8.38	84.32	12.54	167.10	28.54	3.32	12.07
2008	20.30	-22.52	8.47	7.79	219.31	55.65	91.53	19.52	239.61	43.39	3.23	17.31
2009	5.92	-70.84	3.79	2.27	150.10	-31.56	96.21	13.36	156.02	-34.88	6.50	11.27
2010	3.24	-45.27	0.58	1.24	559.72	272.89	99.42	49.81	562.96	260.82	8.35	40.67
2011	177.35	5373.77	60.07	68.06	117.89	-78.94	39.93	10.49	295.24	-47.56	2.46	21.33
2012	51.55	-70.93	11.11	19.78	412.38	249.80	88.89	36.70	463.93	57.14	6.82	33.51
2013	0.27	-99.47	0.08	0.10	329.53	-20.09	99.92	29.33	329.81	-28.91	7.54	23.82
2014	974.21	356753.48	55.77	373.84	772.58	134.45	44.23	68.75	1746.79	429.64	7.56	126.19

续表

年份	中部地区											
	华北东北				中原华中				小计			
	金额	同比增长（%）	占比（%）	指数	金额	同比增长（%）	占比（%）	指数	金额	同比增长（%）	占比（%）	指数
2015	99.60	-89.78	2.44	38.22	3986.08	415.94	97.56	354.73	4085.68	133.90	15.28	295.15
2016	1025.43	929.55	13.28	393.50	6694.54	67.95	86.72	595.76	7719.97	88.95	13.02	557.68
2017	4.52	-99.56	0.13	1.73	3445.00	-48.54	99.87	306.58	3449.52	-55.32	14.10	249.19
2018	171.70	3698.67	7.76	65.89	2040.73	-40.76	92.24	181.61	2212.43	-35.86	5.57	159.82
2019	2020.80	1076.94	81.89	775.45	446.77	-78.11	18.11	39.76	2467.57	11.53	5.86	178.26
2020	55.08	-97.27	10.38	21.14	475.39	6.41	89.62	42.31	530.47	-78.50	1.71	38.32
2021	139.27	152.85	13.68	53.44	878.79	84.86	86.32	78.21	1018.06	91.92	4.23	73.54
2022	0.00	-100.00	0.00	0.00	659.89	-24.91	100.00	58.73	659.89	-35.18	2.44	47.67
2023	0.00	—	0.00	0.00	1421.81	115.46	100.00	126.53	1421.81	115.46	2.30	102.71
合计	5025.45	—	18.01	—	21459.91	—	81.03	—	26485.36	—	7.64	—
2011—2015年均值	260.60	—	—	100.00	1123.69	—	—	100.00	1384.29	—	—	100.00

年份	西部地区											
	西北				西南				小计			
	金额	同比增长（%）	占比（%）	指数	金额	同比增长（%）	占比（%）	指数	金额	同比增长（%）	占比（%）	指数
2005	285.30	—	100.00	215.94	0.00	—	0.00	0.00	285.30	—	22.96	31.30
2006	185.80	-34.88	100.00	140.63	0.00	—	0.00	0.00	185.80	-34.88	5.94	20.38
2007	0.00	-100.00	0.00	0.00	231.63	—	100.00	29.72	231.63	24.67	4.60	25.41
2008	17.40	—	1.70	13.17	1005.38	334.05	98.30	128.98	1022.78	341.56	13.80	112.19
2009	100.30	476.44	36.74	75.92	172.70	-82.82	63.26	22.16	273.00	-73.31	11.37	29.95
2010	0.00	-100.00	0.00	0.00	338.00	95.72	100.00	43.36	338.00	23.81	5.01	37.08
2011	177.43	—	22.80	134.30	600.86	77.77	77.20	77.08	778.29	130.26	6.49	85.37
2012	19.74	-88.87	1.32	14.94	1472.80	145.12	98.68	188.94	1492.54	91.77	21.94	163.72
2013	0.00	-100.00	0.00	0.00	23.05	-98.44	100.00	2.96	23.05	-98.46	0.53	2.53

续表

年份	西部地区											
	西北				西南				小计			
	金额	同比增长（%）	占比（%）	指数	金额	同比增长（%）	占比（%）	指数	金额	同比增长（%）	占比（%）	指数
2014	100.00	—	13.12	75.69	661.92	2771.93	86.88	84.92	761.92	3205.81	3.30	83.58
2015	363.42	263.42	24.19	275.07	1138.85	72.05	75.81	146.10	1502.27	97.17	5.62	164.79
2016	797.32	119.39	35.96	603.49	1420.01	24.69	64.04	182.17	2217.33	47.60	3.74	243.23
2017	553.00	-30.64	67.60	418.57	265.10	-81.33	32.40	34.01	818.10	-63.10	3.34	89.74
2018	3449.20	523.73	79.60	2610.70	883.96	233.44	20.40	113.40	4333.16	429.66	10.91	475.33
2019	2511.72	-27.18	96.50	1901.12	91.20	-89.68	3.50	11.70	2602.92	-39.93	6.18	285.53
2020	109.60	-95.64	100.00	82.96	0.00	-100.00	0.00	0.00	109.60	-95.79	0.35	12.02
2021	0.00	—	—	0.00	0.00	—	—	0.00	0.00	—	—	0.00
2022	0.00	—	0.00	0.00	1543.15	—	100.00	197.97	1543.15	—	5.71	169.28
2023	2047.48	—	47.17	1549.74	2293.27	48.61	52.83	294.20	4340.75	181.29	7.02	476.16
合计	10717.71	—	46.88	—	12141.878	—	53.12	—	22859.59	—	6.59	—
2011—2015年均值	132.12	—	—	100.00	779.50	—	—	100.00	911.61	—	—	100.00

年份	总计			
	金额	同比增长（%）	占比（%）	指数
2005	1242.72	—	100.00	8.51
2006	3129.90	151.86	100.00	21.43
2007	5037.62	60.95	100.00	34.50
2008	7411.95	47.13	100.00	50.76
2009	2401.34	-67.60	100.00	16.44
2010	6740.72	180.71	100.00	46.16
2011	11999.24	78.01	100.00	82.17
2012	6801.60	-43.32	100.00	46.58
2013	4373.04	-35.71	100.00	29.95
2014	23107.00	428.40	100.00	158.24

续表

年份	总计			
	金额	同比增长（%）	占比（%）	指数
2015	26731.14	15.68	100.00	183.06
2016	59305.79	121.86	100.00	406.14
2017	24460.33	-58.76	100.00	167.51
2018	39715.31	62.37	100.00	271.98
2019	42119.77	6.05	100.00	288.44
2020	31068.03	-26.24	100.00	212.76
2021	24051.91	-22.58	100.00	164.71
2022	27014.62	12.32	100.00	184.99
2023	61810.48	128.80	100.00	423.27
合计	346712.03	—	100.00	—
2011—2015 年均值	14602.40	—	—	100.00

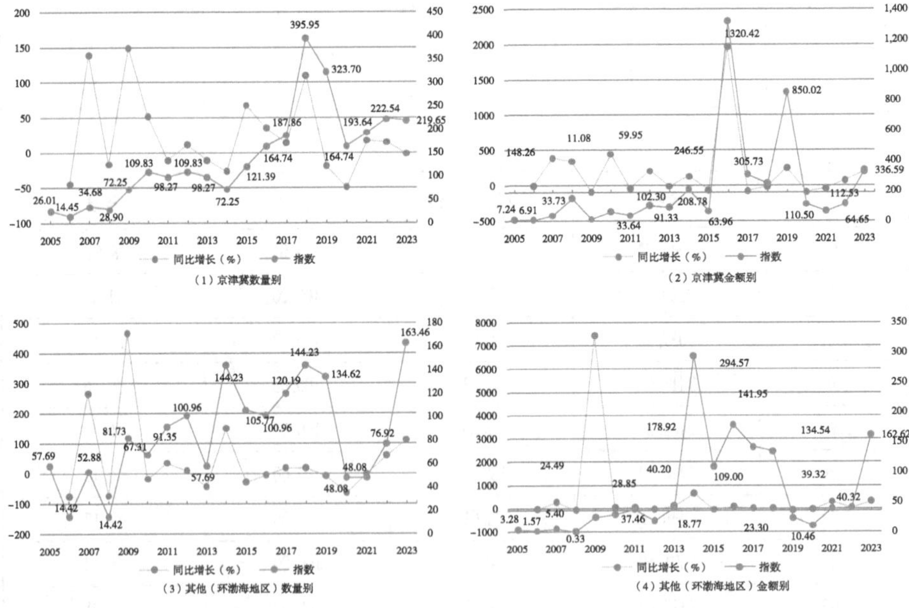

（1）京津冀数量别
（2）京津冀金额别
（3）其他（环渤海地区）数量别
（4）其他（环渤海地区）金额别

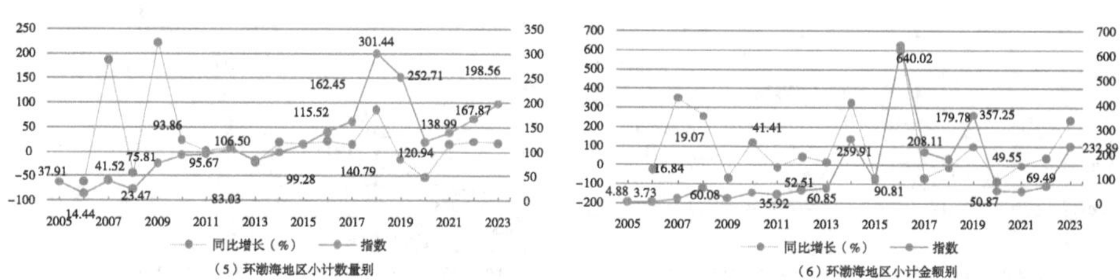

（5）环渤海地区小计数量别

（6）环渤海地区小计金额别

图 4-2-1　2005—2023 年环渤海地区民营企业绿地投资项目数量和金额指数变化图

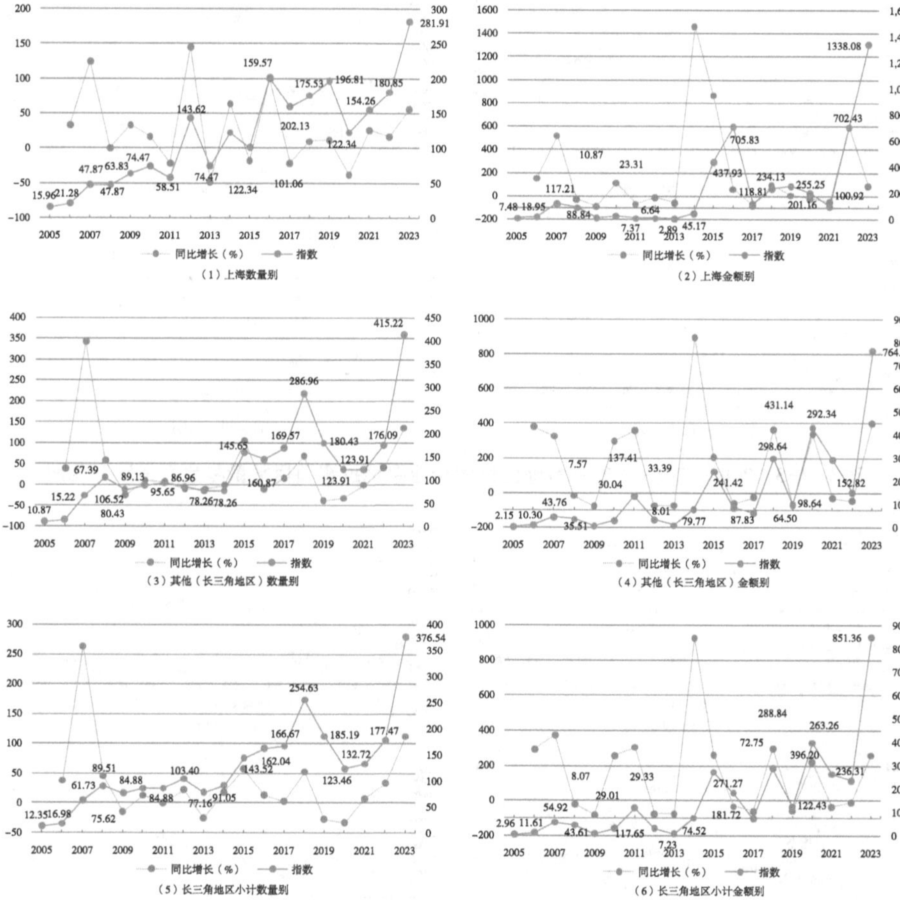

（1）上海数量别

（2）上海金额别

（3）其他（长三角地区）数量别

（4）其他（长三角地区）金额别

（5）长三角地区小计数量别

（6）长三角地区小计金额别

图 4-2-2　2005—2023 年长三角地区民营企业绿地投资项目数量和金额指数变化图

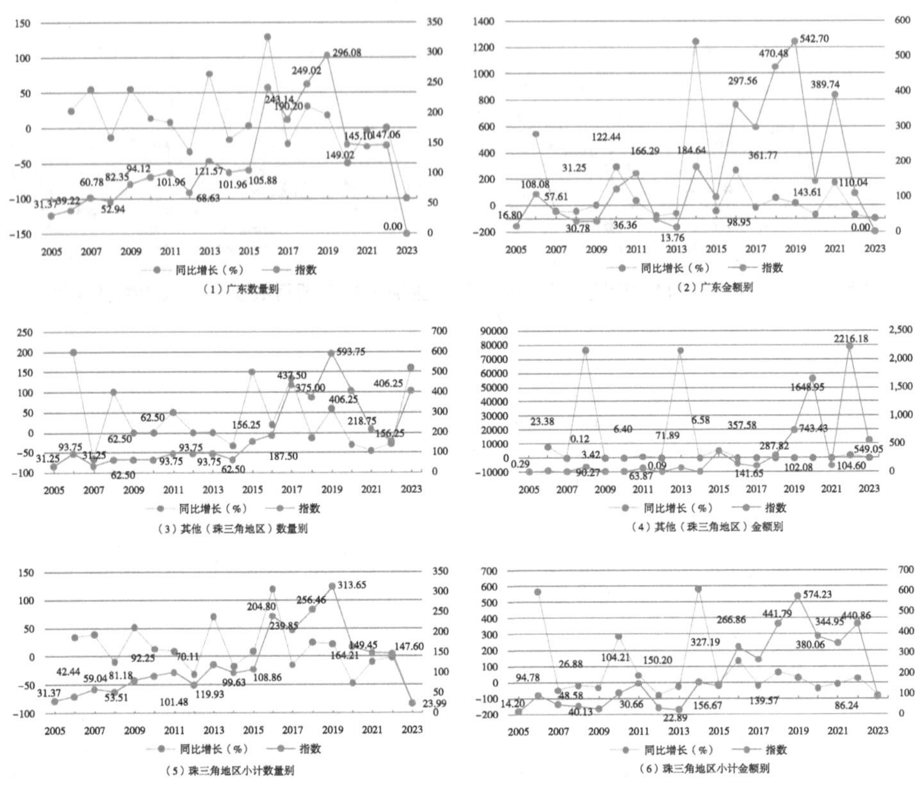

图 4-2-3　2005—2023 年珠三角地区民营企业绿地投资项目数量和金额指数变化图

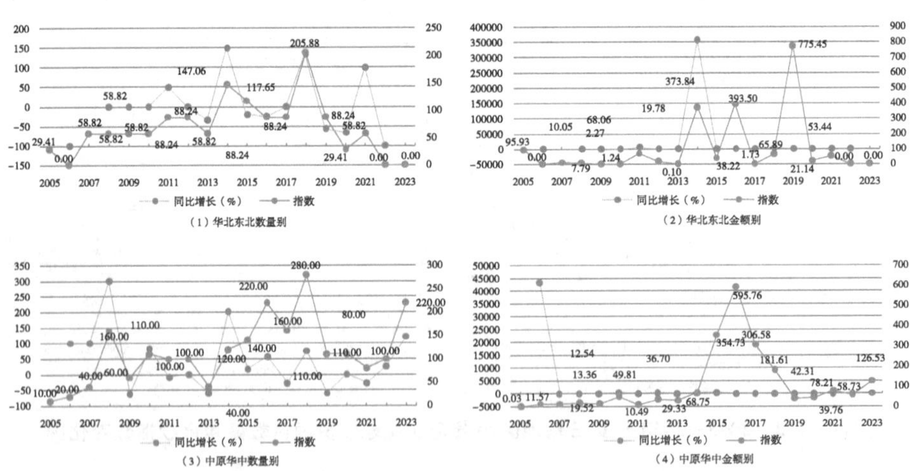

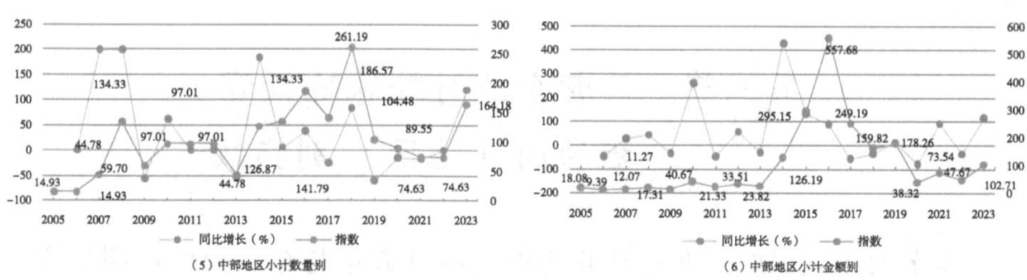

图 4-2-4　2005—2023 年中部地区民营企业绿地投资项目数量和金额指数变化图

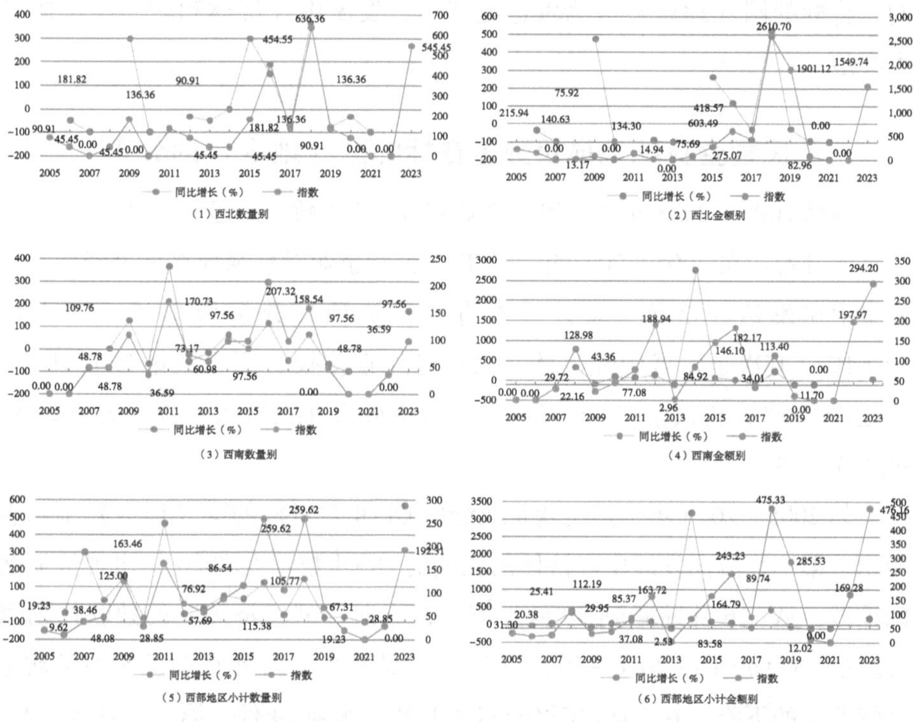

图 4-2-5　2005—2023 年西部地区民营企业绿地投资项目数量和金额指数变化图

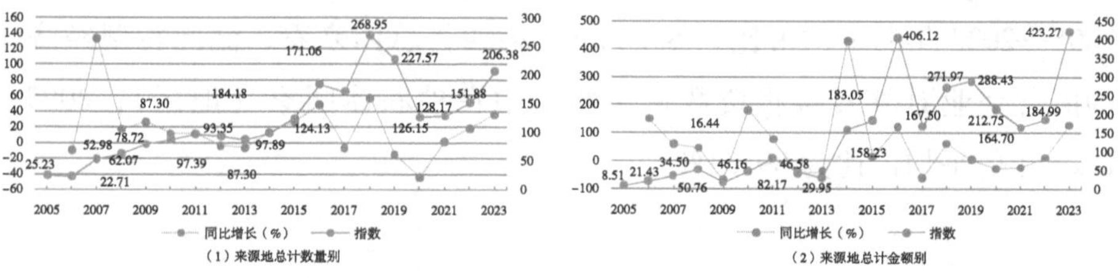

图 4-2-6　2005—2023 年来源地民营企业绿地投资项目数量和金额指数变化图

第三节 民营企业对外绿地投资标的国（地区）别指数

本节对中国民营企业对外并购投资项目数量与金额规模按照投资标的国（地区）进行划分，其中根据标的国（地区）的经济发展水平不同，将标的国（地区）分为发达经济体、发展中经济体和转型经济体三大类型。

一、民营企业绿地项目数量在标的国（地区）的分布

根据2005—2023年中国民营企业绿地OFDI数量表显示，从绿地OFDI项目数量看，在2005—2023年间，我国民营企业对外绿地直接投资活动主要集中在发达经济体，累计对外直接投资项目数量为2812件，占比59.64%；其次是发展中经济体，累计对外直接投资项目数量为1641件，占比43.80%；再次是转型经济体，累计对外直接投资项目数量为262件，占比5.56%。

如2005—2023年中国民营企业绿地OFDI数量标的国（地区）别图表所示，第一，流向发展中经济体的亚洲的OFDI数量在2020年出现最显著的缩减，从116件缩减到39件。第二，流向转型经济体中的独联体国家（地区）的OFDI在2018—2022年实现了民营企业对外直接投资项目数量连续5年的下降，在2023年终于实现上升，达到24件。第三，总体来看，流向发达经济体的民营企业对外直接投资数量主要集中在欧洲地区，2005—2023年的平均占比为55.44%。第四，总体来看，流向转型经济体的民营企业对外直接投资数量主要集中在独联体国家（地区），2005—2023年的平均占比为89.31%。

表 4-3-1　2005—2023 年中国民营企业绿地投资项目数量在不同经济体的分布及指数汇总表

（单位：件）

年份	发达经济体							
	欧洲				北美洲			
	项目数	同比增长（%）	占比（%）	指数	项目数	同比增长（%）	占比（%）	指数
2005	22	—	73.33	30.30	4	—	13.33	12.58
2006	12	-45.45	48.00	16.53	6	50.00	24.00	18.87
2007	45	275.00	65.22	61.98	13	116.67	18.84	40.88
2008	47	4.44	61.84	64.74	12	-7.69	15.79	37.74
2009	83	76.60	65.35	114.33	19	58.33	14.96	59.75
2010	88	6.02	68.75	121.21	18	-5.26	14.06	56.60
2011	97	10.23	65.99	133.61	26	44.44	17.69	81.76
2012	86	-11.34	61.87	118.46	22	-15.38	15.83	69.18
2013	82	-4.65	59.42	112.95	26	18.18	18.84	81.76
2014	47	-42.68	42.34	64.74	41	57.69	36.94	128.93
2015	51	8.51	40.48	70.25	44	7.32	34.92	138.36
2016	95	86.27	46.80	130.85	62	40.91	30.54	194.97
2017	101	6.32	46.33	139.12	53	-14.52	24.31	166.67
2018	147	45.54	48.20	202.48	76	43.40	24.92	238.99
2019	122	-17.01	59.51	168.04	46	-39.47	22.44	144.65
2020	87	-28.69	54.38	119.83	47	2.17	29.38	147.80
2021	112	28.74	65.50	154	34	-27.66	19.88	106.92
2022	87	-22.32	51.18	120	46	35.29	27.06	144.65
2023	148	0.70	56.06	203.86	54	0.17	20.45	169.81
合计	1559	—	55.44	—	649	—	23.08	—
2011—2015 年均值	73	—	—	100	31	—	—	100.00

续表

年份	发达经济体							
	其他发达经济体				小计			
	项目数	同比增长（%）	占比（%）	指数	项目数	同比增长（%）	占比（%）	指数
2005	4	—	13.33	14.39	30	—	57.69	22.69
2006	7	75.00	28.00	25.18	25	-16.67	54.35	18.91
2007	11	57.14	15.94	39.57	69	176.00	64.49	52.19
2008	17	54.55	22.37	61.15	76	10.14	61.79	57.49
2009	25	47.06	19.69	89.93	127	67.11	80.38	96.07
2010	22	-12.00	17.19	79.14	128	0.79	73.99	96.82
2011	24	9.09	16.33	86.33	147	14.84	75.77	111.20
2012	31	29.17	22.30	111.51	139	-5.44	75.14	105.14
2013	30	-3.23	21.74	107.91	138	-0.72	79.77	104.39
2014	23	-23.33	20.72	82.73	111	-19.57	57.22	83.96
2015	31	34.78	24.60	111.51	126	13.51	50.81	95.31
2016	46	48.39	22.66	165.47	203	61.11	55.46	153.56
2017	64	39.13	29.36	230.22	218	7.39	63.93	164.90
2018	82	28.13	26.89	294.96	305	39.91	57.12	230.71
2019	37	-54.88	18.05	133.09	205	-32.79	44.96	155.07
2020	26	-29.73	16.25	93.53	160	-21.95	64.00	121.03
2021	25	-3.85	14.62	89.93	171	6.88	65.77	129.35
2022	37	48.00	21.76	133.09	170	-0.58	56.11	128.59
2023	62	0.68	23.48	223.02	264	0.55	47.83	199.70
合计	604	—	21.47	—	2812	—	59.64	—
2011—2015年均值	28	—	—	100.00	132	—	—	100.00

年份	发展中经济体							
	非洲				亚洲			
	项目数	同比增长（%）	占比（%）	指数	项目数	同比增长（%）	占比（%）	指数
2005	2	—	15.38	27.78	10	—	76.92	28.25
2006	1	-50.00	6.67	13.89	11	10.00	73.33	31.07

续表

年份	发展中经济体							
	非洲				亚洲			
	项目数	同比增长（%）	占比（%）	指数	项目数	同比增长（%）	占比（%）	指数
2007	9	800.00	25.71	125.00	18	63.64	51.43	50.85
2008	9	0.00	20.93	125.00	27	50.00	62.79	76.27
2009	7	-22.22	29.17	97.22	16	-40.74	66.67	45.20
2010	5	-28.57	13.89	69.44	22	37.50	61.11	62.15
2011	4	-20.00	10.26	55.56	22	0.00	56.41	62.15
2012	10	150.00	24.39	138.89	19	-13.64	46.34	53.67
2013	5	-50.00	18.52	69.44	16	-15.79	59.26	45.20
2014	9	80.00	11.84	125.00	46	187.50	60.53	129.94
2015	8	-11.11	7.92	111.11	74	60.87	73.27	209.04
2016	31	287.50	22.46	430.56	90	21.62	65.22	254.24
2017	26	-16.13	26.00	361.11	52	-42.22	52.00	146.89
2018	40	53.85	21.16	555.56	123	136.54	65.08	347.46
2019	37	-7.50	17.13	513.89	116	-5.69	53.70	327.68
2020	18	-51.35	23.08	250.00	39	-66.38	50.00	110.17
2021	11	-38.89	13.25	152.78	46	17.95	55.42	129.94
2022	15	36.36	11.90	208.33	67	45.65	53.17	189.27
2023	35	1.33	13.4	486.11	168	1.51	64.37	474.58
合计	282	—	17.18	—	982	—	59.84	—
2011—2015年均值	7.2	—	—	100.00	35.4	—	—	100.00

年份	发展中经济体											
	拉丁美洲和加勒比海地区				大洋洲				小计			
	项目数	同比增长（%）	占比（%）	指数	项目数	同比增长（%）	占比（%）	指数	项目数	同比增长（%）	占比（%）	指数
2005	1	—	7.69	7.04	0	—	0.00	—	13	—	25.00	22.89
2006	3	200.00	20.00	21.13	0	—	0.00	—	15	15.38	32.61	26.41

续表

年份	发展中经济体											
	拉丁美洲和加勒比海地区				大洋洲				小计			
	项目数	同比增长（%）	占比（%）	指数	项目数	同比增长（%）	占比（%）	指数	项目数	同比增长（%）	占比（%）	指数
2007	8	166.67	22.86	56.34	0	—	0.00	—	35	133.33	32.71	61.62
2008	7	-12.50	16.28	49.30	0	—	0.00	—	43	22.86	34.96	75.70
2009	1	-85.71	4.17	7.04	0	—	0.00	—	24	-44.19	15.19	42.25
2010	9	800.00	25.00	63.38	0	—	0.00	—	36	50.00	20.81	63.38
2011	13	44.44	33.33	91.55	0	—	0.00	—	39	8.33	20.10	68.66
2012	12	-7.69	29.27	84.51	0	—	0.00	—	41	5.13	22.16	72.18
2013	6	-50.00	22.22	42.25	0	—	0.00	—	27	-34.15	15.61	47.54
2014	21	250.00	27.63	147.89	0	—	0.00	—	76	181.48	39.18	133.80
2015	19	-9.52	18.81	133.80	0	—	0.00	—	101	32.89	40.73	177.82
2016	17	-10.53	12.32	119.72	0	—	0.00	—	138	36.63	37.70	242.96
2017	21	23.53	21.00	147.89	1	—	1.00	—	100	-27.54	29.33	176.06
2018	26	23.81	13.76	183.10	0	-100.00	0.00	—	189	89.00	35.39	332.75
2019	63	142.31	29.17	443.66	0	—	0.00	—	216	14.29	47.37	380.28
2020	21	-66.67	26.92	147.89	0	—	0.00	—	78	-63.89	31.20	137.32
2021	26	23.81	31.33	183.10	0	—.	0.00	—	83	6.41	31.92	146.13
2022	44	69.23	34.92	309.86	0	—.	0.00	—	126	51.81	41.58	221.83
2023	58	0.32	22.22	408.45	0	—	0	—	261	1.07	47.28	459.51
合计	376	—	22.91	—	1	—	0.06	—	1641	—	43.80	—
2011—2015年均值	14	—	—	100.00	0	—	—	100.00	56.8	—	—	100.00

年份	转型经济体											
	东南欧				独联体国家（地区）				小计			
	项目数	同比增长（%）	占比（%）	指数	项目数	同比增长（%）	占比（%）	指数	项目数	同比增长（%）	占比（%）	指数
2005	0	—	0.00	0.00	9	—	100.00	100.00	9	—	17.31	91.84
2006	0	—	0.00	0.00	6	-33.33	100.00	66.67	6	-33.33	13.04	61.22

续表

年份	转型经济体											
	东南欧				独联体国家（地区）				小计			
	项目数	同比增长（%）	占比（%）	指数	项目数	同比增长（%）	占比（%）	指数	项目数	同比增长（%）	占比（%）	指数
2007	0	—	0.00	0.00	3	-50.00	100.00	33.33	3	-50.00	2.80	30.61
2008	0	—	0.00	0.00	4	33.33	100.00	44.44	4	33.33	3.25	40.82
2009	0	—	0.00	0.00	7	75.00	100.00	77.78	7	75.00	4.43	71.43
2010	0	—	0.00	0.00	9	28.57	100.00	100.00	9	28.57	5.20	91.84
2011	1	—	12.50	125.00	7	-22.22	87.50	77.78	8	-11.11	4.12	81.63
2012	0	-100.00	0.00	0.00	5	-28.57	100.00	55.56	5	-37.50	2.70	51.02
2013	0	—	0.00	0.00	8	60.00	100.00	88.89	8	60.00	4.62	81.63
2014	2	—	28.57	250.00	5	-37.50	71.43	55.56	7	-12.50	3.61	71.43
2015	1	-50.00	4.76	125.00	20	300.00	95.24	222.22	21	200.00	8.47	214.29
2016	1	0.00	4.00	125.00	24	20.00	96.00	266.67	25	19.05	6.83	255.10
2017	3	200.00	13.04	375.00	20	-16.67	86.96	222.22	23	-8.00	6.74	234.69
2018	4	33.33	10.00	500.00	36	80.00	90.00	400.00	40	73.91	7.49	408.16
2019	10	150.00	28.57	1250.00	25	-30.56	71.43	277.78	35	-12.50	7.68	357.14
2020	0	-100.00	0.00	0.00	12	-52.00	100.00	133.33	12	-65.71	4.80	122.45
2021	0	—	0.00	0.00	6	-50.00	100.00	66.67	6	-50.00	2.31	61.22
2022	3	—	42.86	375.00	4	-33.33	57.14	44.44	7	16.67	2.31	71.43
2023	3	0	11.11	375.00	24	5	88.89	266.67	27	2.86	4.89	275.51
合计	28	—	10.69	—	234	—	89.31	—	262	—	5.56	—
2011—2015 年均值	0.80	—	—	100.00	9.00	—	—	100.00	9.80	—	—	100.00

年份	总计			
	项目数	同比增长（%）	占比（%）	指数
2005	52	—	100.00	26.16
2006	46	-11.54	100.00	23.14
2007	107	132.61	100.00	53.82

续表

年份	总计			
	项目数	同比增长（%）	占比（%）	指数
2008	123	14.95	100.00	61.87
2009	158	28.46	100.00	79.48
2010	173	9.49	100.00	87.02
2011	194	12.14	100.00	97.59
2012	185	-4.64	100.00	93.06
2013	173	-6.49	100.00	87.02
2014	194	12.14	100.00	97.59
2015	248	27.84	100.00	124.75
2016	366	47.58	100.00	184.10
2017	341	-6.83	100.00	171.53
2018	534	56.60	100.00	268.61
2019	456	-14.61	100.00	229.38
2020	250	-45.18	100.00	125.75
2021	260	4.00	100.00	130.78
2022	303	16.54	100.00	152.43
2023	552	82.18	100.00	277.70
合计	4715	—	—	—
2011—2015年均值	198.8	—	—	100.00

二、民营企业绿地金额在标的国（地区）的分布

根据2005—2023年中国民营企业绿地OFDI金额表显示，从绿地OFDI项目金额看，按照绿地OFDI项目金额累积量排名，我国民营企业对外直接投资活动主要集中在发展中经济体，累计对外直接投资项目金额为2709.02亿美元，占比62.33%；排在第二的是发达经济体，累计对外直接投资项目金额为1307.97亿美元，占比30.09%；排在第三的是转型经济

体，累计对外直接投资项目金额为 329.42 亿美元，占比 7.60%。

根据 2005—2023 年中国民营企业绿地 OFDI 金额标的国（地区）别图表显示，第一，在 2005—2023 年，流向发展中经济体中的亚洲的绿地 OFDI 项目金额增长最为显著，从 2005 年的 2.98 亿美元增加到 2023 年的 424.74 亿美元，复合增长率为年均 31.72%。第二，流向发达经济体中的北美洲的 OFDI 在 2018—2021 年实现了民营企业对外直接投资项目金额连续 3 年的下降。流向发展中经济体中的拉丁美洲和加勒比海地区的 OFDI 在 2014—2017 年实现了民营企业外直接投资项目金额连续 3 年的下降。流向转型经济体中的独联体国家（地区）的 OFDI 在 2005—2008 年实现了民营企业对外直接投资项目金额连续 3 年的下降。在 2023 年流向其他发达经济体的投资项目金额显著提高。第三，总体来看，流向发达经济体的民营企业对外直接投资金额主要集中在欧洲地区，2005—2023 年的平均占比为 48.05%。第四，总体来看，流向发展中经济体的民营企业对外直接投资金额主要集中在亚洲地区，2005—2023 年的平均占比为 63.63%。

表 4-3-2　2005—2023 年中国民营企业绿地投资金额在不同经济体的分布及指数汇总表

（单位：百万美元）

年份	发达经济体							
	欧洲				北美洲			
	金额	同比增长（%）	占比（%）	指数	金额	同比增长（%）	占比（%）	指数
2005	146.80	—	70.27	12.26	11.70	—	5.60	0.38
2006	308.40	110.08	54.49	25.75	112.80	864.10	19.93	3.68
2007	511.98	66.01	54.22	42.75	164.90	46.19	17.46	5.38
2008	1205.29	135.42	85.50	100.64	96.50	-41.48	6.85	3.15
2009	426.27	-64.63	45.21	35.59	240.71	149.44	25.53	7.86
2010	1074.34	152.03	52.42	89.70	523.70	117.56	25.56	17.10
2011	1279.01	19.05	40.52	106.79	1368.37	161.29	43.35	44.67
2012	602.02	-52.93	20.80	50.27	1846.00	34.91	63.79	60.27
2013	1579.11	162.30	43.14	131.85	2007.60	8.75	54.85	65.54

续表

年份	发达经济体							
	欧洲				北美洲			
	金额	同比增长（%）	占比（%）	指数	金额	同比增长（%）	占比（%）	指数
2014	2088.22	32.24	19.49	174.36	6952.10	246.29	64.89	226.97
2015	439.91	-78.93	7.31	36.73	3141.27	-54.82	52.23	102.55
2016	7963.92	1710.35	54.92	664.96	3384.20	7.73	23.34	110.48
2017	3020.90	-62.07	39.91	252.23	2567.11	-24.14	33.92	83.81
2018	3940.13	30.43	26.32	328.99	4632.95	80.47	30.95	151.25
2019	4042.01	2.59	51.66	337.49	2989.60	-35.47	38.21	97.60
2020	5624.15	39.14	65.57	469.60	1700.60	-43.12	19.83	55.52
2021	3001.29	-46.64	59.27	250.60	1424.30	-16.25	28.13	46.50
2022	14300.38	376.47	75.87	1194.03	3356.10	135.63	17.81	109.57
2023	11289.49	-21.05	54.05	942.63	3082.6	-8.15	14.76	100.64
合计	62843.62	—	48.05	—	39603.11	—	30.28	—
2011—2015年均值	1197.65	—	—	100.00	3063.07	—	—	100.00

年份	发达经济体							
	其他发达经济体				小计			
	金额	同比增长（%）	占比（%）	指数	金额	同比增长（%）	占比（%）	指数
2005	50.40	—	24.13	4.91	208.90	—	11.26	3.95
2006	144.80	187.30	25.58	14.10	566.00	170.94	15.17	10.70
2007	267.30	84.60	28.31	26.03	944.18	66.82	18.69	17.86
2008	107.98	-59.60	7.66	10.51	1409.77	49.31	19.02	26.66
2009	275.90	155.51	29.26	26.86	942.88	-33.12	38.94	17.83
2010	451.25	63.56	22.02	43.94	2049.29	117.34	30.40	38.76
2011	509.37	12.88	16.14	49.60	3156.75	54.04	24.03	59.70
2012	445.80	-12.48	15.41	43.41	2893.82	-8.33	42.55	54.73
2013	73.61	-83.49	2.01	7.17	3660.32	26.49	83.70	69.22

续表

年份	发达经济体							
	其他发达经济体				小计			
	金额	同比增长（%）	占比（%）	指数	金额	同比增长（%）	占比（%）	指数
2014	1672.91	2172.67	15.62	162.89	10713.23	192.69	46.36	202.60
2015	2433.50	45.47	40.46	236.94	6014.68	-43.86	22.44	113.75
2016	3152.45	29.54	21.74	306.95	14500.57	141.09	24.43	274.23
2017	1980.80	-37.17	26.17	192.87	7568.81	-47.80	30.79	143.14
2018	6395.08	222.85	42.72	622.67	14968.15	97.76	37.65	283.07
2019	792.58	-87.61	10.13	77.17	7824.19	-47.73	18.55	147.97
2020	1252.60	58.04	14.60	121.96	8577.35	9.63	27.61	162.21
2021	637.90	-49.07	12.60	62.11	5063.49	-40.97	20.29	95.76
2022	1191.70	86.82	6.32	116.03	18848.18	272.24	69.60	356.45
2023	6514.83	446.68	31.19	634.33	20886.92	10.82	24.80	395.00
合计	28350.75	—	21.68	—	130797.48	—	30.09	—
2011—2015年均值	1027.04	—	—	100.00	5287.76	—	—	100.00

年份	发展中经济体							
	非洲				亚洲			
	金额	同比增长（%）	占比（%）	指数	金额	同比增长（%）	占比（%）	指数
2005	22.90	—	6.83	7.54	297.70	—	88.81	4.63
2006	1500.00	6450.22	79.74	494.15	334.00	12.19	17.75	5.20
2007	1330.35	-11.31	36.04	438.27	1959.89	486.79	53.09	30.51
2008	3265.51	145.46	55.76	1075.78	980.77	-49.96	16.75	15.27
2009	303.91	-90.69	27.17	100.12	754.82	-23.04	67.47	11.75
2010	341.50	12.37	8.61	112.50	2830.90	275.04	71.34	44.07
2011	139.20	-59.24	1.53	45.86	8130.39	187.20	89.61	126.57
2012	171.90	23.49	4.43	56.63	3011.08	-62.97	77.62	46.88
2013	18.92	-88.99	2.76	6.23	327.00	-89.14	47.67	5.09

续表

年份	发展中经济体							
	非洲				亚洲			
	金额	同比增长（%）	占比（%）	指数	金额	同比增长（%）	占比（%）	指数
2014	871.22	4504.77	9.66	287.01	3525.39	978.10	39.09	54.88
2015	316.50	-63.67	1.59	104.27	17123.73	385.73	85.82	266.58
2016	23207.21	7232.45	52.91	7645.30	19340.83	12.95	44.10	301.09
2017	3868.90	-83.33	26.76	1274.56	9703.43	-49.83	67.12	151.06
2018	6591.04	70.36	30.24	2171.33	14291.35	47.28	65.57	222.48
2019	7278.34	10.43	33.78	2397.75	9393.81	-34.27	43.60	146.24
2020	729.70	-89.97	3.34	240.39	20297.01	116.07	92.85	315.98
2021	405.90	-44.37	2.14	133.72	13236.59	-34.79	69.72	206.06
2022	1453.18	258.01	17.96	478.73	4360.83	-67.05	53.89	67.89
2023	4446.27	205.97	7.31	1464.76	42474.31	874.00	69.80	661.23
合计	56262.45	—	20.77	—	172373.83	—	63.63	—
2011—2015年均值	303.55	—	—	100.00	6423.52	—	—	100.00

年份	发展中经济体											
	拉丁美洲和加勒比海地区				大洋洲				小计			
	金额	同比增长（%）	占比（%）	指数	金额	同比增长（%）	占比（%）	指数	金额	同比增长（%）	占比（%）	指数
2005	14.60	—	4.36	0.81	0.00	—	0.00	—	335.20	—	18.07	3.93
2006	47.20	223.29	2.51	2.63	0.00	—	0.00	—	1881.20	461.22	50.44	22.07
2007	401.40	750.42	10.87	22.36	0.00	—	0.00	—	3691.64	96.24	73.09	43.32
2008	1609.60	301.00	27.49	89.67	0.00	—	0.00	—	5855.88	58.63	79.01	68.71
2009	60.00	-96.27	5.36	3.34	0.00	—	0.00	—	1118.73	-80.90	46.20	13.13
2010	795.93	1226.55	20.06	44.34	0.00	—	0.00	—	3968.33	254.72	58.87	46.56
2011	803.90	1.00	8.86	44.78	0.00	—	0.00	—	9073.49	128.65	69.06	106.47
2012	696.35	-13.38	17.95	38.79	0.00	—	0.00	—	3879.33	-57.25	57.04	45.52

续表

年份	发展中经济体											
	拉丁美洲和加勒比海地区				大洋洲				小计			
	金额	同比增长（%）	占比（%）	指数	金额	同比增长（%）	占比（%）	指数	金额	同比增长（%）	占比（%）	指数
2013	340.00	-51.17	49.57	18.94	0.00	—	0.00	—	685.92	-82.32	15.69	8.05
2014	4621.57	1259.28	51.25	257.45	0.00	—	0.00	—	9018.18	1214.76	39.03	105.82
2015	2513.67	-45.61	12.60	140.03	0.00	—	0.00	—	19953.90	121.26	74.43	234.14
2016	1309.80	-47.89	2.99	72.97	0.00	—	0.00	—	43857.84	119.80	73.88	514.63
2017	875.79	-33.14	6.06	48.79	8.40	—	0.06	—	14456.52	-67.04	58.81	169.63
2018	912.19	4.16	4.19	50.82	0.00	-100.00	0.00	—	21794.58	50.76	54.82	255.74
2019	4871.07	434.00	22.61	271.35	0.00	—	0.00	—	21543.21	-1.15	51.08	252.79
2020	832.80	-82.90	3.81	46.39	0.00	—	0.00	—	21859.51	1.47	70.36	256.50
2021	5342.36	541.49	28.14	297.61	0.00	—	0.00	—	18984.85	-13.15	76.09	222.77
2022	2278.12	-57.36	28.15	126.91	0.00	—	0.00	—	8092.13	-57.38	29.88	94.95
2023	13931.09	4446.27	22.89	776.06	0.00	—	0, 00	—	60851.67	4446.27	72.25	714.04
合计	42257.44	—	15.60	—	8.40	—	0.00	—	270902.12	—	62.33	—
2011—2015年均值	1795.10	—	—	100.00	0.00	—	—	100.00	8522.16	—	—	100.00

年份	转型经济体											
	东南欧				独联体国家（地区）				小计			
	金额	同比增长（%）	占比（%）	指数	金额	同比增长（%）	占比（%）	指数	金额	同比增长（%）	占比（%）	指数
2005	0.00	—	0.00	0.00	1310.42	—	100.00	160.17	1310.42	—	70.66	126.49
2006	0.00	—	0.00	0.00	1282.70	-2.12	100.00	156.78	1282.70	-2.12	34.39	123.82
2007	0.00	—	0.00	0.00	415.20	-67.63	100.00	50.75	415.20	-67.63	8.22	40.08
2008	0.00	—	0.00	0.00	146.30	-64.76	100.00	17.88	146.30	-64.76	1.97	14.12
2009	0.00	—	0.00	0.00	359.80	145.93	100.00	43.98	359.80	145.93	14.86	34.73
2010	0.00	—	0.00	0.00	723.10	100.97	100.00	88.38	723.10	100.97	10.73	69.80

续表

年份	转型经济体											
	东南欧				独联体国家（地区）				小计			
	金额	同比增长（%）	占比（%）	指数	金额	同比增长（%）	占比（%）	指数	金额	同比增长（%）	占比（%）	指数
2011	0.00	—	0.00	0.00	909.00	25.71	100.00	111.11	909.00	25.71	6.92	87.74
2012	0.00	—	0.00	0.00	28.45	-96.87	100.00	3.48	28.45	-96.87	0.42	2.75
2013	0.00	—	0.00	0.00	26.80	-5.80	100.00	3.28	26.80	-5.80	0.61	2.59
2014	1035.59	—	30.68	475.36	2340.00	8631.34	69.32	286.02	3375.59	12495.49	14.61	325.84
2015	53.67	-94.82	6.39	24.64	786.39	-66.39	93.61	96.12	840.06	-75.11	3.13	81.09
2016	13.00	-75.78	1.29	5.97	992.38	26.19	98.71	121.30	1005.38	19.68	1.69	97.05
2017	125.63	866.38	4.91	57.67	2431.00	144.97	95.09	297.14	2556.63	154.29	10.40	246.78
2018	1059.31	743.20	35.40	486.25	1932.89	-20.49	64.60	236.26	2992.20	17.04	7.53	288.83
2019	427.24	-59.67	3.34	196.11	12381.01	540.54	96.66	1513.33	12808.25	328.05	30.37	1236.34
2020	0.00	-100.00	0.00	0.00	631.17	-94.90	100.00	77.15	631.17	-95.07	2.03	60.92
2021	0.00	—	0.00	0.00	902.47	42.98	100.00	110.31	902.47	42.98	3.62	87.11
2022	59.51	—	41.82	27.32	82.80	-90.83	58.18	10.12	142.31	-84.23	0.53	13.74
2023	82.34	38.36	3.31	37.8	2403.78	2803.12	96.69	293.81	2486.12	1646.97	2.95	240
合计	2856.29	—	8.67	—	30085.67	—	91.33	—	32941.96	—	7.60	—
2011—2015年均值	217.85	—	—	100.00	818.13	—	—	100.00	1035.98	—	—	100.00

年份	总计			
	金额	同比增长（%）	占比（%）	指数
2005	1854.52	—	100.00	12.49
2006	3729.90	101.12	100.00	25.12
2007	5051.02	35.42	100.00	34.02
2008	7411.95	46.74	100.00	49.93
2009	2421.41	-67.33	100.00	16.31
2010	6740.72	178.38	100.00	45.40
2011	13139.24	94.92	100.00	88.50

续表

年份	总计			
	金额	同比增长（%）	占比（%）	指数
2012	6801.60	-48.23	100.00	45.81
2013	4373.04	-35.71	100.00	29.46
2014	23107.00	428.40	100.00	155.65
2015	26808.64	16.02	100.00	180.58
2016	59363.79	121.44	100.00	399.87
2017	24581.96	-58.59	100.00	165.58
2018	39754.94	61.72	100.00	267.78
2019	42175.66	6.09	100.00	284.09
2020	31068.03	-26.34	100.00	209.27
2021	24950.81	-19.69	100.00	168.07
2022	27082.62	8.54	100.00	182.40
2023	84224.71	210.99	100.00	567.24
合计	434641.56	—	100.00	—
2011—2015年均值	14845.90	—	—	100.00

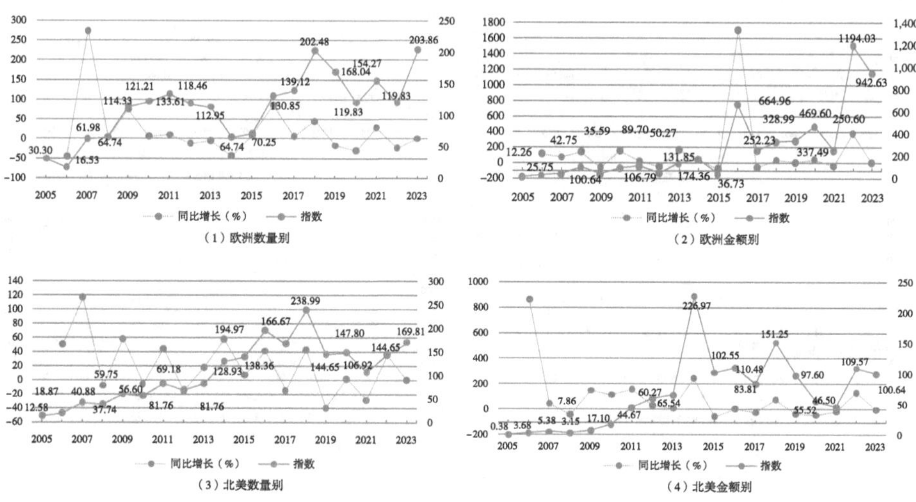

（1）欧洲数量别

（2）欧洲金额别

（3）北美数量别

（4）北美金额别

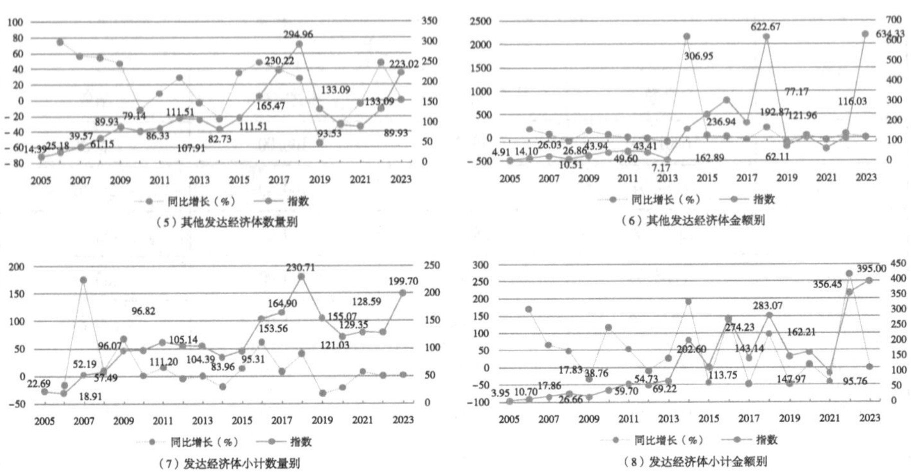

图 4-3-1　2005—2023 年中国民营企业绿地投资发达经济体项目数量和金额指数变化图

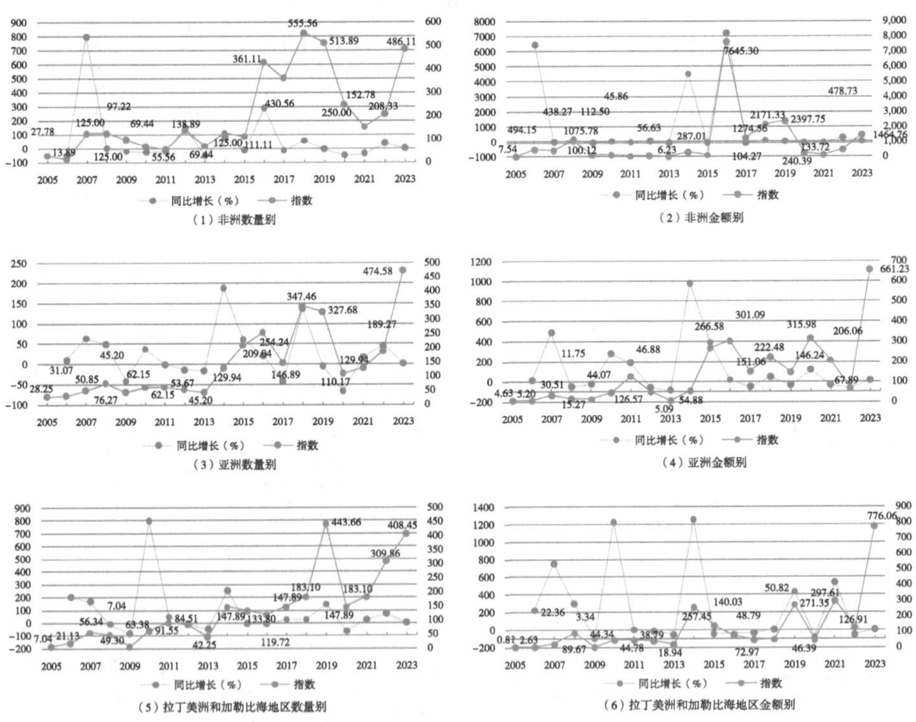

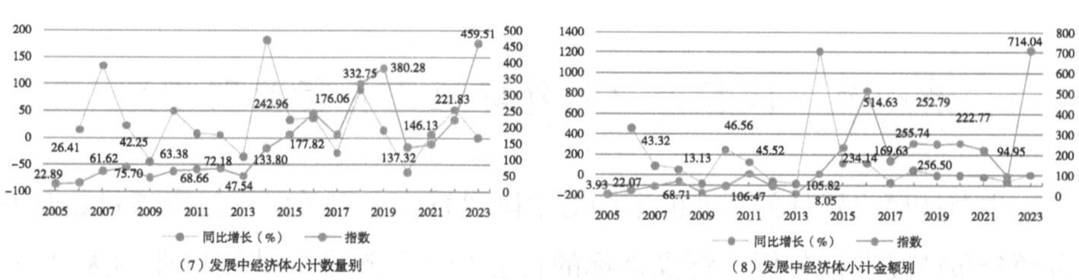

图 4-3-2　2005—2023 年中国民营企业绿地投资发展中经济体项目数量和金额指数变化图

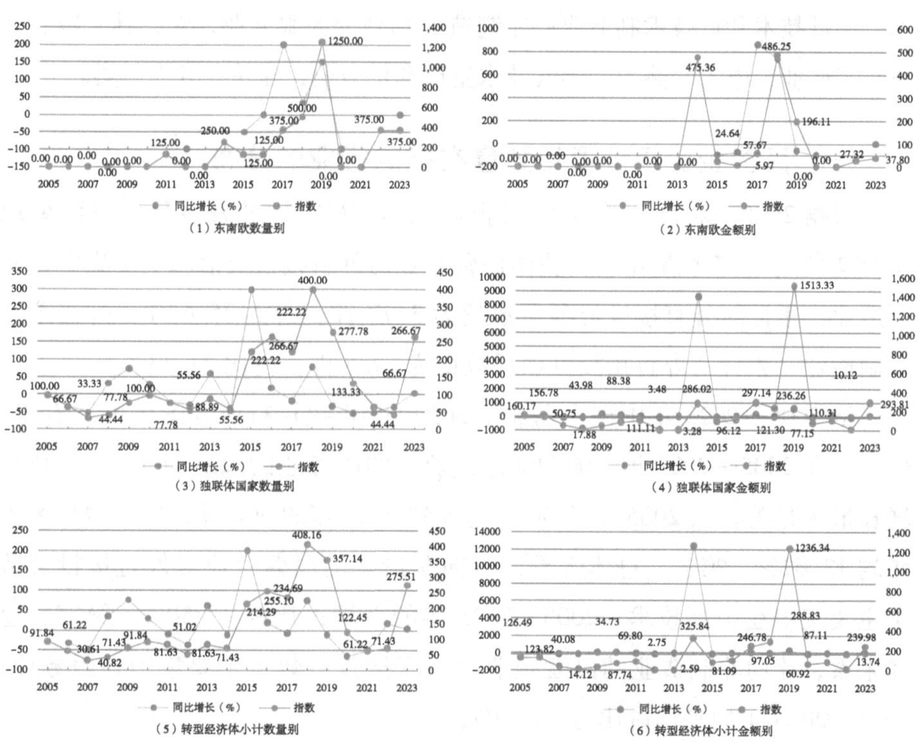

图 4-3-3　2005—2023 年中国民营企业绿地投资转型经济体项目数量和金额指数变化图

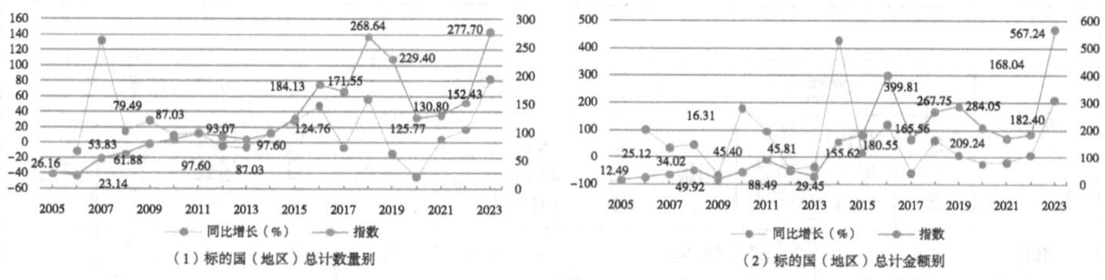

图 4-3-4　2005—2023 年中国民营企业绿地投资标的国（地区）项目数量和金额指数变化图

第四节　民营企业对外绿地投资行业别指数

本节按照投资标的行业的不同对中国民营企业对外绿地投资项目数量和金额分布情况进行分析，将投资标的行业分为制造业和非制造业两大部分。其中制造业按照 OECD 技术划分标准分为四大类，分别是高技术、中高技术、中低技术和低技术制造业；非制造业则划分为服务业，农、林、牧、渔业，采矿业，电力、热力、燃气及水生产和供应业，建筑业五大部类。

一、民营企业绿地项目数量在标的行业的分布

根据 2005—2023 年中国民营企业绿地 OFDI 数量表显示，按照绿地 OFDI 项目数量累积量排名，我国民营企业对外直接投资活动主要集中在非制造业，累计对外直接投资项目数量为 3477 件，占比 75. 67%；排在第二是制造业，累计对外直接投资项目数量为 1238 件，占比 24. 33%。

从 2005—2023 年中国民营企业绿地 OFDI 数量行业别图表可以看出，第一，在 2005—2023 年，流向非制造业中的服务业的绿地 OFDI 项目数量增长最为显著，从 2005 年的 36 件增加到 2023 年的 306 件，复合增长率为年均 12. 62%。第二，总体来看，流向制造业的民营企业对外直接投资数量主要集中在中高技术，2005—2023 年的平均占比为 47. 50%。第三，总体来看，流向非制造业的民营企业对外直接投资数量主要集中在服务业，2005—2023 年的平均占比为 92. 64%。

表 4-4-1　2005—2023 年中国民营企业绿地投资项目数量在标的行业的分布及指数汇总表

（单位：件）

年份	制造业											
	高技术				中高技术				中低技术			
	项目数	同比增长（%）	占比（%）	指数	项目数	同比增长（%）	占比（%）	指数	项目数	同比增长（%）	占比（%）	指数
2005	4	—	26. 67	58. 82	7	—	46. 67	32. 11	2	—	13. 33	15. 63
2006	6	50. 00	35. 29	88. 24	10	42. 86	58. 82	45. 87	1	-50. 00	5. 88	7. 81

续表

年份	制造业											
	高技术				中高技术				中低技术			
	项目数	同比增长（%）	占比（%）	指数	项目数	同比增长（%）	占比（%）	指数	项目数	同比增长（%）	占比（%）	指数
2007	5	-16.67	13.89	73.53	16	60.00	44.44	73.39	8	700.00	22.22	62.50
2008	0	-100.00	0.00	0.00	14	-12.50	51.85	64.22	10	25.00	37.04	78.13
2009	5	—	19.23	73.53	15	7.14	57.69	68.81	1	-90.00	3.85	7.81
2010	5	0.00	13.16	73.53	30	100.00	78.95	137.61	2	100.00	5.26	15.63
2011	4	-20.00	8.89	58.82	17	-43.33	37.78	77.98	17	750.00	37.78	132.81
2012	5	25.00	13.16	73.53	17	0.00	44.74	77.98	13	-23.53	34.21	101.56
2013	5	0.00	20.83	73.53	9	-47.06	37.50	41.28	2	-84.62	8.33	15.63
2014	5	0.00	8.62	73.53	29	222.22	50.00	133.03	9	350.00	15.52	70.31
2015	15	200.00	16.85	220.59	37	27.59	41.57	169.72	23	155.56	25.84	179.69
2016	17	13.33	17.35	250.00	47	27.03	47.96	215.60	17	-26.09	17.35	132.81
2017	10	-41.18	10.87	147.06	48	2.13	52.17	220.18	20	17.65	21.74	156.25
2018	22	120.00	17.19	323.53	49	2.08	38.28	224.77	27	35.00	21.09	210.94
2019	23	4.55	18.55	338.24	54	10.20	43.55	247.71	16	-40.74	12.90	125.00
2020	11	-52.17	18.03	161.76	23	-57.41	37.70	105.50	17	6.25	27.87	132.81
2021	10	-9.09	18.52	147.06	28	21.74	51.85	128.44	10	-41.18	18.52	78.13
2022	4	-60.00	9.30	58.82	26	-7.14	60.47	119.27	10	0.00	23.26	78.13
2023	30	650	13.33	411.18	112	330.77	49.78	513.76	54	440.00	24.00	421.88
合计	186	—	15.02	—	588	—	47.50	—	259	—	20.92	—
2011—2015年均值	6.8	—	—	100	21.8	—	—	100	12.8	—	—	100

年份	制造业							
	低技术				小计			
	项目数	同比增长（%）	占比（%）	指数	项目数	同比增长（%）	占比（%）	指数
2005	2	—	13.33	21.28	15	—	28.85	29.53
2006	0	-100.00	0.00	0.00	17	13.33	36.96	33.46
2007	7	—	19.44	74.47	36	111.76	33.64	70.87
2008	3	-57.14	11.11	31.91	27	-25.00	21.95	53.15

续表

年份	制造业							
	低技术				小计			
	项目数	同比增长（%）	占比（%）	指数	项目数	同比增长（%）	占比（%）	指数
2009	5	66.67	19.23	53.19	26	-3.70	16.46	51.18
2010	1	-80.00	2.63	10.64	38	46.15	21.97	74.80
2011	7	600.00	15.56	74.47	45	18.42	23.20	88.58
2012	3	-57.14	7.89	31.91	38	-15.56	20.54	74.80
2013	8	166.67	33.33	85.11	24	-36.84	13.87	47.24
2014	15	87.50	25.86	159.57	58	141.67	29.90	114.17
2015	14	-6.67	15.73	148.94	89	53.45	35.89	175.20
2016	17	21.43	17.35	180.85	98	10.11	26.78	192.91
2017	14	-17.65	15.22	148.94	92	-6.12	26.98	181.10
2018	30	114.29	23.44	319.15	128	39.13	23.97	251.97
2019	31	3.33	25.00	329.79	124	-3.13	27.19	244.09
2020	10	-67.74	16.39	106.38	61	-50.81	24.40	120.08
2021	6	-40.00	11.11	63.83	54	-11.48	20.77	106.30
2022	3	-50.00	6.98	31.91	43	-20.37	14.19	84.65
2023	29	866.67	12.89	308.51	225	423.26	40.76	442.91
合计	205	—	16.56	—	1238	—	24.33	—
2011—2015年均值	9.4	—	—	100	50.8	—	25.55	100

年份	非制造业							
	服务业				采矿业			
	项目数	同比增长（%）	占比（%）	指数	项目数	同比增长（%）	占比（%）	指数
2005	36	—	97.30	27.23	0	—	0.00	0.00
2006	25	-30.56	86.21	18.91	2	—	6.90	166.67
2007	66	164.00	92.96	49.92	4	100.00	5.63	333.33
2008	87	31.82	90.63	65.81	1	-75.00	1.04	83.33

续表

年份	非制造业							
	服务业				采矿业			
	项目数	同比增长（%）	占比（%）	指数	项目数	同比增长（%）	占比（%）	指数
2009	126	44.83	95.45	95.31	2	100.00	1.52	166.67
2010	133	5.56	98.52	100.61	0	-100.00	0.00	0.00
2011	139	4.51	93.29	105.14	0	—	0.00	0.00
2012	137	-1.44	93.20	103.63	1	—	0.68	83.33
2013	134	-2.19	89.93	101.36	2	100.00	1.34	166.67
2014	116	-13.43	85.29	87.75	1	-50.00	0.74	83.33
2015	135	16.38	84.91	102.12	2	100.00	1.26	166.67
2016	223	65.19	83.21	168.68	2	0.00	0.75	166.67
2017	237	6.28	95.18	179.27	0	-100.00	0.00	0.00
2018	368	55.27	90.64	278.37	5	—	1.23	416.67
2019	317	-13.86	95.48	239.79	1	-80.00	0.30	83.33
2020	181	-42.90	95.77	136.91	0	-100.00	0.00	0.00
2021	202	11.60	98.06	152.80	0	—	0.00	0.00
2022	253	25.25	97.31	191.38	3	—	1.15	250.00
2023	306	20.95	93.58	231.47	7	133.33	2.14	583.33
合计	3221	—	92.64	—	33	—	0.95	—
2011—2015年均值	132.2	—	—	100	1.2	—	—	100

年份	非制造业							
	电力、热力、燃气及水生产和供应业				建筑业			
	项目数	同比增长（%）	占比（%）	指数	项目数	同比增长（%）	占比（%）	指数
2005	0	—	0.00	0.00	1	—	2.70	19.23
2006	0	—	0.00	0.00	2	100.00	6.90	38.46
2007	0	—	0.00	0.00	1	-50.00	1.41	19.23
2008	7	—	7.29	74.47	1	0.00	1.04	19.23

续表

年份	非制造业							
	电力、热力、燃气及水生产和供应业				建筑业			
	项目数	同比增长（%）	占比（%）	指数	项目数	同比增长（%）	占比（%）	指数
2009	3	-57.14	2.27	31.91	1	0.00	0.76	19.23
2010	1	-66.67	0.74	10.64	1	0.00	0.74	19.23
2011	9	800.00	6.04	95.74	1	0.00	0.67	19.23
2012	6	-33.33	4.08	63.83	3	200.00	2.04	57.69
2013	8	33.33	5.37	85.11	5	66.67	3.36	96.15
2014	11	37.50	8.09	117.02	8	60.00	5.88	153.85
2015	13	18.18	8.18	138.30	9	12.50	5.66	173.08
2016	15	15.38	5.60	159.57	28	211.11	10.45	538.46
2017	7	-53.33	2.81	74.47	5	-82.14	2.01	96.15
2018	17	142.86	4.19	180.85	16	220.00	3.94	307.69
2019	5	-70.59	1.51	53.19	9	-43.75	2.71	173.08
2020	7	40.00	3.70	74.47	1	-88.89	0.53	19.23
2021	3	-57.14	1.46	31.91	1	0.00	0.49	19.23
2022	3	0.00	1.15	31.91	1	0.00	0.38	19.23
2023	3	0.00	0.92	31.91	11	1000.00	3.36	211.54
合计	118	—	3.39	—	105	—	3.02	—
2011—2015年均值	9.4	—	—	100	5.2	—	—	100

年份	非制造业				总计			
	小计							
	项目数	同比增长（%）	占比（%）	指数	项目数	同比增长（%）	占比（%）	指数
2005	37	—	71.15	25.00	52	—	100.00	26.16
2006	29	-21.62	63.04	19.59	46	-11.54	100.00	23.14
2007	71	144.83	66.36	47.97	107	132.61	100.00	53.83
2008	96	35.21	78.05	64.86	123	14.95	100.00	61.88
2009	132	37.50	83.54	89.19	158	28.46	100.00	79.49

续表

年份	非制造业				总计			
	小计							
	项目数	同比增长（%）	占比（%）	指数	项目数	同比增长（%）	占比（%）	指数
2010	135	2.27	78.03	91.22	173	9.49	100.00	87.03
2011	149	10.37	76.80	100.68	194	12.14	100.00	97.60
2012	147	-1.34	79.46	99.32	185	-4.64	100.00	93.07
2013	149	1.36	86.13	100.68	173	-6.49	100.00	87.03
2014	136	-8.72	70.10	91.89	194	12.14	100.00	97.60
2015	159	16.91	64.11	107.43	248	27.84	100.00	124.76
2016	268	68.55	73.22	181.08	366	47.58	100.00	184.13
2017	249	-7.09	73.02	168.24	341	-6.83	100.00	171.55
2018	406	63.05	76.03	274.32	534	56.60	100.00	268.64
2019	332	-18.23	72.81	224.32	456	-14.61	100.00	229.40
2020	189	-43.07	75.60	127.70	250	-45.18	100.00	125.77
2021	206	8.99	79.23	139.19	260	4.00	100.00	130.80
2022	260	26.21	85.81	175.68	303	16.54	100.00	152.43
2023	327	25.77	59.24	220.95	552	82.18	100.00	277.70
合计	3477	—	75.67	—	4715	—	100.00	—
2011—2015年均值	148	—	74.45	100	198.8	—	—	100

二、民营企业绿地金额在标的行业的分布

根据2005—2023年中国民营企业绿地OFDI金额表显示，按照绿地OFDI项目金额累积量排名，我国民营企业对外直接投资活动主要集中在制造业，累计对外直接投资项目金额为2345.85亿美元，占比53.97%；排在第二的是非制造业，累计对外直接投资项目金额为2000.57亿美元，占比46.02%。

根据2005—2023年中国民营企业绿地OFDI金额行业别图表显示，第

一，流向非制造业的建筑业的 OFDI 金额在 2016 年出现最显著的增长，从 34. 56 亿美元增长到 398. 83 亿美元。第二，总体来看，流向制造业的民营企业对外直接投资金额主要集中在中高技术行业，2005—2023 年的平均占比为 46. 55%。第三，总体来看，流向非制造业的民营企业对外直接投资金额主要集中在服务业，2005—2023 年的平均占比为 40. 29%。

表 4-4-2　2005—2023 年中国民营企业绿地投资金额在标的行业的分布及指数汇总表

（单位：百万美元）

年份	制造业											
	高技术				中高技术				中低技术			
	金额	同比增长（%）	占比（%）	指数	金额	同比增长（%）	占比（%）	指数	金额	同比增长（%）	占比（%）	指数
2005	104. 60	—	8. 26	41. 32	235. 50	—	18. 60	9. 73	283. 90	—	22. 42	6. 59
2006	170. 20	62. 72	14. 21	67. 24	1017. 00	331. 85	84. 93	42. 00	10. 20	-96. 41	0. 85	0. 24
2007	105. 30	-38. 13	2. 82	41. 60	1124. 09	10. 53	30. 12	46. 43	2398. 35	23413. 24	64. 27	55. 65
2008	0. 00	-100. 00	0. 00	0. 00	1190. 26	5. 89	35. 79	49. 16	2078. 24	-13. 35	62. 49	48. 22
2009	193. 73	—	15. 50	76. 54	831. 85	-30. 11	66. 55	34. 36	35. 00	-98. 32	2. 80	0. 81
2010	511. 85	164. 21	11. 70	202. 21	3772. 60	353. 52	86. 23	155. 82	23. 40	-33. 14	0. 53	0. 54
2011	135. 30	-73. 57	1. 35	53. 45	1431. 74	-62. 05	14. 29	59. 13	8267. 65	35231. 84	82. 54	191. 85
2012	78. 10	-42. 28	2. 01	30. 85	1933. 33	35. 03	49. 70	79. 85	1782. 01	-78. 45	45. 81	41. 35
2013	14. 03	-82. 04	1. 31	5. 54	417. 69	-78. 40	39. 07	17. 25	205. 23	-88. 48	19. 20	4. 76
2014	159. 80	1038. 99	1. 33	63. 13	5122. 19	1126. 31	42. 70	211. 56	2434. 50	1086. 23	20. 30	56. 49
2015	878. 39	449. 68	5. 97	347. 02	3200. 95	-37. 51	21. 74	132. 21	8858. 04	263. 85	60. 17	205. 55
2016	1335. 56	52. 05	11. 47	527. 63	6016. 77	87. 97	51. 65	248. 51	2875. 49	-67. 54	24. 68	66. 72
2017	315. 23	-76. 40	1. 94	124. 54	6866. 34	14. 12	42. 15	283. 59	5172. 80	79. 89	31. 76	120. 03
2018	903. 51	186. 62	5. 38	356. 94	3775. 41	-45. 02	22. 49	155. 93	9771. 91	88. 91	58. 22	226. 75
2019	2136. 38	136. 45	10. 46	844. 01	10533. 80	179. 01	51. 55	435. 07	3494. 63	-64. 24	17. 10	81. 09
2020	516. 46	-75. 83	2. 06	204. 03	9356. 14	-11. 18	37. 24	386. 43	14511. 59	315. 25	57. 76	336. 74
2021	874. 92	69. 41	5. 77	345. 65	12504. 15	33. 65	82. 47	516. 45	1568. 07	-89. 19	10. 34	36. 39
2022	95. 30	-89. 11	0. 54	37. 65	14053. 99	12. 39	79. 80	580. 46	3213. 16	104. 91	18. 24	74. 56

续表

年份	制造业											
	高技术				中高技术				中低技术			
	金额	同比增长（%）	占比（%）	指数	金额	同比增长（%）	占比（%）	指数	金额	同比增长（%）	占比（%）	指数
2023	8026.27	8322.11	14.67	3170.88	25825.42	83.76	47.22	1066.65	19675.03	512.33	35.97	456.55
合计	16554.93	—	7.06	—	109209.22	—	46.55	—	86659.20	—	36.94	—
2011—2015年均值	253.12	—	—	100.00	2421.18	—	—	100.00	4309.49	—	—	100.00

年份	制造业							
	低技术				小计			
	金额	同比增长（%）	占比（%）	指数	金额	同比增长（%）	占比（%）	指数
2005	642.42	—	50.73	47.42	1266.42	—	68.29	15.19
2006	0.00	-100.00	0.00	0.00	1197.40	-5.45	32.10	14.36
2007	104.00	—	2.79	7.68	3731.74	211.65	73.88	44.75
2008	57.00	-45.19	1.71	4.21	3325.50	-10.89	44.87	39.88
2009	189.35	232.19	15.15	13.98	1249.93	-62.41	51.62	14.99
2010	67.00	-64.62	1.53	4.95	4374.85	250.01	64.90	52.47
2011	182.36	172.18	1.82	13.46	10017.05	128.97	76.24	120.13
2012	96.75	-46.95	2.49	7.14	3890.19	-61.16	57.20	46.65
2013	432.00	346.51	40.41	31.89	1068.95	-72.52	24.44	12.82
2014	4278.87	890.48	35.67	315.84	11995.36	1022.16	51.91	143.85
2015	1783.73	-58.31	12.12	131.67	14721.11	22.72	54.91	176.54
2016	1420.92	-20.34	12.20	104.88	11648.74	-20.87	19.62	139.70
2017	3934.75	176.92	24.16	290.44	16289.12	39.84	66.26	195.35
2018	2333.99	-40.68	13.91	172.28	16784.82	3.04	42.22	201.29
2019	4268.44	82.88	20.89	315.07	20433.24	21.74	48.45	245.05
2020	737.99	-82.71	2.94	54.47	25122.18	22.95	80.86	301.28
2021	214.20	-70.98	1.41	15.81	15161.34	-39.65	60.76	181.82

续表

年份	制造业							
	低技术				小计			
	金额	同比增长（%）	占比（%）	指数	金额	同比增长（%）	占比（%）	指数
2022	249.60	16.53	1.42	18.42	17612.05	16.16	65.03	211.21
2023	1168.17	368.02	2.14	86.23	54694.89	210.55	64.94	655.93
合计	22161.54	—	9.45	—	234584.88	—	53.97	—
2011—2015年均值	1354.74	—	—	100.00	8338.53	—	56.17	100.00

年份	非制造业							
	服务业				采矿业			
	金额	同比增长（%）	占比（%）	指数	金额	同比增长（%）	占比（%）	指数
2005	338.10	—	57.49	18.66	0.00	—	0.00	0.00
2006	1999.80	491.48	78.97	110.36	96.90	—	3.83	587.84
2007	641.74	-67.91	48.64	35.41	627.74	547.82	47.58	3808.18
2008	693.90	8.13	16.98	38.29	2600.00	314.18	63.62	15772.87
2009	811.91	17.01	69.31	44.81	307.70	-88.17	26.27	1866.66
2010	2117.97	160.86	89.52	116.88	0.00	-100.00	0.00	0.00
2011	1991.26	-5.98	63.78	109.89	0.00	—	0.00	0.00
2012	493.51	-75.22	16.95	27.23	0.00	—	0.00	0.00
2013	486.78	-1.36	14.73	26.86	0.00	—	0.00	0.00
2014	3595.87	638.71	32.36	198.44	0.00	—	0.00	0.00
2015	2493.01	-30.67	20.62	137.58	82.42	—	0.68	500.00
2016	5254.99	110.79	11.01	290.00	89.10	8.10	0.19	540.52
2017	4415.94	-15.97	53.25	243.69	0.00	-100.00	0.00	0.00
2018	8673.91	96.42	37.76	478.67	1761.45	—	7.67	10685.82
2019	5790.53	-33.24	26.63	319.55	11100.00	530.16	51.05	67338.02
2020	4956.96	-14.40	83.37	273.55	0.00	-100.00	0.00	0.00
2021	9442.73	90.49	96.46	521.10	0.00	—	0.00	0.00
2022	6854.40	-27.41	72.38	378.26	753.20	—	7.95	4569.28

续表

年份	非制造业							
	服务业				采矿业			
	金额	同比增长（%）	占比（%）	指数	金额	同比增长（%）	占比（%）	指数
2023	19554.95	185.29	66.22	1079.14	6566.69	711.84	22.24	39836.75
合计	80608.26	—	40.29	—	23985.20	—	11.99	—
2011—2015年均值	1812.09	—	—	100.00	16.48	—	—	100.00

年份	非制造业							
	电力、热力、燃气及水生产和供应业				建筑业			
	金额	同比增长（%）	占比（%）	指数	金额	同比增长（%）	占比（%）	指数
2005	0.00	—	0.00	0.00	250.00	—	42.51	10.49
2006	0.00	—	0.00	0.00	435.80	74.32	17.21	18.28
2007	0.00	—	0.00	0.00	49.80	-88.57	3.77	2.09
2008	592.55	—	14.50	25.82	200.00	301.61	4.89	8.39
2009	31.87	-94.62	2.72	1.39	20.00	-90.00	1.71	0.84
2010	155.50	387.92	6.57	6.77	92.40	362.00	3.91	3.88
2011	1080.93	595.13	34.62	47.09	50.00	-45.89	1.60	2.10
2012	1880.10	73.93	64.58	81.91	537.80	975.60	18.47	22.56
2013	99.77	-94.69	3.02	4.35	2717.54	405.31	82.25	114.01
2014	2359.70	2265.07	21.24	102.81	5156.08	89.73	46.40	216.32
2015	6055.82	156.64	50.10	263.84	3456.28	-32.97	28.59	145.01
2016	2487.72	-58.92	5.21	108.38	39883.24	1053.94	83.59	1673.28
2017	2185.30	-12.16	26.35	95.21	1691.60	-95.76	20.40	70.97
2018	4623.52	111.57	20.13	201.44	7911.24	367.68	34.44	331.91
2019	478.24	-89.66	2.20	20.84	4373.64	-44.72	20.12	183.49
2020	928.79	94.21	15.62	40.47	60.10	-98.63	1.01	2.52
2021	288.54	-68.93	2.95	12.57	58.20	-3.16	0.59	2.44
2022	1541.87	434.37	16.28	67.18	321.10	451.72	3.39	13.47

续表

年份	非制造业							
	电力、热力、燃气及水生产和供应业				建筑业			
	金额	同比增长（%）	占比（%）	指数	金额	同比增长（%）	占比（%）	指数
2023	1310.60	-15.00	4.44	57.10	2097.58	553.25	7.10	88.00
合计	26100.82	—	13.05	—	69362.40	—	34.67	—
2011—2015年均值	2295.26	—	—	100.00	2383.54	—	—	100.00

年份	非制造业				总计			
	小计							
	金额	同比增长（%）	占比（%）	指数	金额	同比增长（%）	占比（%）	指数
2005	588.10	—	31.71	9.04	1854.52	—	100.00	12.49
2006	2532.50	330.62	67.90	38.92	3729.90	101.12	100.00	25.12
2007	1319.28	-47.91	26.12	20.27	5051.02	35.42	100.00	34.02
2008	4086.45	209.75	55.13	62.80	7411.95	46.74	100.00	49.93
2009	1171.48	-71.33	48.38	18.00	2421.41	-67.33	100.00	16.31
2010	2365.87	101.96	35.10	36.36	6740.72	178.38	100.00	45.40
2011	3122.19	31.97	23.76	47.98	13139.24	94.92	100.00	88.50
2012	2911.41	-6.75	42.80	44.74	6801.60	-48.23	100.00	45.81
2013	3304.09	13.49	75.56	50.77	4373.04	-35.71	100.00	29.46
2014	11111.65	236.30	48.09	170.75	23107.00	428.40	100.00	155.65
2015	12087.53	8.78	45.09	185.75	26808.64	16.02	100.00	180.58
2016	47715.05	294.75	80.38	733.25	59363.79	121.44	100.00	399.87
2017	8292.84	-82.62	33.74	127.44	24581.96	-58.59	100.00	165.58
2018	22970.12	176.99	57.78	352.99	39754.94	61.72	100.00	267.78
2019	21742.41	-5.34	51.55	334.12	42175.66	6.09	100.00	284.09
2020	5945.85	-72.65	19.14	91.37	31068.03	-26.34	100.00	209.27
2021	9789.47	64.64	39.24	150.44	24950.81	-19.69	100.00	168.07
2022	9470.57	-3.26	34.97	145.54	27082.62	8.54	100.00	182.40
2023	29529.82	211.81	35.06	453.79	84224.71	210.99	100.00	567.24
合计	200056.68	—	46.02	—	434641.56	—	—	—
2011—2015年均值	6507.37	—	43.83	100.00	14845.90	—	—	100.00

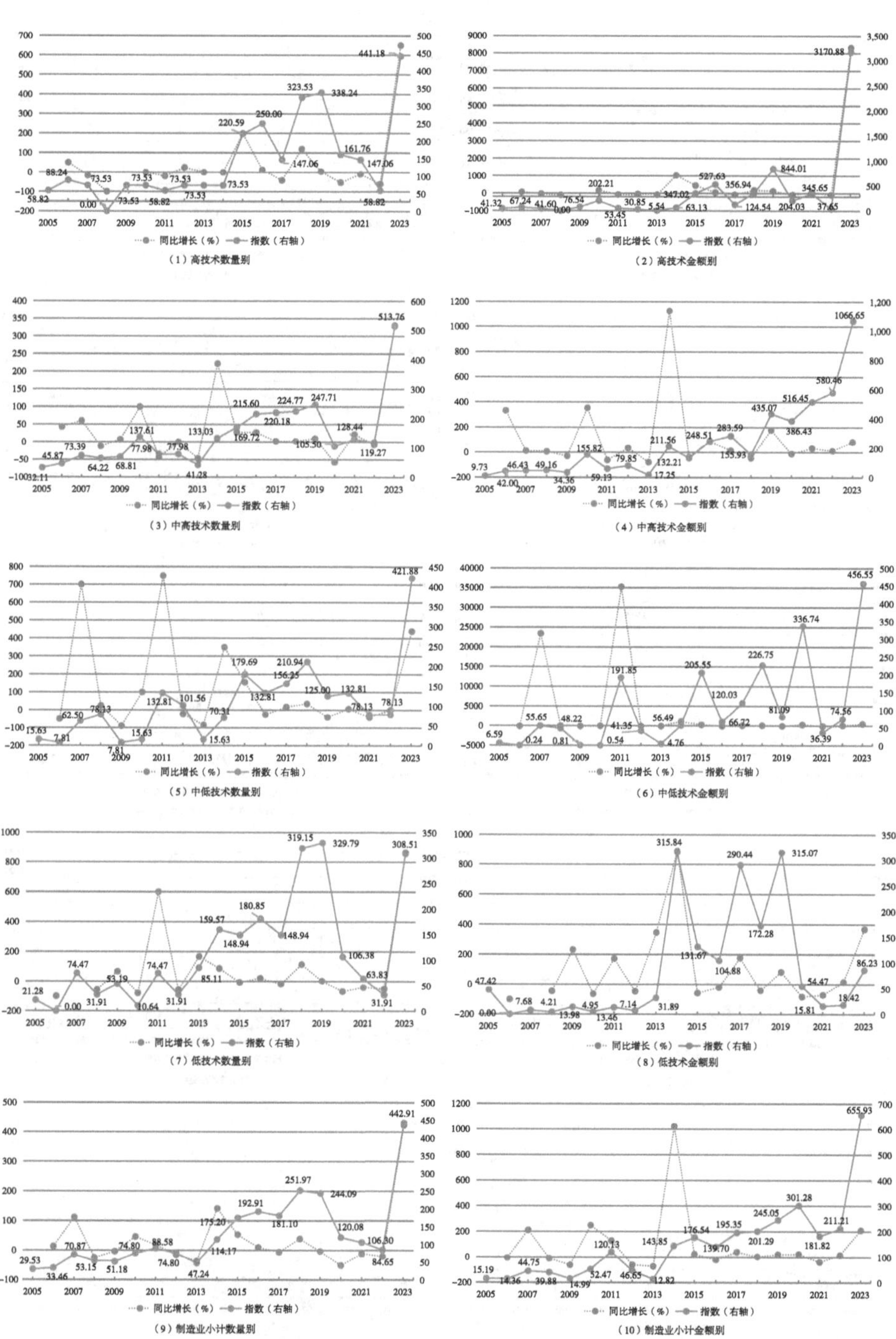

图 4-4-1　2005—2023 年中国民营企业绿地投资制造业项目数量和金额指数变化图

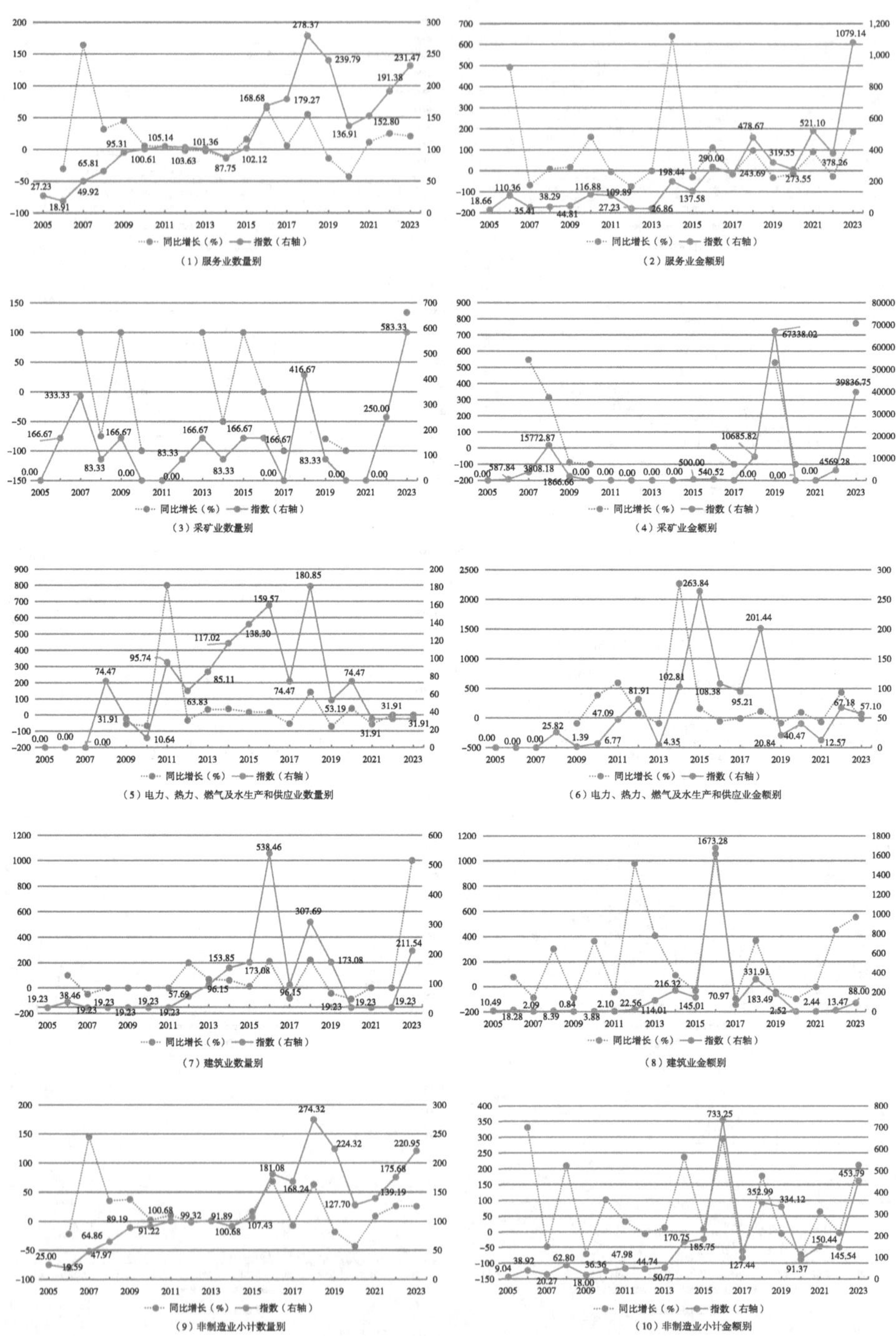

图 4-4-2　2005—2023 年中国民营企业绿地投资非制造业项目数量和金额指数变化图

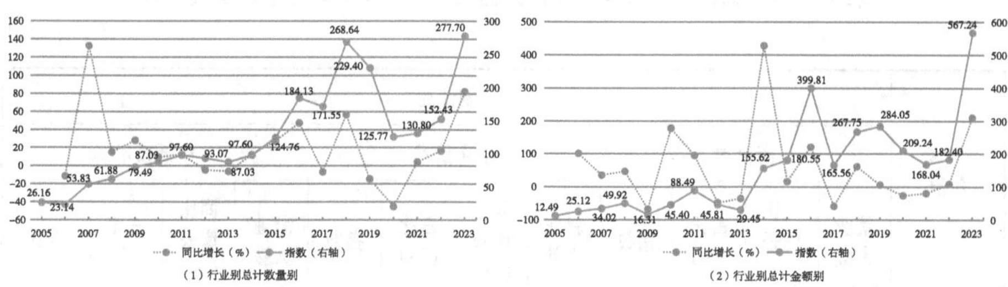

图 4-4-3　2005—2023 年中国民营企业绿地投资标的行业项目数量和金额指数变化图

第五节　民营企业对外绿地投资就业贡献指数

本节对我国民营企业通过对外绿地投资所带来就业量的具体情况进行统计分析。在民营企业对外绿地投资创造就业数量、扩大就业数量及新增就业数量的基础上，进一步按照行业类别分析民营企业的投资流向。

一、民营企业对外绿地投资创造就业态势

根据 2005—2023 年中国民营企业绿地 OFDI 创造就业数量表显示，2023 年，我国民营企业绿地对外直接投资项目创造总就业量为 293543 人，同比增长 369. 62%。整体来看，我国民营企业绿地对外直接投资创造总就业量在 2005—2023 年呈现增长趋势。绿地对外直接投资项目创造总就业量从 2005 年的 11639 人增长到 2023 年的 293543 人。

具体而言，根据 2005—2023 年中国民营企业绿地 OFDI 创造就业数量行业别图表显示，在 2005—2023 年，流向制造业中的中高技术的绿地 OFDI 项目创造就业人数增长最为显著，从 2005 年的 3096 人增加到 2023 年的 101252 人，且在中高技术制造业中创造的就业人数占比也最大为 42. 93%。此外，流向制造业的中低技术的 OFDI 创造就业人数从 2022 年的 8649 人增加到 2023 年的 45991 人。

表 4-5-1　2005—2023 年中国民营企业绿地 OFDI 创造就业数量表

（单位：人）

年份	制造业											
	高技术				中高技术				中低技术			
	就业人数	同比增长（%）	占比（%）	指数	就业人数	同比增长（%）	占比（%）	指数	就业人数	同比增长（%）	占比（%）	指数
2005	2179	—	29.43	74.71	3096	—	41.82	32.55	197	—	2.66	3.15
2006	1064	-51.17	13.56	36.48	6719	117.02	85.61	70.64	65	-67.01	0.83	1.04
2007	1170	9.96	5.54	40.11	7648	13.83	36.23	80.41	7770	11853.85	36.81	124.17
2008	0	-100.00	0.00	0.00	6066	-20.69	48.66	63.78	6145	-20.91	49.29	98.20
2009	2359	—	21.39	80.88	8018	32.18	72.70	84.30	160	-97.40	1.45	2.56
2010	4380	85.67	15.62	150.16	22559	181.35	80.47	237.19	147	-8.13	0.52	2.35
2011	1274	-70.91	5.98	43.68	10574	-53.13	49.61	111.18	8631	5771.43	40.49	137.93
2012	1320	3.61	12.84	45.26	6307	-40.35	61.34	66.31	2268	-73.72	22.06	36.24
2013	120	-90.91	6.91	4.11	195	-96.91	11.23	2.05	800	-64.73	46.08	12.78
2014	1773	1377.50	5.22	60.79	13978	7068.21	41.17	146.97	3656	357.00	10.77	58.42
2015	10097	469.49	19.02	346.17	16501	18.05	31.08	173.49	15933	335.80	30.01	254.62
2016	11559	14.48	20.96	396.29	26782	62.31	48.57	281.59	7005	-56.03	12.70	111.94
2017	3689	-68.09	7.12	126.47	23537	-12.12	45.41	247.47	10843	54.79	20.92	173.28
2018	10928	196.23	15.62	374.66	20316	-13.68	29.04	213.61	23583	117.50	33.71	376.87
2019	21869	100.12	22.43	749.76	35215	73.34	36.12	370.26	7460	-68.37	7.65	119.22
2020	2887	-86.80	9.15	98.98	16032	-54.47	50.82	168.56	9102	22.01	28.85	145.46
2021	7352	154.66	22.27	252.06	14901	-7.05	45.13	156.67	5042	-44.61	15.27	80.57
2022	752	-89.77	2.03	25.78	19202	28.86	51.82	201.89	8649	71.54	23.34	138.22
2023	68959	9070.08	27.41	2364.2	101252	427.30	40.24	1064.58	45991	431.75	18.28	734.96
合计	84772	—	18.39	—	358898	—	42.93	—	163447	—	19.55	—
2011—2015 年均值	2916.8	—	—	100.00	9511	—	—	100.00	6257.6	—	—	100.00

年份	制造业							
	低技术				小计			
	就业人数	同比增长（%）	占比（%）	指数	就业人数	同比增长（%）	占比（%）	指数
2005	1931	—	26.08	35.82	7403	—	63.61	30.75
2006	0	-100.00	0.00	0.00	7848	6.01	52.82	32.60

续表

年份	制造业							
	低技术				小计			
	就业人数	同比增长（%）	占比（%）	指数	就业人数	同比增长（%）	占比（%）	指数
2007	4523	—	21.42	83.90	21111	169.00	83.98	87.68
2008	256	-94.34	2.05	4.75	12467	-40.95	59.04	51.78
2009	492	92.19	4.46	9.13	11029	-11.53	73.11	45.81
2010	948	92.68	3.38	17.59	28034	154.18	69.02	116.44
2011	837	-11.71	3.93	15.53	21316	-23.96	71.60	88.54
2012	387	-53.76	3.76	7.18	10282	-51.76	71.66	42.71
2013	621	60.47	35.77	11.52	1736	-83.12	40.28	7.21
2014	14549	2242.83	42.85	269.89	33956	1855.99	63.18	141.04
2015	10560	-27.42	19.89	195.89	53091	56.35	71.22	220.51
2016	9792	-7.27	17.76	181.64	55138	3.86	49.30	229.01
2017	13758	40.50	26.55	255.21	51827	-6.00	71.97	215.26
2018	15129	9.97	21.63	280.64	69956	34.98	57.77	290.56
2019	32956	117.83	33.80	611.34	97500	39.37	74.34	404.96
2020	3526	-89.30	11.18	65.41	31547	-67.64	69.30	131.03
2021	5725	62.37	17.34	106.20	33020	4.67	67.54	137.15
2022	8454	47.67	22.81	156.82	37057	12.23	59.29	153.92
2023	35421	318.99	14.08	657.06	251623	579.02	85.72	1045.11
合计	159865	—	19.12	—	835941	—	70.15	—
2011—2015年均值	5390.80	—	—	100.00	24076.20	—	—	100.00

年份	非制造业											
	服务业				采矿业				电力、热力、燃气及水生产和供应业			
	就业人数	同比增长（%）	占比（%）	指数	就业人数	同比增长（%）	占比（%）	指数	就业人数	同比增长（%）	占比（%）	指数
2005	1807	—	42.66	33.50	0	—	0.00	0.00	0	—	0.00	0.00
2006	3334	84.50	47.56	61.80	398	—	5.68	3158.73	0	—	0.00	0.00
2007	2342	-29.75	58.16	43.42	1329	233.92	33.00	10547.62	0	—	0.00	0.00

续表

年份	非制造业											
	服务业				采矿业				电力、热力、燃气及水生产和供应业			
	就业人数	同比增长（%）	占比（%）	指数	就业人数	同比增长（%）	占比（%）	指数	就业人数	同比增长（%）	占比（%）	指数
2008	4291	83.22	49.62	79.55	3000	125.73	34.69	23809.52	216	—	2.50	65.06
2009	3266	-23.89	80.52	60.54	572	-80.93	14.10	4539.68	24	-88.89	0.59	7.23
2010	12441	280.92	98.88	230.63	0	-100.00	0.00	0.00	13	-45.83	0.10	3.92
2011	7877	-36.69	93.16	146.02	0	—	0.00	0.00	338	2500.00	4.00	101.81
2012	1354	-82.81	33.30	25.10	0	—	0.00	0.00	0	-100.00	0.00	0.00
2013	2527	86.63	98.17	46.84	0	—	0.00	0.00	17	—	0.66	5.12
2014	6663	163.67	33.67	123.52	0	—	0.00	0.00	273	1505.88	1.38	82.23
2015	8551	28.34	39.86	158.52	63	—	0.29	500.00	1032	278.02	4.81	310.84
2016	21712	153.91	38.29	402.49	114	80.95	0.20	904.76	976	-5.43	1.72	293.98
2017	14664	-32.46	72.64	271.84	0	-100.00	0.00	0.00	739	-24.28	3.66	222.59
2018	32206	119.63	62.98	597.03	2213	—	4.33	17563.49	906	22.60	1.77	272.89
2019	21616	-32.88	64.22	400.71	3000	35.56	8.91	23809.52	446	-50.77	1.33	134.34
2020	13658	-36.82	97.71	253.19	0	-100.00	0.00	0.00	193	-56.73	1.38	58.13
2021	15684	14.83	98.82	290.75	0	—	0.00	0.00	60	-68.91	0.38	18.07
2022	22157	41.27	87.06	410.74	1348	—	5.30	10698.41	685	1041.67	2.69	206.33
2023	24253	9.46	57.86	449.60	10139	652.15	24.19	80468.25	93	-86.42	0.22	28.01
合计	196150	—	61.95	—	22176	—	6.23	—	6011	—	1.69	—
2011—2015年均值	5394.4	—	—	100.00	12.60	—	—	100.00	332	—	—	100.00

年份	非制造业								总计			
	建筑业				小计							
	就业人数	同比增长（%）	占比（%）	指数	就业人数	同比增长（%）	占比（%）	指数	就业人数	同比增长（%）	占比（%）	指数
2005	2429	—	57.34	43.94	4236	—	36.39	37.60	11639	—	100.00	32.93
2006	3278	34.95	46.76	59.30	7010	65.49	47.18	62.22	14858	27.66	100.00	42.04
2007	356	-89.14	8.84	6.44	4027	-42.55	16.02	35.74	25138	69.19	100.00	71.13

续表

年份	非制造业								总计			
	建筑业				小计							
	就业人数	同比增长（%）	占比（%）	指数	就业人数	同比增长（%）	占比（%）	指数	就业人数	同比增长（%）	占比（%）	指数
2008	1141	220.51	13.19	20.64	8648	114.75	40.96	76.76	21115	-16.00	100.00	59.74
2009	194	-83.00	4.78	3.51	4056	-53.10	26.89	36.00	15085	-28.56	100.00	42.68
2010	128	-34.02	1.02	2.32	12582	210.21	30.98	111.68	40616	169.25	100.00	114.92
2011	240	87.50	2.84	4.34	8455	-32.80	28.40	75.04	29771	-26.70	100.00	84.23
2012	2712	1030.00	66.70	49.06	4066	-51.91	28.34	36.09	14348	-51.81	100.00	40.60
2013	30	-98.89	1.17	0.54	2574	-36.69	59.72	22.85	4310	-69.96	100.00	12.19
2014	12851	42736.67	64.95	232.49	19787	668.73	36.82	175.63	53743	1146.94	100.00	152.06
2015	11805	-8.14	55.03	213.56	21451	8.41	28.78	190.39	74542	38.70	100.00	210.91
2016	33900	187.17	59.79	613.29	56702	164.33	50.70	503.28	111840	50.04	100.00	316.44
2017	4784	-85.89	23.70	86.55	20187	-64.40	28.03	179.18	72014	-35.61	100.00	203.76
2018	15809	230.46	30.92	286.00	51134	153.30	42.23	453.85	121090	68.15	100.00	342.62
2019	8598	-45.61	25.54	155.55	33660	-34.17	25.66	298.76	131160	8.32	100.00	371.11
2020	127	-98.52	0.91	2.30	13978	-58.47	30.70	124.07	45525	-65.29	100.00	128.81
2021	127	0.00	0.80	2.30	15871	13.54	32.46	140.87	48891	7.39	100.00	138.33
2022	1259	891.34	4.95	22.78	25449	60.35	40.71	225.88	62506	27.85	100.00	176.85
2023	7435	490.55	17.74	134.51	41920	64.72	14.28	372.07	293543	369.62	100.00	830.52
合计	107203	—	30.13	—	355793	—	29.85	—	1191734	—	100.00	—
2011—2015年均值	5527.60	—	—	100.00	11266.60	—	—	100.00	35342.80	—	—	100.00

二、民营企业对外绿地投资新增及扩大就业态势

根据2005—2023年中国民营企业绿地OFDI新增就业数量表，整体而言，绿地对外直接投资创造新增就业量从2005年的11465人增长到2023年的227932人，并在2023年达到峰值227932人；就2023年而言，绿地

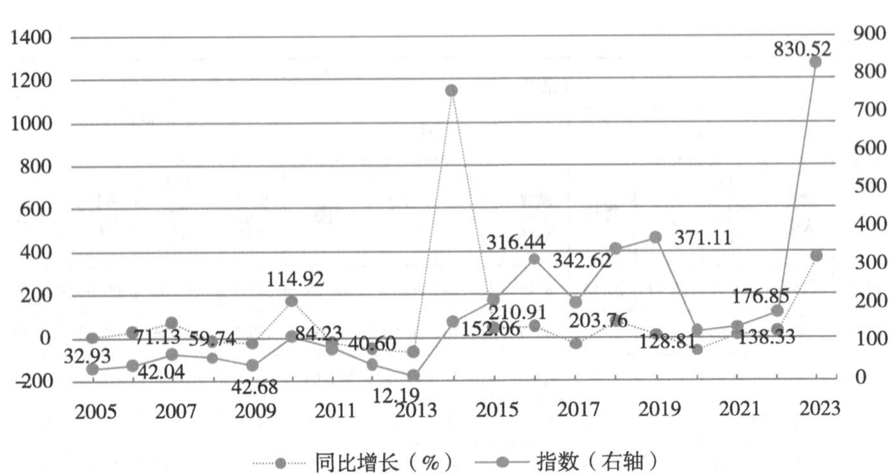

图 4-5-1　2005—2023 年中国民营企业绿地投资创造就业指数变化图

对外直接投资项目创造新增就业量同比增长 398. 8%。从行业类别视角分析，在 2005—2023 年间，我国民营企业对外直接投资活动主要集中在制造业，累计对外直接投资项目创造就业人数为 699109 人，占比 68. 66%；排在第二的是非制造业，累计对外直接投资项目创造就业人数为 319083 人，占比 31. 34%。具体而言，流向制造业的民营企业对外直接投资新增就业人数主要集中在中高技术，流向非制造业的民营企业对外直接投资新增就业人数主要集中在服务业。

根据 2005—2023 年中国民营企业绿地 OFDI 扩大就业数量表，整体而言，绿地对外直接投资创造扩大就业量从 2005 年的 174 人增长到 2023 年的 65611 人，并在 2023 年达到最大规模 65611 人。就 2023 年而言，绿地对外直接投资项目创造扩大就业量同比增长 290. 31%。从行业类别视角分析，在 2005—2023 年间，我国民营企业对外直接投资活动扩大就业数量主要集中在制造业，累计对外直接投资项目扩大就业人数为 136832 人，占比 69. 83%；其次是非制造业，累计对外直接投资项目扩大就业人数为 36710 人，占比 30. 17%。

表 4-5-2　2005—2023 年中国民营企业绿地 OFDI 新增就业数量表

（单位：人）

年份	制造业											
	高技术				中高技术				中低技术			
	就业人数	同比增长（%）	占比（%）	指数	就业人数	同比增长（%）	占比（%）	指数	就业人数	同比增长（%）	占比（%）	指数
2005	2005	—	27.74	73.91	3096	—	42.83	37.33	197	—	2.73	3.31
2006	794	-60.40	10.48	29.27	6719	117.02	88.66	81.02	65	-67.01	0.86	1.09
2007	1170	47.36	5.61	43.13	7400	10.14	35.47	89.23	7770	11853.85	37.24	130.39
2008	0	-100.00	0.00	0.00	5584	-24.54	46.59	67.33	6145	-20.91	51.27	103.12
2009	2359	—	21.39	86.96	8018	43.59	72.70	96.68	160	-97.40	1.45	2.69
2010	4180	77.19	18.62	154.10	17178	114.24	76.51	207.13	147	-8.13	0.65	2.47
2011	1274	-69.52	6.71	46.97	8425	-50.95	44.41	101.59	8437	5639.46	44.47	141.58
2012	1320	3.61	14.55	48.66	6172	-26.74	68.03	74.42	1193	-85.86	13.15	20.02
2013	20	-98.48	1.22	0.74	195	-96.84	11.92	2.35	800	-32.94	48.90	13.43
2014	852	4160.00	2.91	31.41	11747	5924.10	40.17	141.65	3474	334.25	11.88	58.30
2015	10097	1085.09	19.62	372.23	14927	27.07	29.00	179.99	15891	357.43	30.87	266.67
2016	8547	-15.35	17.53	315.09	23782	59.32	48.78	286.77	6674	-58.00	13.69	112.00
2017	3547	-58.50	7.69	130.76	18315	-22.99	39.69	220.84	10525	57.70	22.81	176.62
2018	9327	162.95	14.58	343.84	17329	-5.38	27.09	208.95	22570	114.44	35.28	378.75
2019	18068	93.72	21.41	666.08	26570	53.33	31.49	320.38	7450	-66.99	8.83	125.02
2020	2507	-86.12	9.84	92.42	13800	-48.06	54.18	166.40	5671	-23.88	22.27	95.17
2021	6497	159.15	26.71	239.51	9253	-32.95	38.04	111.57	3417	-39.75	14.05	57.34
2022	752	-88.43	3.09	27.72	18736	102.49	76.87	225.92	4432	29.70	18.18	74.37
2023	33030	4292.29	17.37	1217.65	78494	318.95	41.28	946.49	43210	874.95	22.72	725.12
合计	106346	—	15.21	—	295740	—	42.30	—	148228	—	21.20	—
2011—2015 年均值	2712.60	—	—	100.00	8293.20	—	—	100.00	5959	—	—	100.00

续表

年份	制造业							
	低技术				小计			
	就业人数	同比增长（%）	占比（%）	指数	就业人数	同比增长（%）	占比（%）	指数
2005	1931	—	26.71	37.75	7229	—	63.05	32.74
2006	0	-100.00	0.00	0.00	7578	4.83	59.38	34.32
2007	4523	—	21.68	88.42	20863	175.31	84.57	94.49
2008	256	-94.34	2.14	5.00	11985	-42.55	58.27	54.28
2009	492	92.19	4.46	9.62	11029	-7.98	75.42	49.95
2010	948	92.68	4.22	18.53	22453	103.58	76.81	101.69
2011	837	-11.71	4.41	16.36	18973	-15.50	70.59	85.93
2012	387	-53.76	4.27	7.57	9072	-52.18	69.05	41.09
2013	621	60.47	37.96	12.14	1636	-81.97	41.46	7.41
2014	13172	2021.10	45.04	257.50	29245	1687.59	60.85	132.45
2015	10560	-19.83	20.51	206.44	51475	76.01	71.24	233.13
2016	9749	-7.68	20.00	190.58	48752	-5.29	47.63	220.80
2017	13758	41.12	29.81	268.95	46145	-5.35	71.16	208.99
2018	14743	7.16	23.05	288.21	63969	38.63	56.97	289.71
2019	32297	119.07	38.27	631.37	84385	31.92	73.82	382.17
2020	3491	-89.19	13.71	68.24	25469	-69.82	68.78	115.35
2021	5155	47.67	21.19	100.77	24322	-4.50	67.27	110.15
2022	454	-91.19	1.86	8.88	24374	0.21	53.34	110.39
2023	35421	7701.98	18.63	692.44	190155	680.16	83.43	861.20
合计	148795	—	21.28	—	699109	—	68.66	—
2011—2015年均值	5115.40	—	—	100.00	22080.20	—	—	100.00

续表

年份	非制造业											
	服务业				采矿业				电力、热力、燃气及水生产和供应业			
	就业人数	同比增长（%）	占比（%）	指数	就业人数	同比增长（%）	占比（%）	指数	就业人数	同比增长（%）	占比（%）	指数
2005	1807	—	42.66	36.86	0	—	0.00	0.00	0	—	0.00	0.00
2006	1507	-16.60	29.08	30.74	398	—	7.68	3158.73	0	—	0.00	0.00
2007	2122	40.81	55.74	43.29	1329	233.92	34.91	10547.62	0	—	0.00	0.00
2008	4235	99.58	49.35	86.39	3000	125.73	34.96	23809.52	206	—	2.40	62.05
2009	2805	-33.77	78.03	57.22	572	-80.93	15.91	4539.68	24	-88.35	0.67	7.23
2010	6638	136.65	97.92	135.41	0	-100.00	0.00	0.00	13	-45.83	0.19	3.92
2011	7325	10.35	92.69	149.42	0	—	0.00	0.00	338	2500.00	4.28	101.81
2012	1354	-81.52	33.30	27.62	0	—	0.00	0.00	0	-100.00	0.00	0.00
2013	2263	67.13	97.97	46.16	0	—	0.00	0.00	17	—	0.74	5.12
2014	5693	151.57	30.25	116.13	0	—	0.00	0.00	273	1505.88	1.45	82.23
2015	7876	38.35	37.91	160.66	63	—	0.30	500.00	1032	278.02	4.97	310.84
2016	18608	136.26	34.72	379.58	114	80.95	0.21	904.76	976	-5.43	1.82	293.98
2017	13182	-29.16	70.49	268.90	0	-100.00	0.00	0.00	734	-24.80	3.93	221.08
2018	29383	122.90	60.82	599.38	2213	—	4.58	17563.49	906	23.43	1.88	272.89
2019	17878	-39.16	59.75	364.69	3000	35.56	10.03	23809.52	446	-50.77	1.49	134.34
2020	11243	-37.11	97.23	229.35	0	-100.00	0.00	0.00	193	-56.73	1.67	58.13
2021	11649	3.61	98.42	237.63	0	—	0.00	0.00	60	-68.91	0.51	18.07
2022	18782	61.23	88.09	383.13	596	—	2.80	4730.16	685	1041.67	3.21	206.33
2023	21232	13.04	56.20	433.11	10139	1601.17	26.84	80468.25	93	-86.42	0.25	28.01
合计	185582	—	58.16	—	21424	—	6.71	—	5996	—	1.88	—
2011—2015年均值	4902.20	—	—	100.00	12.60	—	—	100.00	332	—	—	100.00

续表

年份	非制造业								总计			
	建筑业				小计							
	就业人数	同比增长（%）	占比（%）	指数	就业人数	同比增长（%）	占比（%）	指数	就业人数	同比增长（%）	占比（%）	指数
2005	2429	—	57. 34	43. 94	4236	—	36. 95	39. 32	11465	—	100. 00	34. 90
2006	3278	34. 95	63. 25	59. 30	5183	22. 36	40. 62	48. 10	12761	11. 30	100. 00	38. 84
2007	356	-89. 14	9. 35	6. 44	3807	-26. 55	15. 43	35. 33	24670	93. 32	100. 00	75. 09
2008	1141	220. 51	13. 30	20. 64	8582	125. 43	41. 73	79. 65	20567	-16. 63	100. 00	62. 60
2009	194	-83. 00	5. 40	3. 51	3595	-58. 11	24. 58	33. 37	14624	-28. 90	100. 00	44. 51
2010	128	-34. 02	1. 89	2. 32	6779	88. 57	23. 19	62. 92	29232	99. 89	100. 00	88. 97
2011	240	87. 50	3. 04	4. 34	7903	16. 58	29. 41	73. 35	26876	-8. 06	100. 00	81. 80
2012	2712	1030. 00	66. 70	49. 06	4066	-48. 55	30. 95	37. 74	13138	-51. 12	100. 00	39. 99
2013	30	-98. 89	1. 30	0. 54	2310	-43. 19	58. 54	21. 44	3946	-69. 96	100. 00	12. 01
2014	12851	42736. 67	68. 29	232. 49	18817	714. 59	39. 15	174. 65	48062	1117. 99	100. 00	146. 29
2015	11805	-8. 14	56. 82	213. 56	20776	10. 41	28. 76	192. 83	72251	50. 33	100. 00	219. 91
2016	33900	187. 17	63. 25	613. 29	53598	157. 98	52. 37	497. 46	102350	41. 66	100. 00	311. 52
2017	4784	-85. 89	25. 58	86. 55	18700	-65. 11	28. 84	173. 56	64845	-36. 64	100. 00	197. 37
2018	15809	230. 46	32. 72	286. 00	48311	158. 35	43. 03	448. 39	112280	73. 15	100. 00	341. 75
2019	8598	-45. 61	28. 73	155. 55	29922	-38. 06	26. 18	277. 71	114307	1. 81	100. 00	347. 92
2020	127	-98. 52	1. 10	2. 30	11563	-61. 36	31. 22	107. 32	37032	-67. 60	100. 00	112. 71
2021	127	0. 00	1. 07	2. 30	11836	2. 36	32. 73	109. 85	36158	-2. 36	100. 00	110. 05
2022	1259	891. 34	5. 90	22. 78	21322	80. 15	46. 66	197. 90	45696	26. 38	100. 00	139. 08
2023	6313	401. 43	16. 71	144. 21	37777	77. 17	16. 57	350. 62	227932	398. 80	100. 00	693. 73
合计	106081	—	33. 25	—	319083	—	31. 34	—	1018192	—	—	—
2011—2015年均值	5527. 60	—	—	100. 00	10774. 40	—	—	100. 00	32854. 60	—	—	100. 00

表 4-5-3　2005—2023 年中国民营企业绿地 OFDI 扩大就业数量表

（单位：人）

年份	制造业											
	高技术				中高技术				中低技术			
	就业人数	同比增长（%）	占比（%）	指数	就业人数	同比增长（%）	占比（%）	指数	就业人数	同比增长（%）	占比（%）	指数
2005	174	—	100.00	85.21	0	—	0.00	0.00	0	—	0.00	0.00
2006	270	55.17	100.00	132.22	0	—	0.00	0.00	0	—	0.00	0.00
2007	0	-100.00	0.00	0.00	248	—	100.00	20.36	0	—	0.00	0.00
2008	0	—	0.00	0.00	482	94.35	100.00	39.58	0	—	0.00	0.00
2009	0	—	—	0.00	0	-100.00	—	0.00	0	—	—	0.00
2010	200	—	3.58	97.94	5381	—	96.42	441.86	0	—	0.00	0.00
2011	0	-100.00	0.00	0.00	2149	-60.06	91.72	176.47	194	—	8.28	64.97
2012	0	—	0.00	0.00	135	-93.72	11.16	11.09	1075	454.12	88.84	360.01
2013	100	—	100.00	48.97	0	-100.00	0.00	0.00	0	-100.00	0.00	0.00
2014	921	821.00	19.55	451.03	2231	—	47.36	183.20	182	—	3.86	60.95
2015	0	-100.00	0.00	0.00	1574	-29.45	97.40	129.25	42	-76.92	2.60	14.07
2016	3012	—	47.17	1475.02	3000	90.60	46.98	246.35	331	688.10	5.18	110.85
2017	142	-95.29	2.50	69.54	5222	74.07	91.90	428.81	318	-3.93	5.60	106.50
2018	1601	1027.46	26.74	784.04	2987	-42.80	49.89	245.28	1013	218.55	16.92	339.25
2019	3801	137.41	28.98	1861.41	8645	189.42	65.92	709.89	10	-99.01	0.08	3.35
2020	380	-90.00	6.25	186.09	2232	-74.18	36.72	183.28	3431	34210.00	56.45	1149.03
2021	855	125.00	9.83	418.71	5648	153.05	64.93	463.79	1625	-52.64	18.68	544.21
2022	0	-100.00	0.00	0.00	466	-91.75	3.67	38.27	4217	159.51	33.25	1412.26
2023	35929	—	58.45	17595.00	22758	4783.69	37.02	1868.78	2781	-34.05	4.52	931.35
合计	47385	—	34.63	—	63158	—	46.16	—	15219	—	11.12	—
2011—2015 年均值	204.20	—	—	100.00	1217.80	—	—	100.00	298.60	—	—	100.00

年份	制造业							
	低技术				小计			
	就业人数	同比增长（%）	占比（%）	指数	就业人数	同比增长（%）	占比（%）	指数
2005	0	—	0.00	0.00	174	—	100.00	8.72
2006	0	—	0.00	0.00	270	55.17	12.88	13.53

续表

年份	制造业							
	低技术				小计			
	就业人数	同比增长（%）	占比（%）	指数	就业人数	同比增长（%）	占比（%）	指数
2007	0	—	0.00	0.00	248	-8.15	52.99	12.42
2008	0	—	0.00	0.00	482	94.35	87.96	24.15
2009	0	—	—	0.00	0	-100.00	0.00	0.00
2010	0	—	0.00	0.00	5581	—	49.02	279.61
2011	0	—	0.00	0.00	2343	-58.02	80.93	117.38
2012	0	—	0.00	0.00	1210	-48.36	100.00	60.62
2013	0	—	0.00	0.00	100	-91.74	27.47	5.01
2014	1377	—	29.23	500.00	4711	4611.00	82.93	236.02
2015	0	-100.00	0.00	0.00	1616	-65.70	70.54	80.96
2016	43	—	0.67	15.61	6386	295.17	67.29	319.94
2017	0	-100.00	0.00	0.00	5682	-11.02	79.26	284.67
2018	386	—	6.45	140.16	5987	5.37	67.96	299.95
2019	659	70.73	5.02	239.29	13115	119.06	77.82	657.06
2020	35	-94.69	0.58	12.71	6078	-53.66	71.56	304.51
2021	570	1528.57	6.55	206.97	8698	43.11	68.31	435.77
2022	8000	1303.51	63.08	2904.87	12683	45.82	75.45	635.42
2023	0	-100	0	0	61468	384.65	93.69	3076.56
合计	11070	—	8.09	—	136832	—	69.83	—
2011—2015年均值	275.40	—	—	100.00	1996	—	—	100.00

年份	非制造业							
	服务业				电力、热力、燃气及水生产和供应业			
	就业人数	同比增长（%）	占比（%）	指数	就业人数	同比增长（%）	占比（%）	指数
2005	0	—	—	0.00	0	—	0.00	—
2006	1827	—	100.00	371.19	0	—	0.00	—
2007	220	-87.96	100.00	44.70	0	—	0.00	—
2008	56	-74.55	84.85	11.38	10	—	15.15	—

续表

年份	非制造业							
	服务业				电力、热力、燃气及水生产和供应业			
	就业人数	同比增长（%）	占比（%）	指数	就业人数	同比增长（%）	占比（%）	指数
2009	461	723.21	100.00	93.66	0	-100.00	0.00	—
2010	5803	1158.79	100.00	1178.99	0	—	0.00	—
2011	552	-90.49	100.00	112.15	0	—	0.00	—
2012	0	-100.00	0.00	0.00	0	—	0.00	—
2013	264	—	100.00	53.64	0	—	0.00	—
2014	970	267.42	100.00	197.07	0	—	0.00	—
2015	675	-30.41	100.00	137.14	0	—	0.00	—
2016	3104	359.85	100.00	630.64	0	—	0.00	—
2017	1482	-52.26	99.66	301.10	5	—	0.34	—
2018	2823	90.49	100.00	573.55	0	-100.00	0.00	—
2019	3738	32.41	100.00	759.45	0	—	0.00	—
2020	2415	-35.39	100.00	490.65	0	—	0.00	—
2021	4035	67.08	100.00	819.79	0	—	0.00	—
2022	3375	-16.36	81.78	685.70	0	—	0.00	—
2023	3021	-10.49	72.92	613.77	0	—	0.00	—
合计	34821	—	94.85	—	15.00	—	0.05	—
2011—2015年均值	492.20	—	—	100.00	0	—	—	100.00

年份	非制造业				总计			
	小计							
	就业人数	同比增长（%）	占比（%）	指数	就业人数	同比增长（%）	占比（%）	指数
2005	0	—	0.00	0.00	174	—	100.00	6.99
2006	1827	—	87.12	371.19	2097	1105.17	100.00	84.28
2007	220	-87.96	47.01	44.70	468	-77.68	100.00	18.80

续表

年份	非制造业				总计			
	小计							
	就业人数	同比增长（%）	占比（%）	指数	就业人数	同比增长（%）	占比（%）	指数
2008	66	-70.00	12.04	13.41	548	17.09	100.00	122.02
2009	461	598.48	100.00	93.66	461	-15.88	100.00	18.53
2010	5803	1158.79	50.98	1178.99	11384	2369.41	100.00	457.52
2011	552	-90.49	19.07	112.15	2895	-74.57	100.00	116.35
2012	0	-100.00	0.00	0.00	1210	-58.20	100.00	48.63
2013	264	—	72.53	53.64	364	-69.92	100.00	14.63
2014	970	267.42	17.07	197.07	5681	1460.71	100.00	228.32
2015	675	-30.41	29.46	137.14	2291	-59.67	100.00	92.07
2016	3104	359.85	32.71	630.64	9490	314.23	100.00	38.14
2017	1487	-52.09	20.74	302.11	7169	-24.46	100.00	288.12
2018	2823	89.85	32.04	573.55	8810	22.89	100.00	354.07
2019	3738	32.41	22.18	759.45	16853	91.29	100.00	677.32
2020	2415	-35.39	28.44	490.65	8493	-49.61	100.00	341.33
2021	4035	67.08	31.69	819.79	12733	49.92	100.00	511.74
2022	4127	2.28	24.55	838.48	16810	32.02	100.00	675.60
2023	4143	0.39	6.31	841.73	65611	290.31	100.00	2636.93
合计	36710	—	30.17	—	173542	—	100.00	—
2011—2015年均值	492.20	—	—	100.00	2488.20	—	—	100.00

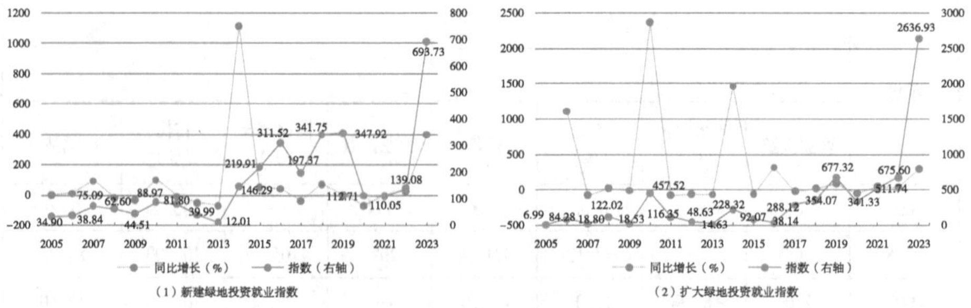

图 4-5-2　2005—2023 年中国民营企业绿地新增、扩大投资就业指数变化图

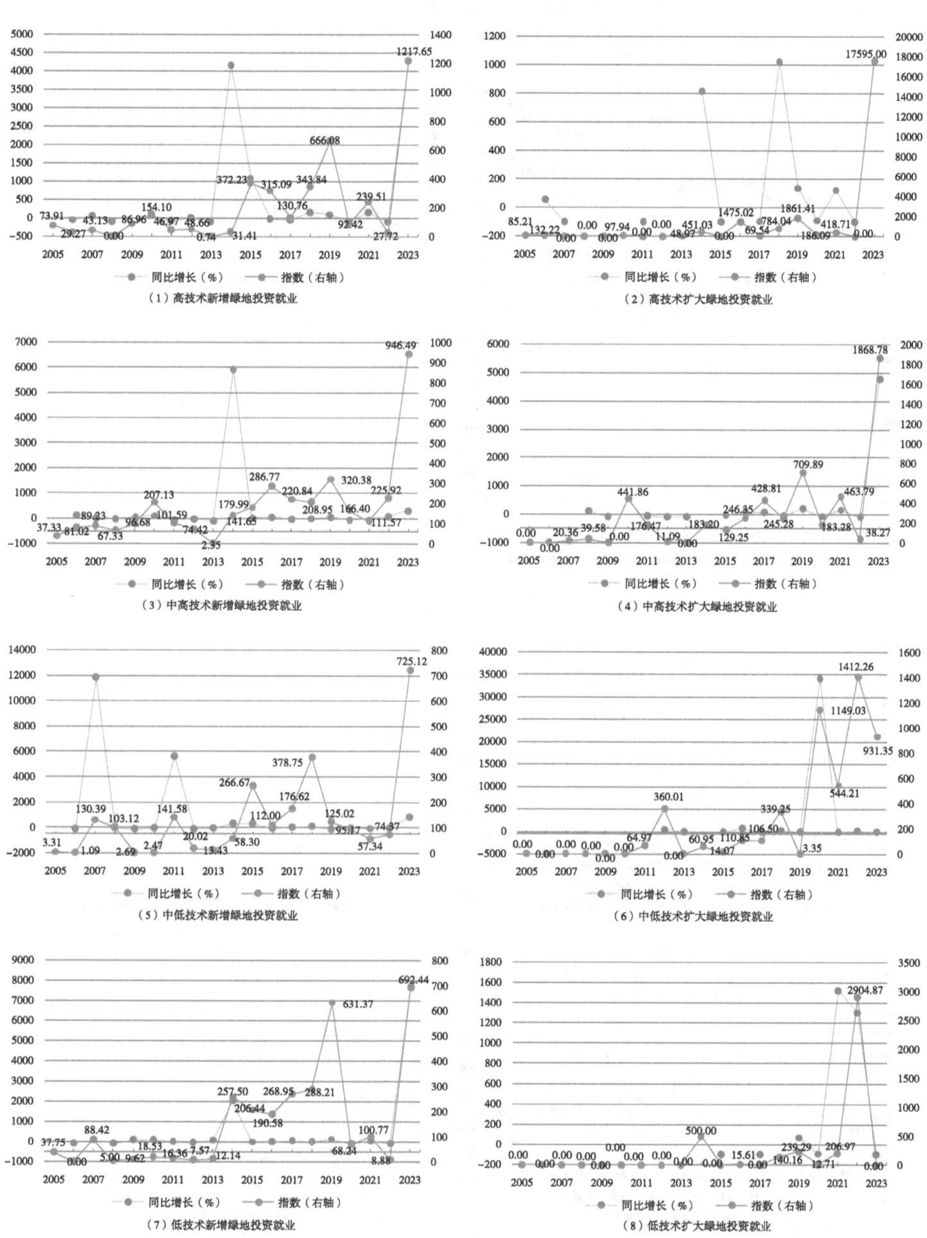

图 4-5-3　2005—2023 年中国民营企业制造业绿地新增、扩大投资就业指数变化图

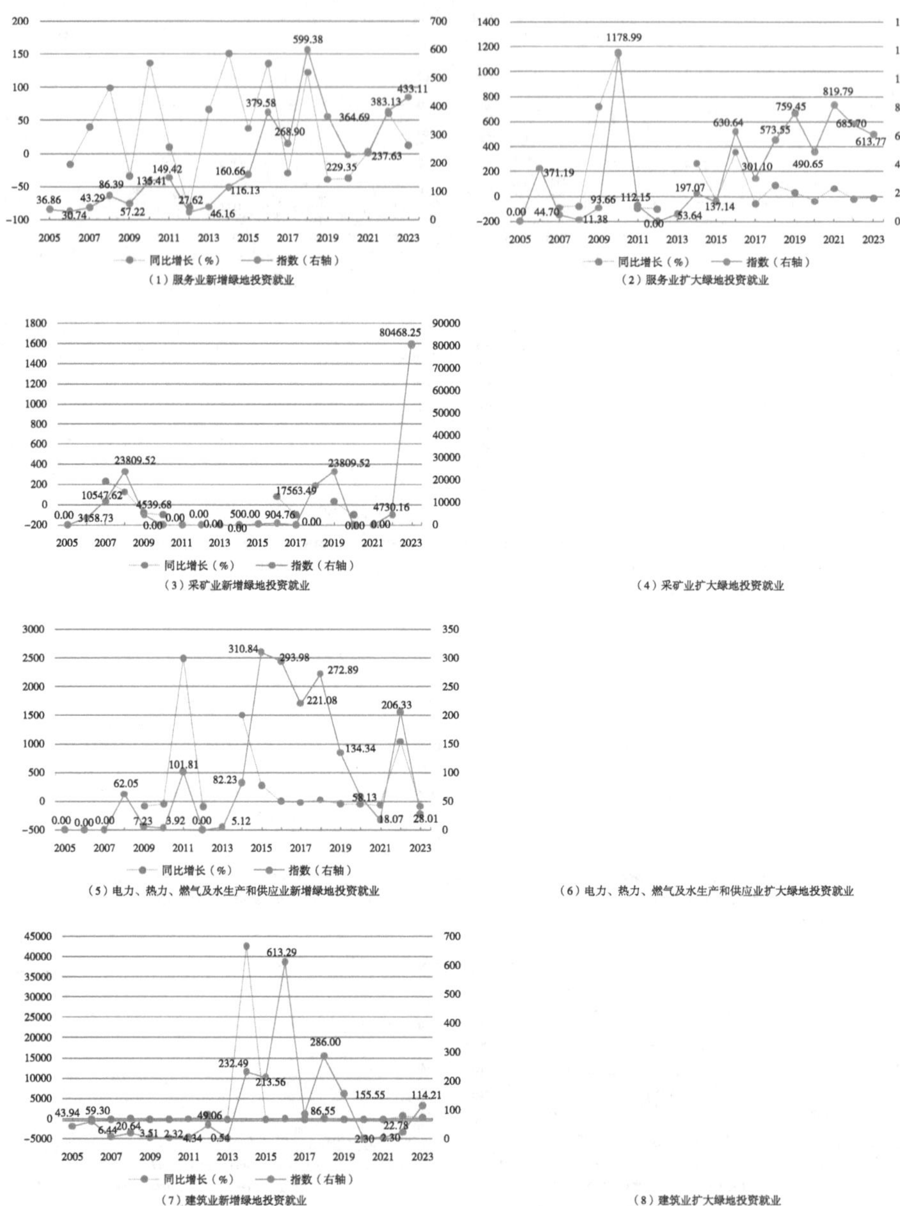

图 4-5-4　2005—2023 年中国民营企业非制造业绿地新增、扩大投资就业指数变化图

本章小结

一、2023 年民营企业对外绿地投资项目数量回升，投资金额也持续走高

2023 年民营企业绿地对外直接投资项目数量上升 82. 17%至 552 件，项目金额上升 210. 98%至 842. 24 亿美元。这很有可能与全球经济从疫情中复苏，相关政策大力支持，以及企业资金实力增强，愿意采用绿地投资“走出去”有关。

二、长三角地区民营企业对外投资项目数量和项目金额占据主要份额

2005—2023 年间我国民营企业绿地对外直接投资项目数量主要来源于长三角地区，占比达到 34. 50%。2023 年长三角地区投资金额大幅上升，占比由 43. 21%上升至 68. 04%。

三、民营企业对发展中国家（地区）的对外绿地投资呈现规模大、集中于亚洲地区的特点

2005—2023 年间我国民营企业绿地对外直接投资项目数量主要投向发达国家（地区），累计投资 2812 件占比 59. 64%，项目金额角度主要投向发展中国家（地区），累计投资 2709. 02 亿美元占比 62. 33%。其中流向发展中国家（地区）的民营企业绿地投资金额主要集中于亚洲地区，占比达到 63. 63%。

四、民营企业对外绿地投资主要集中于非制造业，但在逐渐向制造业转移

从项目数量角度，2005—2023 年间我国民营企业对外绿地直接投资活

动主要集中在非制造业，累计对外直接投资项目数量为 3477 件，占比 75. 67%。从投资金额角度，2016 年以来民营企业对外绿地投资对非制造业的投资金额整体呈现下降趋势，但对制造业的投资却逐年攀升，2005—2023 年间民营企业对外绿地投资对制造业的累计投资金额为 2345. 85 亿美元，占比 53. 97%。

五、民营企业绿地对外投资创造总就业量、新增就业量和扩大就业量整体均呈上升态势

我国民营企业绿地对外直接投资创造总就业量、新增就业量和扩大就业量在 2005—2023 年间均整体呈现增长趋势，其中创造的总就业量、新增就业量和扩大就业量均主要集中于制造业，分别占比 70. 15%、68. 66% 和 69. 83%。

第二部分

基于四类企业对比和宏观指标协动性分析

第五章　中国企业对外直接投资的对比分析

不同类型中国企业在进行对外直接投资决策过程中会存在一定差异，具体表现在投资行业、投资模式、投资周期、投资金额以及投资标的国（地区）的选择上。为深入探究不同类型企业对外直接投资特征，本章节使用 NK-GERC 数据库，以不同类型企业在 2005—2023 年对外直接投资的总体数量和金额状况、不同投资模式的数量和金额状况、不同来源地的数量和金额状况、不同投资标的国（地区）的数量和金额状况、不同投资行业的数量和金额状况为研究对象，分析得出民营、国有、港澳台资和外资四类企业对外直接投资的共性与差异。在对不同类型企业对制造业的对外直接投资的研究中，按照制造业的技术水平，进一步探讨不同类型企业对不同技术水平制造业的对外直接投资特征。除此之外，按照不同类型企业对“一带一路”共建国家和地区对外投资的总体数量和金额状况、不同投资模式的数量和金额状况，对不同类型中国企业对“一带一路”共建国家和地区对外投资的现状及发展历程进行研究，从而间接证明了“一带一路”倡议在促进不同类型中国企业加快“走出去”步伐，不断提高企业竞争力和国际市场份额的重要作用①。

---

① 本章的研究对象为 2005—2023 年具有对外直接投资的中国企业，企业名单及相关海外直接投资数据通过对 BvD-Zephyr 并购数据库和 fDi Markets 绿地投资数据库的原始数据进行整理统计得到。按照企业所有制，将中国企业划分为民营、国有、港澳台资和外资四类所有制企业，不同企业所有制划分的具体标准参照本书序章第一节。

第一节　四类企业对外直接投资概况

本部分对四种企业对外直接投资数量和金额方面的特征及差异进行整体分析。

一、不同类型企业对外直接投资在全国的占比

为对比分析不同所有制企业参与对外直接投资的程度及发展趋势，本书测度了四种类型企业对外直接投资的项目数量及其金额在全部企业的占比及其变化趋势，具体如下图所示。

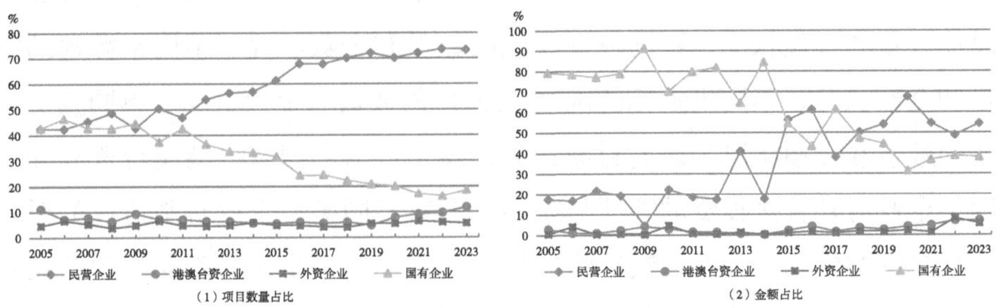

图 5-1-1　2005—2023 年中国不同所有制企业对外直接投资项目数量和金额占比图

从图 5-1-1 中可以看出，港澳台资企业和外资企业对外直接投资的项目数量占比和金额占比在 2005—2023 年期间一直保持在较低水平，且变化趋势较平稳。与之相比，国有企业和民营企业项目数量占比和金额占比相对较高，并存在显著波动。具体而言，在项目数量占比方面，以 2009 年为节点，在 2005—2009 年期间，国有企业和民营企业波动较平缓，且二者差距较小，均保持在 40%左右；而从 2009 年至今，民营企业 OFDI 项目数量占比持续上升，逐步占据领先优势且不断扩大，并在 2022 年达到峰值 73.55%，2023 年其数量占比稍有回落至 73.22%。相应的国有企业 OFDI 项目数量占比则呈现出下降趋势，并于 2022 年降至最低点，仅为 16.12%，2023 年有所上升，占比为 18.46%。就金额占比而言，国有企业和民营企

业呈波动变化态势。以 2015 年为节点，在此之前，国有企业远远领先于民营企业，并于 2009 年达到最高点 91. 28%，处于绝对主导地位；在 2015 年之后，民营企业占比表现出明显的上升态势，而国有企业整体呈下降趋势，二者在 OFDI 金额占比方面的差距被迅速缩小。具体而言，2018 年之后，民营企业 OFDI 金额占比实现了对国有企业 OFDI 金额占比的反超，此后，民营企业 OFDI 金额占比一直高于国有企业；到 2023 年，民营企业 OFDI 金额占比为 54. 46%，国有企业 OFDI 金额占比为 38. 15%。

结合项目数量和金额对比图，可以表明，民营企业在 OFDI 项目数量占比和金额占比上均逐步占据主体地位，且其在 OFDI 项目数量占比上的领先优势更加显著。这体现了民营企业在对外投资活动中愈发活跃，具有强劲的发展潜力。

二、不同类型企业 OFDI 综合指数

表 5-1-1　2005—2023 年中国不同所有制企业 OFDI 综合指数统计

年份	OFDI 综合指数			
	民营	港澳台资	外资	国有
2005	14. 96	41. 57	19. 29	24. 57
2006	18. 89	30. 02	79. 93	33. 77
2007	32. 16	47. 75	36. 66	47. 85
2008	38. 37	67. 94	40. 60	56. 28
2009	32. 56	139. 68	45. 56	74. 12
2010	48. 31	100. 93	193. 89	58. 72
2011	53. 99	90. 96	70. 51	83. 32
2012	50. 48	68. 85	51. 74	63. 90
2013	77. 90	58. 12	93. 96	63. 01
2014	117. 84	76. 32	104. 75	176. 76
2015	199. 78	205. 75	179. 04	113. 01
2016	252. 42	372. 46	281. 13	105. 39

续表

年份	OFDI 综合指数			
	民营	港澳台资	外资	国有
2017	204.78	200.07	190.62	126.76
2018	214.61	270.08	233.64	99.41
2019	175.06	161.18	179.52	72.85
2020	149.55	208.57	187.07	49.06
2021	132.89	231.73	144.63	44.69
2022	95.10	193.86	273.78	32.63
2023	146.92	357.78	370.79	52.37

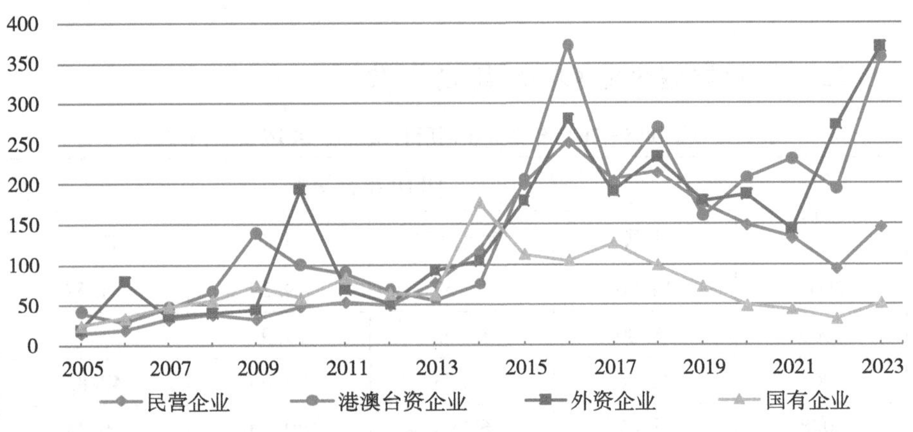

图 5-1-2 2005—2023 年中国不同所有制企业 OFDI 综合指数变化图

基于中国民营企业 OFDI 综合指数的计算方法，本书还分别测算了国有企业、港澳台资、外资企业在 2005—2023 年的 OFDI 综合指数①，如表 5-1-1 和图 5-1-2 所示。不同类型企业的 OFDI 综合指数的测算有助于从整体上了解四种类型企业在统计时间段内对外直接投资的发展历程及现状。在 2005—2023 年期间，民营企业、国有企业、港澳台资企业整体上均呈现出先波动式增长后下降回调的发展趋势，外资企业整体上呈现出波动

① OFDI 综合指数的测算方法参照本书序章第一节。

式增长。其中，三类非国有企业 OFDI 综合指数均在 2005—2013 年期间缓慢增长，在 2014—2016 年期间迅猛增长，民营企业和港澳台资企业 OFDI 综合指数在 2016 年达到峰值，外资企业 OFDI 综合指数在 2016 年达到极大值；其中，港澳台资企业 OFDI 综合指数在 2014—2016 年的增长趋势最为明显；2017—2022 年期间随着对外直接投资环境不确定性增加，港澳台资企业、民营企业 OFDI 综合指数整体呈现出下降调整趋势，外资企业呈现先下降后回升的趋势，但三类非国有企业 OFDI 综合指数仍然保持在较高水平。相较于三类非国有企业，国有企业 OFDI 综合指数在 2005—2022 年期间的波动幅度较小，在 2005—2013 年期间，国有企业 OFDI 综合指数整体缓慢增长；2014 年在“一带一路”倡议带动下，国有企业 OFDI 综合指数迅速上升并达到峰值；2015—2022 年受到国内产业优化升级以及国际贸易形势的影响，除 2017 年国有企业 OFDI 综合指数有所回升外，其余年份均呈现快速下降趋势。2023 年，四种类型企业的 OFDI 综合指数均呈现上升趋势，其中，港澳台资企业的 OFDI 指数增长最为明显，接近其 2016 年峰值，外资企业 OFDI 综合指数在 2023 年达到峰值，国有企业 OFDI 综合指数与其他三类非国有企业相比处于较低水平。

三、不同类型企业对外直接投资项目数量及金额指数

按照中国民营企业 OFDI 项目数量指数和金额指数的计算方法，本部分对不同类型企业在 2005—2023 年期间的 OFDI 项目数量指数和金额指数进行具体测算[①]，2005—2023 年中国不同类型企业对外直接投资项目数量指数和金额指数的变化情况如图 5-1-3 所示。从图中可以看出，四种不同类型企业的项目数量指数在 2005—2023 年间发展趋势较为一致，且波动幅度较小，总体上升趋势明显。而在 OFDI 金额指数方面，四种企业发展趋势较为波动，且波动幅度存在较大差异。

基于项目数量指数视角，在 2005—2013 年间，四种不同类型企业增速

① OFDI 项目数量指数和金额指数的测算方法参照本书序章第一节。

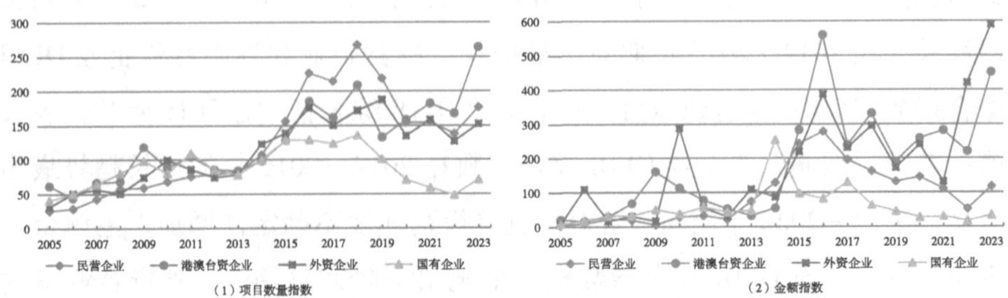

图 5-1-3　2005—2023 年中国不同所有制企业对外直接投资项目数量指数和金额指数变化图

平缓且相差较小。在 2013 年之后整体上升速度明显加快，且四种不同类型企业的综合指数逐渐拉开差距。2015—2018 年，三类非国有企业 OFDI 项目数量指数呈现出波动式上升，民营企业 OFDI 项目数量指数在 2018 年达到峰值，港澳台资企业 OFDI 项目数量指数在 2018 年达到极大值。2019—2022 年，受国际贸易形势的影响，三类非国有企业 OFDI 项目数量指数整体上均呈下降趋势。与三类非国有企业不同，国有企业 OFDI 项目数量指数在 2015—2018 年期间波动幅度较小，2019—2022 年期间在贸易不确定性增加的背景下呈现明显下降趋势。2023 年，四种类型企业 OFDI 项目数量指数均呈现上升趋势，其中，港澳台资企业 OFDI 指数在 2023 年达到峰值。因此，从不同类型企业 OFDI 项目数量指数的变化趋势可以得知，2019 年以来中国企业对外直接投资的形势愈发严峻。

金额指数方面，2005—2013 年期间，国有企业和民营企业 OFDI 金额指数发展趋势较为一致，整体呈缓慢增长趋势，而港澳台资企业波动幅度最大，外资企业居于其次。其中港澳台资企业 OFDI 金额指数在 2009 年达到极大值，外资企业 OFDI 金额指数分别在 2006 年和 2010 年达到极大值。2013 年之后，三类非国有企业 OFDI 金额指数发展趋势较为接近，在 2014—2016 年呈现高速增长并均在 2016 年达到峰值，其中港澳台资企业和外资企业 OFDI 金额指数分别为 559. 79 和 386. 48；2017—2022 年，民营企业和港澳台资企业 OFDI 金额指数整体呈下降趋势，民营企业下降趋势较明显，外资企业呈现先下降后回升的趋势。在“一带一路”倡议的带动作用下，国有企业 OFDI 金额指数在 2014 年直线上升且达到峰值为 254.34；但随后在 2015—2022 年，受到产业结构转型升级、国际贸易保护主义有所抬头等影响，国有企业 OFDI 金额指数整体表现出下降趋势。2023 年，四种类型企业的 OFDI 金额指数均呈现上升趋势。总体而言，基于不同类型中国企业 OFDI 金额指数的变化趋势可知，2016—2022 年不同类型中国企业 OFDI 发展明显放缓，2023 年发展有所回升。

第二节　四类企业对外直接投资的分视角概况

一、从不同投资模式角度分析

本小节从投资项目数量和金额两个维度，通过对比分析 2005—2023 年民营、国有、港澳台资和外资四种类型企业对外并购、绿地投资的发展趋势及现状，以从投资模式角度总结得出不同类型企业在对外直接投资过程中所表现出的特征。

（一）不同投资模式下四种类型企业投资项目数量及金额在全国的占比

为了更加准确衡量不同类型企业在对外直接投资过程中对于并购和绿地两种投资方式的偏好程度，比较不同类型企业 OFDI 在并购和绿地两种对外直接投资方式的重要性，分别测算不同类型企业的并购投资和绿地投资在全国企业同类对外直接投资中所占的比例。

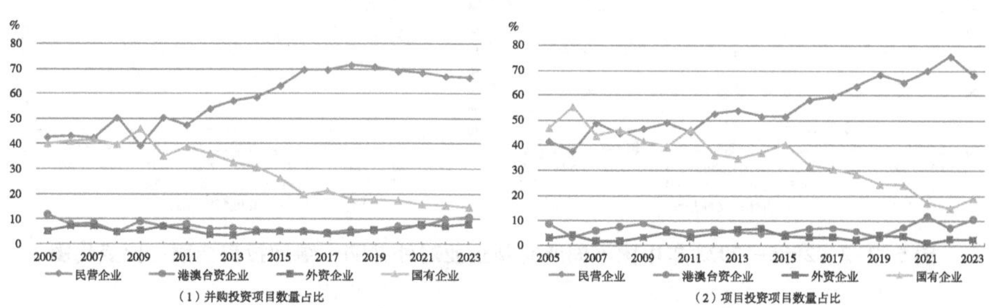

图 5-2-1　2005—2023 年中国不同所有制企业对外并购、绿地投资项目数量占比变化图

通过对比图 5-2-1 和图 5-2-2 显示的不同类型企业并购投资和绿地投资在项目数量占比、金额占比上的发展趋势与图 5-1-1 表示的不同类型企业对外直接投资项目数量占比和金额占比的发展趋势，可以看出不同类型企业对外直接投资总体特征与在不同投资方式上所表现的具体特征一致。港澳台资企业和外资企业始终未表现出明显的发展趋势，且两种类型企业在并购投资和绿地投资上的数量占比和金额占比均较低，国有企业和民营企业在两种对外直接投资方式中均占据主导地位。对于国有企业和民营企业，在并购投资项目数量占比方面，2005—2009 年，国有企业和民营企业均保持在 40%左右；2010 年之后，国有企业和民营企业在并购投资项目数量占比方面出现差异且表现出不断扩大的特征，民营企业并购投资项目数量占比从 2010 年的 50. 44%持续上升至 2023 年的 66. 44%，国有企业并购投资项目数量占比则由 2010 年的 35. 11%逐步下降至 2023 年的 14. 73%；到 2023 年，民营企业和国有企业在并购投资项目数量占比上的差距拉大至 51. 71%。在并购投资金额占比方面，在 2015 年之前，除 2013 年之外，国有企业相较民营企业在并购投资金额占比上整体保持着 50%左右的领先优势；随着 2015 年民营企业和国有企业在并购投资金额占比上分别直线上升和直线下降，民营企业实现对国有企业的反超；2016—2023 年，民营企业与国有企业在并购投资金额占比方面呈现出此消彼长的发展趋势，2023 年民营企业和国有企业的并购投资金额占比分别为 54. 53%和 36. 52%。

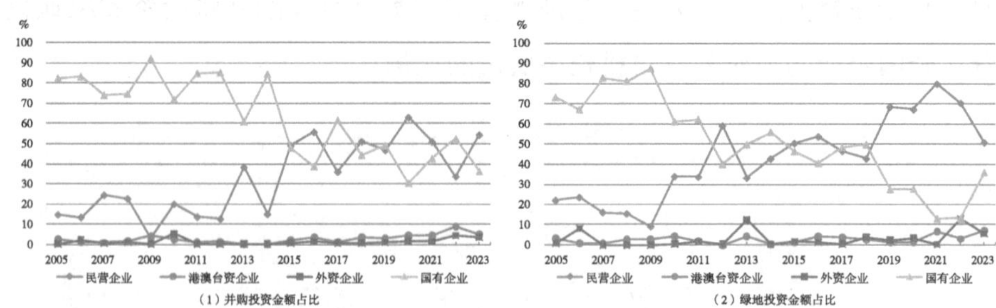

图 5-2-2　2005—2023 年中国不同所有制企业对外并购、绿地投资金额占比变化图

国有企业和民营企业在绿地投资项目数量和金额占比方面的变化与两类企业在并购投资项目数量和金额占比方面的变化基本一致，但波动幅度有所减小。具体来看，在绿地投资项目数量占比方面，2012 年之前，国有企业和民营企业较为接近，波动范围基本保持在 40%—50%之间；2012 年之后，在民营企业国际竞争力和国际市场份额不断提高的促进作用下，国有企业和民营企业在绿地投资项目数量占比方面的差距不断拉大；2023 年民营企业和国有企业的绿地投资项目数量占比分别为 67.90%和 18.94%，两类企业在绿地投资项目数量占比上的差距扩大为 48.96%。在绿地投资金额占比方面，在 2010 年之前，国有企业相较民营企业在绿地投资金额占比方面保持巨大领先优势且不断扩大，并在 2009 年达到最大差距为 78.27%；2010 年之后，在国家促进民营企业对外投资政策以及民营企业对外直接投资需求不断扩大的推动下，民营企业与国有企业在绿地投资金额占比方面的差距迅速缩小；2012—2018 年，民营企业和国有企业在绿地投资金额占比上比较接近；2019—2022 年，民营企业在绿地投资金额占比方面与国有企业拉开较大差距；2023 年，二者差距再次缩小，2023 年民营企业和国有企业的绿地投资金额占比分别为 50.93%和 36.16%，两类企业在绿地投资金额占比上的差距为 14.77%。

综上，民营企业在并购投资和绿地投资方面都表现出积极的发展趋势，相较于其他三类所有制企业，在两类投资方式中均占据主导地位，并未表现出对某类投资方式的偏好，说明民营企业能够很好地综合运用并购和绿地两种投资方式以促进自身 OFDI 发展。

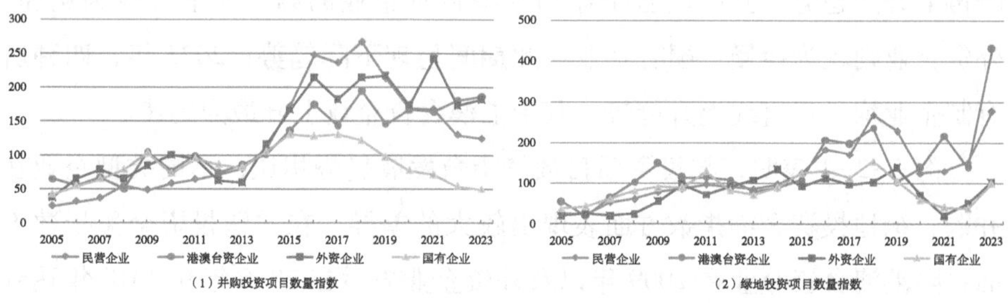

（1）并购投资项目数量指数　（2）绿地投资项目数量指数

图 5-2-3　2005—2023 年中国不同所有制企业对外并购、绿地投资项目数量指数变化图

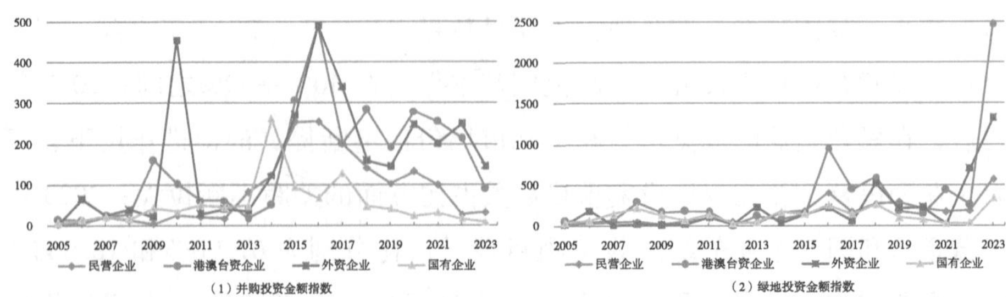

图 5-2-4　2005—2023 年中国不同所有制企业对外并购、绿地投资金额指数变化图

（二）不同投资模式下四种类型企业对外投资项目数量及金额指数

2005—2023 年期间不同类型企业对外并购、绿地投资项目数量指数变化情况如图 5-2-3 所示。在并购投资项目数量指数方面，2005—2013 年，四类企业的变化特征较为一致，四类企业并购投资项目数量指数整体呈缓慢增长趋势；2014—2016 年，三类非国有企业并购投资项目数量指数迅速增长；2017—2023 年，港澳台资企业、外资企业并购投资项目数量指数均呈水平调整，民营企业呈下降趋势；国有企业并购投资项目数量指数在 2014—2015 年同样增长，但与其他三类非国有企业相比增长幅度较小；2016—2017 年，国有企业并购投资项目数量指数变化幅度不大；2018—2023 年，国有企业并购投资项目数量指数整体呈下降趋势。在绿地投资项目数量指数方面，在 2016 年之前，四种类型企业发展趋势较为接近，整体呈缓慢增长趋势；2016—2022 年，三类非国有企业基本上呈现先上升后下降再上升的趋势，其中民营企业和港澳台资企业的第一次上升较为迅速，外资企业则较为缓慢；国有企业在此期间呈现下降趋势；2023 年，四种所有制企业均呈现直线上升趋势，其中港澳台资企业上升最为迅速。

图 5-2-4 表明，与投资项目数量指数发展趋势相比，不同类型企业在并购、绿地投资金额指数方面表现出较大的差异。在并购投资金额指数方面，除港澳台资企业在 2009 年以及外资企业先后在 2006 年和 2010 年达到极大值外，2013 年之前，不同类型企业的投资金额指数均较小且整体波动幅度不大；2013 年之后，三类非国有企业发展趋势仍较为一致但民营企业波动幅度较小；2013—2016 年三类非国有企业金额指数迅速增加并均在

2016 年达到峰值；2017—2022 年，民营企业并购投资金额指数在逐渐下降，2023 年小幅上升；外资企业在 2009 年之前先下降，随后波动上升；港澳台资企业则水平波动。国有企业并购投资金额指数受“一带一路”倡议推动在 2014 年达到峰值后，在 2014—2023 年整体呈下降趋势。在绿地投资金额指数方面，在 2014 年之前，不同类型企业金额指数整体波动幅度不大且数值较低；2014—2022 年，虽然三类非国有企业在一定期间内表现出迅猛增长的态势并达到峰值，但随后很快便恢复至 2005—2014 年期间的平均水平；2023 年，港澳台资企业绿地投资金额指数出现迅速增长并达到峰值，国有企业、民营企业和外资企业均呈现上升趋势。

对比不同类型中国企业在并购和绿地两种不同投资方式下的发展趋势可得，相较于绿地投资，不同类型中国企业在并购投资方面的发展趋势更为明显，从而反映出并购投资在中国企业对外直接投资中的重要作用。

二、从投资方来源地角度分析

基于 NK-GERC 数据库对企业对外投资方来源地的划分①，本小节以企业来源地为切入点，对来自环渤海地区、长三角地区、珠三角地区、中部地区和西部地区的五种不同类型企业的对外直接投资项目数量和金额的变化进行深入分析。

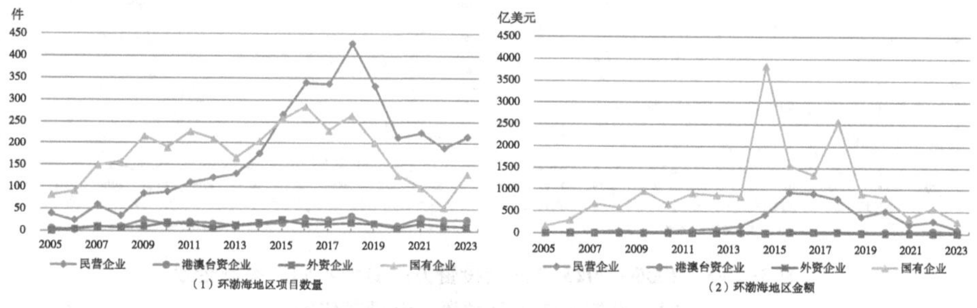

（1）环渤海地区项目数量　（2）环渤海地区金额

① 企业对外直接投资来源地的划分详见本书序章第一节。

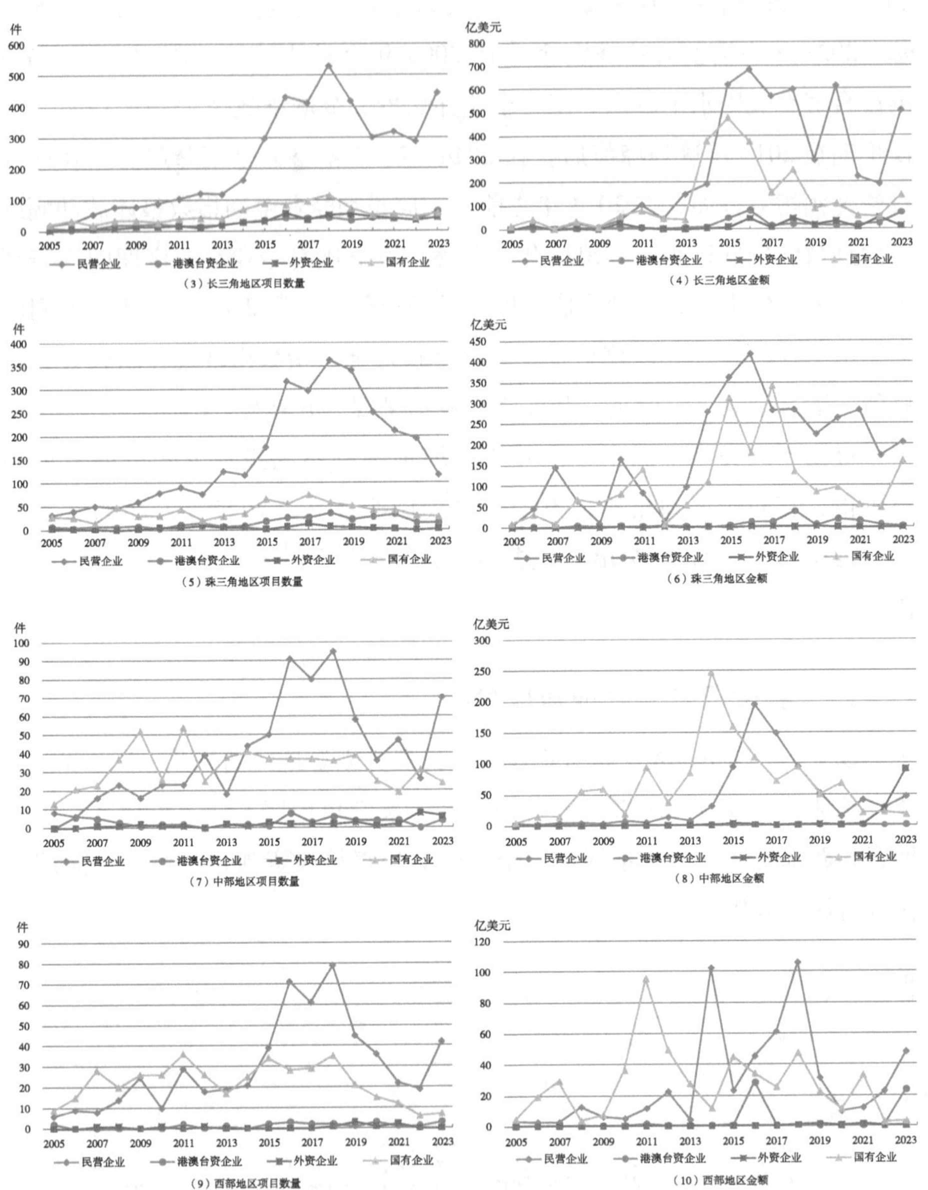

图 5-2-5　2005—2023 年五大投资方来源地不同所有制企业对外直接投资项目数量、金额变化图

从图 5-2-5 得出，2005—2023 年不同投资来源地的港澳台资企业和外资企业的对外直接投资数量和金额均保持在较低水平且波动幅度不大。不同区域的国有企业和民营企业在本区域企业的对外直接投资项目数量和金额中均占有较大比重。从来自不同区域的国有企业和民营企业在2005—2023年的发展趋势看，除环渤海地区民营企业对外直接投资金额始终低于国有企业外，民营企业对外直接投资的发展速度与国有企业相比整体较快；2023年，民营企业对外直接投资在大部分区域已占据领先地位，其中民营企业在对外直接投资项目数量上的领先优势更加明显，从而凸显出民营企业对于推动中国对外直接投资发展的重要作用。

在环渤海地区，对外直接投资金额方面，尽管环渤海地区民营企业和国有企业之间的差距整体呈缩小态势，但直到2023年，环渤海地区国有企业对外直接投资金额始终高于民营企业；2005—2023年，环渤海地区国有企业和民营企业的对外直接投资金额分别为18508.72亿美元和5144.12亿美元。在对外直接投资项目数量方面，自2012年以来，民营企业与国有企业之间的差距迅速缩小，2015年民营企业在对外直接投资项目数量上完成对国有企业的反超；在2015—2023年，民营企业对外直接投资项目数量相较国有企业一直保持领先。

在长三角和珠三角地区，自2005—2023年民营企业相较国有企业在对外直接投资项目数量和金额上均整体保持一定优势，其中民营企业在对外直接投资项目数量上的优势更加明显。2005—2013年，虽然珠三角地区民营企业和国有企业对外直接投资金额波动幅度较大，但长三角和珠三角地区民营企业和国有企业对外直接投资数量和金额整体上呈水平调整状态，未表现出明显的发展趋势。在对外直接投资项目数量上，2014—2018年，随着民营企业对外直接投资项目数量整体迅速上升而国有企业对外直接投资项目数量未表现出明显的增长趋势，民营企业相较国有企业在对外直接投资项目数量上的领先优势不断扩大；尽管民营企业对外直接投资项目数量在2019年以来整体呈下降趋势，但民营企业在对外直接投资项目数量上仍保持对国有企业较大的领先地位；从整体上看，2005—2023年，长三角和珠三角地区民营企业的对外直接投资项目数量分别为4282件和2992件，是来自同地区国有企业投资项目数量的4.21倍和3.99倍。在对外直接投资金额上，长三角地区民营企业对外直接投资金额在 2014 年的直线上升，使得民营企业相较国有企业在对外直接投资金额上取得一定领先优势，并在此后一直保持领先；珠三角地区民营企业对外直接投资金额在 2014—2016 年的大幅度上升使得民营企业自 2014 年以来在对外直接投资金额上整体保持对国有企业的领先优势；2014—2023 年，长三角和珠三角地区民营企业的对外直接投资金额分别为 4862.90 亿美元和 3387.66 亿美元，分别是同地区国有企业对外直接投资金额的 2.02 倍和 1.72 倍。

中部地区在 2014 年之前，国有企业在对外直接投资数量和金额两方面较民营企业均整体保持优势地位。2014 年，中部地区民营企业实现对国有企业在对外直接投资项目数量上的反超且民营企业相较国有企业的领先优势在 2016 年迅速拉大；在 2018—2020 年间，民营企业相较国有企业的领先优势大幅缩小，但 2021 年民营企业在对外直接投资项目数量上仍保持对国有企业的小幅领先。2022 年，国有企业对外直接投资数量实现反超。2023 年，民营企业对外投资数量反超国有企业，且优势较大。2014—2017 年，中部地区民营企业与国有企业在对外直接投资金额上的差距不断缩小，其中在 2016 年和 2017 年民营企业在对外直接投资金额上实现对国有企业的反超且保持一定领先优势；2018 年和 2019 年，民营企业和国有企业在对外直接投资金额上非常接近；在 2020—2023 年，国有企业和民营企业对外直接投资金额此消彼长。国有企业和民营企业在 2005—2023 年的对外直接投资项目数量分别为 615 件和 769 件，两类企业在统计区间内的对外直接投资金额分别为 1231.31 亿美元和 787.26 亿美元。

与中部地区相比，2014—2023 年西部地区民营企业对国有企业在对外直接投资项目数量和金额上的整体反超趋势更加显著。在对外直接投资项目数量方面，国有企业在 2015 年之前整体保持对民营企业的领先但两类企业之间的差距不大；民营企业在 2015 年实现对国有企业的反超，随着民营企业对外直接投资数量在 2016 年直线上升，民营企业相较国有企业的领先优势迅速扩大；在 2017 年和 2018 年，民营企业始终占据对国有企业的巨大领先优势；尽管在 2019—2022 年民营企业对外直接投资数量直线下降，民营企业相较国有企业的领先优势有所缩小，但民营企业仍保持对国有企业的领先地位；2023 年，民营企业对外直接投资数量直线上升，扩大了其领先优势。从整个统计区间看，民营企业超越国有企业成为对外直接投资项目数量最多的企业类型，两类企业在 2005—2023 年的对外直接投资项目数量分别为 573 件和 415 件。在对外直接投资金额方面，国有企业在 2014 年之前整体保持对民营企业的领先优势；2014 年之后，民营企业对外直接投资金额相对于国有企业整体上处于优势地位；整体上看两类企业在统计区间内对外直接投资金额势均力敌，民营企业和国有企业在 2005—2023 年的对外直接投资金额分别为 527. 40 亿美元和 507. 18 亿美元。

通过对来自五大区域不同类型中国企业在对外直接投资项目数量和金额上的发展趋势和现状的分析可以得知，来自不同区域的民营企业和国有企业在对外直接投资项目数量和金额上均保持主导地位，并且除环渤海地区企业对外直接投资金额外，民营企业相较国有企业均保持一定优势。2023 年，所有来源地民营企业在对外直接投资项目数量上均保持优势地位，长三角和西部地区民营企业在对外直接投资金额上保持优势地位；环渤海地区、珠三角地区和中部地区 2023 年民营企业相较国有企业在对外直接投资金额上的差距不大。由此反映出，民营企业在中国企业对外直接投资发展中的重要性呈不断加强的发展趋势。与民营企业和国有企业相比，各区域外资企业和港澳台资企业在对外直接投资项目数量和金额上的数值均较小且波动幅度不大，未表现出明显的发展趋势。

三、从投资标的国（地区）角度分析

基于 NK-GERC 数据库的方法对企业对外直接投资标的国（地区）进行划分①，对四种类型企业对发达经济体、发展中经济体和转型经济体等不同投资标的国（地区）对外投资项目数量和金额的发展趋势和现状进行具体分析。

① 企业对外直接投资标的国（地区）的划分详见本书序章第一节。

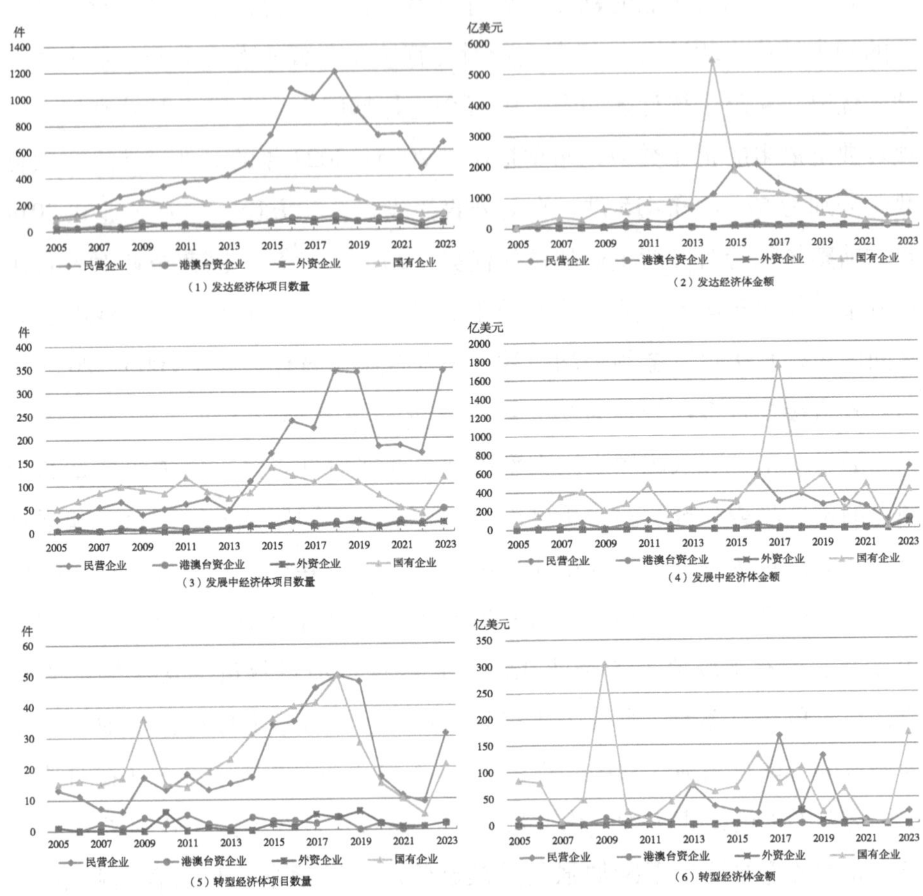

图 5-2-6　2005—2023 年中国不同所有制企业在三类经济体对外直接投资项目数量、金额变化图

四种类型企业在 2005—2023 年对不同投资标的国（地区）的对外直接投资项目数量和金额的变化趋势如图 5-2-6 所示。从图中可以看出，外资企业和港澳台资企业对三类投资标的国（地区）的对外直接投资项目数量和金额均整体保持在较低水平且波动幅度不大。民营企业和国有企业在对三类投资标的国（地区）的对外直接投资中均占据主导地位。在对外直接投资项目数量方面，近年来民营企业相较国有企业整体保持领先，其中民营企业在对发达经济体和发展中经济体对外直接投资上的优势更加明显。在对外直接投资金额方面，2015—2023 年，民营企业在对发达经济体的对外直接投资金额上较国有企业保持一定的优势地位；国有企业在对发展中经济体的对外直接投资金额上较民营企业整体保持领先地位，但在2020年和2022年民营企业实现对国有企业的小幅反超，2023年民营企业相较于国有企业的领先优势进一步扩大；在对转型经济体的对外直接投资方面，民营企业与国有企业自2016年以后呈现此消彼长的发展趋势。综上，民营企业在对外直接投资上表现出更好的发展势头。

在对发达经济体的对外直接投资方面，民营企业在对外直接投资项目数量上一直保持领先地位，且与其他类型企业的差距在2013—2018年整体呈迅速扩大趋势；尽管在2018年以后民营企业在对外直接投资项目数量逐渐下降，但相对于其他三类企业仍保持较大优势。2013—2023年，民营企业对发达经济体的对外直接投资项目数量为8396件，占到同时期不同类型中国企业对发达经济体对外直接投资项目总数的67.96%。在对外直接投资金额方面，在2015年之前，国有企业均占有最大份额，特别是在2014年国有企业对发达经济体的对外直接投资金额达到一个非常大的峰值为5426.64亿美元；民营企业于2015年在对外直接投资金额上反超国有企业之后，直至2023年均保持在对外直接投资金额上对国有企业的领先地位。虽然国有企业对发达经济体的对外直接投资金额在2014年之后整体呈下降趋势，但由于国有企业“走出去”步伐较快，截至2023年，国有企业仍是对发达经济体累计对外直接投资金额最多的企业类型；国有企业在2005—2023年对发达经济体的对外直接投资金额为16309.04亿美元，占到同期不同类型中国企业对发达经济体对外直接投资总额的54.12%。

在对发展中经济体的对外直接投资项目数量方面，国有企业在2014年之前较民营企业均保持一定领先地位，但两类企业对外直接投资项目数量的增长均不明显；2014—2018年，随着民营企业对外直接投资项目数量快速增长，民营企业在2014年实现对国有企业的反超且两类企业之间的差距不断拉大；尽管民营企业对外直接投资项目数量在2020年大幅下降，但民营企业相较国有企业仍保持领先；2023年，民营企业对外直接投资项目数量直线上升，相较于国有企业的优势进一步扩大；民营企业和国有企业在

2005—2023 年对发展中经济体的对外直接投资项目数量分别为 2775 件和 1745 件。在对发展中经济体的对外直接投资金额方面，2005—2022 年国有企业在整体上对民营企业保持领先，除 2017 年以外，两类企业在对外直接投资金额方面的差距不大；2020 年和 2022 年民营企业实现对国有企业的小幅反超；2023 年，民营企业相较于国有企业的优势进一步扩大；2005—2023 年，国有企业对发展中经济体的对外直接投资金额为 7306.48 亿美元，占不同类型中国企业对发展中经济体对外直接投资总额的 65.07%。

在对转型经济体的对外直接投资项目数量方面，民营企业和国有企业的发展趋势比较接近，两类企业在 2010—2018 年均较快增长，并均在 2018 年达到峰值；2019—2022 年，在产业结构优化升级和对外直接投资环境不确定性有所增加的双重背景下，民营企业和国有企业的对外直接投资项目数量均表现出下降趋势；2023 年，民营企业和国有企业的对外直接投资项目数量均直线上升；民营企业和国有企业在 2005—2023 年对转型经济体的对外直接投资项目数量分别为 411 件和 447 件。2016—2023 年，民营企业和国有企业在对外直接投资金额方面呈现出此消彼长的发展趋势；2021 年和 2022 年民营企业和国有企业对外直接投资金额均在较低水平；2023 年后，民营企业和国有企业的对外直接投资金额均有所上升，其中，国有企业上升幅度更大；整体上看，国有企业仍然是对转型经济体投资金额最大的企业类型，2005—2023 年国有企业对转型经济体的对外直接投资金额为 1392.93 亿美元，是民营企业对转型经济体对外直接投资金额的 2.33 倍。

四、从投资标的行业角度分析

（一）制造业和非制造业层面

基于 NK-GERC 数据库的方法将企业对外直接投资标的行业划分为制造业和非制造业[①]，进而以投资行业为研究视角对 2005—2023 年四种所有

① 企业对外直接投资标的行业的划分详见本书序章第一节。

制企业对制造业和非制造业的对外直接投资项目数量及金额、对制造业对外直接投资项目数量占比及金额占比进行对比分析以得出相应结论。

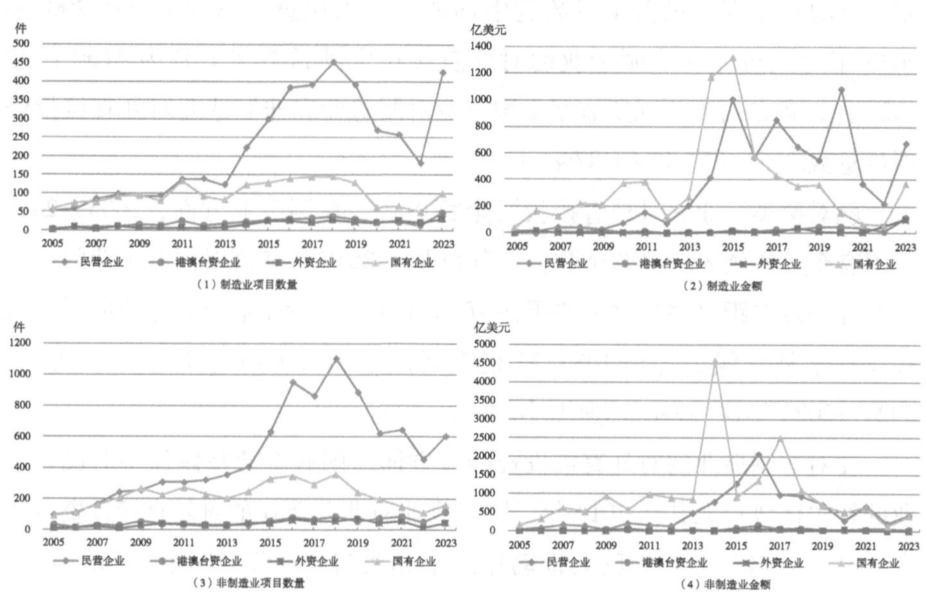

图 5-2-7　2005—2023 年中国不同所有制企业向两种标的行业对外直接投资项目数量、金额变化图

外资企业和港澳台资企业在对制造业和非制造业的对外直接投资项目数量和金额均保持在较低水平且波动幅度不大，增长趋势不明显。国有企业和民营企业在对制造业和非制造业的对外直接投资中均占据主导地位。

由图 5-2-7 可以看出，在对外直接投资项目数量方面，民营企业在制造业和非制造业相较国有企业均保持优势地位，且两类企业之间的差距在 2013—2018 年迅速扩大；2018 年，民营企业对制造业和非制造业的对外直接投资项目数量均达到峰值，分别为 452 件和 1104 件，民营企业与国有企业在对相应行业对外直接投资项目数量之间的差距也达到最大值，分别为 306 件和 746 件；2018—2022 年，由于国际贸易自由化在一定程度上受阻，民营企业和国有企业对制造业和非制造业的对外直接投资项目数量均呈下降趋势；2023 年，民营企业和国有企业对制造业和非制造业的对外直接投资项目数量均呈上升趋势，民营企业在对两类行业的对外直接投资项目数量方面保持对国有企业较大的领先。整体上看，民营企业在对制造业和非制造业的对外直接投资项目数量中均占有最大比重，民营企业在 2005—2023 年对制造业和非制造业的对外直接投资项目数量分别为 4160 件和 9324 件，各自占到不同所有制中国企业对制造业和非制造业对外直接投资项目总数的 61. 17%和 60. 87%。

就对两类行业的对外直接投资金额而言，在制造业方面，2005—2016 年国有企业均领先于民营企业；民营企业在 2017 年实现对国有企业的反超并拉开一定差距，并且这一差距在 2020 年由于民营企业对制造业的对外直接投资金额直线上升至 1083. 75 亿美元而达到最大值为 929. 62 亿美元。2021—2023 年这一差距迅速缩小。

在对非制造业的对外直接投资金额方面，国有企业整体保持对民营企业的领先优势；尤其在 2014 年，国有企业对非制造业的对外直接投资金额在“一带一路”倡议的巨大推动作用下达到峰值 4576. 64 亿美元，相应地国有企业与民营企业在对非制造业的对外直接投资金额上的差距也达到最大为 3800. 85 亿美元；但在 2018—2020 年，由于国际贸易保护主义有所加强对国有企业和民营企业的共同阻碍，两类企业对非制造业的对外直接投资金额均呈下降趋势且非常接近；而在 2021 年两类企业对非制造业的对外直接投资金额有一定的回升，且民营企业的回升速度更快；2022 年两类企业对非制造业的对外直接投资金额再次下降。2023 年，两类企业对非制造业的对外直接投资金额均呈上升趋势且非常接近。总体上看，国有企业在对非制造业的对外直接投资金额中仍占据最大比重，国有企业在 2005—2023 年对非制造业的对外直接投资金额为 18433. 34 亿美元，占到同期不同所有制中国企业对非制造业投资总额的 63. 43%，投资总额的 63. 97%。

表 5-2-1 2005—2023 年中国不同所有制企业对制造业投资在本类企业总投资中的占比汇总表

年份	项目数量占比（%）				金额占比（%）			
	民营企业	港澳台资企业	外资企业	国有企业	民营企业	港澳台资企业	外资企业	国有企业
2005	36.00	12.82	18.75	39.07	34.24	6.92	63.79	20.71
2006	35.71	35.71	40.74	39.36	19.78	49.33	92.85	34.15
2007	34.14	21.43	17.24	32.20	21.59	55.26	20.43	17.39
2008	28.91	30.23	48.15	30.64	25.00	27.00	49.69	29.84
2009	26.59	24.32	21.05	26.04	48.10	43.59	14.60	18.58
2010	23.44	28.57	16.00	26.32	27.87	10.61	6.78	39.68
2011	31.15	40.91	20.45	32.84	50.97	51.39	17.75	28.34
2012	30.22	29.63	18.42	28.97	36.85	17.03	23.10	12.35
2013	25.79	37.04	27.50	28.92	30.39	67.02	15.08	24.47
2014	35.51	41.67	26.98	33.24	35.08	56.81	30.66	20.35
2015	32.08	34.48	37.14	28.01	44.23	20.52	37.18	59.56
2016	28.72	28.32	29.67	28.81	21.65	6.73	10.43	30.11
2017	31.21	32.71	28.95	33.11	46.93	29.27	11.05	14.78
2018	29.05	30.77	34.09	28.97	41.22	28.14	68.55	24.36
2019	30.65	37.08	25.00	34.68	43.98	73.66	46.13	34.81
2020	30.24	24.27	32.35	23.85	79.82	52.92	20.79	23.68
2021	28.57	21.93	32.14	30.70	36.12	43.44	36.63	9.53
2022	28.62	22.54	56.10	30.86	53.51	21.16	86.98	32.19
2023	41.22	29.52	40.51	38.31	62.06	79.29	93.61	48.17
合计	30.94	29.68	30.07	31.31	39.97	38.95	39.27	27.53

通过对表中呈现的 2005—2023 年四种类型企业在对制造业对外直接投资项目数量和金额在本类企业总投资中的占比情况，民营企业在多数年份较其他三类企业在制造业投资金额占比方面保持较高水平；并且民营企业在 2005—2023 年对制造业投资金额在本类企业总投资中所占比例为 39.97%，高于其他三类企业；反映出民营企业对外直接投资对制造业的偏好程度要高于其他三类企业。

2005—2023 年，外资企业的制造业投资项目数量占比整体呈现波动上升趋势，2005 年外资企业的制造业投资项目数量占比在四种企业中处于较低水平为 18.75%，但外资企业在 2022 年对制造业的投资项目数量占比跃升至四种所有制企业中的首位，达到 56.10%。尽管 2023 年外资企业对制造业投资项目占比下降至 40.51%，排第二位，但与首位民营企业的占比 41.22%相比差距不大。由此得出外资企业对外直接投资过程中更加倾向于制造业。与民营企业和外资企业偏好于制造业对外直接投资相比，国有企业和港澳台资企业在对外直接投资中并未表现出对制造业的明显偏好。

（二）不同技术水平制造业及服务业

1. 在不同技术水平制造业层面

基于 NK-GERC 数据库的方法按照行业技术水平对企业对外投资制造业进行划分①，对 2005—2023 年四种类型企业在高技术、中高技术、中低技术和低技术制造业对外直接投资项目数量和金额的发展趋势及现状进行探究。

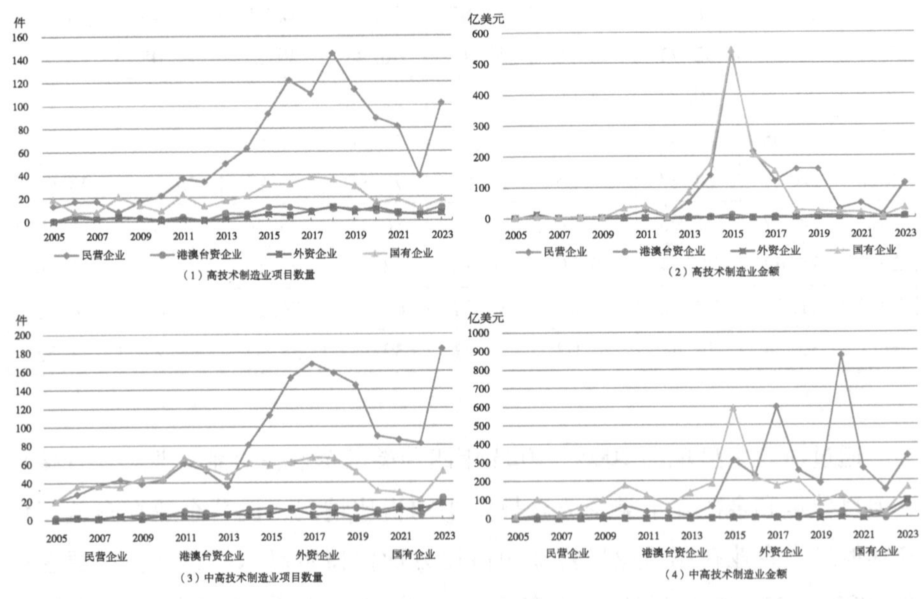

（1）高技术制造业项目数量
（2）高技术制造业金额
（3）中高技术制造业项目数量
（4）中高技术制造业金额

① 不同技术水平制造业的划分详见本书序章第一节。

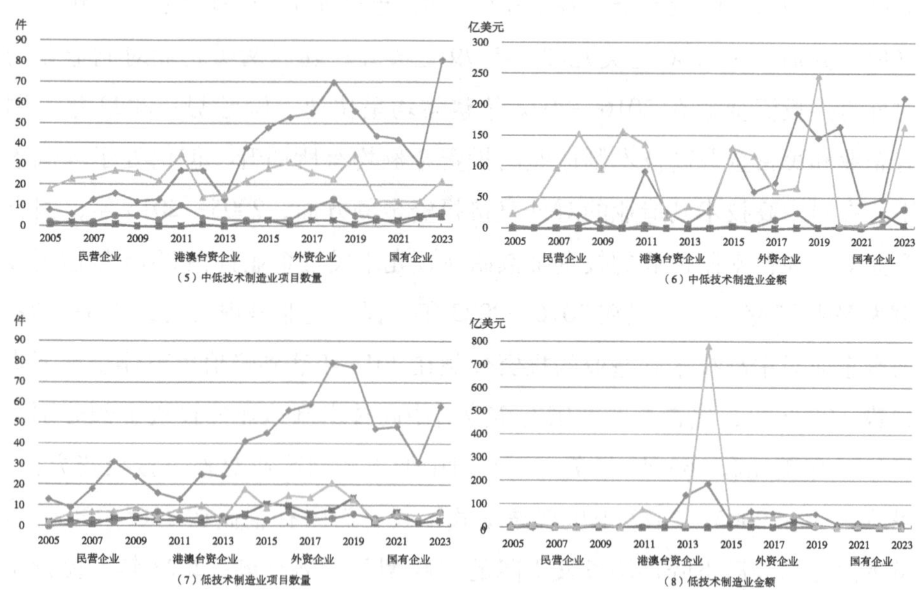

（5）中低技术制造业项目数量

（6）中低技术制造业金额

（7）低技术制造业项目数量

（8）低技术制造业金额

图 5-2-8　2005—2023 年中国不同所有制企业在不同制造业对外直接投资项目数量、金额变化图

港澳台资企业和外资企业对不同技术水平制造业的对外直接投资项目数量和金额均处于较低水平且未呈现出明显的发展趋势。国有企业和民营企业在对不同技术水平制造业的对外直接投资中表现活跃且均占据主导地位。

在对外直接投资项目数量方面，2005—2023 年民营企业在高技术制造业、中高技术制造业和低技术制造业的对外直接投资较国有企业均整体保持领先；2014—2023 年，民营企业相较国有企业在对中低技术制造业的对外直接投资中整体保持领先，2023 年差距达到峰值；总体上看，2005—2023 年，民营企业是对不同技术水平制造业投资项目数量最多的企业类型，民营企业对高技术制造业、中高技术制造业、中低技术制造业和低技术制造业的投资项目数量分别为 1174 件、1620 件、652 件和 714 件，各自占到对不同技术水平制造业投资项目总数的 66. 10%、58. 44%、54. 29% 和 67. 87%。

在对外直接投资金额方面，2018 年之前民营企业和国有企业在对高技术制造业的投资金额上表现出较为一致的发展趋势；民营企业和国有企业对高技术制造业的投资金额在 2012—2015 年迅速上升并均在 2015 年达到峰值，分别为 537.06 亿美元和 545.79 亿美元；随后两类企业对制造业的对外直接投资金额在 2016—2022 年整体均呈快速下降趋势；2023 年，国有企业和民营企业高技术制造业的投资金额均有所回升，但仍处于较低水平。在对中高技术制造业的对外直接投资金额方面，2005—2015 年，国有企业对中高技术制造业的投资金额始终领先于民营企业且在 2015 年达到峰值为 594.97 亿美元；但在 2016—2023 年，民营企业呈现波动式水平发展，国有企业对中高技术制造业的投资金额在 2015 年达到峰值后整体呈现下降趋势；2023 年，民营企业和国有企业对中高技术制造业的投资金额分别为 334.21 亿美元和 166.47 亿美元。在对中低技术制造业对外直接投资方面，民营企业在 2005—2023 年呈现波动式增长，而国有企业在 2005—2023 年呈现出先增长后下降再增长又下降的“M 型”发展趋势；2023 年，民营企业对中低技术制造业的投资金额已经上升至 210.32 亿美元，达到峰值，国有企业对中低技术制造业对外直接投资金额则为 164.38 亿美元。在对低技术制造业对外直接投资金额方面，除国有企业在 2011 年小幅增长、2014 年在“一带一路”倡议的带动作用下直线上升至峰值 781.34 亿美元，民营企业在 2013 年和 2014 年呈现出一定增长趋势外，两类企业对低技术制造业的投资金额相较于其他三类制造业整体保持在较低水平且未表现出明显的发展趋势。

表 5-2-2　2005—2023 年中国不同所有制企业对较高技术水平制造业投资① 在本类企业制造业投资中的占比汇总表

年份	项目数量占比（%）				金额占比（%）			
	民营企业	港澳台资企业	外资企业	国有企业	民营企业	港澳台资企业	外资企业	国有企业
2005	61.11	60.00	0.00	66.10	29.04	74.00	0.00	26.96
2006	75.00	80.00	54.55	60.81	96.22	86.34	68.12	68.28

① 即对高技术制造业和中高技术制造业的投资项目数量或金额的合计。

续表

年份	项目数量占比（%）				金额占比（%）			
	民营企业	港澳台资企业	外资企业	国有企业	民营企业	港澳台资企业	外资企业	国有企业
2007	63.53	44.44	60.00	59.21	36.06	26.80	96.91	20.13
2008	52.04	46.15	61.54	62.64	45.79	5.24	80.41	29.14
2009	60.87	44.44	50.00	62.77	80.21	17.30	17.32	48.79
2010	69.15	37.50	62.50	67.50	94.21	54.58	51.90	57.44
2011	71.01	48.15	66.67	67.67	39.81	16.23	45.89	43.70
2012	62.59	50.00	57.14	74.19	56.68	58.09	35.07	56.04
2013	69.92	60.00	72.73	78.31	29.66	70.42	82.25	81.51
2014	64.57	68.00	52.94	67.48	48.27	65.45	77.50	30.87
2015	68.90	80.00	46.15	71.09	84.10	79.16	16.66	86.48
2016	71.61	68.75	59.26	67.14	77.69	39.43	62.71	72.88
2017	70.92	65.71	59.09	72.41	84.02	42.68	49.43	75.79
2018	67.04	57.50	63.33	69.86	63.33	11.69	24.39	65.52
2019	66.07	66.67	37.50	62.79	62.85	86.67	25.31	28.50
2020	66.30	68.00	77.27	75.81	83.29	95.35	63.23	96.28
2021	65.12	76.00	62.96	72.73	84.63	97.87	41.63	76.87
2022	66.48	62.50	69.57	66.00	73.54	44.61	53.82	61.27
2023	67.29	71.43	75.00	71.00	65.96	70.30	94.27	54.62
合计	66.29	60.80	57.27	68.19	65.02	54.85	51.94	56.90

通过对表 5-2-2 中 2005—2023 年中国不同类型企业对较高技术水平制造业的对外直接投资项目数量占比和金额占比的发展趋势的对比分析，民营企业和国有企业对较高技术制造业的投资项目数量占比和金额占比在大多数年份均较外资企业和港澳台资企业保持优势地位；从民营企业和国有企业对较高技术水平制造业的投资项目数量合计占比和金额合计占比，也能看出民营企业和国有企业具有一定领先优势；这反映出相较外资企业和港澳台资企业，民营企业和国有企业在制造业投资中更加偏好较高技术

水平制造业。港澳台资企业与外资企业相比，在对较高技术制造业的投资项目数量占比和金额占比上整体保持一定领先，体现出港澳台资企业与外资企业相比对较高技术制造业的偏好程度更高。

2. 在对服务业对外投资层面

在对非制造业的对外直接投资中，本小节对2005—2023年不同类型中国企业对服务业的对外直接投资项目数量和金额的发展趋势及现状进行具体分析。

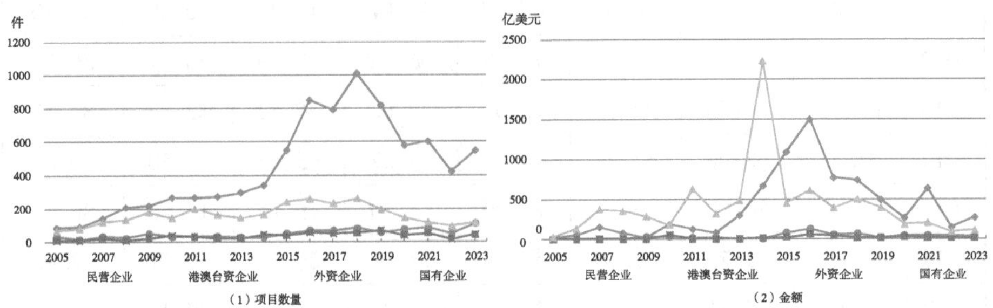

图5-2-9　2005—2023年中国不同所有制企业在服务业对外直接投资项目数量、金额变化图

港澳台资企业和外资企业对服务业的对外直接投资项目数量和金额始终保持在较低水平且未表现出明显的增长趋势，中国企业对服务业的对外直接投资以民营企业和国有企业为主。在对外直接投资项目数量方面，民营企业相较国有企业始终占据领先地位且两类企业之间的差距随着2014—2018年民营企业对外直接投资进程的不断加快而迅速拉大；2019—2022年，对外直接投资环境不确定因素的增加使得民营企业和国有企业对服务业的投资数量波动下降，两类企业在服务业对外直接投资数量上的差距在一定程度上有所减小；2023年，民营企业和国有企业在服务业对外直接投资数量上均有所上升，民营企业的上升幅度更为明显。在2005—2023年，民营企业是对服务业对外直接投资项目数量最多的企业类型，其对服务业的对外直接投资项目数量为8413件，占到全部中国企业对服务业投资项目数量的64.06%。在对外直接投资金额方面，国有企业和民营企业对服务业的投资金额分别以2014年和2016年为转折点均呈现先上升后下降的发展趋势，两类企业对服务业的对外直接投资金额各自在 2014 年和 2016 年达到峰值，分别为 2216. 49 亿美元和 1496. 59 亿美元；近年来，民营企业与国有企业对服务业的投资金额由于国际贸易不确定因素的增加而波动下降，2023 年民营企业与国有企业对服务业的投资金额分别达到 267. 61 亿美元和 110. 72 亿美元。

表 5-2-3　2005—2023 年中国不同所有制企业对服务业投资在本类企业非制造业投资中的占比汇总表

年份	项目数量占比（%）				金额占比（%）			
	民营企业	港澳资企业	外资企业	国有企业	民营企业	港澳资企业	外资企业	国有企业
2005	91. 67	91. 18	92. 31	73. 91	61. 25	97. 26	45. 58	19. 44
2006	87. 96	88. 89	87. 50	71. 93	79. 25	42. 93	95. 67	43. 30
2007	88. 41	96. 97	95. 83	75. 63	95. 21	99. 48	88. 39	62. 52
2008	87. 55	83. 33	92. 86	65. 05	57. 93	36. 90	77. 54	69. 04
2009	87. 01	91. 07	86. 67	67. 79	74. 18	94. 64	82. 03	30. 62
2010	88. 27	90. 00	92. 86	64. 73	95. 74	82. 12	99. 31	32. 14
2011	88. 85	84. 62	91. 43	73. 90	83. 60	91. 18	28. 10	65. 42
2012	86. 29	84. 21	83. 87	71. 49	64. 81	92. 64	83. 69	36. 06
2013	85. 03	79. 41	89. 66	72. 06	62. 08	81. 61	5. 63	57. 70
2014	84. 69	80. 00	97. 83	67. 61	86. 03	81. 16	99. 73	48. 43
2015	87. 36	87. 72	93. 18	74. 16	85. 66	95. 63	80. 86	50. 13
2016	89. 30	82. 72	90. 63	75. 43	72. 36	76. 12	86. 45	45. 16
2017	91. 90	93. 06	94. 44	80. 20	79. 50	92. 28	94. 99	15. 71
2018	91. 58	92. 22	94. 83	73. 46	79. 50	78. 43	91. 80	45. 92
2019	92. 45	98. 21	94. 44	80. 66	70. 12	93. 86	90. 43	57. 87
2020	93. 26	98. 72	91. 30	73. 23	95. 20	99. 98	69. 21	36. 71
2021	93. 80	93. 26	94. 74	79. 19	96. 92	79. 50	97. 99	32. 36
2022	93. 61	90. 91	100. 00	84. 82	75. 04	80. 41	100. 00	73. 60
2023	90. 76	93. 16	93. 62	72. 05	64. 64	70. 23	98. 01	27. 88
合计	89. 46	89. 46	92. 53	73. 54	77. 84	82. 44	79. 76	44. 74

由表 5-2-3 所示的 2005—2023 年不同类型中国企业对服务业的对外直接投资项目数量和金额在本类企业对非制造业对外直接投资中所占比例的发展趋势，在大多数年份里，三类非国有企业相较国有企业在对服务业对外直接投资项目数量占比和金额占比上均保持领先，且三类非国有企业与国有企业相比在对服务业对外投资金额占比上的优势更加明显；反映出三类非国有企业与国有企业相比在对非制造业的对外直接投资中更加倾向于服务业。通过对比三类非国有企业与国有企业在 2005—2023 年对服务业对外直接投资项目数量合计占比和金额合计占比，也能得出同样结论。

第三节　四类企业在“一带一路”共建国家和地区的对外直接投资

“一带一路”倡议对于推进供应侧结构性改革和产业优化升级、拓宽中国企业产品销售渠道和消费市场、扩大中国企业对外直接投资规模和收益发挥着至关重要的作用。通过对 NK-GERC 数据库中原始数据的整理分析，本小节使用对外直接投资项目数量占比、投资金额占比、“一带一路” OFDI 综合指数、“一带一路”对外投资项目数量和金额指数等指标，对 2005—2023 年不同所有制中国企业对“一带一路”共建国家和地区对外直接投资的整体发展趋势以及不同投资模式下对“一带一路”共建国家和地区的对外直接投资发展趋势进行深入分析。

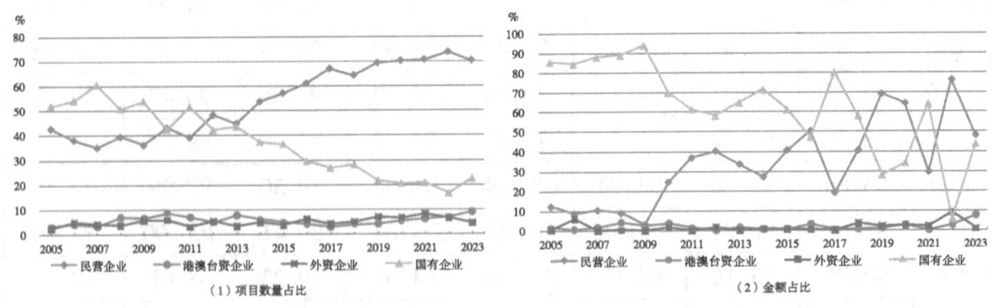

图 5-3-1　2005—2023 年中国不同所有制企业对“一带一路”共建国家和地区对外直接投资项目数量和金额占比变化图

一、不同类型中国企业对“一带一路”共建国家和地区对外直接投资概况

2005—2023年，不同类型中国企业对“一带一路”共建国家和地区的对外直接投资项目数量占比和金额占比的变化趋势如图5-3-1所示。港澳台资企业和外资企业对“一带一路”共建国家和地区的对外直接投资项目数量占比和金额占比均一直维持在较低水平且不具有明显的发展趋势，国有企业和民营企业在对“一带一路”共建国家和地区对外直接投资中占据主导地位。在对外直接投资项目数量占比上，2013年之前国有企业和民营企业对共建国家和地区的项目数量占比均呈水平调整且两类企业之间的差距不大；2014年在“一带一路”倡议正式实施后，民营企业对“一带一路”共建国家和地区的项目数量占比迅速上升而国有企业表现出下降趋势，民营企业相较国有企业在项目数量占比上的优势不断扩大，2022年两类企业在投资项目数量占比上的差距达到峰值为56.95%；2023年，民营企业和国有企业对“一带一路”共建国家和地区的投资项目数量占比分别为65.88%和21.23%，两类企业的项目数量占比差距有所缩小。在对外直接投资金额占比上，国有企业在2010年之前相较民营企业均保持75%左右的领先优势；2010—2022年，国有企业和民营企业对“一带一路”共建国家和地区的投资金额占比分别呈波动式下降和波动式上升趋势，且在2016年民营企业实现对国有企业的反超；2022年民营企业再次实现对国有企业的反超，二者投资金额占比分别达到了76.32%和5.80%；2023年，民营企业投资金额略高于国有企业，前者占比47.70%，后者占比43.62%。

表5-3-1　2005—2023年中国不同所有制企业对“一带一路”共建国家和地区对外直接投资项目数量和金额汇总表

年份	不同所有制企业对“一带一路”共建国家和地区对外直接投资							
	项目数量（件）				金额（亿美元）			
	民营	港澳台资	外资	国有	民营	港澳台资	外资	国有
2005	50	4	3	61	18.61	2.39	0.87	129.99
2006	45	5	6	64	18.33	1.86	12.96	180.98

续表

年份	不同所有制企业对“一带一路”共建国家和地区对外直接投资							
	项目数量（件）				金额（亿美元）			
	民营	港澳台资	外资	国有	民营	港澳台资	外资	国有
2007	51	5	6	88	27.35	4.45	0.69	233.75
2008	62	11	6	80	25.27	12.40	1.13	254.94
2009	63	12	10	94	14.68	13.77	0.53	450.85
2010	73	15	10	72	49.40	7.66	3.20	141.20
2011	73	13	6	96	108.70	4.74	0.24	181.69
2012	81	9	9	71	43.91	0.24	1.76	63.64
2013	78	14	6	76	86.79	4.42	0.04	167.60
2014	122	14	11	85	85.90	2.76	2.51	227.15
2015	217	19	14	139	296.31	6.04	5.19	446.63
2016	295	21	30	143	549.33	34.58	6.11	515.60
2017	292	14	18	117	408.10	12.21	5.16	1734.77
2018	399	26	32	175	359.48	5.60	30.98	515.02
2019	340	22	35	107	416.10	7.34	12.58	169.03
2020	197	16	19	58	263.69	11.40	11.05	140.25
2021	216	19	25	64	192.52	1.50	12.92	420.37
2022	159	15	14	36	149.07	5.51	18.09	11.33
2023	363	47	24	117	514.43	84.54	9.14	470.47
合计	3176	301	184	1743	3627.96	223.42	135.16	6455.26

表5-3-1表现出2005—2023年不同类型中国企业对“一带一路”共建国家和地区对外直接投资项目数量及金额的变化情况。从表中可以得出，港澳台资企业和外资企业对共建国家和地区的投资项目数量和金额均较小且波动幅度较小，国有企业和民营企业是中国企业对“一带一路”共建国家和地区对外直接投资的主导力量。

在2013年“一带一路”倡议实施之前，民营企业和国有企业对共建国家和地区的投资项目数量和金额均整体表现出波动上升的发展趋势；国有企业在对共建国家和地区投资金额上占据主导地位，国有企业在2005—2013年对“一带一路”共建国家和地区的投资金额占比为79.46%。在2013年“一带一路”倡议实施后，民营企业和国有企业对共建国家和地区的投资项目数量均以2018年为分界点呈现出先快速上升后快速下降的发展趋势。民营企业和国有企业对共建国家和地区的投资金额分别以2016年和2017年为转折点同样呈现出先快速上升后快速下降的变化特征。

总体上看，自“一带一路”倡议全面实施后，民营企业在对共建国家和地区的投资项目数量上始终保持领先。在对共建国家和地区的对外直接投资金额上，2018年以前国有企业在总体上仍占据优势，但国有企业的优势近年来迅速丧失，国有企业对共建国家和地区的对外直接投资金额占比已经由2005年的85.60%下降至2022年的6.18%，2023年，民营企业和国有企业对共建国家和地区的对外直接投资金额占比差距缩小至4.10%，前者占比47.98%，后者占比43.88%。综上，民营企业在中国企业对“一带一路”共建国家和地区的对外直接投资过程中发挥着日益重要的作用，“一带一路”倡议对于民营企业积极开拓对外市场、不断增强自身国际竞争力也具有深远影响。

二、不同类型中国企业对“一带一路”共建国家和地区对外直接投资指数

（一）不同类型中国企业对“一带一路”共建国家和地区OFDI综合指数

基于本书序章有关中国民营企业OFDI综合指数的算法，对不同类型中国企业对“一带一路”共建国家和地区对外直接投资分别测算出相应的OFDI综合指数，通过对比分析不同类型中国企业在2005—2023年对“一带一路”共建国家和地区的对外直接投资发展趋势及现状得出相应结论。

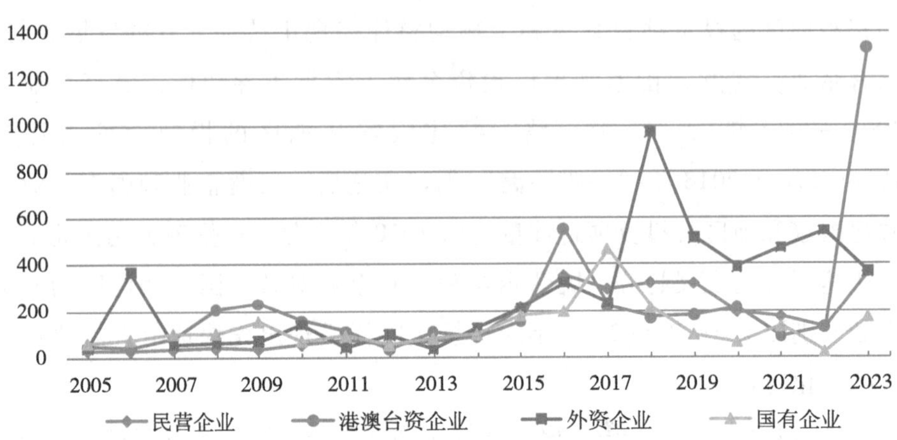

图 5-3-2　2005—2023 年中国不同所有制企业对“一带一路”共建国家和地区 OFDI 综合指数变化图

表 5-3-2　2005—2023 年中国不同所有制企业对“一带一路”共建国家和地区 OFDI 综合指数汇总表

年份	“一带一路” OFDI 综合指数			
	民营	港澳台资	外资	国有
2005	29. 3771	47. 3215	38. 5577	62. 5606
2006	27. 0727	43. 7265	365. 357	75. 8964
2007	33. 3302	79. 22	50. 4396	100. 883
2008	37. 3081	210. 158	61. 5843	101. 477
2009	33. 4876	232. 68	68. 0592	154. 04
2010	51. 8285	159. 606	136. 572	71. 0268
2011	75. 6784	112. 223	38. 8304	93. 1892
2012	53. 1252	35. 9108	94. 1205	52. 6496
2013	69. 0553	111. 422	33. 507	79. 2415
2014	87. 963	88. 6426	124. 215	97. 7607
2015	214. 178	151. 801	209. 327	177. 159
2016	350. 09	551. 051	319. 862	195. 168
2017	291. 977	218. 423	230. 379	461. 722
2018	319. 27	171. 186	969. 005	212. 165
2019	316. 208	180. 477	513. 097	96. 1668

续表

年份	“一带一路”OFDI 综合指数			
	民营	港澳台资	外资	国有
2020	192. 303	214. 59	386. 869	63. 3134
2021	171. 998	89. 4994	467. 416	130. 968
2022	129. 567	130. 015	540. 283	21. 8781
2023	365. 826	1331. 56	365. 103	170. 866

2005—2023 年四种类型中国企业对“一带一路”共建国家和地区的对外直接投资综合指数的发展趋势分别如图 5-3-2 和表 5-3-2 所示。2014 年“一带一路”倡议正式实施之前，四种类型中国企业“一带一路”OFDI 综合指数整体未表现出明显发展趋势且处于较低水平。2014 年“一带一路”倡议正式实施后，不同类型中国企业“一带一路”OFDI 综合指数表现出差异化特征；其中，民营企业“一带一路”OFDI 综合指数在 2014—2022 年呈“倒 U 型”发展趋势，并在 2023 年达到峰值；国有企业“一带一路”OFDI 综合指数以 2017 年为转折点呈现先上升后下降的“倒 V 型”发展趋势，并在 2017 年达到峰值；港澳台资企业“一带一路”OFDI 综合指数在 2015—2016 年直线上升并在 2016 年达到极大值、在 2016—2018 年迅速下降、2017—2020 年基本稳定、2020—2022 年波动下降，2023 年达到峰值；外资企业“一带一路”OFDI 综合指数在 2014 年后呈现波动上升的趋势且波动程度较大。

（二）不同类型中国企业对“一带一路”共建国家和地区对外直接投资项目数量及金额指数

2005—2023 年不同类型中国企业“一带一路”对外直接投资项目数量及金额指数的发展历程及现状如图 5-3-3 所示。

在项目数量指数上，2005—2013 年，在“一带一路”倡议实施之前，不同类型中国企业对“一带一路”共建国家和地区对外直接投资项目数量指数均整体呈缓慢上升趋势；2014—2016 年，不同类型中国企业项目数量指数在“一带一路”倡议推动下均快速上升，其中外资企业和民营企业上

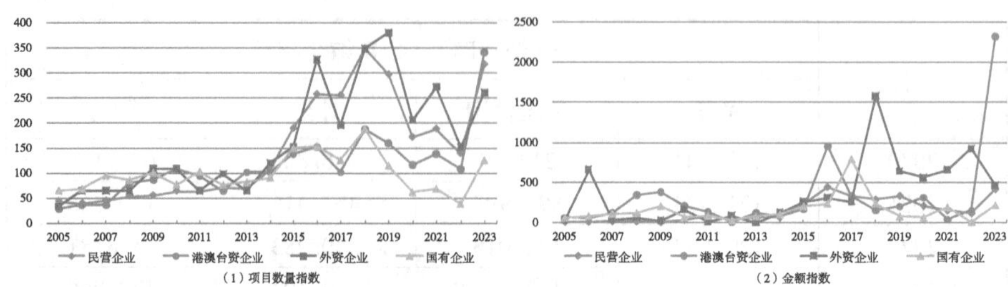

图 5-3-3　2005—2023 年中国不同所有制企业对“一带一路”共建国家和地区对外直接投资项目数量及金额指数变化图

升幅度更加明显；2016—2018 年，不同类型中国企业项目数量指数均表现出先下降后上升的“V 型”发展趋势，其中外资企业项目数量指数波动幅度最大；2019—2022 年，受到对外直接投资阻碍因素不断增多以及新冠疫情的双重冲击，不同类型中国企业项目数量指数均波动下降；2023 年，四种类型企业项目指数均大幅上升。

在金额指数上，在“一带一路”倡议实施之前，除外资企业金额指数在 2006 年达到极大值以及港澳台资企业在 2008 年、2009 年取得较大值外，不同类型中国企业金额指数在 2005—2013 年均整体呈水平调整状态且整体保持在较低水平；在“一带一路”倡议实施后，不同类型中国企业金额指数在 2014—2016 年均快速上升，其中港澳台资企业和民营企业上升趋势更加明显，港澳台资企业金额指数在 2016 年达到极大值，民营企业金额指数在 2016 年达到峰值；2017—2023 年，不同类型中国企业金额指数表现出差异化的发展趋势，其中，民营企业金额指数在 2017—2022 年整体呈缓慢下降趋势，2023 年金额指数有所回升；2017—2022 年，港澳台资企业金额指数呈波动下降趋势，2023 年其金额指数大幅上升，达到峰值；国有企业以 2017 年为分界点呈现先直线上升后直线下降的“倒 V 型”发展特征，外资企业呈波动上升趋势且波动幅度较大。

三、从投资模式别看不同类型中国企业对“一带一路”共建国家和地区对外直接投资

本小节以 2005—2023 年中国不同类型中国企业对“一带一路”共建

国家和地区的对外直接投资数据为基础，通过对外直接投资项目数量占比、投资金额占比、投资项目数量指数、投资金额指数等指标，对比分析不同投资模式下不同所有制中国企业对“一带一路”共建国家和地区对外直接投资所具有的特征及差异。

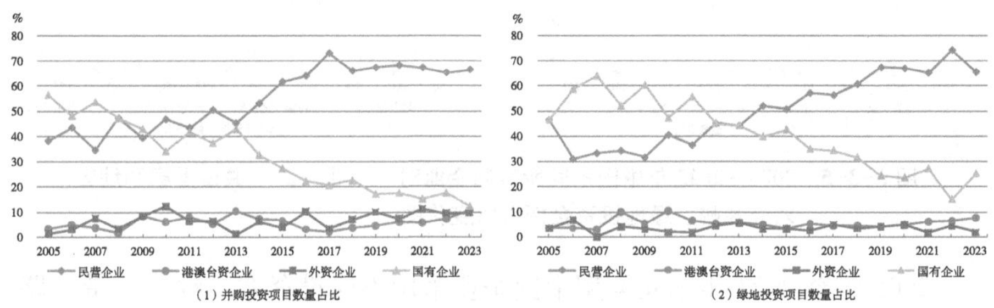

图 5-3-4　2005—2023 年中国不同所有制企业对“一带一路”共建国家和地区对外并购、绿地投资项目数量占比变化图

（一）不同投资模式下中国企业对“一带一路”共建国家和地区对外直接投资项目数量及金额的占比

由图 5-3-4 表示的中国不同类型企业对“一带一路”共建国家和地区不同对外直接投资方式的项目数量占比变化图，对于并购和绿地两种投资方式，港澳台资企业和外资企业对外直接投资项目数量占比均较小且不具有明显变化趋势，国有企业和民营企业在对“一带一路”共建国家和地区的两种方式的对外直接投资中均占有主导地位。在并购投资方面，2013 年之前，民营企业和国有企业项目数量占比均保持水平调整状态且两类企业项目数量占比始终比较接近；2014—2023 年，民营企业和国有企业在项目数量占比上分别呈现迅速上升和迅速下降趋势，两类企业在并购投资项目数量占比上的差距整体呈扩大趋势；2023 年，民营企业与国有企业在并购项目数量占比分别为 66. 67%和 12. 64%，两类企业在并购投资项目数量占比上的差距为 54. 03%。在绿地投资项目数量占比方面，2010—2022 年民营企业和国有企业项目数量占比分别整体呈上升趋势和下降趋势，2013 年之后，民营企业项目数量占比实现对国有企业的反超且民营企业相较国有企业的领先优势整体呈不断扩大趋势，2022 年二者差距达到峰值；2023 年，民营企业与国有企业的绿地投资项目数量占比分别为 65.52%和 40.32%。

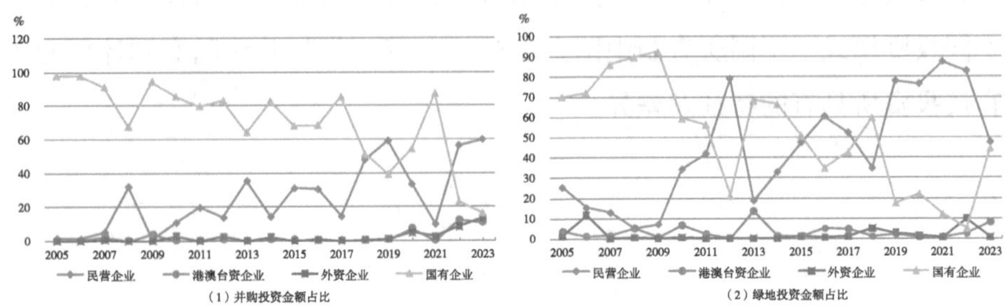

图 5-3-5　2005—2023 年中国不同所有制企业对“一带一路”共建国家和地区对外并购、绿地投资金额占比变化图

2005 年至 2023 年不同类型中国企业采用不同投资方式对“一带一路”共建国家和地区对外直接投资金额占比的变化情况如图 5-3-5 所示。对于并购和绿地两种投资方式，港澳台资企业和外资企业对“一带一路”共建国家和地区在两种对外直接投资方式下的投资金额占比数值和波动幅度均较小且同样未呈现特定的发展趋势，民营企业和国有企业使用两种投资方式对“一带一路”共建国家和地区的投资金额占比中的主导地位更加明显。并购投资金额占比方面，在 2018 年以前，国有企业相较民营企业整体保持 50%以上的领先优势；随着国有企业投资金额占比和民营企业投资金额占比分别快速下降和快速上升，2018 年两类企业的投资金额占比十分接近，2019 年民营企业实现反超；2020 年和 2021 年，民营企业的投资金额占比直线下降，国有企业的投资金额占比迅速上升；2022 年，民营企业再次实现反超；2023 年，民营企业在投资金额上的优势进一步扩大。总体上看，国有企业仍然是对共建国家和地区并购投资金额占比最多的企业类型。在绿地投资金额占比方面，2005—2023 年国有企业和民营企业一直呈现此消彼长的发展趋势；2005—2009 年，国有企业相对民营企业整体保持 50%以上的巨大优势；2010—2012 年，民营企业投资金额占比迅速上升，而国有企业投资金额占比迅速下降；民营企业投资金额占比在 2019 年的直线上升以及国有企业投资金额占比在同期的直线下降，使民营企业相较国有企业占据较大的领先优势，两类企业在绿地投资金额占比上的差距拉大至60.41%；2022年这一优势继续扩大至77.88%；2023年，民营企业投资金额占比直线下降以及国有企业投资金额占比直线上升，民营企业和国有企业间的差距急剧缩小。

（二）不同投资模式下四种类型中国企业对“一带一路”共建国家和地区对外投资项目数量及金额指数

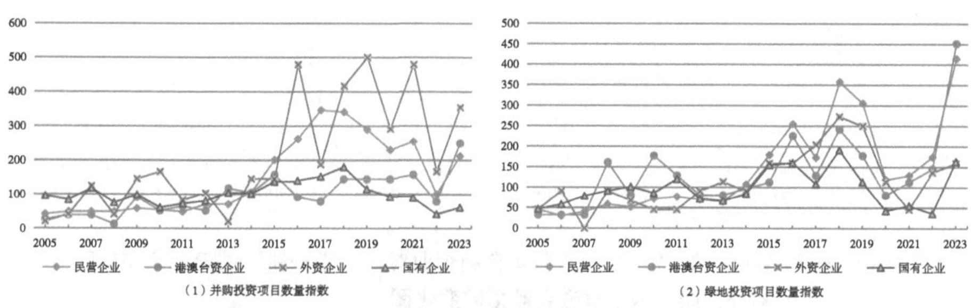

图5-3-6　2005—2023年中国不同所有制企业对“一带一路”共建国家和地区对外并购、绿地投资项目数量指数变化图

根据图5-3-6表示的2005—2023年不同所有制中国企业对“一带一路”共建国家和地区不同对外直接投资方式所对应的项目数量指数的变化趋势，在并购投资项目数量指数方面，2014年“一带一路”倡议正式实施之前，四种类型中国企业项目数量指数均整体呈水平调整状态；2014年“一带一路”倡议正式实施后，不同所有制企业项目数量指数呈现出差异化的发展趋势；民营企业在2014—2017年迅速上升并在2017年达到峰值，在2018—2022年整体呈波动下降趋势；国有企业在2014—2018年缓慢上升并在2018年达到峰值，在2019—2022年呈现下降调整趋势，2023年有所回升；港澳台资企业在2014—2022年相较其他三种企业波动幅度较小，在2023年达到峰值；外资企业项目数量指数在2014—2016年整体呈直线上升趋势，随后在2017年直线下降、2018年和2019年直线上升、2020年直线下降、2021年直线上升、2022年直线下降、2023年直线上升。在绿地投资项目数量指数方面，不同所有制企业项目数量指数在2005—2018年均整体呈波动上升趋势并同时在2018年达到峰值，其中民营企业和外资企业的上升趋势更加明显；2019—2022年，除国有企业外，其他三类企业绿地投资项目数量指数呈现先下降后上升趋势，国有企业则呈现波动下降趋势；2023 年，四类企业绿地投资项目指数均呈现直线上升趋势，其中，港澳台资企业上升幅度最大。

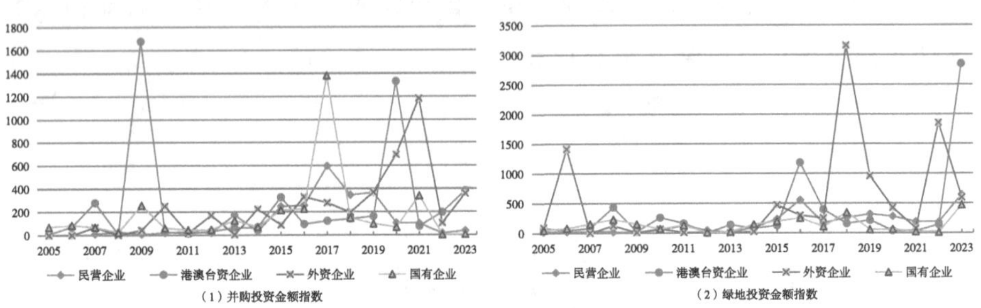

图 5-3-7 2005—2023 年中国不同所有制企业对“一带一路”共建国家和地区对外并购、绿地投资金额指数变化图

2005—2023 年不同所有制中国企业使用不同投资方式对“一带一路”共建国家和地区的投资金额指数发展趋势如图 5-3-7 所示。在并购投资金额指数方面，民营企业和国有企业整体发展趋势较为接近，2005—2014 年两类企业投资金额指数均始终保持在较低水平；2015—2017 年，两类企业投资金额指数均快速上升并均在 2017 年达到峰值，但国有企业上升幅度更大；在 2018—2023 年，两类企业投资金额指数均波动下降至较低水平。港澳台资企业除在 2009 年达到极大的峰值、在 2020 年直线上升外，在大部分年份里表现为水平波动状态。外资企业在 2013 年“一带一路”倡议提出之前，整体呈水平调整状态；2014—2021 年，外资企业整体呈上升趋势；2023 年外资企业投资金额指数下降至较低水平。在绿地投资金额指数方面，除港澳台资企业在 2016 年达到极大值以及在 2023 年达到峰值、外资企业分别在 2006 年、2018 年和 2022 年达到极大值外，四种类型中国企业在 2005—2023 年的大部分年份里均表现为水平调整状态且均保持在较低水平。

本章小结

本章通过对不同类型企业在 2005—2023 年对外直接投资的总体概况分

析，以投资模式、投资来源地、投资标的国（地区）、投资标的行业为切入点的分视角研究，分析得出民营、国有、港澳台资和外资四类所有制企业对外直接投资的共性与差异。此外，为深入分析"一带一路"倡议对于推进中国企业有序开展 OFDI、优化 OFDI 结构及提高 OFDI 效率的重要作用，对不同所有制企业对"一带一路"共建国家和地区对外投资的总体发展现状、不同投资模式的数量和金额状况进行深入探究。

一、民营企业在不同类型企业对外直接投资中整体呈现领先优势

在一系列对外投资扶持政策及配套设施进一步完善、民营企业产品竞争力和生产经营绩效不断提升的推动作用下，民营企业在不同类型企业对外投资中所发挥的关键作用正日益凸显且在不同视角下均有所体现。

（一）不同类型企业 OFDI 项目数量占比和金额占比——基于总体视角

从整体看，近年来民营企业在 OFDI 项目数量占比和金额占比方面均占据了主导地位，其中民营企业在 OFDI 项目数量占比上的领先优势更加显著。在项目数量占比方面，2023 年，民营企业 OFDI 项目数量占比升至 73.22%，国有企业 OFDI 项目数量占比下降至 18.46%左右，两类企业在 OFDI 项目数量占比上的差距拉大至 55%左右。就金额占比而言，到 2023 年，民营企业 OFDI 金额占比为 54.50%，国有企业 OFDI 金额占比为 38.15%，两类企业在 OFDI 金额占比上的差距有所扩大。

（二）不同类型企业 OFDI 项目数量占比和金额占比——基于投资模式视角

截至 2023 年，在并购投资项目数量占比方面，民营企业和国有企业分别为 66.44%和 14.73%，两类企业在项目数量占比上的差距为 51.71%。在并购投资金额占比方面，2023 年，民营企业仍占据主导地位，民营企业和国有企业的金额占比分别为 54.53%和 36.52%。

在绿地投资项目数量占比方面，2023 年民营企业和国有企业分别为 67.90%和 18.94%，两类企业在项目数量占比上的差距为 48.96%。在绿地

投资金额占比方面，2023 年民营企业和国有企业分别为 50.93% 和 36.16%。

（三）不同类型企业 OFDI 项目数量和金额状况——基于投资来源地视角

来自不同区域的民营企业和国有企业在本区域不同类型企业对外直接投资项目数量和金额上均保持主导地位，并且除环渤海地区企业对外直接投资金额外，民营企业相较国有企业在近年来呈现出更加积极的发展趋势。2023 年，五大投资来源地民营企业在对外直接投资项目数量上均保持优势地位，长三角和西部地区民营企业在对外直接投资金额上较国有企业保持优势地位，其中，长三角和西部地区民营企业 2014—2023 年的对外直接投资金额分别为 4862.90 亿美元和 527.40 亿美元，分别是同地区国有企业对外直接投资金额的 2.02 倍和 1.04 倍；环渤海地区、珠三角地区和中部地区 2023 年民营企业相较国有企业在对外直接投资金额上的差距不大。

由此反映出，民营企业在不同地区中国企业对外直接投资发展中的重要性呈不断加强的发展趋势。与民营企业和国有企业相比，各区域外资企业和港澳台资企业对外直接投资项目数量和金额均较小且未表现出明显的发展趋势。

（四）不同类型企业 OFDI 项目数量和金额状况——基于投资标的国（地区）视角

外资企业和港澳台资企业对三类投资标的国（地区）的对外直接投资项目数量和金额均整体保持在较低水平且波动幅度不大。民营企业和国有企业在对三类投资标的国（地区）的对外直接投资中均占据主导地位。在对外直接投资项目数量方面，近年来民营企业相较国有企业整体保持领先，其中民营企业在对发达经济体和发展中经济体对外直接投资上的优势更加明显，民营企业在 2013—2023 年对发达经济体和发展中经济体的对外直接投资项目数量分别占到同时期不同类型中国企业对发达经济体和发展中经济体对外直接投资项目总数的 67.96% 和 62.04%。在对外直接投资金额方面，2015—2023 年，民营企业在对发达经济体的对外直接投资金额上较国有企业保持一定的优势地位；国有企业在对发展中经济体的对外直接投资金额上较民营企业整体保持领先地位，2023年民营企业在对外直接投资金额上反超国有企业；在对转型经济体的对外直接投资方面，民营企业与国有企业自2016年以后呈现此消彼长的发展趋势。综上，从投资数量和金额两方面看，民营企业较国有企业在对不同投资标的国（地区）的对外直接投资上表现出更加积极的发展态势。

（五）不同类型企业OFDI项目数量和金额状况——基于投资标的行业视角

1. 制造业和非制造业层面

外资企业和港澳台资企业对制造业和非制造业的对外直接投资项目数量和金额均保持在较低水平且波动幅度不大。国有企业和民营企业在对制造业和非制造业的对外直接投资中占据主导地位，其中民营企业在近年来相较国有企业表现出更加积极的发展势头。

在对外直接投资项目数量方面，民营企业在制造业和非制造业相较国有企业均保持优势地位，民营企业在2005—2023年对制造业和非制造业的对外直接投资项目数量分别为4160件和9324件，分别占到不同所有制中国企业对制造业和非制造业对外直接投资项目总数的61.17%和60.87%。

就对两类行业的对外直接投资金额而言，在制造业方面，2005—2016年国有企业均领先于民营企业；但之后民营企业在2017年实现对国有企业的反超并拉开一定差距，并且这一差距在2020年随着民营企业对制造业的对外直接投资金额直线上升至1083.75亿美元而达到最大值为929.62亿美元；2021—2023年这一差距迅速缩小。在对非制造业的对外直接投资金额方面，国有企业整体保持对民营企业的领先优势；但在2018—2022年，由于受到国际贸易与跨境投资中阻碍因素的共同影响，两类企业对非制造业的对外直接投资金额均下降至非常接近的水平。2023年，两类企业对非制造业的对外直接投资金额均呈上升趋势且非常接近。

2. 不同技术水平制造业层面

港澳台资企业和外资企业对不同技术水平制造业的对外直接投资项目

数量和金额均处于较低水平且未呈现出明显的发展趋势。国有企业和民营企业在对不同技术水平制造业的对外直接投资中表现活跃且均占据主导地位，民营企业在近年来对不同技术水平制造业的对外直接投资项目数量和金额上均整体保持领先。

在对外直接投资项目数量方面，2005—2023 年民营企业对高技术制造业、中高技术制造业、中低技术制造业和低技术制造业的对外直接投资较国有企业均整体保持领先；总体上看，2005—2023 年，民营企业是对不同技术水平制造业投资项目数量最多的企业类型，民营企业对高技术制造业、中高技术制造业、中低技术制造业和低技术制造业的投资项目数量分别为 1174 件、1620 件、652 件和 714 件，各自占到对不同技术水平制造业投资项目总数的 66. 10%、58. 44%、54. 29%和 67. 87%。

在对外直接投资金额方面，2023 年，国有企业和民营企业高技术制造业的投资金额均有所回升，但仍处于较低水平，分别为 112. 47 亿美元和 35. 12 亿美元。对于中高技术制造业对外直接投资，随着民营企业与国有企业对中高技术制造业的对外直接投资金额在 2021 年大幅下降，两类企业在中高技术制造业投资金额上的差距被迅速缩小，2023 年，民营企业和国有企业对中高技术制造业的投资金额分别为 334. 21 亿美元和 166. 47 亿美元。在对中低技术制造业对外直接投资方面，2023 年，民营企业对中低技术制造业的投资金额已经上升至 210. 32 亿美元，达到峰值，国有企业对中低技术制造业对外直接投资金额则为 164. 38 亿美元。在对低技术制造业对外直接投资方面，2023 年，民营企业对低技术制造业的投资金额小幅上升，为 20. 25 亿美元，国有企业对低技术制造业的投资金额下降至 3. 07 亿美元。

3. 对服务业对外投资层面

港澳台资企业和外资企业对服务业的对外直接投资项目数量和金额始终保持在较低水平且未表现出明显的增长趋势；与国有企业相比，民营企业在不同所有制企业对服务业的对外直接投资中发挥更加积极的主导作用。在对外直接投资项目数量方面，2005—2023 年，民营企业是对服务业对外直接投资项目数量最多的企业类型，其对服务业的对外直接投资项目数量为 8413 件，占到全部中国企业对服务业投资项目数量的 64.06%。

在对外直接投资金额方面，2023 年，民营企业与国有企业对服务业的投资金额有所上升，分别达到了 267.61 亿美元和 110.72 亿美元。

二、近年来不同类型中国企业对外直接投资受内外综合因素影响表现出一定下行趋势

2017—2022 年期间随着全球经济下行所带来的企业利润水平下降、国际贸易保护主义抬头对对外直接投资限制的增多、国内产业结构优化升级对中国企业对外直接投资的规范和引导、加之新冠疫情扰乱了国际生产分工及要素配置的正常开展，中国不同类型企业对外直接投资规模均出现一定幅度缩小。2023 年，中国不同类型企业对外直接投资规模均有所扩大。

（一）不同类型企业 OFDI 综合指数

2017—2022 年期间随着对外直接投资环境不确定性增加，民营企业 OFDI 综合指数整体呈现出下降调整趋势，外资企业呈现先下降后回升的趋势，港澳台资企业呈现先下降后回升再下降的趋势，但三类非国有企业 OFDI 综合指数仍然保持在较高水平。2015—2022 年，国有企业 OFDI 综合指数整体呈现快速下降趋势；2023 年，四类企业的 OFDI 综合指数均有所上升，其中，港澳台资企业增幅最大，国有企业 OFDI 综合指数与其他三类非国有企业相比仍处于较低水平。

（二）不同类型企业对外直接投资项目数量及金额指数

2023 年，不同类型中国企业 OFDI 项目数量和金额指数整体上均呈上升趋势。

从项目数量指数看，港澳台资企业呈现迅速回升态势，其他三类企业 OFDI 项目指数也呈上升趋势，国有企业 OFDI 项目数量指数与其他三类非国有企业相比仍处于较低水平；从项目金额指数看，港澳台资企业和外资

企业增幅较大，国有企业和民营企业 OFDI 项目金额指数也呈上升趋势。

三、民营企业和港澳台资企业较其他类型企业更加偏好制造业对外直接投资

根据 2005—2023 年四种类型企业在对制造业对外直接投资项目数量和金额在本类企业总投资中的占比情况分析，民营企业在多数年份较其他三类企业在制造业投资金额占比方面保持较高水平；并且民营企业在 2005—2023 年对制造业投资金额在本类企业总投资中所占比例为 39.97%，高于其他三类企业；反映出民营企业对外直接投资对制造业的偏好程度要高于其他三类企业。

2005—2023 年，外资企业的制造业投资项目数量占比整体呈现波动上升趋势，2005 年外资企业的制造业投资项目数量占比在四种企业中处于较低水平为 18.75%，但外资企业在 2022 年对制造业的投资项目数量占比跃升至四种类型企业中的首位，达到 56.10%。尽管 2023 年外资企业对制造业投资项目占比下降至 40.51%，排第二位，但与首位民营企业的占比 41.22%相比差距不大。由此得出外资企业对外直接投资过程中更加倾向于制造业。

综上，与民营企业和外资企业偏好制造业对外直接投资相比，国有企业和港澳台资企业在对外直接投资中并未表现出对制造业的明显偏好。

四、民营企业和国有企业较其他类型企业在制造业投资中更加偏好较高技术水平制造业

根据对 2005—2023 年中国不同类型企业对较高技术水平制造业的对外直接投资项目数量占比和金额占比的发展趋势的对比分析，民营企业和国有企业对较高技术制造业的投资项目数量占比和金额占比在大多数年份均较外资企业和港澳台资企业保持优势地位；从民营企业和国有企业对较高技术水平制造业的投资项目数量合计占比和金额合计占比，也能看出民营企业和国有企业具有一定领先优势；这反映出相较外资企业和港澳台资企

业，民营企业和国有企业在制造业投资中更加偏好较高技术水平制造业。

五、非国有企业较国有企业在非制造业投资中更加偏好服务业

根据 2005—2023 年不同类型中国企业对服务业的对外直接投资项目数量和金额在本类企业对非制造业对外直接投资中所占比例的发展趋势，在大多数年份里，三类非国有企业相较国有企业在对服务业对外直接投资项目数量占比和金额占比上均保持领先，且三类非国有企业与国有企业相比在对服务业对外投资金额占比上的优势更加明显；反映出三类非国有企业与国有企业相比在对非制造业的对外直接投资中更加倾向于服务业。通过对比三类非国有企业与国有企业在 2005—2023 年对服务业对外直接投资项目数量合计占比和金额合计占比，也能得出同样结论。

六、民营企业随着"一带一路"倡议的全面开展在对共建国家和地区对外直接投资中逐渐占据优势

民营企业作为贯彻落实国家"一带一路"倡议的重要组成部分，自 2014 年"一带一路"倡议全面实施及配套政策设施不断完善以来，民营企业凭借自身产品竞争力和生产经营效率的不断提升，在对共建国家和地区的对外直接投资中表现出迅猛的追赶趋势；截至 2023 年，民营企业在不同类型企业对共建国家和地区的对外直接投资中发挥着中流砥柱的关键作用。

（一）不同类型企业对"一带一路"共建国家和地区 OFDI 项目数量占比和金额占比——基于总体视角

整体上看，自 2014 年"一带一路"倡议全面实施后，民营企业在对共建国家和地区的投资项目数量上始终保持领先，民营企业在 2005—2023 年对"一带一路"共建国家和地区投资项目数量的合计占比为 53.90%。在对共建国家和地区的对外直接投资金额上，2018 年以前国有企业在总体上仍占据优势，但国有企业的优势近年来迅速丧失，国有企业对"一带一路"共建国家和地区的对外直接投资金额占比已经由 2005 年的 85.82%下降至 2022 年的

6.18%。2023年，民营企业对外直接投资金额占比直线下降以及国有企业对外直接投资金额占比在同期直线上升，分别占比为47.98%、43.88%。

（二）不同类型中国企业对“一带一路”共建国家和地区OFDI项目数量占比和金额占比——基于投资模式视角

在对外直接投资项目数量占比和金额占比两方面，对于并购和绿地两种投资方式，港澳台资企业和外资企业占比均较小且不具有明显变化趋势；民营企业相较国有企业在对“一带一路”共建国家和地区的两种方式的对外直接投资项目数量占比和金额占比中整体占据领先地位。

对于对外直接投资项目数量占比，2023年，民营企业与国有企业并购项目数量占比分别为66.67%和12.64%，两类企业在并购投资项目数量占比上的差距为54.03%。在绿地投资项目数量占比方面，2023年，民营企业与国有企业的绿地投资项目数量占比分别为65.51%和25.20%，两类企业在绿地投资项目数量占比上的差距为40.31%。

在对外直接投资金额占比方面，对于并购投资金额占比，2017—2023年，民营企业波动上升，而国有企业则波动下降，总体上看，国有企业仍然是对共建国家和地区并购投资金额占比最多的企业类型。对于绿地投资金额占比，民营企业投资金额占比在2019年的直线上升以及国有企业投资金额占比在同期的直线下降，使民营企业相较国有企业占据较大的领先优势；2022年这一优势扩大至77.88%；2023年，民营企业投资金额占比直线下降以及国有企业投资金额占比在同期直线上升，二者的差距缩小至3.04%。

七、不同类型中国企业对“一带一路”共建国家和地区对外直接投资在近年来同样出现一定下滑

随着近年来全球经济增长缺乏动力以及部分国家所推行的贸易保护主义政策对企业开展对外投资及投资收益率的不利影响，产业结构优化升级及供给侧结构性改革对中国企业对外直接投资领域及方式的进一步规范，加之新冠疫情对企业利润水平及全球价值链的冲击，使得部分企业适度延

缓对外投资计划，从而引起中国企业对外投资项目数量和金额均出现一定幅度的下降。

（一）“一带一路”OFDI 综合指数

2014 年“一带一路”倡议正式实施之前，四种类型中国企业“一带一路”OFDI 综合指数整体未表现出明显发展趋势且处于较低水平。2014 年“一带一路”倡议正式实施后，不同所有制中国企业“一带一路”OFDI 综合指数表现出差异化特征；其中，民营企业“一带一路”OFDI 综合指数在 2014—2023 年呈“倒 U 型”发展趋势，并在 2016 年达到峰值；国有企业“一带一路”OFDI 综合指数以 2017 年为转折点呈现先上升后下降的“倒 V 型”发展趋势，并在 2017 年达到峰值；港澳台资企业“一带一路”OFDI 综合指数在 2015—2016 年直线上升并在 2016 年达到极大值、在 2016—2018 年迅速下降、2017—2020 年基本稳定、2020—2022 年波动下降、在 2023 年达到峰值；外资企业“一带一路”OFDI 综合指数在 2014 年后呈现波动上升的趋势且波动程度较大。

（二）“一带一路”对外直接投资项目数量及金额指数

2019—2022 年，受到对外直接投资阻碍因素不断增多以及新冠疫情的双重冲击，不同所有制中国企业项目数量指数均波动下降，但 2023 年不同所有制中国企业对外投资项目数量指数均有所回升。

在投资金额指数上，2017—2023 年，不同类型中国企业金额指数表现出差异化的发展趋势，其中，民营企业金额指数整体呈缓慢下降趋势，港澳台资企业金额指数呈波动下降趋势，国有企业以 2017 年为分界点呈现先直线上升后直线下降的“倒 V 型”发展特征，外资企业呈波动上升趋势且波动幅度较大。

（三）不同投资模式下“一带一路”对外投资项目数量及金额指数

在对外投资项目数量指数方面，对于并购投资，2014 年“一带一路”倡议正式实施后，不同所有制企业项目数量指数呈现出差异化的发展趋势；民营企业项目数量指数在 2014—2017 年迅速上升并在 2017 年达到峰值，在 2018—2022 年整体呈快速下降趋势；国有企业项目数量指数在

2014—2022 年先上升后下降，2023 年直线上升；港澳台资企业和外资企业项目数量指数在 2014—2022 年呈现水平波动趋势。对于绿地投资，不同类型企业项目数量指数在 2005—2018 年均整体呈波动上升趋势并同时在 2018 年达到峰值，其中民营企业和外资企业的上升趋势更加明显；2019—2022 年，除国有企业外，其他三类类型企业绿地投资项目数量指数呈现先下降后上升趋势，国有企业则呈现波动下降趋势；2023 年，四类不同所有制企业绿地投资项目指数均呈现直线上升趋势，其中，港澳台资企业上升幅度最大。

在对外投资金额指数方面，对于并购投资，在 2018—2023 年，民营企业和国有企业两类企业投资金额指数均波动下降至较低水平。在绿地投资金额指数方面，除港澳台资企业在 2016 年达到极大值以及在 2023 年达到峰值、外资企业分别在 2006 年、2018 年和 2022 年达到极大值外，四种类型中国企业在 2005—2023 年的大部分年份里均表现为水平调整状态且均保持在较低水平。

第六章　中国企业 OFDI 与宏观经济指标的协动性分析

企业海外直接投资与母国宏观经济之间有着密不可分的相关性。本章将中国宏观经济环境分为 7 大类，分别是（1）宏观经济增长；（2）国民经济运行与宏观政策；（3）消费、投资和储蓄；（4）结构变化；（5）人力资本与科研投入；（6）对外经济与贸易；（7）国际政治与经济。其中每一大类又细分为若干子项，合计 45 个宏观经济指标（详见表 6-1-1）。

为具体分析中国企业 OFDI 特别是中国民营企业 OFDI 与中国宏观经济环境之间存在的协动关系，本章通过能够反映宏观经济总体现状的上述主要经济指标与中国企业 OFDI 综合指数以及中国民营企业 OFDI 综合指数之间的相关性分析，探究中国企业 OFDI 尤其是中国民营企业 OFDI 发展背后的潜在影响因素；从而有助于总结归纳中国企业 OFDI 和中国民营企业 OFDI 发展的主要路径和提升空间，并对未来中国企业 OFDI 的持续协调发展提供一些参考。

第一节　协动性检验

表 6-1-1 具体列明了 2005—2023 年中国企业 OFDI 综合指数、中国民营企业 OFDI 综合指数与以上 45 个宏观经济指标的 Pearson 相关系数和 Spearman 相关系数；其中，相关系数在显著性水平内越接近于 1，表明该宏观经济指标与中国企业 OFDI 综合指数（或中国民营企业 OFDI 综合指数）的正向协动关系越强；反之，相关系数在显著性水平越接近于-1，表明该宏观经济指标与中国企业 OFDI 综合指数（或中国民营企业 OFDI 综合

指数）的反向协动关系越强。

表 6-1-1 企业 OFDI 综合指数与我国主要宏观经济变量的相关性检验结果

宏观经济指标		中国企业 OFDI 综合指数与各指标相关性		中国民营企业 OFDI 综合指数与各指标相关性	
		Pearson 相关系数	Spearman 相关系数	Pearson 相关系数	Spearman 相关系数
宏观经济增长	实际 GDP（亿元）	0.5476** ①	0.7123***	0.6834***	0.7895***
	实际 GDP 年增长率（%）	-0.5390**	-0.7386***	-0.6280***	-0.8088***
	人均 GDP（元）	0.5542**	0.7123***	0.6805***	0.7895***
	工业用电量（亿千瓦时）	0.5701**	0.7175***	0.6724***	0.7807***
	铁路货运量（百万吨）	0.2756	0.4737**	0.3541	0.5228**
	银行本外币中长期贷款（亿元）	0.7075***	0.8529***	0.8020***	0.9118***
国民经济运行与宏观政策	居民消费价格指数 CPI	0.6267***	0.7088***	0.7298***	0.7912***
	工业生产者出厂价格指数 PPI	0.1735	0.3193	0.1941	0.3474
	货币和准货币（M2）（亿元）	0.5211**	0.7123***	0.6615***	0.7895***
	贷款利率（%）	-0.6708***	-0.6270***	-0.7632***	-0.7492***
	一般公共预算支出（亿元）	0.6367***	0.7140***	0.7596***	0.7930***
	社会融资规模（亿元）	0.4860**	0.6789***	0.6012***	0.7509***
消费、投资和储蓄	内需（亿元）②	0.5615**	0.7123***	0.6885***	0.7895***
	社会消费品零售总额（亿元）	0.6308***	0.7193***	0.7527***	0.7947***
	居民人均可支配收入（元）	0.5609**	0.7123***	0.6937***	0.7895***
	全社会固定资产投资（亿元）	0.6577***	0.7035***	0.7666***	0.7860***
	实际利用外商直接投资金额（万美元）	0.4846**	0.7000***	0.5846***	0.7807***
	国民储蓄率（%）	-0.5725**	-0.6667***	-0.7568***	-0.7737***

① *** 表示在 1%水平上显著，** 表示在 5%水平上显著，* 表示在 10%水平上显著。

② 内需=最终消费+资本形成总额。

续表

宏观经济指标		中国企业 OFDI 综合指数与各指标相关性		中国民营企业 OFDI 综合指数与各指标相关性	
		Pearson 相关系数	Spearman 相关系数	Pearson 相关系数	Spearman 相关系数
结构变化	规模以上工业企业营业收入（亿元）	0. 8023***	0. 8897***	0. 8007***	0. 8897***
	制造业增加值占 GDP 比重（%）	-0. 6202***	-0. 7035***	-0. 7914***	-0. 7930***
	制造业就业占比（%）①	-0. 8419***	-0. 8786***	-0. 8889***	-0. 9250***
	第三产业产值占 GDP 比重（%）	0. 7219***	0. 7298***	0. 8512***	0. 8035***
	平均每年实际工资指数	0. 5794**	0. 7420***	0. 6972***	0. 8204***
	一二线城市商品房平均价格（元/平方米）②	0. 5463**	0. 7214***	0. 6785***	0. 8122***
	主要城市工业用地价格成本（元/平方米）③	0. 9182***	0. 9176***	0. 9115***	0. 9735***
人力资本与科研投入	大专及以上学历人口所占比例（%）	0. 7845***	0. 8471***	0. 8449***	0. 9029***
	平均受教育年限（年/人）	0. 7697***	0. 8176***	0. 7822***	0. 8794***
	中国每十万人拥有律师数（人）	0. 4176**	0. 7317***	0. 5693**	0. 8080***
	研发经费支出占 GDP 比重（%）	0. 5677***	0. 7123***	0. 6702***	0. 7895***
	每万人口发明专利拥有量（件）	0. 7001***	0. 7228***	0. 8247***	0. 8018***

① 制造业就业占比=各类单位或企业制造业就业量/各类单位或企业总就业量。

② 一二线城市商品房平均价格由国家统计局公布的 35 个大中城市商品房平均销售价格衡量。

③ 主要城市工业用地价格成本为 45 个主要城市在 2005—2023 年期间工业用地的平均价格。

续表

宏观经济指标		中国企业 OFDI 综合指数与各指标相关性		中国民营企业 OFDI 综合指数与各指标相关性	
		Pearson 相关系数	Spearman 相关系数	Pearson 相关系数	Spearman 相关系数
对外经济与贸易	出口总额（亿元）	0.5033**	0.6754***	0.5853***	0.7263***
	进口总额（亿元）	0.4985**	0.6140***	0.5514**	0.6456***
	贸易收支（亿元）	0.4332*	0.6193***	0.5825***	0.7035***
	经常项目借方（万美元）	-0.5739**	-0.6877***	-0.6452***	-0.7404***
	经常项目贷方（万美元）	0.5322**	0.6895***	0.6068***	0.7439***
	经常项目账户（万美元）	-0.3079	-0.2211	-0.2715	-0.1965
	资本和金融项目账户（万美元）	0.6716***	0.6386***	0.6941***	0.6930***
	美元兑离岸人民币汇率（人民币/美元）	-0.5681**	-0.5368**	-0.4352*	-0.4456*
	外汇储备（亿美元）	0.6494***	0.5930***	0.5619**	0.4982**
国际政治与经济	人民币国际化指数（RII）	0.2412	0.4637*	0.4481	0.5736**
	中国智库数量（家）	0.1243	0.7127***	0.2685	0.7597***
	EPU 指数	0.4788*	0.6971***	0.6321***	0.8059***
	中国整体形象得分	0.7800**	0.2000	0.8423**	0.5455
	世界平均 GDP 年增长率（%）	-0.3779	-0.4702**	-0.4239*	-0.4947**
	美国十年期国债收益率（%）	-0.5524**	-0.6117***	-0.5841***	-0.6678***

数据来源：国家统计局；国家外汇管理局；国家能源局；国家知识产权局；中国电力企业联合会；中经网统计数据库；中国地价信息服务平台；万得（Wind）数据库；中国人民大学历年《人民币国际化报告》；当代中国与世界研究院《中国国家形象全球调查报告》；世界银行数据库；CEIC 经济数据库；美国宾夕法尼亚大学“智库研究项目”（TTCSP）编《全球智库报告》；等等。

第二节　协动性分析

本节基于表 6-1-1 表示的中国企业 OFDI 综合指数、中国民营企业

OFDI 综合指数与各宏观经济指标之间的相关系数及其显著性，对 7 大类 45 个宏观经济指标与中国企业 OFDI 综合指数、中国民营企业 OFDI 综合指数的协动关系做出以下具体分析。

一、宏观经济增长与中国企业 OFDI 综合指数、中国民营企业 OFDI 综合指数的协动性分析

该类宏观经济指标共有 6 项指标，分别是实际 GDP（亿元）、实际 GDP 年增长率（%）、人均 GDP（元）、工业用电量（亿千瓦时）、铁路货运总发送量（百万吨）、银行本外币中长期贷款（万亿元）。测算结果显示：

（1）实际 GDP 与中国企业 OFDI 综合指数、中国民营企业 OFDI 综合指数在 1%的显著性水平上呈正向协动关系（实际 GDP 与中国企业 OFDI 综合指数的 Pearson 相关系数除外，在 5%的显著性水平上呈正向协动关系），证明了随着国力的增强我国 OFDI 也不断增加。

（2）实际 GDP 年增长率与中国企业 OFDI 综合指数、中国民营企业 OFDI 综合指数在 1%的显著性水平上呈反向协动关系，以及人均 GDP 与中国企业 OFDI 综合指数、中国民营企业 OFDI 综合指数在 1%的显著性水平上呈正向协动关系符合邓宁的"对外直接投资阶段论"（实际 GDP 年增长率、人均 GDP 与中国企业 OFDI 综合指数的 Pearson 相关系数除外，在 5%的水平上显著），说明伴随着我国进入中高收入发展阶段之后，尽管经济增速开始下降，但 OFDI 势头逐渐增强。

（3）工业用电量、铁路货运量、银行贷款整体上看代表宏观经济增长水平和国民经济运行状况，同时与我国 OFDI 呈现出同步良性互动。分开看，工业用电量和银行贷款均在 1%的显著性水平上与中国企业 OFDI 综合指数、中国民营企业 OFDI 综合指数呈正向协动关系（工业用电量与中国企业 OFDI 综合指数的 Pearson 相关系数除外，在 5%的显著性水平上呈正向协动关系），说明国内良好的经济运转态势以及市场对当前国内经济的强烈信心对 OFDI 起到积极促进作用；铁路货运量与中国企业

OFDI 综合指数、中国民营企业 OFDI 综合指数的 Spearman 相关系数在5%的显著性水平上为正，这反映出铁路货运量的增加在一定程度上代表着社会各经济部门生产经营规模不断扩大，由此带来中国企业产品销售量以及利润水平的不断提高，促进中国企业通过 OFDI 改善技术和管理模式以实现集约化生产经营、充分利用各地资源禀赋优势、不断扩大国际市场占有率。

二、国民经济运行与宏观政策与中国企业 OFDI 综合指数、中国民营企业 OFDI 综合指数的协动性分析

该类宏观经济指标共有 6 项，分别是居民消费价格指数 CPI、工业生产者出厂价格指数 PPI、货币和准货币（M2）（亿元）、贷款利率（%）、一般公共预算支出（亿元）、社会融资规模（亿元）。针对 OFDI，该 6 项指标又可以分为 2 类，CPI 和 PPI 主要代表国内消费和生产的宏观经济环境；而其余 4 项则是指国内的金融货币市场的环境。测算结果显示：

（1）CPI 与中国企业 OFDI 综合指数、中国民营企业 OFDI 综合指数在1%的显著性水平上呈现出正向协动关系；而与之相反，PPI 却并不与中国企业 OFDI 综合指数、中国民营企业 OFDI 综合指数相关。一般 CPI 和 PPI 的上升会将价格传导至工资水平和生产成本，进而影响企业 OFDI 决策。而由于我国 PPI 大部分时间处于低迷状态，因此导致其与企业“走出去”之间的相关系数并未呈现显著性。

（2）货币和准货币（M2）和社会融资规模的稳定增长以及一般公共预算支出的增加在 1%水平上显著（货币和准货币、社会融资规模与中国企业 OFDI 综合指数的 Pearson 相关系数除外，在 5%的显著性水平上呈正向协动关系），说明它们促进了中国企业 OFDI 尤其是中国民营企业 OFDI 的进一步发展，特别是与降低中国民企融资成本、缓解融资约束问题有着正向相关关系。同时，贷款利率的相关系数在 1%水平上显著为负也显示了宽松的融资环境有助于更多企业进行 OFDI。

三、消费、投资和储蓄与中国企业 OFDI 综合指数、中国民营企业 OFDI 综合指数的协动性分析

该类宏观经济指标共包含有 6 项，分别是内需（万亿元）、社会消费品零售总额（亿元）、居民人均可支配收入（元）、全社会固定资产投资（亿元）、实际利用外商直接投资金额（亿美元）、国民储蓄率（%）。测算结果显示：

（1）指标内需和代表内需内容的社会消费品零售总额、全社会固定资产投资、实际利用外商直接投资金额三项指标，以及代表居民消费购买力的居民人均可支配收入在 1%的显著性水平上与中国企业 OFDI 综合指数、中国民营企业 OFDI 综合指数存在正相关关系（内需、居民人均可支配收入、实际利用外商直接投资金额与中国企业 OFDI 综合指数的 Pearson 相关指数除外，在 5%的水平上显著），说明随着我国消费和投资的增长，OFDI 也相应增长。

（2）除国民储蓄率与中国企业 OFDI 综合指数的 Pearson 相关系数外，国民储蓄率与中国企业 OFDI 综合指数、中国民营企业 OFDI 综合指数分别在 1%的显著性水平上呈现出负相关性，与我国经济发展阶段相符。日本学者南亮进（2002）① 认为，在经济发展初期，储蓄率有上升倾向，随着经济的成熟而逐渐下降。中国的国民储蓄率在 2010 年达到 51. 8%的历史高点，之后开始趋势性下降，而几乎同期，我国 OFDI 开始大幅增长。

四、结构变化与中国企业 OFDI 综合指数、中国民营企业 OFDI 综合指数的协动性分析

该类宏观经济指标包含 7 项指标，分别是规模以上工业企业营业收入（万亿元）、制造业增加值占 GDP 比重（%）、制造业就业占比（%）、第三产业产值占 GDP 比重（%）、平均每年实际工资指数、一二线城市商品

① 南亮進：《日本の経済発展》第 3 版，日本東洋経済新聞社，2002 年版。

房平均价格（元/平方米）、主要城市工业用地价格成本（元/平方米）。其中，本章选取《中国统计年鉴》中公布的35个大中城市商品房平均销售价格作为度量一二线城市商品房平均销售价格的指标，选取包括各省级行政单位特别是沿海地区45个主要城市在各年份工业用地价格的平均数作为衡量中国主要城市工业用地价格成本的指标。测算结果显示：

（1）规模以上工业企业营业收入与中国企业OFDI综合指数、中国民营企业OFDI综合指数的相关系数在1%水平上显著为正，说明中国企业实力的增强与OFDI成正比关系。

（2）制造业增加值占比和制造业就业占比与中国企业OFDI综合指数、中国民营企业OFDI综合指数的相关系数在1%水平上显著为负，第三产业产值占GDP比重的相关系数在1%水平上显著为正，说明伴随着制造业占比和就业占比的趋势性下降，我国OFDI在逐步加大海外“走出去”的进程。一般而言，经济发展进入到一定阶段之后（一般是后工业化时代），制造业占比和就业占比达到峰值之后会逐步下降，第三产业比重会逐步提高①，同时企业OFDI步伐也会加速。我国的制造业占比和就业占比分别在2006年和2013年达到峰值。

（3）平均每年实际工资指数、一二线城市商品房平均价格和主要城市工业用地价格成本与中国企业OFDI综合指数、中国民营企业OFDI综合指数的相关系数在1%水平上显著为正（平均每年实际工资指数、一二线城市商品房平均价格与中国企业OFDI综合指数的Pearson相关系数除外，在5%的显著性水平上呈正向协动关系），显示出国内企业运营成本的不断提高迫使部分企业OFDI。

五、人力资本与科研投入与中国企业OFDI综合指数、中国民营企业OFDI综合指数的协动性分析

该类宏观经济指标包括了5项指标，分别是大专及以上学历人口所占

① 请参考配第克拉克定律。

比例（%）、平均受教育年限（年/人）、中国每十万人拥有律师数（人）、研发经费支出占 GDP 比重（%）、每万人口发明专利拥有量（件）。其中，以研发经费支出占 GDP 比重作为度量研发投入强度的指标，通过研发投入强度与中国企业 OFDI 综合指数、中国民营企业 OFDI 综合指数之间的相关系数分析研发投入强度与中国企业 OFDI、中国民营企业 OFDI 之间的协动关系。

计算结果表明：代表人力资本的大专及以上学历人口所占比例、平均受教育年限和每十万人拥有律师数 3 个指标，与中国企业 OFDI 综合指数、中国民营企业 OFDI 综合指数的相关系数在 1%的显著性水平上均为正向相关（每十万人拥有律师数与中国企业 OFDI 综合指数和中国民营企业 OFDI 综合指数的 Pearson 相关系数除外，在 5%的显著性水平上呈正向协动关系），以及代表我国研发投入的研发经费支出占 GDP 比重和每万人口发明专利拥有量 2 个指标，与中国企业 OFDI 综合指数、中国民营企业 OFDI 综合指数在 1%的显著性水平上均为正向相关，显示伴随着我国人力资本提高以及研发投入的增强，我国“走出去”水平也不断提升。同时，由于 OFDI 具有逆向溢出效应，计算结果表明我国 OFDI 水平的提升有助于促进国内科研创新活动。

六、对外经济与贸易与中国企业 OFDI 综合指数、中国民营企业 OFDI 综合指数的协动性分析

该类宏观经济指标包括了 9 项指标，分别是出口总额（万亿元）、进口总额（万亿元）、贸易收支（万亿元）、经常项目借方（亿美元）、经常项目贷方（亿美元）、经常项目账户（亿美元）、资本和金融项目账户（亿美元）、美元兑离岸人民币汇率（人民币/美元）、外汇储备（亿美元）。

在中国，一般认为国际收支平衡表上的“经常账户项目顺差+资本和金融项目顺差−外汇储备增量＝0”。经常项目借方（贷方）金额的减少（增加）反映一国在商品、服务、收入和经常转移上外汇净收入的变化；资本和金融项目差额是一国对外资本输出入与金融交易收支的汇总差额。

中国央行的官方外汇储备＝经常账户＋资本和金融账户－境内私人持有外币现金，其中，经常账户是我国的净出口加上该国从外国挣得的净收入，资本和金融账户则是流入我国的资本（短期资本、外国直接投资和对外借款）减去流出的资本（短期资本、对外投资和对外放贷），即我国的资本净流入。

计算结果表明：

（1）出口、进口、贸易收支、经常项目借方、经常项目贷方、资本和金融项目账户这6个指标与中国企业OFDI综合指数、中国民营企业OFDI综合指数的Spearman相关系数均在1%的水平上显著相关，外汇储备与中国企业OFDI、中国民营企业OFDI分别在1%和5%的水平上表现出相关性，其中经常项目借方为显著负向相关。一般认为，我国迄今为止进出口贸易顺差以及在此基础上积累的雄厚的外汇储备为我国OFDI奠定了坚实的基础。

（2）特别需要关注的是，相关系数显示经常项目账户与中国企业OFDI不存在显著相关关系。从国际收支表看，中国长期以来一直在输出资本，尽管中国的海外净资产是正的，但是投资收入却是逆差。这种“净债权、投资收益为负”的对外资产—负债结构也许正是导致上述OFDI与经常项目账户不相关的原因所在，但是其相关具体原因有待我们在今后研究中进一步分析。

（3）美元兑离岸人民币汇率与中国企业OFDI综合指数、中国民营企业OFDI综合指数均负向相关。这说明各所有制类型企业都比较遵循市场经济规律地进行OFDI。

七、国际政治与经济与中国企业OFDI综合指数、中国民营企业OFDI综合指数的协动性分析

该类宏观经济指标包含6项指标，分别是人民币国际化指数（RII）、中国智库数量（家）、经济政策不确定性（EPU）指数、中国整体形象得分、世界平均GDP年增长率（%）、美国十年期国债收益率（%）。其中，

（1）RII 采用中国人民大学国际货币研究所历年《人民币国际化报告》中的人民币国际化指数；（2）使用美国宾夕法尼亚大学“智库研究项目”（TTCSP）研究编写的《全球智库报告》中统计的中国智库数量作为衡量中国智库发展现状及趋势的指标；（3）EPU 指数采用 Scott Baker，Nicholas Bloom，Steven J. Davis and Sophie Wang（2013）根据《南华早报》上自 1995 年 1 月直至现在每个月份上与“中国经济政策不确定性”相关的文章数目占比计算出的 EPU 指数；（4）中国整体形象得分指标引自当代中国与世界研究院发布的《中国国家形象全球调查报告》。

计算结果显示：

（1）RII 分别在 10%和 5%的显著性水平上与中国民营企业 OFDI 成正相关协同关系，显示两者相辅相成。

（2）中国智库数量与中国企业 OFDI 综合指数、中国民营企业 OFDI 综合指数的 Spearman 相关系数在 1%的显著性水平上表现出正相关性，而相应的 Pearson 相关系数同样为正但均不显著。由于 Pearson 评估的是两个变量的线性关系，而 Spearman 评估的两变量的单调关系，且 Spearman 相关系数对于数据错误和极端值的反应不敏感，因此该结果也可以理解为我国的智库在“走出去”过程中并未发挥应有的作用，今后的智库的建设和服务水平仍需要进一步加强。

（3）除 EPU 指数与中国企业 OFDI 的 Pearson 相关系数只在 10%的显著性水平上正向相关外，EPU 指数与中国企业 OFDI 综合指数的 Spearman 相关系数、EPU 指数与中国民营企业 OFDI 综合指数的相关系数均在 1%的显著性水平上呈现出正向协动关系；其中 EPU 指数对中国民营企业 OFDI 的影响作用更加显著。由于 EPU 代表“中国经济政策不确定性”，EPU 指数与 OFDI 成正向相关反映了中国经济在快速发展的同时，企业特别是民营企业如何看待和应对他们所面临着的诸多的政策不确定性。提醒各级政府今后还需在不断改善营商环境、进一步提高政策透明度等方面下功夫。

（4）中国整体形象得分与中国企业 OFDI 综合指数、中国民营企业 OFDI 综合指数的 Pearson 相关系数在 5%的显著性水平上显著为正，而相应的 Spearman 相关系数同样为正但并不显著。中国整体形象的好坏关乎“走出去”企业的初始投资的顺利程度以及落地之后的可持续发展等方方面面。根据结果，中国整体形象的稳定提升对中国企业 OFDI、中国民营企业 OFDI 具有带动作用，但这种带动作用由于中国整体形象得分数据时间跨度较小，仅有 2013—2020 年数据，尚未更新 2021—2023 年的得分而未完全呈现。

（5）世界平均 GDP 年增长率与中国企业 OFDI 综合指数、中国民营企业 OFDI 综合指数的相关系数呈现出负向协动关系，但世界平均 GDP 年增长率与中国企业 OFDI 综合指数的 Pearson 相关系数并不显著。说明近年我国强劲的 OFDI 并未较大地受到国际经济形势的波动阻碍，反而利用了一些国家经济形势不太明朗的有利时机，无论是对发达国家（地区）的投资还是“一带一路”都积极地推进 OFDI。

（6）除美国十年期国债收益率与中国企业 OFDI 综合指数之间的 Pearson 相关系数在 5%的显著性水平上保持负相关性外，美国十年期国债收益率的降低在 1%的显著性水平上对中国企业 OFDI、中国民营企业 OFDI 均起到了显著推动作用。说明美国在全球经济中的重要地位以及美元在国际货币体系中所发挥的巨大作用，具有“金融资产的锚”之称的美国十年期国债收益率不仅会影响全球资本流动以及汇率走势，它还可以通过一系列传导机制引起包括中国在内的世界其他国家和地区利率水平的变动，利率水平的升降直接影响我国企业尤其是民营企业的融资问题。

第三部分

关于“投资标的国（地区）数据保护制度与外商直接投资”专题分析

第七章　数据保护制度的概念界定及发展现状

第一节　数据保护制度的概念界定

现有研究中对“数据保护制度”的概念还没有一致的说法。在国外，数据保护制度通常指个人数据保护制度，学者往往将个人数据保护相关法律法规作为数据保护制度的全部内容（Naef，2021；Comandè 和 Schneider，2022）。而在国内，学者在讨论与“数据保护制度”相关话题时，所指的“数据”包括全部类型数据，并不专指“个人数据”。

在这些国内研究中，对“数据保护制度”有比较明确定义的是高富平等（2020）、张浩然（2022）的研究。其中，高富平等（2020）认为“数据保护”是指“对数据上的合法权益给予法律认可和保护，以使数据主体、数据控制者愿意并能够将数据提供给他人使用，使数据流动和流通”，他们还进一步按照数据保护主体的不同，将数据保护制度规则划分为两个层次：第一个层次是保护数据来源者利益的制度规则，主要涉及对个人数据的保护；第二个层次是保护数据收集和加工处理者利益的制度规则，即对数据控制人的数据财产权进行保护。与高富平等（2020）类似，张浩然（2022）也将数据保护制度分为两类。他认为数据保护制度的一个维度是指保障个人、组织数据安全的数据安全保护制度，另一个维度是保障企业数据财产利益的数据财产保护制度。两篇文献虽然对数据保护制度的界定有差异，但总体来看，两篇文献都表明数据保护制度应保护数据主体的合法权益不受损害。

国内还有一些讨论虽然未明确“数据保护制度”的概念，但却表述了数据保护制度构建的目标。中国工业和信息化部原副部长杨学山 2018 年在一次主题演讲中提到：“全世界的数据保护目标是一致的，即数据不被滥用、不被篡改、不被泄露，这三点是信息安全和数据保护最根本的事情。同时，我们也要保护与数据保护相关各方的基本权利，即所有权、处置权、财产权、知情权，在保护过程中要平衡利益。”①管荣齐（2023）指出数据保护制度是以保障数据权益和促进数据流通为目标构建的。另外，也有一些国内学者指出了构建数据保护制度的路径：肖冬梅和文禹衡（2016）表示将数据保护法益归属于数据产生者，同时适用财产规则，是构建数据保护制度的一条相对优选的路径；张素华和李雅男（2018）认为现阶段在立法保护数据时，应该优先注重风险控制，采用可以防控风险的行为规制模式，来实现公共利益和个人利益平衡。

尽管已有研究对数据保护制度的概念没有统一的说法，但是这些研究基本认同：在对数据保护制度进行具体规则设计时，数据保护的规则应能保证“数据主体②的合法权益不受损害”，同时应坚持“数据安全与数据利用平衡”的基本原则。按照这一总结，本书将数据保护制度的概念概括为：旨在通过保护数据主体合法权益不受损害，实现数据安全与数据利用平衡的一套行为准则。进一步地，根据数据保护规则的差异，本书将数据保护制度划分为两类：

一类数据保护规则主要是针对数据控制人的数据收集、存储、传输行为设置行为规范和惩罚措施，并由政府相关监管机构承担监管责任，本书将这类数据保护规则，称为数据安全保护制度。一些文献中，也将这类数据保护规则统称为数据安全监管制度，或者数据监管制度。

另一类数据保护规则主要通过明晰数据产权的归属，明确各数据主体

① 详见资料 https：//www. 163. com/dy/article/E368ILHO0518KCLG. html。

② 数据主体可以按照职责权限划分为数据来源者、数据处理者、数据资源持有者和数据产品经营者，也可以按照数据类型划分为公共数据主体、企业数据主体和个人数据主体（管荣齐，2023）。

的权利边界，并对所赋予的权利予以保护，本书将这类数据保护规则，称为数据产权保护制度。

两类数据保护制度既有联系又有区别。从作用上看，两类数据保护制度都有助于规避数据安全风险，防范数据被未经授权访问，对于保护个人隐私，维护公共利益和国家安全都具有正向推动作用。不过数据安全保护制度的作用，主要就在于规避数据安全风险、使数据主体处于安全状态①；而数据产权保护制度的作用，主要在于降低数据交易成本，促进数据要素资源配置效率提高，规避数据安全风险只是数据产权保护规则在发挥作用时的间接产物。此外，在两种数据保护制度发挥作用的过程中，政府扮演的角色也不同。对于数据安全保护制度，政府一方面需要扮演制度设计和完善者的角色，另一方面需要扮演监管者的角色。缺少政府监管部门的监督审查，数据安全保护制度规则难以对数据控制人的数据使用和数据跨境传输行为起到约束作用。而对于数据产权保护制度，政府主要扮演制度设计和完善者的角色，数据产权保护法律法规一旦开始生效，自动会对数据交易双方起到约束作用。

第二节　数据安全保护制度的发展现状

本节将采用“典型经济体分析”和“量化分析”两种方法，分析数据安全保护制度的发展特征。其中，“典型经济体分析”以美国、欧盟和中国三个经济体数据安全保护制度的发展情况为基础展开；“量化分析”以构建国家（地区）层面数据安全保护力度指标为基础展开。

一、基于典型经济体的分析

美国、欧盟和中国构建的数据安全保护制度框架，被认为是其他国家

① 数据安全状态即指数据主体对数据占有、控制和利用状态稳定，数据的机密性、可用性和完整性得到保证，任何个人或组织不得在未经授权获取、利用和篡改数据内容（马忠法和胡玲，2021；张浩然，2022）。

（地区）建设数据安全保护制度规则时模仿的标准（UNCTAD，2021）。为总结全球数据安全保护制度的发展特征，本部分重点分析了美国、欧盟和中国三个典型经济体数据安全保护制度的发展情况。

（一）美国——经济发展优先

现阶段，美国的数据安全保护法律法规主要保护的对象是个人数据，而且在保护个人数据时，美国采用的是“分散立法+行业自律”的数据安全保护制度框架，至今为止还未形成一部正式的综合性个人数据保护法律。具体来看，美国只针对一些重要的行业或特殊的个人数据主体制定了数据安全保护法律，如《儿童在线隐私保护法》《健康保险携带和责任法案》《电话消费者保护法》《公平信用报告法》等。而对于其他一些不重要领域的个人数据，美国主要依靠行业自律机制来进行数据安全保护（曾铮和王磊，2021）。美国采用这种数据安全保护制度框架的原因，一方面在于美国属于判例法的法律体系，另一方面主要是美国对数据的安全保护是以不阻碍经济发展为基本前提的，这种“分散立法+行业自律”的方式，可以在满足经济发展需求的基础上灵活地进行数据安全保护，不会过于阻碍经济发展（曾铮和王磊，2021）。

从美国对待数据跨境流动的态度上，也可看出美国“经济发展优先”的数据保护理念。美国十分看重数据跨境自由流动带来的经济效益，因此美国一直努力地推动其他国家放松数据跨境流动限制。例如，在 WTO 电子商务规则谈判中，美国一直是积极的推动者，并且主张 WTO 规则应该为跨境数据流动创造有利条件，允许企业和消费者以合适的方式跨境转移数据（张生，2019）；在对外缔结自由贸易协定时，美国的立场是缔约双方应达成数据跨境自由流动相关协议，尽量避免对跨境数据流动施加不必要的限制，2007 年签署的《美国—韩国自由贸易协定》、2015 年签署的 TPP、2018 年达成的《美墨加协定》都能体现美国的这一立场。不过，美国虽然鼓励其他国家放松对数据跨境流动的限制，但实际上美国自身也并非完全放开对数据跨境流动的管制。面对数据跨境流动中可能引发的国家安全问题，美国也颁布了多部法律加以约束，如《爱国者法》《信息网络安全研究与发展法》《联邦信息安全管理法案》《网络情报共享与保护法令》《国家网络安全法》等。因此，有学者称美国在数据跨境流动方面具有“双重标准”（张生，2019）。

尽管当前美国的数据安全保护制度较其他国家而言相对宽松，但是随着近年来全球范围内数据安全问题频发，以及欧盟《通用数据保护条例》（GDPR）的出台，美国的数据安全保护制度框架开始发生缓慢调整，数据安全保护力度有增强的趋势。特别是在 2018 年，这一年美国加利福尼亚州通过了《2018 加州消费者隐私法案》，标志着美国首部最全面的个人数据保护法案的出台。随后在 2022 年，美国还发布了第一个综合性联邦隐私法案《美国数据隐私和保护法案》草案以及《算法责任法案》草案等，以持续推动数据安全与隐私立法。

（二）欧盟——个人权利优先

欧盟构建的数据安全保护制度框架，重点强调对个人数据的保护（曾铮和王磊，2021）。在欧盟，个人数据隐私权被视为一项基本人权，与人格尊严密切相关，不可剥夺，不可转让。当保护人权与其他经济价值发生矛盾时，欧盟会将保护人权放在其他经济价值的首位。

欧盟较早便开始以立法的方式保护个人数据。1970 年，德国黑森州通过了世界上第一部关于个人数据保护的法律，主要涉及公共机构对个人数据的处理（库勒，2008）。随后欧盟还颁布了一系列保护个人数据的法律规章，其中最具有影响力的有三部法案：其一为 1995 年通过的《关于涉及个人数据处理的个人保护及此类数据自由流动指令》（以下简称《95 指令》）。该法案为欧盟成员国个人数据保护立法制定了基本框架（王曦，2023）。其二为 2002 年的《电子隐私指令》。该法案主要目的在于规范电信和互联网服务提供商的行为，调整电子通信领域有关个人数据的处理规则，保证各成员国提供的隐私保护条件相同，并确保该领域内数据在成员国间自由流动。其三为 2018 年生效的《通用数据保护条例》（GDPR）。GDPR 是对《95 指令》相关规定的进一步完善和深化，解决了《95 指令》框架下各成员国立法不统一、执法分散、成本高昂的问题。具体来看，

GDPR 一方面明确解释了数据主体（个人）享有的数据“知情权”“同意权”，以及数据“持续控制权”和“被遗忘权”；另一方面明确规定了数据控制者应承担的多种数据安全保护义务，包括保护数据主体权利的义务、数据泄露报告的义务、数据系统保护和默认保护的义务、数据安全影响评估的义务等（王曦，2023）。另外，GDPR 也针对数据跨境转移问题制定了标准，GDPR 要求只有在接收国或地区被认定为有充分的数据安全保护水平时，欧盟境内收集的个人数据及其相关数据才能被转移到国外。为推动数据控制者自觉履行相关义务，GDPR 制定了较为严格的惩罚措施：任何违反 GDPR 相关规定的行为，最高将被处以 2000 万欧元或者母公司营业额 4%的罚款。由于 GDPR 的相关规则比较细致、全面，在社会中被称为“史上最严的数据保护法”，其中的一些规则，也被多个国家所借鉴。

在 GDPR 出台后，欧盟的数据安全保护制度规则出现了一些新的变化：开始强调数据安全与数据利用的平衡。2019 年 5 月，欧盟正式实施了《非个人数据自由流动条例》，废止了不合理的数据本地化限制措施，促进专业用户数据迁移，旨在与 GDPR 形成统一的数据治理框架，保障非个人数据在欧盟境内自由流动，促进欧盟发展富有竞争力的数字经济；2022 年 4 月欧盟议会批准的《数据治理法案》明确了公共部门数据再利用的条件，允许自然人或法人在公共部门所提供的安全处理环境中访问并再利用公共数据。总体来说，欧盟的数据安全保护制度正朝着安全与利用兼顾的方向发展。

（三）中国——国家利益优先

中国的数据安全保护制度高度重视对国家安全的保护。在中国，国家安全是“头等大事”，维护国家安全多次被写入党和政府重要文件中，如二十大报告中提到：“必须坚定不移贯彻总体国家安全观，把维护国家安全贯穿党和国家工作各方面全过程，确保国家安全和社会稳定。”在总体国家安全观的指引下，中国逐步建立了数据安全保护法制体系。

具体来看，中国现行的数据安全保护法制框架，由《中华人民共和国网络安全法》《中华人民共和国数据安全法》和《中华人民共和国个人信息保护法》三部单行法律及配套的行政法规、规章组成。其中《网络安全法》于2017年6月正式生效，是中国第一部全面规范网络空间安全治理问题的基本法律。《网络安全法》将信息安全保护上升到法律层面，明确了网络产品和服务提供者的安全义务，以及个人信息保护义务，加强了对数据主体权利的保护。此外，该法还强调了关键信息基础设施的特殊性，并将网络实名纳入网络安全防护体系。《数据安全法》于2021年9月正式实施，是中国第一部全面规范数据安全治理问题的基本法律。《数据安全法》是《网络安全法》在数据安全方面的补充和细化，它明确了数据的定义，概括了数据安全制度的基本内容、数据安全保护的义务、法律责任等。《个人信息保护法》于2021年11月正式实施，该法律在《中华人民共和国民法典》等有关法律的基础上进一步细化，为个人信息权益保护、信息处理者的义务以及主管机关的职权范围提供了全面的、体系化的法律依据，是中国首部针对个人信息保护而设置的专门性立法。在这几部法律出台之前，中国涉及数据安全保护的法律、行政法规、部门规章已有几十部，较为分散，且规定各不一致（王曦，2023）。这三项法律及其配套法规的实施，统一了原有分散的法规，进一步强调了数据主体的权利、数据控制人的义务和责任，提高了中国数据安全保护水平，对于防范数据安全风险具有积极作用。

由于中国在保护数据安全时，比其他国家更强调对国家主权安全、公共利益的保护，因此中国所设计的数据安全保护制度规则，有一个显著不同于美国、欧盟模式的特征——中国对数据跨境流动的限制非常严格。这一特征无论是在前期分散立法阶段，还是当前统一立法阶段，都能得到体现。如2014年5月发布的《人口健康信息管理办法（试行）》中要求："不得将人口健康信息在境外的服务器中存储，不得托管、租赁在境外的服务器"；2015年11月颁布的《地图管理条例》中要求："互联网地图服务单位应当将存放地图数据的服务器设在中华人民共和国境内，并制定互联网地图数据安全管理制度和保障措施。"综合性的《网络安全法》，更是首次以法律形式明确了中国的跨境流动基本政策，强调了中国对数据跨境流动问题的重视。《网络安全法》第三十七条规定：“关键信息基础设施的运营者在中华人民共和国境内运营中收集和产生的个人信息和重要数据应当在境内存储”，同时还就关键信息基础设施数据出境提出了安全评估要求，确立了数据处境安全评估的基本框架。数据跨境流动问题，一直是威胁国家数据安全的主要问题。通过限制数据跨境流动，将数据约束在国家范围内，能有效地缓解数据传输带来的国家安全威胁，对于维护国家安全具有重要作用。

随着数据在经济中的重要性愈发凸显，中国现阶段正在积极尝试完善现有的数据安全保护制度，以达到兼顾数据安全和数据利用的目标。如2021年11月，国家互联网信息办公室发布了《网络数据安全管理条例（征求意见稿）》，公开向社会征求关于网络数据安全管理相关规定的建议。在该征求意见稿中，将《网络安全法》《数据安全法》《个人信息保护法》三项法律中涉及的数据安全管理规定进行了细致的说明和解释，按此规定将有助于减少原有数据安全保护规定语义模糊导致的不确定性；2023年9月，国家互联网信息办公室还发布了《规范和促进数据跨境流动规定（征求意见稿）》，按该征求意见稿中的规定，自贸区可以自行制定数据“负面清单”，对于没有被纳入“负面清单”的数据，可以不申报数据出境安全评估、订立个人信息出境标准合同、通过个人信息保护认证，此规定将有利于在保护数据安全基础上降低企业的合规成本。

（四）特征归纳

尽管美国、欧盟和中国在构建数据安全保护制度时，有不同的侧重点，但是从它们的制度发展变化中，可以发现它们的数据安全保护制度的发展过程存在一定的共性。本书将其归纳为两点：

第一，数据安全保护制度变得更加严格。美国《2018加州消费者隐私法案》、中国《网络安全法》《数据安全法》《个人信息保护法》，都是国内首部全面性的法规，实现了从零散数据安全保护模式到统一保护模式的转变；欧盟的GDPR相比于《95指令》，新增了多项数据主体权利和数据控制人义务，还加大了违规处罚力度。这些法律出台，都标志着国家加强了对数据安全的保护水平，数据安全保护制度趋于严格。

第二，数据安全保护制度的目标，正开始从单一追求“数据安全”或追求“数据利用”，向追求“数据安全与数据利用”兼顾的方向转变。美国保护数据安全从使用行业自律机制，向需要使用法律配合维护；欧盟旨在保证非个人数据在欧盟境内自由流通的《欧盟非个人数据自由流动条例的实施指南》出台；以及中国开始对兼顾安全与发展的数据安全保护方式的探索，都说明了这一特征。

二、基于国家（地区）数据安全保护水平的量化分析

本小节使用量化分析法，首先量化了各个国家（地区）数据安全保护水平。在此基础上，从全球总体和国家（地区）间差异两个角度，归纳全球视野下数据安全保护制度在发展中的一般特征。

（一）国家（地区）数据安全保护水平的量化方法

本书按照 Ferracane 等（2018）测算各国（地区）数据政策限制指数的方法，测算各国（地区）数据安全保护水平。

为反映国家（地区）之间数据政策限制程度的差异，Ferracane 等（2018）首先确定了一套“限制性措施”，这套措施被认为会阻碍数据的使用和跨境流动，具体包括规定数据保留期限、界定数据隐私主体权利、对数据隐私管理方法提出要求、制定违规惩罚标准、限制数据跨境流动五个方面。在此基础上，通过对一国（地区）使用这套措施中每种类型措施的程度进行打分，再经各级加权，汇总得出国家（地区）总体数据政策限制得分（即数据政策限制指数）。该得分即可反映国家（地区）的数据政策限制程度。当一国（地区）使用的限制措施的类型越多，同时每种类型措施限制的范围或对象更广时，国家（地区）总体的数据政策限制得分就越高，数据政策限制程度就越强。

本书注意到，Ferracane 等（2018）制定的这套“限制性措施”，基本涵盖了现阶段各种类型的数据安全保护措施。被社会称为史上最严格、最全面的 GDPR 中的大部分个人数据保护措施，都可以在这套措施中体

现。因此可以说，Ferracane 等（2018）所指的限制性数据政策，实际上就是一国（地区）的数据安全保护政策。故而本书按照 Ferracane 等（2018）的数据政策限制指数的测算方法，测算国家（地区）数据安全保护水平是合理的。由于 Ferracane 等（2018）只公布了 2016 年各国（地区）数据政策限制指数，本书为观察长期内的国家（地区）数据安全保护水平的变化，进一步测算了 2003—2018 年间各国（地区）的数据安全保护水平。

为使国家（地区）数据政策限制指数的得出过程更加清晰化，本书将 Ferracane 等（2018）测算数据政策限制指数的方法，概括为如下几个步骤：第一，对 DTE（Digital Trade Estimates）数据库中 64 个国家（地区）每项具体的数据政策措施进行评分。分值范围限定在（0，1）区间范围内，分值越接近 1，表示该项措施越严格。分值大小取决于措施涉及的对象和范围，若措施针对的是个人或所有行业，则分值最高。[①] 第二，测算表 7-2-1 中数据政策限制指标体系中的各三级指标得分。每项三级指标得分，取当年度该国（地区）在该项下所有细分政策得分的最大值。第三，对每项三级指标赋权，加权汇总至二级指标，获得二级指标得分。第四，对二级指标赋权，加权至一级指标，得到一级指标“数据政策限制措施”得分，即当年该国（地区）的数据政策限制指数。

由于二级指标中的前五大类数据限制措施，均具有限制数据控制人数据使用能力的作用，因而本书参考 van der Marel and Ferracane（2021），将前五大类措施统称为数据境内使用限制措施；并用前五个二级指标的总得分，衡量国家（地区）的数据境内使用限制程度，本书称为“数据境内使用限制程度”。此外，本书用二级指标的跨境数据流动限制得分，衡量数据跨境流动限制程度，本书称之为“数据跨境流动限制程度”。数据境内使用限制程度和数据跨境流动限制程度的高低，共同决定了一国（地区）的数据安全保护水平。

① 具体指标体系详见 Ferracane 等（2018）。

表 7-2-1　Ferracane 等（2018）的数据政策限制指标体系

一级指标	二级指标	权重	三级指标	权重
数据政策限制措施	数据保留期限	0.15	最短保留期限	0.70
			最长保留期限	0.30
	数据隐私的主体权利	0.10	繁多的请求同意要求	0.50
			被遗忘权利	0.50
	数据隐私的管理要求	0.15	要求对数据保护影响评估	0.30
			要求任命一个数据保护办事员	0.30
			要求在数据泄露的情况下通知数据保护机构	0.10
			允许政府访问收集的个人数据	0.30
	对违规行为的制裁	0.05	罚款超过 25 万欧元，或者按营业收入制裁	0.50
			刑事制裁	0.50
	其他限制性措施	0.05	其他与数据政策有关的限制措施	1.00
	跨境数据流动限制	0.50	禁止转移和本地处理要求	0.50
			本地存储要求	0.25
			有条件的数据跨境流动措施	0.25

资料来源：整理自 Ferracane 等（2018）。

（二）全球数据安全保护水平的总体变化

为反映全球数据安全保护水平的总体变化，本部分用测算出的 64 个国家（地区）的数据安全保护水平的平均值表示全球数据安全保护水平。在图 7-2-1 中，本书展示了 2003—2018 年全球数据安全保护水平的变化。可以看出，随着数字经济的快速发展，全球范围内数据安全保护水平持续提高，2018 年的数据安全保护水平约为 2003 年的 5.37 倍。特别是受 GDPR 正式生效影响，2018 年全球数据安全保护水平骤升。总体来说，全球范围内数据安全保护制度越来越严格。这一特点与上一节从典型经济体中总结的特点一致。

（三）不同经济体间的数据安全保护水平差异

本部分通过观察不同经济体数据安全保护水平的差异及变化情况，以国际比较的方式总结全球数据安全保护制度的发展特征。本书将 64 个样本

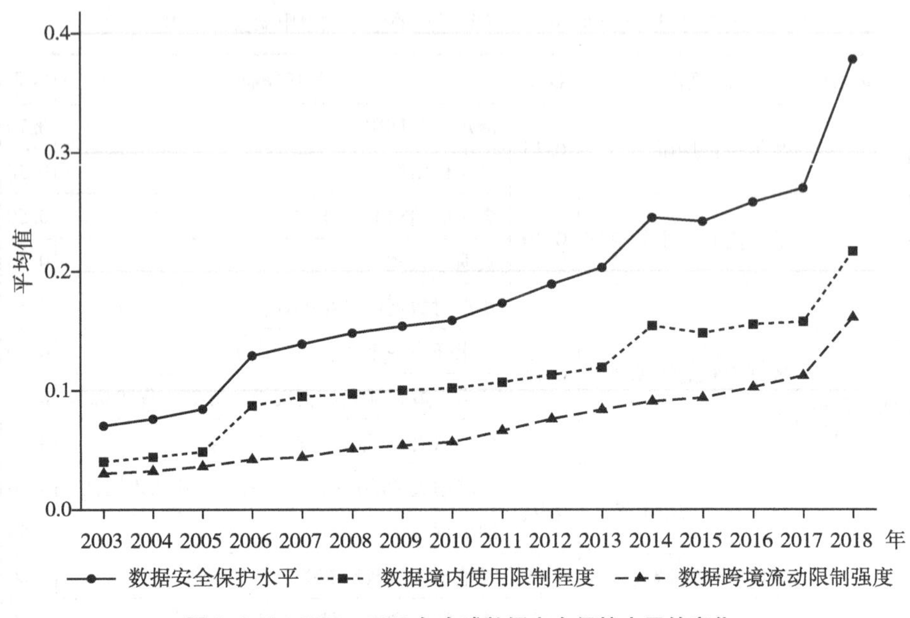

图 7-2-1　2003—2018 年全球数据安全保护水平的变化

数据来源：整理自 DTE 数据库。

国家（地区）划分为欧盟（28 国①）、其他发达经济体（13 国）、发展中和转型经济体（23 国）三类。

图 7-2-2 首先展示了这三类经济体的数据安全保护水平在 2003—2018 年的变化。整体来看，多数时期，欧盟都是三类经济体中数据安全保护水平最高的地区。这可能与欧盟重视人权，且较早便开始制定隐私保护法律有关。在其他国家（地区）未意识到数据安全保护法律法规的重要性时，欧盟已有法律来应对数据安全风险问题。另外，从不同类型国家（地区）数据安全保护水平的增长变化看，发展中和转型经济体的数据安全保护水平增幅最大：由 2003 年的较宽松的数据安全保护状态，调整至较严格的状态，并在 2017 年超越其他两类经济体，成为数据安全保护最强的一类。可见，发展中和转型经济体比其他类型国家（地区）更敏感于数据安全风险的增加。

图 7-2-1 显示，在 2003—2018 年间，国家（地区）限制数据境内使

① 在本书分析的样本期内，英国还未正式脱欧，因此此处的欧盟包含有英国。

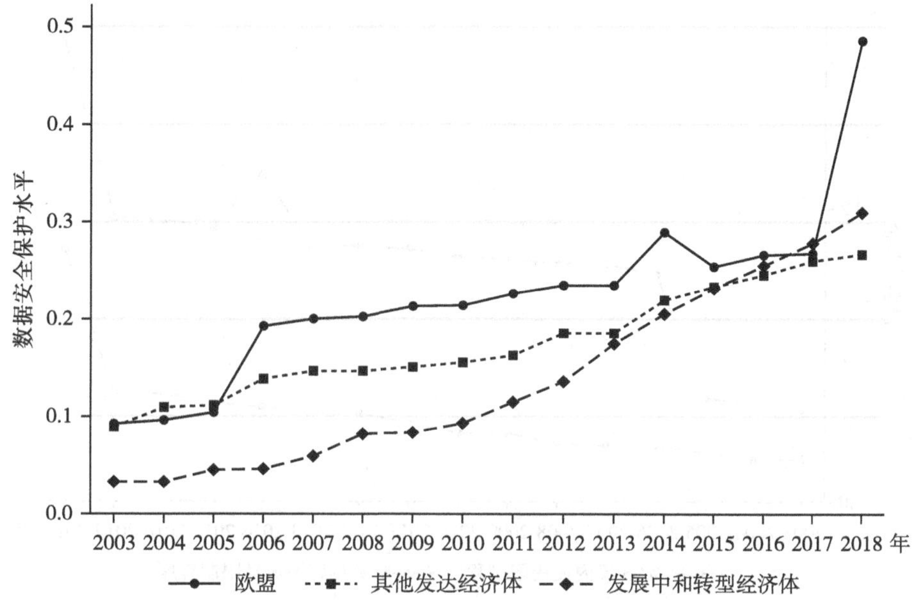

图 7-2-2　2003—2018 年不同类型国家（地区）数据安全保护水平的比较

数据来源：整理自 DTE 数据库。

用的平均强度始终高于限制数据跨境流动的强度，可以说明平均地看，国家（地区）偏向于使用严格的数据境内使用限制措施来保护数据安全。为观察是否每类国家（地区）都更依赖于数据境内使用限制措施，本书进一步测算了每类国家（地区）数据境内使用限制程度和数据跨境流动限制程度。如图 7-2-3、7-2-4、7-2-5 所示，欧盟更倾向于数据境内使用限制措施；其他发达经济体，前期倾向于使用数据跨境流动限制措施，后期两种保护措施并重；发展中和转型经济体的数据境内使用限制程度和数据跨境流动限制程度基本无差异，对于选择何种模式保护数据安全并没有明显的偏向。综合可见，影响国家（地区）数据安全保护制度框架结构的因素是复杂的，经济发展程度等因素都会造成国家（地区）间数据安全保护制度框架的差异。另外，图 7-2-3、7-2-4、7-2-5 还显示，国家（地区）的数据安全保护制度框架结构并不是一成不变的，而是动态调整的。不过无论一国（地区）如何建设数据安全保护制度，总体来看这两类数据安全保护措施的限制程度都在持续提高。

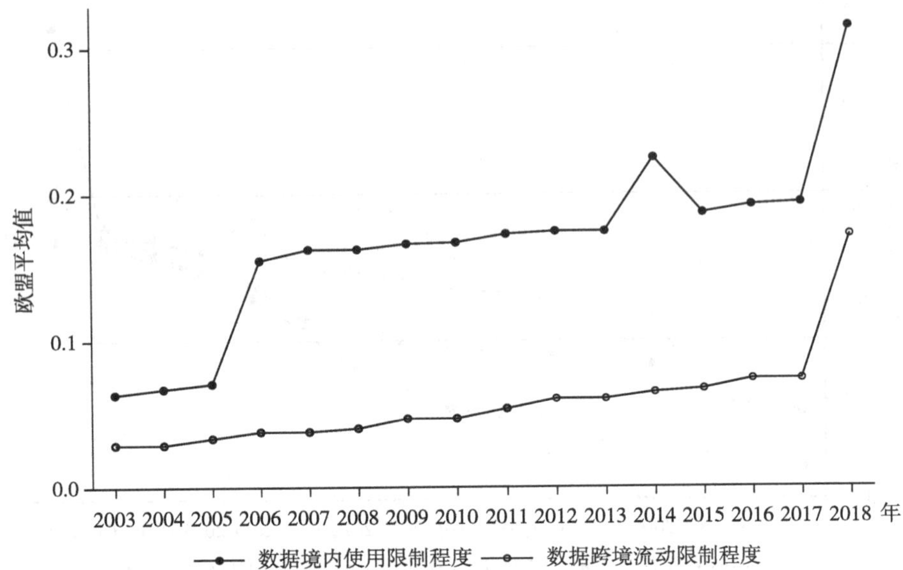

图 7-2-3　2003—2018 年欧盟数据境内使用限制程度与数据跨境流动限制程度的变化

数据来源：整理自 DTE 数据库。

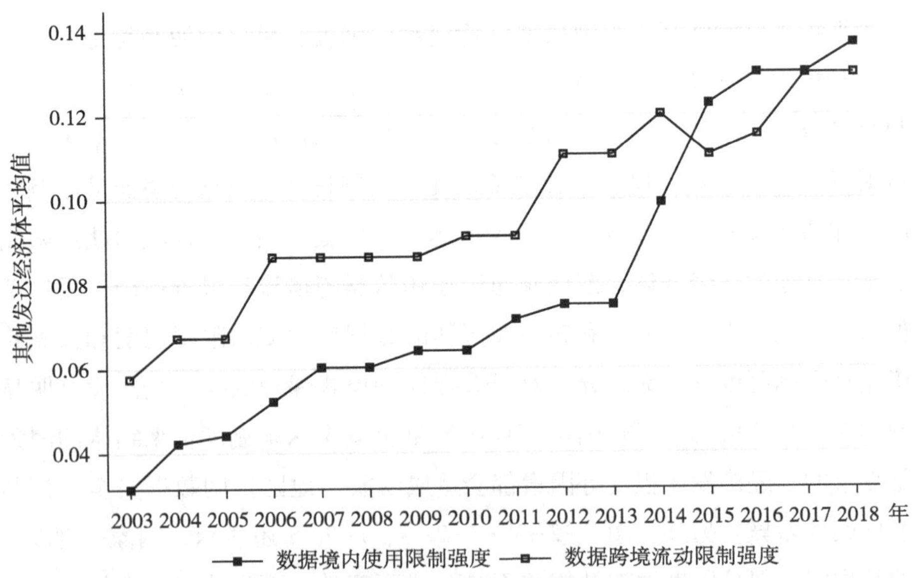

图 7-2-4　2003—2018 年其他发达经济体数据境内使用限制程度与数据跨境流动限制程度的变化

数据来源：整理自 DTE 数据库。

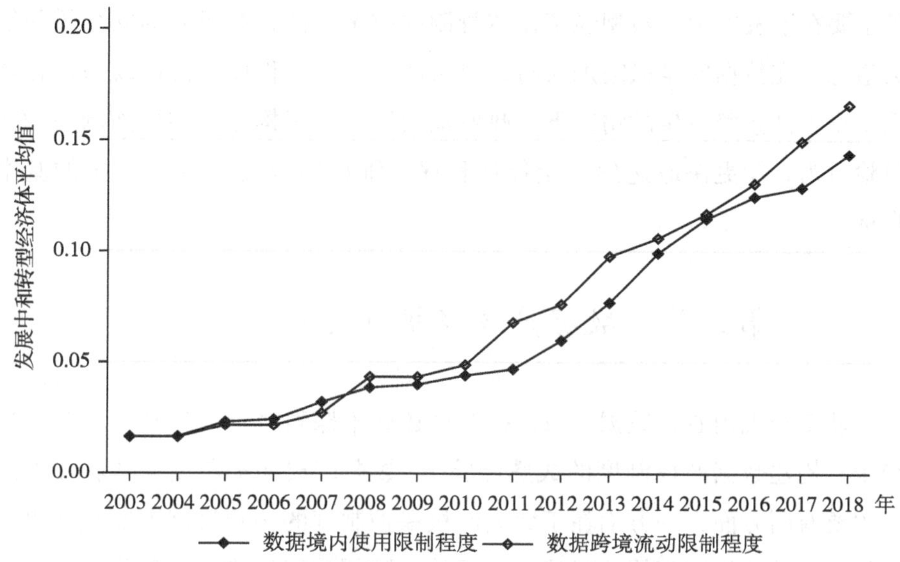

图 7-2-5　2003—2018 年发展中和转型经济体数据境内使用限制程度与数据跨境流动限制程度的变化

数据来源：整理自 DTE 数据库。

（四）特征归纳

通过对全球总体数据安全保护水平的分析，以及对不同经济体数据安全保护水平的对比分析，本部分从国际视角对数据安全保护制度的发展特征作如下两点归纳。

第一，当下数据安全保护制度框架还未达到一个稳定状态，仍在不断调整中。这种不稳定状态主要体现在两个方面：（1）从总体上看，数据安全保护制度规则调整的更加严格，无论是数据使用限制措施，还是数据跨境流动限制措施，限制程度都在原来基础上不断增加；（2）从结构上看，数据安全保护制度框架的结构不稳定，国家（地区）还在动态调整保护数据安全的措施（如图 7-2-2 所示），以更适合本国（地区）经济和社会发展的需要。未来不排除还会出现除限制数据境内使用和跨境流动之外的新的模式。这两方面结论和前一节使用典型经济体分析所得结论一致。

第二，相比于欧美等发达经济体，发展中和转型经济体对于数据安全保护制度框架的调整幅度更大（如图 7-2-2 所示）。本书认为导致这一现象主要在于发展中和转型经济体本身制度质量较低，对于数据安全风险较为敏感，在数据安全风险加大时，更可能发生经济秩序紊乱的现象。在数据安全事件频繁发生的情况下，政府加快法律法规构建，利用强制力约束风险行为，能更快地达到稳定经济秩序、维护国家（地区）安全的基本目标。

第三节　数据产权保护制度的发展现状

从全球视角看，数据产权保护制度还处于探索时期（王伟玲，2024），尚未有构建数据产权制度的成熟经验[①]。数据产权保护制度构建较慢的原因主要有两方面：一方面在于数据产权保护制度的构建思路不能直接沿袭已经成熟的产权制度构建思路，需要结合数据的特征进行重新设计。传统财产权保护的对象是有体物，而数据具有无形性、非消耗性以及几乎可以零成本无限复制等特点（申卫星，2023）；知识产权保护的对象虽然与数据特征类似，但是知识产权保护体现的是对智力成果的利用或流通的独占和垄断，而数据大多是自然产生的，缺少"独创性"因素，直接按知识产权保护思路设计数据产权制度也不合适（张素华和李雅男，2018）。另一方面在于数据从生产、收集、存储，到被分析、使用、产生价值的整个环节中，数据价值由多个主体共同参与创造，在此情况下设计一种产权归属机制，使在该机制下能够最大程度平衡各方主体利益、激励数据交易和流动，不是一件简单的工作。在此情况下，贸然对数据产权进行立法，并不会达到数据产权保护制度建设的目标，不利于数据公平的使用（申卫星，2023）。

虽然构建数据产权保护法律规则较为困难，但是部分国家和地区已有一些尝试性的探索。本书将重点介绍欧盟和中国对数据产权保护制度的探索情况。早在1996年，欧盟便有为数据赋权的立法突破。欧盟创造性地出台了《数据库指令》，提出了数据库权，旨在保护非独创性数据库。在

① 详见《欧盟〈数据法案〉草案观察丨数据产权：数据要素市场有效运行的保障》，《人民邮电报》2022年6月6日。

《数据库指令》的第 7 条，对不具有独创性的数据库赋予了“提取权”和“再利用权”，这两项权利的内涵与著作权法中的“复制权”“向公众传输权”“散布权”和“展览权”等权利的内涵没有太大区别（孙远钊，2022）。不过在 2004 年后，《数据库指令》的适用范围被压缩，只保护有实质性投资专门用于收集和整理形成的数据库，而不保护组织运营过程中形成的数据库（高富平等，2020）。2017 年，欧盟在《构筑欧盟数据经济》的提议中，率先提出了用于保护工业数据的“数据生产者权（data producer’s right）”，该权利既包括排他使用某数据的权利，也包括针对任何无合同关系的当事人的物上请求权，即阻止第三人对数据的再使用请求权，还包括未经授权获取数据和使用数据的损害赔偿请求权（高富平等，2020）。

在中国，一些地方政府率先在建设数据产权保护制度上做了探索。如 2016 年，福建省出台了《福建省政务数据管理办法》，明确提出政务数据资源的所有权归国家；2018 年，广东省出台的《广东省政务数据资源共享管理办法（试行）》也明确表示“政务数据资源所有权归政府所有”；2021 年，鄂州市政府发布了《鄂州市数据确权管理制度（试行）》，确认了不同属性的数据财产权归属。此外，中国的大数据交易所、行业机构、数据服务商、大型互联网服务提供商等也在积极尝试数据确权。如 2016 年，贵阳大数据交易所出台《数据确权暂行管理办法》，实现对数据主权的清晰界定，推动数据开放，进一步深化了数据的变现能力①；2023 年，北京国际大数据交易所表示正在国资部门和经信部门大力的支持下，推进北京市属国企数据确权创新试点②。

尽管这些尝试有的在提出后面临了很多争议，有的因为法律效力不够而在实施中遇到阻碍，但是这些积极的尝试都表明社会对数据确权有较强的需求，加快建设数据产权保护制度是必要的。它们也为进一步构建全面的数据产权保护制度奠定了良好的基础。

---

① 《大数据交易所之困：数据流通定价解药何在?》中国经营网，见 http://www.cb.com.cn/index/show/bzyc/cv/cv135101881648。

② https：//www.163.com/dy/article/I8DN84M205346936.html。

第八章　投资标的国（地区）数据安全保护制度与FDI

第一节　问题提出

随着互联网的普遍应用和数字经济的快速发展，数据逐渐成为一种重要的生产要素，通过有效利用数据，有助于企业提高生产率、降低生产成本。[①] 但是，数据在被大量运用和传递的过程中，也产生了较高的安全风险。层出不穷的数据泄露事件，严重地危害了个人隐私和公共利益，有的甚至威胁到国家政治经济安全，如 2014 年，互联网公司雅虎至少有 5 亿的用户信息被黑客窃取，这些信息涵盖用户的姓名、邮箱地址、电话号码、出生日期、密码以及部分取回密码时的安全问题；2018 年，脸书（Facebook）管理的用户数据发生泄露，随后被政治咨询公司剑桥分析公司（Cambridge Analytica）不当利用，直接影响了 2016 年美国大选（即“剑桥分析丑闻”）。由于数据安全是数据利用的底线，没有数据安全，就无法实现数据有效利用。因此，面对突出的数据利用与数据安全矛盾，各国普遍建立起了以保护数据安全为主的数据保护制度框架，旨在促使数据在安全的前提下合理利用。截至 2024 年 3 月，全球 194 个国家（地区）中，已有 137 个国家（地区）制定了与数据隐私保护相关的法律法规[②]。

---

① 与本章观点相对应的学术论文，已经于 2024 年 7 月发表在《云南财经大学学报》上，详见常君晓等（2024）。

② 数据来源于网站：https：//unctad. org/page/data-protection-and-privacy-legislation-worldwide。

然而，不断严格数据安全保护制度规则，虽然保护了数据安全，却产生了一系列经济问题，如造成国家（地区）进出口规模下降，国内企业收益损失、生产率下降等，给国家（地区）经济发展带来了较大挑战。特别指出的是，一国（地区）严格的数据安全保护制度还被发现威胁到了跨国公司在当地的投资活动：2021 年 9 月，脸书因其在爱尔兰的子公司违反了《欧盟通用数据保护条例》（GDPR）对数据收集和处理的相关规定，被爱尔兰处以 2.25 亿欧元巨额罚款；2024 年 3 月，字节跳动因“被用来影响美国舆论或监控美国人的个人信息”“对美国国家安全构成严重威胁”等理由，被美国众议院要求在 165 天内剥离其对美国子公司 TikTok 的控制权。

这些事实不禁使人怀疑：一国（地区）持续强化数据安全保护，是否会对其吸引 FDI 产生负面影响呢？现有关于数据安全保护制度经济效应的文献中，主要聚焦于分析数据安全保护制度对企业利润（Goldberg 等，2021；Koski 和 Valmari，2020；Chen 等，2022）、企业生产成本（Demirer 等，2023）、企业生产率（Ferracane 等，2020）、风险投资规模（Jia 等，2019；Jia 等，2020）、国际贸易（van der Marel 和 Ferracane，2021；Ma 等，2023）的影响，尚未有研究从 FDI 流入视角进行分析。FDI 流入作为推动一国（地区）宏观经济发展的重要力量（沈坤荣和耿强，2001；Javorcik，2004），特别是在数字经济成为经济发展新引擎的背景下，国家（地区）通过吸引数字 FDI 流入，获取数字相关知识和技术的外溢，还有助于提高国内数字技术水平，促进数字产业发展和传统产业数字化转型。可见理清一国（地区）数据安全保护制度与 FDI 流入的关系，对当地引进外资，特别是吸引海外数字型企业进入具有重要意义。

为揭示投资标的国（地区）数据安全保护制度与 FDI 流入的关系，本节使用 2007—2018 年 64 个国家（地区）51 个行业的样本数据进行实证检验。在设计实证策略时，为提高识别准确度，本书利用了在数据密集型行业进行海外直接投资的企业，更敏感于投资标的国（地区）数据安全保护水平变化的机理，通过检验投资标的国（地区）数据安全保护水平增强对数据密集型行业相对 FDI 流入的影响，识别投资标的国（地区）数据安全保护制度与 FDI 流入的关系。本书的实证结果显示，投资标的国（地区）加强数据安全保护，会使数据密集型行业 FDI 流入显著下降。可见，投资标的国（地区）数据安全保护制度趋严对 FDI 流入具有负向影响。

相比于以往研究，本书的边际贡献主要在于：现有文献中，鲜少有研究关注一国（地区）数据安全保护制度与 FDI 流入的关系，本书补充了相关经验证据。就已知的情况看，Rochelandet 和 Tai（2016）关于国家（地区）隐私法律实施对互联网行业 FDI 流入影响的实证研究，是为数不多从实证角度讨论该问题的文献。但由于 Rochelandet 和 Tai（2016）使用的是截面数据进行分析，未考虑国家（地区）隐私保护水平和互联网行业 FDI 流入的动态变化；且其整理的标的国（地区）互联网行业 FDI 流入数据，来自全球受关注较高的 124 家互联网企业，这使得该文的结论在反映投资标的国（地区）数据安全保护制度与 FDI 流入关系时，不具备普遍性。相比于 Rochelandet 和 Tai（2016）的研究，本书使用的是 2007—2018 年长期内，各国（地区）在行业层面吸收的全部 FDI 的数据，因而本书的研究结论能够更全面、准确地揭示标的国（地区）数据安全保护制度对 FDI 流入的影响效果。

第二节　理论分析与研究假设

当数据作为一种生产要素参与企业生产时，企业一方面会享受到使用数据对企业生产率提高的好处，另一方面也需承担在该国（地区）使用当地数据的成本。本书认为，投资标的国（地区）数据安全保护制度趋严，不仅会影响外国企业的数据使用成本，还会影响外国企业使用当地数据获得的“好处”，进而影响外国企业在当地的投资活动。

首先，投资标的国（地区）数据安全保护制度越严格，在此投资的海外企业数据使用成本越高。一方面，从数据安全保护制度对企业数据境内使用的限制上看，标的国（地区）对企业数据使用行为制定的规则越多或越严苛，外国企业在该市场使用数据时，就需要在调整或改进现有的数据管理模式上花费更多成本。例如，为遵守对消费者数据加密的规定，企业需要开发新的操作系统来达到这一目标；为遵守设置数据保护官的要求，企业需要聘请专业人员等。而且，一些规则引起的数据境内使用成本，还会随着企业拥有数据量的扩张而增加，如数据安全保护制度赋予消费者要求数据收集者删除个人数据的权利（即“被遗忘权”），企业收集的消费者数据越多，越可能收到更多的数据删除请求，企业花费在执行相关任务上的成本将随之增加。一项估算 GDPR 实施对企业数据使用成本影响大小的研究显示，GDPR 这项严格的个人隐私保护法规使企业数据使用成本平均增加 20%（Demirer 等，2023）。另一方面，从数据安全保护制度对数据跨境流动的限制上看，投资标的国（地区）对数据跨境流动限制程度越强，外国企业的数据使用成本也越高。限制数据跨境流动的措施，通常要求“数据本地化”，即要求企业把在境内收集或生成的数据存储在本地，更严格情况下，禁止数据跨境转移或要求数据只能在本地处理。对于进行海外直接投资的企业而言，当投资标的国（地区）不限制数据跨境流动时，企业可将在当地收集或生成的数据传回至总部或总部指定地点进行集中存储，从而减少花费在数据存储上的成本，如数据存储设备的采购支出、存储设备的维护管理支出等。而在投资标的国（地区）要求数据本地存储后，企业不得不按照规定在当地建立新的数据存储中心或者使用当地的数据存储服务，此时相比于不限制数据跨境流动的情况，企业的数据存储成本将增加。若投资标的国（地区）采取了更严格的禁止数据跨境转移措施，那么此时海外直接投资企业不仅需要承担额外的数据存储成本，还会因当地的数据不能及时反馈给总部，导致总部不能有效协调企业的研发、供应链、生产、销售和售后流程，从而使企业面临运营效率的损失。综合而言，外国企业在投资标的国（地区）的数据使用成本，会随着当地数据境内使用限制程度的增强，以及数据跨境流动限制的增强而增加。那么当外国企业预期到数据安全保护制度严格的国家（地区）投资，需要面临较高的数据使用成本时，在利润最大化动机驱使下，外国企业会倾向于选择到数据安全保护制度相对宽松的国家（地区）投资。因此从数据使用成本角度看，投资标的国（地区）严格的数据安全保护制度不利于 FDI 流入。

其次，投资标的国（地区）数据安全保护制度越严格，越不利于在此投资的海外企业提高生产率。研究表明，机器学习中用于训练的数据量越多，越有助于机器学习算法性能的改进（Sun 等，2017）。这些改进的算法，能更好地指导企业生产，为企业创造新知识，提高企业生产率（Agrawal 等，2019；Jones 和 Tonetti，2020）。可见在大数据时代，企业在生产中使用数据量的多少，影响企业生产率的大小。生产中使用的数据量越多，越有利于企业生产率提高。然而，投资标的国（地区）严格的数据安全保护制度，会减少外国企业从当地获取数据的规模。其中一个主要原因在于，严格的数据安全保护制度，阻碍了当地企业间的数据共享。由于数据共享涉及数据向外传输，要求对外共享数据的企业更谨慎地考虑其中的数据使用合规性问题，以避免违规而造成的被处罚风险。当数据安全保护制度趋严时，数据使用规则更多、更严苛，惩罚措施也更严厉，这将提高对外共享数据企业的数据共享成本，使其“不敢”对外共享数据（Peukert 等，2022）。另外，一些严格的个人数据保护规定，增加了消费者拒绝对外共享数据的可能。比如一项个人数据保护规定，要求数据使用企业在使用消费者数据时，需要赋予消费者“知情—同意权”，一般情况下应采取书面形式告知数据主体个人数据被处理的相关事宜①。当国家（地区）采取了这类数据安全保护规定时，消费者由于拥有了决定数据是否被收集的权利，会出现一些重视隐私安全的消费者选择拒绝向企业提供个人隐私数据（Aridor 等，2023）。随着当地市场企业间共享的数据规模缩减、消费者提供个人数据的规模缩减，外国企业从当地市场中可利用的数据资源减少，进而降低了外国企业从数据中获得价值增值的能力，企业生产率的提高受到限制。van der Marel 等（2016）、Ferracane 等（2020）的研究均证实，严格数据安全保护制度确实对企业生产率提高具有负向影响。那么当外国企业预期到投资标的国（地区）严格的数据安全保护制度

---

① 如《中华人民共和国个人信息保护法（草案）》第十三条、第十四条个人信息处理规则。

对生产率的不利影响后，理性的企业为获取更多的投资收益，将倾向于选择到数据安全保护制度宽松的国家投资。因此从生产率角度看，投资标的国（地区）数据安全保护制度趋严会对 FDI 流入产生负向影响。

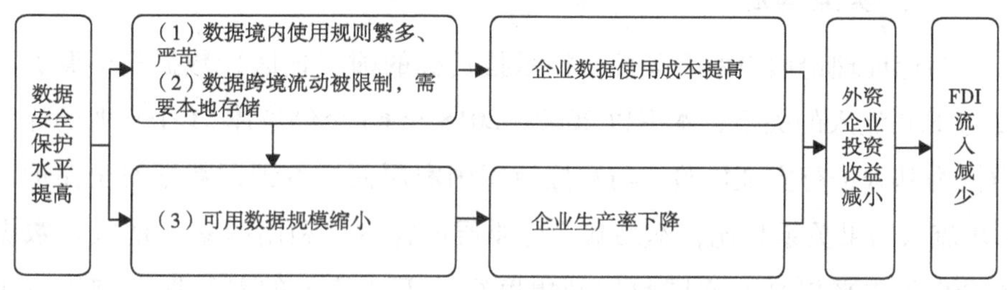

图 8-2-1　投资标的国（地区）数据安全保护与 FDI 流入关系的理论框架图

注：该图由作者整理所得。

综合上述分析可以看出，投资标的国（地区）数据安全保护制度越严格，一方面会增加海外直接投资企业在当地的数据使用成本，另一方面会减小海外直接投资利用当地数据的规模，不利于其在该国生产率的提高。在这两种渠道的共同影响下（如图 8-2-1 所示），投资标的国（地区）对海外直接投资企业的吸引力将下降，阻碍当地 FDI 流入。进一步从行业层面看，投资标的国（地区）数据安全保护制度趋严，并非对所有行业 FDI 流入都产生相同程度的负向影响。与在数据密集度较低的行业内从事生产活动的企业相比，在数据密集度较高的行业内的企业，在生产中更密集地使用数据要素，也更依赖数据要素创造价值、提高生产效率。因而当一国或地区加强数据安全保护水平时，会使这些企业的数据使用成本急剧增加，也会给数据密集型行业内的企业提高生产率带来更大的阻碍。这意味着一国（地区）数据安全保护制度趋严，会对在数据密集型行业内投资的海外企业的投资收益带来较大的负面影响，更不利于数据密集型行业 FDI 流入。总的来说，投资标的国（地区）加强数据安全保护，不利于当地吸引 FDI。故此，本书提出如下假说：

假说 1：投资标的国（地区）加强数据安全保护对 FDI 流入具有负向影响。

第三节 实证设计

一、模型构建

为论证理论假设的合理性，揭示投资标的国（地区）数据安全保护制度与 FDI 流入的关系，本书以 2007—2018 年 64 个经济体 51 个行业的样本数据为基础进行实证检验。与直接使用国家层面样本识别数据安全保护与 FDI 流入因果关系相比，本书基于行业层面样本，利用国家（地区）数据安全保护水平提高对不同数据密集度行业 FDI 流入的差异性影响进行识别，有助于提高实证识别的准确度。基准模型设置如下：

$$FDI_{ijt} = \exp[\beta(DSP_{jt} \times data\_\ intensity_i) + \gamma_{it} + \eta_{jt}]\ \varepsilon_{ijt} \tag{8-3-1}$$

其中，FDI_{ijt} 表示 j 国（地区）i 行业在 t 年的 FDI 流入规模，DSP_{jt} 表示 j 国（地区）在 t 年的数据安全保护水平，$data\_\ intensity_i$ 表示行业 i 的数据密集度，γ_{it} 为行业年份固定效应，η_{jt} 为国家年份固定效应，ε_{ijt} 为误差项。交互项系数 β 是本书关注的重点，表示投资标的国（地区）数据安全保护水平提高对数据密集型行业 FDI 流入的相对影响。按照假说 1，预期交互项系数 β 将小于 0。

二、变量说明

（一）各行业 FDI 流入规模（FDI_{ijt}）

该变量由指标“FDI”表示，用 t 年经济体 j 在行业 i 上的 FDI 项目数量衡量。在具体测算 FDI 项目数量时，本书将来自 fDi markets 数据库的企业对外绿地投资交易项目，与来自 BvD-zephyr 数据库的企业对外并购交易项目，按投资标的国（地区）、投资标的行业进行汇总，得到样本国家在行业层面上 FDI 项目总数①。由于两个数据库的行业分类标准不同，本书

① 在对并购交易数目进行统计时，本书只选择了交易状态为“Completed”（完成）的并购交易。另外，对于一笔并购交易对应多个标的国（地区）的情况，有几个标的国（地区），就按几笔交易进行重复计算。

根据两数据库的行业分类细则，归纳出涵盖两数据库所有细分行业的 51 个大类行业①。

（二）数据安全保护水平（DSP_{jt}）

该变量用指标“数据安全保护”表示。在衡量方式上，本书根据 Digital Trade Estimates（DTE）数据库提供的 64 个国家（地区）在 2007—2018 年的数据政策信息，基于 Ferracane 等（2018）测算 2016 年数据政策限制指数的方法，测算了 2007—2018 年 64 个国家（地区）每年的数据政策限制指数，以此指数衡量各国（地区）数据安全保护水平。数据政策限制指数越高，表示数据安全保护制度越严格，即数据安全保护水平越高。具体测算步骤参见第一章第二节。在下面的检验中，本书还用测算出的数据境内使用限制得分，衡量投资标的国（地区）的数据境内使用限制程度，将其表示为指标“数据境内使用限制”；用数据跨境流动限制措施得分，衡量投资标的国（地区）的数据跨境流动限制程度，表示为指标“数据跨境流动限制”。

图 8-3-1 展示了 2018 年 64 个国家（地区）数据安全保护水平的排名情况。其中，数据安全保护水平较高的国家（地区）是印度、俄罗斯、法国和中国，得分均超过 0.7；巴拉圭、厄瓜多尔由于没有采用数据安全保护措施，得分为 0，数据安全保护制度最为宽松。由此可见，不同国家

① 本书所划分的 51 个行业包括 19 个制造业、28 个服务业，以及 4 个其他类型行业。具体分别是：农林牧渔业；采矿业；电力、热力、燃气及水生产和供应业；建筑业；食品制造业；饮料和烟草制造业；纺织、纺织品、皮革及制鞋业；木材、纸浆、纸张及纸制品制造业；记录媒介物的印刷及复制业；焦炭和精炼石油产品制造业；化学品及化学制品制造业；医药制造业；塑料和橡胶制品制造业；非金属矿产品制造业；基本金属制造业；金属制品制造业（机械设备除外）；机械设备制造业；电脑及电子产品制造业；电气设备、器具和部件制造业；机动车及零部件制造业；其他运输设备制造业；家具及相关产品制造业；杂项制造业；批发和零售业；运输和仓储服务业；出版业（互联网除外）；电影、录音和广播业；电信服务业；数据处理、托管和相关服务业；其他信息服务业；金融和保险业；房地产和租赁业；商业服务业；其他专业、科学和技术服务业；计算机系统设计及相关服务业；科学研究与发展服务业；公司企业管理服务业；办公室行政服务业；业务支持服务业；行程安排及预订服务业；调查和安全服务业；建筑物和住宅服务业；其他支持服务业；废物管理和修复服务业；教育服务业；医疗保健服务业；社会救助服务业；艺术、娱乐和休闲服务业；住宿和餐饮服务业；维修和保养服务业；其他服务业（公共行政除外）。

（地区）采用了不同模式的数据安全保护制度，国家（地区）之间的数据安全保护水平存在明显差异。

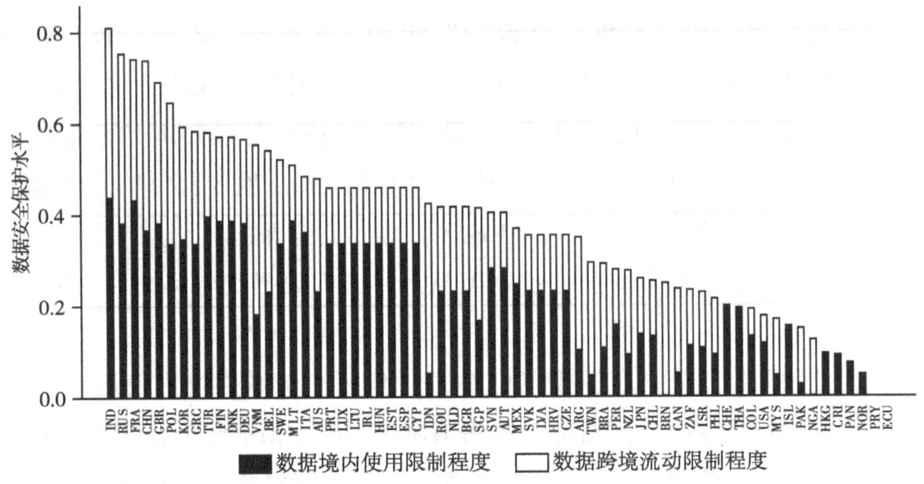

图 8-3-1　2018 年 64 个国家（地区）数据安全保护水平

数据来源：作者整理自 DTE 数据库。

（三）行业数据密集度（$data\_ \ intensity_i$）

该变量由指标“行业数据密集度”表示。参考 Rajan 和 Zingles（1998）、Nunn（2007）等的做法，本书将该变量设置为不随国家（地区）、时间变化，只与行业有关的形式，以使行业数据密集度变量更为外生，从而规避可能存在的内生性问题①。在具体衡量时，本书参考 Ferracane 等（2020）的研究，基于美国经济分析局（BEA）公布的美国 2012 年投入产出表，按照购买者价格计算了本书划分的每个行业在“数据生产者”部门的投入占该行业总中间投入的份额，以此份额表示行业数据密集度，用于基准检验②。相比用其他国家（地区）的行业数据密集度，

① 如数据安全保护水平的加强可能会引起行业数据投入强度减小。

② “数据生产者（Data Producers）”部门是指一组在提供服务时部署高强度电子数据的部门。包括以下 8 个 NAICS 6 分位行业：软件发行服务；有线电信服务；无线电信服务（卫星除外）；数据处理、托管和相关服务；互联网发布、互联网广播和网络搜索门户服务；自定义计算机编程服务；计算机系统设计服务；其他与计算机相关服务（包括设备管理）。

本书用美国的行业数据密集度做代表，主要存在以下两方面优势：第一，美国的制度环境良好，数据安全保护也处在较低水平（如图 8-3-1 所示），可以最大程度地减少国家政策法规对行业数据密集度变量的影响；第二，美国 BEA 提供的投入产出表，划分了超过 400 个 6 分位行业，是目前全球比较详细的数据投入产出表，有助于更准确识别“数据生产者”部门，以及测算更多行业的数据投入强度。在下面的稳健性检验中，本书还使用 2007 年美国投入产出表测算了行业数据密集度，表示为指标“行业数据密集度（2007）”。此外，本书也用另一种衡量行业数据密集度的方法——美国 2012 年每个样本行业在“数据生产者”部门的投入与当年该行业使用劳动力数量之比的对数值，衡量行业数据投入强度，用指标“行业数据密集度（D/L）”表示。

表 8-3-1 展示了按照在“数据生产者”部门投入占总中间投入份额的方法，计算的行业数据投入强度中排名前 10 位和后 10 位的行业。表 8-3-1 显示，不同行业数据密集度差异较大；而且，数据密集度高的前 10 位行业，均是服务业，后 10 位数据密集度低行业，主要是一些技术水平较低的制造业和第一产业。

表 8-3-1　数据密集度排名前 10 位和后 10 位的行业

数据密集度排名前 10 位行业	数据密集度	数据密集度排名后 10 位行业	数据密集度
1. 电信服务业	0.2404	42. 木材、纸浆、纸张及纸制品制造业	0.0084
2. 其他信息服务业	0.2184	43. 纺织、纺织品、皮革及制鞋业	0.0073
3. 业务支持服务业	0.1551	44. 电气设备、器具和部件制造业	0.0058
4. 行程安排及预订服务业	0.1504	45. 基本金属制造业	0.0048
5. 数据处理、托管和相关服务业	0.1501	46. 饮料和烟草制造业	0.0044
6. 调查和安全服务业	0.1422	47. 农林牧渔业	0.0038
7. 公司企业管理服务业	0.1405	48. 食品制造业	0.0033
8. 出版业（互联网除外）	0.1226	49. 化学品及化学制品制造业	0.0029
9. 计算机系统设计及相关服务业	0.1069	50. 机动车及零部件制造业	0.0022
10. 办公室行政服务业	0.0997	51. 焦炭和精炼石油产品制造业	0.0015

注：使用 BEA 2012 年投入产出表计算。

（四）其他变量

在稳健性检验中，本书构建了以下指标：（1）数字技术水平，借鉴蒋殿春和唐浩丹（2021）的方法，用各国（地区）ICT 服务业出口占总服务出口的比重表示；（2）数字市场规模，参考蒋殿春和唐浩丹（2021），用各国（地区）使用互联网人数的对数表示；（3）数字基础设施，用各国（地区）在家可上网的家庭数目占总家庭数目的比重的对数表示；（4）人力资本，用 Penn World Table 公布的各国（地区）人力资本指数表示；（5）制度质量，本书用各国（地区）在话语权和问责制、政治稳定性、政府效率、监管质量、法律规则、腐败控制六个制度分项得分的均值表示国家（地区）制度质量，具体衡量时使用各国（地区）制度质量在 2007—2018 年的平均值表示；（6）人均收入，用各国（地区）人均 GDP 的对数值表示。

衡量上述指标的数据分别来源于以下几处：FDI 相关指标整理自 fDi markets 绿地数据库和 BvD-zephyr 并购数据库；各国（地区）实施的数据政策措施来源于 DTE 数据库；美国投入产出表来源于美国 BEA 数据库；美国各行业劳动力数量整理自美国劳工统计局；各国（地区）ICT 服务出口占总服务出口的比重，来自 UNCTAD 数据库；各国（地区）使用互联网人数、在家可上网的家庭数目占总家庭数目比重，来源于国际电信联盟数据库；各国（地区）人力资本指数，来自 Penn World Table 10.0；各国（地区）不同维度制度得分，来源于世界银行全球治理指数数据库；各国（地区）人均 GDP，来源于世界银行世界发展指数数据库。

三、样本与估计方法

在构建样本时，本书首先汇总得到各国（地区）每年在 51 个大类行业上的 FDI 项目数量数据，再从中筛选出 DTE 数据库涵盖的 64 个国家（地区）的 FDI 信息，最后与行业、国家（地区）层面指标进行匹配，构建了涵盖 2007—2018 年 64 个经济体在 51 个行业上的样本数据，合计

39168 个样本观测值①。对于国家（地区）在当年没有 FDI 流入，但是同年该国（地区）在其他行业有 FDI 流入的样本，将其 FDI 项目数量设置为 0。由于这种 FDI 项目数量为 0 的样本，约占总样本的 35.87%，为在实证分析中获得一致性的估计量，本书采用了泊松伪极大似然回归（PPML）方法对模型（8-3-1）估计。

表 8-3-2 汇报了样本各指标的描述性统计结果。

表 8-3-2　描述性统计

变量	观测值	均值	标准差	最小值	最大值
被解释变量					
FDI	39168	8.309	26.393	0.000	904.000
核心变量					
数据安全保护	39168	0.213	0.149	0.000	0.812
数据境内使用限制	39168	0.130	0.092	0.000	0.437
数据跨境流动限制	39168	0.083	0.097	0.000	0.375
行业数据密集度	39168	0.052	0.058	0.002	0.240
行业数据密集度（2007）	39168	0.050	0.060	0.001	0.283
行业数据密集度（D/L）	39168	8.039	1.092	5.463	11.271
其他变量					
数字技术水平	33507	7.999	7.895	0.240	48.850
数字市场规模	38556	16.082	1.638	12.039	20.537
数字基础设施	38352	3.923	0.759	0.278	4.600
人力资本	39168	3.043	0.477	1.674	4.154
制度质量	38556	0.659	0.817	-1.110	1.815
人均收入	38556	9.720	1.034	6.981	11.630

① 由于在本书写作时，DTE 数据库最新版本更新到 2018 年，因而本书样本数据截至 2018 年。

第四节　实证检验

本节以模型（8-3-1）为基础，首先检验了国家（地区）数据安全保护水平提高对 FDI 流入的影响，并进行了基准结果的稳健性。在此基础上，进一步考察了国家（地区）加强数据安全保护的两种方式——加强数据境内使用限制、加强数据跨境流动限制对 FDI 的影响。

一、基准检验

表 8-4-1 的第（1）列展示了在控制国家（地区）—年份固定效应、行业—年份固定效应后，对模型（8-3-1）的基准检验结果。结果显示，数据安全保护与行业数据密集度的交互项系数在 5%的显著水平内为负。该结果说明投资标的国（地区）的数据安全保护水平的提高，会使该国（地区）数据密集型行业 FDI 流入显著下降。可见，投资标的国（地区）加强数据安全保护不利于 FDI 流入，与假说 1 的理论预期一致。

表 8-4-1　基准检验与稳健性检验

变量	（1） FDI	（2） FDI	（3） FDI	（4） FDI
数据安全保护 × 行业数据密集度	-3.975**	-3.716*		
	（1.872）	（2.021）		
数据安全保护 × 行业数据密集度（2007）			-2.939*	
			（1.576）	
数据安全保护 × 行业数据密集度（D/L）				-0.186*
				（0.105）
数字技术水平 × 行业数据密集度		0.148***		
		（0.050）		
数字市场规模 × 行业数据密集度		0.496**		
		（0.249）		

续表

变量	(1) FDI	(2) FDI	(3) FDI	(4) FDI
数字基础设施 × 行业数据密集度		0.823		
		(0.972)		
人力资本 × 行业数据密集度		-1.120		
		(1.658)		
制度质量 × 行业数据密集度		0.716		
		(1.345)		
人均收入 × 行业数据密集度		0.903		
		(1.017)		
国家（地区）—年份固定效应	Yes	Yes	Yes	Yes
行业—年份固定效应	Yes	Yes	Yes	Yes
观测值	39168	32691	39168	39168

注：括号内为回归系数在国家（地区）层面聚类的稳健标准误；***、**、* 分别表示在 1%、5%、10%水平上显著。

二、稳健性检验

为验证基准结论的稳健性，本部分通过加入控制变量、更换核心变量衡量指标的方式进行稳健性分析。

（一）控制可能影响数据密集型行业 FDI 流入的其他国家（地区）特征

由于其他国家（地区）层面特征也可能使不同数据密集度行业 FDI 流入存在差异，若在估计数据安全保护水平提高的影响时，忽略这些国家（地区）层面的特征，可能会造成估计结果偏误。为证实基准结论是稳健的，本书在基准模型基础上，加入了一系列国家（地区）特征变量与行业数据密集度的交乘项，以控制其他国家（地区）特征对数据安全保护作用效果的干扰。

本书所控制的特征变量主要分为两类。第一类特征变量，是对数据密集型行业 FDI 流入影响较大的国家（地区）层面变量。本书选择了数字技术水平、数字市场规模、数字基础设施三项变量。主要是因为在数据密集型行业内运营的企业，依赖数字技术为企业赋能，依托数字市场进行交易，依靠数字基础设施支持企业生产经营，因此理论而言，投资标的国（地区）数字技术水平、数字市场规模、数字基础设施会对该国（地区）数据密集型行业 FDI 流入产生更大影响。因此，本书在稳健性检验中加入了这三项变量与行业数据密集度的交乘项，以控制数字技术水平、数字市场规模、数字基础设施影响数据密集型行业相对 FDI 流入的可能性。第二类特征变量，是对技术密集型行业 FDI 流入影响较大的国家（地区）层面变量。控制这类变量的原因，是考虑到数据密集型行业，往往更多使用数字技术，技术密集度也较高，因而数据密集度不同行业的 FDI 流入差异，可能还涵盖了一些国家（地区）特征导致的技术密集度不同行业的 FDI 流入差异。由于技术密集度高行业内的企业，比技术密集度低行业内企业往往在生产中更多的使用有技能的劳动力，在交易中更容易被侵权，更需要在有消费能力的市场经营，因此理论上国家（地区）的人力资本、制度质量、人均收入会对技术密集度高行业的 FDI 流入产生较大影响。出于上述原因，本书加入了国家（地区）人力资本、制度质量、人均收入三项变量与行业数据密集度的交乘项，以控制这些特征影响技术密集型行业相对 FDI 流入的可能性。在表 8-4-1 第（2）列展示了控制上述六项投资标的国（地区）特征变量干扰后的稳健性检验结果。核心交互项“数据安全保护×行业数据密集度”系数在 10%的显著水平内为负。可见本书的基准结论较为稳健。

（二）使用 2007 年投入产出表测算行业数据密集度

由于本书样本涉及年份较长（2007—2018 年），因此在基准检验中，本书选择使用 2012 年美国投入产出表测算行业数据投入强度，以反映各行业数据密集度在样本期内的平均水平。尽管这种做法已经在一定程度上规避了因行业数据密集度与其他指标相关造成的内生性问题，但仍可能会因 2012 年处于样本期中期，而导致存在内生性问题的质疑。为此本书以样本初期——2007 年的美国投入产出表为标准，重新测算了行业数据密集度，构建了“行业数据密集度（2007）”指标，进入模型（8-3-1）检验。在表 8-4-1 的第（3）列，汇报了该稳健性检验结果。核心交互项系数在 10%的水平上显著为负，仍支持基准检验得到的结论。

（三）更换测算行业数据密集度的方法

为检验基准检验的结果是否源于测算行业数据密集度的方法，本书重新更换了测算行业数据密集度的方法：用行业在“数据生产者”部门中间投入价值与行业劳动力数量之比表示，构建指标“行业数据密集度（D/L）”。表 8-4-1 第（4）列汇报了使用该指标进行回归的结果，核心交互项系数在 10%的水平上显著为负，基准检验结论仍然成立。

三、进一步检验

限制企业在境内的数据使用行为，以及限制企业数据跨境转移，是当前一国（地区）加强数据安全保护的两种主要方式。从前面理论分析中可以看出，这两种方式的限制性增强，都将不利于 FDI 流入。为证实这一观点，本部分在模型（1）基础上，通过构建“数据境内使用限制”和“数据跨境流动限制”两个指标，分别检验了数据境内使用限制程度增强和数据跨境流动限制程度增强对 FDI 流入的影响。为提高估计的准确度，本部分分析中，均控制了可能影响数据密集型行业相对 FDI 流入的其他国家（地区）特征，即回归中加入了表 8-4-1 第（2）列中提到的六项交互项控制变量。

表 8-4-2 第（1）列展示了这一检验结果。结果显示，在控制可能的干扰后，数据境内使用限制与行业数据密集度的交乘项系数在 5%显著水平内为负；数据跨境流动限制与行业数据密集度的交乘项系数为负，但不显著。由于样本国家（地区）平均数据境内使用限制程度和数据跨境流动限制程度在不同时期内增长变化有差异，数据安全保护制度的框架结构随时间而动态调整。考虑到这一特点，本书将样本拆分为 2007—2012 年、2013—2018 年两个时间段，分别估计不同时间段内两类数据安全保护方式

对数据密集型行业相对 FDI 流入的影响。表 8-4-2 第（2）列汇报了对 2007—2012 年样本的估计结果，第（3）列为对 2013—2018 年样本的估计结果。估计结果显示，受数据安全保护制度框架结构动态调整的影响，在不同的时间段内，两类数据安全保护方式对 FDI 流入的影响程度不同：前期数据跨境流动限制程度增强显著降低了数据密集型行业的 FDI，但数据境内使用限制的影响作用不明显；后期数据境内使用限制程度增强显著降低了数据密集型行业的 FDI，但数据跨境流动限制没有明显影响。尽管不同时期，两类数据安全保护措施对 FDI 流入的影响效果不同，但整体来看，投资标的国（地区）增强数据使用限制和数据跨境流动限制，均不利于 FDI 流入。

表 8-4-2 数据境内使用限制、数据跨境流动限制与 FDI 流入

变量	2007—2018 年	2007—2012 年	2013—2018 年
	（1）FDI	（2）FDI	（3）FDI
数据境内使用限制 × 行业数据密集度	-7.670**	-2.588	-10.682***
	(3.826)	(4.651)	(3.942)
数据跨境流动限制 × 行业数据密集度	-0.490	-9.813***	6.554
	(2.991)	(2.260)	(4.228)
控制变量	Yes	Yes	Yes
国家（地区）—年份固定效应	Yes	Yes	Yes
行业—年份固定效应	Yes	Yes	Yes
观测值	32691	15198	17493

注：括号内为回归系数在国家（地区）层面聚类的稳健标准误；***、**、* 分别表示在 1%、5%、10%水平上显著；控制变量是指数字技术水平、数字市场规模、数字基础设施、人力资本、制度质量和人均收入六个变量分别与行业数据密集度的交互项。

第五节 本章小结

本章基于 2007—2018 年 64 个经济体 51 个行业的样本数据，实证检验了投资标的国（地区）数据安全保护制度趋严对 FDI 流入的影响。研究发现，随着投资标的国（地区）数据安全保护水平的提高，该国（地区）数据密集型行业 FDI 流入显著下降；从具体的数据安全保护措施看，无论是增强数据境内使用限制，还是增强数据跨境流动限制，都会使数据密集型行业 FDI 流入显著下降。本章研究结果综合说明，投资标的国（地区）数据安全保护制度趋严，不利于其吸引 FDI 流入。

结合上述研究结论，本章提出如下两点政策建议：第一，建议政府部门应进一步优化数据安全保护制度体系，积极推动数据分类分级管理规则的落地。对数据进行分类分级管理，一方面能够防范数据安全风险，确保个人隐私、国家安全得到有效保护；另一方面不会阻碍“一般数据”的使用和流动，是兼顾数据安全与经济发展的一种优化的数据安全保护规则。另外，针对数据跨境流动的规则，也建议适用分类分级管理模式，对不同类型的数据设置不同的跨境转移规则，灵活的管理跨境数据流动，减少“一刀切”措施的使用。如可参考欧盟的有条件跨境数据转移管理模式，在转移国满足一定保护标准时允许跨境转移数据。第二，建议政府部门在加强数据安全保护时，配套制定推动数据共享的政策措施。从本章的理论分析可看出，加强数据安全保护不利于 FDI 流入的一个重要原因，在于一些严格的数据安全保护措施，导致有丰富数据资源的企业“不敢”共享数据，缩减了外资企业可获得的数据规模。因而，若配套有激励数据共享的政策措施，将有助于平衡数据安全与 FDI 流入的关系。为此，政府部门可制定数据共享双方在数据安全问题出现时责任归属的法律法规，降低数据提供者在数据共享时的收益不确定性，激励其数据共享；政府部门也可牵头组建国家级的数据交易中心，让数据共享双方有安全、稳定的数据交易平台，从而提高数据共享的规模和便利程度，促进数据要素资源的优化配置。

第九章　投资标的国（地区）数据产权保护制度与 FDI

第一节　问题提出

明晰的产权是市场经济的基本要求，也是市场经济有效发挥作用的基本前提（李明义和段胜辉，2008）。数据产权作为产权中的一种特殊形态，明晰数据产权，有效的界定数据相关权利归属、权利范围，则是促进数据生产和交易，实现数据社会经济价值的不可缺少的重要环节（冯晓青，2024）。然而，现阶段虽然数据已经成为一种重要的生产要素，被广泛应用于生产中，但是全球范围内还没有一套比较成熟的保护数据要素产权的规则出台，数据产权总体处于不清晰的状态。这种状态已经在一定程度上阻碍了数据的共享和交易。一项针对欧洲企业的调查显示，54%的企业认为“数据所有权”在法律上不明确，是造成它们共享和再利用数据的主要障碍之一（European Commission，2018）。面对数据产权不明晰对数字经济发展的不利影响，近年来各国加快了构建数据产权制度的步伐，积极地探索适合自身经济发展的数据产权保护方案。如 2017 年欧盟在《构建欧洲数据经济》中提出，通过建立“数据生产者权利”，鼓励（特殊情况下强制）公司授予第三方访问其数据，促进数据交流和增值；2022 年 12 月，中国政府出台的《中共中央　国务院关于构建数据基础制度更好发挥数据要素作用的意见》中，将“建立保障权益、合规使用的数据产权制度”置于需要加快构建的数据基础制度中的首位，并指出：“在国家数据分类分级保护下，推进数据分类分级确权授权使用和市场化流通交易，健全数据要素权益保护制度，逐步形成具有中国特色的数据产权制度体系。”

那么如果一国或地区建立了完善的数据产权保护制度，会对当地的经济发展带来何种影响呢？为探究一国（地区）加强数据产权保护带来的经济效应，本章将继续以 FDI 流入为切入点进行分析。由于现阶段全球范围内各国都还在探索如何建设数据产权制度，只有个别国家（地区）针对特定的小范围数据确立了数据产权规则，因而目前尚不能利用各国数据产权保护水平的差异，使用规范的实证方法检验投资标的国（地区）数据产权保护对 FDI 流入的影响。为此，本书尝试使用类推法，先实证检验投资标的国（地区）一般性的产权保护①对 FDI 流入的影响，再根据实证检验结果，总结出一般性产权保护影响 FDI 流入的作用机理，在此基础上再类推至数据产权保护对 FDI 流入的影响上，以此推论出投资标的国（地区）数据产权保护与 FDI 流入的关系。此处能使用类推法的关键在于：一方面一般性的产权保护规则与数据产权保护规则在构建时，都根植于产权保护理论，两类规则虽然具体形式上可能不同，但是在影响经济时发挥作用的机理从根本上是一致性，即都将作用于市场交易成本和资源配置效率，以及财产收益的风险和不确定性，进而再影响到经济的其他层面，因而若能识别出一般性的产权保护与 FDI 流入的关系，那么由于作用机理一致，就可以推断数据产权保护与 FDI 流入的关系；另一个重要原因在于，在已有研究中，已经有可用于量化国家（地区）一般产权保护（以下简称为“产权保护”）水平的指标，便于开展实证检验。

本书的边际贡献在于：其一，现有关于数据产权保护制度的文献，主要在于讨论数据产权保护制度建立的重要性和应该如何构建数据产权保护制度。虽然这些讨论中也涉及分析数据产权保护构建后的经济影响，但这些分析主要是一些理论分析，比较抽象，而且没有考虑到数据产权保护制度完善对国家或地区引进外资的影响。本书则使用规范的分析方法评价数据产权保护与 FDI 流入的关系，为完善数据产权保护制度提供了较为科学

① 本章所述的一般性产权保护，是指在现有财产权保护体系中，以存在于人体之外的为人力所控制并具有经济价值的有体物为客体，通过对这些有体物客体及其权利主体之间关系进行维护，使客体不受产权拥有者之外的其他第三方的侵害和损害的一系列制度规则。

的参考。其二，以往关于投资标的国（地区）一般性产权保护对 FDI 流入影响的实证研究过程，缺乏对国家（地区）产权保护水平这一宏观经济指标具有内生性强、长期稳定特征的考量，还存在一定的内生性问题尚未处理。本书创新性地使用双重差分法进行实证检验，有助于缓解以往相关研究中的内生性问题，使得估计结果更为准确，提高了结论的可信度。

第二节　投资标的国（地区）产权保护制度与 FDI 关系的理论分析

一个产权保护水平高的经济体，往往在法律制度和政治制度上有以下两点特征：其一，该经济体的产权保护相关法律制度健全完善。具体来说，当地构建的产权保护法律制度规则，能明晰产权归属、保护产权主体权利不受侵害，同时还能确保这些产权保护法律法规被有效实施和执行。其二，该经济体的政治制度支持保护私有产权。具体来说，当地政治制度的安排和设计，可以实现对政府等主体的监督与规范，从而令政府伸出“援助之手”，确保政府将其权力用于制定完善的产权保护法律，提高产权保护水平，而不是随意掠夺他人财产（卢现祥和朱巧玲，2021）。

理论上，产权保护水平高经济体的这两个制度维度的特征，都有助于吸引 FDI。从法律制度维度看，当一国或地区产权界定越清晰，各种权利分配越明确，并有有效的实施和执行机制时，不同产权主体之间因交易边界不清而发生纠纷的可能性越低，这意味着产权主体在市场交易中的交易成本越低。同时，一国或地区清晰的产权界定和权利分配，使得各产权主体都能够清楚地了解自己和他人的产权边界，约束了他人的机会主义行为，从而使得市场交易环境变得比较确定，降低了产权主体从事市场交易活动的不确定性（李明义和段胜辉，2008）。因而，对外国企业而言，在产权保护法律制度完善的国家投资，面临的交易成本和投资不确定性较小，相比在产权不明晰、产权保护法律缺失的国家或地区投资，能获得更高的海外直接投资收益。从政治制度维度看，当一国或地区的政治制度较为完善，政府对私有财产的掠夺性低，政府主体行为受到监督和规范时，一方面将促使政府将更多的权力用于强化产权保护上，从而保证了产权保护法律制度能够稳定的实施和执行，降低了产权主体所面临的投资不确定性；另一方面，能避免产权主体的权利被政府强制剥夺，降低收益损失的风险。因而，对外国企业而言，在政治制度完善的国家或地区投资，更有助于企业降低投资不确定性和风险，有助于其获得更高的投资收益。

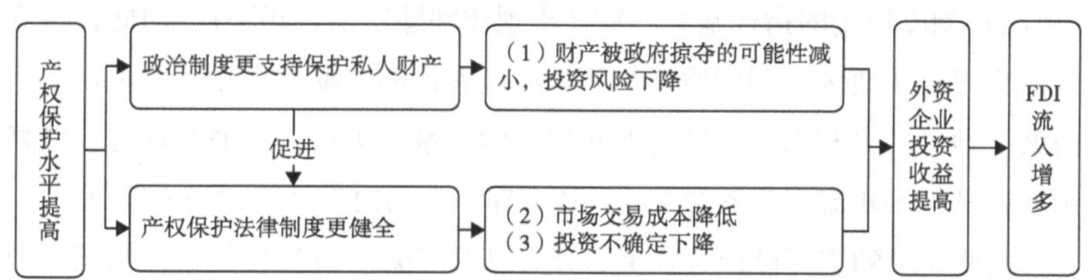

图 9-2-1　投资标的国（地区）产权保护与 FDI 流入关系的理论框架图

注：该图由作者整理所得。

总体而言，国家或地区的政治制度越有利于约束政府行为，降低政府对私人财产的掠夺；国家或地区的产权保护法律制度越健全，均越有利于当地提高对外资企业的吸引力，促进 FDI 流入。本书还在图 9-2-1 中以框架图的形式展示了投资标的国（地区）加强产权保护影响 FDI 流入的路径。为此，本书提出如下假说：

假说 2：投资标的国（地区）加强产权保护对 FDI 流入具有正向影响。

第三节　投资标的国（地区）产权保护制度与 FDI 关系的实证思路分析

为检验假说 2 是否成立，本书创新性地采用 DID 方法进行实证检验。本节将重点介绍这一实证思路的形成过程。①

① 与本章第三、四、五节的分析内容相对应的学术论文，已经于 2023 年 7 月发表在《国际贸易问题》上，详见常君晓、李飞跃、黄玖立、薛军：《全球宏观经济环境、东道国制度质量与外商直接投资》，《国际贸易问题》2023 年第 7 期。

一、已有实证研究设计的缺陷

由于产权是制度结构中的核心。按照新制度经济学的观点，产权的界定与变化是导致制度变化的诱因和动力（刘凤芹和陆文玥，2017）。诺思曾表明，评价国家制度的好坏，就是在评价国家产权制度的好坏。而且，现有研究中常用于衡量国家（地区）产权保护水平的指标，与衡量国家（地区）制度质量的指标基本一致（卢现祥和滕宇汯，2020）。因此，现有的检验国家（地区）制度质量与FDI流入关系的文献，实际上也是在揭示国家（地区）产权保护制度与FDI流入的关系。不过，本书发现这些考察制度质量与FDI流入关系的文献，还存在一定的内生性问题尚未解决。

这些文献的实证设计方式主要分为以下三类：（1）使用截面数据，利用国家（地区）间的制度质量差异识别因果关系（Wei，2000；Globerman和Shapiro，2002）；（2）使用截面数据，并采用工具变量法，识别因果关系（Bénassy-Quéré等，2007；Daude和Stein，2007；Xu等，2017）；（3）使用面板数据进行估计（Habib和Zurawicki，2002；Egger和Winner，2005；Buckley等，2007；杨娇辉等，2016）。这几类实证设计方式中，第一种方式虽然考虑了制度质量长期稳定的特点，但是无法控制国家（地区）层面其他特定特征的干扰；第三种方式可以使用固定效应控制国家（地区）特定特征的干扰，但又会过滤掉制度质量在国家（地区）层面的差异，只剩下时间维度的差异，而制度质量是长期稳定的，因此这种方式的估计结果令人质疑。相比之下，第二种工具变量法的实证设计方式，是三种方式中最有利于解决回归中内生性问题的方式。不过，从使用第二种方法的研究结论看，可以使用工具变量法识别制度质量与FDI流入关系时，估计结论受制于工具变量的选择。工具变量的选择不同，结论不同（Bénassy-Quéré等，2007；Xu等，2017）。

可见，总体来说，现有文献在识别制度质量与FDI流入关系时，无法在估计中兼顾制度长期稳定、高内生性的特征，估计结果可能不准确。换言之，由于内生性问题的存在，已有文献还未能准确的识别出国家（地区）产权保护对 FDI 流入的影响。为此，本书尝试以产权保护理论为基础，提出新的实证识别策略，以缓解这些内生性问题。

二、本书实证设计的理论基础

本书注意到产权保护影响 FDI 流入的机制，具有一个不同于其他 FDI 流入影响因素的性质：产权保护在经济环境越差的时候越能体现出其价值，而其他因素，如自然资源、市场规模等，则倾向于在经济繁荣的时候变得更有价值。

具体地说，当宏观经济运行良好时，人们对未来的合作收益有较高的预期，自我实施的惩罚机制易生效。此时即使没有外在的产权约束，经济互动中也不容易发生侵权行为，更可能实现合作解。产权作用相对较小。当宏观经济恶化时，人们会下调对未来合作收益的预期，造成自我实施的惩罚机制失效。此时必须引入第三方的规则与管制，防范自身收益损失。产权作用较大。已有实证研究证实，在经济环境恶化时，政府、企业都有采取不合作的行为的倾向：企业收益下滑，融资困难，更容易违约（Tang 和 Yan，2006；Naifar，2011）；政府财政收入减少而财政支出的压力加大，被迫实施收入分配政策，侵夺私人财产（Petrova 和 Bates，2012）。这些不合作行为所引发的产权纠纷与冲突，加剧民众对政府的不满，可能造成政治分裂（Sanz 等，2020），甚至爆发内战（Miguel 等，2004）。

在经济衰退与危机中出现的这一系列问题将考验一国（地区）的产权保护能力。从政治制度看，产权保护水平高的国家（地区），能够限制经济环境恶化时政府的掠夺行为，防止公权力滥用，保护企业投资收益，合理配置社会资源。不仅如此，对公权力寻租行为的约束，可减少争夺公权力的激励，从而维持政治与社会稳定，为经济复苏创造条件。从法律制度看，产权保护水平高的国家或地区，其健全的产权保护法律法规，能够限制经济环境恶化时企业的违约行为和交易中的机会主义，防止投资收益因交易成本的上升而大幅度下滑。产权保护好的国家（地区）的这种“减震器”的功能，在实证研究中也得到证实。Rodrik（1999）以 20 世纪 70 年代的石油危机为背景，发现石油危机导致经济增长严重下滑的情况，主要发生在那些法治不健全、民主自由度低的国家。Acemoglu 等（2003）考察了 20 世纪 70 年代至 90 年代世界各国的经济绩效，发现掠夺性越强的国家经济波动越严重，并且在世界经济整体减速时经济绩效变得更差。

产权保护的这种特征，为识别产权保护对 FDI 流入的影响提供新的实证思路。跨国投资者比国内投资者更担心财产的安全与交易成本的大小，跨国投资的流动性也比国内投资更强，所以一般来说跨国投资对投资标的国（地区）的产权保护水平更加敏感（Dixit，2011）。这样本书预期产权保护对 FDI 流入的促进作用与宏观经济环境成反向关系。当经济环境变差时产权保护对 FDI 流入的促进作用更强。因此，按照本书的分析，证实假说 2 可以转变为证实：

产权保护水平越高的国家（地区）在全球宏观经济环境恶化后，FDI 流入规模增长越多。

三、本书实证设计的现实基础

2008 年金融危机给全球宏观经济环境带来了深刻广泛且长期的负面影响，是本书将上述理论分析运用到实证中的重要现实基础。金融危机冲击下，全球经济环境急剧恶化，至今仍未恢复到危机前水平，经济仍面临着下行风险。金融危机的破坏性，不仅长期影响经济，还使得全球经济政策不确定程度持续攀升。本书进一步以中国企业海外直接投资数据为基础，观察了金融危机前后不同产权保护水平国家（地区）吸引的中国 FDI 流入变化情况，如图 9-3-1 所示。容易看出，在产权保护水平高的国家（地区），来自中国的投资在金融危机后出现跳跃式增长。这一观察符合理论预期，即产权保护在吸引外资方面的优势，会随着宏观经济环境的恶化而增强。

四、本书实证设计的具体内容

在前述理论推演和特征事实分析基础上，本书采用了以下实证策略：以 2008 年金融危机后全球宏观经济环境长期恶化为背景，使用 DID 方法

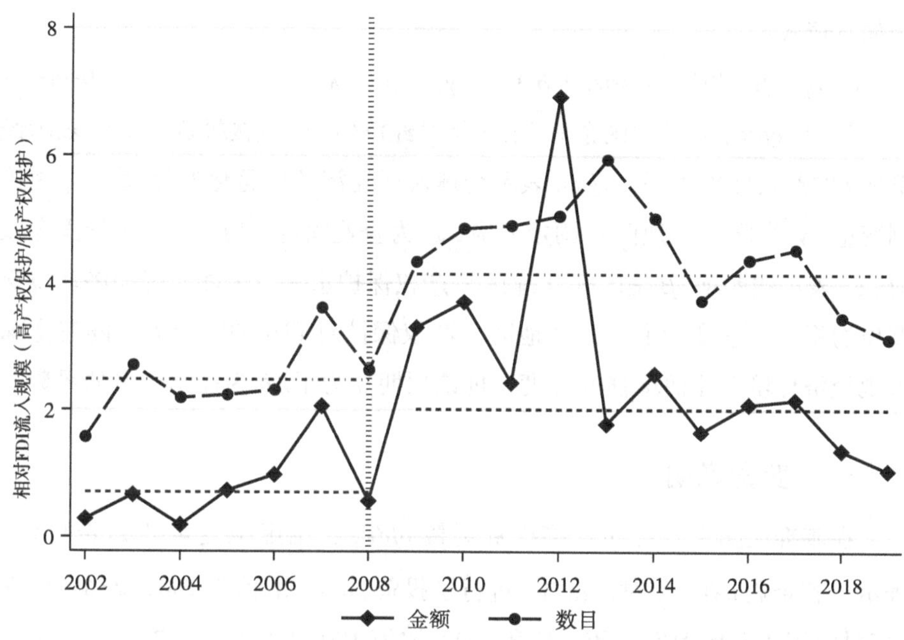

图 9-3-1 2002—2018 年投资标的国（地区）产权保护与 FDI 流入（投资来源国为中国）

数据来源：作者整理自 BvD-zephyr、fDi Markets 数据库。

识别投资标的国（地区）产权保护制度与 FDI 流入的关系。具体来说，将 2008 年作为全球经济环境恶化的转折点，把全球经济运行良好的 2002—2008 年视作危机前期，把经济环境恶化的 2009—2019 年视为危机后期，考察中国企业在 2002—2019 年对 144 个国家（地区）的对外直接投资。除引入 DID 的识别策略外，本书还借鉴宗芳宇等（2012）与王永钦等（2014）的做法，采用微观企业层面的对外直接投资数据。相比他们的研究，本书的样本更完整，涉及并购、绿地两种投资模式，潜在投资标的国（地区）的可选范围更广，提供的企业信息更为全面。

第四节 投资标的国（地区）产权保护制度与 FDI 关系的实证设计

本书借鉴 Rodrik（1999）、Sanz 等（2020）的做法，将 DID 模型设定

为如下形式：

$$ofdi_{ijt} = \beta PRP_j \times crisis_t + \delta X_{ijt} + \gamma_j + \varphi_i + \lambda_t + \xi_{ijt} \tag{9-4-1}$$

其中，$ofdi_{ijt}$ 表示中国企业 i 在 t 年对经济体 j 的直接投资，PRP_j 表示经济体 j 的产权保护水平，$crisis_t$ 表示全球宏观经济环境恶化的程度，X_{ijt} 为控制变量，γ_j 为国家（地区）固定效应，φ_i 为企业固定效应，λ_t 为年份固定效应，ξ_{ijt} 表示残差项。β 是国家（地区）产权保护水平与全球宏观经济环境交互项的系数。它度量了一国（地区）产权保护对 FDI 的吸引力，随着全球宏观经济环境恶化而增强的程度，理论预期 β 为正。δ 为控制变量的系数。

一、变量说明

在基准回归中，对外直接投资规模 $ofdi_{ijt}$ ，用虚拟变量“是否投资”表示。若企业 i 在 t 年对经济体 j 进行了投资，$ofdi_{ijt}$ 取值为 100；若企业 i 在 t 年对经济体 j 未投资，$ofdi_{ijt}$ 取值为 0。取值 100 是为了将其单位标准化为百分点，便于解读。在稳健性检验中，对外直接投资的规模还用指标“投资金额”“投资数目”来度量。投资金额指标为实际投资金额数加 1 后再取对数，单位为万美元。数据整理自 BvD-zephyr 并购数据库和 fDi Markets 绿地数据库。

在基准回归中，国家（地区）产权保护水平，PRP_j 用指标“WGI 高产权保护水平”来衡量。这个指标为虚拟变量。若产权保护评分高于样本的中位数水平，取值为 1，代表该国（地区）产权保护水平高；若低于或等于中位数水平，则取值为 0，代表该国（地区）产权保护水平低。本书对各国（地区）产权保护的评分，使用的是世界治理指标（WGI）数据库中话语权和问责制、政治稳定性、政府效率、监管质量、法律规则和腐败控制六个分项评分的均值。其中，前两项得分代表国家（地区）的政治制度水平，得分越高，表示政治制度安排越重视保护私人产权，掠夺性越低；后四项得分代表国家（地区）的法律制度水平，得分越高，表示法律制度越健全，执法能力越强，有利于保障产权。本书在稳健性检验中，还使用了产权保护评分作为被解释变量，该指标用“WGI 产权保护评分”表示。

需要说明的是，由于 WGI 数据库公布的指标是随时间变化的，参考 Rodrik（1999）的方法，本书所指的产权保护评分，均为 2002—2008 年间产权保护评分的均值。另外，本书的稳健性检验还使用了 ICRG 数据库与 Polity5 数据库来度量国家（地区）的产权保护水平，分别构建了“ICRG 高产权保护水平”“ICRG 产权保护评分”“Polity5 高产权保护水平”“Polity5 产权保护评分”四个指标。为度量政治制度与法律制度两个方面的产权保护水平，本书采用相同的方法测算了政治制度评分与法律制度评分。在 WGI 数据库中，用话语权和问责制、政治稳定性两个分项指标的均值，构建指标“WGI 产权保护政治制度评分”，用政府效率、监管质量、法律规则和腐败控制四个分项指标的均值，构建指标“WGI 产权保护法律制度评分”；在 ICRG 数据库中，用民主化程度、政治稳定性、投资风险三个分项指标的均值，构建“ICRG 产权保护政治制度评分”，用法律规则和腐败控制两个分项指标的均值，构建“ICRG 产权保护法律制度评分”。

全球宏观经济环境的恶化程度 $crisis_t$，用时间虚拟变量“危机后”度量。2008 年之后，取值为 1，表示宏观经济环境恶化；2008 年之前（包括 2008 年），取值为 0，表示宏观经济环境良好。稳健性检验中，本书还使用随时间变化的连续变量“全球经济政策不确定”指标，表示全球宏观经济环境恶化程度。经济政策不确定程度越强，对投资、产出、就业的不利影响会变大（Baker 等，2016），宏观经济环境恶化程度会提高。本书对该指标的度量以 EPU 数据库中公布的月度 GEPU 指数为基础，取 GEPU 指数的年平均值，并做对数化处理①。

控制变量（X_{ijt}），包括国家（地区）和企业两个层面。国家（地区）层面控制变量包括如下指标：（1）市场规模，用 GDP（2010 年美元不变价）的对数值表示；（2）经济发展水平，用人均 GDP（2010 年美元不变价）的对数表示；（3）市场潜力，用 GDP 增长率表示；（4）自然资源禀赋，用油气和其他矿物资源出口与总出口之比表示；（5）战略资产禀赋，

① 在 EPU 数据库中，GEPU 指数分为按照各国当前价格测算的 GDP 加权，以及按照各国购买力平价测算的 GDP 加权两种。本书选择后一种方式得到的 GEPU 指数。

使用中高技术产品出口与总出口之比表示；（6）外资存量，用 FDI 存量的对数表示；（7）双边贸易关系，用与中国进出口贸易的总额占其总贸易额的比重表示。企业层面控制变量包括如下指标：（1）企业年龄，用企业成立时长的对数表示；（2）企业经营业绩，用净资产收益率表示；（3）企业资产规模，用企业总资产的对数表示。

经整理，最终构建了 2002—2019 年间 253 家上市企业对 144 个国家或地区的企业—国家（地区）—年份样本数据，共计 655776 条观测值。其中，企业对外直接投资的数据来自 BvD-zephyr 并购数据库和 fDi Markets 绿地数据库；产权保护水平方面的数据来自 WGI、ICRG 与 Polity5 数据库；国家（地区）其他方面的特征数据来自 WDI、UNCTAD 和 EPU 数据库；企业方面特征数据来自 CSMAR 数据库。

表 9-4-1 汇报了对样本数据的描述性统计结果。

表 9-4-1　描述性统计

变量	观测值	均值	标准差	最小值	最大值
被解释变量					
是否投资	655776	0. 139	3. 721	0. 000	100. 000
投资金额	655776	0. 010	0. 289	0. 000	13. 475
投资数目	655776	0. 002	0. 043	0. 000	4. 000
解释变量					
WGI 高产权保护水平	655776	0. 500	0. 500	0. 000	1. 000
WGI 产权保护评分	655776	0. 052	0. 920	-1. 705	1. 892
WGI 产权保护政治制度评分	655776	-0. 025	0. 883	-1. 996	1. 579
WGI 产权保护法律制度评分	655776	0. 091	0. 971	-1. 703	2. 094
ICRG 高产权保护水平	551034	0. 496	0. 500	0. 000	1. 000
ICRG 产权保护评分	551034	5. 222	0. 988	2. 979	7. 622
ICRG 产权保护政治制度评分	551034	6. 381	0. 994	3. 499	8. 868
ICRG 产权保护法律制度评分	551034	3. 483	1. 107	1. 552	6. 000
Polity5 产权保护水平	605682	0. 496	0. 500	0. 000	1. 000
Polity5 产权保护评分	605682	1. 671	10. 731	-67. 941	7. 000
控制变量					

续表

变量	观测值	均值	标准差	最小值	最大值
市场规模	651222	24. 807	2. 002	19. 639	30. 536
经济发展水平	651222	8. 757	1. 467	5. 272	11. 626
市场潜力	650969	3. 832	5. 211	-62. 076	123. 140
自然资源禀赋	581900	0. 269	0. 289	0. 000	0. 998
战略资源禀赋	655523	0. 320	0. 228	0. 000	0. 972
外资存量	646921	9. 752	2. 354	-11. 513	16. 063
双边贸易关系	652234	0. 092	0. 085	0. 002	0. 639
企业年龄	655776	2. 684	0. 466	0. 693	3. 664
企业经营业绩	641664	0. 057	1. 867	-66. 535	90. 705
企业资产规模	655488	22. 532	1. 597	12. 314	28. 194
其他变量					
全球经济政策不确定	655776	4. 783	0. 382	4. 164	5. 591

第五节　投资标的国（地区）产权保护制度与FDI 关系的实证检验结果

本部分先使用线性概率模型进行基准检验，接着再进行平行趋势和其他稳健性检验，最后检验了作用机制。

一、基准检验

表 9-5-1 报告了基准模型的检验结果。第（1）列控制了国家（地区）、企业与年份固定效应，但未加入国家（地区）和企业层面的控制变量。结果显示交互项的系数显著为正，符合理论预期。即高产权保护水平的经济体在宏观经济环境恶化后，明显增强了对 FDI 的吸引力。该结果显示国家（地区）较高的产权保护对其吸引 FDI 流入具有重要正向影响。如果产权保护水平从低变为高，投资概率将提高 0. 14 个百分点。这样的幅度相当于平均的投资概率（0. 14）。第（2）列加入国家（地区）层面的控

制变量，以控制国家（地区）的宏观经济表现、自然资源禀赋、战略资源禀赋及经贸关系等因素在危机前后可能出现的变化。第（2）列的系数值略有下降但仍然显著。这些因素在一定程度上干扰产权保护的影响，而且它们对 FDI 一般来说有正向影响，因此在控制这些因素后产权保护的系数下降。第（3）列，参考王永钦等（2014）、宗芳宇等（2012）的研究，进一步加入企业层面的控制变量，以控制危机前后企业经营状况出现的变化。控制之后交互项的系数值与显著性都没有大的变化。总体来说，基准回归的结果符合理论预期，投资标的国（地区）高水平的产权保护有利于吸引 FDI 流入。

表 9-5-1 基准模型检验结果

变量	（1） 是否投资	（2） 是否投资	（3） 是否投资
WGI 高产权保护水平×危机后	0. 135***	0. 127***	0. 129***
	（0. 026）	（0. 025）	（0. 026）
国家（地区）控制变量	No	Yes	Yes
企业控制变量	No	No	Yes
国家（地区）固定效应	Yes	Yes	Yes
企业固定效应	Yes	Yes	Yes
年份固定效应	Yes	Yes	Yes
R^2	0. 013	0. 014	0. 014
观测值	655776	573804	561330
聚类数量	253	253	253
潜在标的国（地区）	144	144	144

注：①***、**、*分别表示在 1%、5%、10%水平上显著；②括号内为回归系数在企业层面聚类的稳健标准误；③由于存在部分国家（地区）控制变量缺失的情况，因此观测值数小于 253×144×18；④“潜在标的国（地区）”表示该列回归中企业区位选择过程中涉及的国家（地区）数目。

二、平行趋势检验

DID 方法有效的一个重要前提，是要求在危机发生前中国企业在高产权保护水平经济体投资规模的变化趋势与在低产权保护水平经济体投资规模的变化趋势无显著差异。参照 Angrist 和 Pischke（2008）的做法，本书设置如下模型进行平行趋势检验：

$$ofdi_{ijt} = \sum_{t=2005}^{t=2019} \theta_t (PRP_j \times year_t) + \delta X_{ijt} + \gamma_j + \varphi_i + \lambda_t + \xi_{ijt} \quad (9-5-1)$$

其中，$year_t$ 为时间虚拟变量。$year_t$ 表示在当年为 1，其他年份为 0。模型（9-5-1）的其他设置与模型（9-4-1）一致。图 9-5-1 报告了平行趋势检验结果。注意在 2008 年金融危机前，中国企业在高低两组产权保护水平经济体的投资规模的变化趋势没有显著差异。平行趋势假定成立。图 9-5-1 还表明，中国企业在高产权保护水平经济体的投资高于低产权保护水平经济体，并且在 2008 年金融危机之后，二者的差异显著上升。

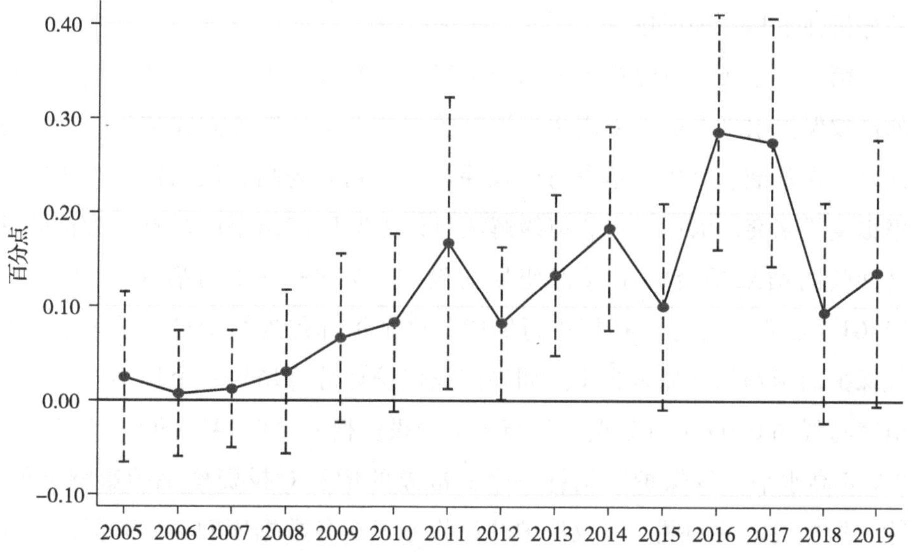

图 9-5-1 2005—2019 年平行趋势检验（以 2002—2004 年为基期）

注：该图根据实证估计结果所得。

三、稳健性检验

为检验基准结论的稳健性，下面通过更换指标、调整样本、控制可能的干扰因素的方式进行稳健性检验。

第一，更换表示全球宏观经济环境恶化程度的指标。本书以时间虚拟变量“危机后”衡量宏观经济环境是否恶化，目的是利用危机后全球宏观经济环境长期恶化的事实，和产权保护在宏观经济环境恶化时对 FDI 吸引力更强的作用机理，以危机前后对比的方式识别产权保护的作用效果，降低内生性问题的干扰。不过这种衡量方式，并没有很直观的体现全球宏观经济环境恶化的程度，容易引起对本书理论机制及基准结论的质疑。为验证本书理论机制的合理性和基准结论可信度，本书在表 9-5-2 的第（1）列直接使用反映全球经济环境恶化程度的“全球经济政策不确定”指标，代替“危机后”虚拟变量进入模型（9-4-1）进行检验。估计结果显示，交互项系数在 1%的显著水平内为正。全球宏观经济环境越差，产权保护水平高的经济体吸引的 FDI 越多。本书的理论机制成立，对基准检验结果的分析并不是一种误读。

第二，更换产权保护水平的衡量指标。产权保护水平不易量化，现有的产权保护水平指标多采用主观评分的方式度量。这种方式难免产生测量误差。在基准模型中，本书将产权保护水平划分为高、低两档，构建二元虚拟变量来突出大的差异，以缓解测量误差对回归结果的影响。为检验基准回归的结果是否源于虚拟变量的设定，表 9-5-2 的第（2）列采用“WGI 产权保护评分”指标进行回归。这个指标是连续变量。结果显示产权保护的影响仍然显著为正。如果产权保护评分每增加一个标准差，投资概率将提高 0.09 个百分点，相当于平均投资概率（0.14）的 62.59%，与“WGI 高水平产权保护”指标一个标准差的增长对投资概率的影响近似。除了指标设定的问题，产权保护的评价方式在各数据库间也有差异。在基准回归中选择 WGI 数据库，是因为 WGI 数据库覆盖地区广，评价方式完备，自 20 世纪 90 年代末以来成为各种治理指标的有效总结（Kaufmann 等，2010）。为检验产权保护的评价方式是否影响估计结果，本书用 ICRG 数据库和 Polity5 数据库构建的产权保护水平指标替换 WGI 数据的指标。这两个数据库尽管没有 WGI 数据库全面，但是某些指标的时段比较长。具体而言，在表 9-5-2 的第（3）（4）列，分别使用 ICRG 数据库测算的

"ICRG 高产权保护水平"指标、"ICRG 产权保护评分"指标表示产权保护水平；在第（5）（6）列，分别使用 Polity5 数据库的"Polity5 高产权保护水平"指标、"Polity5 产权保护评分"指标表示产权保护水平。实证结果显示，使用这两个数据库的指标后，交互项均在 1%的显著水平内为正，符合理论预期。

表 9-5-2 稳健性检验（一）

变量	(1) 是否投资	(2) 是否投资	(3) 是否投资	(4) 是否投资	(5) 是否投资	(6) 是否投资
WGI 高产权保护水平×全球经济政策不确定	0.154***					
	(0.034)					
WGI 产权保护评分×危机后		0.095***				
		(0.016)				
ICRG 高产权保护水平×危机后			0.103***			
			(0.029)			
ICRG 产权保护评分×危机后				0.078***		
				(0.015)		
Polity5 高产权保护水平×危机后					0.090***	
					(0.025)	
Polity5 产权保护评分×危机后						0.002***
						(0.0005)
国家（地区）控制变量	Yes	Yes	Yes	Yes	Yes	Yes
企业控制变量	Yes	Yes	Yes	Yes	Yes	Yes
国家（地区）固定效应	Yes	Yes	Yes	Yes	Yes	Yes
企业固定效应	Yes	Yes	Yes	Yes	Yes	Yes
年份固定效应	Yes	Yes	Yes	Yes	Yes	Yes
R^2	0.014	0.014	0.015	0.015	0.012	0.012
观测值	561330	561330	489985	489985	521953	521953
聚类数量	253	253	253	253	253	253
潜在标的国（地区）	144	144	121	121	133	133

注：①***、**、*分别表示在 1%、5%、10%水平上显著；②括号内为回归系数在企业层面聚类的稳健标准误。

第三，更换被解释变量。本书在基准模型中用“是否投资”来刻画企业的投资行为，主要是为了突出投资的区位选择。为检验这种简化处理是否影响回归结果，表 9-5-3 的第（1）（2）列，分别使用投资金额、投资数目作为被解释变量进行估计。估计结果表明，交互项在 1%的显著水平上为正。若产权保护水平从低变为高，投资金额将提高 1%，相当于平均投资金额（27.46 万美元）的 0.04%；投资数目将增加 0.002 件，相当于平均投资数目（0.002 件）。这反映出投资标的国（地区）较高的产权保护水平有利于使 FDI 流入规模扩张。

第四，调整样本。为使得危机前后的观测值可比，基准回归的样本只包含在危机前后持续上市的企业。而 2002—2019 年中，非持续上市企业的投资金额与持续上市企业基本持平，投资数目约为持续上市企业的 1.52 倍[①]。为检验这些企业的投资行为是否与基准模型的结果一致，表 3-5-3 的第（3）列将企业样本更换为行业样本。相比于基准模型中对企业样本的处理办法，行业样本主要区别在于：整理上市企业数据时，不再删除非持续上市企业，而是保留所有进行海外投资的上市企业信息，在此基础上得到行业样本。检验结果表明，即使包含全部上市企业投资交易信息，危机后在高产权保护水平经济体投资概率的增幅，仍显著高于低产权保护水平经济体。基本结论不变。实际上从统计数据上看，在金融危机后（2009—2019 年）进行投资的企业中，新上市企业投资规模占比 30.28%，而这些企业 61.81%的投资流向了高产权保护水平经济体。也就是说，非持续上市企业也偏向于高产权保护水平经济体。

第五，控制“一带一路”倡议的干扰。基于微观数据的实证检验，能提高估计结果的准确度。因此本书在考虑数据可得性基础上，以中国企业为样本进行基准回归。在样本期内，能够长期影响中国企业区位选择偏好的外部事件中，除引发全球宏观经济环境恶化的金融危机外，“一带一路”

① 此处对非持续上市和持续上市企业投资金额、数目的比较，指的是在“潜在标的国（地区）”集合中的投资，并且剔除了金融类企业交易，以及股票代码虽然持续存在，但实际已经发生重大变更的企业交易。

倡议的提出也可能存在一定的影响。例如中国企业在倡议提出后，可能出于政治动因增加了在共建国家和地区的投资规模。为检验“一带一路”倡议是否会引起对产权保护作用效果估计的偏误，本书在表 9-5-3 的第（4）列，以模型（9-4-1）为基础，加入了“‘一带一路’共建国家和地区”的国家虚拟变量①与“倡议提出后”的年份虚拟变量②的交互项，从而控制了“一带一路”倡议提出对基准结论的干扰。检验结果显示,“WGI 高产权保护水平×危机后”的系数与表 9-5-3 第（3）列的基准检验结果没有明显差异。可见，本书基准检验中识别出的产权保护作用效果，是比较稳健的。

表 9-5-3　稳健性检验（二）

变量	(1) 投资金额	(2) 投资数目	(3) 是否投资	(4) 是否投资
WGI 高产权保护水平×危机后	0.010***	0.002***	1.313***	0.131***
	(0.002)	(0.0003)	(0.223)	(0.026)
“一带一路”共建国家和地区×倡议提出后				-0.090***
				(0.025)
国家（地区）控制变量	Yes	Yes	Yes	Yes
企业控制变量	Yes	Yes	—	Yes
行业控制变量	—	—	Yes	—
国家（地区）固定效应	Yes	Yes	Yes	Yes
企业固定效应	Yes	Yes		Yes
年份固定效应	Yes	Yes	Yes	Yes
行业固定效应	—	—	Yes	—
R^2	0.012	0.013	0.086	0.014
观测值	561330	561330	147420	561330
聚类数量	253	253	65	253
潜在标的国（地区）	144	144	144	144

注：①***、**、*分别表示在 1%、5%、10%水平上显著；②除第（3）列括号内为回归系数在行业层面聚类的稳健标准误外，其余列为在企业层面聚类的稳健标准误。

① 若标的国属于“一带一路”共建国家和地区，该指标为 1，否则为 0。具体划分方式参照王桂军和卢潇潇（2019）。

② 若在 2013 年之后（不包括 2013 年），该指标为 1；2013 年之前为 0。

四、作用机制检验

产权保护对FDI流入的促进作用是如何实现的？体现在哪些方面呢？由于一国（地区）较高的产权保护水平来自两种制度安排——限制政府“掠夺之手”的政治制度安排，健全且能有效实施和执行产权保护法律法规的法律制度安排。根据本章第二节的理论分析，无论是政治制度提供的产权保护，还是法律制度提供的产权保护，都有助于一国（地区）吸引FDI。为检验这两种来源的产权保护是否都能发挥吸引FDI流入的作用，本书采用了如下两种检验思路。

第一，根据“企业自身特性对不同类型产权保护的敏感度存在较大差异”这一特点进行识别。对政治制度上的产权保护越敏感的投资，如果危机后在高产权保护水平经济体的FDI流入越多，就表明政治制度上提供的产权保护能发挥吸引FDI流入的作用。同理，对法律制度上产权保护越敏感的投资，如果危机后在高产权保护水平经济体的FDI流入越多，就表明法律制度提供的产权保护能发挥吸引FDI流入的作用。

在政治制度方面，已有研究表明企业投资的不可逆程度越高，预期投资收益受政府对私人产权保护的影响程度越大（Rodrik，1991；Gulen和Ion，2016）。按照企业投资不可逆程度，本书将样本划分为“高不可逆投资”和“低不可逆投资”两个组，基于模型（9-4-1）分别估计产权保护的影响，再比较影响的大小。具体的划分标准，本书参考Gulen和Ion（2016）对企业投资不可逆程度的衡量方法，使用投资企业的资本密集度、沉没成本表示投资的不可逆程度。投资企业的资本密集度或沉没成本越高，企业投资的不可逆程度越高。在分组时若样本期内企业平均资本密集度指标高于样本企业中位数，则其投资视为“高不可逆投资”，反之为“低不可逆投资”；若样本期内企业平均沉没成本指标低于样本企业中位数，则为“高不可逆投资”，反之为“低不可逆投资”。估计结果如表9-5-4的第（1）—（4）列所示，无论使用资本密集度还是沉没成本衡量企业不可逆程度，产权保护的影响都显著为正。这表明产权保护对吸引两类投资都有积极作用。比较两组系数的大小，容易发现高不可逆投资组的系数更大，表明政治制度上提供的产权保护发挥积极作用。在法律制度方面，文献发现特定关系型投资（Relationship-Specific Investment）的交易成本受契约执行力、法律法规的影响程度更大（Levchenko，2007；Nunn，2007）。因此，本书参考 Nunn（2007）对特定关系型投资比重的衡量方法，使用制造业行业契约密集度指标，按行业契约密集度的中位数将制造业样本划分为“高契约密集度”和“低契约密集度”两个样本组①。契约密集度越高，特定关系型投资比重越高。表 9-5-4 的第（5）（6）列汇报了分组回归的结果，交互项系数均显著为正，可见产权保护对不同契约密集度的投资都有正向促进作用。而且高契约密集度投资的系数更大，与预期一致，法律制度上的产权保护有利于吸引 FDI 流入。

表 9-5-4　产权保护与 FDI——按投资特性分组

变量	按资本密集度划分		按沉没成本划分		按契约密集度划分	
	高投资不可逆	低投资不可逆	高投资不可逆	低投资不可逆	高契约密集度	低契约密集度
	(1) 是否投资	(2) 是否投资	(3) 是否投资	(4) 是否投资	(5) 是否投资	(6) 是否投资
WGI 高产权保护水平×危机后	0.158***	0.101***	0.140***	0.119***	0.182***	0.110***
	(0.037)	(0.036)	(0.037)	(0.037)	(0.059)	(0.041)
国家（地区）控制变量	Yes	Yes	Yes	Yes	Yes	Yes
企业控制变量	Yes	Yes	Yes	Yes	Yes	Yes
国家（地区）固定效应	Yes	Yes	Yes	Yes	Yes	Yes
企业固定效应	Yes	Yes	Yes	Yes	Yes	Yes
年份固定效应	Yes	Yes	Yes	Yes	Yes	Yes

① 为缩小分组后不同组间样本数目的差距，本书采用了 Nunn（2007）测算的第一种行业契约密集度，即基于投入品不在交易所交易也不按市场公开价格交易所占比重衡量。由于 Nunn（2007）在划分行业契约密集度时，使用的行业分类标准与本书上市企业行业分类标准不一致。因此本书在划分前，首先把 Nunn（2007）公布的 ISIC Rev.2 三分位制造业行业契约密集度，按《国民经济行业分类（2011 年版）》二分位制造业行业标准进行对应。

续表

变量	按资本密集度划分		按沉没成本划分		按契约密集度划分	
	高投资不可逆	低投资不可逆	高投资不可逆	低投资不可逆	高契约密集度	低契约密集度
	(1) 是否投资	(2) 是否投资	(3) 是否投资	(4) 是否投资	(5) 是否投资	(6) 是否投资
R^2	0.016	0.012	0.016	0.012	0.020	0.014
观测值	278177	283153	277005	284325	166297	185229
聚类数量	126	127	126	127	74	82
潜在标的国（地区）	144	144	144	144	144	144

注：①***、**、*分别表示在1%、5%、10%水平上显著；②括号内为回归系数在企业层面聚类的稳健标准误。

第二，借助WGI数据库和ICRG数据库，量化政治制度产权保护水平和法律制度产权保护水平，以模型（9-4-1）为基础，分别检验投资标的国（地区）政治制度上的产权保护、法律制度上的产权保护对FDI流入的影响。具体在实证检验中，本书分别使用代表政治制度产权保护水平的“WGI产权保护政治制度评分”“ICRG产权保护政治制度评分”指标，以及代表法律制度产权保护水平的“WGI产权保护法律制度评分”“ICRG产权保护法律制度评分”指标进行检验。如表9-5-5的第（1）—（4）列所示，政治制度上的产权保护与宏观经济环境的交互项，以及法律制度上的产权保护与宏观经济环境的交互项均显著为正，无论指标来源于WGI数据库还是ICRG数据库都能得出这一结果。

表9-5-5 产权保护与FDI——细分指标

变量	(1) 是否投资	(2) 是否投资	(3) 是否投资	(4) 是否投资
WGI产权保护政治制度评分×危机后	0.057***			
	(0.014)			
WGI产权保护法律制度评分×危机后		0.102***		
		(0.016)		

续表

变量	(1) 是否投资	(2) 是否投资	(3) 是否投资	(4) 是否投资
ICRG 产权保护政治制度评分×危机后			0.057***	
			(0.015)	
ICRG 产权保护法律制度评分×危机后				0.079***
				(0.013)
国家（地区）控制变量	Yes	Yes	Yes	Yes
企业控制变量	Yes	Yes	Yes	Yes
国家（地区）固定效应	Yes	Yes	Yes	Yes
企业固定效应	Yes	Yes	Yes	Yes
年份固定效应	Yes	Yes	Yes	Yes
R^2	0.014	0.014	0.015	0.015
观测值	561330	561330	489985	489985
聚类数量	253	253	253	253
潜在标的国（地区）	144	144	121	121

注：①***、**、*分别表示在 1%、5%、10%水平上显著；②括号内为回归系数在企业层面聚类的稳健标准误。

综合表 9-5-4 与表 9-5-5 的结果，可见实现产权保护的两个维度——政治制度和法律制度，通过不同的产权保护方式，都可以在宏观经济环境恶化时，增强对外资企业的吸引力，促进 FDI 流入。由此说明，当一国（地区）在政治制度设计上和法律制度设计上具有较高的产权保护水平时，均有利于提高 FDI 吸引力。

第六节　投资标的国（地区）数据产权保护制度与 FDI 关系的推论

实际上，由于数据产权保护制度和一般性产权保护制度都根植于产权保护理论，因此数据产权保护制度影响 FDI 流入的作用途径，与一般性产权保护制度影响 FDI 流入的作用途径具有一致性。上一节的实证表明：当投资标的国（地区）一般性产权保护制度体系较为完善时，该国（地区）一方面可通过设计能限制政府的“掠夺之手”的政治制度规则，以降低外国企业投资风险的形式，吸引 FDI 流入；另一方面可通过健全的产权保护法律法规和有效的执行力，以降低外国企业投资不确定性和交易成本的形式，吸引 FDI 流入。结合该结论，可以对数据产权保护制度影响 FDI 流入的途径和效果做如下类比推理：

若投资标的国（地区）构建了较为完善的数据产权保护制度，那么从政治制度维度看，政府部门将不能随意获取和使用外国企业在当地收集或存储的数据资源，“掠夺之手”受到较大限制，由此会降低外国企业的投资风险；从法律制度维度看，该国（地区）的数据产权保护法律法规更为健全，数据产权的归属比较明确，产权范围较为清晰，与数据相关财产权利可以从法律上得到更有效的保护，由此会降低外国企业在当地从事与数据相关交易活动时的交易成本和不确定性。这两种作用途径均有助于提高外国企业对该国（地区）的投资收益预期，使其比数据产权保护水平低时吸引更多的 FDI 流入。

除上述两种作用途径外，一国（地区）加强数据产权保护，还能以提高外国企业生产率的途径吸引 FDI 流入。这主要是因为，数据产权保护制度保护的客体是数据。作为一种新型的生产要素，数据对企业而言有一个与其他一般生产要素不同的特点：企业获得的数据要素规模越大，越有助于企业从大数据中挖掘有价值的信息，帮助企业改进生产技术、流程，促进企业创新，推动企业生产率提高。当一国（地区）构建了较为完善的数据产权保护制度时，此时该国（地区）的数据产权归属明确，数据产权所有者的权利被有效保护，每个数据资源所有者的报酬取决于数据产品或服务数量的多少和质量的高低。这将激励当地数据资源所有者为了获得更多报酬而在数据交易市场出售数据资源，并不断提高数据资源的质量。在此背景下，外国企业能从该国（地区）获取更大规模、更优质的数据资源，更有利于外国企业生产率的改善，使其获得更高的投资收益。因而，数据产权保护制度的完善，还会通过改善外国企业生产率的途径促进 FDI 流入。

总的来说，本书认为，若一国（地区）建立了完善的数据产权保护制度体系，将通过缓解外国企业投资风险，降低外国企业的交易成本和投资不确定性，以及提高外国企业生产率的方式，促使该国（地区）扩大 FDI 流入规模。

第七节 本章小结

本章从 FDI 流入视角，分析了投资标的国（地区）完善数据产权保护制度对国家宏观经济的影响。根据一般性产权保护制度与 FDI 流入关系的实证检验结果，以及数据产权保护制度与一般性产权保护制度在发挥经济效应时作用机理具有一致性的特征，本章认为一国（地区）加强数据产权保护制度的建设，会通过缓解外国企业在当地的投资风险，降低交易成本和投资不确定性，以及提高生产效率的方式，促进 FDI 流入。

从上述结论中可看出，一国（地区）构建和完善数据产权保护制度，已然成为国家（地区）引进外资的一种重要途径。为此，本章建议政府部门现阶段应着力进行数据确权，制定一套明晰数据产权归属的法律法规，对个人数据和非个人数据的所有权、使用权、处置权和收益权进行明确的界定。政府部门还应加强对数据产权保护的执法力度，使得相关数据产权主体的相关权益被侵犯时能及时得到司法部门的保护。此外，政府部门在制定数据产权保护制度规则时，仍应注意坚守数据安全的底线，将维护个人隐私，保护公众和国家利益放在首位。

附　录

附录 1　2023 年中国民营企业对外直接投资——投资方来源地别 TOP10

附表 1-1　2023 年中国民营企业对外直接投资——投资方来源地 TOP10

排序	投资方来源地	项目数量（件）	排序	投资方来源地	金额（百万美元）
1	浙江	193	1	浙江	29342. 42
2	北京	140	2	上海	14202. 67
3	上海	126	3	小计	10809. 33
4	江苏	125	4	北京	9693. 82
5	山东	47	5	广东（不含深圳）	8587. 26
6	广东（不含深圳）	40	6	福建	7639. 09
7	深圳	37	7	山东	7370. 16
8	福建	34	8	江苏	7210. 49
9	安徽	21	9	深圳	3543. 09
10	河北	16	10	陕西	2044. 25

附表 1-2　2023 年中国民营企业对外并购投资——投资方来源地 TOP10（项目数量）

排序	投资方来源地	项目数量（件）	排序	投资方来源地	金额（百万美元）
1	北京	73	1	广东（不含深圳）	8587. 26
	上海		2	福建	5777. 03
2	江苏	69	3	上海	4160. 43
3	浙江	58	4	深圳	3543. 09
4	广东（不含深圳）	40	5	北京	3113. 53

续表

排序	投资方来源地	项目数量（件）	排序	投资方来源地	金额（百万美元）
5	深圳	37	6	山东	2515.29
6	福建	21	7	江苏	2459.75
7	安徽	18	8	浙江	2076.70
8	山东	17	9	安徽	1076.76
9	江西	8	10	江西	877.79

附表 1-3　2023 年中国民营企业对外绿地投资——投资方来源地 TOP10（项目数量）

排序	投资方来源地	项目数量（件）	排序	投资方来源地	金额（百万美元）
1	浙江	135	1	浙江	27265.72
2	北京	67	2	上海	10042.24
3	江苏	56	3	北京	6580.29
4	上海	53	4	山东	4854.87
5	山东	30	5	江苏	4750.74
6	福建	13	6	陕西	1963.48
7	河北	9	7	福建	1862.06
7	陕西	9	8	贵州	1267.57
9	江西	7	9	四川	1025.70
9	湖南	7	10	江西	814.80

附录 2　2023 年中国民营企业对外直接投资——投资标的国（地区）别 TOP10

附表 2-1　2023 年中国民营企业对外直接投资集中地 TOP10

排序	标的国（地区）	项目数量（件）	排序	标的国（地区）	金额（百万美元）
1	中国香港地区	132	1	马来西亚	13492.61
2	美国	112	2	沙特阿拉伯	8750.80

续表

排序	标的国（地区）	项目数量（件）	排序	标的国（地区）	金额（百万美元）
3	开曼群岛	64	3	印度尼西亚	8130.09
	新加坡		4	阿根廷	7823.50
4	德国	58	5	越南	7757.68
5	越南	48	6	瑞典	7221.81
6	墨西哥	42	7	中国香港地区	6809.80
7	马来西亚	34	8	韩国	5474.023
8	泰国	31	9	美国	4687.12
9	韩国	27	10	匈牙利	3833.60

附表 2-2 2023 年中国民营企业对外并购投资集中地 TOP10

排序	标的国（地区）	项目数量（件）	排序	标的国（地区）	金额（百万美元）
1	中国香港地区	119	1	中国香港地区	5608.74
2	开曼群岛	64	2	瑞典	4000.00
3	美国	58	3	智利	3000.00
4	新加坡	45	4	开曼群岛	2303.61
5	英属维尔京群岛	18	5	美国	1604.52
6	泰国	16	6	巴西	1000.00
7	韩国	15	7	韩国	911.05
8	马来西亚	13	8	百慕大群岛	788.20
9	百慕大群岛	12	9	荷兰	775.00
10	澳大利亚	10	10	英属维尔京群岛	687.75

附表 2-3 2023 年中国民营企业对外绿地投资集中地 TOP10

排序	标的国（地区）	项目数量（件）	排序	标的国（地区）	金额（百万美元）
1	美国	54	1	马来西亚	13427.66
2	德国	51	2	沙特阿拉伯	8750.80
3	越南	39	3	印度尼西亚	7841.87

续表

排序	标的国（地区）	项目数量（件）	排序	标的国（地区）	金额（百万美元）
4	墨西哥	32	4	阿根廷	7823.50
5	马来西亚	21	5	越南	7692.54
6	西班牙	19	6	韩国	4562.97
	新加坡		7	匈牙利	3682.66
7	阿联酋	18	8	瑞典	3221.81
	乌兹别克斯坦		9	美国	3082.60
8	印度尼西亚	17	10	墨西哥	2353.70

附录3　2023年中国民营企业对外直接投资——投资标的行业别TOP10

附表3-1　2023年中国民营企业对外直接投资行业别TOP10

排序	标的行业	项目数量（件）	排序	标的行业	金额（百万美元）
1	批发和零售业	205	1	基本金属和金属制品	13105.68
2	信息传输、软件和信息技术服务业	80	2	租赁和商务服务业	11043.03
3	其他机械设备	74	3	其他机械设备	10876.01
4	租赁和商务服务业	62	4	汽车、挂车和半挂车	9168.70
5	交通运输、仓储和邮政业	60	5	广播、电视和通信设备	8111.57
6	科学研究和技术服务业	57	6	其他电气机械和设备	7440.64
7	金融业	54	7	非金属矿采选业	6571.33
8	基本金属和金属制品	46	8	化学品及化学制品（不含制药）	5768.05
9	医疗器械、精密仪器和光学仪器、钟表	43	9	其他非金属矿物制品	5758.57

续表

排序	标的行业	项目数量（件）	排序	标的行业	金额（百万美元）
10	其他电气机械和设备	41	10	电力、热力生产和供应业	4614.19

附表 3-2　2023 年中国民营企业对外并购投资行业别 TOP10

排序	标的行业	项目数量（件）	排序	标的行业	金额（百万美元）
1	批发和零售业	61	1	其他机械设备	5511.08
2	金融业	54	2	电力、热力生产和供应业	3303.59
3	信息传输、软件和信息技术服务业	53	3	金融业	2800.83
4	医疗器械、精密仪器和光学仪器、钟表	31	4	批发和零售业	1933.92
5	科学研究和技术服务业	25	5	医疗器械、精密仪器和光学仪器、钟表	1838.69
6	其他机械设备	23	6	其他电气机械和设备	1104.48
7	其他电气机械和设备	22	7	基本金属和金属制品	1037.83
8	广播、电视和通信设备	20	8	汽车、挂车和半挂车	872.61
9	基本金属和金属制品	18	9	信息传输、软件和信息技术服务业	802.03
10	医药制造	17	10	石油和天然气开采业	719.69

附表 3-3　2023 年中国民营企业对外绿地投资行业别 TOP10

排序	标的行业	项目数量（件）	排序	标的行业	金额（百万美元）
1	批发和零售业	144	1	基本金属和金属制品	12067.85011

续表

排序	标的行业	项目数量（件）	排序	标的行业	金额（百万美元）
2	其他机械设备	51	2	租赁和商务服务业	10745.21
3	交通运输、仓储和邮政业	50	3	汽车、挂车和半挂车	8296.090008
4	租赁和商务服务业	45	4	广播、电视和通信设备	7517.049823
5	科学研究和技术服务业	32	5	非金属矿采选业	6563.490005
6	基本金属和金属制品	28	6	其他电气机械和设备	6336.158573
7	信息传输、软件和信息技术服务业	27	7	化学品及化学制品（不含制药）	5719.640001
8	汽车、挂车和半挂车	21	8	其他非金属矿物制品	5687.339994
	纺织、纺织品、皮革及制鞋		9	其他机械设备	5364.929995
9	其他电气机械和设备	19	10	信息传输、软件和信息技术服务业	3535.510019

附表 3-4　2023 年中国民营企业对外直接投资制造业别 TOP10（项目数量）

排序	对外投资标的制造业行业	行业技术分类	项目数量（件）
1	其他机械设备	中高技术	74
2	基本金属和金属制品	中低技术	46
3	医疗器械、精密仪器和光学仪器、钟表	高技术	43
4	其他电气机械和设备	中高技术	41
5	汽车、挂车和半挂车	中高技术	34
6	广播、电视和通信设备	高技术	33
7	化学品及化学制品（不含制药）	中高技术	31
8	纺织、纺织品、皮革及制鞋	低技术	30
9	其他非金属矿物制品	中低技术	22
10	医药制造	高技术	20

附表 3-5　2023 年中国民营企业对外直接投资制造业别 TOP10（金额）

排序	对外投资标的制造业行业	行业技术分类	金额（百万美元）
1	基本金属和金属制品	中低技术	13105. 68
2	其他机械设备	中高技术	10876. 01
3	汽车、挂车和半挂车	中高技术	9168. 70
4	广播、电视和通信设备	高技术	8111. 57
5	其他电气机械和设备	中高技术	7440. 64
6	化学品及化学制品（不含制药）	中高技术	5768. 05
7	其他非金属矿物制品	中低技术	5758. 57
8	医疗器械、精密仪器和光学仪器、钟表	高技术	2225. 56
9	橡胶和塑料制品	中低技术	1781. 56
10	医药制造	高技术	739. 18

附表 3-6　2023 年中国民营企业对外并购投资制造业别 TOP10（项目数量）

<table>
<tr><th>排序</th><th>对外投资标的制造业行业</th><th>行业技术分类</th><th>项目数量（件）</th></tr>
<tr><td>1</td><td>医疗器械、精密仪器和光学仪器、钟表</td><td>高技术</td><td>31</td></tr>
<tr><td>2</td><td>其他机械设备</td><td>中高技术</td><td>23</td></tr>
<tr><td>3</td><td>其他电气机械和设备</td><td>中高技术</td><td>22</td></tr>
<tr><td>4</td><td>广播、电视和通信设备</td><td>高技术</td><td>20</td></tr>
<tr><td>5</td><td>基本金属和金属制品</td><td>中低技术</td><td>18</td></tr>
<tr><td>6</td><td>医药制造</td><td>高技术</td><td>17</td></tr>
<tr><td>7</td><td>汽车、挂车和半挂车</td><td>中高技术</td><td>13</td></tr>
<tr><td>8</td><td>化学品及化学制品（不含制药）</td><td>中高技术</td><td>12</td></tr>
<tr><td rowspan="2">9</td><td>其他制造业和再生产品</td><td>低技术</td><td rowspan="2">9</td></tr>
<tr><td>纺织、纺织品、皮革及制鞋</td><td>低技术</td></tr>
</table>

附表 3-7　2023 年中国民营企业对外并购投资制造业别 TOP10（金额）

排序	对外投资标的制造业行业	行业技术分类	金额（百万美元）
1	其他机械设备	中高技术	5511. 08
2	医疗器械、精密仪器和光学仪器、钟表	高技术	1838. 69
3	其他电气机械和设备	中高技术	1104. 48

续表

排序	对外投资标的制造业行业	行业技术分类	金额（百万美元）
4	基本金属和金属制品	中低技术	1037.83
5	汽车、挂车和半挂车	中高技术	872.61
6	医药制造	高技术	680.13
7	广播、电视和通信设备	高技术	594.52
8	其他制造业和再生产品	低技术	417.48
9	食品、饮料和烟草	低技术	386.62
10	焦炭、精炼石油产品及核燃料	中低技术	248.00

附表 3-8　2023 年中国民营企业对外绿地投资制造业别 TOP10（项目数量）

排序	对外投资标的制造业行业	行业技术分类	项目数量（件）
1	其他机械设备	中高技术	51
2	基本金属和金属制品	中低技术	28
3	汽车、挂车和半挂车	中高技术	21
3	纺织、纺织品、皮革及制鞋	低技术	21
5	其他电气机械和设备	中高技术	19
5	化学品及化学制品（不含制药）	中高技术	19
7	其他非金属矿物制品	中低技术	14
8	广播、电视和通信设备	高技术	13
9	医疗器械、精密仪器和光学仪器、钟表	高技术	12
10	橡胶和塑料制品	中低技术	11

附表 3-9　2023 年中国民营企业对外绿地投资制造业别 TOP10（金额）

排序	对外投资标的制造业行业	行业技术分类	金额（百万美元）
1	基本金属和金属制品	中低技术	12067.85
2	汽车、挂车和半挂车	中高技术	8296.09
3	广播、电视和通信设备	高技术	7517.05
4	其他电气机械和设备	中高技术	6336.16
5	化学品及化学制品（不含制药）	中高技术	5719.64
6	其他非金属矿物制品	中低技术	5687.34

续表

排序	对外投资标的制造业行业	行业技术分类	金额（百万美元）
7	其他机械设备	中高技术	5364.93
8	橡胶和塑料制品	中低技术	1781.56
9	纺织、纺织品、皮革及制鞋	低技术	619.67
10	医疗器械、精密仪器和光学仪器、钟表	高技术	386.87

附录4　2005—2023年中国民营企业在世界四大资金中转地投资项目数量、金额排序

附表4-1　2005—2023年中国民营企业在世界四大资金中转地对外直接投资项目数、金额排序

年份	地区	项目数量（件）	地区	金额（百万美元）
2005	中国香港地区	19	中国香港地区	1199.69
	百慕大群岛	9	英属维尔京群岛	35.59
	英属维尔京群岛	9	百慕大群岛	17.40
	开曼群岛	4	开曼群岛	13.96
2006	中国香港地区	26	中国香港地区	439.67
	英属维尔京群岛	16	英属维尔京群岛	141.62
	开曼群岛	13	开曼群岛	135.07
	百慕大群岛	8	百慕大群岛	21.34
2007	中国香港地区	32	中国香港地区	471.45
	开曼群岛	15	英属维尔京群岛	437.38
	百慕大群岛	14	开曼群岛	218.49
	英属维尔京群岛	8	百慕大群岛	113.09
2008	开曼群岛	57	中国香港地区	438.45
	中国香港地区	41	开曼群岛	428.00
	百慕大群岛	33	英属维尔京群岛	396.75
	英属维尔京群岛	19	百慕大群岛	245.00

续表

年份	地区	项目数量（件）	地区	金额（百万美元）
2009	中国香港地区	41	英属维尔京群岛	593.16
	百慕大群岛	19	中国香港地区	465.53
	英属维尔京群岛	19	开曼群岛	371.79
	开曼群岛	18	百慕大群岛	340.03
2010	开曼群岛	45	开曼群岛	1092.96
	中国香港地区	36	中国香港地区	674.62
	英属维尔京群岛	24	百慕大群岛	567.59
	百慕大群岛	20	英属维尔京群岛	308.18
2011	中国香港地区	52	开曼群岛	2717.98
	英属维尔京群岛	24	中国香港地区	1734.99
	开曼群岛	23	百慕大群岛	388.40
	百慕大群岛	11	英属维尔京群岛	344.22
2012	中国香港地区	62	中国香港地区	1298.62
	开曼群岛	17	开曼群岛	971.29
	英属维尔京群岛	17	英属维尔京群岛	665.68
	百慕大群岛	13	百慕大群岛	456.05
2013	中国香港地区	58	中国香港地区	8895.75
	英属维尔京群岛	24	开曼群岛	3783.81
	开曼群岛	21	英属维尔京群岛	869.59
	百慕大群岛	16	百慕大群岛	214.38
2014	中国香港地区	57	开曼群岛	7406.11
	开曼群岛	48	百慕大群岛	3079.90
	英属维尔京群岛	23	中国香港地区	2164.22
	百慕大群岛	14	英属维尔京群岛	1213.27
2015	中国香港地区	103	开曼群岛	22276.39
	开曼群岛	82	中国香港地区	8690.13
	百慕大群岛	30	百慕大群岛	4819.22
	英属维尔京群岛	16	英属维尔京群岛	3785.64

续表

年份	地区	项目数量（件）	地区	金额（百万美元）
2016	中国香港地区	198	开曼群岛	33601.14
	开曼群岛	85	中国香港地区	12191.49
	英属维尔京群岛	43	英属维尔京群岛	5656.01
	百慕大群岛	16	百慕大群岛	1937.90
2017	中国香港地区	213	中国香港地区	14764.63
	开曼群岛	62	开曼群岛	12398.17
	英属维尔京群岛	27	英属维尔京群岛	2819.31
	百慕大群岛	13	百慕大群岛	1841.54
2018	中国香港地区	288	开曼群岛	20378.34
	开曼群岛	81	中国香港地区	19188.79
	英属维尔京群岛	32	百慕大群岛	8501.74
	百慕大群岛	22	英属维尔京群岛	3827.15
2019	中国香港地区	204	百慕大群岛	14155.59
	开曼群岛	59	开曼群岛	12135.08
	英属维尔京群岛	26	中国香港地区	7592.23
	百慕大群岛	13	英属维尔京群岛	2777.88
2020	中国香港地区	151	百慕大群岛	7546.05
	开曼群岛	43	中国香港地区	6590.09
	英属维尔京群岛	19	开曼群岛	1093.85
	百慕大群岛	14	英属维尔京群岛	495.25
2021	中国香港地区	113	开曼群岛	10998.1
	开曼群岛	42	中国香港地区	4454.68
	英属维尔京群岛	25	英属维尔京群岛	1710.45
	百慕大群岛	7	百慕大群岛	60.2
2022	中国香港地区	90	中国香港地区	4613.30
	开曼群岛	45	开曼群岛	3336.76
	英属维尔京群岛	18	百慕大群岛	985.64
	百慕大群岛	12	英属维尔京群岛	317.50

续表

年份	地区	项目数量（件）	地区	金额（百万美元）
2023	中国香港地区	132	中国香港地区	6809. 8
	开曼群岛	64	开曼群岛	2303. 61
	英属维尔京群岛	18	百慕大群岛	788. 20
	百慕大群岛	12	英属维尔京群岛	687. 75

附表 4-2 2005—2023 年中国民营企业在世界四大资金中转地对外并购投资项目数量、金额排序

年份	地区	项目数量（件）	地区	金额（百万美元）
2005	中国香港地区	17	中国香港地区	1194. 09
	百慕大群岛	9	英属维尔京群岛	35. 59
	英属维尔京群岛	9	百慕大群岛	17. 4
	开曼群岛	4	开曼群岛	13. 96
2006	中国香港地区	22	中国香港地区	350. 07
	英属维尔京群岛	16	英属维尔京群岛	141. 62
	开曼群岛	13	开曼群岛	135. 07
	百慕大群岛	8	百慕大群岛	21. 34
2007	中国香港地区	26	英属维尔京群岛	437. 38
	开曼群岛	15	中国香港地区	314. 45
	百慕大群岛	14	开曼群岛	218. 49
	英属维尔京群岛	8	百慕大群岛	113. 09
2008	开曼群岛	57	开曼群岛	428
	百慕大群岛	33	英属维尔京群岛	396. 75
	中国香港地区	33	中国香港地区	362. 07
	英属维尔京群岛	19	百慕大群岛	245
2009	中国香港地区	30	英属维尔京群岛	593. 16
	百慕大群岛	19	中国香港地区	390. 03
	英属维尔京群岛	19	开曼群岛	371. 79
	开曼群岛	18	百慕大群岛	340. 03

续表

年份	地区	项目数量（件）	地区	金额（百万美元）
2010	开曼群岛	45	开曼群岛	1092.96
	中国香港地区	30	百慕大群岛	567.59
	英属维尔京群岛	24	中国香港地区	511.92
	百慕大群岛	20	英属维尔京群岛	308.18
2011	中国香港地区	49	开曼群岛	2717.98
	英属维尔京群岛	24	中国香港地区	1633.79
	开曼群岛	23	百慕大群岛	388.4
	百慕大群岛	11	英属维尔京群岛	344.22
2012	中国香港地区	47	中国香港地区	1072.22
	开曼群岛	17	开曼群岛	971.29
	英属维尔京群岛	17	英属维尔京群岛	665.68
	百慕大群岛	13	百慕大群岛	456.05
2013	中国香港地区	53	中国香港地区	8895.75
	英属维尔京群岛	24	开曼群岛	3783.81
	开曼群岛	21	英属维尔京群岛	869.59
	百慕大群岛	16	百慕大群岛	214.38
2014	中国香港地区	50	开曼群岛	7406.11
	开曼群岛	48	百慕大群岛	3079.9
	英属维尔京群岛	23	中国香港地区	1894.62
	百慕大群岛	14	英属维尔京群岛	1213.27
2015	中国香港地区	98	开曼群岛	22276.39
	开曼群岛	82	中国香港地区	8546.53
	百慕大群岛	30	百慕大群岛	4819.22
	英属维尔京群岛	16	英属维尔京群岛	3785.64
2016	中国香港地区	192	开曼群岛	33601.14
	开曼群岛	85	中国香港地区	12093.09
	英属维尔京群岛	43	英属维尔京群岛	5656.01
	百慕大群岛	16	百慕大群岛	1937.9

续表

年份	地区	项目数量（件）	地区	金额（百万美元）
2017	中国香港地区	199	中国香港地区	13970. 93
	开曼群岛	62	开曼群岛	12398. 17
	英属维尔京群岛	27	英属维尔京群岛	2819. 31
	百慕大群岛	13	百慕大群岛	1841. 54
2018	中国香港地区	261	开曼群岛	20378. 34
	开曼群岛	81	中国香港地区	16531. 29
	英属维尔京群岛	32	百慕大群岛	8501. 74
	百慕大群岛	22	英属维尔京群岛	3827. 15
2019	中国香港地区	200	百慕大群岛	14155. 59
	开曼群岛	59	开曼群岛	12135. 08
	英属维尔京群岛	26	中国香港地区	7565. 23
	百慕大群岛	13	英属维尔京群岛	2777. 88
2020	中国香港地区	149	百慕大群岛	7546. 05
	开曼群岛	43	中国香港地区	6561. 49
	英属维尔京群岛	19	开曼群岛	1093. 85
	百慕大群岛	14	英属维尔京群岛	495. 25
2021	中国香港地区	109	开曼群岛	10998. 1
	开曼群岛	42	中国香港地区	4285. 88
	英属维尔京群岛	25	英属维尔京群岛	1710. 45
	百慕大群岛	7	百慕大群岛	60. 2
2022	中国香港地区	88	中国香港地区	4589. 90
	开曼群岛	45	开曼群岛	3336. 76
	英属维尔京群岛	18	百慕大群岛	985. 64
	百慕大群岛	12	英属维尔京群岛	317. 50
2023	中国香港地区	119	中国香港地区	5608. 74
	开曼群岛	64	开曼群岛	2303. 61
	英属维尔京群岛	18	百慕大群岛	788. 202
	百慕大群岛	12	英属维尔京群岛	687. 749

注：因 2005—2023 年中国民营企业仅对中国香港有绿地投资，故此附录不再对绿地投资情况进行排序。

附录5 2023年中国民营企业对外投资案件TOP10

附表5-1 2023年中国民营企业对外投资案件TOP10

排序	中国投资方企业名称	标的国（地区）	标的行业	交易金额（百万美元）
1	Zhejiang Geely Holding Group (Geely Holding Group)	马来西亚	租赁和商务服务业	10000
2	China Petroleum and Chemical (Sinopec)	哈萨克斯坦	化学品及化学制品（不含制药）	7700
3	China Energy Engineering	埃及	电力、热力生产和供应业	6750
4	Gotion	摩洛哥	其他电气机械和设备	6400
5	Human Horizons	沙特	汽车、挂车和半挂车	5600
6	China Petroleum and Chemical (Sinopec)	斯里兰卡	焦炭、精炼石油产品及核燃料	4500
7	MIDEA GROUP CO., LTD	瑞典	其他机械设备	4000
8	CHINA MERCHANTS GROUP LTD	中国香港地区	交通运输、仓储和邮政业	4000
9	Baoshan Iron & Steel (Baosteel)	沙特	基本金属和金属制品	4000
10	Serbia Zijin Mining	塞尔维亚	有色金属矿采选业	3800

附录6 2013—2023年中国民营企业在“一带一路”共建国家和地区对外直接投资TOP10

附表6-1 2013—2023年中国民营企业在“一带一路”共建国家和地区对外直接投资TOP10

2013年民企对“一带一路”共建国家和地区对外直接投资项目数量及金额TOP10					
排序	国家（地区）	项目数量（件）	排序	国家（地区）	金额（百万美元）
1	新加坡	19	1	俄罗斯	6173.67

续表

<table>
<tr><th colspan="6">2013 年民企对“一带一路”共建国家和地区对外直接投资项目数量及金额 TOP10</th></tr>
<tr><th>排序</th><th>国家（地区）</th><th>项目数量（件）</th><th>排序</th><th>国家（地区）</th><th>金额（百万美元）</th></tr>
<tr><td rowspan="2">2</td><td rowspan="2">马来西亚、波兰</td><td rowspan="2">6</td><td>2</td><td>塔吉克斯坦</td><td>1196. 88</td></tr>
<tr><td>3</td><td>新加坡</td><td>607. 48</td></tr>
<tr><td rowspan="3">4</td><td rowspan="3">俄罗斯、印度</td><td rowspan="3">5</td><td>4</td><td>泰国</td><td>310. 59</td></tr>
<tr><td>5</td><td>罗马尼亚</td><td>98. 65</td></tr>
<tr><td>6</td><td>波兰</td><td>74. 20</td></tr>
<tr><td rowspan="2">6</td><td rowspan="2">以色列、罗马尼亚</td><td rowspan="2">4</td><td>7</td><td>印度</td><td>50. 51</td></tr>
<tr><td>8</td><td>哈萨克斯坦</td><td>48. 10</td></tr>
<tr><td rowspan="2">8</td><td rowspan="2">泰国、乌兹别克斯坦</td><td rowspan="2">3</td><td>9</td><td>以色列</td><td>31. 55</td></tr>
<tr><td>10</td><td>乌兹别克斯坦</td><td>26. 80</td></tr>
<tr><th colspan="6">2014 年民企对“一带一路”共建国家和地区对外直接投资项目数量及金额 TOP10</th></tr>
<tr><th>排序</th><th>国家（地区）</th><th>项目数量（件）</th><th>排序</th><th>国家（地区）</th><th>金额（百万美元）</th></tr>
<tr><td>1</td><td>新加坡</td><td>17</td><td>1</td><td>印度尼西亚</td><td>2419. 00</td></tr>
<tr><td>2</td><td>印度</td><td>12</td><td>2</td><td>俄罗斯</td><td>2270. 00</td></tr>
<tr><td>3</td><td>以色列</td><td>9</td><td>3</td><td>新加坡</td><td>920. 57</td></tr>
<tr><td>4</td><td>马来西亚</td><td>8</td><td>4</td><td>波黑</td><td>635. 59</td></tr>
<tr><td>5</td><td>印尼</td><td>7</td><td>5</td><td>北马其顿 *</td><td>400. 00</td></tr>
<tr><td rowspan="2">6</td><td rowspan="2">俄罗斯、越南</td><td rowspan="2">6</td><td>6</td><td>印度</td><td>360. 79</td></tr>
<tr><td>7</td><td>越南</td><td>272. 81</td></tr>
<tr><td rowspan="3">8</td><td rowspan="3">巴基斯坦、土耳其、罗马尼亚</td><td rowspan="3">4</td><td>8</td><td>马来西亚</td><td>260. 89</td></tr>
<tr><td>9</td><td>以色列</td><td>166. 20</td></tr>
<tr><td>10</td><td>巴基斯坦</td><td>139. 88</td></tr>
</table>

* 2019 年马其顿政府宣布正式改国名为“北马其顿共和国”，为统一起见，此表统一用“北马其顿”。

续表

2015年民企对“一带一路”共建国家和地区对外直接投资项目数量及金额TOP10					
排序	国家（地区）	项目数量（件）	排序	国家（地区）	金额（百万美元）
1	印度	47	1	印度	9663.15
2	新加坡	28	2	印尼	6489.23
3	以色列	15	3	新加坡	1470.18
4	马来西亚、俄罗斯、泰国	13	4	俄罗斯	1433.16
			5	斯洛伐克	1400.00
			6	马来西亚	1351.52
7	捷克	11	7	捷克	1308.64
8	印尼、哈萨克斯坦	9	8	土耳其	1030.80
			9	以色列	902.06
10	越南、阿联酋	6	10	泰国	897.98
2016年民企对“一带一路”共建国家和地区对外直接投资项目数量及金额TOP10					
排序	国家（地区）	项目数量（件）	排序	国家（地区）	金额（百万美元）
1	印度	59	1	埃及	21278.61
2	新加坡	44	2	印度	12160.49
3	以色列	24	3	马来西亚	3368.98
4	马来西亚	23	4	柬埔寨	2565.54
5	俄罗斯	15	5	阿联酋	2240.37
	泰国		6	印度尼西亚	2098.95
7	埃及	13	7	孟加拉国	2008.90
8	捷克	10	8	捷克	1680.00
9	阿联酋	9	9	泰国	1546.91
	波兰		10	新加坡	1328.53
2017年民企对“一带一路”共建国家和地区对外直接投资项目数量及金额TOP10					
排序	国家（地区）	项目数量（件）	排序	国家（地区）	金额（百万美元）
1	新加坡	53	1	俄罗斯	14810.77
2	印度	48	2	新加坡	5237.97

续表

2017 年民企对“一带一路”共建国家和地区对外直接投资项目数量及金额 TOP10

排序	国家（地区）	项目数量（件）	排序	国家（地区）	金额（百万美元）
3	马来西亚	26	3	印度	4430.05
4	俄罗斯	25	4	印尼	3548.94
5	以色列	22	5	阿曼	2488.00
6	印度尼西亚	12	6	孟加拉国	2017.55
7	越南	10	7	巴基斯坦	1737.80
8	泰国	9	8	罗马尼亚	1006.50
9	埃及	8	9	捷克	1005.20
	阿联酋		10	斯洛伐克	1000.00

2018 年民企对“一带一路”共建国家和地区对外直接投资项目数量及金额 TOP10

排序	国家（地区）	项目数量（件）	排序	国家（地区）	金额（百万美元）
1	印度	75	1	新加坡	8464.43
2	新加坡	67	2	印度	5879.96
3	马来西亚	30	3	印度尼西亚	4306.48
4	泰国	24	4	菲律宾	3871.85
5	印度尼西亚	21	5	阿联酋	2432.10
6	以色列	20	6	埃及	1425.31
7	越南	18	7	马来西亚	1346.77
8	俄罗斯	17	8	塞尔维亚	1080.15
9	阿联酋	12	9	哈萨克斯坦	801.80
10	哈萨克斯坦、菲律宾	11	10	老挝	777.00

2019 年民企对“一带一路”共建国家和地区对外直接投资项目数量及金额 TOP10

排序	国家（地区）	项目数量（件）	排序	国家（地区）	金额（百万美元）
1	印度	78	1	俄罗斯	12277.46
2	新加坡	46	2	新加坡	10528.23
3	越南	24	3	印度	5908.36
4	俄罗斯	23	4	越南	3064.95

续表

2019 年民企对“一带一路”共建国家和地区对外直接投资项目数量及金额 TOP10					
排序	国家（地区）	项目数量（件）	排序	国家（地区）	金额（百万美元）
5	马来西亚	22	5	波兰	2579.39
6	泰国	16	6	埃及	1764.60
7	阿联酋	13	7	阿联酋	1276.15
	塞尔维亚		8	沙特	1179.30
8	印度尼西亚	12	9	泰国	547.30
9	以色列、波兰	10	10	塞尔维亚	441.26

2020 年民企对“一带一路”共建国家和地区对外直接投资项目数量及金额 TOP10					
排序	国家（地区）	项目数量（件）	排序	国家（地区）	金额（百万美元）
1	新加坡	41	1	文莱	13650.00
2	印度	20	2	印度尼西亚	5624.54
3	泰国	19	3	新加坡	1273.75
4	马来西亚	18	4	阿联酋	1260.20
5	阿联酋	14	5	印度	1133.99
6	越南	13	6	俄罗斯	589.62
7	俄罗斯	11	7	以色列	433.55
	印度尼西亚		8	泰国	345.78
8	以色列	10	9	马来西亚	335.60
9	波兰	6	10	越南	321.12

2021 年民企对“一带一路”共建国家和地区对外直接投资项目数量及金额 TOP10					
排序	国家（地区）	项目数量（件）	排序	国家（地区）	金额（百万美元）
1	新加坡	32	1	马来西亚	10774.94
2	越南	16	2	越南	1360.77
3	马来西亚	14	3	新加坡	1096.61
4	土耳其	10	4	泰国	554.8
5	印度	9	5	印度尼西亚	546.6

续表

2021 年民企对“一带一路”共建国家和地区对外直接投资项目数量及金额 TOP10

排序	国家（地区）	项目数量（件）	排序	国家（地区）	金额（百万美元）
6	泰国	8	6	以色列	327.3
7	波兰	7	7	土耳其	308.54
8	俄罗斯	6	8	巴基斯坦	234.5
	印度尼西亚		9	波兰	197.2
	阿联酋		10	阿联酋	163.75

2022 年民企对“一带一路”共建国家和地区对外直接投资项目数量及金额 TOP10

排序	国家（地区）	项目数量（件）	排序	国家（地区）	金额（百万美元）
1	新加坡	34	1	匈牙利	7622.83
2	泰国	18	2	印度尼西亚	1571.71
3	阿联酋	16	3	斯洛伐克	1253.38
4	越南	12	4	沙特	674
5	印度尼西亚	11	5	巴基斯坦	650.6
6	马来西亚	10	6	泰国	550.3613096
7	印度	6	7	越南	460.0219317
8	匈牙利	5	8	新加坡	432.0243119
9	沙特	5	9	埃及	324
10	巴基斯坦	4	10	柬埔寨	247.4944552

2023 年民企对“一带一路”共建国家和地区对外直接投资项目数量及金额 TOP10

排序	国家（地区）	项目数量（件）	排序	国家（地区）	金额（百万美元）
1	新加坡	64	1	马来西亚	13492.60
2	越南	48	2	沙特	8750.80
3	马来西亚	34	3	印度尼西亚	8130.09
4	泰国	31	4	越南	7757.68
5	印度尼西亚	24	5	匈牙利	3833.60
6	阿联酋	19	6	乌兹别克斯坦	1649.88

续表

<table>
<tr><td colspan="6">2023 年民企对“一带一路”共建国家和地区对外直接投资项目数量及金额 TOP10</td></tr>
<tr><td>排序</td><td>国家（地区）</td><td>项目数量（件）</td><td>排序</td><td>国家（地区）</td><td>金额（百万美元）</td></tr>
<tr><td rowspan="2">7</td><td>乌兹别克斯坦</td><td rowspan="2">18</td><td>7</td><td>印度</td><td>1519.89</td></tr>
<tr><td>柬埔寨</td><td>8</td><td>泰国</td><td>1157.31</td></tr>
<tr><td>8</td><td>匈牙利</td><td>16</td><td>9</td><td>新加坡</td><td>1117.69</td></tr>
<tr><td>9</td><td>沙特</td><td>13</td><td>10</td><td>土耳其</td><td>1082.40</td></tr>
</table>

附表 6-2　2013—2023 年中国民营企业在“一带一路”共建国家和地区并购投资情况

<table>
<tr><td colspan="6">2013 年民营企业对“一带一路”共建国家和地区并购投资项目数量及金额 TOP10</td></tr>
<tr><td>排序</td><td>国家（地区）</td><td>项目数量（件）</td><td>排序</td><td>国家（地区）</td><td>金额（百万美元）</td></tr>
<tr><td>1</td><td>新加坡</td><td>13</td><td>1</td><td>俄罗斯</td><td>6173.67</td></tr>
<tr><td rowspan="2">2</td><td rowspan="2">以色列、马来西亚</td><td rowspan="2">4</td><td>2</td><td>塔吉克斯坦</td><td>1196.88</td></tr>
<tr><td>3</td><td>新加坡</td><td>587.48</td></tr>
<tr><td rowspan="4">4</td><td rowspan="4">波兰、印度、俄罗斯、塔吉克斯坦</td><td rowspan="4">2</td><td>4</td><td>印度</td><td>50.51</td></tr>
<tr><td>5</td><td>哈萨克斯坦</td><td>48.1</td></tr>
<tr><td>6</td><td>以色列</td><td>31.55</td></tr>
<tr><td>7</td><td>巴基斯坦</td><td>19.97</td></tr>
<tr><td rowspan="3">8</td><td rowspan="3">保加利亚、蒙古、菲律宾、泰国、越南、巴基斯坦、斯里兰卡、塞尔维亚、白俄罗斯、哈萨克斯坦</td><td rowspan="3">1</td><td>8</td><td>马来西亚</td><td>15.93</td></tr>
<tr><td>9</td><td>越南</td><td>4</td></tr>
<tr><td>10</td><td>泰国</td><td>3.59</td></tr>
<tr><td colspan="6">2014 年民企对“一带一路”共建国家和地区并购投资项目数量及金额 TOP10</td></tr>
<tr><td>排序</td><td>国家（地区）</td><td>项目数量（件）</td><td>排序</td><td>国家（地区）</td><td>金额（百万美元）</td></tr>
<tr><td>1</td><td>新加坡</td><td>15</td><td>1</td><td>新加坡</td><td>919.77</td></tr>
<tr><td>2</td><td>以色列</td><td>8</td><td>2</td><td>以色列</td><td>145.5</td></tr>
<tr><td>3</td><td>马来西亚</td><td>6</td><td>3</td><td>哈萨克斯坦</td><td>122.4</td></tr>
</table>

续表

<table>
<tr><td colspan="6">2014 年民企对“一带一路”共建国家和地区并购投资项目数量及金额 TOP10</td></tr>
<tr><td>排序</td><td>国家（地区）</td><td>项目数量（件）</td><td>排序</td><td>国家（地区）</td><td>金额（百万美元）</td></tr>
<tr><td rowspan="4">4</td><td rowspan="4">印度、越南、哈萨克斯坦、罗马尼亚</td><td rowspan="4">3</td><td>4</td><td>土耳其</td><td>65</td></tr>
<tr><td>5</td><td>越南</td><td>54.81</td></tr>
<tr><td>6</td><td>文莱</td><td>48</td></tr>
<tr><td>7</td><td>吉尔吉斯斯坦</td><td>29.46</td></tr>
<tr><td>8</td><td>俄罗斯</td><td>2</td><td>8</td><td>印度</td><td>21.14</td></tr>
<tr><td rowspan="2">9</td><td rowspan="2">捷克、爱沙尼亚、波兰、文莱、老挝、菲律宾、泰国、巴基斯坦、阿曼、土耳其、北马其顿、阿塞拜疆、白俄罗斯、吉尔吉斯斯坦、乌兹别克斯坦</td><td rowspan="2">1</td><td>9</td><td>巴基斯坦</td><td>17.38</td></tr>
<tr><td>10</td><td>泰国</td><td>5.12</td></tr>
<tr><td colspan="6">2015 年民企对“一带一路”共建国家和地区并购投资项目数量及金额 TOP10</td></tr>
<tr><td>排序</td><td>国家（地区）</td><td>项目数量（件）</td><td>排序</td><td>国家（地区）</td><td>金额（百万美元）</td></tr>
<tr><td>1</td><td>新加坡</td><td>21</td><td>1</td><td>印度</td><td>2408.33</td></tr>
<tr><td rowspan="2">2</td><td rowspan="2">以色列、印度</td><td rowspan="2">14</td><td>2</td><td>斯洛伐克</td><td>1400</td></tr>
<tr><td>3</td><td>新加坡</td><td>1333.38</td></tr>
<tr><td>4</td><td>捷克</td><td>11</td><td>4</td><td>捷克</td><td>1308.64</td></tr>
<tr><td>5</td><td>哈萨克斯坦</td><td>7</td><td>5</td><td>俄罗斯</td><td>1100</td></tr>
<tr><td>6</td><td>马来西亚</td><td>5</td><td>6</td><td>土耳其</td><td>1000</td></tr>
<tr><td>7</td><td>阿联酋</td><td>4</td><td>7</td><td>以色列</td><td>895.56</td></tr>
<tr><td>8</td><td>泰国</td><td>3</td><td>8</td><td>哈萨克斯坦</td><td>670.45</td></tr>
<tr><td rowspan="2">9</td><td rowspan="2">波兰、罗马尼亚、埃及、蒙古、印度尼西亚、菲律宾、越南、巴基斯坦、白俄罗斯</td><td rowspan="2">2</td><td>9</td><td>马来西亚</td><td>386.63</td></tr>
<tr><td>10</td><td>文莱</td><td>325.78</td></tr>
<tr><td colspan="6">2016 年民企对“一带一路”共建国家和地区并购投资项目数量及金额 TOP10</td></tr>
<tr><td>排序</td><td>国家（地区）</td><td>项目数量（件）</td><td>排序</td><td>国家（地区）</td><td>金额（百万美元）</td></tr>
<tr><td>1</td><td>新加坡</td><td>33</td><td>1</td><td>孟加拉国</td><td>2000.1</td></tr>
<tr><td rowspan="2">2</td><td rowspan="2">以色列、印度</td><td rowspan="2">22</td><td>2</td><td>阿联酋</td><td>1798.47</td></tr>
<tr><td>3</td><td>马来西亚</td><td>1702.95</td></tr>
</table>

续表

2016 年民企对“一带一路”共建国家和地区并购投资项目数量及金额 TOP10					
排序	国家（地区）	项目数量（件）	排序	国家（地区）	金额（百万美元）
4	马来西亚	11	4	捷克	1603. 18
5	捷克	8	5	泰国	1012. 79
6	印度尼西亚	6	6	印度	1012. 19
7	阿联酋、泰国	5	7	新加坡	941. 53
			8	俄罗斯	886. 9
9	哈萨克斯坦	4	9	以色列	500. 8
10	越南、波兰	3	10	印度尼西亚	292. 44

2017 年民企对“一带一路”共建国家和地区并购投资项目数量及金额 TOP10					
排序	国家（地区）	项目数量（件）	排序	国家（地区）	金额（百万美元）
1	新加坡	39	1	俄罗斯	13247. 87
2	印度	29	2	新加坡	4799. 97
3	以色列	20	3	印度	3209. 32
4	马来西亚	18	4	孟加拉国	2017. 55
5	俄罗斯	10	5	罗马尼亚	1001
6	阿联酋	7	6	捷克、斯洛伐克	1000
7	印度尼西亚、泰国	6	8	阿联酋	898. 87
9	越南	5	9	塔吉克斯坦	472. 94
10	哈萨克斯坦、巴基斯坦	4	10	哈萨克斯坦	416. 32

2018 年民企对“一带一路”共建国家和地区并购投资项目数量及金额 TOP10					
排序	国家（地区）	项目数量（件）	排序	国家（地区）	金额（百万美元）
1	新加坡	49	1	新加坡	7839. 63
2	印度	33	2	印度	2848. 85
3	马来西亚	20	3	阿联酋	2400
4	以色列	16	4	以色列	518. 39
5	泰国	13	5	马来西亚	458. 83

续表

2018 年民企对“一带一路”共建国家和地区并购投资项目数量及金额 TOP10					
排序	国家（地区）	项目数量（件）	排序	国家（地区）	金额（百万美元）
6	印度尼西亚	10	6	土耳其	438.74
7	越南、巴基斯坦	6	7	印度尼西亚	435.48
			8	捷克	295.7
9	阿联酋	4	9	巴基斯坦	265.62
10	哈萨克斯坦、土耳其	3	10	爱沙尼亚	175

2019 年民企对“一带一路”共建国家和地区并购投资项目数量及金额 TOP10					
排序	国家（地区）	项目数量（件）	排序	国家（地区）	金额（百万美元）
1	新加坡	34	1	新加坡	10226.23
2	印度	29	2	印度	2629.38
3	马来西亚	14	3	波兰	2530.81
4	以色列	10	4	阿联酋	530
5	泰国、越南	9	5	以色列	322.55
			6	越南	278.04
7	印度尼西亚、柬埔寨	6	7	马来西亚	101.37
			8	泰国	64.1
9	阿联酋、菲律宾、波兰、乌兹别克斯坦	4	9	印度尼西亚	55.49
			10	柬埔寨	53.9

2020 年民企对“一带一路”共建国家和地区并购投资项目数量及金额 TOP10					
排序	国家（地区）	项目数量（件）	排序	国家（地区）	金额（百万美元）
1	新加坡	32	1	阿联酋	1091.50
2	泰国	17	2	新加坡	987.95
3	马来西亚	14	3	印度	902.39
4	印度	13	4	以色列	433.55
5	以色列	10	5	印度尼西亚	403.64
6	印度尼西亚、越南	7	6	泰国	324.59
			7	捷克	260.00

续表

<table>
<tr><th colspan="6">2020 年民企对“一带一路”共建国家和地区并购投资项目数量及金额 TOP10</th></tr>
<tr><th>排序</th><th>国家（地区）</th><th>项目数量（件）</th><th>排序</th><th>国家（地区）</th><th>金额（百万美元）</th></tr>
<tr><td>8</td><td>阿联酋</td><td>6</td><td>8</td><td>老挝</td><td>140. 00</td></tr>
<tr><td>9</td><td>柬埔寨</td><td>4</td><td>9</td><td>缅甸</td><td>94. 50</td></tr>
<tr><td>10</td><td>缅甸</td><td>3</td><td>10</td><td>马来西亚</td><td>73. 20</td></tr>
<tr><th colspan="6">2021 年民企对“一带一路”共建国家和地区并购投资项目数量及金额 TOP10</th></tr>
<tr><th>排序</th><th>国家（地区）</th><th>项目数量（件）</th><th>排序</th><th>国家（地区）</th><th>金额（百万美元）</th></tr>
<tr><td>1</td><td>新加坡</td><td>22</td><td>1</td><td>新加坡</td><td>908. 11</td></tr>
<tr><td>2</td><td>越南</td><td>12</td><td>2</td><td>以色列</td><td>327. 3</td></tr>
<tr><td>3</td><td>马来西亚</td><td>7</td><td>3</td><td>泰国</td><td>259. 5</td></tr>
<tr><td>4</td><td>泰国</td><td rowspan="2">5</td><td>4</td><td>印度尼西亚</td><td>248</td></tr>
<tr><td>5</td><td>印度</td><td>5</td><td>越南</td><td>186. 17</td></tr>
<tr><td>6</td><td>匈牙利</td><td>3</td><td>6</td><td>巴基斯坦</td><td>184. 5</td></tr>
<tr><td rowspan="4">7</td><td>以色列</td><td rowspan="4">2</td><td>7</td><td>马来西亚</td><td>96. 74</td></tr>
<tr><td>印度尼西亚</td><td>8</td><td>匈牙利</td><td>52. 72</td></tr>
<tr><td>柬埔寨</td><td>9</td><td>阿联酋</td><td>30</td></tr>
<tr><td>乌兹别克斯坦</td><td>10</td><td>柬埔寨</td><td>9. 42</td></tr>
<tr><th colspan="6">2022 年民企对“一带一路”共建国家和地区并购投资项目数量及金额 TOP10</th></tr>
<tr><th>排序</th><th>国家（地区）</th><th>项目数量（件）</th><th>排序</th><th>国家（地区）</th><th>金额（百万美元）</th></tr>
<tr><td>1</td><td>新加坡</td><td>16</td><td>1</td><td>泰国</td><td>210. 65</td></tr>
<tr><td>2</td><td>泰国</td><td>13</td><td>2</td><td>以色列</td><td>101</td></tr>
<tr><td>3</td><td>越南</td><td>7</td><td>3</td><td>越南</td><td>93. 02</td></tr>
<tr><td>4</td><td>印度尼西亚</td><td>4</td><td>4</td><td>新加坡</td><td>92. 12</td></tr>
<tr><td rowspan="2">5</td><td>柬埔寨</td><td rowspan="2">3</td><td>5</td><td>俄罗斯</td><td>73. 95</td></tr>
<tr><td>马来西亚</td><td>6</td><td>柬埔寨</td><td>27. 49</td></tr>
<tr><td rowspan="4">7</td><td>以色列</td><td rowspan="4">1</td><td>7</td><td>波兰</td><td>16. 78</td></tr>
<tr><td>俄罗斯</td><td>8</td><td>阿联酋</td><td>16. 5</td></tr>
<tr><td>波兰</td><td>9</td><td>马来西亚</td><td>6. 95</td></tr>
<tr><td>阿联酋</td><td>10</td><td>埃及</td><td>6</td></tr>
</table>

续表

2023 年民企对“一带一路”共建国家和地区并购投资项目数量及金额 TOP10					
排序	国家（地区）	项目数量（件）	排序	国家（地区）	金额（百万美元）
1	新加坡	45	1	新加坡	653.49
2	泰国	16	2	印度尼西亚	288.22
3	马来西亚	13	3	泰国	262.01
4	越南	9	4	匈牙利	150.94
5	印度尼西亚	7	5	缅甸	76.50
6	匈牙利	5	6	越南	65.14
7	柬埔寨	4	7	马来西亚	64.95
8	俄罗斯	3	8	以色列	50.00
9	缅甸	2	9	巴基斯坦	17.70
	菲律宾		10	柬埔寨	13.54

附表 6-3　2013—2023 年中国民营企业在“一带一路”共建国家和地区绿地投资情况

2013 年民营企业对“一带一路”共建国家和地区绿地投资项目数量及金额 TOP10					
排序	国家（地区）	项目数量（件）	排序	国家（地区）	金额（百万美元）
1	新加坡	6	1	泰国	307
2	波兰、罗马尼亚	4	2	罗马尼亚	98.65
3	印度、俄罗斯、乌兹别克斯坦	3	3	波兰	74.2
4	印度尼西亚、马来西亚、泰国	2	4	乌兹别克斯坦	26.8
5	捷克、蒙古、缅甸、菲律宾、越南、巴林、土耳其、阿联酋、白俄罗斯、乌克兰	1	5	新加坡、阿联酋	20
2014 年民企对“一带一路”共建国家和地区绿地投资项目数量及金额 TOP10					
排序	国家（地区）	项目数量（件）	排序	国家（地区）	金额（百万美元）
1	印度	9	1	印度尼西亚	2419
2	印度尼西亚	7	2	俄罗斯	2270

续表

2014 年民企对“一带一路”共建国家和地区绿地投资项目数量及金额 TOP10

排序	国家（地区）	项目数量（件）
3	俄罗斯	4
4	越南、土耳其、阿联酋、巴基斯坦	3
8	匈牙利、立陶宛、新加坡、马来西亚、缅甸、菲律宾、泰国、科威特、沙特阿拉伯	2

排序	国家（地区）	金额（百万美元）
3	波黑	635.59
4	北马其顿	400
5	印度	339.653
6	马来西亚	258.79
7	越南	218
8	巴基斯坦	122.5
9	匈牙利	114.1
10	菲律宾	73.7

2015 年民企对“一带一路”共建国家和地区绿地投资项目数量及金额 TOP10

排序	国家（地区）	项目数量（件）
1	印度	33
2	俄罗斯	12
3	泰国	10
4	马来西亚	8
5	印度尼西亚、新加坡	7
7	越南	4
8	乌兹别克斯	3
9	巴林、巴基斯坦、阿联酋、哈萨克斯坦	2

排序	国家（地区）	金额（百万美元）
1	印度	7254.82
2	印度尼西亚	6358.5
3	马来西亚	964.89
4	泰国	851.82
5	越南	442.5
6	巴林	434.4
7	巴基斯坦	355
8	俄罗斯	333.16
9	尼泊尔	300
10	塔吉克斯坦	288.71

2016 年民企对“一带一路”共建国家和地区绿地投资项目数量及金额 TOP10

排序	国家（地区）	项目数量（件）
1	印度	37
2	俄罗斯	14
3	马来西亚	12

排序	国家（地区）	金额（百万美元）
1	埃及	21278.5
2	印度	11148.3
3	柬埔寨	2416.8

续表

2016 年民企对"一带一路"共建国家和地区绿地投资项目数量及金额 TOP10					
排序	国家（地区）	项目数量（件）	排序	国家（地区）	金额（百万美元）
4	新加坡、埃及	11	4	印度尼西亚	1806.51
			5	马来西亚	1666.03
6	泰国	10	6	越南	1164.36
7	波兰	6	7	以色列	604.8
8	柬埔寨	5	8	泰国	534.12
9	越南、阿联酋、斯里兰卡	4	9	阿联酋	441.9
			10	新加坡	387
2017 年民企对"一带一路"共建国家和地区绿地投资项目数量及金额 TOP10					
排序	国家（地区）	项目数量（件）	排序	国家（地区）	金额（百万美元）
1	印度	19	1	印度尼西亚	3311.8
2	俄罗斯	15	2	阿曼	2478
3	新加坡	14	3	俄罗斯	1562.9
4	马来西亚	8	4	巴基斯坦	1523.1
5	印度尼西亚	6	5	印度	1220.73
6	埃及、越南	5	6	马来西亚	672.8
			7	新加坡	438
8	泰国、塞尔维亚、阿曼	3	8	白俄罗斯	423.1
			9	哈萨克斯坦	271.9
			10	泰国	208.7
2018 年民企对"一带一路"共建国家和地区绿地投资项目数量及金额 TOP10					
排序	国家（地区）	项目数量（件）	排序	国家（地区）	金额（百万美元）
1	印度	42	1	印度尼西亚	3871
2	新加坡	18	2	菲律宾	3805.5
3	俄罗斯	15	3	印度	3031.11
4	越南	12	4	埃及	1425.2

续表

2018 年民企对“一带一路”共建国家和地区绿地投资项目数量及金额 TOP10					
排序	国家（地区）	项目数量（件）	排序	国家（地区）	金额（百万美元）
5	印尼、泰国	11	5	塞尔维亚	1059.312
			6	马来西亚	887.94
7	马来西亚	10	7	哈萨克斯坦	701.5
8	菲律宾	9	8	老挝	637
9	埃及、波兰、阿联酋、哈萨克斯坦	8	9	泰国	626.4
			10	新加坡	624.8
2019 年民企对“一带一路”共建国家和地区绿地投资项目数量及金额 TOP10					
排序	国家（地区）	项目数量（件）	排序	国家（地区）	金额（百万美元）
1	印度	49	1	俄罗斯	12236.61
2	俄罗斯	20	2	印度	3278.98
3	越南	15	3	越南	2786.91
4	新加坡	12	4	埃及	1722.6
5	塞尔维亚	10	5	沙特阿拉伯	1177.3
6	阿联酋	9	6	阿联酋	746.146
7	马来西亚	8	7	泰国	483.2
8	泰国	7	8	塞尔维亚	427.24
9	印度尼西亚、波兰	6	9	印度尼西亚	309.8
			10	新加坡	302
2020 年民企对“一带一路”共建国家和地区绿地投资项目数量及金额 TOP10					
排序	国家（地区）	项目数量（件）	排序	国家（地区）	金额（百万美元）
1	俄罗斯、新加坡	9	1	文莱	13650
			2	印度尼西亚	5220.9
3	阿联酋	8	3	俄罗斯	574.17
4	印度	7	4	越南	291.22
5	越南、波兰	6	5	新加坡	285.8
			6	马来西亚	262.4

续表

2020 年民企对“一带一路”共建国家和地区绿地投资项目数量及金额 TOP10

排序	国家（地区）	项目数量（件）	排序	国家（地区）	金额（百万美元）
7	印度尼西亚、马来西亚	4	7	印度	231.6
			8	埃及	209.1
9	泰国、乌兹别克斯坦	2	9	阿联酋	168.7
			10	巴林	166.4

2021 年民企对“一带一路”共建国家和地区绿地投资项目数量及金额 TOP10

排序	国家（地区）	项目数量（件）	排序	国家（地区）	金额（百万美元）
1	土耳其	10	1	马来西亚	10678.2
	新加坡		2	俄罗斯	868.47
3	马来西亚	7	3	土耳其	308.54
4	波兰	6	4	印度尼西亚	298.6
5	俄罗斯	5	5	泰国	295.3
	阿联酋		6	波兰	197.2
7	印度尼西亚	4	7	新加坡	188.5
	印度		8	阿联酋	133.75
9	泰国	3	9	菲律宾	125.5
	菲律宾		10	巴林	101.8

2022 年民企对“一带一路”共建国家和地区绿地投资项目数量及金额 TOP10

排序	国家（地区）	项目数量（件）	排序	国家（地区）	金额（百万美元）
1	新加坡	18	1	匈牙利	7622.83
2	阿联酋	15	2	印度尼西亚	1566.6
3	印度尼西亚	7	3	斯洛伐克	1253.38
	马来西亚		4	沙特	674
5	印度	6	5	巴基斯坦	650.6
6	匈牙利	5	6	越南	367
	沙特阿拉伯		7	新加坡	339.9
	越南		8	泰国	339.71
	泰国		9	埃及	318
10	巴基斯坦	4	10	柬埔寨	220

续表

2023 年民企对“一带一路”共建国家和地区绿地投资项目数量及金额 TOP10					
排序	国家（地区）	项目数量（件）	排序	国家（地区）	金额（百万美元）
1	越南	39	1	马来西亚	13427.70
2	马来西亚	21	2	沙特阿拉伯	8750.80
3	新加坡	19	3	印度尼西亚	7841.87
4	阿联酋	18	4	越南	7692.54
4	乌兹别克斯坦	18	5	匈牙利	3682.66
6	印度尼西亚	17	6	乌兹别克	1649.88
7	泰国	15	7	印度	1510.33
8	柬埔寨	14	8	土耳其	1082.40
9	沙特阿拉伯	13	9	泰国	895.30
10	匈牙利	11	10	哈萨克斯坦	536.60

注：由于原始数据库数据缺失，2013 年除前六国外，民企对其他“一带一路”共建国家和地区的绿地投资金额均为 0。

附录 7　2019—2023 年中国民营企业绿地投资为标的国（地区）创造就业 TOP10

附表 7-1　2023 年中国民营企业绿地投资为标的国（地区）创造就业 TOP10

排序	绿地投资标的国（地区）	创造就业数（人）
1	越南	99951
2	印度	19851
3	墨西哥	13716
4	韩国	13461
5	马来西亚	13050
6	柬埔寨	12054
7	阿根廷	11375
8	泰国	11041
9	印度尼西亚	10026
10	孟加拉国	8642

附表 7-2 2022 年中国民营企业绿地投资为标的国（地区）创造就业 TOP10

排序	绿地投资标的国（地区）	创造就业数（人）
1	墨西哥	13889
2	美国	6213
3	西班牙	4288
4	匈牙利	3604
5	泰国	3199
6	巴西	2665
7	印度尼西亚	2270
8	斯洛伐克	1979
9	摩洛哥	1787
10	韩国	1661

附表 7-3 2021 年中国民营企业绿地投资为标的国（地区）创造就业 TOP10

排序	绿地投资标的国（地区）	创造就业数（人）
1	越南	7525
2	土耳其	7402
3	印度尼西亚	5231
4	马来西亚	4133
5	美国	3810
6	墨西哥	2369
7	德国	2017
8	波兰	1464
9	巴西	1426
10	俄罗斯	1331

附表 7-4 2020 年中国民营企业绿地投资为标的国（地区）创造就业 TOP10

排序	绿地投资标的国（地区）	创造就业数（人）
1	美国	5014
2	墨西哥	4046
3	印度尼西亚	3304

续表

排序	绿地投资标的国（地区）	创造就业数（人）
4	越南	3182
5	文莱	3000
6	德国	2551
7	印度	2271
8	法国	1888
9	俄罗斯	1511
10	乌兹别克斯坦	1400

附表 7-5　2019 年中国民营企业绿地投资为标的国（地区）创造就业 TOP10

排序	绿地投资标的国（地区）	创造就业数（人）
1	印度	30432
2	越南	15482
3	卢旺达	7500
4	俄罗斯	5973
5	美国	5641
6	巴西	5379
7	利比里亚	5000
8	玻利维亚	4975
9	塞尔维亚	4510
10	肯尼亚	4215

附录 8　2005—2023 年中国民营企业对外直接投资——融资模式别 TOP5

附表 8-1　2005—2023 年中国民营企业对外直接投资项目数量——融资模式别 TOP5

融资模式	并购项目（件）	并购金额涉及的并购项目（件）
增资	2282	2217
注资	2162	2081

续表

融资模式	并购项目（件）	并购金额涉及的并购项目（件）
增资—私人配售	2124	2018
风险资本	1188	991
私募股权	1166	988

附表 8-2　2005—2023 年中国民营企业对外直接投资金额——融资模式别 TOP5

融资模式	并购金额（百万美元）
杠杆收购	2643. 30
杠杆	1800. 00
增资—私人配售	1314. 69
家族办公室	498. 59
增资—公募	430. 36

参考文献

一、中文

（一）专著

［1］曾铮、王磊：《数据市场治理：构建基础性制度的理论与政策》，社会科学文献出版社 2021 年版。

［2］高富平、张英、汤奇峰：《数据保护、利用与安全：大数据产业的制度需求和供给》，法律出版社 2012 年版。

［3］国家信息中心“一带一路”大数据中心：《“一带一路”大数据报告（2018）》，商务印书馆 2018 年版。

［4］李明义、段胜辉：《现代产权经济学》，知识产权出版社 2008 年版。

［5］刘凤芹、陆文玥：《产权保护与经济增长》，中国社会科学出版社 2017 年版。

［6］刘伟、苏剑：《中国经济安全展望报告 2020：供求双萎缩下的经济形势与政策》，中国经济出版社 2020 年版。

［7］卢现祥、朱巧玲：《新制度经济学》，北京大学出版社 2020 年版。

［8］王碧珺、路诗佳：《中国海外并购激增，“中国买断全球”论盛行——2016 年第一季度中国对外直接投资报告》，载《IIS 中国对外投资报告》2016 年第 1 期。

［9］王曦：《大数据时代个人数据保护与利用法律制度研究》，浙江大学出版社 2023 年版。

[10] 薛军等:《2019 年度中国民营企业海外直接投资指数——基于中国民企 500 强的数据分析》, 人民出版社 2020 年版。

[11] 薛军等:《中国民营企业海外直接投资指数 2017 年度报告——基于中国民营企业 500 强的指数分析》, 人民出版社 2017 年版。

[12] 薛军等:《中国民营企业海外直接投资指数 2018 年度报告——基于中国民营企业 500 强的指数分析》, 人民出版社 2019 年版。

(二) 报刊

[13] 常君晓、李飞跃、黄玖立、薛军:《全球宏观经济环境、东道国制度质量与外商直接投资》,《国际贸易问题》2023 年第 7 期。

[14] 常君晓、李飞跃、薛军:《投资目的地数据监管与外商直接投资》,《云南财经大学学报》2024 年第 7 期。

[15] 冯晓青:《数据产权法律构造论》,《政法论丛》2024 年第 1 期。

[16] 管荣齐:《论数据保护的法律边界》,《知识产权》2023 年第 11 期。

[17] 蒋殿春、唐浩丹:《数字型跨国并购: 特征及驱动力》,《财贸经济》2021 年第 9 期。

[18] 李瑾:《日本科技创新决策机制和政策体系及启示》,《中国机构改革与管理》2021 年第 4 期。

[19] 李莉、闫斌、顾春霞:《知识产权保护、信息不对称与高科技企业资本结构》,《管理世界》2014 年第 11 期。

[20] 卢现祥、滕宇汯:《产权保护及其经济绩效——兼论产权保护量化演变和“中国之谜”的实质》,《经济学动态》2020 年第 11 期。

[21] 罗雪英、蔡雪雄:《日本国家创新体系的构建与启示——基于科技—产业—经济互动关系的分析》,《现代日本》2021 年第 1 期。

[22] 马旭东:《网络外部性、技术外溢与数字产品创新保护研究》,《软科学》2013 年第 9 期。

[23] 马忠法、胡玲:《论我国数据安全保护法律制度的完善》,《科技与法律》2021 年第 2 期。

［24］孟猛猛、雷家骕、焦捷:《专利质量、知识产权保护与经济高质量发展》,《科研管理》2021 年第 1 期。

［25］申卫星:《数据确权之辩》,《比较法研究》2023 年第 3 期。

［26］沈国兵、袁征宇:《互联网化、创新保护与中国企业出口产品质量提升》,《世界经济》2020 年第 11 期。

［27］沈坤荣、耿强:《外国直接投资、技术外溢与内生经济增长——中国数据的计量检验与实证分析》,《中国社会科学》2001 年第 5 期。

［28］孙远钊:《论数据相关的权利保护和问题——美国与欧盟相关规制的梳理与比较》,《知识产权研究》2021 年第 1 期。

［29］王伟玲:《中国数据产权制度构建研究》,《经济纵横》2024 年第 1 期。

［30］王永钦、杜巨澜、王凯:《中国对外直接投资区位选择的决定因素:制度、税负和资源禀赋》,《经济研究》2014 年第 12 期。

［31］王永中、徐沛原:《中国对拉美直接投资的特征与风险》,《拉丁美洲研究》2018 年第 3 期。

［32］肖冬梅、文禹衡:《法经济学视野下数据保护的规则适用与选择》,《法律科学》2016 年第 6 期。

［33］薛军、魏玮:《中国民营企业海外直接投资与宏观经济的协动性分析》,《统计与决策》2019 年第 20 期。

［34］杨娇辉、王伟、谭娜:《破解中国对外直接投资区位分布的“制度风险偏好”之谜》,《世界经济》2016 年第 11 期。

［35］杨挺等:《2019 年中国对外直接投资特征、趋势与展望》,《国际经济合作》2020 年第 1 期。

［36］余明桂、范蕊、钟慧洁:《中国产业政策与企业技术创新》,《中国工业经济》2016 年第 12 期。

［37］张浩然:《数据财产与数据安全法益保护的重叠及协调》,《法律适用》2022 年第 9 期。

［38］张生:《国际投资法制框架下的跨境数据流动:保护、例外和挑

战》,《当代法学》2019 年第 5 期。

[39] 张素华、李雅男:《数据保护的路径选择》,《学术界》2018 年第 7 期。

[40] 宗芳宇、路江涌、武常岐:《双边投资协定、制度环境和企业对外直接投资区位选择》,《经济研究》2012 年第 5 期。

二、英文

(一) 专著

[41] Agrawal A., McHale J., Oettl A., Finding needles in haystacks: Artificial intelligence and recombinant growth, Agrawal A., Gans J., Goldfarb A., *The Economics of Artificial Intelligence: An Agenda*, Chicago: University of Chicago Press, 2019.

[42] Angrist J. D., Pischke J., *Mostly harmless econometrics: An empiricist's companion*, Princeton: Princeton University Press, 2008.

(二) 报刊

[43] Acemoglu D., Johnson S., Robinson J., Thaicharoen Y., "Institutional causes, macroeconomic symptoms: Volatility, crises and growth", *Journal of Monetary Economics*, 2003, Vol. 50, No. 1, pp. 49–123.

[44] Aridor G., Che Y. K., Salz T., "The effect of privacy regulation on the data industry: Empirical evidence from GDPR", *The RAND Journal of Economics*, 2023, Vol. 54, No. 4, pp. 695–730.

[45] Bénassy-Quéré A., Coupet M., Mayer T., "Institutional determinants of foreign direct investment", *World Economy*, 2007, Vol. 30, No. 5, pp. 764–782.

[46] Buckley P. J., Clegg L. J., Cross A. R., Liu X., Voss H., Zheng P., "The determinants of Chinese outward foreign direct investment", *Journal of International Business Studies*, 2007, Vol. 38, No. 4, pp. 499–518.

[47] Chen C., Frey C. B., Presidente G., "Privacy regulation and firm

performance: Estimating the GDPR effect globally", *The Oxford Martin Working Paper on Technological and Economic Change*, 2022.

[48] Comandè G., Schneider G., "Differential data protection regimes in data-driven research: Why the GDPR is more research-friendly than you think", *German Law Journal*, 2022, Vol. 23, No. 4, pp. 559–596.

[49] Crino R., "Employment effects of service offshoring: Evidence from matched firms", *Economics Letters*, 2010, Vol. 107, No. 2, pp. 253–256.

[50] Daude C., Stein E., "The quality of institutions and foreign direct investment", *Economics & Politics*, 2007, Vol. 19, No. 3, pp. 317–344.

[51] Demirer M., Jiménez-Hernández D., Li D., Peng S., "Data, privacy laws and firm production", *Federal Trade Commission*, 2023.

[52] Dixit A., "International trade, foreign direct investment, and security", *Annual Review of Economics*, 2011, Vol. 3, No. 1, pp. 191–213.

[53] Egger P., Winner H., "Evidence on corruption as an incentive for foreign direct investment", *European Journal of Political Economy*, 2005, Vol. 21, No. 4, pp. 932–952.

[54] Ferracane M. F., Kren J., van der Marel E., "Do data policy restrictions impact the productivity performance of firms and industries?", *Review of International Economics*, 2020, Vol. 28, No. 3, pp. 676–722.

[55] Ferracane M. F., Lee-Makiyama H., van der Marel E., "Digital trade restrictiveness index", *European Center for International Political Economy*, 2018.

[56] Ferracane M. F., van der Marel E., "Digital innovation in East Asia: Do restrictive data policies matter?", *World Bank Policy Research Working Paper*, 2020.

[57] Globerman S., Shapiro D., "Global foreign direct investment flows: The role of governance infrastructure", *World Development*, 2002, Vol. 30, No. 11, pp. 1899–1921.

[58] Goldberg S. G., Johnson G. A.,Shriver S.K., "Regulating privacy online: An economic evaluation of the GDPR", *SSRN Working Paper*, 2021.

[59] Gulen H., Ion M.,"Policy uncertainty and corporate investment", *Review of Financial Studies*, 2016, Vol. 29, No. 3, pp. 523-564.

[60] Habib M., Zurawicki L., "Corruption and foreign direct investment", *Journal of International Business Studies*, 2002, Vol. 33, No. 2, pp. 291-307.

[61] Javorcik B. S.,"Does foreign direct investment increase the productivity of domestic firms? In search of spillovers through backward linkages", *American Economic Review*, 2004, Vol. 94, No. 3, pp. 605-627.

[62] Jones C. I., Tonetti C.," Nonrivalry and the economics of data", *American Economic Review*, 2020, Vol. 110, No. 9, pp. 2819-2858.

[63] Kaufmann D., Kraay A., Mastruzzi M.," The worldwide governance indicators methodology and analytical issues", *Policy Research Working Paper*, 2010.

[64] Kemp M. C.," Foreign investment and the national advantage", *Economic Record*, 1962, Vol. 38, No. 81, pp. 56-62.

[65] Koski H.,Valmari N.,"Short-term impacts of the GDPR on firm performance", *ETLA Working Papers*, 2020.

[66] Levchenko A. A.," Institutional quality and international trade", *Review of Economic Studies*, 2007, Vol. 74, No. 3, pp. 791-819.

[67] Ma S., Shen Y., Fang C.,"Can data flow provisions facilitate trade in goods and services? Analysis based on the TAPED database", *Journal of International Trade & Economic Development*, 2023.

[68] MacDougall D.,"The benefits and costs of private investment from abroad: A theoretical approach", *Economic Record*, 1962.

[69] Mario L., Anderson J. E, Yotov Y. V., " Trade Liberalization, Growth, and FDI: A Structural Estimation Framework", *Annual Conference*

2017 (Vienna): *Alternative Structures for Money and Banking*, 2017.

[70] Miguel E., Satyanath S., Sergenti E.,"Economic shocks and civil conflict: An instrumental variables approach", *Journal of Political Economy*, 2004, Vol. 112, No. 4, pp. 725-753.

[71] Naef T.," Data protection without data protectionism: The right to protection of personal data and data transfers in EU law and international trade law", *European Yearbook of International Economic Law*, 2023.

[72] Naifar N.,"What explains default risk premium during the financial crisis? Evidence from Japan", *Journal of Economics and Business*, 2011, Vol. 63, No. 5, pp. 412-430.

[73] Nunn N.,"Relationship-specificity, incomplete contracts, and the pattern of trade", *The Quarterly Journal of Economics*, 2007, Vol. 122, No. 2, pp. 569-600.

[74] Paniagua J., Erik F., Juan S. B.,"Quantile regression for the FDI gravity equation", *Journal of Business Research*, 2015, Vol. 68, No. 7, pp. 1512-1518.

[75] Petrova M., Bates R.H.,"Evolution of risk and political regimes", *Economics & Politics*, 2012, Vol. 24, No. 2, pp. 200-225.

[76] Peukert C., Bechtold S., Batikas M., Kretschmer T.," Regulatory spillovers and data governance: Evidence from the GDPR", *Marketing Science*, 2022, Vol. 41, No. 4, pp. 746-768.

[77] Rajan R. G., Zingales L.,"Financial dependence and growth", *A-merican Economic Review*, 1998, Vol. 88, No. 3, pp. 559-586.

[78] Rochelandet F., Tai S. H. T.,"Do privacy laws affect the location decisions of internet firms? Evidence for privacy havens", *European Journal of Law and Economics*, 2016, Vol. 42, No. 2, pp. 339-368.

[79] Rodrik D.,"Policy uncertainty and private investment in developing countries", *Journal of Development Economics*, 1991, Vol. 36, No. 2, pp.

229–242.

[80] Rodrik D., "Where did all the growth go? External shocks, social conflict, and growth collapses", *Journal of Economic Growth*, 1999, Vol. 4, No. 4, pp. 385–412.

[81] Sanz C., Solé-Ollé A., "Sorribas-Navarro P., Betrayed by the elites: How corruption amplifies the political effects of recessions", *IEB Working Paper*, 2020.

[82] Sun C., Shrivastava A., Singh S., Gupta A., "Revisiting unreasonable effectiveness of data in deep learning era", *2017 IEEE International Conference on Computer Vision (ICCV)*, 2017, 843–852.

[83] Tang D. Y., Yan H., "Macroeconomic conditions, firm characteristics, and credit spreads", *Journal of Financial Services Research*, 2006, Vol. 29, No. 3, pp. 177–210.

[84] UNCTAD, "Digital Economic Report 2021", *United Nations*, 2021.

[85] United Nations Conference on Trade and Development (UNCTAD), *World Investment Reports*.

[86] Van der Marel E., Bauer M., Lee-Makiyama H., Verschelde B., "A methodology to estimate the costs of data regulation", *International Economics*, 2016, Vol. 146, No. 2, pp. 12–39.

[87] Van der Marel E., Ferracane M. F., "Do data policy restrictions inhibit trade in services?", *Review of World Economics*, 2021, Vol. 157, No. 4, pp. 727–776.

[88] Wei S. J., "How taxing is corruption on international investors? ", *Review of Economics and Statistics*, 2000, Vol. 82, No. 1, pp. 1–11.

[89] Xu X., Voon J. P., Shang Y., "Unbundling institutional determinants of multinational investments", *Applied Economics*, 2017, Vol. 49, No. 23, pp. 2269–2285.

三、网站

［90］国家统计局网站：http://www. stats. gov. cn/。

［91］国家外汇管理局网站：http://www. safe. gov. cn/。

［92］国家信息中心“一带一路”大数据中心：《“一带一路”大数据报告（2018）》，商务印书馆2018年版。

［93］国务院国有资产监督管理委员会、财政部：《企业国有资产交易监督管理办法》，见 http://www. gov. cn/gongbao/content/2016/content_5115848. htm。

［94］全国人民代表大会：《中华人民共和国外商投资法》，2019年3月15日，见 http://www. npc. gov. cn/npc/c30834/201903/121916e4943f416b8b0ea12e0714d683. shtml。

［95］全国人民代表大会：《中华人民共和国外资企业法》，2000年10月31日，见 http://www. gov. cn/banshi/2005-08/31/content_69774. htm。

［96］商务部新闻办公室：《商务部合作司负责人谈2020年一季度我国对外投资合作情况》，2020年4月21日，见 http://www. mofcom. gov. cn/article/ae/sjjd/202004/20200402957267. shtml。

［97］中国一带一路网站：https：//www. yidaiyilu. gov. cn/。

［98］中华人民共和国商务部：《境外投资管理办法》，2014年9月6日，见 http://www. mofcom. gov. cn/article/b/c/201409/20140900723361. shtml。

［99］中经网统计数据库网站：https：//db. cei. cn/。

［100］Bank for International Settlements 网站：https：//www. bis. org/。

［101］Bureau van Dijk：“M&A Review Global Full year 2016”，见 https：//zephyr. bvdinfo. com/version-201776/home. serv？product=zephyr-neo &loginfromcontext=ipaddress。

［102］BvD-Zephyr 数据库网站：https：//zephyr. bvdinfo. com/。

[103] fDi Markets 数据库网站：https：//www. fdimarkets. com/。

[104] IMF（国际货币基金组织）网站：http://www. imf. org/external/index. htm。

[105] IMF：World Economic Outlook，见 https：//www. imf. org/en/Publications/WEO/Issues/2020/04/14/weo-april-2020。

[106] OECD（经济合作与发展组织）网站：http://www. oecd. org/。

[107] United Nations Conference on Trade and Development（UNCTAD）：World Investment Reports，见 http://unctad. org/en/pages/DIAE/World%20Investment%20Report/WIRSeries. asp。